工业和信息化普通高等教育"十三五"规划教材立项项目

会计名校名师
新形态精品教材

ACCOUNTING CASES

会计教学案例

第三版

石本仁　主编

人民邮电出版社
北　京

图书在版编目（CIP）数据

会计教学案例 / 石本仁主编. -- 3版. -- 北京：
人民邮电出版社，2020.5
会计名校名师新形态精品教材
ISBN 978-7-115-52790-5

Ⅰ. ①会… Ⅱ. ①石… Ⅲ. ①会计学－案例－教材
Ⅳ. ①F230

中国版本图书馆CIP数据核字(2020)第043274号

内 容 提 要

本书共67个案例，分为原理篇、中级篇和高级篇。其中，原理篇一共包括11个案例，分别是：大学一年级——初识会计专业、大学二年级——人生选择（就业还是考研）、错账、账务处理——小强电脑、收入确认、存货核算——宝钢股份、为小企业做账、负债、一辆合资生产汽车的税收、所有者权益和比较分析。中级篇一共包括32个案例，分为会计理论、资产、负债及所有者权益、收入与费用和其他5个专题。高级篇一共包括24个案例，分为合并会计、外币业务、金融工具和其他4个专题。

本书可作为高等学校会计学、财务管理、审计学、工商管理、国际贸易、市场营销、金融学等经济管理类专业本科生教材，也可作为会计从业人员参考用书。

♦ 主　　编　石本仁
　　责任编辑　刘向荣
　　责任印制　周昇亮

♦ 人民邮电出版社出版发行　　北京市丰台区成寿寺路 11 号
　　邮编　100164　　电子邮件　315@ptpress.com.cn
　　网址　https://www.ptpress.com.cn
　　北京科印技术咨询服务有限公司数码印刷分部印刷

♦ 开本：787×1092　1/16
　　印张：23　　　　　　　　　　2020 年 5 月第 3 版
　　字数：673 千字　　　　　　　2025 年 7 月北京第 4 次印刷

定价：69.80 元

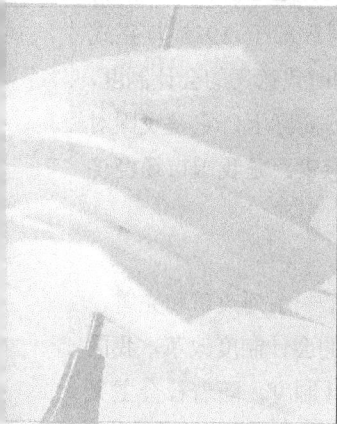

会计对经济的发展虽然起着十分重要的作用，但是从深层次上来看，会计的发展始终依赖经济环境的变化。我国会计制度的改革就是为满足国企改革的需要而启动和展开的，是我国经济体制转轨中的一项基础性制度建设（马骏，2005）。我国20世纪80年代开始的经济体制改革，采取的是一种渐进和稳健的方式，这就决定了我国会计制度的变迁也只能是渐进的，即逐步推进、分步到位。对外开放、引进外资点燃了我国会计制度改革的导火线；而现代企业制度和资本市场的建立则引发了我国的会计风暴；加入世界贸易组织（World Trade Organization，WTO），使我国会计制度进一步向国际惯例靠拢。2006年2月，财政部出台了新的企业会计准则，标志着我国会计准则与国际会计准则的趋同已取得实质性进展。在经济与会计变迁中，会计的职能与角色也在不断演化。

一、对外开放、引进外资是点燃我国会计制度改革的导火索

1978年，党的十一届三中全会召开，确立了以经济建设和经济体制改革为全党的工作中心。此前高度集中的计划经济体制，严重制约了企业的活力和劳动者的积极性，与加强经济建设、发展生产力的要求不相适应。改革经济管理体制、扩大企业自主权成为当务之急。基于这样的背景，为适应经济环境变革的需要，一系列相关的法律制度与政策出台了。1979年7月，第五届全国人民代表大会第二次会议审议通过了《中华人民共和国中外合资经营企业法》；1980年9月，第五届全国人民代表大会第三次会议通过了《中华人民共和国中外合资经营企业所得税法》，由此拉开了我国对外开放、引进外资的经济改革的序幕。

会计制度改革是经济发展与经济环境变迁的必然结果。随着经济改革的推进，为保证和促进经济体制改革的顺利进行，保证和促进对外开放的进一步扩大，财政部于1980年在总结历史经验和广泛调查研究的基础上，对当时涉及面广、影响大、会计业务相对复杂且具有普遍性的《国营工业企业会计制度》进行修订。此后，为适应经济体制改革的需要，财政部先后于1985年和1988年对《国营工业企业会计制度》进行了两次重大的修订。修订的重点内容是调整与增加会计科目和改革会计报表，使其满足经济体制改革对企业会计核算的要求。

随着我国对外开放的推进，引进外商直接投资的工作有了较大进展，中外合资经营企业、中外合作经营企业和外资企业出现了蓬勃发展的局面。这些企业的出现突破了传统的计划经济体制，其经营方式与计划经济体制下的国营企业大不相同，其会计核算的要求也与计划经济体制下国营企业会计核算的要求大相径庭。为适应对外开放、满足引进外资的需要，财政部于 1985 年正式发布并实施《中华人民共和国中外合资经营企业会计制度》。这是一部具有划时代意义的会计制度，它的制定与实施，标志着我国会计制度迈开了与国际会计惯例协调的步伐。实际上，它是我国对社会主义商品经济乃至社会主义市场经济会计制度模式进行的一次积极的探索，是我国市场经济体制下企业会计制度改革的先导。

二、现代企业制度和资本市场的建立是引发我国会计风暴的基本动因

我国虽然根据经济体制改革的实际情况，对传统的会计核算体系进行了一系列改革和完善，但是传统的企业会计核算体系和管理模式并没有根本性改变。时至 1989 年的会计制度改革，我国会计核算规范主要是国家统一发布的，按各种所有制形式、部门制定的会计制度。随着社会主义市场经济体制的确立，这种会计制度模式已日益显露出其局限性和不适应性。市场经济的发展与完善，对会计制度的全面改革提出了越来越紧迫的要求。

1992 年经国务院批准，财政部发布了《企业会计准则》《企业财务通则》以及 13 个行业的企业会计制度和财务制度，简称"两则两制"，并于 1993 年 7 月 1 日起实行。故 1993 年被称为掀起"会计风暴"之年。《企业会计准则》在借鉴和参考国际会计经验，总结我国会计核算实践经验的基础上，改革了会计等式，即将我国传统会计中应用了 30 年的会计等式"资金占用=资金来源"改为国际通行的"资产=负债+所有者权益"的会计等式，明确了会计核算的基本前提和一般原则，规定了资产、负债、所有者权益、收入、费用、利润等会计要素的确认与计量方法以及财务会计报告的编写要求等。13 个行业会计制度则一改以往我国按照所有制成分，分不同部门或行业来设计和制定会计制度的模式，根据企业会计准则的要求，结合各行业生产经营活动的不同特点及不同的管理要求，将国民经济各部门划分为若干个行业并分别制定会计制度，从而形成了一个比较完整的企业会计核算制度体系。随着经济体制改革的全面展开，股份制也悄然出现于经济体制改革实践之中。1984 年 7 月，北京天桥百货股份有限公司成立。1984 年 11 月，上海飞乐音响股份有限公司首次向社会公开发行股票 50 多万元。1990 年，上海证券交易所成立，延中实业等几家企业在上海证券交易所上市，成为中华人民共和国成立以来首批上市公司。1991 年 4 月，深圳证券交易所宣告成立。1992 年 10 月，国务院证券委员会和中国证券监督管理委员会成立。为推动股份制试点工作的健康发展，规范上市公司会计核算及其会计信息的披露，财政部于 1992 年 5 月制定并发布《股份制试点企业会计制度》。这一会计制度一改传统计划经济体制下的会计制度模式，是一次企业会计制度改革的成功探索。1993 年 6 月底，证监会又发布与修订多项《公开发行股票公司信息披露内容与格式准则》，以规范公开发行股票公司的信息披露行为。随着经济体制改革的进一步深化，企业制度改革的进一步深入，财政部于 1998 年 1 月制定并发布《股份有限公司会计制度》。随着现代企业制度的建立、资本市场的快速发展，为适应市场经济发展的新需求，规范会计行为，保证会计信息的真实完整，提高经济效益，维护市场经济秩序，全国人民代表大会常务委员会于 1999 年 10 月 31 日审议通过了新修订的《中华人民共和国会计法》（以下简称《会计法》）。修订后的《会计法》突出强调了单位负责人对本单位会计工作和会

计资料真实性、完整性的责任，进一步加强会计监督的要求，并进一步完善了会计核算规则。为了配合新修订的《会计法》的实施，规范企业财务报告，保证财务报告的真实与完整，财政部于2000年12月制定并发布《企业会计制度》。《企业会计制度》在总结现有会计制度实践经验的基础上，对资产、负债、收入、费用等规定了统一的确认和计量标准，促进了我国会计核算标准与国际会计准则的充分协调。

三、加入世界贸易组织使我国会计制度进一步向国际惯例靠拢

2001年，我国加入WTO，这对我国经济管理体制和价值观念的改革等都产生了巨大的影响，对我国会计制度形成了"刚性约束"，并使我国会计制度变迁摆脱了路径依赖（温美琴，2002）。诺斯曾指出，制度变迁中存在较强的路径依赖，人们过去的选择往往决定了他们现在可能的选择。沿着既定的路径，制度变迁可能进入良性循环的轨道，也可能顺着原来的错误路径往下滑。要从既定的路径中摆脱出来，就必须引入外生变量。加入WTO正是我国会计制度变迁中的外生变量，为我国会计制度摆脱传统的具有中国特色的制度变迁路径提供了机会，同时进一步加速了我国会计标准国际化的进程。随着我国经济体制改革和对外开放的深入，我国资本市场得到快速发展，经济的国际化程度不断提高。而全球经济一体化与资本市场国际化的迅猛发展则要求作为国际商业语言的会计提供具有国际可比性的会计信息。正是基于这样的经济背景，为适应我国资本市场发展的要求，促进市场经济体制的完善与对外开放，以及满足我国会计标准国际化的需要，2006年2月，财政部出台了新的企业会计准则。财政部这次颁布的新会计准则体系由1项基本准则、38项具体准则组成。该会计准则体系于2007年1月1日起在上市公司实施，并鼓励其他企业执行；2008年在国有大中型企业中执行；2009年，在所有中型以上企业执行。作为企业会计准则体系重要组成部分的《企业会计准则——应用指南》已于2006年10月出台。该指南由两部分组成，第一部分为各项会计准则的解释，第二部分为会计科目和主要账务处理。2007年4月出版的由财政部会计司编写组编写的《企业会计准则讲解（2006）》，其主要内容是对会计准则进行更细致的解释，其中结合了大量实例，使得会计准则的运用更具可操作性。

四、新会计准则的特点

新会计准则的特点主要体现在以下几个方面。

第一，向国际惯例尤其是国际会计准则靠拢，实现了与国际会计准则的趋同。我国新会计准则在资产负债观的运用、公允价值的运用以及基本计量的要求上都趋同于国际会计准则，但由于中国特有的经济、政治与法律环境，新会计准则在资产减值、关联方披露、企业合并、退休福利、企业持有以备出售的流动资产、终止经营以及恶性通货膨胀经济中的财务报告等方面与国际会计准则还存在一定的差异。

第二，新会计准则形成了一个可单独实施的较为完善的准则与核算体系，并与会计制度相分离。财政部在1992年发布了《企业会计准则——基本会计准则》，而在1993年又颁布了13个行业会计制度，从此，企业基本上都是依据行业会计制度来进行核算的。因此，1992年发布的会计准则并没有什么实际意义，更多的是一种象征性的准则。但随着资本市场的快速发展，一系列新的问题暴露出来，尤其是琼民源事件——有关关联方收入确认方面的问题。于是，1997年，财政部发布了第一个具体会计准则《企业会计准则——关联方关系及其交易的披露》。之后，随着问题的

出现，财政部又陆续发布了 15 个具体会计准则，故有人把这些准则称为"救火式"准则。因此，原有的基本会计准则和 16 个具体会计准则并不是一个完整的准则体系，实际上从属于《企业会计制度》，对会计制度起补充作用。而新会计准则体系与国际会计准则体系基本相同，形成了一个较为完善的准则与核算体系，也标志着我国会计准则建设走上了一个新台阶。

第三，按公允价值计量是此次新会计准则的一个亮点，使决策有用性的目标得以充分体现，确立了资产负债观的核心地位，并突出会计信息的价值相关性。但根据我国的实际情况，公允价值的应用还存在一定的限制。本套新会计准则体系主要在金融工具、投资性房地产、非同一控制下的企业合并、债务重组以及非货币性资产交换等方面采用公允价值。

第四，将表外项目引入表内。例如，2006 年修订后的《企业会计准则第 20 号——企业合并》，要求当被购买方的或有负债预计很可能发生并且其公允价值能够可靠计量时，确认为对合并成本的调整。这就改变了过去对或有事项在报表附注中披露的做法，将表外项目引入表内。又如衍生金融工具、股份的支付、合并报表外延的扩大等。表外业务表内化，有利于及时、充分反映企业该类业务所隐含的风险及其对企业财务状况和经营成果的影响。

第五，引入开发费用资本化制度，完善成本补偿制度；要求正确核算职工薪酬，改变成本中低人工费用的格局；将企业承担的社会责任纳入会计体系；预计弃置费用计入固定资产成本；提高信息透明度，突出充分披露原则等。

五、新会计准则对财务会计教学的影响

新会计准则对财务会计教学的影响，主要体现在以下两个方面。

首先，是教材的编写。在新会计准则颁布之前，有关财务会计的教材都是依据企业会计制度、原有会计准则以及相关的法律法规制度来编写的。而新会计准则是一套可单独实施的、与国际准则趋同的会计准则体系，并且执行新会计准则的企业，不再执行原有准则、《企业会计制度》《金融企业会计制度》及各项专业核算办法和问题解答。这表明原有财务会计的教材已过时和落后于现有经济与会计的发展，根据新会计准则体系重新编写一套财务会计教材乃当务之急。

其次，是教学的安排。由上述新会计准则的特点可知，新会计准则体系与原有准则及相关会计制度发生了较大的变化。这要求财务会计的教学也应随之进行改变，如财务会计的基本框架、学时安排、各课程间的衔接、教学重点与难点等，同时还应加强法律与职业意识的培养，加强职业判断与职业道德的培养。另外，还有一点值得重视的是，在财务会计的教学中应该加强我国会计准则（CAS）与国际会计准则（IAS，IFRS）之间的比较与衔接，关注国际会计准则的最新发展动向，并引导学生学会把握准则，进而达到可直接根据准则对经济业务进行核算的目的。因为国际会计准则体系中并没有规定会计科目，企业要根据准则再结合自身的特点来设计适合本企业的会计科目。新会计准则体系考虑到我国会计人员整体素质偏低、对原有做法与习惯的依赖性较强等，在《企业会计准则——应用指南》的附录部分附上了会计科目和主要账务处理。但随着会计标准国际化的进一步深入，这一做法可能会逐步取消而采用国际惯例的做法。因此，财务会计教学有义务和责任培养学生直接准确地把握会计准则的能力。

六、财务会计各门课程安排的初步设想

新会计准则体系的出台与实施标志着我国会计准则与国际会计准则的趋同已取得实质性进展，

从而使得依据新会计准则体系所编教材的内容，不仅在质上有较大变化而且在量上也发生了较大变化。财务会计学按其程度可分为初级财务会计（会计学原理）、中级财务会计与高级财务会计。而这三门课程的内容设计以及相互之间的衔接则是一个值得重视的问题。

有关这三门课程具体的内容安排及每门课程课时安排的初步设想如下。

初级财务会计（会计学原理）是财务会计的入门课程，重点讲述会计核算的基本程序与方法。与传统做法不同的是，我们在这门课程中将结合企业组织（独资、合伙、公司制）、企业类型（服务业、商业、制造业）和经济业务（购进、生产、销售）讲解会计处理的程序与方法。例如，在讲述货币资金、应收款项时与销售业务结合起来；讲述成本时，与生产过程、企业的经济活动类型（服务业、商业、制造业）结合起来；讲述所有者权益时，与企业组织（独资、合伙、公司制）结合起来。这使学生在学会记账的同时，又能将会计信息与企业组织、经济活动类型与经济业务有机联系起来。初级财务会计（会计学原理）的具体内容如图 1 所示。

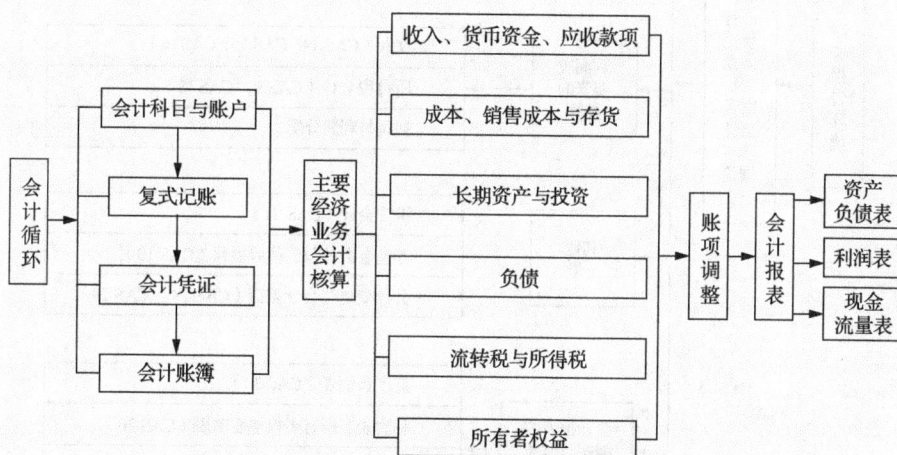

图 1　初级财务会计（会计学原理）的基本结构

注：收入部分，主要包括收入的类型、收入的确认时间等；

　　成本部分，先讲公司的类型（服务业、商业、制造业）以及各种类型企业成本的特点；

　　所有者权益部分，主要讲述公司组织形式（独资、合伙与公司制）及各种组织形式所有者权益的特点；

　　会计学原理以讲解会计科目的运用为主，按主要经济业务的类型进行讲解。

中级财务会计主要围绕编制一般通用财务报告展开，内容包括六大会计要素的会计处理，另外，纳入所得税会计、租赁会计、养老金会计、会计变更与会计差错等。后面这些内容在我国原来的财务会计教材体系中差异较大，有的将其中部分内容放入高级财务会计，有的放在中级财务会计。我们则按照国际流行的做法，将这些内容放在中级财务会计中。中级财务会计和会计学原理在体系上有重复的内容，但在不同课程中同样内容讲解的侧重点是不一样的。如货币资金和应收款项，初级财务会计（会计学原理）与中级财务会计讲解的区别主要体现在，前者着重讲述核算，而后者主要讲述货币资金的管理与控制、结算、坏账准备的计提、应收票据的贴现。另外，初级财务会计（会计学原理）与中级财务会计相同的部分是前者着重会计科目的介绍与运用，后者则重点依照会计准则的规定讲述。中级财务会计的具体内容如图 2 所示。

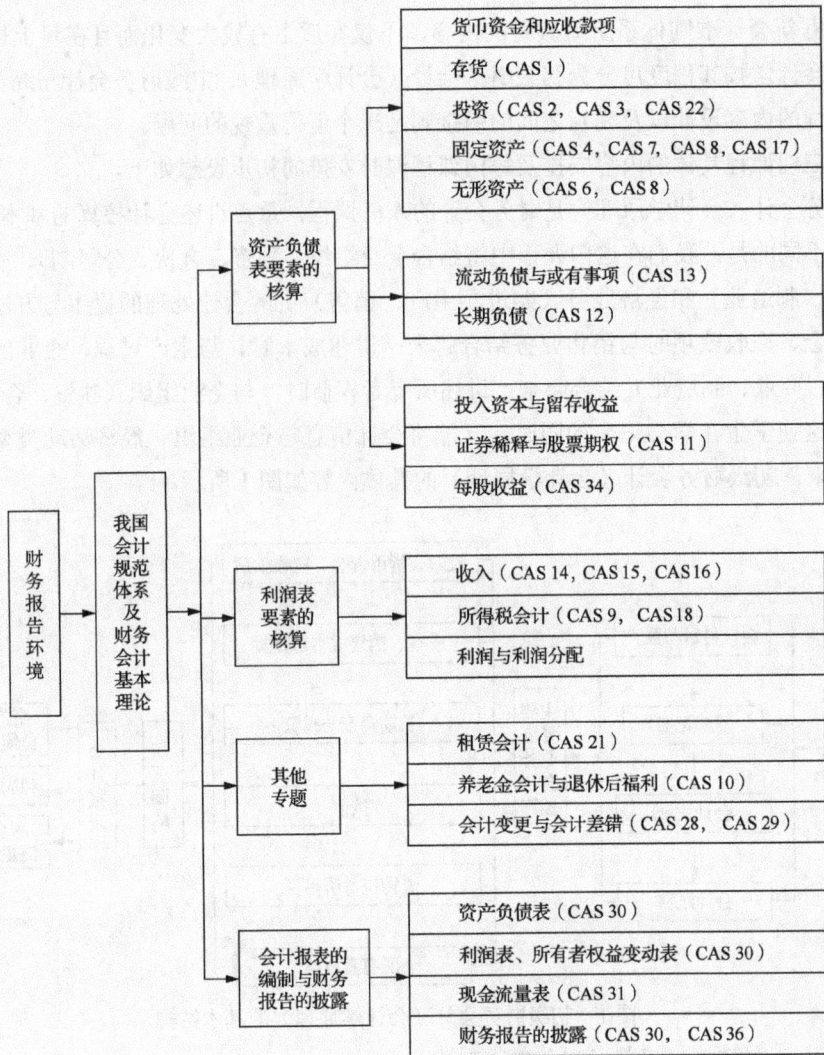

图 2 中级财务会计的基本结构

注：中级财务会计主要按准则的规定进行讲述。

  一般而言，中级财务会计讲述的是通用财务报告的编制，针对一般企业的基本经济业务。而高级财务会计则是讲述中级财务会计没有涉及的一些内容。这些内容的特点可以用三个字来概括，就是"难""特"和"新"。"难"体现在会计处理的复杂性上，一般认为，高级财务会计中存在三大难点：合并会计、外币业务与外币报表折算、物价变动会计，后来随着衍生工具的大量出现，衍生工具会计成为高级财务会计的又一大难点*。"特"主要体现在两个方面，一是特殊组织会计，如合伙会计、政府与非营利组织会计；二是特殊业务，如企业重组与破产会计、遗产与信托会计等。"新"则体现在一些前沿领域，如人力资源会计、绿色会计（又称环境会计）、社会责任会计等。教材一个约定俗成的写法是将在理论研究中已经形成比较一致的观点，以及在实务中已经有了相应制度规范的内容进行阐述。由于高级财务会计本身带有一些探索的意味，因此，一些编者

---

  * 我国著名会计学家常勋教授 1999 年出版专著《财务会计三大难题》（立信会计出版社），2002 年又出版一本名为《财务会计四大难题》的专著（立信会计出版社），就反映了这种变化。后者已发行第三版。

会将还处于争议阶段的内容纳入高级财务会计中，但另一些编者则不采用这种做法，这就导致我们看到的国内高级财务会计图书的体系出入很大。我们采用一种稳健的做法，不将尚存争议的内容包括进来。高级财务会计的具体内容如图3所示。

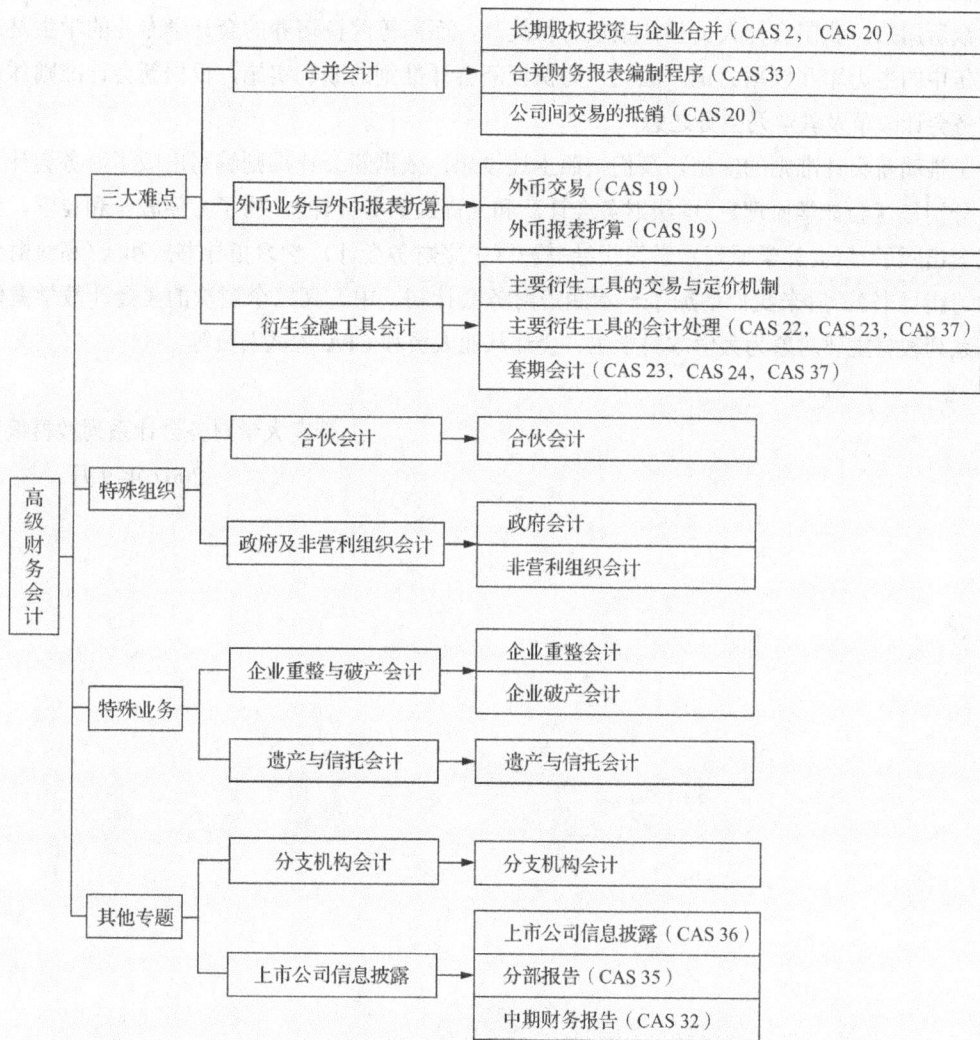

图3　高级财务会计课程结构

注：企业合并的难点问题及衍生工具更复杂的会计问题等可以作为研究生的教学内容；

　　上市公司信息披露以中国证券监督管理委员会相关信息披露规定为主；

　　一些还没有准则规范的内容借鉴国际会计准则和国际惯例进行讲解。

此外，根据三门财务会计课程内容的多少以及难易程度，我们建议初级财务会计（会计学原理）安排50～60学时；由于中级财务会计讲述了一个企业的基本经济业务的会计核算，内容较多，一般需安排60～80学时；高级财务会计重点讲述难点业务与特殊业务的会计核算，难度较大，建议安排50～60学时。在中级财务会计和高级财务会计课程中基本涉及新会计准则的大部分准则（请参见图2和图3的准则号标注），但仍有一部分特殊行业和特殊业务准则未能涉及，这部分内容则由专门的特种会计课程来讲述，如生物资产（CAS 5）、原保险合同（CAS 25）、再保险合同（CAS

26）、石油天然气开采（CAS 27）。

总的来说，会计语言是国际通用的商业语言，趋同是大势所趋。但会计准则毕竟只是一个技术规范，它解决的是"该如何办"的问题（楼继伟，2006），对会计准则的实施，则需要会计人员直接对其进行应用与操作。要想达到准则的目标，会计人员能较好地把握会计准则是必不可少的条件。众所周知，我国会计人员整体素质有待提高，而高等院校培养的会计学专业的学生是未来会计队伍中的主力军和领军力量。因此，为保证新会计准则的顺利实施，根据新会计准则体系来展开财务会计改革及教学乃当务之急。

为了推动新会计准则的实施，我们按照上述设想，依据新会计准则编写出版了财务会计系列教材，分别是《会计学原理》《中级财务会计》和《高级财务会计》。为了方便教学和自学，我们相应配套出版了《〈会计学原理〉学习指导书》《〈中级财务会计〉学习指导书》和《〈高级财务会计〉学习指导书》。后来我们增加了一本涵盖财务会计初、中、高三个层次的《会计教学案例》。本系列教材主要对象为大学本科学生、会计从业人员和 CPA 考试人员等。

暨南大学财务会计系列教材编写组
2007 年 9 月

前　言（第三版）

《会计教学案例》第一版和第二版由中国人民大学出版社出版发行，感谢本书的策划编辑陈永风女士和责任编辑黄佳女士。该书的第三版现改由人民邮电出版社出版。

本书分为三部分——原理篇、中级篇和高级篇。全部案例数量也由第二版的 59 个增至现在的 67 个。

在原理篇中，一共包括 11 个案例，分别是：大学一年级——初识会计专业、大学二年级——人生选择（就业还是考研）、错账、账务处理——小强电脑、收入确认、存货核算——宝钢股份、为小企业做账、负债、一辆合资生产汽车的税收、所有者权益和比较分析。前两个案例（案例一和案例二）主要是讨论会计专业学生刚入校时对专业认识和职业选择的一些困惑，后面的案例（案例三～案例十一）则针对《会计学原理》各章的主题配合写作的。原理篇中的案例特点是篇幅小、问题简明、与上市公司的结合度不高。

在中级篇中，一共包括 32 个案例，分会计理论专题、资产专题、负债及所有者权益专题、收入与费用专题和其他专题。这种分类也是我国现行《中级财务会计》结构编排的通行做法。会计理论专题围绕两个主题展开：一是中国企业会计准则和国际会计准则的比较（案例十二和案例十三）；二是概念框架（案例十四和案例十五）。资产专题共包括 9 个案例，涉及的主题有货币资金（案例十六）、应收款项（案例十七）、存货（案例十八和案例十九）、投资（案例二十）、固定资产（案例二十一～案例二十三）、无形资产（案例二十四）。负债及所有者权益专题共有 5 个案例，其中涉及负债的有案例二十五和案例二十六、涉及所有者权益的有案例二十七，与负债和所有者权益都相关的有案例二十八和案例二十九。收入与费用专题由 9 个案例组成，与费用有关的有案例三十一、案例三十三和案例三十五；其余案例均与收入和利润有关（案例三十、案例三十二、案例三十四、案例三十六～案例三十八）。收入一直是造假的重灾区，案例三十六为银广夏造假案，案例三十七为万福生科造假案，同时安排两个造假案例，是为了让读者了解和分析两个时期收入造假的特征和手法。其他专题共有 5 个案例，涉及的主题有融资租赁（案例三十九）、会计变更（案例四十和案例四十一）、财务会计报告（案例四十二和案例四十三）。中级篇的案例基本都以上市公司为对象，围绕某个主题展开，针对性强。

在高级篇中，一共包括 24 个案例，分合并会计专题、外币业务专题、金融工具专题和其他专题。合并会计专题共有 11 个案例：其中，案例四十四和案例四十五与合并标准有关；案例四十六与案例四十七与控制权有关；案例四十八主要加强读者对合并本质的理解；案例四十九和案例五十是合并会计具体运用的实例；案例五十一～案例五十三都以乐视网为对象，涉及合并的相关问题——定价问题（或估值问题）、关联交易和合并所得税会计；案例五十四则涉及合并会计处理中的核心问题——抵销处理。外币业务专题只有一个汇兑损益主题的案例（案例五十五），这一专题以后还需要进行补充。金融工具专题由 3 个案例组成，分别是案例五十六～案例五十八。这 3 个案例都与衍生金融工具有关。其他专题共有 9 个案例，案例五十九的主题是合伙，案例六十二的主题是利润分配，其余几个案例都与上市公司的信息披露相关。除少量案例外，高级篇的案例涉及的主题都比较综合，会同时涉及多个主题，也多为中型和大型案例。

本书是一本配合财务会计学习从《会计学原理》《中级财务会计》到《高级财务会计》（本系列教材全部由人民邮电出版社以"新形态精品教材"系列出版）教学的案例集。不同层次案例教学的要求是有区别的：《会计学原理》案例教学的主要目的是有意识地引导学生对现实的一些问题进行思考，案例的难度都在一定的程度内，有的案例有明确的答案，但这些答案并非唯一的标准。《中级财务会计》案例教学的主要目的是让学生对某些特定问题展开较深入的分析和思考，提供基本的案例背景素材，学生要能从中找出问题点，并且需要进一步搜集所需要的资料，对照特定的准则、制度和法规等，提出自己的判断和想法，并说明理由和依据，以使学生将所学的内容与现实的处理结合起来。《高级财务会计》的案例教学需要学生对复杂、综合的问题有一定的解决能力，包括组织、分工与沟通、集体讨论等方面的能力，需要以小组的形式展开案例分析。学生需要进一步搜集材料（包括相关的法规和条例）、寻找细节和问题点，有时甚至要突破会计领域去思考问题，从而提出意见和理由。

为了提供案例写作和案例教学的参考，本书案例六十七提供了一个框架，包括案例写作参考，内容有编写目的、知识点、关键词和案例摘要；最后还提供了教学案例使用说明，内容有基本问题、前期知识准备、案例用途、教学对象、要点与分析、教学方式、教学计划、数据与资源来源等。具体内容请参见本书案例六十七：信息披露——穗恒运（3）。

本书主要由石本仁编写，另外，上婷参与案例"概念框架——合作与分歧"（案例十五）的编写，骆小浩参与案例"控制权的安排——阿里巴巴"（案例四十七）的编写，邓红军参与案例"谁是公司的控制者——支付宝事件"（案例四十六）和案例"借题发挥还是多元经营——重庆啤酒"（案例六十六）的编写，饶赛军参与案例"'澳元门'事件——中信泰富"（案例五十八）的编写。此外，部分案例是在公开发表的论文或其他基础上改编而成的，这些案例有：一辆合资生产汽车的税收（案例九）、厦航利润之谜（案例二十三）、股东权益——郑百文（案例二十九）和造假分析（1）——银广夏（案例三十六）。文中对上述案例来源进行了具体说明，在此一并对合作者、相关论文和材料作者、杂志社和出版单位表示衷心感谢！

虽然本书是本案例集的第三版，但在写作中仍然会有不足；同时，如果对案例写作有好的建议，希望广大读者不吝赐教，在此深表谢意！

编著
2020 年 3 月

目录 Contents

原理篇

中级篇

会计理论专题

资产专题

负债及所有者权益专题

收入与费用专题

高级篇

合并会计专题

外币业务专题

金融工具专题

其他专题

原理篇

案例一

大学一年级——初识会计专业

小张是会计专业的一名一年级新生，经过一个学期的学习后，假期乘火车回家和家人团聚过春节。

小张是家里的独生子。年初二，爸爸、妈妈、爷爷、奶奶、外公、外婆，加上姨夫、姨妈和表妹，大家在一起天南地北、七嘴八舌地拉着家常。话题突然转到小张的身上，大家对小张的学校情况、生活情况，特别是学习情况（尤其是专业情况）询问了很多。虽然还没有开设专业课，但入学第一周系主任对专业做了一个系统的介绍，再加上和师兄、师姐的接触，以及自己看了一些相关书籍，听了一些讲座，小张根据自己的理解做了一些回答，有些实在回答不了的问题，答应以后解释。

以下是他（她）们的对话。

"你在学校都要学哪些课程？要学的东西多吧？"

小张："我们的课程主要分为公共基础课、学科基础课、专业基础课、专业必修课、专业选修课和公共选修课。现在学校采取学分制，四年内我们必须修满规定的学分才能毕业。"

"会计专业是干什么的，不就是算算账吗，还用学四年，两年就足够了。"说这话的是小张的表妹。

小张："我原来也这么想，但第一周听了系主任进行的专业介绍后，我触动很大。原来会计在市场经济中有很高的地位，在经济发达国家，会计师、律师和建筑师是很受社会尊重的职业，收入也不低，竞争非常激烈。现在我国沿海和经济发展好的地区，会计岗位的收入都很高，进我们学校会计专业的学生都是高考中的佼佼者。"

"我一直弄不清楚会计师、注册会计师、高级会计师、审计师、会计员的区别。"

小张："这些区别我现在也不是太清楚。"

姨夫是一家上市公司的中层管理者，他问小张："我们公司每年都请国内的会计师事务所进行审计，听说外资公司大多都请国外的四大会计公司进行审计，事务所和会计公司一样吗？"

小张："事务所大多是合伙企业，负无限责任，规模要小些；会计公司是公司制企业，负有限责任，所以四大会计公司的规模都很大，像普华永道、毕马威等。"

"我原来看过一篇报道，说一家公司的老总挪用公司资金，后来这家公司的财务经理也被抓了，做财务是不是风险很大？"

小张："是这样的，会计既算账，又理财，如果不加强自身法律知识和道德修养，是比较容易出问题的，所以我们的专业课中有很多与法律有关的课程和专门的会计职业道德课程。这也是系主任在专业介绍中重点强调了的。"

"现在很多英文的缩写，我们看不懂，什么 CPA、CEO、CFO、CTO、COO、WTO，太多了。"

小张："CPA 就是注册会计师，CEO 是总经理，CFO 是财务经理，WTO 是世界贸易组织，其他我就不太清楚了。"

"经常听说有人考 CPA，我一个同事的女儿在大学是学历史的，也考 CPA，考 CPA 有什么用？"

小张："在会计师事务所工作，一般需要通过 CPA 考试。"

"但很多人并不在会计师事务所工作，为什么也去考？据说通过这个考试是很难的。"

小张："这个问题我现在回答不了。我的很多师兄、师姐都会参加 CPA 考试，一次全部（共六科分别是会计、审计、财务成本管理、税法、经济法、战略与风险管理）通过的很少。"

"你会参加这个考试吗？"

小张："听我们系主任讲，如果计划攻读硕士研究生或者博士研究生，今后从事研究工作，就没有必要考。我现在还没想好做什么。"

"你总说会计很重要，但会计除了算算账，还能干什么？"表妹不依不饶地问。

小张一时语塞，这还真是一句话回答不了的问题。

"算了，你这丫头，让你哥休息会，我们马上吃饭了。"奶奶给小张打了个圆场。

问题：

1. 上述案例中，小张的回答准确吗？如果不准确，正确的说法是什么？

2. 小张没有回答的问题请试着帮他给出一个答案。

案例二

大学二年级——人生选择（就业还是考研）

小张已经是大学二年级的学生了。经过一年的学习，当初那种对大学的新鲜与激动感已经过去。现在让小张烦恼的是同学们大都有了各自的目标：有的要出国、有的准备考公务员、有的准备读研甚至读博、有的大学毕业就直接工作以减轻家里的负担等。小张则在纠结毕业后是考研还是马上工作。家里的意见是继续读研，而小张自己想先工作，以后有机会再读研，所以一直举棋不定。一年级时一位老师给他们上过《会计学原理》，他想先听听这位老师的观点，然后再做决定。

老师：

您好！

我是上学期上过您《会计学原理》课程的张×同学。我很喜欢您的课，您在这方面有很高的造诣，所以向您求教一些关于考研的问题，打扰您了！

爸爸妈妈让我考研，认为这对将来找工作和职业发展有好处，说高学历是普遍趋势。可是我很迷茫，因为也有的人说会计学很好就业，而且该行业注重经验，读研与否无所谓，只要把证拿到手就行。今年大二了，我还是没考虑清楚，不知如何权衡。

高考报这个专业时也不大懂，因为和其他专业一样，对我们来说都是陌生的，现在学了《会计学原理》，对会计有了一定的认识，但又不全面。对于自己的职业期望，我当然希望越高越好，爸爸妈妈对我的期望也高，而且现在竞争压力也大。所以，我对考研与否很无措。当然，我也经常上网查，但众说纷纭。究竟是集中精力学习（同时准备考注册会计师证），先工作等有机会再读研（边工作边读书），还是先考研（同时考证）再工作呢？老师，您从您的角度看肯定有您的高见，希望能给我点拨一下，晚辈感激不尽。

祝老师生活幸福、身体健康！

一天后，老师就回信了。

张×：

你好！

我不会告诉你要做何种选择，我要告诉你的是选择的基本原则。

（1）考证工作与考研是两种选择，没有利弊与好坏之分。

（2）选择前把各种结果与自身兴趣、条件结合起来考虑。

（3）要为自己活，同时要为自己的选择承担后果。

（4）一旦选择了，就坚持下去。

另外，人生就是一段旅程，看大家都看的风景与看很少有人看的风景，结果没有太大的区别。要做自己，就得自主。选择自主就是最重要的内容。

祝快乐！

问题：

1. 在出国、读研、工作、做公务员等各种选择中，你更倾向于哪一种，为什么？

2. 在做类似的选择时，你如何去做？同学、老师、家长（包括亲朋好友）等对你的影响如何？

案例三

错账

兴海公司是一家汽车修理公司，2008 年 8 月，公司的会计老张因事请假一个月，本月所有业务的账务处理均由实习员小明负责。月末老张回来上班后对小明所做的账务处理进行检查，其中有 15 笔业务的处理情况如表 3-1 所示。

表 3-1　　　　　　　　　　　　　　业务处理情况

日期	业务摘要	账户名称	借方（元）	贷方（元）
1 日	因天气太热，所有者又投入空调两台，每台价值 3 000 元	固定资产	6 000	
		实收资本		6 000
2 日	购买汽车修理用原材料 5 000 元，已用银行存款支付 2 000 元，其余货款未付	原材料	5 000	
		银行存款		2 000
3 日	预收客户 A 一笔修理收入 8 000 元，存入银行	预收账款	8 000	
		主营业务收入		8 000
4 日	因公司周转资金不够，所有者又投入 20 000 元，存入银行	银行存款	20 000	
		长期借款		20 000
5 日	用银行存款偿还上月所欠货款 2 000 元	应付账款	2 000	
		银行存款		2 000
6 日	取得 10 年期长期借款 50 000 元，存入银行	银行存款	50 000	
		实收资本		50 000
7 日	签发票据，偿还到期货款 3 000 元	应付票据	3 000	
		应付账款		3 000
8 日	向供应商预付 10 000 元以购买修理用原材料	银行存款	10 000	
		预付账款		10 000
9 日	偿还期限为半年的借款 3 000 元	长期借款	3 000	
		银行存款		3 000
10 日	向股东宣布并发放上半年股利 8 000 元	应付职工薪酬	8 000	
		银行存款		8 000
11 日	为已预付了修理费的客户 A 提供修理服务，共获得修理收入 8 000 元	主营业务收入	8 000	
		预收账款		8 000
12 日	获得汽车修理收入 30 000 元，20 000 元已转账到银行，其余未付	银行存款	20 000	
		主营业务收入		30 000
13 日	为修理汽车领用原材料 18 000 元	原材料	18 000	
		主营业务成本		18 000
14 日	转账支付本月水电费共 680 元	管理费用	680	
		银行存款		860
15 日	通过银行转账支付修理人员工资 3 000 元	主营业务成本	3 000	
		银行存款		3 000

问题：

1. 小明对这 15 笔业务的账务处理哪些正确，哪些不正确？将不正确的加以改正。
2. 小明对哪几笔业务的处理会导致试算平衡表不平衡？

案例四

账务处理——小强电脑

李强职校毕业后没有找工作，自己筹了点钱租了一个柜台卖计算机，取名"小强电脑"，同时雇了一个营业员看守柜台。从 2019 年开业的一年内，一直没有记账、算账。最近他请了一个会计师帮他做账，可不知什么原因，该会计师做了一半突然因为一个电话就走了，再找就联系不上了。会计师整理出来的会计分录如下。

(1) 借：银行存款　　　　　　　　　　　　　　　　　　　150 000
　　　　贷：长期借款（2 年）　　　　　　　　　　　　　　100 000
　　　　　　实收资本　　　　　　　　　　　　　　　　　　 50 000
(2) 借：长期待摊费用（3 年）　　　　　　　　　　　　　150 000
　　　　贷：银行存款　　　　　　　　　　　　　　　　　　150 000
(3) 借：库存商品——计算机　　　　　　　　　　　　　　180 000
　　　　贷：应付账款　　　　　　　　　　　　　　　　　　180 000
(4) 借：销售费用（工资）　　　　　　　　　　　　　　　　7 000
　　　　贷：银行存款　　　　　　　　　　　　　　　　　　　7 000
(5) 借：办公用品——柜台　　　　　　　　　　　　　　　　5 500
　　　　贷：银行存款　　　　　　　　　　　　　　　　　　　5 500
(6) 借：销售费用——水电　　　　　　　　　　　　　　　　4 350
　　　　贷：银行存款　　　　　　　　　　　　　　　　　　　4 350

另外，有一些单据未入账，这些单据涉及的业务如下。

(1) 全年的销售额为 500 000 元，其中 200 000 元为赊销。
(2) 一张顾客转款入账单 55 380 元。
(3) 还未登记的又一批购进的计算机，共计 58 000 元。
(4) 从银行转账支付以前购买计算机的应付账款 98 000 元。
(5) 年末库存计算机还剩 10 台，成本为 43 500 元。
(6) 年末未结的营业员的工资 1 250 元。
(7) 支付一年的物业费 1 850 元。
(8) 和会计师约定先预付会计师 500 元，剩余 500 元做完账再付，预付款已支付。
(9) 年终共计支付银行各项业务手续费 1 480 元。
(10) 店面租约三年，租期从 2019 年 2 月开始计算。
(11) 上述已经登记的借款是李强以父母亲的房子抵押的，3 月 16 日从银行借入，期限二年，年利率 8%，利息每一年付一次。
(12) 办公用品（柜台）大约可使用五年，从 2019 年年初开始计算。

问题：

1. 指出前 6 个会计分录的经济业务。
2. 将前 6 笔分录过账。
3. 将未登账的相关单据入账，并结清（转）相关账户。
4. 编制 2019 年的资产负债表和利润表。

案例五

收入确认

关于收入确认的问题，该不该确认，什么时间确认和确认多少，都是在实际处理收入业务时碰到的问题，下面这些问题都与收入确认有关。

问题：

1. 在收入确认中，应该如何考虑商业折扣与现金折扣；而对于现金折扣，又可以选择采用总价法与净价法计算；为何同样的业务，采用不同方法确认的收入金额有差异？

2. 某电力公司每两个月抄一次电表，1月、2月的耗电数在3月10日抄读，以后月份依此类推，请问在未抄11月、12月电表之前，如何确认年度收入？

3. 2002年，上海黄金交易所正式成立，国内黄金交易全部通过交易所进行，黄金价格由市场决定，而此前的黄金产品（如金锭）则由国家按牌价统一收购。请问这一政策变化对黄金开采公司的收入确认带来何种变化？

4. 某剧院提前一周预售该影院播放的某电影的电影票，请问，预售款如何处理，收入如何确认？

5. 2018年12月底，A公司将一批商品销售给B公司，B公司将此批商品抵押，从银行取得一笔500 000元贷款，并将该款项直接转给A公司。A公司同意2019年7月1日以560 000元将这批商品重新购回，请问对此项交易A公司应如何处理？为何A公司不直接向银行借款？

6. 出口销售时，有两种结算方式——离岸价和到岸价交货，请问这两种结算方式在收入确认时点和确认金额上有何区别？

7. 一般收入确认的基本原则是已赚取和可实现，比如在商品销售时确认收入，但为何还允许有例外存在，请举例说明这种例外确认收入的例子并解释原因。

8. 某园林主种植供观赏的植物，生长一到三年后就出售。某公司看中其中生长两年的观赏树，每棵已投入成本30元，该公司愿意以每棵50元的价格购买。园林主回绝了公司的请求，因为园林主考虑到再种植一年还可卖更高的价格，请问园林主当年应不应该确认收入？这批观赏树是作为存货还是作为固定资产处理？

案例六

存货核算——宝钢股份

宝山钢铁股份有限公司（股票代码 600019，以下简称"宝钢股份"）是我国规模最大的上市钢铁公司。存货管理在资产管理中占据重要的位置，以下是摘自宝钢股份 2008 年和 2013 年年度会计报告中与存货及销货成本相关的资料。

2008 年度宝钢股份资产总计 2 000 亿元，其中流动资产 588 亿元，非流动资产 1 412 亿元，流动资产中存货约为 356 亿元。

2008 年年末存货构成如表 6-1 所示。

表 6-1　　　　　　　　　　　　　　　　　2008 年年末存货构成　　　　　　　　　　　　　　　单位：百万元

原材料	半成品	库存商品	备品备件及其他	小计	跌价准备	存货净额
14 153	10 472	12 802	4 122	41 549	5 904	35 645

2008 年营业收入与营业成本的相关资料如表 6-2 所示。

表 6-2　　　　　　　　　　　　　　　　2008 年营业收入与营业成本　　　　　　　　　　　　　单位：百万元

营业收入		营业成本	
营业总收入	200 638	营业总成本	193 014
营业收入	200 332	营业成本	175 894
其中：主营业务收入	199 254	其中：主营业务成本	175 387
其中：销售商品	197 338	其中：销售商品	173 618
其他	1 916	其他	1 769
其他业务收入	1 078	其他业务成本	507
利息收入	297	利息支出	383
手续费及佣金收入	9	手续费及佣金支出等*	16 737

*其他营业成本项目还包括税金及附加、销售费用、管理费用、财务费用、资产减值损失、公允价值变动损益和投资收益等。

2013 年度宝钢股份资产总计 2 267 亿元，其中流动资产 781 亿元，非流动资产 1 486 亿元，流动资产中存货约为 311 亿元。

2013 年年末存货构成如表 6-3 所示。

表 6-3　　　　　　　　　　　　　　　　　2013 年年末存货构成　　　　　　　　　　　　　　　单位：百万元

原材料	半成品	库存商品	备品备件及其他	小计	跌价准备	存货净额
7 653	9 207	11 798	3 640	32 298	1 212	31 086

2013 年营业收入与营业成本的相关资料如表 6-4 所示。

表 6-4   2013 年营业收入与营业成本   单位：百万元

营业收入		营业成本	
营业总收入	190 026	营业总成本	180 053
营业收入	189 688	营业成本	171 718
其中：主营业务收入	188 328	其中：主营业务成本	170 560
其中：销售商品	185 598	其中：销售商品	168 250
其他	2 730	其他	2 310
其他业务收入	1 360	其他业务成本	1 158
利息收入	335	利息支出	234
手续费及佣金收入	3	手续费及佣金支出等*	11 102

*其他营业成本项目还包括税金及附加、销售费用、管理费用、财务费用、资产减值损失、公允价值变动损益和投资收益等。

问题：

1. 在年度报告中找出宝钢股份的存货会计政策说明，并说明存货在该公司的重要性。

2. 比较2008年和2013年公司存货的主要变化以及这些变化对公司经营的影响，并说明导致这一变化的主要原因。

案例七

为小企业做账

陈明是一名大学三年级的学生，所学专业是会计。暑假回家后，他的叔叔得知他学习会计，请他帮忙为工厂做账。陈明的叔叔陈建设以前在一家服装厂做销售，熟悉这个领域后，由于能接到订单，就自己做起了老板。

工厂是接手一家外资企业的，车间和设备都是现成的，启动资金一部分是陈建设自己的积蓄，一部分是向亲朋好友借来的借款。虽然开业已经 6 个月了，但账目一直比较混乱。该工厂平时的现金管理是由陈建设的妻子负责，现在账面的银行存款大约有 200 000 元，盈亏情况陈建设并不太清楚。因此，陈建设想让陈明算算账，准确地了解工厂的财务状况和盈利结果。

陈明来到一个简陋的办公室，到处堆放着一些零散的单据，还有一本他婶婶平时登记的一些重大事项的备忘录。陈明整理上述票据后，归类所有事项如下。

（1）银行对账单显示 6 月底的存款余额为 228 690 元，汇总 6 个月的对账单，共计手续与服务费 3 510 元。

（2）零星的现金放在一个上锁的抽屉中，陈明盘点发现现金有 351.90 元。陈明询问后得知，陈建设从银行取现 5 000 元后放入抽屉，作为企业平时零星开支。

（3）各项资产均从一外商手中购买，总共花费 2 800 000 元：土地使用权 1 000 000 元，车间 1 000 000 元，设备 800 000 元。据陈建设介绍，土地使用权的年限还有 20 年，车间厂房能用 10 年，设备因为产品更新速度快，5 年后要更新换代，淘汰后的设备基本没有利用价值。

（4）所有投资中，陈建设投资 2 000 000 元，另外 800 000 元在年初分别从不同亲戚处借入。向妻弟借款 300 000 元，年利率为 15%；向哥哥借款 300 000 元，年利率为 12%，向妹妹借款 200 000 元，年利率为 10%。上述借款并无明确期限，暂定二年，本息一次付清。另外，陈建设于 4 月 1 日从银行抵押借入一笔两年期的款项 500 000 元，年利率为 8%，约定每三个月支付一次利息。

（5）该工厂按单生产产品，从年初（2013 年 1 月 1 日）到 6 月底共接六单，每单数量均为 10 000 件，每件价格为 42 元。三单已交货，收到其中二单的货款；另外三单还在生产中，其中有一单已完工，准备交货，另两单完工一半。

（6）购进材料都有发票，每次接单后的前 10 天先备料。根据购货发票，购进材料总价为 800 000 元，领料并无规范的登记手续。陈明和陈建设到车间盘点，发现还剩 180 000 元的材料在仓库。

（7）5 月 31 日，陈建设妻弟急用钱，陈建设从工厂账上转出 50 000 元。6 月 15 日，收到一张医院缴费单支出 3 500 元，陈明一问才知陈建设妻子生病从企业存款中转出。

（8）工人约有 10 人，每人工资从 2 500 元到 5 000 不等，工资费用直接从银行转入各工人账户。陈明查银行对账单，发现上半年共计转出 198 500 元。

（9）车间生产用水电费直接委托银行扣款，共计 105 800 元。

（10）另外，陈建设还在自己小本上登记了一些卫生绿化等支出，还包括请吃饭等费用，共计 38 500 元，这些支出都是自己掏钱支付的，没有通过银行转账。

问题：

1. 编制会计分录，并编制6月30日的资产负债表、半年度的利润表和现金流量表。

2. 说明为何企业盈利了，而银行存款（包括现金）却减少了。（提示：折旧按六个月计提，不考虑流转税和所得税）

3. 如果你是陈明，你会向陈建设提供什么建议？

案例八

负债

企业负债的取得渠道不同、形成原因不同、不确定性程度不同、成本高低不等，其会计处理也存在差异，下面列举的是几种典型的企业负债。

（1）从供应商处赊购材料 500 000 元，结算条款为：2/10，*n*/30。其中折扣期内支付 400 000 元，余款在信用期内支付。请用总价法和净价法同时登记该笔负债，并指出两种方法为何会产生不同的负债金额。

（2）登记月末应付职工薪酬。请问职工薪酬的构成有哪些项目，为何有些项目（指出这些具体项目的名称）不在一年内支付也要计入流动负债？

（3）购货 300 000 元，开出一张商业承兑汇票，期限三个月，年利率 6%；两个月后，接受票据方到银行贴现；票据到期后因为本公司存款不足发生退票。请编制出票、月末计息和票据到期的会计分录。

（4）第三季度公司实现利润 5 000 000 元，前两个季度分别实现利润 3 000 000 元和 4 000 000元，预计全年的总利润额为 20 000 000 元。请问第三季度预缴的企业所得税是多少？（公司适用的企业所得税税率为 25%）

（5）抵押公司的房产向银行借款 2 000 000 元，期限五年，每年末付息一次，年利率 8%。

（6）按 98% 折价发行面值为 10 000 000 元的公司债券，十年期，年利率 8%，每半年付息一次。请编制发行（发行成本为发行面值的 2%）、摊销（直线法）与付息、还本的会计分录。

（7）公司为了促销，实行每购满 100 元送 10 元赠券的活动，赠券可买公司任何商品。开展活动的第一个月，销售商品 20 000 000 元，送出赠券 1 500 000 元。请编制本月送出赠券和顾客使用赠券购买商品时的会计分录（根据以往经验赠券回收率为 75%）。

（8）年末，公司收到顾客投诉，称购买的商品在使用时对其造成了人身损害，共计损失 300 000元，向公司提出索赔，目前该事件还未进入法律程序。

（9）据可靠消息，公司去年的一起合同纠纷公司可能胜诉，预计获得赔偿 500 000 元，但最终判决结果公司目前还未收到。

问题：

1. 编制上述负债必要的会计分录，并按不确定性程度对上述负债进行分类。
2. 简要回答负债期限长短、风险高低和筹资成本之间的关系。
3. 指出负债的不确定性如何影响会计的确认与披露。

案例九

一辆合资生产汽车的税收[①]

目前全球大规模的汽车品牌有七大汽车集团和四大汽车公司。七大汽车集团分别是通用汽车集团、福特汽车集团、大众汽车集团、菲亚特-克莱斯勒汽车集团、雷诺-日产集团、标致雪铁龙集团、现代-起亚汽车集团，四大汽车公司分别是宝马汽车公司、奔驰汽车公司、丰田汽车公司、本田汽车公司。这11个汽车企业基本构成了目前全球的汽车格局，而且，这11个汽车企业都已经来到我国合资生产汽车。

中国汽车产业政策对我国合资生产汽车的企业进行约束，其中最重要的两条如下所示。

（1）所有进入我国汽车市场生产销售汽车的企业，必须与我国国内的汽车生产企业成立合资企业，且外资品牌在合资企业中的股份占比不得超过50%。

（2）外资品牌在我国最多和国内2家汽车生产企业合资。

看到这2条政策，就可以理解为什么我国有一汽大众、上海大众之分，有一汽丰田、广汽丰田之分，有东风本田、广汽本田之分等。

我国汽车大多为合资生产，以一辆典型的合资大众型（售价20万元）的汽车为例，看看它所涉及的税收有多少。

假定净利润率（所得税后）为8%，那么税前利润率大约是10.7%（我国的企业所得税税率为25%，8%÷75%约等于10.7%）。换句话说，一辆合资汽车的销售收入是20万元，那么，税后净利润是1.6万元。中方和外方各持50%股份，外方够获得的利润大概是8 000元，相当于销售收入的4%。

根据我国的企业所得税法，非居民企业（如日本本田）从居民企业（如广汽本田）分回的股息、红利所得，应当征收10%的预提所得税。因此，日本本田能够拿走的利润实际上是7 200元（8 000元×90%），相当于销售收入的3.6%。那么这7 200元分回日本后，会给日本政府创造多少税收呢？日本目前对于企业法人（中小法人除外）征收25.5%的法人税（相当于我国的企业所得税）。同时，根据《中华人民共和国和日本国政府关于对所得避免双重征税和防止偷漏税的协定》，对于日本企业从中国取得的所得，已经在中国缴纳的所得税可以在申报日本法人税时予以抵免。也就是说，8 000元的可分配利润，先在我国征收10%（800元）的预提所得税，回到日本后，日本本田只需要再向日本政府缴纳1 240元[8 000×（25.5%-10%）]。

下面再来看这辆车在我国涉及的主要税收。

增值税（价外税）：17%，3.4万元。中央财政分享75%：25 500元。

消费税（价内税）：排量2.0升～2.5升，含2.5升，9%，1.8万元，全部属于中央财政。

城建税（价内税）：应缴消费税、增值税总额的7%。应缴消费税=1.8万元。应缴增值税=销项税额-进项税额。为了简便，我们按照估计的毛利率来计算应缴增值税（即套用简单公式：应缴增值税=毛利×17%），假定毛利率17%，所以其应缴增值税大概是5 780元。如此计算出城建税约为1 665元。全部属于地方财政。

教育费附加（价内）：应缴消费税、增值税总额的3%。按照上述数据计算约为713元，全部属

---

① 根据@讼棍茶水斋2012年9月16日博客"干掉一辆国产日系车的"抗日效益"浅析改编.

于地方财政。

地方教育费（价内）：广东目前开征地方教育费，为应缴消费税、增值税总额的 2%。按照上述数据计算约为 476 元，全部属于地方财政。

车辆购置税：10%，2 万元（买方承担）。全部属于中央财政。

印花税：购销合同的 0.03%（买卖双方均须负担）。注意：购销合同价格是包括增值税的，所以这个例子中的税基是 23.4 万元，印花税合计约为 140 元。全部属于地方财政。

上述流转税合计：74 994 元。

下面再看直接税（所得税）。

上面假定汽车的税前利润率是 10.7%，那么 20 万元的销售收入，其税前利润大约是 21 400 元，缴纳 25% 的企业所得税，税额为 5 350 元，再加上对分回国（以日本为例）的利润征收 10% 预提所得税 800 元，合计 6 150 元。其中 60% 属于中央财政，即 3 690 元。

上述直接税和间接税的税费总额为 81 194 元。其中属于中央财政收入的 67 220 元。

问题：

1. 请列出每个税额的计算过程，如果你认为其中的计算依据有问题，请重新计算。
2. 请列出每个税种最新的法规（或条例）名称和规定。
3. 指出一辆汽车的受益方和受益比例。

案例十

所有者权益

王明 1996 年从一所"985"高校的电子工程专业毕业后，被分配到一家国家级设计院工作，并在五年后创办了自己的企业。之后王明与几个同学合办一家合伙企业，该企业后来改制为一家股份公司，最后上市。以下是王明创业的具体历程。

2001 年年初，创办自己的独资企业，最初投入 100 000 元，其间父亲生病住院，从公司提取 60 000 元，当年实现净利润 200 000 元。

2002 年，用家中的钱购置一台 80 000 元的设备，期间由于缺少现金，从企业账户中支取 20 000 元归还一朋友借款。企业当年盈利 450 000 元，年末王明从企业存款中提取 150 000 元。

2003 年年初，王明深感一个人办企业势单力薄，于是力邀同学林浩加入，企业改制为合伙企业。王明以现有企业投资，投入资本按账面价值计算，林浩以对等的资金投入，两人对企业权益各占 50%。当年由于经营不善，企业亏损 100 000 元。

2004 年，王明又将同学陈铁军吸收入股，陈铁军投资 400 000 元，三人各占企业权益的三分之一。企业当年盈利 600 000 元。

2005 年，三人作为发起人，成立一家有限责任公司——翰林科技有限责任公司。公司当年实现净利润 2 000 000 元，按法律规定，公司计提 10% 的盈余公积，分配股利 300 000 元。期间，林浩将手中的股份转卖给张强，转让价为 1 500 000 元。

2006 年，公司改制为股份有限公司，全称为翰林高科股份有限公司，王明等三位股东各持有 1 000 000 股，每股面值 1 元。公司当年盈利 2 500 000 元，年终分配现金股利每股 0.2 元。计算当年每股收益。

2007 年 7 月 1 日，公司引入战略投资者，出资 15 000 000 元，占 5 000 000 股。同时王明等三人持有股份每股按两股计算，股本面值仍为 1 元（拆股后的面值从资本公积转入）。公司当年盈利 5 000 000 元，每股支付现金股利 0.15 元。计算当年每股收益。

2008 年，公司首次公开募集资金，共发行 10 000 000 股股票，每股发行价 8 元，发行费用 3 000 000 元。公司当年实现净利润 10 000 000 元，每股支付现金股利 0.10 元。计算当年每股收益。

2009 年 10 月 1 日，公司发行 1 000 000 股累积可转换优先股，每股 10 元，每股可转换为 1 股普通股，年股利率为 5%。公司当年实现盈利 15 000 000 元（未扣除优先股股利），每股普通股支付现金股利 0.15 元。计算当年基本每股收益和稀释每股收益。

2010 年，公司当年盈利 18 000 000 元（未扣除优先股股利），每股普通股按 10 股送 1 股发放股票股利。计算当年基本每股收益和稀释每股收益。

2011 年 4 月 1 日，公司发行 10 000 份、每份 1 000 元的可转换公司债券，债券年利率为 6%，每份债券可转换为 8 股普通股。公司当年盈利 20 000 000 元（未扣除优先股股利），并支付三年优先股股利和每股普通股 0.1 元的现金股利。计算当年基本每股收益和稀释每股收益。

2012 年 7 月 1 日，公司回购股票 1 000 000 股，每股购买价 12 元，回购的股票用作高管的股权激励。公司当年盈利 12 000 000 元（未扣除优先股股利），发放每股普通股 0.08 元的现金股利。计算当年基本每股收益和稀释每股收益。

问题：

请编制有关所有者权益的相关事项的会计分录，并计算各年的所有者权益（包括各组成部分）的金额。

案例十一

比较分析

表 11-1 与表 11-2 分别为 2008 年和 2012 年我国主要行业上市公司各类指标。

表 11-1　　　　　　我国主要行业上市公司各类指标（2008 年度）

证券代码	行业分布	应收账款周转率（次/年）	存货周转率（次/年）	销售毛利率（%）	流动比率	速动比率	资产负债率（%）	已获利息倍数	每股收益（元）	净资产收益率（%）
万科	房地产	45.86	0.33	39.00	1.76	0.43	67.44	10.62	0.37	12.65
粤电力	电力、煤气、水的生产和供应	8.31	14.40	5.36	0.81	0.66	54.84	0.52	0.01	-1.18
武汉中商	批发及零售贸易	130.93	10.03	18.51	0.61	0.43	74.66	1.85	0.15	6.97
五粮液	食品饮料	1 326.22	1.86	54.39	4.28	3.27	15.12	-14.00	0.48	15.97
宝钢股份	制造（金属、非金属）	34.65	4.66	12.20	0.82	0.32	55.15	3.78	0.37	7.02
南方航空	交通运输	34.18	44.43	3.86	0.22	0.19	88.62	8.99	-0.74	-68.98
中视传媒	传播与文化	34.90	3.07	14.20	1.42	1.08	51.60	-4.06	0.229	6.43
上海建工	建筑	10.39	7.85	5.35	1.12	0.81	77.95	-34.74	0.42	8.00
国旅联合	社会服务	18.67	1.5	59.03	0.97	0.94	38.15	17.84	0.05	3.86
金龙汽车	机械仪表设备	9.24	7.21	10.80	1.15	0.83	71.30	36.25	0.44	14.27
同济科技	综合类	15.66	0.58	30.69	1.20	0.27	68.03	2.74	0.094 3	4.75
上海医药	医药生物制品	6.85	10.11	8.74	0.99	0.70	73.05	2.16	0.144	4.85
华东电脑	信息技术	4.94	9.95	15.62	1.58	1.32	58.25	7.90	0.038 3	2.75
新五丰	农林牧渔	38.36	10.46	8.76	2.24	1.62	24.23	3.16	0.05	1.84
中国神华	采掘	15.98	7.63	52.39	1.83	1.64	37.45	33.98	1.337	17.85
工商银行	金融、保险	—					93.78	—	0.33	18.31
中国石油	采掘	60.65	7.63	36.17	0.86	0.52	29.06	72.76	0.62	14.40

表 11-2   我国主要行业上市公司各类指标（2012 年度）

企业名称	行业分布	应收账款周转率（次/年）	存货周转率（次/年）	销售毛利率（%）	流动比率	速动比率	资产负债率（%）	已获利息倍数	每股收益（元）	净资产收益率（%）
万科	房地产	60.63	0.28	35.56%	1.40	0.41	78.32%	28.55	1.14	0.21
粤电力	电力、煤气、水的生产和供应	9.39	11.69	20.87%	0.46	0.38	66.56%	2.98	0.43	0.11
武汉中商	批发及零售贸易	55.519	9.04	20.23%	0.92	0.69	70.17%	2.95	0.23	0.08
五粮液	食品饮料	347.36	1.31	70.53%	2.77	2.29	30.34%	10.79	2.61	0.37
宝钢股份	制造（金属、非金属）	24.62	5.35	7.46%	0.84	0.49	45.26%	32.61	0.6	0.10
南方航空	交通运输	49.86	51.67	15.32%	0.35	0.32	72.21%	5.62	0.27	0.08
中视传媒	传播与文化	9.38	6.06	11.25%	1.81	1.66	41.55%	-1.25	0.13	0.04
上海建工	建筑	10.60	3.41	6.46%	1.13	0.64	84.50%	18.54	0.69	0.14
国旅联合	社会服务	20.45	3.69	84.10%	1.41	1.38	61.12%	-0.85	-0.13	-0.12
金龙汽车	机械仪表设备	4.28	8.09	12.36	1.15	0.96	74.47%	14.10	0.48	0.10
同济科技	综合类	12.35	0.46	19.10%	1.63	0.45	67.96%	13.11	0.19	0.09
上海医药	医药生物制品	40.22	3.74	9.38%	1.81	0.78	33.54%	5.13	0.09	0.04
华东电脑	信息技术	9.35	3.31	13.96%	1.65	0.93	58.49%	-10.37	0.59	0.18
新五丰	农林牧渔	5.87	6.49	13.64%	1.76	1.31	45.56%	10.92	0.76	0.09
中国神华	采掘	15.76	11.4	35.98%	1.05	0.91	33.20%	32.39	2.39	0.20
工商银行	金融、保险	—	—	—	—	—	93.57%	—	0.68	0.23
中国石油	采掘	37.12	8.25	25.53%	0.73	0.35	45.76%	16.53	0.63	0.11

问题：

1. 相较于2008年，2012年我国主要行业上市公司各类指标发生了哪些变化？

2. 针对变化不大和变化重大的行业公司，指出导致这些变化的基本原因是什么？

中级篇

案例十二

中国企业会计准则与国际会计准则

在一篇题为"关于企业会计准则体系建设、趋同、实施与等效"①的文章中，财政部会计司原司长刘玉廷分别就我国企业会计准则的框架结构、我国企业会计准则与国际会计准则的趋同、企业会计准则 2007 年的实施情况、我国企业会计准则的等效等方面的问题进行了讨论和阐述。

问题：

要求通读该文章及相关资料和文章后，请回答：

1. 为何我国企业会计准则要与国际会计准则趋同？

2. 如何理解趋同，趋同是完全一致吗？如何做好我国企业会计准则与国际会计准则的趋同？

3. 什么是会计准则等效，简要介绍我国企业会计准则等效的进展。

4. 你可以通过哪些途径随时掌握我国企业会计准则和国际会计准则的最新动态？简述我国企业会计准则和国际会计准则的基本框架。

---

① 财政部会计司编写组. 企业会计准则讲解 2010[M]. 北京：人民出版社，2010.

案例十三

中国企业会计准则与国际会计准则的差异——东方航空（1）

中国东方航空股份有限公司（以下简称"东方航空"）是由中国东方航空集团公司于 1995 年 4 月独家发起设立的股份有限公司，于 1997 年 2 月发行 H 股并在纽约和香港两地上市。1997 年 11 月，东方航空（股票代码 600115）在上海证券交易所上市。

东方航空 2007 年以前按照 2006 年 2 月 15 日以前财政部颁布的企业会计准则和 2000 年 12 月 29 日颁布的《企业会计制度》并参照 2003 年 6 月 19 日颁布的《民航企业会计核算办法》编制财务报表。

2007 年 1 月 1 日以后，东方航空执行财政部于 2006 年 2 月 15 日颁布的《企业会计准则——基本准则》和 38 项具体会计准则、其后颁布的企业会计准则应用指南、企业会计准则解释以及其他相关规定（以下简称"企业会计准则"）。

企业会计准则颁布后，财政部每年又通过《企业会计准则解释公告》不断缩小中国企业会计准则与国际会计准则的差距。2014 年，财政部推出 3 个具体准则和修订原有的 5 个准则，使得原有的具体准则增至 41 个，中国企业会计准则与国际会计准则的差距进一步缩小。

表 13-1 是东方航空在两地上市后净利润和净资产两个指标在分别执行中国企业会计准则和国际会计准则下不同的金额。

表 13-1　　　　　　东方航空两地上市后执行不同准则下的净利润和净资产金额　　　　单位：千元

年份	归属于上市公司股东的净利润		利润总额	归属于上市公司股东的净资产		总资产
	按中国企业会计准则	按国际会计准则		按中国企业会计准则	按国际会计准则	
1997 年	362 412	635 134	556 692	7 320 909	6 906 482	26 156 818
1998 年	-632 438	-481 112	-680 740	6 531 036	6 425 370	26 960 244
1999 年	208 102	150 628	232 824	6 682 548	6 575 998	26 959 747
2000 年	20 082	175 529	103 232	6 606 548	7 189 024	26 986 300
2001 年	132 919	541 713	163 016	6 241 373	7 638 794	27 355 230
2002 年	124 259	86 369	262 306	6 284 066	7 379 103	31 426 197
2003 年	-825 972	-949 816	-410 123	5 226 914	6 382 151	36 687 479
2004 年	536 342	514 075	914 601	6 512 988	6 882 244	41 395 605
2005 年	60 474	-467 307	105 558	6 679 397	6 918 543	57 558 673

续表

年份	归属于上市公司股东的净利润		利润总额	归属于上市公司股东的净资产		总资产
	按中国企业会计准则	按国际会计准则		按中国企业会计准则	按国际会计准则	
2006 年	-2 779 979	-3 313 425	-2 847 502	3 035 469	3 476 643	60 129 330
2007 年	586 464	268 896	707 343	2 862 865	3 027 763	67 141 714
2008 年	-13 927 656	-15 268 532	-13 985 108	-11 599 346	-13 097 401	73 184 006
2009 年	539 743	168 766	640 121	3 103 585	1 234 553	72 018 681
2010 年	5 380 375	4 957 989	5 841 093	15 577 109	15 271 287	100 810 117
2011 年	4 886 702	4 575 732	5 167 714	20 437 377	20 125 892	112 215 152
2012 年	3 430 105	2 953 645	3 515 656	23 376 346	22 925 798	120 962 479
2013 年	2 376 037	2 372 571	2 220 566	24 616 699	26 902 316	137 776 513
2014 年	3 417 000	3 410 000	4 120 000	27 696 000	29 974 000	163 542 000
2015 年	4 541 000	4 537 000	5 671 000	35 137 000	37 411 000	195 709 000

1999 年调整后的数据：利润总额 232 824 千元，归属于上市公司股东的净利润（按中国企业会计准则）208 102 千元，归属于上市公司股东的净利润（按国际会计准则）84 289 千元；归属于上市公司股东的净资产（按中国企业会计准则）6 682 548 千元，归属于上市公司股东的净资产（按国际会计准则）7 013 495 千元，总资产 26 959 747 千元。

2000 年调整后的数据：利润总额 103 232 千元，归属于上市公司股东的净利润（按中国企业会计准则）20 082 千元，归属于上市公司股东的净利润（按国际会计准则）175 529 千元；归属于上市公司股东的净资产（按中国企业会计准则）6 596 548 千元，归属于上市公司股东的净资产（按国际会计准则）7 189 024 千元，总资产 26 976 000 千元。

2001 年调整后的数据：利润总额 148 652 千元，归属于上市公司股东的净利润（按中国企业会计准则）97 001 千元，归属于上市公司股东的净利润（按国际会计准则）541 713 千元；归属于上市公司股东的净资产（按中国企业会计准则）6 256 659 千元，归属于上市公司股东的净资产（按国际会计准则）7 638 794 千元，总资产 27 393 456 千元。

2002 年调整后的数据：利润总额 262 306 千元，归属于上市公司股东的净利润（按中国企业会计准则）124 259 千元，归属于上市公司股东的净利润（按国际会计准则）86 369 千元；归属于上市公司股东的净资产（按中国企业会计准则）6 381 405 千元，归属于上市公司股东的净资产（按国际企业会计准则）? 千元（报表上无法查到调整后的数据），总资产 31 610 130 千元。

2005 年调整后的数据：利润总额-120 136 千元，归属于上市公司股东的净利润（按中国企业会计准则）-155 671 千元；归属于上市公司股东的净资产（按中国企业会计准则）5 304 976 千元（4 866 950 000×1.09），总资产 57 078 054 千元。

2006 年调整后的数据：归属于上市公司股东的净利润（按中国企业会计准则）-2 991 571 千元，归属于上市公司股东的净利润（按国际会计准则）-3 313 425 千元，利润总额-3 262 141 千元；归属于上市公司股东的净资产（按中国企业会计准则）2 332 431 千元，归属于上市公司股东的净资产（按国际会计准则）2 814 897 千元，资产总额 59 889 860 千元。

2007 年调整后的数据：归属于上市公司股东的净利润（按中国企业会计准则）603 955 千元，归属于上市公司股东的净利润（按国际会计准则）378 568 千元，利润总额 724 834 千元；归属于上市公司股东的净资产（按中国企业会计准则）2 517 750 千元，归属于上市公司股东的净资产（按国际会计准则）2 360 571 千元，资产总额 66 504 481 千元。

2008 年调整后的数据：归属于上市公司股东的净利润（按中国企业会计准则）-13 843 187 千元，利润总额-13 985 108 千元；归属于上市公司股东的净资产（按中国企业会计准则）-11 509 634 千元（4 866 950 000×-2.364 8），资产总额 73 184 006 千元。

2009 年调整后的数据：归属于上市公司股东的净利润（按中国企业会计准则）711 677 千元，归属于上市公司股东的净利润（按国际会计准则）168 766 千元，利润总额 640 121 千元；归属于上市公司股东的净资产（按中国企业会计准则）3 365 592 千元，归属于上市公司股东的净资产（按国际会计准则）1 234 553 千元，资产总额 72 018 681 千元。

2011 年调整后的数据：归属于上市公司股东的净利润（按中国企业会计准则）4 644 798 千元（无法在报表上查到调整后的利润总额）；归属于上市公司股东的净资产（按中国企业会计准则）15 081 302 千元，资产总额 112 858 057 千元。

2012 年调整后的数据：归属于上市公司股东的净利润（按中国企业会计准则）3 173 196 千元，利润总额 3 238 556 千元；归属于上市公司股东的净资产（按中国企业会计准则）17 922 345 千元，资产总额 121 670 628 千元。

问题：

1. 请比较东方航空上市后历年净利润和净资产两个指标在分别执行中国企业会计准则和国际会计准则下的差异，说明造成各年差异的具体原因。

2. 请比较东方航空上市后历年净利润和净资产两个指标在分别执行中国企业会计准则和国际会计准则下差异的变动趋势，说明造成这一趋势的原因。

3. 你认为中国企业会计准则与国际会计准则能完全趋同吗？为什么？

4. 总体而言，在收益的确认上，哪个准则更稳健？请说出理由。

案例十四

持续经营——东方航空（2）

中国国际航空股份有限公司（以下简称"中国国航"）、中国南方航空集团有限公司（以下简称"南方航空"）和东方航空是我国三大航空公司，是由国务院国有资产管理委员会控制的中央国有企业。其中，东方航空设立时总股本为人民币 300 000 万元，每股面值人民币 1 元。1997 年 2 月，经批准东方航空发行了 156 695 万股 H 股并在纽约和香港两地上市，发行后总股本增至人民币 456 695 万元。1997 年 5 月经中国民用航空总局和中国证券监督管理委员会（以下简称"证监会"）批准，东方航空向境内投资者发行 30 000 万股人民币普通股（A 股，股票代码 600115），发行后总股本增至人民币 486 695 万元。2006 年股权分置改革，2009 年、2010 年、2013 年和 2015 年定向增发完成后，东方航空的总股本增加至人民币 1 314 018 万元。东方航空及其子公司主要经营国内和经批准的地区，国际航空客、货、邮、行李运输业务及延伸服务；通用航空业务；航空器维修；航空设备制造与维修；国内外航空公司的代理业务；行业相关材料、设备与技术进出口业务；旅游服务；宾馆业务及与航空运输有关的其他业务。

用财务指标去衡量企业的财务状况、经营业绩和现金流动是一个较通行的做法。资产负债率、流动比率、速动比率等是衡量一个企业财务风险、偿债能力的基本指标。理论上，非金融类企业 50% 的资产负债率、2∶1（或 2）的流动比率、1∶1（或 1）的速动比率都是比较恰当的，再结合行业的特点和平均标准，基本可以对一家企业的财务风险和偿债能力进行有效的评判。

东方航空披露的 2008 年年报显示，公司合并报表中的流动资产和流动负债分别为人民币 104.01 亿元和人民币 540.76 亿元，资产和负债总额分别为人民币 731.84 亿元和人民币 842.49 亿元，流动比率和资产负债率分别为 0.19 和 115.12%。公司营业收入为人民币 418.42 亿元，营业成本为人民币 430.76 亿元，净亏损人民币 140.46 亿元，其中归属于母公司所有者的净亏损为人民币 139.28 亿元。正是因为当年公司流动负债超过流动资产人民币 436.76 亿元，同时负债总额超过资产总额约人民币 110.65 亿元，公司在财务会计报告"二、财务报表的编制基础"中做了如下说明。

"截至 2008 年 12 月 31 日，本集团的累计亏损约为人民币 175.35 亿元，流动负债超过流动资产约人民币 436.76 亿元，同时负债总额超过资产总额约人民币 110.65 亿元。

本公司董事会已积极采取措施应对上述情况，不断寻求新的融资渠道以改善本集团的流动资金状况。截至 2008 年 12 月 31 日，本集团已签约但尚未使用的银行授信额度约为人民币 135 亿元。自 2008 年 12 月 31 日至今，本公司已自各大银行和金融机构累计获得人民币 360 亿元的授信额度[附注十三（2）、（3）及（5）]。基于以往的经验，本公司董事会相信该等授信额度的授信期间在需要时可以延长至以后年度。此外，关于本公司向本公司股东——东航集团及东航集团全资子公司——东航国际控股（香港）有限公司定向增发累计总值约为人民币 70 亿元股票的方案，已于 2009 年 2 月 26 日举行的临时股东大会通过[附注十三（4）]。鉴于上述取得的额外授信额度、获准的股票增发方案，以及本集团获取融资的记录、与各大银行及金融机构建立的良好合作关系，本公司董事会认为本集团可以继续获取足够的融资来源，以保证经营以及偿还到期债务所需的资金。基于以上所述，董事会确信本集团将会持续经营，并以持续经营为基础编制本年度财务报表。本年度财务报表不包括任何在本集团及本公司在未能满足持续经营条件下所需计入的调整。"

2009 年，由于东方航空出现巨亏，其在证券交易所的简称变更为"ST 东航"。经过几年的经营后，东方航空的经营状况出现明显改观，表 14-1 是东方航空 2013—2015 年的相关财务数据。

表 14-1　　　　　　　　　东方航空 2013—2015 年主要财务数据　　　　　　　　单位：百万元

主要财务数据	2015 年	2014 年	2013 年
营业收入	93 844	89 746	88 109
归属于上市公司股东的净利润	4 541	3 417	2 358
归属于上市公司股东扣除非经常性损益的净利润	3 192	−230	1 214
经营活动产生的现金净流量	24 325	12 252	10 775
基本每股收益（元/股）	0.36	0.27	0.20
稀释每股收益（元/股）	0.36	0.27	0.20
扣除非经常性损益后基本每股收益（元/股）	0.25	−0.02	0.10
加权平均净资产收益率（%）	14.73	13.06	10.87
扣除非经常性损益后加权平均净资产收益率（%）	10.59	−0.87	5.60

东方航空披露的 2015 年年报显示，公司合并报表中的流动资产和流动负债分别为人民币 230.78 亿元和人民币 743.84 亿元，资产和负债总额分别为人民币 1 957.09 亿元和人民币 1 580.58 亿元，流动比率、速动比率和资产负债率分别为 0.31、0.23 和 80.76%。而 2014 年这三项指标分别为 0.30、0.14 和 81.97%。虽然通过近些年的经营，公司的资产负债率从资不抵债降为 80% 左右，但流动比率和速动比率却一直处于较低的水平。

问题：

1. 何谓持续经营，持续经营在财务报表编制中起什么作用？

2. 2008 年东方航空流动负债超过流动资产人民币 436.76 亿元，同时负债总额超过资产总额约人民币 110.65 亿元，为何公司不进入破产程序？

3. 为何公司流动比率和速动比率长期处于低位，而公司的信用额度、经营却未受太大影响？

4. 请指出造成 2008 年公司巨额亏损的主要原因是什么，并预测一下我国航空业的发展前景。

案例十五

概念框架——合作与分歧

一、会计理论与概念框架

1494 年，卢卡·巴乔利（Luca Pacioli）在《数学大全》中系统阐述了复式簿记后，会计作为一门实用学科正式独立，此后四百年间这门学科作为一门实用学科不断从技术和应用层面得到完善和发展。人们在理论上对会计进行系统讨论和阐述是从 20 世纪在美国开始的。

1907 年，斯普瑞（Sprague）在《账户的哲学》（*The Philosophy of Accounts*）一书中清晰地阐述了复式簿记相关的理论——账户及其运用、会计恒等式（资产=负债+业主权益）以及对资产、负债等给出启示性的定义。

1922 年，佩顿（W. A. Paton）在《会计理论》（*Accounting Theory*）一书中首次提出七项会计假设，其中经营主体和持续经营假设是至今仍然使用的两项基本会计假设。他认为会计假设是实现会计核算的前提，但假设不能够主观臆造，而是根据环境引出的公理和前提。

1929 年，坎宁（John B. Canning）在其著作《会计经济学》（*The Economics of Accountancy*）中引入了经济学家费雪（Fisher）的收益、资本等思想，并对资产、负债、净权益、收益总额等概念给出定义。

1940 年，佩顿（W. A. Paton）和利特尔顿（A.C.Littleton）合著《公司会计准则绪论》（*An Introduction to Corporate Accounting Standards*，AAA 第 3 号专题报告），比较系统地阐述了会计的概念、原则、原理，为美国财务会计准则委员会（以下简称 FASB）研究概念框架提供了总体指引。作者的意图是要构造一个框架并在框架中建立对公司会计准则的说明。除此之外，作者还提出了与 1922 年《会计理论》中不完全相同的会计假设，并将假设改为假定或基本概念，不再使用"假设"一词。除保留经营主体和持续经营两个概念外，另外提出"可计量对价""成本归属""努力与成就""可稽核、客观证据" 4 个新的概念。书中对成本和收益概念的阐释可以看到今天人们认可的"配比"原则和"权责发生制"的会计思想。

1961 年，爱德华兹（Edwards）和贝尔（Bell）合著《企业收益的理论和计量》（*Theory and Measurement of Enterprise's Earnings*）。书中，作者首创性地将企业的经济活动分为生产经营活动和资产持有活动，相应地，将企业运用资源的收益也分为经营利润和可实现持有利得两种，并且提出用现行成本计量属性计量上述两种收益[1]。

1966 年美国会计学会发表的《基本会计理论说明书》（*A Statement of Basic Accounting Theory*，ASOBAT）是当时会计理论研究成果的集成。书中明确了会计是为经济决策提供经济信息的特殊系统，所以它所提供的信息需满足相关性、可靠性、中立性和可计量性要求，并且可以用这四个特征来评价潜在的会计准则。其次，书中也提出了四条会计的目标，但只有第一条"做出关于利用有限资源的决策"与财务会计相关，并且对目标的研究过于简略。在计量属性方面，书中主张在财务报表中并用历史成本和现行成本两种计量模式，或采用多重计量方法，既不削弱可靠性，又能提高相

---

[1] Edwards, Bell. Theory and Measurement of Enterprise's Earnings. 1961：220-224.

关性。①

上述会计理论的研究多以学术组织（如美国会计学会）和学者为主，主要探讨会计学科的规律和内部逻辑，从而使其形成一个自治的体系，其研究思路为：会计假设→基本原则→准则→具体程序。

概念框架是在美国制定统一会计准则和成立相应准则制定机构后出现的一个概念。与会计理论相比，概念框架研究的目的性更强、更实用，以及更强调为准则制定服务。概念框架研究的路径为：目标→信息质量特征→要素→确认、计量与报告→准则→具体程序，研究者也多为准则制定机构和专门为此成立的临时组织（如会计研究部）。

二、概念框架的发展与变迁

1929—1933 年美国经历了一场重大的经济危机，而美国政府和社会公众认为财务报表失真、信息披露不充分是导致资本市场崩溃和萧条的主要原因。因此，1933 年、1934 年美国先后出台《证券法》《证券交易法》，要求所有上市公司提供统一的报表，真实反映其财务状况和经营成果。在这种背景下，1934 年，美国证券交易委员会（以下简称 SEC）成立，并被国会授权制定统一的会计准则，美国一般公认会计原则（以下简称 GAAP）也就是在这种情况下产生的。1938 年，SEC 又将准则制定权转授美国注册会计师协会（以下简称 AICPA），但 SEC 保留制定权和最终审查权，也就是因为SEC 保留的最终决定权使得 AICPA 组建的准则制定机构在权威性方面始终存在不足。

（一）会计程序委员会

1938 年，AICPA 获得准则制定权之后即组建会计程序委员会（以下简称 CAP），并从 1939 年开始发布会计研究公报（以下简称 ARBs）。但是受美国当时"实用主义"文化思潮的影响，CAP 副主席乔治·Y. 梅（George.Y.May）要求组内成员采取实用的方法，大部分委员会成员都不愿意浪费时间讨论"概念性"的问题，他们重点关注如何达到 SEC "限制"现有备选方法（即避免会计实务中对多种会计方法的随意选择）的目标。CAP 明确表明"会计原则的决定与其说是一个理论过程，倒不如说是一个政治过程，尽管它的反应是'救火式'的，但使会计师得以保留制定会计准则的权利。"②为什么说 CAP 制定的会计原则是"救火式"的，是一个"政治过程"？这是因为受当时经济危机的影响，政府期望解决的基本问题是刺激投资和恢复投资者信心，政治家和监管者希望报告程序具有灵活性以避免可能抑制投资者热情的"波动收益"。会计职业也不反对，因为"会计界传统地认为一旦建立统一的、必须执行的会计程序，就无须会计师的独立判断，职业会计师就会被非职业界代替"。③

除了缺乏理论基础之外，因为 CAP 发布的 ARBs 只是对现行会计实务的惯例推荐，不同企业采用不同会计程序和方法的现象仍然普遍存在，这与 SEC 避免多种会计方法随意选择的初衷相违背，所以 ARBs 也不具有权威性。CAP 的工作不仅受到实务界和会计学术界的谴责，而且还面临着 SEC 收回准则制定权的威胁。另外，由于企业合并、租赁、债券等带来的融资结构的变化及美国新的税收办法对会计核算的影响，迫使 AICPA 加速制定 GAAP。因此，1959 年 AICPA 重新组建的会计原则委员会（以下简称 APB）替代了 CAP。

（二）会计原则委员会

1957 年，AICPA 主席詹宁斯（Jennings）在年会的演讲中说道："CAP 根本没有，或者说，只提供了极少的机会进行有效实验。会计原则应被看作纯粹的理论研究的产物。"④因此，他建议成立一个正式的研究组织，对会计假设进行持续检验和再检验，最终建立一套权威的会计原则。最后，

---

① 葛家澍. 西方财务会计理论问题探索（四）：美国的财务会计和报告概念框架的发展（Ⅰ）[J]. 财会通讯，2005（04）：8-11.
② Previts G. J., B. Dubis. History of accountancy in the United States : the cultural significance of accounting [M]. Columbus: Ohio State University Press, 1974:308-312.
③ 阎达伍. 会计理论专题[M]. 北京：中央广播电视大学出版社，1985：178.
④ Jennings A. R.. Speech at Annual Meeting of AICPA, October 28. Manuscript File. AICPA, New York.

他的建议被采纳，1959 年 AICPA 在成立会计原则委员会（以下简称 APB）的同时还成立了会计研究部（以下简称 ARD），其组建目标是通过研究基本会计假设及在此基础上公司广泛适用的会计原则来评估、指导和发展 APB 颁布的意见书（以下简称 APB Opinions）。

ARD 成立后共发布了 15 份会计研究论文集（以下简称 ARS），其中 ARS No.2、4、5、8 研究的是特定问题的会计原则应用，ARS No.6 研究的是计量单位的选择问题，只有 ARS No.1、3、7 研究的内容与会计原则概念紧密相关[①]。由 ARD 主任莫里斯·慕尼茨（Maurice Moonitz）主导的 ARS No.1《基本会计假设》（The Basic Postulates of Accounting）于 1961 年发布；由罗伯特·斯普拉斯（Robert Sprouse）和莫里斯·慕尼茨（Maurice Moonitz）合作的 ARS No.3《试论企业广泛适用的会计原则》（A Tentative Set of Broad Accounting Principles for Business Enterprises）于 1962 年发布。这两份报告在 APB 内部和会计学术界引发了激烈的争论，最终 APB 第一号说明书（即 Statement No.1）针对上述两份报告发表如下声明："我们认为这两个研究报告是会计研究人员为解决当前许多会计难题而尽职尽责做出的努力。然而，其中包含了带推测性和尝试性的推论和建议……尽管这些研究对会计思想做出了宝贵贡献，但是由于其与现行公认会计原则存在着太多的根本上的差异[②]，所以现在我们还无法接受"[③]。虽然 ARS No.1 和 ARS No.3 遭到 APB 的否定，其中某些具有创见性的建议与当时会计实务不符，但经过实践的检验，被后来的 FASB 概念框架研究加以吸收利用[④]。1965 年，ARD 又发表了 ARS No.7《企业公认会计原则汇总》（Inventory of Generally Accepted Accounting Priciples for Business Enterprises），这份研究论文集虽然得到了 APB 的支持，但因为它只是把企业中流行的会计惯例进行归纳，不能对 APB Opinion 起到指导意义。

为了继续研究用于指导和评估 GAAP 的会计理论，AICPA 将这个任务交由 APB 接手。1970 年 10 月，APB 发布 Statement No.4《企业财务报表的基本概念和会计原则》（Basic Concepts and Accounting Principles Underlying Financial Statements of Business Enterprises）[⑤]。这份报告除了汇总当时被广泛接受的会计实务外，还首次对 GAAP 等基本概念进行定义，首次提出了财务会计的 5 个一般目标，13 个基本特征，并把 GAAP 分为三个层次（见图 15-1），这是影响美国后期研究概念框架的重要文献。相对于之前的研究文献（ARS No.1 和 ARS No.3），Statement No.4 最大的转变在于，不再以会计基本假设为前提研究会计基本概念及引导 GAAP 的理论基础，而是通过分析财务会计的环境，提出财务会计的一般目标，以目标为起点研究会计相关理论基础。

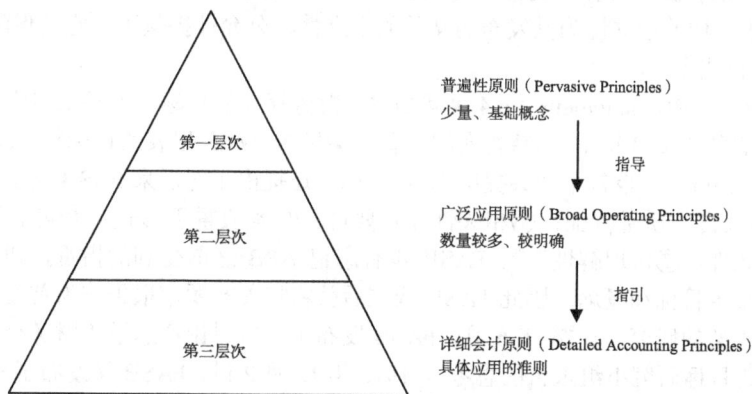

图 15-1　APB Statement No.4 对一般公认会计原则的三个层次分类

---

① Kemp P.S.. The Authority of the Accounting Principles Board [J]. The Accounting Review, October 1965:782-787.
② 例如其中一条原则要求无论重置成本高于或低于历史成本，均以重置成本对存货进行计价，所以在销售存货前要确认持有损益。
③ APB Statement No.1: Statement by the Accounting Principles Board.APB, April 1962.
④ 针对 ARS No.1 和 ARS No.3 具体创新思想的分析参阅葛家澍. 西方财务会计理论问题探索（五）——美国的财务会计和报告概念框架的发展（Ⅱ）[J]. 财会通讯，2005（05）: 6-9.
⑤ 关于 APB Statement No.4 的详细分析参阅葛家澍.西方财务会计理论问题探索（六）——美国的财务会计和报告概念框架的发展（Ⅲ）[J]. 财会通讯，2005（06）: 6-8.

1964 年 10 月，AICPA 在其发布的特别公告《偏离 APB 意见书时的披露》中称："一般公认会计原则指那些具有重大权威支持的原则""APB 发布的意见书构成'重大权威支持'的条件"[①]。另外，AICPA 还在它的职业道德守则第 203 条（Rule 203 of CPA's Code of Professional Ethics）中声称："若财务报告偏离了会计准则制定机构颁布的某项会计原则，并对财务报告整体产生重大影响，AICPA 会员就不能在其意见中声称财务报告是符合一般公认会计原则的"。

从上述内容可以看出，相对于 CAP，APB 在理论性和权威性方面都有明显提高。但从后期结果来看，专门为研究会计理论而成立的会计研究部发布的 ARS No.1、3 均被否定，APB 发布的 Statement No.4 作为一份描述性报告，也受到许多批判——其不足以应对实务问题。甚至 APB 中的一位成员也认为："我们急需对未来具有指导性的理论，但是 APB 却着眼于过去的实务而不是所需要的未来发展"[②]。APB 发布的意见的权威性仅局限于 AICPA 团体内部，还可能随时遭受外部利益集团的批判和 SEC 的压力威胁。1967—1970 年，美国证券市场的行业自律管理活动的严重失灵以及大量会计原则的滥用（如企业并购、商誉的核算等），使得会计职业界再次受到指责。为应对舆论的压力及继续研究用于指导 GAAP 的理论，1971 年 4 月 AICPA 又成立了两个独立的专门小组。其中一个是由弗朗西斯·M. 惠特（Francis M. wheat）领导的惠特委员会，主要职责是研究关于会计原则的制定；另一个由罗伯特·M. 特鲁布罗德（Robert M. Trueblood）领导的特鲁布罗德委员会，主要职责是研究财务报表的目标。1972 年 3 月，惠特委员会在其《财务会计准则的制定》报告中建议重建独立、超然的准则制定机构。因此，1973 年 6 月 30 日，财务会计准则委员会（以下简称 FASB）成立，取代了 APB。

（三）财务会计准则委员会

相较于 CAP 和 APB 这两个准则制定机构，FASB 在独立性方面完全高于两者。首先，FASB 不再受 AICPA 直接管辖，而是由财务会计基金会（以下简称 FAF）推选 7 个成员，并且其成员不全部来自 AICPA，还包括商界、会计学术界及政府部门人员。同时，FASB 还有 1973 年一并成立的财务会计准则咨询委员会（以下简称 FASAC）为其提供各项议程咨询服务。其次，FASB 成员是专职的，他们必须断绝与原先雇主的一切联系，在必要时还必须申明自己可能涉及的利益冲突。

1973 年 12 月 20 日 SEC 在其 ARS No.150《关于会计原则和准则的制定及改进的政策声明》中提及："本委员会认为 FASB 在它的公告（Statements）和解释（Interpretations）中公布的原则、准则和惯例具有相当的权威性解释。而那些与 FASB 公告相反的观点就被认为没有这种权威性支持。"因此，FASB 组织结构的独立性为其发布的文件的中立性、公允性提供了一定的保障，且有 AICPA 和 SEC 为其提供权威支持。

从理论性来看，APB Statement No.4 虽然描述了财务报表的目标，但是未研究主要的财务报表使用者需要哪些信息。1973 年 10 月特鲁布罗德委员会发布《财务报表的目标》（又称为特鲁布罗德报告，Trueblood Report）。报告中"共提出 12 项目标，还提出了对后来 FASB 制定概念框架有参考价值的 7 项财务报告的质量特征：①相关性和重要性；②实质重于形式；③可靠性；④中立性；⑤可比性；⑥一致性；⑦可理解性"[③]。FASB 没有忘记 APB 之前受到的指责，即没能够建立一套规范的企业财务报告目标和概念。因此 FASB 成立后就将特鲁布罗德报告作为首要议程深入研究，正式展开对概念框架的研究。1974 年 6 月，FASB 发布了一份讨论备忘录"财务会计和报告的概念框架：对财务报告目标研究小组报告的思考"。1976 年 12 月 2 日，FASB 又发布了三份文件[④]，首次提出概念框架的名称。1978 年 11 月，FASB 发布第一号财务会计概念公告（简称 SFAC No.1）后，

① Special Bulletin——Disclosure of Departure from Opinions of Accounting Principles Board. AICPA, 1964.

② Pacter P.A.The Conceptual Framework: Make No Mystique About It [J].Journal of Accountancy, 1983, 156(01):76-85.

③ 葛家澍. 回顾与教益——美国早期（1961—1973）AICPA 研究 财务会计概念制订 CF 项目的简短回顾[J]. 转型经济下的会计与财务问题国际学术研讨会论文集（上册）[C]. 厦门：[出版者不详]，2003.

④ 三份文件分别是《企业财务报表目标的暂行结论》（Tentative Conclusions on Objectives of Financial Statements of Business Enterprises）、《财务会计和报告的概念框架：要素及其计量》（The Conceptual Framework for Financial Accounting and Reporting: Elements and Their Measurement）和《概念框架研究项目的范围与含义》（Scope and Implications of the Conceptual Framework Project）。

截至 2000 年，又陆续发布了 7 份财务会计概念公告，基本形成了一套完整的财务会计概念框架，维护了其制定准则的权威性，也奠定了其在后来众多研究概念框架国家中的领袖地位。

受美国概念框架研究的影响，其他国家也纷纷开始跟随，制定自己的概念框架或发布类似概念框架性质的文件，共同寻求指导准则制定的内在一致的逻辑基础。

FASB 自 1978 年至 1985 年先后发布了 6 份财务会计概念公告，包括了财务报告的目标、会计信息质量特征、会计要素、确认及计量，基本形成一套完整的概念框架体系。国际会计准则委员会（以下简称 IASC[①]）在 FASB 的概念公告的基础之上形成了自己的概念框架理论。英国的概念框架内容不是一系列完整的概念公告，而是单一的一份"原则公告（Statement of Principles）"，但是除此之外，还有两份公告——"目标公告（Statement of Aims and Objectives）"和"会计准则前言（Forward to Accounting Standards）"，它们也起着类似概念框架的作用。澳大利亚的概念框架包括 4 份会计概念公告和 2 个会计理论专题。

下面就各国概念框架研究的组成内容进行总体对比（见表 15-1）。从表 15-1 中可以看出，各国的概念框架从名称到构成内容彼此存在一定差异，但均包含三个方面的内容：①财务报告的目标；②财务会计信息的质量特征；③财务报表要素的确认及计量。

另外，从时间上来看，虽然英国的《原则公告》形成时间最晚，但从内容上看，参照 IASC 概念框架编制的《原则公告》比较详细完善，涵盖了 FASB 和 IASC 没有涉及的报告主体、财务信息的列报、对其他主体权益的会计处理等问题。

表 15-1　　　　　　　　　　　各国概念框架内容总体比较

国家/组织	概念框架名称	研究机构	概念框架组成内容
美国	财务会计概念公告（SFACs）	FASB	No.1 企业财务报告目标（1978.11）
			No.2 会计信息的质量特征（1980.5）
			No.3 企业财务报表要素（1980.12）
			No.4 非营利组织的财务报告目标（1980.12）
			No.5 企业财务报表中项目的确认与计量（1984.12）
			No.6 财务报表要素（1985.12）（取代 No.3，修正 No.2）
IASC	财务报表编制与列报框架（Framework for the Preparation and Presentation of Financial Statements）（1989.7）	IASC/IASB	财务报告的目标
			会计信息的质量特征
			财务报告要素的定义、确认和计量
			资本和资本保全的概念
英国	财务报告原则公告（Statement of Principles for Financial Reporting）（1999）	ASB*	财务报告的目标
			会计信息的质量特征
			财务报告的要素、确认和计量
			财务信息的列报
			对其他主体权益的会计处理
澳大利亚	会计概念公告（Statements of Accounting Concepts SACs）	PSASB/ASRB**	SAC No.1 报告主体的定义（1990.8）
			SAC No.2 通用目的财务报告的目标（1990.8）
			SAC No.3 财务信息的质量特征（1990.8）
			SAC No.4 财务报表要素的定义和确认（1995.3）
			理论专题 1：财务报告中的计量
			理论专题 2：关于偿付能力和现金状况的报告

*1970 年英格兰和威尔士特许会计协会（The Institute of Chartered Accountants in England and Wales，ICAEW）成立"会计准则筹划委员会（ASSC）"。1976 年 ASSC 改组后更名为"会计准则委员会（ASC）"，开始正式制定会计准则，1990 年 ASC 被新的准则制定机构英国会计准则委员会（ASB）取代。

**澳大利亚概念框架由澳大利亚会计研究基金会（AARF）所属公共部门会计准则委员会（PSASB）和会计准则审查委员会（ASRB）共同制定。

[①] 国际会计准则委员会（International Accounting Standards Committee，IASC），2000 年进行全面重组并于 2001 年年初改为国际会计准则理事会（International Accounting Standards Board，IASB）。

FASB 前 6 份概念公告从目标、质量特征、会计要素、确认与计量等方面基本形成了一套逻辑一致的概念框架体系。其中第 5 号概念公告中将现值作为五种计量属性之一，但对于如何使用现值进行会计计量的条件和方法等具体层面的问题并没有过多涉及。

基于特鲁布罗德报告中强调现金流量的重要性，FASB 于 1988 年开始启动对于现金流量项目的研究。早在 1966 年 APB 发布第 10 号意见书后，就有一些会计公告运用了现值技术，但是在实务应用中这些会计公告存在很大差异。FASB 将现金流量及现值作为研究项目，目的在于发现什么情况下现值是一种合适的计量工具以及为如何使用这项工具提供一个更好的解释。FASB 从 1990 年到 1999 年间共发布了 32 份财务会计准则（SFAS）公告，其中有 15 份涉及会计确认与计量问题，11 份涉及现值技术的使用问题。通过对过去公告的讨论及现阶段工作的研究，FASB 意识到之前的第 5 号概念公告中对于现值的描述不足以确定什么时候及如何在会计计量中使用现值。另外，由于金融工具的发展，FASB 逐渐认识到"公允价值"在初始确认及以后期间"新起点"（fresh-start）计量中的意义。虽然第 5 号概念公告没有使用"公允价值"这个术语，但是实际上第 5 号概念公告提到的几种计量属性基本接近公允价值的含义。例如，初始确认时支付或收到的现金或现金等价物（历史成本或收益）通常就接近于公允价值。

1990 年 12 月，FASB 发布了《以现值为基础的会计计量》（*Present Value-Based Measurements in Accounting*）讨论备忘录。1996 年 FASB 发布了名为《以现值为基础的计量：对讨论意见和技术问题的分析》（*The FASB Project on Present Value Based Measurements an Analysis of Deliberations and Techniques*）的特殊报告，该报告"分析了使用期望现金流量法（Expected Cash Flow Approach）计算现值时面临的一些技术问题和利用利息法进行摊销时所带来的一些问题"[①]。1997 年 6 月、1999 年 3 月，FASB 先后发布了两份征求意见稿，修正了会计计量中使用现值技术的目标及企业资信情况在负债计量中的作用等内容。最终，在第 6 号概念公告发布 15 年后，FASB 于 2000 年 2 月颁布第 7 号概念公告《在会计计量中使用现金流量信息和现值》（*Using Cash Flow Information and Present Value in Accounting Measurements*），对第 5 号公告中关于计量部分的内容进行补充、修正，提出现值不能单独作为一种计量属性。现值的作用体现在根据历史成本、现行成本或现行市场价格对某资产（负债）进行确认后应用的一种摊销方法，或者在缺乏可观察的市场价值时确定项目的公允价值。第 7 号概念公告对以未来现金流量为基础的计量方法提供了较为完整的理论框架，确定了会计计量中使用现值的目的，即当未来现金流量的金额或时间或这两者均存在不确定性时为现值方法的运用提供了基本原则。

除了美国研究预期未来现金流量信息和现值技术外，其他国家或组织也在探索这一方面的研究。1997 年 4 月，英国会计准则委员会（ASB）公布了《财务报告中的折现》工作稿；IASC、澳大利亚、加拿大、英国及美国联合工作小组（G4+1）也讨论了众多情形下的现值问题；国际会计准则（IAS）37 号《计提准备、或有资产和或有负债》中大量使用了现值技术；1998 年 IASC 也将现值的研究纳入工作计划当中。但是只有 FASB 将现值的目标及在会计计量中应用现值技术的理论基础融入财务会计概念框架中。

第 7 号概念公告总体来说是对第 5 号概念公告的修正与补充，而不是对第 5 号概念公告的替代，因为第 7 号概念公告只涉及计量属性中对于现金流信息和现值的应用。

三、概念框架对准则制定的影响实例

FASB 在其 1976 年发布的《概念框架研究项目的范围与含义》中明确了概念框架的 5 项作用："①指导 FASB 制定会计准则的工作；②在缺乏具体的已公布的会计准则的情况下，为会计问题的解决提供可供参考的框架；③在编制财务报表时，确定判断的范围；④增强财务报表使用者对财务报

---

① 张为国，赵宇龙. 会计计量、公允价值与现值：FASB 第 7 辑财务会计概念公告概览[J]. 会计研究，2000（05）：9-15.

表的理解与信心；⑤通过减少会计方法的可选择性的方式增强财务报表的可比性"①。

SFAC No.1 中的一大创新就是把财务会计的信息传递手段从过去的财务报表，扩展为以财务报表为中心，包括报表附注和传递财务信息的其他手段在内的财务报告②。正是 SFAC No.1 为 FAS 33 的出台奠定了理论基础，使得物价变动对财务会计核算的不良影响以表内确认和表外披露的方式解决。但是因为经济发展的不确定性，财务会计概念框架与具体实施准则也曾出现过背离的情形。FASB 于 2000 年 2 月发布的 SFAC No.7 中提及的公允价值的内在含义（公允价值是真正的公允价格，这个价格只能由市场决定而不能由任何主体单独决定）与 2006 年 9 月颁布的 FAS 157《公允价值计量》提出的公允价值第三级估计③完全背离。这也体现了已公布的财务会计概念框架的缺陷及与具体准则的不一致性。

SFAC No.1 为 FAS 33 的出台所做出的贡献，似乎让 FASB 看到了概念框架研究的光明前景。但仍有部分学者对概念框架所能发挥的作用持悲观态度。多布奇（Dopuch）和森德（Sunder）研究了"递延税款贷项""对石油天然气行业勘探成本的处理"及"对资产和负债现行价值的报告"这三个事项后，得出结论"FASB 研究的概念框架对解决当前披露问题并没有很大帮助"④。而皮尔斯内尔（Peasnell）认为，概念框架能否对企业整体财务披露和具体准则制定产生重大贡献取决于财务报告的政策制定形式。他分别对三种不同的准则制定方式——自由放任（Leissez-faire）、政府监管控制（State Control and Supervision）、授权职业界（Delegation to the Profession）进行了研究，分析后认为 FASB 属于第三种授权职业界类型准则制定方式（虽然有准则制定权，但是没有实施或强制执行的权利）。因此，正如前文提到过的在准则制定过程当中，其他外部利益集团会因为利己需求而对 FASB 的观点进行抨击或对其施压，这样就使得概念框架所能发挥的作用非常有限⑤。

20 世纪 80 年代以来，由于西方资本市场和金融市场快速、繁荣地扩展，许多新型金融工具（如担保融资、应收账款贴现、期货、期权等）不断被市场参与者创新出来，并连带引起确认与计量属性选择等一系列会计问题。也正是由于金融工具或衍生金融工具的不断创新，世界各国开始聚焦于"公允价值"计量属性及"公允价值会计"研究。因为无论是学者的研究还是实践证明，结果都表明公允价值是与衍生金融工具唯一相关的计量属性，是与金融工具最相关的计量属性。另外，"由于信息技术的发展使得评估金融资产与负债的风险成为可能，从而提高了确定资产负债表各个项目采用现行价值的可能性"⑥。因此，FASB、IASC 颁布了一系列关于公允价值的会计准则（见表 15-2）来适应新的经济业务形式。

表 15-2　　　　　　　　　FASB/IASC 颁布的与公允价值有关的重要准则

准则序号	准则名称	颁布时间	主要内容
FAS 105	《具有表外风险的金融工具和信用风险集中的金融工具的信息披露》	1990 年 3 月	第一次将公允价值引入 FASB 会计准则
FAS 107	《金融工具公允价值的披露》	1991 年 12 月	取代 FAS 105，要求所有实体披露金融工具的公允价值
FAS 115	《特定债权和权益证券投资的会计处理》	1993 年 5 月	对特定债权和权益证券分类并按摊余成本和公允价值进行双重确认和计量。公允价值从披露到确认，从表外到表内

---

① Scope and Implications of the Conceptual Framework Project. FASB, December 1976.

② 葛家澍，叶丰滢. 论财务报表的改进：着眼于正确处理双重计量模式的矛盾[J]. 审计研究，2009（05）：3-8.

③ 公允价值第三级估计，指由主体自行输入变量，通过预计未来现金流量的贴现值或通过模型来确定的公允价值。

④ Dopuch N., S. Sunder. FASB's Statements on Objectives and Elements of Financial Accounting: A Review [J]. The Accounting Review, Jan 1980, 55(01):1-21.

⑤ Peasnell K.V.. The Function of A Conceptual Framework for Corporate Financial Reporting [J]. Accounting & Business Research, Autumn 1982, 12(48):243-256.

⑥ Wolk H. I., J. L.Dodd, J.J.Rozycki.会计理论：政治和经济环境中的会计问题[M]. 陈艳，杨洁译. 大连：东北财经大学出版社，7[th]ed，2010.

准则序号	准则名称	颁布时间	主要内容
FAS 133	《衍生工具和套期保值活动的会计处理》	1998 年 6 月	要求主体将所有衍生工具作为资产或负债在表中确认，并按公允价值计量
FAS 157	《公允价值计量》	2006 年 9 月	对 FAS 105、FAS 107、FAS 115、FAS 133 的总结，统一公允价值的定义，提出公允价值的计量框架（三层次估计价格），以及披露要求
FAS 159	《金融资产和金融负债运用公允价值的选择权》	2007 年 2 月	允许按照公允价值计量多种金融工具及其他特殊项目，扩大了公允价值的使用范围
IAS 32	《金融工具：披露和列报》	1995 年 6 月	先解决容易处理的问题：金融工具的分类、定义、报表列示和表下附注说明
IAS 39	《金融工具：确认与计量》	1999 年 3 月	关于金融工具的第一个综合性准则，规定了有关金融资产和负债的确认、计量及披露原则

从表 15-2 中可以看出，公允价值从最开始的披露，到部分项目进入表内确认，再从金融工具扩展到其他特殊项目，在 2008 年之前已经在财务报表中占据了非常重要的地位。公允价值进入会计准则，包括进入表内确认，也反映了某种调和。以 SAFS 115 和 IAS 39 为例，前者首先将特定债权和权益证券分类为交易性证券、可供出售证券和持有至到期投资三类，并将其分别按公允价值计量和按摊余成本计量。交易性证券按公允价值计量，差价计入利润表；可供出售证券按公允价值计量，差价计入直接净资产（其他综合收益）。IAS 39 则将分类扩展为四类，增加了贷款和应收账款类，四类会计计量规则与 SAFS 115 的规定基本相同。

四、FASB和IASB的合作

在金融危机发生之前，随着金融工具、承诺合同、无形资产等特殊经济业务的出现，会计准则制定机构、学术界及实务界其实已经觉察到现行概念框架对于资产和负债的定义已不能完全符合现实业务的要求，会计确认及计量也需要更多地考虑特殊项目，财务报告对于披露的内容和要求也越来越精细，现行概念框架各份公告之间也存在一些矛盾的地方。例如，第 1 号概念公告中数次提及"经济资源"，财务报告应提供反映经济资源变动及其权利变动情况的信息。但是 FASB 对资产和其他要素的定义却并未提及经济资源、资源权利等术语，定义偏向于未来的经济利益，计量却又偏向历史成本计量属性。

随着环境的改变，现行概念框架逐渐失去其"指引"的作用，简单地对现行概念框架存在的缺陷进行修补是不能解决问题的，而且还会使得概念框架本身各部分之间的内容不一致。金融危机的爆发激发了人们对于公允价值的热烈讨论，并连带地对会计要素、确认与计量、列报与披露等基本概念也重新进行审视，可以说金融危机的爆发更加坚定了准则制定机构全面重述现行概念框架的决心。只要金融产品或衍生金融工具继续存续，公允价值计量就必然不可替代。但是如何解决公允价值与历史成本双重计量给财务报告带来的一系列问题，如何在"真实公允"的财务信息与具有"预测价值"财务信息之间取得平衡，如何改进财务信息的质量特征，这些都需要相关人员重新审阅现行概念框架后提出新的符合现实的概念框架并给出解答。

2004 年 4 月，FASB 和 IASB 召开联合会议，同意共同构建一个单一的、完整的、内在一致的概念框架，联合概念框架建成后，双方都会应用联合概念框架以取代现行概念框架。2004 年 10 月，双方再次召开委员会会议，确定启动联合概念框架项目。但是联合概念框架不是推翻现行概念框架的所有内容重新研究，而是在双方现行概念框架的基础上进行改进，"使双方制定的准则更清晰地建立在一致与恰当的理论基础上，这些理论应当根植于经济学概念，而不是主观假定或惯例"①。与 FASB 一系列的概念公告不同，联合概念框架要求将所有部分融合在一份单独的文件中，这是为了保证各部分内容之间的连贯性和一致性。2005 年 2 月，双方再次召开联合会议，确定将这一项目分为 8 个阶段（8 个主题或 8 章），这 8 个主题分别是：①目标与质量特征；②要素定义、确认与终止确认；③计量；④报告主体；⑤财务报告的边界、列报与披露；⑥概念框架的目标与地位；⑦非营利主体使用的概念框架；⑧其他。

从联合概念框架的 8 个主题内容来看，除了 FASB 公布的 7 份概念框架所包括的财务报告的目标、信息质量特征、财务报告要素，以及报表要素的确认与计量外，还包括英国在 1999 年发布的《财务报告原则公告》中的内容：报告主体、财务信息的列报和对其他主体权益的会计处理。

2008 年，金融危机使得联合概念框架项目暂时搁置。2010 年，FASB 和 IASB 发布了联合概念框架第一阶段成果——《通用财务报告目标及有用财务信息的质量特征》。从已完成的第一阶段成果来看，以信息质量特征为例，新发布的公告更多地体现了两个机构的融合与折中（见表 15-3）。

表 15-3　　　　　　联合项目、FASB 和 IASB 概念框架中会计信息质量特征的比较

组织	会计信息质量特征	提供信息的限制条件
FASB	总的信息质量要求：决策有用性 主要信息质量要求：相关性和可靠性 相关性包括：预测价值、反馈价值、及时性 可靠性包括：如实反映、可验证性、中立性 次要信息质量要求：可比性（包括一致性）	成本效益原则：效益>成本 重要性原则
IASB	可理解性 相关性：预测价值、证实价值、重要性 可靠性：真实反映 实质重于形式 中立性 审慎性 完整性 可比性	及时性 效益与成本的平衡 各质量特征之间的平衡
联合项目	基本质量特征：相关性、如实反映 相关性：预测价值、验证价值 如实反映：完整性、中立性、无重大差错 增强性质量特征：可比性、可稽核性、及时性、可理解性	成本原则

2001 年，安然事件爆发，以及美国世界通信公司等一系列重大财务丑闻被揭露，引发美国国内对 FASB 的批评。FASB 决心开始全方位介入 IASB 并与之合作，最大限度地争取获得 IASB 的控制权。2002 年 9 月，IASB 和 FASB 开始共同工作，以消除国际财务报告准则和美国 GAAP 之间的差异，从而达成了著名的诺沃克协议（Norwalk Agreement）。之后，两大机构共同制定如衍生金融工具、收入、租赁等准则。联合概念框架只是两大机构共同工作的内容之一。2007 年，美国证券交易监督委员会（SEC）决定允许境外上市公司采用国际财务报告准则编制其财务报表。2008 年，SEC 发布一份采用国际财务报告准则路线图的征求意见稿。2010 年 2 月，SEC 采用国际财务报告准则制订了一套具体的工作计划。2011 年 5 月，SEC 就美国本土企业采用国际财务报告准则问题发布工作人员立场报告《将国际财务报告准则纳入美国财务报告体系的工作计划》，建议采用"趋同认可"（Condorsement）的策略将国际财务报告准则并入美国会计准则体系。之后美国确定在 2015 年实现 GAAP 与国际财务报告准则全面趋同。

---

① 任世驰，罗绍德. IASB 与 FASB《通用目的财务报告的目标》述评[J]. 会计研究，2011（09）：25-31.

在联合制定各项准则的过程中，由于两大机构准则制定理念、诉求不同，在很多问题上矛盾不断。如金融资产减值模型中，IASB 提议三阶段减值模型（即确认 12 个月预期信用损失、计提全期预期信用减值损失和实际已发生信用损失三个阶段），增加的第一阶段是为资产确认 12 个月预期信用损失。FASB 则提议减值模型不包括为任何资产确认 12 个月预期信用损失（即采用二阶段减值模型）。而在租赁会计中，IASB 明确提出除特殊情形外，承租人一般不适用经营租赁会计，但承租人仍然适用经营租赁会计；而 FASB 还是坚持采用原先承租人和出租人都可按租赁性质分别适用融资租赁会计和经营租赁会计两种方法。由于这些意见分歧的不断积累，最后两大机构的矛盾无法调和。2015 年后，两大机构最终分道扬镳①。在 2010 年联合概念框架项目完成了第一阶段的工作后，2011 年 IASB 单方面又重启对概念框架重述的研究，举行公众讨论会，搜集关于其未来研究议程的建议，众多参与者建议将概念框架作为优先议程开展。2013 年 7 月，IASB 发布《财务报告概念框架复评》（*Discussion Paper: A Review of the Conceptual Framework for Financial Reporting*）讨论稿（以下简称"讨论稿"），重新启动财务会计概念框架研究。2015 年后，IASB 单独完成概念框架的后期修订工作，并于 2018 年 3 月发布全面修订后的概念框架。但有关终止确认、负债和权益的区分等问题暂时搁置，有待以后进一步研究。

在第一批联合准则项目完成后，两大机构再无未来准则项目合作开发的安排和规划。但是，两大机构每年会定期在伦敦碰一次，互相交流各自准则制定状况。

问题：

1. 你是如何认识概念框架的？你认为概念框架在准则制定和会计实务处理中真的能发挥应有的作用吗？

2. 为何FASB和IASB在准则和概念框架的制定中，从最初的合作走向分道扬镳的结局，是什么原因造成这一局面的？

3. 概念框架真的是制定准则的基石和依据吗？FASB和IASB对金融资产减值和租赁会计分类等产生的分歧说明了什么问题？

4. 你从概念框架和我国企业会计准则的学习中，最大的收获是什么？举例说明概念框架帮助你理解和分析财务会计准则制定（包括修订）的几个实例。

---

① 实际上，从 2011 年开始，两大机构已停止合作，不再新增合作项目。

案例十六

"云铜案"奥妙——云南铜业（1）①

2009 年 6 月，云南铜业股份有限公司（股票代码 000878，以下简称"云南铜业"）前副总经理、总会计师、董事会秘书陈少飞涉嫌"内外勾结"挪用 7.6 亿元资金操纵股票、进行虚假贸易融资等，被云南省昆明市人民检察院提起公诉，被控挪用公款罪和受贿罪两项罪名。

2007 年年初，云南铜业与云南昌立明经贸有限公司（以下简称"昌立明公司"）签订合同，购买后者 10 亿元铜精矿，随后，向昌立明公司开出 3 亿元银行承兑汇票和 7 亿元商业承兑汇票。此后，两个月内，因昌立明公司未能按合同约定提供原料，云南铜业又先后从昌立明公司收回 0.95 亿元现金、1 亿元银行承兑汇票和 8.05 亿元商业承兑汇票。至此，云南铜业与昌立明公司所有业务全部结清，并且至今也未有新增业务发生。

对于上述交易，云南铜业曾在 2007 年年报中称"为解决发展资金的不足，与昌立明公司等开展了贸易融资业务"。公告显然是为了表明云南铜业并未发生损失。实际上，上述公告的内容，仅仅是此次贸易融资全过程的冰山一角。

云南公正司法鉴定中心出具的《云南公正法鉴定中心司法会计检验报告书》显示，云南铜业、昌立明公司和云南碧海缘经贸有限公司（以下简称"碧海缘公司"）相继签订总价值 10 亿元的三份铜精矿购销合同，三家公司分别扮演了一次买方和卖方。

首先，云南铜业与昌立明公司签订合同，合同约定在未来一段时间由昌立明公司向云南铜业提供单价为 38 746 元/吨的铜精矿 8 000 吨，单价为 38 471 元/吨的铜精矿 18 600 吨，金额合计约 10 亿元。与此同时，云南铜业于 2007 年 2 月 6 日向昌立明公司开具 3 亿元的银行承兑汇票和 7 亿元的商业承兑汇票。

昌立明公司在收到两张票据后立即贴现，并参与 3 月初云南铜业的定向增发，以低于当时二级市场价 45%左右的价格认购了云南铜业 2 500 万股，并将一部分资金拆借给北京富邦资产管理公司（以下简称"富邦公司"）以认购云南铜业 3 500 万股股份。两家公司双双成为云南铜业十大股东之一，持股合计占比达 4.78%。

成功拿到云南铜业增发的股份后，昌立明公司又以购买铜精矿的名义，通过碧海缘公司陆续归还云南铜业 10 亿元资金。

为了让行为更加隐蔽，昌立明公司还专门寻找了没有股权关系的第三方——碧海缘公司来转移公众视线。因此，就出现了上述三家公司循环签订价值 10 亿元的铜精矿购买协议的场面：云南铜业从昌立明公司购买铜精矿，昌立明公司从碧海缘公司购买铜精矿，碧海缘公司再向云南铜业购买铜精矿。

由于动用的大约 8 亿元资金无法立即变现，昌立明公司率先通过碧海缘公司向云南铜业归还 0.945 亿元现金和 1 亿元银行承兑汇票，其余 8.03 亿元资金通过开具商业承兑汇票的方式暂缓支付。

① 宋燕华，罗洁琪．"云铜案"奥妙[J]．财经，2009（13）．

3月26日至4月27日之间，昌立明公司分13次、以购买铜精矿的名义，向碧海缘公司开具总值达8.03亿元的商业承兑汇票。

每次交易中，碧海缘公司都在获得票据当天以购买等值金额铜精矿的名义，将票据背书给云南铜业。

6个月后，云南铜业开出的票据到期，云南铜业于2007年8月2日和8月6日向两家贴现银行归还了10亿元资金，昌立明公司和富邦公司占用的资金则在9月、10月归还云南铜业。

通过图16-1所示，我们可以清晰了解整个套现过程的来龙去脉。

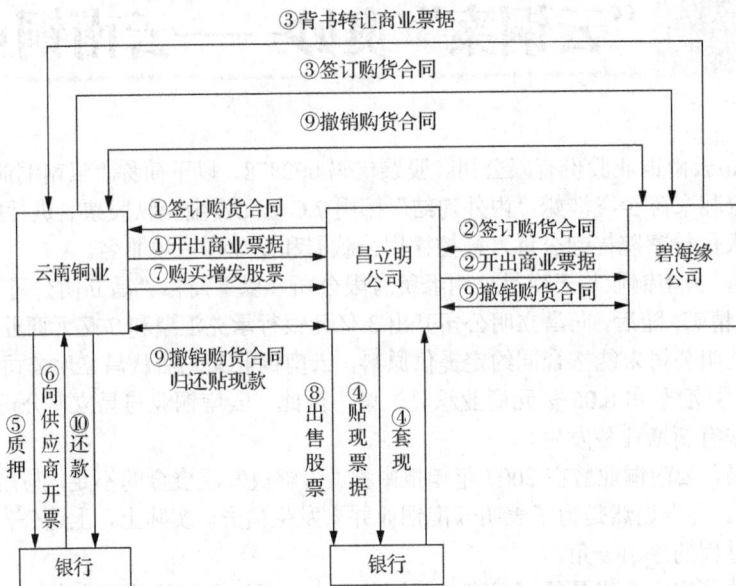

图16-1　云南铜业、昌立明公司、碧海缘公司套现过程

为了更好地了解这一事件，我们需要了解此次交易中的另外两个对手。在2007年年初签订购销合同时，昌立明公司成立不足半年，注册资金只有1 000万元。向云南铜业购买10亿元铜精矿的碧海缘公司注册资金980万元，主要从事汽车销售，从经营范围来看，与铜精矿完全不相关。此外，A股市场进入持续上涨期，中国货币政策由紧缩转为宽松也是必须考虑的重要因素。通常，票据融资只占新增贷款的5%左右，而根据中国人民银行（以下简称"央行"）统计，2009年前5个月，人民币各项贷款达到5.84万亿元，其中新增票据融资达到1.69万亿元，占新增信贷投放总量的28.94%。云南铜业票据融资案表明，即使是虚假商业汇票也可以如此轻松地通过商业银行的审查，贴现出巨额资金并流入股市。在高达1.69万亿元的票据中，又有多少类似性质的票据，未曾进入实体经济？

问题：

1. 本案例中暴露出来的问题是什么？如何防止再出现类似问题？

2. 作为一名会计或审计人员，怎样识别哪些是以交易为基础的商业票据，哪些是用于套现的商业票据？

3. 如何识别交易的正当性与合理性？

案例十七

不同行业坏账准备的计提比例

表17-1和表17-2是我国各行业上市公司坏账准备的计提比例。

表17-1

我国各行业上市公司坏账准备计提比例（a）

公司名称	2004年					2005年					2006年				
	第一年	第二年	第三年	第四年	第五年	第一年	第二年	第三年	第四年	第五年	第一年	第二年	第三年	第四年	第五年
华东电脑	0 3%	5%	15%	25%	35% 40%	3%	5%	15%	25%	35% 40%	0 5%	5%	15%	25%	35% 40%
武汉中商	0	5%	10%	20%	20%	0	5%	10%	20%	20%	0	5%	10%	20%	20%
东方集团	0.5%	1%	20%	40%	80% 100%	0.5%	1%	20%	40%	80% 100%	0.5%	1%	20%	40%	80% 100%
万科	1%	5%	5%	30%	30%	1%	5%	5%	30%	30%	1%	5%	5%	30%	30%
新五丰	5%	10%	20%	30%	40% 100%	5%	10%	20%	30%	40% 100%	5%	10%	20%	30%	100%
上海建工	5%	10%	20%	100%	100%	5%	10%	20%	100%	100%	5%	10%	20%	100%	100%
国旅联合	1%	5%	15%	30%	30%	1%	5%	15%	30%	30%	1%	5%	15%	30%	30%
中视传媒	0	5%	10%	30%	50% 100%	0	5%	10%	30%	50% 100%	0	5%	10%	30%	50% 100%
粤高速	0	10%	30%	50%	90%	0	10%	30%	50%	90%	0	10%	30%	50%	90%
粤电力	0.5	1%	2%	2%	2%	0.5	1%	2%	2%	2%	0.5%	1%	2%	2%	2%
工商银行*											5%				
大同煤业											5%	10%	30%	50%	80% 100%

*银行贷款是按五级分类计提贷款减值准备的。找不到工商银行2004年、2005年、2006年的相应数据。

说明：有的企业第一年的计提比例为两档，"0"表示在3个月以内一般不计提坏账准备，后面的为3个月以上应收款项计提坏账准备的比例；第五年的计提比例也分两档，前一个数据表示5年以上的计提比例，后一个数据表示第五年的计提比例；大同煤业是2006年上市的，前两年没有数据。

表 17-2 我国各行业上市公司坏账准备计提比例（b）

公司名称	2006 年					2007 年					2008 年				
	第一年	第二年	第三年	第四年	第五年	第一年	第二年	第三年	第四年	第五年	第一年	第二年	第三年	第四年	第五年
湘邮科技	5%	10%	15%	30%	30%	5%	10%	15%	30%	30%	5%	10%	30%	100%	100%
南方建材	5%	8%	10%	12%	12%	5%	8%	10%	12%	12%	5%	30%	80%	100%	100%
广宇发展	按余额百分比法计提坏账准备，比例为10%					坏账准备的计提方法采用期末余额百分比法和个别计定法相结合，计提比例为10%。重大款项进行单独测试					5%	10%	50%	80%	90%
											2008 年重大款项仍进行单独测试			5 年以上：100%	

说明：

信息技术业：湘邮科技（600476）2006 年期末对应收款项按账龄分析与个别辨认相结合的方法计提坏账准备，并计入当期损益；2007 年、2008 年对于单项金额非重大的应收款项，根据以前年度与之相同或相类似的以应收款项按账龄段划分的类似信用风险组合为基础，确定坏账计提的比例。

批发和零售贸易：南方建材（000906）2007 年以后，对单项金额重大或符合重要性原则的应收款项单独进行减值测试，经测试有客观证据表明其发生了减值的，根据其未来现金流量现值低于其账面价值的差额确认减值损失，并据此计提相应的坏账准备。

综合类：广宇发展（000537）2008 年对于单笔金额超出应收款项年末余额 10%的款项作为重大应收款项，单独进行减值测试。若有客观证据表明某笔金额重大的应收款项未来现金流量的现值低于其账面价值，则将其差额确认为减值损失并计提坏账准备。

（资料来源：根据各上市公司年报整理）

问题：

1. 为何不同行业的坏账准备计提比例存在差异？

2. 为何同一企业不同年份的坏账准备计提比例存在区别，这种现象正常吗？

3. 确定坏账准备计提比例的依据是什么？如何规范实务中坏账准备计提比例不规范的现象？

案例十八

存货去哪儿了——獐子岛（1）

2014年10月31日，獐子岛集团股份有限公司（以下简称"獐子岛"或"公司"）发布《关于部分海域底播虾夷扇贝存货核销及计提存货跌价准备的公告》（公告编号：2014—91），公告称：

2014年9月15日至10月12日，公司按制度进行秋季底播虾夷扇贝存量抽测，发现部分海域的底播虾夷扇贝存货异常。根据公司抽测结果，公司决定对105.64万亩海域成本为73 461.93万元的底播虾夷扇贝存货放弃本轮采捕，进行核销处理，对43.02万亩海域成本为30 060.15万元的底播虾夷扇贝存货计提跌价准备28 305万元，扣除递延所得税影响25 441.73万元，合计影响净利润76 325.2万元，全部计入2014年第3季度。

公告发布后，一时间引起广泛关注。出现了各种文章，如"獐子岛74亿枚扇贝去哪了？""獐子岛的巨亏谜团：天灾人祸？""谁来解开獐子岛巨亏疑团？""十问獐子岛：拿什么自证清白？"等，矛头直指公司造假。

事件发生后，公司于2014年11月4日收到深圳证券交易所《关于对獐子岛集团股份有限公司的问询函》（中小板问询函〔2014〕第124号），问询函提出了包括本次核销及计提跌价准备的存货明细构成、公司自上市以来单位面积存货金额、增长幅度及增长原因、本次核销及计提跌价准备的海域是否将继续播种及计划、公司的资金状况以及融资能力解释、是否存在大股东资金占用等12个问题。

2014年12月4日，公司又收到证监会大连监管局下发的《行政监管措施决定书》，包括《关于对獐子岛集团股份有限公司采取责令改正监管措施的决定》（〔2014〕5号）和《关于对獐子岛集团股份有限公司采取出具警示函措施的决定》（〔2014〕6号）。证监会大连监管局认定獐子岛部分事项决策程序不规范、内部控制制度执行不规范，要求公司限期整改，并对獐子岛深海海域扩张的风险隐患予以警示。

公司历年（年末）存货构成如表18-1所示。在此次虾夷扇贝存货核销及计提存货跌价准备的前一年（2013年），公司各指标如表18-2所示：营业收入2 620 857 768.13元、净利润97 302 825.67元、总资产5 315 695 183.95元、总负债2 874 456 496.39元、净资产2 441 238 687.56元。在存货核销和减值计提后的2014年年底，各项指标则分别为：营业收入2 662 211 458.16元、净利润-1 195 217 176.26元、总资产4 878 243 239.41元、总负债3 721 686 639.60元、净资产1 156 556 599.81元。

由于公司2014年度、2015年度连续两个会计年度经审计的净利润均为负值，根据《深圳证券交易所股票上市规则》第13.2.1条第（一）款的相关规定，公司股票交易将于2016年5月3日停牌一天，自2016年5月4日复牌后被实行"退市风险警示"特别处理。股票简称由"獐子岛"变更为"*ST獐岛"。

农业（包括农、林、牧、渔等）股历来是作假的重灾区，代表有2001年前后的银广夏和蓝田股份，2003年的丰乐种业，2006年的草原兴发，之后有中小板的绿大地和创业板的万福生科等。与上述公司相比，獐子岛的主要存货（参见表18-1）为海产品——消耗性生物资产，海产品的盘点、计价、报告及一系列的会计处理都有其特殊之处。公司主要的海产品有虾夷扇贝、海参、鲍鱼等。根据公司招股说明书提供的资料，公司上市前各海产品的养殖面积或播种数量如表18-3所示。

表 18-1　　　　　　　　　　公司历年（年末）存货构成　　　　　　　　　　　单位：元

项目	2003 年	2004 年	2005 年	2006 年（中）	2006 年
原材料	4 084 635.98	5 589 821.06	13 562 012.23	51 962 381.66	24 123 407.53
在产品	138 916 064.15	159 463 518.70	207 377 555.64	217 030 644.63	278 528 045.48
周转材料（低）	1 763 801.23	2 148 894.52	3 430 319.50	3 912 136.77	4 144 071.28
周转材料（包）	52 866.41	57 688.00	778 951.63	1 130 594.39	1 639 495.17
库存商品	8 067 271.32	18 610 924.79	56 483 559.42	103 419 688.93	80 232 451.78
消耗性生物资产*					
委托加工物质	—	—	355 063.28	81 188.50	—
合计	152 884 639.09	185 870 847.07	281 987 461.70	377 536 634.88	388 667 471.24
项目	2007 年	2008 年	2009 年	2010 年	2011 年
原材料	32 947 949.92	92 396 983.74	105 355 061.50	99 332 910.68	111 682 555.70
在产品	1 199 432.17	2 343 553.11	8 954 288.04	16 842 493.86	5 500 929.14
周转材料（低）**	5 764 920.08	6 604 170.78	9 408 316.27	5 765 412.96	18 404 981.50
周转材料（包）**	3 370 853.34	9 425 977.31	5 719 398.96		
库存商品	201 767 918.73	173 565 526.99	152 375 923.45	314 296 384.69	423 781 788.13
消耗性生物资产	517 950 486.97	705 853 571.46	890 739 227.03	1 279 331 812.46	1 798 494 066.96
委托加工物质			222 029.16	18 398.76	
开发成本			191 500.00		
合计	763 001 561.21	990 189 783.39	1 172 965 744.41	1 715 587 413.41	2 357 864 321.43

项目	2012 年	2013 年	2014 年	2015 年
原材料（净额）跌价准备	161 639 787.23 13 546 845.32	104 741 620.54 2 437 274.74	125 781 331.72 5 808.00	147 386 792.91 5 808.00
在产品	9 412 702.72	8 724 246.01	252 224.89	7 207 796.23
周转材料	19 547 694.62	21 342 541.80	25 244 324.96	25 140 746.58
库存商品（净额）跌价准备	206 911 851.08 16 591 859.94	417 352 021.26 11 024 820.38	476 766 014.87 36 122 004.01	325 308 742.15 9 953 294.11
消耗性生物资产（净额）跌价准备	2 045 244 718.37	2 129 270 883.34 2 408 655.60	1 076 972 864.97 26 314 206.93	1 034 870 628.69 31 951 232.91
委托加工物质	6 734 473.68	2 807 856.69	1 738 862.32	3 486 280.15
开发成本		113 000.84		
合计	2 449 491 227.70	2 684 352 170.48	1 706 755 623.73	1 543 400 986.71

*消耗性生物资产包含在在产品中。

**2010 年后，低值易耗品和包装物计入周转材料。

表18-2　公司历年主要财务数据和指标

项目	2003 年	2004 年	2005 年	2006 年（中）	2006 年	2007 年	2008 年
营业收入（元）	293 980 376.04	366 200 975.46	521 094 406.91	280 029 138.36	640 110 526.01	641 425 570.03	1 006 990 152.17
净利润（元）	35 438 650.40	72 283 595.07	153 295 994.04	81 158 900.51	167 134 356.49	167 764 322.01	125 219 779.11
净利润（归属于上市公司）（元）	35 438 650.40	72 283 595.07	153 295 994.04	81 158 900.51	167 134 356.49	167 715 952.13	125 219 779.11
经营活动现金流量净额（元）	31 747 503.42	82 141 777.38	105 429 786.21	21 821 398.04	182 077 535.98	-138 228 301.36	-9 734 040.55
现金红利（元/股）（含税）*	0.40	0.55	1.18		0.7	0.3	0.35
现金红利（元）（含税）	33 920 000	46 640 000	100 064 000		79 170 000	33 930 000	79 170 000
总资产（元）	376 508 774.60	502 708 615.84	749 455 050.55	875 522 335.02	1 241 539 319.42	1 576 033 359.22	1 820 022 047.74
总负债（元）	219 865 334.55	301 797 248.78	433 798 647.04	576 390 704.82	169 423 587.78	416 933 261.93	553 153 014.57
净资产（元）	154 622 048.64	198 855 643.71	315 656 403.51	296 480 374.60	1 072 115 731.64	1 159 100 097.29	1 266 871 033.17
净资产（归属于上市公司）（元）	154 622 048.64	198 855 643.71	315 656 403.51	296 480 374.60	1 070 702 897.29	1 159 058 188.48	1 250 293 710.33
每股收益（基本）（元/股）	0.42	0.85	1.81	0.96	1.82	1.48	0.28
加权平均净资产收益率（%）	25.38	43.48	63.76	28.44	34.27	15.32	10.44

项目	2009 年	2010 年	2011 年	2012 年	2013 年	2014 年	2015 年
营业收入（元）	1 512 542 979.67	2 259 046 668.67	2 937 410 749.04	2 608 284 110.30	2 620 857 768.13	2 662 211 458.16	2 726 780 243.72
净利润（元）	195 896 654.09	422 393 495.33	497 231 185.45	103 585 783.92	97 302 825.67	-1 195 217 176.26	-245 439 032.49
净利润（归属于上市公司）（元）	206 586 425.68	422 751 131.34	497 976 321.56	105 679 345.99	96 942 753.45	-1 189 327 466.52	-242 936 260.14
经营活动现金流量净额（元）	75 461 556.56	42 580 813.93	82 141 817.14	378 450 876.61	190 811 898.61	48 192 988.86	317 707 085.98
现金红利（元/股）（含税）*	0.5	0.5	0.4	0.3	0.15	0	0
现金红利（元）（含税）	113 100 000	237 037 398	284 444 877.60	213 333 658.20	106 666 829.10	0	0
总资产（元）	2 283 239 797.39	3 304 413 480.24	4 419 964 400.58	4 921 819 219.97	5 315 695 183.95	4 878 243 239.41	4 485 387 128.18
总负债（元）	899 798 546.25	1 613 408 614.28	1 701 509 165.69	2 364 393 516.69	2 874 456 496.39	3 721 686 639.60	3 577 201 420.49
净资产（元）	1 383 441 251.14	1 691 004 865.96	2 718 455 89	2 557 425 703.28	2 441 238 687.56	1 156 556 599.81	908 185 707.69
净资产（归属于上市公司）（元）	1 377 467 309.65	1 685 537 157.36	2 714 560 69	2 541 120 669.84	2 413 889 454.13	1 132 215 625.31	885 614 925.78
每股收益（基本）（元/股）	0.46	0.93	0.71	0.15	0.14	-1.67	-0.34
加权平均净资产收益率（%）	15.80	28.11	21.18	4.09%	3.93%	-67.69%	-24.04%

*2003—2005年分配股利的股本数为84 800 000股；2006—2007年分配股利的股本数为113 100 000股；2007年每10股送10股后，2008—2009年分配股利的股本数为226 200 000股；
2010年公开发行21 674 796股后，2011年分配股利的股本数为474 074 796股；2010年资本公积满10转5后，2011—2013年分配股利的股本数为1 146 852 762股。

表 18-3　　　　　　　　　　　各主要海产品养殖面积或播种数量

项目		2003 年年末	2004 年年末	2005 年年末	2006 年年中
虾夷扇贝	底播（亩）	235 382	268 388	345 631	294 099
	浮筏（台筏）	2 697	4 390	5 659	2 335
	在育苗种（亿枚）	—	—	—	45
海参	底播（亩）	8 303	8 803	9 017	7 428
	在育苗种（万头）	431	—	—	—
鲍鱼	底播（亩）	2 947	2 950	2 837	2 821
	浮筏（万头）	251	290	445	1 463
	在育苗种（万头）	675	1 773	1 876	—

　　根据 2006 年至 2013 年的财务报告，獐子岛集团拥有海域使用权的控制面积从 2006 年的 65.6 万亩升至 2013 年的 360 万亩，如此大面积海域产品的会计处理、盘点、审计和监管，是一个新问题和新课题。

　　问题：

　　1. 农业股历来是作假的重灾区，代表有2001年前后的银广夏和蓝田股份，2003年的丰乐种业，2006年的草原兴发，之后有中小板的绿大地和创业板的万福生科等。请说明原因。

　　2. 与上述造假公司对比，獐子岛2014年存货的巨额冲销有何特点，证监会大连监管局和深圳证券交易所均未将此事认定为是一起造假事件，你认为这是一起造假事件吗？为什么？（提示：从历年收入、利润、现金流、存货变动、资产、负债和净资产入手进行分析，参见表18-2）

　　3. 如果你作为一名审计员，当审计农业上市公司时，如何对存货的购进、生产、销售业务进行审计，各环节的难点在哪里，应注意的问题是什么？同时指出獐子岛与一般农业企业的区别之处。

　　4. 查阅公司会计政策，可发现獐子岛对生物性资产按历史成本进行后续计量，你认为该做法合理吗？

　　5. 查阅公司历年存货结构和变动（参见表18-1），请预测公司的发展前景。

案例十九

后进先出法——贵州盘江精煤

存货计价方法的多样性是存货会计的一个显著特点，尤其在价格持续变动较大的期间，先进先出法与后进先出法下计算的利润可能存在较大差异。国际会计准则委员会在其存货准则中已经取消了存货发出计价的后进先出法，世界上很多国家也选择了类似的做法，但美国财务会计准则委员会仍然保留这一方法。我国在 2006 年颁布的企业会计准则中采取了和国际会计准则相同的做法。

以在上海证券交易所上市的公司为例，2005 年这些公司存货计价方法的统计结果如下：选择加权平均法的比例为 75.38%、移动加权平均法比例为 4.82%、先进先出法比例为 8.25%、实际成本法比例为 2.54%、个别计价法比例为 9.26%。令人感到意外的是，采用后进先出法的公司仅占 1.02%。这与美国公司流行采用后进先出法的做法形成鲜明对照。在一份趋势调查报告中，2004 年美国 833 家被调查公司中采用后进先出法的有 251 家，采用先进先出法的有 384 家，采用平均成本法的有 167 家，采用其他方法的有 31 家。[①]

我国采用后进先出法的公司主要有云南云天化（股票代码 600096）、吉林木林（股票代码 600189）、太原化工（股票代码 600281）、贵州盘江精煤（股票代码 600395）等少数几家企业，没有一家 ST 或*ST 的公司。选择后进先出法的企业，一般都呈现毛利率高、资产负债率低、存货比重小等特点。在价格上涨期间，选择后进先出法对企业利润的冲击较大。

以下是摘自贵州盘江精煤 2006 年和 2007 年年报中与存货有关的内容。

2006 年度报表摘要

8. 存货核算方法

（1）存货的分类：产成品、原材料、辅助材料、修理用备件、低值易耗品、包装物等。

（2）存货计价方法：公司的产成品入库按实际成本计价，发出时采用后进先出法。公司的原材料、辅助材料按计划成本核算，计划成本与实际成本的差异，在"材料成本差异"中核算，领用时按材料成本差异率分摊材料差价，将计划成本调整为实际成本。

（3）存货盘存制度：永续盘存制。

（4）低值易耗品、包装物的摊销方法：一次摊销法。

（5）存货跌价准备的计提：公司期末存货按成本与可变现净值孰低计价，单个存货项目的成本高于其可变现净值的差额时计提存货跌价准备。

2007 年度报表摘要

6. 存货

（1）存货分类，各类存货的数据如表19-1所示。

---

① 唐纳德·E. 基索. 中级会计学[M]. 北京：中国人民大学出版社，2008.

项目	期末数			期初数		
	账面价值	跌价准备	账面净值	账面价值	跌价准备	账面净值
原材料	16 557 800		16 557 800	16 570 100		16 570 100
库存商品	20 362 699		20 362 699	16 643 818		16 643 818
辅助材料	16 723 330		16 723 330	17 596 684	181 830	17 414 853
合计	53 643 829		53 643 829	50 810 602	181 830	50 628 771

表 19-1　　　　　　　　　　　　　各类存货数据　　　　　　　　　　　　　单位：元

10. 存货的核算方法

（1）存货的分类：原材料、在产品、半成品、产成品、包装物、低值易耗品、委托加工物资等。

（2）存货的确认。

A. 该存货包含的经济利益很可能流入企业。

B. 该存货的成本能够可靠计量。

（3）存货计价方法：公司的产成品入库按实际成本计价，发出时采用加权平均法。公司的原材料、委托加工物资按计划成本核算，计划成本与实际成本的差异，在"材料成本差异"中核算，领用时按材料成本差异率分摊材料差价，将计划成本调整为实际成本。

（4）确定类别存货可变现净值的依据及存货跌价准备的计提方法：确定存货的可变现净值，以取得的确凿证据为基础，并且考虑持有存货的目的、资产负债表日后事项的影响因素。

A. 用于生产而持有的材料等，其生产的产成品的可变现净值高于成本的，该材料仍然应当按成本计量；材料价格下降表明产成品的可变现净值低于成本的，该材料应当按可变现净值计量。

B. 为执行销售合同或劳务合同而持有的存货，其可变现净值通常应当以合同价格为基础计算。

（5）存货盘存制度：永续盘存制。

（6）包装物、低值易耗品的摊销方法：一次摊销法。

（7）存货跌价准备的计提：资产负债表日，存货按照成本与可变现净值孰低计量，存货成本高于其可变现净值的计提存货跌价准备，计入当期损益。对于已售存货，将其成本结转为当期损益，相应的跌价准备也予以结转。

22. 主要会计政策、会计估计和核算方法的变更以及重大会计差错更正及其影响

（1）会计政策变更。

无。

（2）会计估计变更。

无。

（3）会计核算方法变更。

无。

（4）会计差错更正。

无。

问题：

1. 贵州盘江精煤2007年年报中关于存货的列示和披露存在什么问题？

2. 存货计价方法的改变对贵州盘江精煤的财务有何影响及影响有多大？

3. 既然我国企业中选择后进先出法核算存货的并不多，财政部为何要取消这一方法？

（提示：2007—2008年是我国煤炭价格近年来上涨幅度最大的一次）

案例二十

中国人寿——金融资产

中国人寿保险股份有限公司（以下简称"中国人寿"或"公司"，股票代码 601628）是一家在上海证券交易所上市的公司，同时也在香港、纽约两地上市。作为一家总资产超万亿元人民币的保险公司（2018 年年底总资产为 32 544 亿元人民币），其资产主要用于投资，2018 年投资资产为 31 058 亿元人民币，占总资产的 95.43%。这是保险公司一个最大的特点。

中国人寿投资资产所属项目分布广泛，涉及的投资项目有定期存款、债券、股票、非上市公司股权以及投资性房地产等（见表 20-1）。

表 20-1   中国人寿投资项目分布   单位：百万元

投资资产类别	2018 年 12 月 31 日		2017 年 12 月 31 日	
	金额	占比	金额	占比
固定到期日金融资产	2 407 222	77.51%	2 094 276	76.02%
定期存款	559 341	18.01%	449 400	16.31%
债券	1 309 817	42.18%	1 188 593	43.15%
债权型金融产品①	351 276	11.31%	301 761	10.95%
其他固定到期日投资②	186 788	6.01%	154 522	5.61%
权益类金融资产	424 669	13.67%	409 540	14.87%
股票	178 699	5.75%	173 440	6.30%
基金③	106 295	3.42%	101 258	3.68%
银行理财产品	32 854	1.06%	40 327	1.46%
其他权益类投资④	106 821	3.44%	94 515	3.43%
投资性房地产	9 747	0.31%	3 064	0.11%
现金及其他⑤	62 491	2.01%	86 373	3.14%
联营企业和合营企业投资	201 661	6.50%	161 472	5.86%
合计	**3 105 790**	**100.00%**	**2 754 725**	**100.00%**

注：

① 债权型金融产品包括债权投资计划、股权投资计划、信托计划、项目资产支持计划、信贷资产支持证券、专项资管计划、资产管理产品等。

② 其他固定到期日投资包括保户质押贷款、存出资本保证金、银行理财产品、同业存单等。

③ 基金包括权益型基金、债券型基金和货币市场基金等，其中货币市场基金截至 2018 年 12 月 31 日余额为 46.34 亿元人民币，截至 2017 年 12 月 31 日余额为 69.38 亿元人民币。

④ 其他权益类投资包括私募股权基金、未上市股权、优先股、股权投资计划、专项资管计划等。

⑤ 现金及其他包括货币资金、买入返售金融资产等。

因此，公司的收入主要源于投资收益（见表 20-2）。

表 20-2　　　　　　　　　　　中国人寿投资收益情况

截至当年 12 月 31 日　　　　　　　　　　　　　　　　　　　　　　　　单位：百万元

项目	2018 年	2017 年 [1]
总投资收益 [2]	95 148	136 164
净投资收益 [3]	133 017	129 939
固定到期类净投资收益	106 422	93 242
权益类净投资收益	17 776	27 939
投资性房地产净投资收益	105	69
现金及其他投资收益	969	1 546
对联营企业和合营企业的净投资收益	7 745	7 143
投资资产买卖价差收益	（21 516）	5 113
公允价值变动损益	（8 148）	3 869
投资资产资产减值损失	8 205	2 757
净投资收益率 [4]	4.64%	4.91%
总投资收益率 [5]	3.28%	5.16%

注：

1. 上年同期数据同口径调整。

2. 总投资收益=净投资收益+投资资产买卖价差收益+公允价值变动损益-投资资产减值损失。

3. 净投资收益主要包括债权型投资利息收入、存款利息收入、股权型投资股息红利收入、贷款类利息收入、投资性房地产净收益、对联营企业和合营企业的净收益等。

4. 净投资收益率=（净投资收益-卖出回购金融资产款利息支出）/〔（期初投资资产 – 期初卖出回购金融资产款+期末投资资产-期末卖出回购金融资产款）/2〕。

5. 总投资收益率=（总投资收益-卖出回购金融资产款利息支出）/〔（期初投资资产-期初卖出回购金融资产款-期初衍生金融负债+期末投资资产-期末卖出回购金融资产款-期末衍生金融负债）/2〕。

在公司的整个资产结构中，金融资产占绝大比重（见表 20-3），这是保险行业甚至整个金融行业的一个显著特点。

表 20-3　　　　　　　　　　中国人寿 2018 年比较资产负债表（局部）

2018 年 12 月 31 日　　　　　　　　　　　　　　　　　　　　　　　　单位：百万元

资产	2018 年	占比	2017 年
货币资金	52 586	1.62	50 189
交易性金融资产	138 716	4.26	136 808
买入返售金融资产	9 905	0.30	36 184
应收利息	48 094	1.48	50 395
应收保费	15 648	0.48	14 121
应收分保账款	731	0.02	64
应收分保未到期责任准备金	370	0.01	527
应收分保未决赔款准备金	140	0.00*	104
应收分保寿险责任准备金	391	0.01	281
应收分保长期健康险责任准备金	2 732	0.08	2 070
其他应收款	18 601	0.57	22 078
贷款	450 251	13.84	383 504
定期存款	559 341	17.19	449 400

续表

资产	2018 年	占比	2017 年
可供出售金融资产	870 533	26.75	810 734
持有至到期投资	806 717	24.79	717 037
长期股权投资	201 661	6.20	161 472
存出资本保证金	6 333	6.19	6 333
投资性房地产	9 747	0.30	3 064
在建工程	16 901	0.52	16 696
固定资产	29 566	0.91	25 384
无形资产	8 119	0.25	6 406
递延所得税资产	1 257	0.04	—
其他资产	6 054	0.19	4 728
独立账户资产	9	0.00*	12
资产总计	3 254 403	100.00	2 897 591

*占比过小显示为 0。

注：方框内为非金融资产，占总资产比例约为 2.21%。

由于金融资产在公司总资产中占 97%以上的比重，因此公司对金融工具计量标准的选择会直接影响其收益或资产最后的结果。对于金融工具的会计处理，按公允价值计量且其变动计入当期损益，会对公司利润产生重大影响（表 20-4 框标注）；而作为一个缓冲，按公允价值计量且其变动计入其他综合收益具有重大经济后果。其他综合收益在金融和保险行业的利润表中，在综合收益总额中也会占不小的比重（表 20-4 框标注）。需要提醒的是，在其他综合收益中，可供出售金融资产公允价值变动产生的其他综合收益又占绝大部分比重。

表 20-4　　　　　　　　　　　中国人寿 2018 年度合并利润表　　　　　　　　　　单位：百万元

项目	附注	2018 年度	2017 年度
一、营业收入		**643 101**	**653 195**
已赚保费		532 023	506 910
保险业务收入	8	535 826	511 966
其中：分保费收入		7	3
减：分出保费		（4 503）	（3 661）
提取未到期责任准备金		700	（1 395）
投资收益	48	111 396	134 983
其中：对联营企业和合营企业的投资收益		7 745	7 143
其他收益		113	95
公允价值变动损益	49	（8 148）	3 869
汇兑损益		（194）	52
其他业务收入	50	7 825	7 271
资产处置损益		86	15
二、营业支出		（628 814）	（611 313）
退保金	51	（116 229）	（94 629）
赔付支出	52	（174 439）	（198 088）
减：摊回赔付支出		2 359	1 427

项目	附注	2018 年度	2017 年度
提取保险责任准备金	53	（191 718）	（175 322）
减：摊回保险责任准备金	54	808	569
保单红利支出		（19 646）	（21 871）
税金及附加	55	（743）	（733）
手续费及佣金支出		（62 705）	（64 789）
业务及管理费	56	（39 116）	（37 685）
减：摊回分保费用		533	664
其他业务成本	57	（19 708）	（18 010）
资产减值损失	58	（8 210）	（2 846）
三、营业利润		14 287	41 882
加：营业外收入	59	74	112
减：营业外支出	60	（440）	（323）
四、利润总额		13 921	41 671
减：所得税费用	61	（1 985）	（8 919）
五、净利润		11 936	32 752
（一）按经营持续性分类：			
持续经营净利润		11 936	32 752
（二）按所有权归属分类：			
归属于母公司股东的净利润		11 395	32 253
少数股东收益		541	499
六、每股收益	62		
基本每股收益（元）		0.39	1.13
稀释每股收益（元）		0.39	1.13
七、其他综合收益的税后净额		（2 025）	（7 926）
归属于母公司股东的其他综合收益的税后净额	63（b）	（2 070）	（7 912）
将重分类进损益的其他综合收益		（2 070）	（7 912）
可供出售金融资产公允价值变动损益		（18 045）	（11 258）
减：前期计入其他综合收益当期转入损益的净额		14 643	（32）
可供出售金融资产公允价值变动计入保单红利部分		（24）	4 204
权益法下可转损益的其他综合收益		770	21
外币财务报表折算差额		586	（847）
不能重分类进损益的其他综合收益		—	—
归属于少数股东的其他综合收益的税后净额		45	（14）
八、综合收益总额		9 911	24 826
归属于母公司股东的综合收益总额		9 325	24 341
归属于少数股东的综合收益总额		586	485

　　如果我们把不同计量类型的金融工具、以公允价值计量的资产的三个层级、不同计量方式对利润的影响等因素综合起来观察，可能会有更多的发现。表 20-5 是该公司 2012—2018 年证券投资相关指标。

表 20-5 　　　　　　　　中国人寿 2012—2018 年证券投资相关指标 　　　　　　　单位：百万元

项目	2018 年	2017 年	2016 年	2015 年	2014 年	2013 年	2012 年
交易性金融资产	138 716	136 808	209 126	137 982	53 041	34 159	34 018
可供出售金融资产*	870 533	810 734	766 423	770 516	607 531	491 527	506 416
持有至到期投资*	806 717	717 037	594 730	504 075	517 283	503 075	452 389
总资产	3 254 403	2 897 591	2 696 951	2 448 315	2 246 567	1 972 941	1 898 916
以公允价值计量的资产	988 622	926 717	954 724	887 705	645 334	525 711	540 469
第一层级	329 251	305 183	301 760	312 823	218 785	180 886	200 052
第二层级	480 123	474 435	561 725	510 154	403 871	330 956	336 382
第三层级	179 248	147 099	91 239	64 728	22 678	13 889	4 035
净利润	11 936	32 752	19 585	35 187	32 514	25 008	11 272
可供出售金融资产产生的其他综合收益	-18 045	-11 258	-33 352	40 473	52 722	-18 854	6 651
前期计入其他综合收益当期转入损益的净额	14 643	-32	-4 540	-24 189	-5 357	-4 343	20 164
公允价值变动损益	-8 148	3 869	-4 034	-2 150	3 743	-237	128

*企业在应用 2017 年修订的第 22 号准则前所使用的会计科目。

注：本案例中所有数据均来自中国人寿公布的各年年报。

问题：

1. 保险业和银行业两者业务的最大区别是什么，共同点是什么？为何这两个行业中，金融资产都占资产的绝大部分比重？

2. IASB 和 FASB 联合制定金融工具准则时，提议将可供出售金融资产按公允价值计量且其变动计入当期损益，这一提议遭到华尔街保险业的强烈反对，最后未能通过。为什么保险业要反对将可供出售金融资产按公允价值计量且其变动计入当期损益这一做法。（提示：以中国人寿为例，对可供出售金融资产采用公允价值计量且其变动计入当期损益后其净利润会发生的变化进行分析）

3. 中国人寿 2018 年年报仍未执行新的金融工具准则，如果执行，会对其财务数据产生什么样的影响？（提示：权益工具投资采用新准则前后的变化）

4. 查阅公司 2017 年和 2018 年年报，分析为何在 2017 年和 2018 年两年的审计报告中都将第三层级金融资产的公允价值计量列入关键审计事项。

案例二十一

资本化还是费用化——穗恒运（1）

广州恒运企业集团股份有限公司（股票代码 000531，以下简称"穗恒运"或"公司"）是一家在深圳证券交易所上市的电力生产企业。2007 年，国家对发电机组实施一项"上大压小"的政策。公司三台 5 万千瓦机组面临被关停的局面，公司为此计提 1.08 亿元固定资产减值准备。同时公司上马两台 30 万千瓦机组，需要支付关停小机组的补偿款。这一金额是一个不确定数，少则一千多万元，多则几千万元，而且补偿款最终是由政府负担还是由穗恒运负担也是不确定的。但财务经理不得不提前考虑这个问题，因为当年三台 5 万千瓦机组可能关停会导致企业亏损，如果再将这笔补偿款作为费用处理，无疑将加大公司本年的亏损。考虑到这一后果，财务经理想到了资本化处理这一方法。但与审计师沟通后，审计师不同意资本化的做法。后来经过与独立董事、审计师共同协商，大家认为这是企业遇到的一个特殊的、新的经济业务，最好是征求权威部门的意见。于是，财务经理草拟一份《关于"上大压小"电建项目关停小机组补偿支出其会计处理的咨询函》向企业会计准则专家委员会求助，该函全文如下。

关于"上大压小"电建项目
关停小机组补偿支出其会计处理的咨询函

财政部企业会计准则专家委员会：

我公司是以发电供热为主的地方能源企业，并在深圳证券交易所上市。我们现在遇到了一个特别的经济事项，对其会计处理把握不准，特此请教，请给予解答。

我公司投资控股的广州恒运热电（D）厂有限责任公司（以下简称"恒运D厂"）新建两台30万千瓦国产亚临界燃煤供热机组，这是国家首批"上大压小"电建项目。所谓"上大压小"，就是大机组获准新建必须要关停相应容量的小机组。

由于恒运D厂自身没有可替代的小机组容量，新建两台30万千瓦机组所配套应关停的小机组容量都需要从外部取得。这就需要支付一定的对价，即需要支付给拟关停小机组所属单位一定的经济补偿（以下称"补偿"）。

我们认为，恒运D厂"压小"补偿支出，其实质是新机组获准建设投产并网发电的必要开支。从这个角度来看，这些补偿支出符合资本化的条件，应做资本化处理。此外，根据目前国家的电建政策，恒运D厂两台30万千瓦机组容量，今后也可以作为新建更大容量机组的替代容量，同样具有其相应的市场价值。从这个角度来看，这些补偿支出又符合无形资产的形成条件，似乎又应作为无形资产处理。

我们的问题是，恒运D厂的上述补偿支出是作为资本化处理，还是作为无形资产处理？或者其他会计处理？采取哪种会计处理最合适呢？

特此致函请教，敬请复函！

感谢支持！

广州恒运企业集团股份有限公司
2007年09月13日

问题：

1. 在实务操作中遇到类似无法确定适当的会计处理方法时，有何路径可找到解决办法？

2. 对补偿支出，究竟是作为资本化（或者计入无形资产）处理，还是作为费用化处理，其理由是什么？两种不同处理的经济后果有何区别？

3. 请查阅该公司2007年、2008年、2009年年报，指出该事项的会计处理结果和影响，并说明其会计处理是否恰当。

案例二十二

折旧政策——穗恒运（2）

穗恒运的电力及热力机组占公司资产的很大比重。以 2009 年为例，公司当年的总资产为 62.69 亿元，其中流动资产为 15.37 亿元，非流动资产为 47.32 亿元。而在非流动资产中，固定资产为 38.88 亿元（账面净值，下同），其构成为：机组设备为 30.57 亿元，房屋及建筑物为 8.09 亿元，运输及其他设备为 0.22 亿元。可以看出，机组设备占整个公司总资产的近一半，由此可见，机组设备每年计提的折旧将直接影响当年的利润。

1990 年，公司投产并运行两台 1.2 万千瓦机组（编号为 1、2 号机组）。1991 年，三台 5 万千瓦机组（编号为 3、4、5 号机组）上线，1994 年 3、4 号机组完工并投入运行。1995 年，两台 21 万千瓦机组（编号为 6、7 号机组）上线，1998 年 6 号机组完工并投入运行。2004 年，两台 30 万千瓦机组（编号为 8、9 号机组）上线，2007 年 8 号机组完工并投入运行。

穗恒运采用年限平均法分类计提固定资产折旧，根据固定资产类别、预计使用寿命和预计净残值率确定折旧率。如固定资产各组成部分的使用寿命不同或者以不同方式为企业提供经济利益，则选择不同折旧率，分别计提折旧。公司主要将全部固定资产分为三大类进行折旧：房屋及建筑物、机器设备、运输设备及其他设备。三类资产的折旧方法均为直线法，运输设备及其他设备多年来的折旧年限为 5 年、净残值率为 10%、年折旧率为 18%。而房屋及建筑物、机器设备的折旧情况如表 22-1 所示。

表 22-1　　　　　　1997—2015 年穗恒运房屋及建筑物、机器设备的折旧政策

年度	1997	1998—2000	2001—2002	2003—2007	2008—2009	2010—2015
机器设备折旧率	9%	6%～9%	3.6%～9%	3.6%～9.7%	3.6%～6%	3.6%～9.7%
折旧年限（年）	10	10～15	10～25	10～25	15～25	10～25
房屋及建筑物折旧率	3.6%	3.6%～4.5%	3.6%～4.5%	3.6%～4.85%	3.6%～4.85%	3.6%～4.85%
折旧年限（年）	25	20～25	20～25	20～25	20～25	20～25

通过表 22-1 可以看出，穗恒运房屋及建筑物的折旧政策变动不大，而机器设备的折旧政策在 1997 年至 2010 年间一直有调整。结合企业盈利状况分析（见表 22-2），我们或许能找到其中的变化原因。

表 22-2　　　　　　1994—2010 年穗恒运相关指标

年度	发电量（亿万千瓦时）	主营业务收入（百万元）	净利润（百万元）	每股收益（元）	净资产收益率（%）
1994	3.4	56.5	38.5	0.33	15.60
1995	5.4	430	29.7	0.16	9.08
1996	7.7	618	32.4	0.15	9.13
1997	6.9	423.9	41.2	0.19	11.00
1998	10	506.2	59.4	0.24	11.84
1999	14.9	601.5	65.6	0.25	12.26
2000	15.0	668	59	0.24	10.92
2001	19.1	860.9	64.5	0.24	10.92
2002	21.6	860.2	75.6	0.28	12.25

续表

年度	发电量（亿万千瓦时）	主营业务收入（百万元）	净利润（百万元）	每股收益（元）	净资产收益率（%）
2003	29.8	1 026	138.2	0.51	19.08
2004	43.0	1 420.6	150.6	0.57	18.48
2005	44.8	1 558.7	123.6	0.46	14.39
2006	43.7	1 609.6	140.2	0.53	17.96
2007	58.2	2 172	9.6	0.40	1.25
2008	72.5	2 811	−53.5	−0.20	−7.42
2009	66.1	2 889.5	252.5	0.95	30.77
2010	62.4	3 015	135.3	0.51	13.30

问题：

1. 企业如何制定固定资产折旧政策？企业确定折旧额时需要考虑的因素有哪些？

2. 简述折旧政策的经济后果，穗恒运调整机器设备的折旧政策有盈利调整的考虑吗？为什么？

3. 企业能随意调整折旧政策吗？什么情况下企业能调整折旧政策，调整后需要进行何种说明或披露？

案例二十三

厦门航空利润之谜[①]

　　不同股东对同一被投资方净利润和净资产的认定应该是同样的数据，但是，中国南方航空集团有限公司（股票代码600029，以下简称"南方航空"）和厦门建发股份有限公司（股票代码600153，以下简称"厦门建发"）两大股东对同一被投资方——厦门航空有限公司（以下简称"厦门航空"）上述两个指标的披露却差异悬殊。

　　厦门航空成立于1984年7月25日，是我国改革开放初期成立的第一家股份制航空公司（非上市公司），现股东为南方航空（占60%股权）和厦门建发（占40%股权），南方航空与厦门建发均为上市公司。根据南方航空2003年7月公布的招股说明书，厦门航空2002年实现净利润4.4亿元，截至2002年12月31日，净资产为28.7亿元。2003年6月，厦门建发以5.76亿元将其拥有的股权转让给其大股东厦门建发集团（以下简称"建发集团"）。根据厦门建发公布的财务数据，厦门航空2002年实现净利润0.78亿元，截至2002年12月31日，净资产为12亿元。两大股东披露的同一子公司同一会计年度的净利润竟相差3.62亿元，而截至同一时点的净资产相差达16.7亿元。

　　南方航空先前已经在纽约和香港上市，2003年又成功在上海证券交易所上市。根据相关规定，在上海证券交易所上市必须满足上市前连续三年盈利的条件。2003年的"非典"使航空业整体业绩下滑，南方航空迫切希望上市后的第一年业绩有个开门红。而同一年，厦门建发却将厦门航空转手，出让给自己的大股东建发集团。因此，就出现了两大股东对同一被投资方披露的净利润和净资产一高一低的现象。问题是，同一公司，如何产生两个结果？

　　南方航空编制会计报表所采用的会计政策，是依据当时执行的财政部发布的《企业会计准则》（2006年前颁布的准则）、《企业会计制度》（财会〔2000〕25号）及其补充规定和相关具体会计准则规定，即飞机折旧的核算是以其原值减去28.75%的预计净残值后，再按10~15年的预计可使用年限以直线法计提折旧，年折旧率为4.75%。而厦门航空编制会计报表所采用的主要会计政策，是依据《企业会计准则》及《运输（民用航空）企业会计制度》，采取加速折旧法，折旧年限为8~10年，预计净残值率为3%，年折旧率为9.7%~12.1%，比南方航空现行的年折旧率高得多。显然，南方航空在编制合并会计报表时已按其编制会计报表的会计政策对厦门航空的财务报表进行了调整，使得厦门航空2002年的净利润从0.78亿元变更为4.4亿元，年末净资产从12亿元变更为28.7亿元，2003年的净利润及年末净资产依此同样进行了大幅度上调。

　　然而，依照厦门建发的解释，厦门航空是从稳健经营的角度出发，采取加速折旧法，选择飞机折旧年限为10年，遵循的是中国民航局和财政部的折旧政策。同时指出，厦门建发当时并非厦门航空的控股股东，仅按权益法计算对厦门航空的投资收益；厦门建发并不从事航空业，没有充分理由调整厦门航空的会计政策，也不可能对厦门航空的财务数据进行再判断，因此基本尊重厦门航空管理当局对财务数据的判断。

---

① 崔学刚，岳虹. "会计魔术"挑战会计规范的有效性：来自厦航利润之争案的启示[J]. 财务与会计，2005（6）：18-20.

问题：

1. 南方航空、厦门建发、厦门航空三家公司的会计处理存在什么问题？为何同一公司的同一资产出现两种折旧方法？

2. 南方航空和厦门建发对厦门航空会计利润的核算一高一低，各自的动机是什么？

3. 你认为根据最新的会计准则，还会出现这样的情况吗？

案例二十四

开发支出——长丰汽车

2007 年 10 月，《证券市场周刊》刊登了题为"长丰汽车巨额开发支出牵出违规往事"的文章，该文章提出："2007 年 6 月末，长丰汽车（股票代码 600991）开发支出高达 2.18 亿元，位居全部 A 股上市公司榜首。然而，令人不解的是，长丰汽车在中报附注中，却仅具体列示了本期增加的 2 229 万元。那么，另外的 1.96 亿元开发支出余额来自何方，又归于何处？"

在分析为何出现巨额开发支出并且都不计入当期损益的原因时，文章做了深入剖析。长丰汽车制造股份有限公司（现为广汽长丰汽车股份有限公司，以下简称"长丰汽车"）是 2004 年 5 月经中国证券监督管理委员会（以下简称"证监会"）批准公开发行股票并上市流通的，但从 2005 年开始，公司业绩出现下滑（见表 24-1）。在连续两年业绩下滑之际，涉及研究与开发支出的新会计政策成为公司的救命良方。

表 24-1　　　　　　　　　　　　　　长丰汽车相关指标　　　　　　　　　　　　　　　单位：万元

指标名称	2007 年年末	2006 年年末	2005 年年末	2004 年年末	2003 年年末	2002 年年末
营业收入	456 039	407 748	428 145	377 463	494 274	290 653
销售成本	10 275	14 242	14 741	19 499	23 078	13 478
管理费用	23 055	17 398	31 507	20 165	15 352	9 318
财务费用	14 420	10 738	3 589	6 858	5 373	4 276
利润总额	16 654	2 865	1 768	20 471	59 884	33 710
所得税	-4 274	230	2 527	11 503	24 530	13 757
净利润	16 798	3 036	2 004	13 041	34 783	19 852
销售毛利率（%）	26.94	19.32	16.12	20.01	22.67	24.11
资产负债率（%）	61.46	58.17	60.1	58.95	71.19	66.69
净资产收益率（%）	7.8	1.53	1.02	6.45	37.44	30.01

注：长丰公司 2005 年、2006 年、2007 年三年的年报都经过修订，上表为修订前的数据。以净利润为例，修订后三年的数据分别为-3 275 万元、2 108 万元和 18 389 万元。

（资料来源：万得资讯）

文章进一步指出："如果高达 2.18 亿元的开发支出都发生在 2007 年上半年，若按旧会计制度的费用化规定处理，而非按新会计准则的资本化规定处理，则长丰汽车 2007 年上半年将出现巨额亏损。"

以下是摘自长丰公司 2007 年半年报、2007 年年报（修订）和 2008 年年报的有关无形资产和开发支出的相关数据。

2007 年半年报（见表 24-2）。

2007 年半年报

表 24-2 合并资产负债表（局部）

2007 年 6 月 30 日

单位：元

项目	期末余额	期初余额
......	......	......
无形资产	120 042 107.06	108 061 699.75
开发支出	218 344 435.37	
......	......	......

报表附注
....

13. 无形资产

（1）无形资产（见表24-3）。

表 24-3 无形资产

单位：元

项目	取得方式	原始成本	期初数	本期增加数	本期摊销数	累计摊销数	期末数	剩余摊销年限
非专利技术	股东投入	340 000.00	102 000.04		17 000.00	254 999.95	85 000.04	30 个月
土地使用权	出让	35 231 172.08	25 687 217.35	—	283 177.98	9 827 132.72	25 404 039.37	523/557 个月
土地使用权	在建转入	19 685 409.81	—	19 685 409.81	205 056.36	205 056.36	19 480 353.45	570 个月
非专利技术	购买	113 859 509.76	80 250 204.11		6 893 834.28	51 784 293.18	73 356 369.83	37/73 个月
其他	购买	3 278 955.51	2 022 278.25		305 933.88	3 542 732.14	1 716 344.37	
合计		172 395 047.16	108 061 699.75	19 685 409.81	7 705 002.50	65 614 214.36	120 042 107.06	

....

16. 开发支出（见表24-4）

表 24-4 开发支出

单位：元

项目	期初余额	本期增加	本期减少	期末余额
CF2 项目		6 472 800.90		6 472 800.90
CS7 项目		5 962 247.32		5 962 247.32
其他项目		9 857 672.59		9 857 672.59
合计		22 292 720.81	0.00	22 292 720.81

2007年年报（修订）（见表24-5、表24-6）。

2007 年年报（修订）

表 24-5 合并资产负债表（局部）

2007 年 12 月 31 日

单位：元

项目	年末余额	年初余额
......	......	......
无形资产	218 604 671.80	173 380 222.56
开发支出	42 442 270.83	
......	......	......

表 24-6　　　　　　　　　　　　合并利润表（局部）

2007 年 1—12 月　　　　　　　　　　　　　　　　　单位：元

项目	本期余额	上期余额
……	……	……
管理费用*	217 006 132.25	229 525 427.13
	……	……

* 管理费用本年度无附注说明。

报表附注

…………

13．无形资产

（1）无形资产明细情况（见表24-7）。

表 24-7　　　　　　　　　　　　无形资产明细情况　　　　　　　　　　　　单位：元

项目	取得方式	原始成本	年初数	本年增加数	本期摊销数	累计摊销数	年末数	剩余摊销年限
非专利技术	股东投入	340 000.00	102 000.04	—	34 000.00	271 999.96	68 000.04	34 个月
土地使用权	出让	107 397 873.52	90 162 575.16	6 779 832.36	961 279.97	11 416 745.97	95 981 127.55	517/551 个月
非专利技术	购买	177 610 604.76	80 250 204.11	51 650 095.00	13 187 239.94	58 897 545.59	118 713 059.17	43/79 个月
其他	购买	7 850 630.71	2 865 443.25	2 151 267.20	1 174 225.41	4 008 145.67	3 842 485.04	
合计		293 199 108.99	173 380 222.56	60 581 194.56	15 356 745.32	74 594 437.19	218 604 671.80	

截至2007年12月31日，本公司无形资产无账面价值高于可收回金额的情况。

14．开发支出（见表24-8）

表 24-8　　　　　　　　　　　　开发支出　　　　　　　　　　　　　　单位：元

项目	研究开发项目支出		
	计入研究阶段支出金额	计入开发阶段支出金额	合计
进口车国产化项目		13 705 574.04	13 705 574.04
新车型研发		24 306 374.42	24 306 374.42
车型改进项目		4 430 322.37	4 430 322.37
合计		42 442 270.83	42 442 270.83

内部研究开发项目开发阶段的支出，同时满足资本化条件的，确认为无形资产。

…………

22．应付职工薪酬（见表24-9）

表 24-9　　　　　　　　　　　　应付职工薪酬　　　　　　　　　　　　单位：元

项目	年初数	本年增加	本年支付	年末数
工资	2 491 720.55	142 784 078.94	139 968 191.74	5 307 607.75
奖金	—	3 923 976.70	3 923 976.70	—
职工福利	37 150 544.76	-15 343 247.69	21 537 161.80	270 135.27
社会保险费	5 532 077.16	8 636 247.52	9 159 413.56	5 008 911.12
住房公积金	436 353.18	8 918 895.31	8 861 354.00	493 894.49
职工奖励及福利基金	—	601 261.55	150 971.22	450 290.33
工会经费	239 716.91	2 596 079.69	2 597 114.97	238 681.63
辞退福利	—	12 323 256.74	2 436 688.74	9 886 568.00
职工教育经费	499 301.08	438 802.67	103 355.50	834 748.25
合计	46 349 713.64	164 879 351.43	188 738 228.23	22 490 836.84

截至2007年12月31日，应付职工薪酬期末数为22 490 836.84元，比期初数 46 349 713.64 元减少51.48%，主要原因为本公司按照新会计准则规定，将原计提的应付福利费转入当期损益。

2008年年报（见表24-10，表24-11）。

2008 年年报

表 24-10   合并资产负债表（局部）

2008 年 12 月 31 日

单位：元

项目	年末余额	年初余额
……	……	……
无形资产	180 834 645.89	217 646 712.17
开发支出	211 154 392.54	42 442 270.83
……	……	……

表 24-11   合并利润表（局部）

2008 年 1—12 月

单位：元

项目	本期余额	上期余额
……	……	……
管理费用	260 277 475.84	215 284 066.61
……	……	……
净利润（归属母公司股东）	140 792 285.31	183 886 546.44
每股收益（基本）	0.35	0.46
……	……	……

报表附注

…………

13. 无形资产

（1）无形资产明细情况（见表24-12）。

表 24-12   无形资产明细情况

单位：元

项目	取得方式	原始成本	年初数	本年增加数	本年转出数	本年摊销数	累计摊销数	年末数	剩余摊销年限
土地使用权	出让	120 728 104.36	95 023 167.93	19 169 077.51		5 011 236.38	11 547 095.30	109 181 009.06	456/765 个月
非专利技术	购买	122 569 020.91	118 781 059.21	18 978 896.18	51 872 360.00	17 578 888.22	54 260 313.74	68 308 707.17	31/106 个月
其他	购买	7 058 675.63	3 842 485.03	1 063 998.86	14 211.71	1 547 342.52	3 713 745.97	3 344 929.66	
合计		250 355 800.90	217 646 712.17	39 211 972.55	51 886 571.71	24 137 467.12	69 521 155.01	180 834 645.89	

截至2008年12月31日，本公司无形资产无账面价值高于可收回金额的情况。

14. 开发支出（见表24-13）

表 24-13   开发支出

单位：元

项目	年末数	年初数	研究开发项目支出		
			计入研究阶段支出金额	计入开发阶段支出金额	合计
进口车国产化项目	9 899 724.28	13 705 574.04		21 899 724.28	21 899 724.28
新车型研发	180 967 179.89	24 306 374.42	4 110 485.00	151 465 596.81	155 576 081.81
车型改进项目	20 287 488.37	4 430 322.37	6 877 940.13	32 491.19	6 910 431.32
合计	211 154 392.54	42 442 270.83	10 988 425.13	173 397 812.28	184 386 237.41

截至2008年12月31日，开发支出年末数为211 154 392.54元，比年初数42 442 270.83元增加397.51%，主要为公司CP2项目研发支出和CS6车型改进支出增加所致。

....

39. 管理费用

管理费用2008年度发生额为260 277 475.84元，比2007年度发生额215 284 066.61元增加了20.90%，主要原因为2007年度执行新会计准则，执行新准则前的应付福利费余额一次性冲减当期管理费用及2008年无形资产——土地使用权摊销和办公费增加。

问题：

1. 《企业会计准则第6号——无形资产》对研究与开发支出的会计处理是如何规定的？长丰公司对研究与开发支出的相关会计列报与披露存在什么问题？你认为出现上述问题的原因是什么，如何防止此类问题的发生？（请结合最新报告格式修订来进行讨论）

2. 根据已有的资料，请对长丰汽车未来的收益做一个预测，并说明理由。

3. 2.18亿元的开发支出就能位居全部A股上市公司榜首说明了什么问题？请结合其他上市公司研究与开发支出的总体情况来阐述这一问题。

案例二十五

设定受益计划——东方航空（3）

近几年，随着我国旅游事业的兴起，航空业迎来难得的良机，各大航空公司经营业绩都在不断攀升（见表 25-1）。

表 25-1 　　　　　　　　　　　　　我国三大航空公司主要业绩指标　　　　　　　　　　　　单位：百万元

航空公司	主要会计数据	年份		
		2015	2014	2013
东方航空（股票代码600115）	营业收入	93 844	89 746	88 109
	归属于上市公司股东净利润	4 541	3 417	2 358
	归属于上市公司股东的扣除非经常性损益的净利润	3 192	-230	1 214
	经营活动产生的现金净流量	24 325	12 252	10 775
中国国航（股票代码601111）	营业收入	108 929	104 888	97 713
	归属于上市公司股东净利润	6 774	3 817	3 326
	归属于上市公司股东的扣除非经常性损益的净利润	6 344	2 957	2 864
	经营活动产生的现金净流量	31 753	16 902	18 044
南方航空（股票代码600029）	营业收入	111 467	108 313	98 130
	归属于上市公司股东净利润	3 851	1 773	1 895
	归属于上市公司股东的扣除非经常性损益的净利润	3 315	1 421	1 834
	经营活动产生的现金净流量	25 713	15 116	11 128

但是，东方航空 2014 年的经营业绩在扣除非经常性损益后，归属于上市公司股东的净利润为亏损 2.3 亿元。在研读该公司 2014 年年报非经常性损益表后，可以发现，使公司"扭亏为盈"的项目为"终止在职人员退休后福利产生的损益"（见表 25-2）。

表 25-2 　　　　　　　　　　　　　　非经常性损益项目和金额　　　　　　　　　　　　　　单位：百万元

主要会计数据	2014 年	2013 年	2012 年
非流动资产处置损益	-25	317	101
处置长期投资取得的收益	-5	9	89
终止在职人员退休后福利产生的损益	3 129	0	0
除上述各项之外的其他营业外收支净额	862	923	884
同一控制下企业合并中被合并方被合并前净利润	3	-18	7
所得税影响额	-190	-12	-11
少数股东权益影响额	-127	-75	-10
合计	3 647	1 144	1 060

2014 年，《企业会计准则第 9 号——职工薪酬》修订后，职工薪酬由原来的八项调整为四项：短期薪酬、离职后福利、辞退福利和其他长期职工福利。在原准则中，因职工薪酬形成的义务一般都以"应付职工薪酬"在流动负债中列示。而在新修订的准则中，离职后福利分为设定提存计划和设定受益计划两种，设置设定提存计划的企业通常不会有长期支付义务，而设置设定受益计划的企业则会形成长期支付义务。在我国，一些保障退休和离休高级管理人员（包括技术人员）的离职后福利设置，比较符合设定受益计划的性质，但由于我国在 2014 年前没有相应的会计处理规定，这部分企业支付义务则列入短期流动负债。《企业会计准则第 9 号——职工薪酬》修订后，企业就按照修订后的准则进行会计处理，将设定受益计划形成的长期义务和其他长期职工福利纳入长期负债，其他短期薪酬就在流动负债中列示。而对于大部分没有实施设定受益计划（相应地实施的是设定提存计划）的企业而言，应付职工薪酬则基本在流动负债中列示。

国家要求自 2014 年 7 月 1 日起施行 2014 年新增和修订的几项会计准则，但鼓励在境外上市的企业提前执行。东方航空作为境内外上市公司，在编制 2013 年度财务报表时，执行了上述会计准则，并按照相关的衔接规定进行了处理。上述会计准则的变化，引起公司相应会计政策变化的，已根据相关衔接规定进行了处理，对于比较数据需要进行追溯调整的，已进行了相应追溯调整（见表 25-3）。

表 25-3　采用《企业会计准则第 9 号——职工薪酬》追溯调整对 2012 年度和 2013 年度财务报表的影响

单位：千元

项目	2012 年度			2013 年度		
	采用新准则前余额/发生额	采用新准则后影响额	采用新准则后余额/发生额	采用新准则前余额/发生额	采用新准则后影响额	采用新准则后余额/发生额
长期应付职工薪酬	—	6 147 851	6 147 851	—	5 615 293	5 615 293
一年内到期的非流动负债	13 414 181	85 800	13 499 981	16 162 412	203 508	16 365 920
递延所得税资产	12 043	112 615	124 658	119 089	270 377	389 466
资本公积	15 138 580	-3 177 267	11 961 313	17 644 052	-2 762 152	14 881 900
累计亏损	-3 034 712	-2 280 795	-5 315 507	-763 812	-2 175 658	-2 939 470
少数股东权益	1 666 296	-144 409	1 521 887	1 766 071	-92 047	1 674 024
商誉	8 509 030	518 565	9 027 595	8 509 030	518 565	9 027 595
管理费用	-2 743 290	-277 717	-3 021 007	-2 827 291	-11 321	-2 838 612
所得税费用	-215 613	7 921	207 692	-240 738	116 457	-124 281

与设定受益计划相关的附注披露摘录如下（2014 年度）。

（33）长期应付职工薪酬

（c）在利润表中确认的有关计划如下（单位：百万元）。

	2014年
服务成本	223
结算产生的利得	（3 129）
利息费用	294
离职后福利成本净额	2 612
计入营业成本	（2 376）
计入销售费用	（297）
计入管理费用	（233）
计入财务费用	294
	（2 612）

（d）设定受益计划义务和计划资产公允价值变动如下（单位：百万元）。

	设定受益计划义务现值	计划资产公允价值	设定受益计划净负债（净资产）
2014年年初余额	5 941	（122）	5 819
计入当年损益			
服务成本	223	–	223
结算利得*	（3 251）	122	（3 129）
利息费用	294		294
计入其他综合收益			
精算损失	212		212
本年福利结算	（387）		（387）
年末余额	3 032	–	3 032

*本集团2014年度增设设定提存计划，并终止在职工员工原有退休后福利计划，导致长期应付职工薪酬额下降，产生3 129百万元的结算利得。

与长期应付职工薪酬相关的信息摘录如表25-4所示。

表25-4　　　　　2012—2015年各年长期应付职工薪酬　　　　　单位：百万元

项目	2012 年度	2013 年度	2014 年度	2015 年度
长期应付职工薪酬	6 148	5 615	2 822	2 790
设定受益计划净负债	6 148	5 615	2 822	2 569

2012—2015年员工构成情况如表25-5所示。

表25-5　　　　　　　2012—2015年员工构成　　　　　　单位：人

项目	2012 年度	2013 年度	2014 年度	2015 年度
在职员工数量合计	66 207	68 874	69 849	71 033
母公司在职员工数量	42 968	42 747	43 960	34 652
主要子公司在职员工数量	23 509	26 127	25 889	36 381
母公司及主要子公司需要承担费用的离退休职工数量	4 680	4 955	5 432	5 835

问题：

1. 简述设定受益计划会计处理的基本要点，并说明公司2013年年初追溯调整时，一方面增加长期应付职工薪酬，另一方面同时增加其他综合收益（当时报表项目为资本公积）和当期损益（当时报表项目为累计亏损），哪些项目的调整计入其他综合收益，哪些项目的调整计入当期损益？递延所得税资产、少数股东权益、商誉、管理费用、所得税费用的影响是如何形成的？

2. 估计公司每年因设定受益计划形成的长期应付职工薪酬的规模，并说出其依据。

3. 你认为2014年公司因设定受益计划而产生的31.29亿元结算利得可信吗？为什么？请说出理由。

4. 比较中国企业会计准则与国际会计准则对于设定受益计划的认定要求，请指出两者的区别。试解释为何南方航空和中国国航因设定受益计划确认的长期应付职工薪酬比东方航空因此确认的长期应付职工薪酬要少得多（2015年两家公司因设定受益计划确认的长期应付职工薪酬分别为0.13亿元和2.77亿元）。

案例二十六

未决诉讼——獐子岛（2）

獐子岛集团股份有限公司（以下简称"獐子岛"或公司）是一家主要从事海水养殖、以生产和出售海产品为主的渔业上市公司。根据国家有关法律，养殖用海必须取得海域使用权。

《中华人民共和国海域使用管理法》（以下简称《海域使用管理法》）中有关规定如下。

① "海域"是指中华人民共和国内水、领海的水面、水体、海床和底土；单位和个人使用海域，必须依法取得海域使用权，单位和个人可以向县级以上人民政府海洋行政主管部门申请使用海域；海域使用申请经依法批准后，国务院批准用海的，由国务院海洋行政主管部门登记造册，向海域使用申请人颁发海域使用权证书；地方人民政府批准用海的，由地方人民政府登记造册，向海域使用申请人颁发海域使用权证书。海域使用申请人自领取海域使用权证书之日起，取得海域使用权。

② 在《海域使用管理法》施行前，已经由农村集体经济组织或者村民委员会经营、管理的养殖用海，符合海洋功能区划的，经当地县级人民政府核准，可以将海域使用权确定给该农村集体经济组织或者村民委员会，由本集体经济组织的成员承包，用于养殖生产。

③ 养殖用海的海域使用权最高期限为15年。海域使用权期限届满，海域使用权人需要继续使用海域的，应当至迟于期限届满前二个月向原批准用海的人民政府申请续期。除根据公共利益或者国家安全需要收回海域使用权的外，原批准用海的人民政府应当批准续期。准予续期的，海域使用权人应当依法缴纳续期的海域使用金。

④ 海域使用权可以依法转让。因企业合并、分立或者与他人合资、合作经营，变更海域使用权人的，需经原批准用海的人民政府批准。

⑤ 国家实行海域有偿使用制度，根据不同的用海性质或者情形，海域使用金可以按照规定一次缴纳或者按年度逐年缴纳。

獐子岛在其招股说明书中提供的信息：公司在首次公开发行股票前养殖使用海域共计110宗，其中107宗海域使用权系直接申请确权取得，其余3宗海域使用权系租赁取得。具体而言，公司2003年、2004年、2005年和2006年1—6月应缴纳的海域使用金分别为296万元、364.49万元、604.95万元和1 182万元（均已足额缴纳）。表26-1所示为公司上市后历年确权海域面积和海域使用权。

表26-1　　　　　　　　　公司上市后历年确权海域面积和海域使用权

年份	确权海域面积（万亩）	海域使用权（元）
2006年	65.6*	1 339 772.73
2007年	70	2 178 156.64
2008年	110	2 853 762.80
2009年	—	12 860 866.29
2010年	285	209 433 217.36
2011年	—	194 388 436.76
2012年	—	181 481 332.99
2013年	360	165 958 129.53
2014年	300	150 110 866.18
2015年	300	134 346 606.51

*此为2006年年中披露的数据。

海域使用权是一个特殊的产权，和土地使用权可以明确划定界线不同，海域的确权与界定要复杂得多。

獐子岛2011年7月5日发布公告（公告编号：2011-42）称：2011年6月27日，公司下属荣成分公司受台风"米雷"影响，养殖网箱及鲍鱼、海带等产品遭受部分损失。公司于2011年6月27日立即组织人力物力，对损失养殖网箱及产品进行了抢修和回收。其中部分鲍鱼养殖网箱被台风冲入威海长青海洋科技股份有限公司（以下简称"长青公司"）养殖海域内，但抢险工作遭到长青公司阻止，并向公司索要2 000万元赔偿金，这一要求被公司拒绝。为及时进入长青公司海域，抢收此部分鲍鱼养殖网箱及产品，经荣成市政府多次积极协调，公司于2011年6月29日向长青公司支付保证金800万元，当日下午开始进行鲍鱼养殖网箱及产品抢收。同日，长青公司向青岛海事法院提起诉讼，向荣成分公司索赔养殖物资及产品损失2 800万元，荣成分公司于2011年6月30日收到青岛海事法院〔2011〕青海法海事初字第63号传票。7月3日长青公司再次阻止荣成分公司在其养殖海域抢收养殖物资及鲍鱼等产品的工作，造成荣成分公司约8 000个鲍鱼养殖网箱（约160吨鲍鱼产品）至发布本公告时也未能及时回收。公司现已委托律师积极应诉，并向青岛海事法院申请海事强制令，以期尽快抢收物资及产品。对于面临不可抗力的自然灾害情况下，长青公司阻止我司抢险救灾工作造成的损失，公司保留进一步索赔的权力。

2011年8月18日，公司再次接到青岛海事法院传票，长青公司向青岛海事法院提起增加诉讼请求：以其所受损失总价值超过原诉状损失价值为由，增加申请诉讼索赔金额3 120万元，总申请诉讼索赔金额共计5 920万元；以荣成分公司不具备独立法人资格为由，申请追加本公司为被告。

2013年1月14日，公司收到青岛海事法院《民事判决书》（〔2011〕青海法石海事初字第63号），青岛海事法院经裁定认为公司因养殖方式不合理，对公司主张的不可抗力免责不予支持，并做出如下判决。

（1）荣成分公司于本判决生效之日起十日内再赔偿长青公司经济损失34 882 399.84元。

（2）公司对上述款项负连带清偿责任。

（3）驳回荣成分公司的反诉诉讼请求。

本诉讼案件受理费379 600元，申请海事强制令受理费5 000元，鉴定费用80万元，长青公司负担326 518元，公司、荣成分公司负担858 082元。反诉案件受理费33 935元，由公司及荣成分公司承担。（公告编号：2013-04）

公司已于2013年1月25日向青岛海事法院递交上诉状，上诉于山东省高级人民法院。2012年年报中，公司已经计提与上述诉讼相关的预计负债35 774 416.84元（赔偿威海长青海洋科技股份有限公司经济损失34 882 399.84元和承担受理费、鉴定费用892 017.00元），影响公司2012年利润4 337.44万元。

2013年12月17日，公司又发布该未决诉讼最新进展公告（公告编号：2013-76）称：近日，公司收到山东省高级人民法院《民事裁定书》（〔2013〕鲁民四终字第81号），该院认为，一审判决查明基本事实不清，违反法定程序。根据《中华人民共和国民事诉讼法》第一百七十条第一款第（三）项、第（四）项之规定，裁定如下。

（1）撤销〔2011〕青海法海事初字第63号民事判决。

（2）发回青岛海事法院重新审理。

公司2013年年报中，预计负债为35 360 881.84元，本期减少数413 535.00元为青岛海事法院收取的诉讼费。公司没有转回已经计提的预计负债的理由是：鉴于本诉讼正处于法院受理阶段，暂无法判断本次诉讼对公司本期利润或期后利润的影响。基于谨慎性原则，暂不进行调整。

公司2014年年报中，预计负债仍为35 360 881.84元，附注说明为：根据青岛海事法院《民事判决书》（〔2011〕青海法石海事初字第63号），公司计提赔偿威海长青海洋科技股份有限公司或有经济损失。

2015 年 11 月 14 日，公司再发布该未决诉讼最新进展公告（公告编号：2015-102）称：公司收到青岛海事法院《民事判决书》〔2014〕青海法海事重字第 1 号，判决如下。

（1）驳回原告威海长青海洋科技股份有限公司的诉讼请求。

（2）驳回被告獐子岛集团股份有限公司的反诉请求。

长青公司因不服青岛海事法院〔2014〕青海法海事重字第 1 号民事判决，特提出上诉。请求撤销原判，依法改判。上诉请求如下：（1）依法判决被上诉人再行支付上诉人养殖损失费 1 169 万元；（2）依法判决被上诉人支付本案的诉讼费用（原审、重审）和鉴定费用。

本公司因不服青岛海事法院〔2014〕青海法海事重字第 1 号民事判决，现提起上诉。上诉请求如下：（1）撤销〔2014〕青海法海事重字第 1 号民事判决第 2 项，改判被上诉人向上诉人返还抢险保证金 800 万元人民币；（2）判令被上诉人承担本案的一审、二审诉讼费用。

公司已根据青岛海事法院《民事判决书》〔2014〕青海法海事重字第 1 号，冲回预计负债 35 360 881.84 元。现因双方上诉，诉讼事项最终结果尚存在一定不确定性。根据谨慎性原则，公司将计提预计负债 1 169 万元。具体会计处理及影响以会计师审计确认后的结果为准，敬请广大投资者注意投资风险。

公司 2015 年年报中，预计负债 35 360 881.84 元全额转回。公司提供的解释是：根据 2015 年 8 月 26 日青岛海事法院〔2014〕青海法海事重字第 1 号做出的判决，驳回原告威海长青海洋科技股份有限公司的诉讼请求。鉴于以上事实，期末全额冲回预计负债。

问题：

1. 请简要说明海域使用权的特殊性，以及这种特殊性对会计处理的影响。

2. 引发荣成分公司和长青公司诉讼的原因是什么，长青公司提请赔偿和赔偿金额的依据是什么，荣成分公司提请反诉的理由是什么？

3. 既然公司向青岛海事法院递交上诉状，上诉于山东省高级人民法院，为什么公司要在 2012 年计提预计负债 35 774 416.84 元？

4. 2013 年年末，公司收到山东省高级人民法院《民事裁定书》的裁定，撤销〔2011〕青海法海事初字第 63 号民事判决和发回青岛海事法院重新审理。为何公司在 2013 年和 2014 年两年中仍然全额确认上期的预计负债？

5. 公司发布公告称公司收到青岛海事法院《民事判决书》〔2014〕青海法海事重字第 1 号，驳回原告威海长青海洋科技股份有限公司的诉讼请求和驳回被告獐子岛集团股份有限公司的反诉请求。后双方同时提请上诉，诉讼事项最终结果尚存在一定不确定性，根据谨慎性原则，公司将计提预计负债 1 169 万元。但公司 2015 年年报中将预计负债 35 360 881.84 元全额转回，你认为此处理合理吗？

案例二十七

负债还是权益——兖州煤业（1）

兖州煤业股份有限公司（以下简称"兖州煤业"或"公司"）是一家拥有境内外四地上市平台的煤炭企业。公司为兖州矿业（集团）有限责任公司的子公司（该集团持有其 52.93%的股份），终极控制人为山东国有资产监督管理委员会。公司注册地为山东邹城，设立时总股本为 16.7 亿元（每股面值 1 元）。公司主要经营业务为煤炭、铁路运输、化工、电热力、机电装备制造等。2015 年，公司生产原煤 6 848 万吨；商品煤产销量为 6 287 万吨和 8 724 万吨；铁路运输量为 1 599 万吨；甲醇产销量为 167 万吨和 161 万吨；发售电量为 26.4 亿千瓦时和 16.8 亿千瓦时；热力产销量为 130 万蒸吨和 12 万蒸吨。截至 2015 年年底，公司总资产为 1 391 亿元、负债为 961 亿元、净资产（归属于母公司股东）为 40 亿元，资产负债率为 69%。公司 2015 年全年实现营业收入 690 亿元、净利润（归属于母公司股东）8.6 亿元。

1998 年，公司股票分别在纽约、香港和上海三地上市。2012 年 6 月，其控股子公司兖州煤业澳大利亚有限公司（简称"兖煤澳洲"）在澳大利亚证券交易所上市。1998 年，公司首次发行 8.5 亿股H 股（其中包括 276 万股美国存托股份，首发时每股美国存托股份代表 50 股 H 股）和 0.8 亿股 A股，2001 年增发 1 亿股 A 股和 1.7 亿股 H 股，2004 年增发 2.04 亿股 H 股。期间经多次增发和送股，截至 2015 年 12 月 31 日，公司总股本为 49.184 亿股。

2012 年，公司发行 10 亿美元公司债券和 50 亿元人民币公司债券。

2013 年，公司发行 10 亿元人民币非公开定向债务融资工具和 50 亿元人民币短期融资券。

2014 年，公司发行 50 亿元人民币公司债券、50 亿元人民币短期融资券、3 亿美元永续债、25亿人民币非公开定向债务融资工具，实现回购前提下股权融资 14 亿元人民币。

2014 年公司债券发行的更详细情况如表 27-1 所示。

表 27-1　　　　　　　　　　兖州煤业 2014 年证券发行情况

	2014 年第一期短期融资券	2012 年公司债券（第二期）		美元永续债	2014 年非公开定向债务融资工具	
					第一期	第二期
审批程序	经 2013 年 5 月 15 日公司 2012 年度股东周年大会审议批准	经 2012 年 2 月 8 日公司召开的 2012 年度第一次临时股东大会审议批准和证监会核准（证监许可〔2012〕592 号文）		经 2013 年 5 月 15 日公司 2012 年度股东周年大会审议批准	经 2013 年 5 月 15 日公司 2012 年度股东周年大会审议批准	经 2014 年 5 月 14 日公司 2013 年度股东周年大会审议批准
发行主体	兖州煤业	兖州煤业		兖煤国际贸易有限公司	兖州煤业	
发行日期	2014-3-12	2014-3-6		2014-5-15	2014-9-19	2014-11-17
发行利率	5.95%（发行日 1 年期SHIBOR+95bp）	5.92%	6.15%	7.2%	6.80%	
发行价格	100 元/百元面值（人民币）	—	—	—	100 元/百元面值（人民币）	
发行数量	50 亿元人民币	19.5 亿元人民币	30.5 亿元人民币	3 亿美元	—	
获准上市交易数量	—	19.5 亿元人民币	30.5 亿元人民币	3 亿美元	—	
上市日期及上市地		于 2014 年 3 月 31 日在上海证券交易所上市交易		于 2014 年 5 月 23 日在香港证券交易所上市交易		

| | 2014 年第一期短期融资券 | 2012 年公司债券（第二期） | | 美元永续债 | 2014 年非公开定向债务融资工具 | |
					第一期	第二期
交易终止日（到期日）	2015 年 3 月 14 日	2019 年 3 月 3 日	2024 年 3 月 14 日	无到期日	无到期日	无到期日
担保单位	—	兖州矿业（集团）有限责任公司		兖州煤业		
募集资金净额	49.975 亿元人民币	49.5 亿元人民币		2.982 亿美元	14.865 亿元人民币	9.985 亿元人民币
募集资金用途	补充公司营运资金	补充公司营运资金		偿债、资本支出、营运资金和一般用途	补充公司营运资金	偿还金融机构借款
跟踪评级日期及信用等级	2016 年 6 月 17 日 中诚信：AAA 评级展望：稳定	大公国际：AAA 评级展望：稳定	穆迪：Ba1/ 惠誉：BB	—	—	—

查看公司 2014 年年度报告可知，公司当年发行的美元永续债和非公开定向债务融资工具不是在负债而是在股东权益中的其他权益工具中列示。其中，由兖煤国际贸易有限公司发行的 3 亿美元永续债列示在股东权益的少数股东权益中，兖煤国际贸易有限公司是兖煤国际（控股）有限公司（简称"香港公司"）的全资子公司，而香港公司又为兖州煤业的全资子公司。另外，从公司 2014 年财务报告附注可以发现，公司全资子公司兖煤澳洲①通过其全资子公司 SCN 公司于 2014 年 12 月 31 日发行 18 005 102 张面值为 100 美元的可转换混合资本票据，除发行给第三方的 3 102 000 元的票据外，所有票据均被本公司购买。该票据初始利率为每年 7%，每半年付息一次。

在公司 2015 年年度报告中，披露了公司控制的结构化主体的一种情况：兖煤澳洲为了募集资金，专门设立一个特殊目的实体——卧特港公司。该公司拥有并运营澳大利亚新南威尔士州的三座煤矿，计划于 2016 年 3 月 31 日发行债券 9.5 亿美元。如果债券发行成功，融资方将拥有卧特港公司董事会的控制权（兖煤澳洲不再对其进行控制），并承担煤炭行业与该公司的运营风险，同时兖煤澳洲对其投资按权益法进行核算。

2015 年，公司经营遇到前所未有的压力，会计处理也遭到华尔街投行的质疑。这是与本公司有关的下一个案例（案例六十一）所关注的问题。

问题：

1. 为何在2012年至2014年期间公司发行大量的各类债券？

2. 根据2014年公司财务报表的列示，当年发行的美元永续债和非公开定向债务融资工具不是列示在负债中，而是列示在权益中（其中按中国相关制度规定，子公司发行的该类债券列示在少数股东权益中），这种做法合理吗？请简要说明一般公司债券和永续债会计处理的区别（包括两种准则下的会计处理差异）。

3. 简述公司2012至2014年期间发行的各类债券的交易费用、融资成本及融资用途，同时简要说明我国债券发行和监管体制的相关情况。最后说明为何同一种债券，不同的信用评级机构给出的评级差异如此之大。

4. 查阅公司各年年度报告，列出2015年12月31日公司总股本为49.184亿股的计算过程。

5. 查阅公司各年年度报告，列出近十年公司的资本支出、经营活动现金流动、筹资活动现金流动情况，预测一下公司未来资金的使用前景。

---

① 兖州煤业持有兖煤澳洲股权 2014 年底由 100%变为 78%，SCN 公司变为兖州煤业直接控制的全资子公司。

案例二十八

饮鸩止渴还是望梅止渴
——永续债

2013 年 10 月，武汉地铁集团有限公司（以下简称"武汉地铁"）发行了我国第一例可续期公司债券（俗称"永续债"），永续债第一次进入我们的视野。

实际上，永续债在海外较受银行业、非银行金融业、公共设施和政府的青睐，在国外发展已久。根据彭博统计，2013 年有 8 471 亿美元永续债，发行量最大的国家是英国、美国和法国，其永续债合计发行量占比达到全球永续债发行量近半，全球超过 70%的永续债是以美元和欧元计价[①]。

自武汉地铁首次发行我国的永续债券后，我国永续债的发行量呈快速增长之势。2015 年，中国债券市场累计已发行或已公告待发行可续期中票或企业债超过 3 300 亿元，较 2014 年暴增 3 倍以上[②]。

企业热衷于发行永续债到底是好事还是坏事，众说纷纭。不过从恒大集团的财务报告中或许能看出些端倪。截至 2016 年 6 月 30 日，恒大集团总资产为 9 999 亿元人民币（下同），负债为 8 178 亿元，资产负债率高达 81.8%，但由于恒大集团总共发行的 1 160 亿元的永续债是计入权益的，因此大大降低了资产负债率。如果将永续债券计入债务，则恒大集团的资产负债率将高达 93.4%，与一般的金融机构的资产负债率相似。

永续债从字面上看是债，但本质上是一种混合工具，根据其约定条款，既可归类为负债，也可归类为权益。2013 年武汉地铁发行的可续期公司债券和 2014 年北京首都创业集团有限公司（以下简称"北京首创"）发行的可续期公司债券就分别归类为负债和权益。为此，财政部于 2014 年 3 月发布《金融负债与权益工具的区分及相关会计处理规定》来规范永续债等金融工具的归类和会计处理。

以下是上述两家公司永续债的发行和会计处理情况。

（一）2013年武汉地铁可续期公司债券

1. 基本条款

（1）发行人：武汉地铁集团有限公司。

（2）发行总额：不超过人民币23亿元整。

（3）债券期限：本期债券以每5个计息年度为一个周期。即在本期债券每5个计息年度末，发行人有权选择将本期债券期限延续5年，或选择在该计息年度末到期全额兑付本期债券。（发行人续期选择权）

（4）债券利率确定方式：本期债券采用浮动利率形式，单利按年计息。票面年利率由基准利率加上基本利差确定。基准利率每5年确定一次。

（5）付息频率：本期债券每年付息一次。

（6）债券担保：本期债券无担保。

（7）募集资金用途：武汉市轨道交通6号线一期工程项目的建设。

---

① 董云峰. 武汉地铁公司发布中国内地第一只永续类债券品种[N]. 第一财经日报, 2013-10-28.
② 张勤峰. 今年永续债发行料突破 3 300 亿[N]. 中国证券报, 2015-12-24.

2. 发行人会计处理（见表28-1）

表28-1　　　　　武汉地铁2013年年报关于可续期债券在应付债券明细下披露　　　　　单位：元

债券名称	发行金额	发行日期	债券期限	本期应计利息
13武汉地铁可续期债	2 300 000 000	2013-10-29	第5年选择是否续期	32 583 333.33

（二）2014年北京首创可续期公司债券

1. 基本条款

（1）发行人：北京首都创业集团有限公司。

（2）发行总额：人民币20亿元整。

（3）债券期限：本期债券以每3个计息年度为1个重定价周期。在每个重定价周期末，发行人有权选择将本期债券期限延长1个重定价周期（即延续3年），或全额兑付本期债券。（发行人有续期选择权）

（4）债券利率确定方式：本期债券采用浮动利率形式，单利按年计息。在本期债券存续的前4个重定价周期（第1个计息年度至第12个计息年度）内，票面利率由基准利率加上基本利差确定。基准利率在每个重定价周期确定一次。

（5）付息方式：本期债券每年付息一次。

（6）递延支付利息条款：本期债券附设发行人延期支付利息权，除非发生强制付息事件，本期债券的每个付息日，发行人可自行选择将当期利息以及按照本条款已经递延的所有利息及其孳息推迟至下一个付息日支付，且不受到任何递延支付利息次数的限制；前述利息递延不属于发行人未能按照约定足额支付利息的行为。每笔递延利息在递延期间应按当期票面利率累积计息。如发行人决定递延支付利息的，发行人应在付息日前5个工作日披露《递延支付利息公告》。如果发行人在某一计息年度末递延支付利息，则每递延支付一次，本期债券基本利差从下一个计息年度起上调300个基点，直到该笔递延的利息及其孳息全部还清的年度为止。

（7）强制付息事件。付息日前12个月内，发生以下事件的，发行人不得递延当期利息以及按照本条款已经递延的所有利息及其孳息：①向普通股东分红；②减少注册资本。

（8）利息递延下的限制事项。若发行人选择行使延期支付利息权，则在延期支付利息及其孳息未偿付完毕之前，发行人不得有下列行为：①向股东分红；②减少注册资本。

（9）偿付顺序：本期债券在破产清算时的清偿顺序等同于发行人普通债务。

（10）债券担保：本期债券无担保。

（11）募资用途：北京地铁十四号线工程B部分的投资建设。

2. 发行人会计处理（见表28-2）

表28-2　　北京首创2014年年报关于可续期债券在优先股、永续债等金融工具明细下披露　　　　单位：元

金融工具	发行时间	会计分类	利息率/股息率	金额
14首创可续期债	2014-11-3	权益工具	5.99%	2 000 000 000

问题：

1. 负债和所有者权益定义的本质区别是什么？为何永续债既可归类为负债，又可归类为所有者权益？

2. 永续债和优先股的区别是什么？为何我国企业不直接发行优先股，而热衷于发行永续债？永续债适合的发行对象有哪些，为什么？

3. 针对案例中发行永续债的两个公司，结合《金融负债与权益工具的区分及相关会计处理规定》，请说明两公司对发行永续债的分类和会计处理的合理性。

4. 请仔细阅读恒大集团的财务报告，分析2016年该公司将巨额的永续债列入权益的综合影响，并说明集团选择发行永续债的理由。

5. 简要阐述负债和权益区分及会计处理的最新制度规定。

案例二十九

股东权益——郑百文[①]

郑州百文股份有限公司（集团）（以下简称"郑百文"），其前身郑州市百货文化用品公司是经郑州市编制委员会郑编〔1987〕87号文批准的于1987年6月在郑州市百货公司和郑州市钟表文化用品公司合并的基础上成立的。

1988年12月经郑州市深化改革领导小组郑深改字〔1988〕第16号文批准，郑州市百货文化用品公司改组为股份制企业，经当时郑州市深化改革领导小组、市体改委、市财政局、市商管委和市一商局等部门对公司的经营性资产的清查和评估，确定公司的国有资产为1 133.4万元，企业资产为462.2万元，为使改制后公司的股份进一步分散化，在将国家资产中的200万元有偿转让给社会个人后（有偿转让收入暂留企业使用），分别折为国有股金933.4万元，企业股金462.2万元。1988年12月经郑州市人民银行〔1988〕郑人银管字第103号文批准，公司向社会公开平价发行股票400万元，每股面值200元，计20 000股，股票实行保息分红的方式，年红息率为25%。公司成立时，注册资金为1 795.6万元，每股面值200元，计89 780股，其中国家持股933.4万元，计46 670股，企业持股462.2万元，计23 110股，社会公众持优先股400万元，计20 000股。上述股权结构得到郑州市财政局郑财商字〔1989〕第16号文确认。1992年7月，经公司第一届股东大会第九次会议通过，并经郑州市体改委郑体改字〔1992〕第39号文批准，公司将每股股票面值拆分为1元，并将社会公众优先股转为普通股，同时报经郑州市国有资产管理局郑国资字〔1992〕第39号文批准，将462.2万元企业股转让给社会法人，转让价格为每股1.2元，变成法人股。

1992年12月，根据第一届股东大会第九次会议的授权，公司董事会经研究决定进行增资扩股。1992年12月8日，郑州市体改委郑体改字〔1992〕第118号文批准公司增资扩股。此次增资扩股过程中，经郑州市国有资产管理局郑国资字〔1992〕第62号文批准：国有土地使用权评估值279.91万元，1988年公司改组时国有资产有偿转让暂留企业使用的200万元以及截至1992年10月31日国家股应分尚未上交的红利147.7万元，共计627.61万元，折为国家股627.61万元（鉴于这部分资产长期为公司无偿使用，故按1:1的价格折为国家股），法人股和社会公众股按每股2.5元的价格发行了3 175.8万股和4 649万股，社会公众股将按1992年度应分红利送红股100万股。1993年经郑州市国有资产管理局郑国资字〔1993〕第18号文确认，公司的股本总额为10 348.01万股。其中，国家持股1 561.01万股，法人持股3 638万股，社会公众持股5 149万股。

1996年4月，郑百文在上海证券交易所公开上市（股票代码600898，发行价格2.50元/股）。

郑百文从1986年到1996年批准上市的10年间，其销售收入增长45倍，利润增长36倍，1996年实现销售收入41亿元。按照郑百文公布的数字，1997年其主营规模和资产收益率等指标在上海证券交易所与深圳证券交易所上市的所有商业公司中均排名第一，成为国内上市企业100强之一。另外，郑百文还是郑州市的第一家上市企业和河南省首家商业股票上市公司。这些数字和这些"第一"，使郑百文在当时的证券市场声名大噪，股价也从刚上市时的6.50元左右上涨至1997年5月12日的22.70元。不仅如此，当时的郑百文还被塑造成为当地企业界耀眼的改革新星和率先建立现代企业制度的典型。1997年7月，中共郑州市委、市政府召开全市大会，把郑百文树为全市国有企业

---

① 周洋等. 对会计要素股东权益的法律思考：兼评三联商社重组案中的会计法律问题，[J]. 财务与会计，2005（11）：13-15.

改革的一面红旗。河南省有关部门把它定为全省商业企业学习的榜样。同年10月，郑百文的经验被大张旗鼓地推向全国。

1997年郑百文宣称每股盈利0.448元。1998年，郑百文在中国创下净亏损2.54亿元的纪录。根据公司年报，1999年郑百文这一年亏损达9.6亿元，每股收益（摊薄）-4.843 5元，再创我国股市亏损之最，会计师事务所出具的审计意见是"无法表示意见"。中国信达资产管理公司于1999年12月与中国建设银行签订债权转让协议，受让郑百文193 558.4万元的债权。2000年2月23日，郑百文临时股东大会通过决议，改聘天健会计师事务所为公司的审计机构。

2000年3月，中国信达资产管理公司向郑州市中级人民法院申请郑百文破产还债，被法院驳回，法院以申请材料不齐为由拒绝受理此案。这是中国第一例由债权人提起上市公司破产的案件。

2000年6月7—9日，在公司出现如此重大的持续经营问题之后，郑百文在上海证券交易所的股票价格连续三天达到涨停，公司不得不于2000年6月15日发布警示性公告，提醒投资者注意风险。但是股票继续涨停，鉴于以上原因，公司申请从6月16日至董事会关于资产重组的工作情况的报告公告之日（6月23日）之前，公司挂牌证券停牌。在这段时间，公司连续发布公告，提醒投资者公司已经严重亏损，并于2000年8月21日公布2000年中期报告，主要财务指标为每股收益（摊薄）-0.307 1元，每股净资产为-6.885 6元（见表29-1）。中期报告审计意见类型仍然是无法表示意见。

表29-1　　　　　　　　　　　　1996—2000年郑百文各项财务指标

项目	2000年年末	1999年年末	1998年年末	1997年年末	1996年年末
总股本（万股）	19 758.21	19 758.22	19 758.22	17 488.13	13 452.41
国家股（万股）	2 887.79	2 887.79	2 887.79	2 638.10	2 029.31
法人股（万股）	6 160.51	6 160.51	6 160.51	6 148.22	4 729.40
流通股（万股）	10 709.92	10 709.92	10 709.92	8 701.81	6 693.70
股本变动原因			每10股配2.037股，配售价7元	每10股配3股，配售价5～7元	每10股送3股
总资产（千元）	1 140 983.36	1 277 715.14	2 366 069.08	3 529 758	2 034 399
股东权益（千元）	-1 372 248.73	-1 299 419.53	43 746.93	392 650.15	314 314.4
主营业务收入（千元）	399 992.33	1 307 730.52	3 355 018.16	7 677 843.55	3 482 254.2
净利润（千元）	-88 783.32	-956 979.89	-502 414.55	81 294.93	49 899.5
每股收益（元）	-0.45	-4.84	-2.54	0.47	0.37
每股净资产（元）	-6.94	-6.58	0.22	2.25	2.34

此后，郑百文走上重组之路。2001年2月22日，郑百文召开临时股东大会，通过了《关于资产、债务重组的议案》《关于修改公司章程的议案》《关于股东采取默示同意和明示反对的意思表达方式的议案》等九项议案。其中，资产、债务重组议案的主要内容是：山东三联集团有限责任公司以3亿元的价格取得信达资产管理公司对郑百文的14.47亿元债权；山东三联集团有限责任公司向信达资产管理公司购买上述债权后，将其对郑百文的债权全部豁免。同时，郑百文全体股东，包括非流通股和流通股股东，需将所持郑百文股份的50%过户给山东三联集团有限责任公司；对于不同意过户的股东，将由公司按"公平价格"收购其所持全部股份，流通股为每股1.84元，非流通股为每股0.18元。李香铃等38名股东在规定期限之前做出了《股东声明》，明确表示既不同意将所持的郑百文股份的50%过户给山东三联集团有限责任公司，也不同意所持股份按"公平价格"被回购。4月18日，证券登记结算公司认为股份变动手续申请所附材料不完备，拒绝执行股份过户。12月3日，证券登记结算公司发布公告宣布，11月29日收到了郑州市中级人民法院发出的协助执行通知书，被要求协助办理郑百文股份过户手续。证券登记结算公司按照郑百文2001年度第一次临时股东大会做出的有关决议，将郑百文相关股东持有股份的50%过户到山东三联集团公司名下。同时，证

监会批准山东三联集团有限责任公司"要约收购豁免"的申请。

2003 年 7 月 18 日，郑百文复市。同日，李香铃等 6 名股东发现，尽管已明确声明，但自己所持有的原郑百文的股权的 50%仍被强制划转给了山东三联集团有限责任公司这个新股东。于是，李香铃等 6 名股东向法院提起诉讼，请求法院判决两被告返还原告所持有的郑百文所发行的流通股 1 000 股；理由是原告于 2001 年 2 月 23 日以每股 5.98 元的价格买入的郑百文 1 000 股流通股，在原告明确表示不同意的情况下，被郑百文强制回购。2004 年 6 月 12 日，郑州市金水区人民法院对此做出一审判决，判处被告返还 6 名原告已被回购股份的 50%。2005 年 4 月 13 日，郑州市中级人民法院进行终审判决，撤销了郑州市金水区人民法院的一审判决，驳回李香铃等 6 人的诉讼请求。法院认为过户是在执行法院判决。

问题：

1. 法院最终判决驳回李香铃等6人的诉讼请求，执行过户，你认为该判决合理吗，对照《中华人民共和国公司法》(以下简称《公司法》)，说明股东的权益有哪些，如何保护中小股东的权益？

2. 郑百文1998年收益"大跳水"的原因是什么？为什么2000年6月7日—9日，在公司出现如此重大的持续经营问题之后，郑百文在上海证券交易所的股票价格连续三天涨停？股东如何做到自保？

3. 继续追踪重组后三联商社(郑百文更名后的公司名称)的经营情况，重组后的三联商社的经营状况给你带来哪些启示或思考？

案例三十

颠覆常识——欢瑞世纪

欢瑞世纪联合股份有限公司（以下简称"欢瑞世纪"或"公司"，股票代码000892），主要业务包括电视剧、电影的投资、制作和发行，以及艺人经纪、游戏开发等。就是这家电视剧、电影的投资、制作和发行公司，在2018年在资本市场上演了一出让人意外的"剧情"。

公司2018年4月披露的2017年年报中，在"第四节 经营情况讨论与分析"第二部分"主营业务分析"下收入与成本中的"占公司营业收入或营业利润10%以上行业或地区情况"出现了表30-1所示内容。

表30-1　　　　　　　　占公司营业收入或营业利润10%以上行业或地区情况

	营业收入（元）	营业成本（元）	毛利率	营业收入比上年同期增减	营业成本比上年同期增减	毛利率比上年同期增减
分行业						
影视行业	1 567 214 149.69	868 913 087.74	44.56%	112.20%	208.57%	-17.31%
分产品						
电视剧及衍生品	1 429 938 726.22	851 622 751.86	40.44%	106.36%	208.57%	-19.73%
电影及衍生品	-2 021 463.80	6 315 710.45	412.43%	-146.69%	934.67%	326.53%
艺人经纪	89 685 279.95	7 545 854.30	91.59%	240.83%	332.54%	-1.78%
网络游戏	44 894 626.31	0.00	100.00%	224.48%	0.00%	0.00%
其他	4 716 981.01	3 428 771.13	27.31%	319.87%	4.99%	218.01%
分地区						
国内	1 430 881 941.31	802 410 100.73	43.92%	112.85%	206.95%	-17.19%
海外	136 332 208.38	66 502 987.01	51.22%	105.60%	229.35%	-18.33%

表30-1中电影及衍生品业务的营业收入为负，毛利率为正且超过100%，这一彻底颠覆常识的数据一出现，立即引起人们的关注，舆论也一片哗然。之后，深圳证券交易所对公司年报进行审核并于2018年5月30日向公司出具了《关于对欢瑞世纪联合股份有限公司的年报问询函》（公司部年报问询函〔2018〕第162号，以下简称"问询函"），该问询函一共提出十多个问题，其中针对上述现象提出的问题是"十、公司年报'占公司营业收入或营业利润10%以上的行业、产品或地区情况'部分显示，公司电影及衍生品业务营业收入-2 021 463.80元，较去年同期减少146.69%，营业成本6 315 710.45元，较去年同期增加934.67%，毛利率为412.43%。请你公司结合收入确认政策，详细说明你公司电影及衍生品业务营业收入为负，但毛利率为正的原因。"

公司董事会对此的回复如下。

（一）报告期内出现公司电影及衍生品业务营业收入为负数的情形是电影《怦然星动》从发行人处应分回的发行收入分成调减所致。

公司2016年确认的电影发行分成收入是按发行人当年提供的收入分成表来确认的，2017年发行人根据最新的市场情况提供了新的收入分成表，其表显示的分成金额减少，公司相应地冲回了多确认的电影分成收入。

（二）关于"公司电影及衍生品业务报告期营业收入为负数，毛利率为正数"的问题，我们采用的毛利率计算公式如下。

毛利率＝（营业收入－营业成本）/营业收入×100%
       ＝（-2 021 463.80-6 315 710.45）/（-2 021 463.80）×100%
       ＝412.43%

为了提高编制定期报告的效率，我们在定期报告中全部按照常规计算公式的定义计算出的结果填列，以利于校验，没有为了追求评价标准的一致性去修改常规计算公式的定义或做变通处理。

以上现象属于认知习惯与数学结论相背离的情形，我们将在以后对这类数据指标单独进行诠释或做留白处理。

这类颠覆常识的年报出现，意味着背后往往是一家奇葩的上市公司。果不其然，在2018年6月叶檀的一篇名为"这家公司就像一辆公交车 控股股东轮流上 没有留下一根鸡毛"的博客中，对这家公司的过往进行了较详细揭露：控股股东变更了好几轮。1999年，公司的控股股东是重庆市涪陵区国有资产监督管理委员会；2003年重庆市涪陵区国有资产监督管理委员会退出，控股股东变为卓京投资控股有限公司；随后，金信信托投资股份有限公司、上海鑫以实业有限公司、欢瑞世纪资产管理合伙企业等，分别控股。公司营收连续9年空白，公司净利润连续7年空白，靠着大家都心照不宣"一二一"的"魔法"，勉强继续留在资本市场上。

问题：

1. 营业收入为什么不能为负？

2. 营业收入为负，毛利为正是正常的吗？毛利率为什么不能超过100%？

3. 年报出现如此反常的现象，说明了什么？正常的处理应如何进行？

4. 请阅读叶檀名为"这家公司就像一辆公交车 控股股东轮流上 没有留下一根鸡毛"的博客以及欢瑞世纪近期年报，分析导致出现这一现象的因素有哪些，其根本原因是什么？

案例三十一

业务招待费——中国铁建

中国铁建股份有限公司（以下简称"中国铁建"或"公司"）由中国铁道建筑总公司独家发起设立，于 2007 年 11 月 5 日在北京成立，为国务院国有资产监督管理委员会管理的特大型建筑企业。2008 年 3 月 10 日和 3 月 13 日分别在上海证券交易所和香港联合交易所有限公司（以下简称"香港联交所"）上市。公司及子公司（统称"该集团"）主要从事建筑工程承包、勘察设计及咨询、物流贸易、工业制造、房地产开发等业务。

公司因在其 2012 年年度报告中披露 8.37 亿元的业务招待费"荣登"A 股之首而名声大噪，从而备受社会关注。虽然公司业务招待费占营业收入的比例仅为 0.17%，低于相关规定，但在"中央八项规定"的大背景下，这一"出头鸟"还是受到严厉的查处，最后公司 57 人被通报批评，8 人受党纪政纪处分，1 人移送司法机关，有关领导被诫勉谈话①。

让人感到意外的是，在公司的 2013 年年度报告中，业务招待费用突然"清零"了。表 31-1 和表 31-2 分别是 2012 年和 2013 年公司管理费用的附注披露。

表 31-1   2012 年度管理费用构成   单位：千元

	2012 年	2011 年
职工薪酬	8 311 970	7 423 603
研究与开发支出	6 586 253	6 893 619
固定资产折旧费	1 342 001	1 185 730
业务招待费	837 475	877 819
差旅费	808 285	741 824
办公费	578 257	595 279
其他	2 241 525	2 133 525
合计	20 705 766	19 851 399

注：2012 年上述管理费用中包括审计费人民币 3 871.1 万元（2011 年：人民币 3 876.4 万元）。

表 31-2   2013 年度管理费用构成   单位：千元

	2013 年	2012 年（经重述）
职工薪酬	9 247 821	8 143 996
研究与开发支出	7 678 912	6 586 253
办公差旅及交通费	1 498 353	1 386 542
固定资产折旧费	1 068 227	1 342 001
其他	3 226 525	3 079 000
合计	22 719 838	20 537 792

注：2013 年上述管理费用中包括审计费人民币 37 882 千元（2012 年：人民币 38 711 千元）。

---

① 王岐山要求监管责任人对检查结果"签字背书" [N]. 北京青年报，2013-10-22.

业务招待费是指企业在经营管理等活动中，用于接待应酬而支付的各种费用，包括对外联络、公关交往、会议接待、来宾接待等发生的费用。业务招待费在会计科目中指的是企业为生产、经营的合理需要而支付的应酬费用。企业会计实务中，哪些算作招待费并无准确界定，但一般情况下，企业经营产生的宴请、工作餐开支、赠送纪念品开支、参观开支以及由此带来的交通费等都算作招待费。业务招待费最初按照《企业会计制度》要求，在会计处理应当记入"管理费用"下的二级科目"业务招待费"。

这次事件发生后，各上市公司可谓"八仙过海，各显神通"，原来巨额的"业务招待费"仿佛一夜之间消失了或者明显变少了。根据《中国会计报》的报道，企业通常采用三种常见的手段去"操纵"这一项目：要么隐藏于"管理费用""销售费用"下的二级科目"其他"；要么变身为二级科目"办公费""会议费"；要么变换方式计入生产设备、材料等费用中[1]。

虽然我们在报表中看不到"业务招待费"，但是企业的招待活动就消失了吗？

问题：

1. 如何界定"业务招待费"，是否所有的业务招待活动都与提倡的厉行节约相冲突？

2. 人为地改变相关活动的登记科目去规避相应的制度，说明了什么问题？

3. 你认为如何登记和披露企业发生的各种"业务招待费"，才能改变这种任意调整会计科目、随意披露的乱象？

4. 你认为案例中暴露的问题是企业内部的财务管理问题（严格招待支出），还是会计处理和披露的规范问题，应如何权衡？

---

[1] 天价"业务招待费"为何人间蒸发[N]. 中国会计报，2014-04-25.

案例三十二

政府补助——万福生科（1）

我国经济改革一项艰巨的任务就是让权力从市场配置资源领域退出。在股市中，权力对股市的介入体现在为上市公司提供各种优惠政策、税收优惠和减免、特许经营、政府补助以及干预公司经营，进行种种评比、授予各种荣誉等。

万福生科（湖南）农业开发股份有限公司（以下简称"万福生科"或"公司"）属于食品制造企业。公司前身系湖南省桃源县湘鲁万福有限责任公司（以下简称"桃源湘鲁万福"），于 2003 年 5 月 8 日在桃源县工商行政管理局登记注册。桃源湘鲁万福成立时注册资本为 300 万元，分别由龚永福和杨荣华以实物资产各出资 150 万元，法定代表人为杨荣华。公司注册地址为湖南省常德市桃源县陬市镇下街，经营范围为：收购、仓储、销售粮食，加工、销售大米、饲料，生产、销售高麦芽糖浆、麦芽糊精、淀粉、淀粉糖、糖果、饼干、豆奶粉，生产销售稻壳活性炭、硅酸钠、油脂，畜牧养殖加工。这样一家镇级粮油买卖加工企业，原本没有"宏大"的上市计划。但是当地政府却把上市公司当作一个地方"名片"和政府业绩，政府官员多次找龚永福"做思想工作"，后来市里又开了三四次座谈会，反反复复做了十多次动员，最终，龚永福勉强答应让公司上市。①

当然，一家不愿意上市、没有准备好上市的民营企业，突然面临上市是无从着手的，但有了政府的支持情况又有所不同。首先有了政府的首肯，龚永福和他的企业就有了各种光环，即个人荣誉加上企业的各种称号。这些外在的形式有时能为企业发展提供帮助。其次，是政府实质上的帮助，即税收优惠和政府补助等。

龚永福的个人荣誉主要有：常德市人大代表，湖南省粮食行业协会第三届、湖南省粮食经济科技学会第五届理事会副会长。龚永福 2006 年被评为"常德市劳动模范"，2006 年至 2008 年连续三年被评为"常德市十佳优秀企业家"，2008 年 1 月被湖南省农业产业化协会授予"推进新农村建设领头人"荣誉称号，2009 年 10 月被农业部乡镇企业发展中心、农业部乡镇企业局等单位授予"全国发展县域经济突出贡献人物"荣誉称号，2010 年 1 月荣获"2009（第六届）全国建设社会主义新农村十大杰出复转军人"称号。

公司的主要荣誉如表 32-1～表 32-3 所示。

表 32-1 公司荣誉

序号	荣誉名称	认证机构	获得年份
1	国家诚信守法乡镇企业	农业部	2006 年
2	推进新农村建设领头企业	湖南省农业产业化协会	2008 年
3	湖南省粮油加工重点企业	湖南省粮食局	2008 年
4	国家级高新技术企业	湖南省科技厅等四部门	2009 年
5	湖南省农业产业化省级龙头企业	湖南省农业产业化办公室	2006 年、2009 年
6	全国发展县域经济突出贡献乡镇企业	农业部乡镇企业局、中国乡镇企业协会等五部门及机构	2009 年
7	全国放心粮油示范企业	中国粮食行业协会、湖南省粮食行业协会	2010 年
8	2010 年度湖南省私营企业 100 强	湖南省私营企业 100 强评审委员会	2011 年

---

① 王海涛. 万福生科上市"前传"更耐人寻味[N]. 新京报，2013-06-03.

表 32-2 技术荣誉

序号	项目/技术名称	申请/获得年份	项目类型/获奖名称	专利号/获奖情况
1	国家 863 课题"大米酶法制取高纯度功能性低聚异麦芽糖"	2005 年	课题编号：2006AA10Z341	发行人与湖南农业大学合作进行技术研发
2	湖南省重大科技专项"稻米深加工关键技术研究与示范"	2008 年	超高纯度稻米淀粉糖生产关键技术研究与示范	公司独立承担其中子项目的研究开发
3	稻米淀粉糖深加工及副产物高效综合利用	2009 年	科学技术成果鉴定证书	鉴定结论为技术成果整体上达到国际先进水平，在稻米葡萄糖结晶技术等方面居国际领先水平
4	稻米淀粉糖深加工及副产物高效综合利用	2009 年	常德市 2009 年度科学技术进步奖一等奖	0091K01
5	稻米深加工高效转化与副产物综合利用	2010 年	2010 年度湖南省科技进步奖一等奖	20104249-J1-006-C02
6	一种大米分离蛋白的微生物发酵制备方法	2006 年	发明	ZL200610031542.0
7	以稻米为原料制取高纯度麦芽糖浆的方法	2009 年	发明	ZL200910304846.3
8	以稻米为原料种取低 DE 值麦芽糊精的方法	2009 年	发明	ZL200910304843.X

表 32-3 产品和品牌荣誉

序号	荣誉名称	认证机构	获得年份
1	湖南名牌产品	湖南省质量技术监督局	2006 年
2	湖南省著名商标	湖南省工商行政管理局	2006 年
3	中国驰名商标	中华人民共和国国家工商行政管理总局	2010 年
4	中国绿色环保产品	中国品牌质量管理评价中心、中国绿色品牌管理推广中心	2010 年

另外，中华人民共和国农业部、中华人民共和国国家发展和改革委员会、中华人民共和国财政部、中华人民共和国商务部、中国人民银行、国家税务总局、中国证券监督管理委员会、中华全国供销合作总社八部委于 2011 年 12 月 30 日联合发布的农经发〔2011〕12 号文件《关于公布第五批农业产业化国家重点龙头企业名单的通知》，根据《农业产业化国家重点龙头企业认定和运行监测管理办法》（农经发〔2010〕11 号）的规定，全国农业产业化联席会议认定公司为农业产业化国家重点龙头企业。

公司于 2009 年 7 月 15 日获得《高新技术企业证书》，有效期三年。公司自 2009 年起连续三年享受高新技术企业所得税税收优惠政策，按 15%的税率计算缴纳企业所得税。此外，根据国家税务总局《关于发布享受企业所得税优惠政策的农产品初加工范围（试行）的通知》，自 2008 年 1 月 1 日起，公司产品大米、糠粕、米糠油等免缴企业所得税，其他产品按法定税率计缴。《湖南省地方税务局关于万福生科（湖南）农业开发股份有限公司比照享受国家储备商品有关税收政策的函》，对于公司承担中国储备粮管理总公司的粮食储备而取得的补贴收入免缴营业税，对上述粮食储备过程中书立的购销合同免缴印花税，对于上述粮食储备自用的房产、土地免缴房产税、城镇土地使用税。

在 2008—2010 年、2011 年 1—6 月，公司享受的税收优惠合计占净利润的比例分别为 3.20%、13.66%、13.96%、11.30%；享受的政府补助合计占净利润的比例分别为 2.26%、6.06%、13.99%、13.00%。

公司享受的具体税收优惠和政府补助情况如表 32-4 和表 32-5 所示。

表 32-4   2008—2011 年上半年税收优惠情况

序号	税种	说明	税收减免金额（万元）			
			2011 年 1—6 月	2010 年	2009 年	2008 年
1	企业所得税	大米、糠粕、米糠油、谷壳初级加工	137.93	275.77	155.50	44.98
2	企业所得税	高新技术企业	193.44	391.40	275.36	
3	企业所得税	残疾人工资加计扣除、免税补贴等	8.86	81.90	84.16	28.32
4	营业税	中储粮财政补贴收入	1.75	13.40	12.53	7.26
5	印花税	中储粮库资金账薄、购销合同	1.87	1.30	1.50	0.47
6	房产税	中储粮仓房	6.99	8.61	8.61	0.81
7	土地使用税	中储粮仓房用地	1.46	2.92	2.92	0.34
	合计		352.30	775.30	540.58	82.18
	占净利润的比例		11.30%	13.96%	13.66%	3.20%

表 32-5   2008—2011 年上半年政府补助情况   单位：万元

年度	项目	金额
2011 年 1—6 月	粮食加工企业奖励资金	170.00
	仓储维修款	10.00
	桃源县科技局专利资助金	0.40
	食品产业服务平台项目资金	100.00
	湖南省财政厅国库处贴息	25.00
	桃源县发展和改革局三产服务平台项目建设资金	100.00
	小计	405.40
	2011 年 1—6 月净利润	3 117.89
	比例	13.00%
2010 年	桃源县 2009 年度经济工作奖励	28.00
	粮食局拨维修仓库款	10.00
	优秀企业奖金	2.00
	省财政厅国库处粮食企业技改贴息	37.20
	桃源县政府专项奖励资金	427.74
	财政农业专项资金	10.00
	省级农业化产业贷款贴息	15.00
	省级调节储备粮利息补贴	85.30
	湖南省科技厅专项科研经费补贴	150.00
	桃源县财政局政策性补贴	12.00
	小计	777.24
	2010 年净利润	5 555.40
	比例	13.99%
2009 年	农业产业化支持资金	4.00
	省级调节储备粮补贴	169.80
	技术改造贷款贴息	65.90
	小计	239.70
	2009 年净利润	3 956.39
	比例	6.06%

续表

年度	项目	金额
	粮食仓库维修资金补贴	30.00
	财源建设贴息	20.00
2008 年	省级龙头企业贷款贴息	8.00
	小计	58.00
	2008 年净利润	2 565.82
	比例	2.26%

从表 32-4 和表 32-5 可以看出，在拟上市期间，如果扣除做假的九成利润、政府提供的近二成的补助和税收优惠，公司实质是处于亏损状态。但是就是这样一家亏损公司在政府的帮助、公司做假和各方的配合下最终得以顺利上市。

表 32-6 是公司从上市的 2011—2015 年获得的地方政府提供的政府补助以及政府补助对当年净利润的影响。

表 32-6　　　　　　　　　　2011—2015 年万福生科利润及非经常性损益　　　　　　　　　　单位：元

	2015 年	2014 年	2013 年	2012 年	2011 年
营业收入	6 924 908	77 497 608	220 024 703	296 157 372	273 236 921
营业成本	106 549 215	76 721 096	221 125 958	253 496 031	215 296 696
营业利润	-99 443 173	-8 212 998	-189 716 634	-7 365 831	-6 305 117
利润总额	-99 624 307	5 107 639	-187 601 814	-3 224 782	1 343 226
归属于上市公司股东的净利润	-99 443 173	5 107 639	-187 769 196	-3 416 170	1 414 743
归属于上市公司股东扣除非经常性损益的净利润	-99 624 307	-8 212 9989	-189 884 016	-6 936 062	-4 559 771
非流动资产处置损益	0	34 559 483*	-521 997	0	-962 056
政府补助	720 000	17 655 970	2 702 867	4 628 000	8 696 000
债务重组	211 000	2 407 699	0	0	0
其他	-749 866	-7 999 937	-66 050	-486 951	-1 026 681
减：所得税影响	0	0	0	621 157	1 006 149
合计	181 134	46 623 215*	2 114 820	3 519 892	5 701 514

*此处摘录的是 2015 年年报数据，2014 年年报中非流动资产处置损益及合计分别为 1 256 905 元和 13 320 637 元。

通过表 32-6 可以看出，在上市期间，公司一直处于巨额亏损状态，扣除非经常性损益后没有一年盈利，2015 年全年的营业收入未超过一千万元，基本失去"造血功能"。但是就是这样一家亏损公司在政府的帮助和各方的配合下顺利"保壳"，这不得不令人深思。

（注：本案例数据除单独注明外，均来源于公司招股说明书和各年年报）

问题：

1. 请查找相关税收优惠条文，说明万福生科获得这些优惠的合理性。

2. 请查找相关政府补助条文，说明万福生科获得这些补助的合理性。

3. 万福生科获得的诸多公司荣誉和相关个人获得的个人荣誉对公司上市和上市的表现有何影响？

4. 简述不同政府补助的会计处理有何不同，对企业财务结果有何影响。

5. 在上市公司中为何政府补助大行其道，是何原因造成政府可介入公司上市，上市制度的什么变化能限制这种愈演愈烈的行为？

案例三十三

所得税会计——三木集团（1）

福建三木集团股份有限公司（以下简称"三木集团"或"公司"）是 1992 年由全民所有制企业福州经济技术开发区建设总公司通过定向募集股份的方式组建成立的股份有限公司。1996 年 10 月，三木集团公开向社会发行人民币普通股 1 620 万股，同年 11 月在深圳证券交易所上市流通（证券代码 000632）。公司主要经营土地开发、房地产综合开发及中介、建筑材料、家用电器等业务，以及自营和代营各类商品和技术的进出口业务、进料加工和"三来一补"业务、对外贸易和转口贸易等。

以下摘自三木集团 2012 年年度财务报告附件"七、合并财务报表主要项目注释"中与所得税会计有关的内容。

16. 递延所得税资产和递延所得税负债

（1）递延所得税资产和递延所得税负债不以抵销后的净额列示（见表33-1～表33-4）。

表 33-1　　　　　　　　　　已确认的递延所得税资产和递延所得税负债　　　　　　　　　单位：元

项目	期末数	期初数
递延所得税资产：		
资产减值准备	23 918 255.98	22 430 526.12
可抵扣亏损	8 059 438.68	9 966 730.00
金融资产公允价值变动	16 811.76	21 663.16
投资性房地产账面价值与计税基础差异	3 556 464.47	4 129 129.94
其他	2 077 568.27	661 793.52
小计	37 628 539.16	37 209 842.74
递延所得税负债：		
长期股权投资差额	1 201 501.05	1 201 501.05
投资性房地产账面价值与计税基础差异	227 407 939.91	11 023 849.05
交易性金融资产公允价值变动	49 301.74	104 748.36
其他	10 635.84	
小计	228 669 378.54	12 330 098.46

表 33-2　　　　　　　　　　　未确认递延所得税资产明细　　　　　　　　　　　　单位：元

项目	期末数	期初数
可抵扣亏损	42 678 253.95	47 932 623.48
合计	42 678 253.95	47 932 623.48

表 33-3　　　　　　　未确认递延所得税资产的可抵扣亏损将于以后年度到期　　　　　　单位：元

年份	期末数	期初数
2012 年		11 829.80
2013 年	24 161 890.13	51 256 065.61
2014 年	40 603 329.29	40 859 323.38

续表

年份	期末数	期初数
2015 年	80 353 920.44	82 157 996.99
2016 年	12 519 677.46	17 445 278.15
2017 年	13 074 198.48	—
合计	170 713 015.80	191 730 493.93

表 33-4　　　　　　　应纳税暂时性差异和可抵扣暂时性差异项目明细　　　　　　　单位：元

项目	暂时性差异金额	
	期末	期初
应纳税暂时差异项目		
资产减值准备	95 673 023.87	89 722 104.37
金融资产公允价值变动	67 247.04	86 652.64
可抵扣亏损	32 237 754.72	39 866 920.00
投资性房地产账面价值与计税基础差异	14 225 857.88	16 516 519.76
其他	8 310 273.08	2 647 174.08
小计	150 514 156.59	148 839 370.85
可抵扣暂时性差异项目		
长期股权投资差额	4 806 004.20	4 806 004.20
交易性金融资产公允价值变动	197 206.96	418 993.45
投资性房地产账面价值与计税基础差异	909 631 759.64	44 095 396.20
其他	42 543.36	
小计	914 677 514.16	49 320 393.85

43. 所得税费用（见表33-5）

表 33-5　　　　　　　　　　　所得税费用　　　　　　　　　　　单位：元

项目	本期发生额	上期发生额
按税法及相关规定计算的当期所得税	17 089 342.83	22 419 687.49
递延所得税调整	1 980 305.70	-2 466 496 .53
合计	19 069 648.53	19 953 190.96

由表 33-1 至表 33-5 可以看出，2012 年三木集团的所得税调整主要包括资产减值准备、亏损抵扣、投资性房地产会计政策转换和公允价值变动等。

问题：

1. 请编制2012年三木集团期末所得税会计处理分录，并简要说明每个项目对所得税会计的影响。

2. 请阐明2012年1月1日（会计政策转换）、10月1日（固定资产、存货与投资性房地产的转换）和12月31日（投资性房地产公允价值变动）投资性房地产转换和公允价值变动对所得税会计的影响。（提示：请参考公司2102年财务报表附注"四、公司主要会计政策、会计估计和前期更正"中"26. 主要会计政策、会计估计变更"和"七、合并财务报表主要项目注释"中"13. 投资性房地产"）

3. 请说明未确认递延所得税资产的可抵扣亏损将于以后年度到期是如何影响所得税会计处理的。

4. 投资性房地产公允价值核算模式形成的递延所得税项目是如何转回的，对公司的财务影响如何？

案例三十四

非经常性损益——三木集团（2）

三木集团 2010—2012 年相关指标如表 34-1 所示。

表 34-1　　　　　　　　　　　　公司 2010—2012 年相关指标

项目	2012 年	2011 年	2010 年
营业收入（亿元）	46.72	44.54	37.21
净利润（归属于母公司股东）（万元）	1 387	1 035	795
净利润（归属于母公司扣除非经常性损益）（万元）	-7 415	-2 737	1 890
经营活动产生的现金净流量（万元）	13 582	-22 540	6 675
净资产收益率（%）	1.88%	1.83%	1.43%

通过表 34-1 可以看出，公司的净利润（归属于母公司股东）逐步下降。

2012 年 12 月 11 日和 14 日，公司分别发布两份公告。前一份公告是关于出售公司所持有海峡银行股权的，转让款总计 12 233.65 万元，如果出售成功，将为公司增利 8 389.7 万元。后一份公告是关于会计政策变更的，主要内容为：公司董事会决定从 2012 年 1 月 1 日起对投资性房地产由成本模式改按公允价值模式进行后续计量（后经过股东大会通过）。公告称，预计 2012 年 12 月 31 日，变更前的投资性房地产的账面价值约为 47 163 万元，该变更预计增加公司递延所得税资产约 354 万元和递延所得税负债约 23 896 万元，增加所有者权益约 70 626 万元，其中归属于母公司股东的所有者权益约 69 761 万元（增加资本公积 68 013 万元和未分配利润约 1 748 万元），增加公司 2012 年度净利润约 944 万元，其中归属于母公司股东的净利润约 863 万元。

表 34-2 所示内容是公司 2012 年年度报告中列示的有关"非经常性损益和金额"内容。

表 34-2　　　　　　　　2010—2012 年非经常性损益和金额　　　　　　　　　　单位：元

项目	2012 年金额	2011 年金额	2010 年金额	说明
非流动资产处置损益（包括已计提资产减值准备的冲销部分）	81 244 669.67	33 888 467.03	-338 846.36	主要是本期转让福建海峡银行股权产生的收益
计入当期损益的政府补助（与企业业务密切相关，按照国家统一标准定额或定量享受的政府补助除外）	1 870 126.04	1 851 996.36	3 057 482.09	
计入当期损益的对非金融企业收取的资金占用费	488 750.00	0.00	0.00	
除同公司正常经营业务相关的有效套期保值业务外，持有交易性金融资产、交易性金融负债产生的公允价值变动损益，以及处置交易性金融资产、交易性金融负债和可供出售金融资产取得的投资收益	332 124.71	3 254 375.16	262 373.62	
单独进行减值测试的应收款项减值准备转回	0.00	314 367.48	550 564.88	
采用公允价值模式进行后续计量的投资性房地产公允价值变动产生的损益	6 760 495.76	-3 692 445.07	-11 771 579.80	
除上述各项之外的其他营业外收入和支出	-2 198 980.06	3 146 162.12	-3 842 815.23	

续表

项目	2012 年金额	2011 年金额	2010 年金额	说明
减：所得税影响额	1 488 342.72	138 800.79	-2 513 753.57	
少数股东权益影响额（税后）	-1 016 005.88	912 027.85	1 378 871.18	
合计	88 024 849.28	37 712 094.44	-10 947 938.41	—

注：对公司根据《公开发行证券的公司信息披露解释性公告第 1 号——非经常性损益》定义界定的非经常性损益项目，以及把《公开发行证券的公司信息披露解释性公告第 1 号——非经常性损益》中列举的非经常性损益项目界定为经常性损益的项目，应说明原因。

通过表 34-2 可以发现，公司 2012 年实现的净利润（归属于母公司股东）1 387 万元中，出售海峡银行股权贡献了 6 093 万元（税后），投资性房地产会计变更贡献了 507 万元（税后），政府补助贡献了 187 万元。扣除这些非经常性项目后，公司实际亏损达 7 415 万元。

如果再进一步考察公司近三年（2013 年—2015 年）的财务报告，可以得出结论，公司通过非经常性项目达到扭亏为盈已经成为常态。

公司 2013 年—2015 年相关指标如表 34-3 所示。

表 34-3　　　　　　　　　　　公司 2013 年—2015 年相关指标

项目	2015 年	2014 年	2013 年
营业收入（亿元）	46.23	43.57	52.28
净利润（归属于母公司股东）（万元）	1 216	1 208	1 406
净利润（归属于母公司扣除非经常性损益）（万元）	-4 278	-22 100	-5 100
经营活动产生的现金净流量（万元）	42 843	-21 945	-17 680
净资产收益率（%）	0.99%	0.97%	1.14%

问题：

1. 如何区分非经常性项目和经常性项目，这种区分有何意义？证监会计为何允许有的公司把《公开发行证券的公司信息披露解释性公告第1号——非经常性损益》中列举的非经常性损益项目界定为经常性损益的项目？

2. 请指出2012年度三木集团的每一个非经常性项目对当年净利润的影响，以及如此处置对企业的长期影响。

3. 计算近五年（2011年—2015年）三木集团非经常性项目对公司净利润的累积影响。请问是何原因造成公司如此经常性地通过非经常性项目来调节利润？

4. 如何客观来分析非经常性项目对企业财务报表的影响？非经常性项目是否对企业的持续盈利能力完全没有预测价值？

案例三十五

营业利润还是特许经营使用费[①]

本案涉及三方当事人：美国 ABC 卫星公司、某电视台及我国税务当局。

1996 年 4 月 3 日，某电视台与美国 ABC 卫星公司签订《数字压缩电视全时卫星传送服务协议》。该协议有效期至 2006 年 6 月 30 日。1997 年 10 月 19 日，双方对协议的部分条款进行了修改并签订修正案。根据协议及修正案规定，ABC 卫星公司向该电视台提供全时的、固定期限的、不可再转让（除优先单独决定权外）的压缩数字视频服务，提供 27MHz 带宽和相关功率所组成的转发器（包括地面设备）。ABC 卫星公司只传送该电视台的电视信号，该电视台可以自己使用，也可以允许中国省级以上的广播电视台使用其未使用的部分。在 ABC 卫星公司提前许可的前提下，该电视台也可以允许非中国法人的广播电视台使用其未使用的部分来传送电视信号。

协议还规定：（1）电视台支付季度服务费和设备费；（2）定金（此定金用于支付服务期限的头三个月和最后一个月的服务费）；（3）为确保电视台向 ABC 卫星公司支付服务费和设备费，电视台将于 1996 年 5 月 3 日向 ABC 卫星公司支付近 200 万美元的保证金，保证金将在协议最后服务费到期时使用。

协议签订后，电视台按约定向 ABC 卫星公司支付了定金和保证金，此后定期向 ABC 卫星公司支付季度服务费和设备费，总计约 2 200 万美元。1999 年 1 月，主管税务局向该电视台发出 001 号《通知》，要求该电视台对上述费用缴纳相应税款。ABC 卫星公司对此不服，向主管税务局对外分局提出复议申请，并按包括定金和保证金在内的收入总额的 7% 缴纳了税款，合计约 150 万美元。

同年 8 月，主管税务局对外分局做出维持 001 号《通知》的行政复议决定。ABC 卫星公司据此向当地中级人民法院提起行政诉讼。2001 年 12 月 20 日，当地中级人民法院判定维持主管税务局对外分局对该电视台发出的 319 号《关于对电视台与 ABC 卫星公司签署〈数字压缩电视全时卫星传送服务协议〉所支付的费用代扣代缴预提所得税的通知》，同时驳回 ABC 卫星公司的诉讼请求。

双方的争论焦点在于是否该由我国税务当局向 ABC 卫星公司征收预提所得税。这一分歧源于双方对电视台向 ABC 卫星公司支付的费用的性质认定不同。ABC 卫星公司认为该收入属于营业利润，我国税务当局认为该收入属于特许权使用费。

后来，ABC 卫星公司向当地高级人民法院提起诉讼，当地高级人民法院经过审理后，最终做出维持原判的决定。

问题：

1. 企业在其他国家或地区从事跨国经营，相关税务是依据所在国的税收规定，还是依据母国的税收规定？

2. 指出特许经营和主营业务的区别，ABC卫星公司的收费是特许经营费，还是营业利润？请说明理由。

3. 如果企业出现了税务纠纷，应该如何处理？

---

① 刘怡，林劼. ABC 卫星公司税收案例分析[J]. 涉外税务，2003（1）：51-54.

案例三十六

造假分析（1）——银广夏①

一、"奇迹"的败露

广夏（银）实业股份有限公司（以下简称"银广夏"，现证券简称为"ST 银广夏"，股票代码000557）于 1994 年 6 月在深圳证券交易所上市。

2001 年 8 月，《财经》杂志发表"银广夏陷阱"一文，揭露了 1999—2000 年银广夏创造的令人瞠目的业绩和股价神话是一场彻头彻尾的骗局。

根据银广夏 1999 年年报显示，银广夏当年的每股盈利达到前所未有的 0.51 元；其股价从 1999 年 12 月 30 日的 13.97 元一路狂升至 2000 年 4 月 19 日的 35.83 元。银广夏实施了优厚的分红方案后，即进入填权行情，于 2000 年 12 月 29 日完全填权并创下每股 37.99 元新高，折合为除权前的价格为每股 75.98 元，较一年前启动时的价位上涨 440%，较 1999 年"5·19 行情"发动前，则上涨了 8 倍多。银广夏股价在 2000 年全年涨幅高居深沪两市第二；2000 年年报披露的业绩再创"奇迹"，在股本扩大一倍的基础上，每股收益攀升至 0.827 元。

银广夏的"奇迹"并未到此为止。2001 年 3 月 1 日，银广夏发布公告，称其与德国诚信公司（Fidelity Trading GmBH）签订连续三年总金额为 60 亿元的萃取产品订货总协议。仅仅依此合同推算，2001 年银广夏每股收益就将达到 2～3 元！银广夏董事局主席张吉生曾预测，银广夏未来三年内每年业绩连续翻番不成问题。

这篇文章随后对该公司如何造假进行了一一揭示：从天津广夏"独撑大局"的萃取产品出口的子虚乌有，到德国客户之谜，再到天津海关的一锤定音，为读者展现了这一骗局的全过程。

二、银广夏的发迹史

银广夏是 1993 年 11 月由广夏（银川）磁技术有限公司、深圳广夏微型软盘有限公司、深圳广夏录像器材有限公司合并改组并吸收其他六家发起人共同成立的。其中，深圳广夏微型软盘有限公司成立于 1989 年，业务为生产经营 3.5 英寸电脑软盘及其配件，银广夏上市之时，深圳广夏微型软盘有限公司是其主要股东。

深圳广夏微型软盘有限公司由深圳广夏文化有限公司（后更名为深圳广夏文化实业总公司）与宁夏电子计算机开发公司、香港登宝山磁制品有限公司合资经营，成立于 1989 年 7 月，注册资本 2 970 万元，各投资主体所占股权比例分别为 65%、10% 和 25%。1989 年 12 月，合资各方签署协议，同意由密苏尔（香港）有限公司代替香港登宝山磁制品有限公司成为合资公司股东。作为广夏微型软盘有限公司 25% 的股东，密苏尔（香港）有限公司自然应成为银广夏的大股东之一。但是，银广夏招股说明书中却披露，1993 年 11 月 8 日，经深圳市工商行政管理局《深圳市外商投资企业变更通知书》确认，深圳广夏微型软盘有限公司股东与各股东持股比例发生重大调整：深圳广夏文化实业

① 凌华薇，王烁采. 银广夏陷阱[J]. 财经，2001（8）；陈信元等. 转型经济中的会计与财务问题：基于上市公司的案例[M]. 北京：清华大学出版社，2003：275-282.

总公司持股 7.08%，宁夏伊斯兰国际信托投资公司持股 20.625%，深圳兴庆电子公司持股 23.125%，金河（美国）有限公司持股 25%，中昌国际控股集团有限公司持股 24.17%。

事后证明，此次股权调整不仅意味深长，而且问题多多。原合作者密苏尔（香港）有限公司竟然在银广夏上市一年后才得知自己的股权不复存在，并自此开始了长达七年的申诉之路。奇怪的是，这一重大诉讼却从未在银广夏任何公告、中报和年报中出现。

1994 年上市之时，银广夏的主业软盘生产在国内竞争已非常激烈，转眼间，每生产一张软盘就要亏损约 0.17 元。对银广夏来说，转型迫在眉睫。此后，银广夏每年均在为维持 10% 的净资产收益率奔忙。银广夏的项目换了一个又一个，从软盘生产以后，银广夏进入了全面多元化投资的阶段。银广夏 1996 年年报称公司已经"成功地由创立之初的三家软盘生产企业的单一产业公司发展为拥有 27 家全资、控股子公司和分公司的跨行业实业公司"，到 2000 年更发展成有 40 余家参股、控股公司的庞杂规模。银广夏从牙膏、水泥、海洋物产、白酒、牛黄、活性炭、文化产业、房地产，到葡萄酒和麻黄草，大部分项目是"打一枪换一个地方"，盈利水平仅是维持在 10% 净资产收益率的配股生命线上方而已。这其中最知名的项目是在银川西南永宁县西沙窝（现称"征沙渠"）治沙种草。治沙种草，为银广夏带来了异常良好的形象，但并没有带来什么效益。银广夏声称前后投资超过 6 亿元，这是一个夸大了的数字，据《财经》了解，其实际投资约 9 000 万元。

银广夏业绩的奇迹性转折，是从 1998 年开始的。这一年，银广夏传出了来自天津的"好消息"。

三、银广夏造假过程

《银广夏陷阱》一文出来后，社会反响很大，引起有关部门的高度重视。由财政部、证监会组成的联合调查组对银广夏事件立案调查，已查明的主要事实如下。

（1）伪造出口购销合同。

（2）伪造出口报关单。

（3）虚开增值税专用发票。

（4）伪造免税文件和伪造金融票据等手段。

（5）虚构主营业务收入。

（6）虚构巨额利润。

官方检查发现的已审计银广夏财务报表中虚构虚增利润如表 36-1 所示。

表 36-1　　　　　官方检查发现的已审计银广夏财务报表中虚构虚增利润　　　　　　单位：万元

银广夏及其子公司名称	2000 年度对银广夏虚增利润影响数	1999 年度对银广夏虚增利润影响数	1998 年度对银广夏虚增利润影响数	合计
天津广夏（集团）有限公司	52 287	15 982	—	68 269
广夏（银川）实业股份有限公司（未抵销内部交易所致）	1 470	1 764	404	3 638
上海广夏文化发展有限公司	2 670	—	—	2 670
武汉世界贸易大厦有限公司	—	—	1 372	1 372
芜湖广夏生物技术股份有限公司	277	36	—	313
合计	56 704	17 782	1 776	76 262

这些利润是如何伪造出来的，只要看过庭审记录，就能了解。

据庭审记录，1999 年 11 月，原公司董事长董博接到了广夏（银川）实业有限公司财务总监、总会计师兼董事局秘书丁功民的电话，要求他将每股利润做到 0.8 元。董博便进行了相应的计算，得出天津广夏集团有限公司（以下简称"天津广夏"）需要制造多少利润，进而根据这一利润，计算出天津广夏需要多大的产量、多少销售量以及购买多少原材料等数据。1999 年的财务造假从购入原材料开始。董博虚构了北京瑞杰商贸有限公司、北京市京通商贸有限公司、北京市东风实用技术研究所等单位，让这几家单位作为天津广夏的原材料提供方，虚假购入萃取产品原材料蛋黄粉、姜、桂皮、产品包装桶等物，并到"黑市"上购买了发票、汇款单、银行进账单等票据，伪造了这几家单位的销售发票和天津广夏发往这几家单位的银行汇款单。有了原材料的购入，也便有了产品的售出。董博伪造了总价值5 610万马克的货物出口报关单四份、德国捷高公司北京办事处支付的金额5 400万元人民币出口产品货款银行进账单三份。为完善造假过程，董博又指使时任天津广夏萃取有限公司总经理的阎金岱伪造萃取产品生产记录。于是，阎金岱便指使天津广夏职工伪造了萃取产品虚假原料入库单、班组生产记录、产品出库单等。最后，董博虚构天津广夏萃取产品出口收入 23 898.60万元人民币。该虚假的年度财务报表经深圳中天勤会计师事务所审计后，并入银广夏年报。银广夏向社会发布的虚假净利润高达12 778.66万元人民币。

2000年，银广夏的财务造假行动继续进行，只是此次已不再需要虚构原材料供货方。依旧是接受丁功民的指示，董博伪造了虚假出口销售合同、银行汇款单、销售发票、出口报关单及德国诚信贸易公司支付的货款进账单，同时同样指使天津广夏职工伪造了虚假财务凭据。结果，2000年天津广夏共虚造萃取产品出口收入72 400万元人民币，虚假年度财务报表由深圳中天勤会计师事务所审计。银广夏的财务报表经注册会计师刘加荣、徐林文签署无保留意见后，向社会公布虚假净利润41 764.643 1万元人民币。

2001年年初，为进一步完善造假程序，董博为虚报销售收入从天津市北辰区国税局领购增值税专用发票500份。除向正常销售单位开具发票外，董博指使天津广夏职员付树通以天津广夏名义向天津禾源公司（系天津广夏萃取产品总经销商）虚开增值税专用发票290份，价税合计22 145.659 4万元人民币，涉及税款3 764.761 9万元人民币，此后以销售货款没有全部回笼为由，仅向天津市北辰区国税局缴纳税款500万元。2001年5月，为发放中期利润分红，银广夏总裁李有强以购买设备为由，向上海金尔顿投资公司借款1.5亿元人民币，随后将这笔款项打入天津禾源公司，又以销售萃取产品回款的形式打回天津广夏账户，随后其中1.25亿元人民币以天津广夏利润的形式上交广夏公司。据董博当庭供述，在造假过程中，部分财务单据及所涉及的银行公章，是其在电脑上制作出来的。

这样，依据庭审及起诉书，银广夏造假是一个由李有强（总裁）同意、丁功民授意、董博（财务总监）实施、阎金岱（天津广夏经理）协助，以及刘加荣、徐林文（注册会计师）"明知"有假而不作为的过程。

四、审计

银广夏造假这一事件，其手法并不高明，漏洞十分明显。但就是这样一起漏洞百出的造假，注册会计师却未尽到最基本的"把关"责任。从事后披露的情况来看，审计在以下五个方面存在失察。

（1）银广夏编制合并报表时，未抵销与子公司之间的关联交易，也未按股权协议的比例合并子公司，从而虚增巨额资产和利润。

（2）注册会计师未能有效执行应收账款函证程序，在对天津广夏的审计过程中，将所有询证函交由公司发出，而并未要求公司债务人将回函直接寄达注册会计师处。2000年发出14封询证函，没有收到一封回函。

（3）注册会计师未有效执行分析性测试程序。例如，对于银广夏在2000年度主营业务收入大幅增长的同时生产用电的电费反而降低的情况竟没有被发现或报告；面对银广夏2000年度生产卵磷脂的投入产出比率较1999年度大幅下降的异常情况，注册会计师既未实地考察，也没有咨询专家意见，而是轻信银广夏管理层声称的"生产进入成熟期"的说法。

（4）天津广夏审计项目负责人由非注册会计师担任，审计人员普遍缺乏外贸业务知识，不具备专业胜任能力。

（5）对于不符合国家税法规定的异常增值税及所得税政策披露情况，审计人员没有予以应有关注；在收集了真假两种海关报关单后未予以必要关注（如注册会计师审查的几份事实上根本不存在的盖有"天津东港海关"字样的报关单上，每种商品前的"出口商品编号"均为空白，稍有外贸常识的人都能发现，这是违反报关单填写基本要求的）；对于境外销售合同的行文不符合一般商业惯例的情况，未能予以关注；未收集或严格审查重要的法律文件；未关注重大不良资产；存在以预审代替年审、未贯彻三级复核制度等重大审计程序缺陷。

银广夏的财务报表审计由深圳中天勤会计师事务所负责。2000 年 7 月，深圳中天勤会计师事务所由具有从事证券业务资格的中天会计师事务所和天勤会计师事务所合并成立，成为全国有名的会计师事务所。但就是这家有名的会计师事务所，最后遭受了和安达信一样的命运。

五、银广夏的未来

2003 年 9 月 16 日，宁夏回族自治区银川市中级人民法院对银广夏刑事案做出一审判决，原天津广夏董事长兼财务总监董博因提供虚假财会报告罪被判处有期徒刑三年，并处罚金人民币 10 万元。同时，法院以提供虚假财会报告罪分别判处原银川广夏董事局副主席兼总裁李有强、原银川广夏董事兼财务总监兼总会计师丁功名、原天津广夏副董事长兼总经理阎金岱有期徒刑两年零六个月，并处罚金 3 万～8 万元；以出具证明文件重大失实罪分别判处被告人深圳中天勤会计师事务所合伙人刘加荣、徐林文有期徒刑两年零六个月、两年零三个月，并各处罚金 3 万元。

深圳中天勤会计师事务所倒了，但银广夏却"活"了下来，"活"下来的银广夏也是命运多舛。表 36-2 是银广夏造假事件后公司的业绩情况，我们不知道银广夏的未来在何方。

表 36-2　　　　ST 银广夏 2001—2008 年相关财务数据　　　　单位：元

项目	2001 年	2002 年	2003 年	2004 年
营业收入	145 209 011.90	33 402 206.30	11 406 332.17	15 720 937.26
利润总额	−521 299 718.51	−8 120 695.16	−79 069 024.24	−360 449 004.90
非经常性损益	−199 098 273.90	−56 984 907.70	30 096 939.19	279 074 378.51
所得税	2 077 768.50	0.00	200.00	0.00
净利润	−394 441 413.39	6 154 764.52	−61 098 557.97	−346 195 474.11
资产总额	1 390 560 083.26	656 590 479.43	613 468 358.00	508 473 101.12
负债总额	2 219 078 848.38	1 178 518 886.39	1 170 692 914.63	1 434 234 609.73
净资产	−828 518 765.12	−521 928 406.96	−557 224 556.63	−925 761 508.61
经营活动现金净流量	134 682 830.62	2 845 833.43	−8 664 816.59	−9 325 002.58
每股收益	−0.78	0.01	−0.12	−0.69
每股净资产	−1.03	−1.05	−1.11	−1.83
项目	2005 年	2006 年	2007 年	2008 年
营业收入	42 978 261.11	17 669 020.03	30 971 627.44	31 904 344.30
利润总额	−16 359 652.98	−51 110 892.53	17 500 231.24	−269 203 527.71
非经常性损益	−19 424 254.15	−17 119 041.18	34 927 308.55	−226 044 181.01
所得税	0.00	0.00	−129 829.69	−105 370.60
净利润	6 641 792.36	−18 261 687.02	17 630 060.93	−269 098 157.11
资产总额	501 847 000.36	380 212 641.93	390 125 522.44	347 661 637.20
负债总额	1 433 971 008.98	845 647 795.08	837 623 200.04	1 064 257 471.91

项目	2005 年	2006 年	2007 年	2008 年
净资产	−932 124 008.62	−465 435 153.15	−447 497 677.60	−716 595 834.71
经营活动现金净流量	5 430 453.86	2 645 271.97	22 226 564.09	99 099.10
每股收益	0.01	−0.03	0.03	−0.39
每股净资产	−1.85	−0.79	−0.74	−1.04

问题：

1. 为何收入造假总是排在所有造假事件中的第一位？请阅读《财经》杂志"银广夏陷阱"一文，简要概述该文是从哪些环节揭示银广夏造假骗局的。

2. 如此简单的造假是如何得逞的，这一事件背后说明了什么？今后如何才能识破和防范此类造假事件的再发生？

3. 安然造假被揭露后，该公司随即破产，而银广夏却仍然留在股市中，我国上市制度存在何种缺陷？

案例三十七

造假分析（2）——万福生科（2）

一、简介

万福生科（湖南）农业开发股份有限公司（以下简称"万福生科"或"公司"）属于食品制造企业，其2015年年度报告部分如下。

公司前身系湖南省桃源县湘鲁万福有限责任公司（以下简称"桃源湘鲁万福"），于2003年5月8日在桃源县工商行政管理局登记注册，取得注册号为4307252000318的企业法人营业执照。桃源湘鲁万福成立时注册资本为人民币300万元，分别由龚永福和杨荣华以实物资产各出资人民币150万元，法定代表人为杨荣华，公司注册地址为湖南省常德市桃源县陬市镇下街。

根据桃源湘鲁万福2005年4月1日股东会决议、修改后的公司章程规定，股东杨荣华、龚永福按原出资比例共同增加出资。此次增资后，桃源湘鲁万福注册资本增至人民币2 000万元，其中股东杨荣华、龚永福各出资人民币1 000万元。

桃源湘鲁万福2006年3月21日股东会决议、修改后的公司章程规定，公司更名为湖南湘鲁万福农业开发有限公司（以下简称"湘鲁万福"）。其经营范围变更为：收购、仓储、销售粮食；加工、销售大米、饲料；生产、销售高麦芽糖浆、麦芽糊精、淀粉、淀粉糖、糖果、饼干、豆奶粉；生产销售稻壳活性炭、硅酸钠、油脂；畜牧养殖加工。

根据湘鲁万福2009年9月24日临时股东会决议批准，深圳市盛桥投资管理有限公司等三家公司及刘丽等七个自然人与该公司全体股东签订增资扩股协议，以人民币4 905.60万元现金增加该公司注册资本人民币488.181万元，增加该公司资本公积人民币4 417.419万元。增资完成后湘鲁万福注册资本由人民币2 000万元增至人民币2 488.181万元，资本公积增人民币6 617.419万元，同时，营业执照注册号变更为430700000018951。

根据湘鲁万福2009年第二次临时股东会决议，湘鲁万福以2009年9月30日为基准日，采用整体变更方式设立万福生科（湖南）农业开发股份有限公司，于2009年10月28日在常德市工商行政管理局进行了变更登记，注册资本为人民币5 000.00万元，股份总数为5 000万股（每股面值1元），法定代表人变更为龚永福，公司注册地址变更为湖南省常德市桃源县陬市镇桂花路1号。

公司创始人之一龚永福1959年出生于桃源县枫树乡，1976年入伍，在原广州军区42军坦克团服役，期间参加对越自卫反击战，战争中负伤后被评为八级伤残军人，荣立二等功。1980年，龚永福转业回乡，成为桃源县陬市镇粮站的一名保管员，并迅速积聚人脉，其"第一桶金"是买卖陈化粮获得。1995年，龚永福辞职，带领家族成员和一批退伍军人、农民创办了万福大米厂，这成为万福生科的前身。2003年，龚永福引进"大米淀粉糖加工"技术，设立湘鲁万福公司，此后，龚永福不断完善稻谷产业链，其愿望是要让一粒稻谷产出茅台酒的价值，构建一条循环经济的"稻米加工产业链"。万福生科凭借"稻米淀粉糖深加工及副产物高效综合利用"技术荣获国家科技进步二等奖，2009年获得高新技术企业的称号。期间，龚永福获荣誉无数：2006年被评为"常德市劳动模范"，2006年至2008年连续三年被评为"常德市十佳优秀企业家"，2008年1月被湖南省农业产业化协会授予"推进新农村建设领头人"荣誉称号，2009年10月被农业部乡镇企业发展中心、农业部乡镇企业局等单位授予"全国发展县域经济突出贡献人物"荣誉称号，2010年1月荣获"2009（第六届）全国建设社会主义新农村十大杰出复转军人"称号。这些都成为万福生科冲上创业板的资本。需要说明的是，万福生科上市前是一家典型的家族企业，公司并列第一大股东为龚永福、杨荣华夫妇，两人分别持有发行人40.19%的股权。另外，杨荣华的姐妹也在公司关键岗位任职，分别负责采购和销售；再有龚永福与董事、副总经理张行是亲家关系。

二、上市

经证监会证监许可〔2011〕1412号文核准，公司向社会公开发行人民币普通股17 000 000股，每股面值为人民币1元，并于2011年9月27日在创业板上市，股票简称"万福生科"，股票代码300268。发行上市后，万福生科注册资本变更为人民币67 000 000元。

万福生科股票发行具体情况如下。

1. 发行数量：1 700万股。

2. 发行价格：25.00元/股。对应发行市盈率如下。

（1）25.25倍（每股收益按照经会计师事务所遵照中国企业会计准则审核的扣除非经常性损益前后孰低的2010年净利润除以本次发行前的总股数计算）。

（2）33.78倍（每股收益按照经会计师事务所遵照中国企业会计准则审核的扣除非经常性损益前后孰低的2010年净利润除以本次发行后的总股数计算，发行后总股数按本次发行1 700万股计算）。

3. 发行方式：本次发行采用网下向询价对象配售与网上向社会公众投资者定价发行相结合的发行方式。本次发行中通过网下配售向股票配售对象配售的股票为340万股，有效申购为7 208万股，有效申购获得配售的比例为4.716 98%，申购倍数为21.20倍。本次网上定价发行1 360万股，中签率为0.335 753 225 3%，超额认购倍数为298倍。本次网上网下发行均不存在余股。

4. 募集资金总额：425 000 000元。

5. 发行费用总额：30 189 459元，明细如表37-1所示。

表 37-1　　　　　　　　　发行费用明细

项目	金额（元）
承销费用及保荐费	25 250 000
审计、验资费	1 033 000
律师费	900 000
信息披露费	2 804 000
股份登记费及上市初费	50 000
招股说明书印刷费	152 459
合计	30 189 459

注：每股发行费用：1.78元。（每股发行费用=发行费用总额/本次发行股本）

6. 募集资金净额：394 810 541元。

发行相关机构情况如表37-2所示。

表 37-2　　　　　　　　　相关发行机构

相关发行机构	机构名称
保荐人与承销机构	平安证券有限责任公司
发行人律师	湖南博鳌律师事务所
会计师事务所	中磊会计师事务所有限责任公司
资产评估机构	北京北方亚事资产评估有限责任公司
土地评估机构	广西万宇房地产评估有限公司
股票登记机构	中国证券登记结算有限责任公司深圳分公司
主承销商收款银行	中国银行深圳东门支行

2012年6月12日，经股东大会审议通过的公司《2011年度利润分配及资本公积金转增股本预案》，以截至2011年12月31日公司总股本6 700万股为基数向全体股东每10股派发现金股利3元人民币（含税），同时进行资本公积金转增股本，以6 700万股为基数向全体股东每10股转增10股，共计转增6 700万股，转增后公司总股本将增加至13 400万股。2012年6月12日，公司实施完成该预案。截至2012年12月31日，公司累计发行股本总数13 400万股。

三、东窗事发

在笔名为夏草于2014年8月12日发表的一篇名为"万福生科IPO造假启示录"的博客中，详细地披露了公司造假事件东窗事发的经过。

2012年8月22日，万福生科发布上市后的第一份半年报，半年报中的管理层讨论与分析称：今年上半年，公司实现的净利润由于原材料价格的上涨、计提的资产减值损失等因素同比有所下降。但公司又称在2011年年度报告中披露公司2012年经营目标为：力争公司2012年销售收入达到63 000万元～65 000万元，净利润达到7 200万元～7 400万元。

此时湖南证监局上市公司检查组正在万福生科进行上市后的例行现场检查，检查组很快发现了万福生科2012年半年报预付账款存在重大异常：公开披露的资产负债表显示，预付账款余额为1.46亿元，而科目余额表显示预付账款余额超过3亿元，预付账款"账表不符"。财务总监解释称为了让报表"好看一点"，将一部分预付账款重分类至在建工程等其他科目，但检查组的职业敏感让其意识到如此畸高的预付账款绝对不正常。因为上年同期预付账款只有0.2亿元，那么这些预付款去哪里了？

检查组立即到银行追查资金的真实去向，结果不查不知道，一查吓一跳。银行真实的资金流水显示，账列预付8 036万元设备供应款根本就没有打给供应商（法人），而是打给自然人；再一比对，发现下游回款根本不是客户（法人）打进来的，而是自然人打进来的。现场检查组发现万福生科银行回单涉嫌造假等重大违法事实之后，湖南证监局立即于2012年9月14日宣布对万福生科立案调查，案情在上报之后得到证监会高度重视，9月17日证监会稽查总队宣布对其立案调查。

在铁一般的事实面前，财务总监无奈交出私人控制的56张个人银行卡，稽查大队又在现场截获存有2012年上半年真实收入数据的U盘，从此发现了一个伪造银行回单14亿元、虚构收入9亿多元的惊天大案。

实际上，早在2012年1月30日公司就发布当年的第一份公告（2012-001）称：董事会于当日收到公司董事会秘书肖明清先生的书面辞职报告，肖明清先生鉴于个人原因申请辞去公司董事会秘书职务，辞职后亦不在公司继续工作。万福生科在上市后第一份年报出台前（2011年年度报告于2012年4月16日公告发布），关键人物的辞职本身就释放出一些敏感的信号（相关信号包括财务总监、会计师事务所和核心高管等的变动）。在公司首次公开募股（Initial Public Offering，IPO）期间（2009年11月和2010年11月），青先国和陈纪瑜分别辞去独立董事的职务，在2008年，7人董事会中，两名独立董事相继辞职，这应该是更早的端倪。

以下是根据证监会对公司《行政处罚决定》的认定（公司公告2013-056），公司2008年至2012年上半年的造假事实如下。

1. 万福生科《首次公开发行股票并在创业板上市招股说明书》披露的2008年至2010年财务数据存在虚假记载，公司不符合公开发行股票的条件。

万福生科发布的《首次公开发行股票并在创业板上市招股说明书》披露，2008年、2009年、2010年的营业收入分别为22 824万元、32 765万元、43 359万元，营业利润分别为3 265万元、4 200万元、5 343万元，净利润分别为2 566万元、3 956万元、5 555万元。经查，万福生科为了达到公开发行股票并上市条件，由董事长兼总经理决策，并经财务总监覃学军安排人员执行，2008年至2010年分别虚增销售收入12 262万元、14 966万元、19 074万元，虚增营业利润2 851万元、3 857万元、4 590万元。扣除上述虚增营业利润后，万福生科2008年至2010年扣除非经常性损益的净利润分别为-332万元、-71万元、383万元。

万福生科《首次公开发行股票并在创业板上市招股说明书》由龚永福、蒋建初、张行、杨荣华、肖德祥、马海啸、邹丽娟、单杨、程云辉、刘炎溪、王湛浙、张苏江、黄平、文会清、严平贵、叶华、覃学军、肖明清等全部公司董事、监事、高级管理人员签署。

2. 万福生科《2011年年度报告》存在虚假记载。

万福生科2012年4月16日公告《2011年年度报告》披露公司2011年营业收入为55 324万元。经查，万福生科2011年虚增销售收入28 681万元。万福生科《2011年年度报告》由公司董事会、监事会审议通过，未有人提出异议。出席董事会的董事包括龚永福、蒋建初、肖德祥、杨荣华、马海啸、张行、邹丽娟、单杨、程云辉，出席监事会的监事包括刘炎溪、王湛浙、张苏江。

3. 万福生科未就公司2012年上半年停产事项履行及时报告、公告义务。

2012年初，万福生科下属糖厂、米厂和油厂停产，其糖品、大米等主营产品生产陷入停顿。对主营业务处于停顿状态的事实，万福生科未依法履行及时报告义务。对上述生产线停产事项知情的人员包括龚永福、副总经理兼董事会秘书肖力、副总经理严平贵、副总经理李玉强。

4. 万福生科《2012年半年度报告》存在虚假记载和重大遗漏。

万福生科2012年8月23日公告《2012年半年度报告》，披露公司上半年营业收入为26 991万元。经查，万福生科2012年上半年虚增销售收入16 549万元。

公司2008年至2011年期间存在财务数据虚假记载情形，累计虚增收入7.4亿元左右，虚增营业利润1.8亿元左右，虚增净利润1.6亿元左右。公司近9成的净利润均源于造假。如果再扣除政府补助和税收优惠，公司实际的净利润应为亏损。公司如此巨额的造假、天大的谎言是如何层层过关，最后实现顺利上市的呢？这是公司造假被揭露后所有人关注的问题。

四、造假手段

公司造假之所以未被及时发现，主要是造假的计划性和系统性，造假由公司财务总监覃学军一手策划，领导一班人统一分配任务、系统实施。以往造假，一个人或几个人在账面上做做手脚，经不住仔细的推敲。而此次造假则是从经济业务的各个环节，如进、存、产、销等，与之相配合的是流水（资金流入和流出），然后是各种单证的配合（如购销合同、入库单、检验单、生产单、销售单、发票等"真实"的票据与凭证对应）。最巧妙的是倒算制，根据利润推出收入，然后推出成本、费用、资产，使得各项数据和指标（如毛利、增长率、周转率）逻辑上吻合，看不出大的漏洞。这样在形式上就没有缺陷，经济业务（业务流）、资金流动（资金流）与信息流，即单（合同等）、证（原始凭证和记账凭证）和表（会计报表）互相配合，严丝合缝。

还是参照夏草博文中的描述，来看看公司是如何具体造假的。

万福生科的造假模式是将公司的自有资金转到"体外循环"，同时虚构粮食收购和产品销售业务，虚增销售收入和利润。为完成资金"体外循环"，万福生科借用了一些农户的身份证去开立银行账户，并由万福生科控制使用，有些个人银行账户甚至连农户本人都不知道。

具体流程是，公司首先把账上的资金转到其控制的个人账户上，同时在财务上记录粮食收购的预付款，再相应地做粮食收购的入账，完成原材料入账。之后再把这些实际控制的个人账户的钱，以不同客户回款的名义分笔转回公司的账户，财务上对应地做这些客户的销售回款冲减应收款，再相应地做客户销售收入等账目。就这样利用资金的循环达到虚增销售收入的目的。

万福生科造假流程遍及进、存、产、销的各个经营环节，参与的人员比较多。总体上来说，龚永福授权财务总监来具体执行，执行过程是财务总监具体分配任务，每个参与的人员完成各自负责的一部分，俨然是流水线式的造假，体现出造假的系统性比较强。

万福生科在做资金的"体外循环"中也变换了很多种方式。比如转出两笔500万元，转回时不一定就是两笔500万元，可能把回款的资金拆得比较零碎，想做哪个客户的回款，就假冒成这个客户把钱转回公司账户。

把钱转回公司涉及一个问题，银行的回单上会显示个人账户转回多少钱，而不是客户转回来多少钱。为了掩盖这个情况，万福生科又伪造了大量的银行回单，私刻了若干个银行的业务章，并盖在上面。他们做的单据很逼真，调查人员也是在反反复复翻银行回单的时候发现了蛛丝马迹，最终把这些造假的银行回单给找出来了。

万福生科的造假比较隐蔽，直接发现问题的难度是比较大的。一方面它是假借采购户或者销售户的名义，以自有资金"体外循环"，假冒了粮食收购款和回款。在资金循环过程中，除伪造大量的银行凭证外，万福生科还使用了现金存取的方式，所以需要调查人员追查资金的真实来源，这是隐秘性强的一个原因。

另外一方面，万福生科整个造假流程都有真实的购销合同、入库单、检验单、生产单、销售单、发票等"真实"的票据和凭证相对应。依靠流水线式的造假流程，这些单据都有专人开具，所以只凭核查单据是发现不了问题的。如果把中间的某张单据单独拿出来，形式上是没有问题的，但实际上这笔业务却是虚假的。虚构业务的整个造假流程很逼真、很难辨别。

证监会稽查组负责人介绍，万福生科造假案是集系统化、隐蔽性、独立性为一体的，采取了成本倒算制，使得财务报表整体十分平衡，很难从形式上发现问题。

当然，这种造假的成本和代价都很大，风险也很高。但从事后处罚的结果来看，其实并未起到严厉的惩戒效果。这也可以反映出为何目前上市公司造假已屡见不鲜，造成这种局面的原因与制度的漏洞和处罚过轻直接相关。

五、处罚

事件发生后，深圳证券交易所、证监会和人民法院分别对公司的造假行为给予了相应处罚。

首先是深圳证券交易所分别针对公司2012年上半年和IPO前的财务造假行为开出罚单。

2012年11月23日，深圳证券交易所发出《关于对万福生科（湖南）农业开发股份有限公司及相关当事人给予公开谴责的决定》，主要内容如下。

经查明，万福生科（湖南）农业开发股份有限公司（以下简称"万福生科"或者"公司"）存在以下违规行为：根据万福生科2012年10月26日披露的《关于重要信息披露的补充和2012年中报更正的公告》（以下简称"更正公告"），万福生科2012年半年度报告中存在虚假记载和重大遗漏，在2012年半年度报告中虚增营业收入1.88亿元，虚增营业成本1.46亿元、虚增净利润4 023.16万元，前述数据金额较大，且导致公司2012年上半年财务报告盈亏方向发生变化，情节严重；2012年上半年万福生科循环经济型稻米精深加工生产线项目因技改出现长时间停产，对万福生科业务造成重大影响，但万福生科对该重大事项未及时履行临时报告义务，也未在2012年半年度报告中披露。

万福生科的上述行为违反了本所《创业板股票上市规则（2012年修订）》第1.4条、第2.1条、第7.3条、第11.11.2条的相关规定。

万福生科董事龚永福、蒋建初、肖德祥、张行、杨荣华、马海啸、邹丽娟、单杨、程云辉，监事刘炎溪、王湛浙、张苏江，副总经理兼董事会秘书肖力、副总经理李玉强、杨满华、文会清、严平贵、覃学军未能恪尽职守、履行诚信勤勉义务，违反了本所《创业板股票上市规则（2012年修订）》第2.2条、第3.1.5条、第3.1.9条的规定，对上述违规行为负有重要责任。

鉴于万福生科及相关当事人的上述违规事实和情节，根据本所《创业上市规则（2012年修订）》第16.2条、第16.3条和第16.4条以及本所《创业板上市公司公开谴责标准》第四条、第六条的相关规定，经本所纪律处分委员会审议通过，本所做出如下处分决定。

一、对万福生科（湖南）农业开发股份有限公司给予公开谴责的处分。

二、对龚永福、蒋建初、肖德祥、张行、杨荣华、马海啸、邹丽娟、单杨、程云辉、刘炎溪、王湛浙、张苏江、肖力、李玉强、杨满华、文会清、严平贵、覃学军给予公开谴责的处分。

对于万福生科（湖南）农业开发股份有限公司及相关当事人的上述违规行为和本所给予的上述处分，本所将记入上市公司诚信档案，并向社会公布。

2013年3月15日，深圳证券交易所发出《关于对万福生科（湖南）农业开发股份有限公司及相关当事人给予公开谴责的决定》，主要内容如下。

经查明，万福生科（湖南）农业开发股份有限公司（以下简称"万福生科"或者"公司"）存在以下违规行为。

根据公司2013年3月2日披露的《关于重大事项披露及股票复牌的公告》，公司2008—2011年期间存在财务数据虚假记载情形，累计虚增收入7.4亿元左右，虚增营业利润1.8亿元左右，虚增净利润1.6亿元左右。其中，2011年度公司虚构营业收入2.8亿元，虚增营业利润6 541.36万元，虚增归属于上市公司股东的净利润5 912.69万元，分别占公司已披露2011年财务报告中三项财务数据金额的50.63%、110.67%和98.11%。经对上述虚增数据进行调整后，公司2011年营业收入、营业利润和归属于上市公司股东的净利润数额分别为2.73亿元、−630.51万元和114.17万元，与公司披露的相关财务数据存在重大差异。

万福生科的上述行为违反了本所《创业板股票上市规则（2012年修订）》第1.4条、第2.1条、第5.1.1条、第5.1.4条的相关规定。

万福生科董事龚永福、蒋建初、肖德祥、张行、杨荣华、马海啸、邹丽娟、单杨、程云辉，监事刘炎溪、王湛浙、张苏江，高级管理人员肖力、李玉强、杨满华、文会清、严平贵、覃学军，时任高级管理人员叶华、黄平、肖明清未能恪尽职守、履行诚信勤勉义务，违反了本所《创业板股票上市规则（2012年修订）》第2.2条、第3.1.5条、第3.1.9条、第5.1.4条的规定，对上述违规行为负有重要责任。

鉴于万福生科及相关当事人的上述违规事实和情节，根据本所《创业板股票上市规则（2012年修订）》第16.2条、第16.3条和第16.4条以及《创业板上市公司公开谴责标准》的相关规定，经本所纪律处分委员会审议通过，本所做出如下处分决定。

一、对万福生科（湖南）农业开发股份有限公司给予公开谴责的处分。

二、对龚永福、蒋建初、肖德祥、张行、杨荣华、马海啸、邹丽娟、单杨、程云辉、刘炎溪、王湛浙、张苏江、肖力、李玉强、杨满华、文会清、严平贵、覃学军、叶华、黄平、肖明清给予公开谴责的处分。

对于万福生科（湖南）农业开发股份有限公司及相关当事人的上述违规行为和本所给予的上述处分，本所将记入上市公司诚信档案，并向社会公布。

与深圳证券交易所针对公司财务造假行为所开出的罚单只限于公开谴责不同，2013年5月22日，公司收到的证监会发出的《行政处罚和市场禁入事先告知书》则包括罚款和市场禁入措施。

公司于2013年10月22日收到证监会正式的《行政处罚决定书》（（2013）47号）。依据《中华人民共和国证券法》（以下简称《证券法》）的有关规定，证监会对公司涉嫌欺诈发行股票和信息披露违法行为进行了立案调查、审理，并依法向当事人告知了做出行政处罚的事实、理由、依据及当事人依法享有的权利。当事人万福生科、单杨、程云辉、张苏江要求申辩，但不要求听证。当事人马海啸要求申辩和举行听证会。证监会于2013年7月29日举行听证会，听取了马海啸的陈述、申辩。本案现已调查、审理终结。

处罚决定书的主要内容如下。

（一）证监会认定的违法事实

…………

以上事实，有相关公告、财务资料、银行资料、情况说明、工程合同、销售业务文件、财务人员问询笔录和当事人询问笔录等证据证明，足以认定万福生科通过编造重大虚假财务数据的方式，在不符合条件的情况下骗取发行核准的行为，违反了《证券法》第十三条的规定，构成《证券法》第一百八十九条所述"发行人不符合发行条件，以欺骗手段骗取发行核准"的行为。同时，该行为还涉嫌违反《中华人民共和国刑法》（以下简称《刑法》）的相关规定。

对万福生科该违法行为直接负责的主管人员为公司董事长兼总经理龚永福、财务总监覃学军，其他直接责任人员为在《首次公开发行股票并在创业板上市招股说明书》签字的蒋建初、张行、杨荣华、肖德祥、马海啸、邹丽娟、单杨、程云辉、刘炎溪、王湛浙、张苏江、黄平、文会清、严平贵、叶华、肖明清。

万福生科在《2011年年度报告》中虚假记载财务数据的行为，违反了《证券法》第六十三条的规定，构成《证券法》第一百九十三条所述"发行人、上市公司或者其他信息披露义务人未按照规定披露信息，或者所披露的信息有虚假记载、误导性陈述或者重大遗漏"的行为。同时，该行为还涉嫌违反《刑法》的相关规定。

对万福生科该违法行为直接负责的主管人员为龚永福、覃学军，其他直接责任人员为参加审议通过《2011年年度报告》的董事和监事，即蒋建初、肖德祥、杨荣华、马海啸、张行、邹丽娟、单杨、程云辉、刘炎溪、王湛浙、张苏江，以及时任万福生科高级管理人员的严平贵、文会清。

万福生科未及时报告和公告公司2012年上半年停产事项的行为，违反了《证券法》第六十七条和《上市公司信息披露管理办法》第三十条的规定，构成《证券法》第一百九十三条所述"发行人、上市公司或者其他信息披露义务人未按照规定披露信息，或者所披露的信息有虚假记载、误导性陈述或者重大遗漏"的行为。

对万福生科该违法行为直接负责的主管人员为龚永福，其他直接责任人员为肖力、严平贵、李玉强。

万福生科《2012年半年度报告》虚假记载财务数据和遗漏公司2012年上半年停产事项的行为，违反了《证券法》第六十三条的规定，构成《证券法》第一百九十三条所述"发行人、上市公司或者其他信息披露义务人未按照规定披露信息，或者所披露的信息有虚假记载、误导性陈述或者重大遗漏"的行为。同时，该行为还涉嫌违反《刑法》的相关规定。

对万福生科该违法行为直接负责的主管人员为龚永福、覃学军，其他直接责任人员为参加审议通过《2012年半年度报告》的董事和监事，即蒋建初、肖德祥、杨荣华、张行、邹丽娟、单杨、程云辉、刘炎溪、王湛浙、张苏江，以及时任万福生科高级管理人员的严平贵、杨满华、李玉强、文会清、肖力。

（二）对公司及相关责任人的处罚

根据当事人违法行为的事实、性质、情节与社会危害程度，依据《证券法》第一百八十九条、第一百九十三条的规定，证监会决定：

1. 责令万福生科改正违法行为，给予警告，并处以30万元罚款；

2. 对龚永福给予警告，并处以30万元罚款；

3. 对严平贵给予警告，并处以25万元罚款；

4. 对蒋建初、张行、杨荣华、肖德祥、邹丽娟、单杨、程云辉、刘炎溪、王湛浙、张苏江、文会清给予警告，并分别处以20万元罚款；

5. 对马海啸给予警告，并处以15万元罚款；

6. 对黄平、叶华、肖明清、肖力、李玉强给予警告，并分别处以10万元罚款；

7. 对杨满华给予警告，并处以5万元的罚款。

鉴于证监会已依法将万福生科及主要负责人龚永福、覃学军涉嫌欺诈发行股票行为和涉嫌违规披露、不披露重要信息行为移送司法机关处理，我会对该两类行为中已涉嫌犯罪的万福生科、龚永福、覃学军不再进行行政处罚，相应违法事实中涉及的虚构销售收入、营业利润等财务数据，以司法机关认定为准。

上述当事人应自收到本处罚决定书之日起15日内，将罚款汇交证监会，并将注有当事人名称的付款凭证复印件送至证监会稽查局备案。当事人如果对本处罚决定不服，可在收到本处罚决定书之日起60日内向证监会申请行政复议，也可在收到本处罚决定书之日起3个月内直接向有管辖权的人民法院提起行政诉讼。复议和诉讼期间，上述决定不停止执行。

人民法院对公司造假行为的处罚则增加了刑事处罚的内容。2014年12月26日，长沙市中级人民法院向公司及相关被告单位和个人出具了《刑事判决书》（〔2014〕长中刑二初字第00050号）。

经长沙市中级人民法院审理查明，公司欺诈发行股票罪罪名成立：万福生科大肆虚构2008年至2011年6月期间的营业收入、营业成本和利润等财务数据，并据此在万福生科的股票发行、上市申报材料和《首次公开发行股票并在创业板上市招股说明书》中隐瞒重要财务事实和编造重大财务虚假内容，于2011年9月6日骗取了证监会的股票发行核准。随后万福生科公开发行人民币普通股1 700万股，每股发行价25元，共计募集资金4.25亿元。公司股票于2011年9月27日在深圳证券交易所创业板挂牌上市，股票代码300268。

根据《刑事判决书》（〔2014〕长中刑二初字第00050号），长沙中院的判决结果如下。

依据《中华人民共和国刑法》第一百六十条，第一百六十一条，万福生科（湖南）农业开发股份有限公司第二十五条第一款，第二十六款，第二十七条，第三十条，第六十四条，第六十七条第一款、第三款，第六十九条，第七十二条，第七十三条第二款、第三款之规定，判决如下：

1. 被告单位万福生科（湖南）农业开发股份有限公司犯欺诈发行股票罪，判处罚金人民币850万元。（罚金自判决生效之日起一个月内向本院缴纳。）

2. 被告单位湖南里程有限责任会计师事务所常德分所犯欺诈发行股票罪，判处罚金人民币66万元。（罚金自判决生效之日起一个月内向本院缴纳。）

3. 被告人龚永福犯欺诈发行股票罪，判有期徒刑三年；犯违规披露重要信息罪，判有期徒刑一年，并处罚金人民币10万元；决定执行有期徒刑三年六个月，并处罚金人民币10万元。（刑期从判决执行之日起计算，判决执行以前先行羁押的，羁押一日折抵刑期一日，即自2014年12月24日至2017年10月14日止，取保候审前羁押的252天已折抵刑期；罚金自判决生效之日起一个月内向本院缴纳。）

4. 被告人覃学军犯欺诈发行股票罪，判有期徒刑二年；犯违规披露重要信息罪，判有期徒刑六个月，并处罚金人民币2万元；决定执行有期徒刑二年二个月，并处罚金人民币2万元。（刑期从判决执行之日起计算，判决执行以前先行羁押的，羁押一日折抵刑期一日，即自2014年12月24日至2016年3月3日止，取保候审前羁押的357天已折抵刑期；罚金自判决生效之日起一个月内向本院缴纳。）

5. 被告人杨晓华犯欺诈发行股票罪，判有期徒刑一年六个月，缓刑二年。（缓刑考验期限从判决确定之日起计算。）

6. 被告人彭雪明犯欺诈发行股票罪，判有期徒刑一年六个月，缓刑二年。（缓刑考验期限从判决确定之日起计算。）

7. 被告人左光涛犯欺诈发行股票罪，判有期徒刑一年，缓刑一年。（缓刑考验期限从判决确定之日起计算。）

8. 追缴湖南里程有限责任会计师事务所常德分所犯罪所得人民币33万元，予以没收上缴国库。

如不服本判决，可在接到判决书的第二日起十日内，通过本院或者直接向湖南省高级人民法院提起上诉。书面上诉的，应当提交上诉状正本一份，副本二份。

六、连锁反应

（一）董事和管理层

处罚相继出来后，引发公司董事会、管理层，社会中介机构、市场及媒体等一系列连锁反应。首先引发变动的是公司董事会和管理层。

2009年10月23日，发行人召开第一次临时股东大会，选举并成立了新的董事会和监事会。这届董事会于2012年10月7日到期。造假事件曝光后，在任期结束之前，大部分董事和高级管理人员请辞或被更换。表37-3是历年（2009年—2015年）董事会、监事会和高级管理人员名单。

表37-3

历年董事会、监事会和高级管理人员名单

职务	姓名	2010年 年薪/津贴（万元）	2010年 在职/离任	2011年 年薪/津贴（万元）	2011年 在职/离任	2012年 年薪/津贴（万元）	2012年 在职/离任	2013年 年薪/津贴（万元）	2013年 在职/离任	2014年 年薪/津贴（万元）	2014年 在职/离任	2015年 年薪/津贴（万元）	2015年 在职/离任	备注
董事长	龚永福	9.51		9.51		9.96		8.30		0		0	离任	2011年年末持股2 009.5万股 2012年年末持股4 019万股 2013年不再担任董事长 2014年年末持股64 687股（司法划转） 2015年1月6日任职到期
副董事长	蒋建初	8.60	—	8.60	—	9.00	—	3.52	离任	—	—	—	—	任职到期，退休
董事	张行	7.07	—	7.07	—	8.04	—	3.35	离任	—	—	—	—	任职到期，工作原因辞职
董事	杨荣华	7.81	—	7.81	—	8.04	—	8.04		8.04		0	离任	2011年年末持股2 009.5万股 2012年年末持股4 019万股 2013年代理董事长 2014年年末持股3 019万股（司法划转） 2015年1月6日任职到期
董事	肖德祥	7.79	—	7.9	—	8.04	—	3.15	离任	—	—	—	—	任职到期，个人原因辞职
董事	马海啸	0	—	0	—	0	—	0	离任	—	—	—	—	任职到期，工作原因辞职
董事	尹彬	—	—	—	—	—	—	5.97	—	7.97	离任	—	—	个人原因，于9月15日辞职
董事	毛军	—	—	—	—	—	—	—	—	0	—	0	离任	2015年10月15日主动辞职
董事长	卢建之	—	—	—	—	—	—	—	—	—	—	0		
董事	周小平	—	—	—	—	—	—	—	—	—	—	12.27	—	
董事	胡影	—	—	—	—	—	—	—	—	—	—	0	—	
董事	史峰	—	—	—	—	—	—	—	—	—	—	0	—	
董事	杨营华	—	—	—	—	—	—	—	—	—	—	0	—	
董事	陈薪业	—	—	—	—	—	—	—	—	—	—	0	—	
独立董事	邹丽娟	0.30	12月任职	3.60	—	3.60	—	1.50	离任	—	—	—	—	任职到期，工作原因辞职
独立董事	单杨	3.60	—	3.60	—	3.60	—	1.50	离任	—	—	—	—	任职到期，工作原因辞职

续表

职务	姓名	2010年		2011年		2012年		2013年		2014年		2015年		备注
		年薪/津贴（万元）	在职/离任	年薪/津贴（万元）	在职/离任	年薪/津贴（万元）	在职/离任	年薪/津贴（万元）	在职/离任	年薪/津贴（万元）	在职/离任	年薪/津贴（万元）	在职/离任	
独立董事	程云辉	3.60	—	3.60	—	3.60	—	1.50	离任	—	—	—	—	任职到期，工作原因辞职
独立董事	蒋利平	—	—	—	—	—	—	1.80	—	3.60	—	0	离任	2015年1月6日任职到期
独立董事	王帅	—	—	—	—	—	—	1.80	—	3.60	—	0	离任	2015年1月6日任职到期
独立董事	冷智刚	—	—	—	—	—	—	—	—	—	—	6.00	—	
独立董事	胡宗亥	—	—	—	—	—	—	—	—	—	—	6.00	—	
独立董事	邹定民	—	—	—	—	—	—	—	—	—	—	6.00	—	
监事会主席	刘焱溪	6.92	—	6.92	—	7.20	—	3.02	离任	—	—	—	—	任职到期，退休
监事	张苏江	0	—	0	—	0	—	0	离任	—	—	—	—	2011年年末持股20万股
监事	王湛淅	6.97	—	6.97	—	7.20	—	3.02	离任	—	—	—	—	2012年年末持股40万股；任职到期，工作原因辞职
监事会主席	沙孝春	—	—	—	—	—	—	5.97	—	10.35	—	0	离任	任职到期，工作原因辞职
监事	李方沂	—	—	—	—	—	—	0	—	0	—	0	离任	2015年1月6日后代董秘
监事	彭信辉	—	—	—	—	—	—	6.02	—	—	—	—	—	2013年年末持股60万股
监事会主席	贺新强	—	—	—	—	—	—	—	—	10.35	—	8.60	离任	2015年1月6日主动辞职
监事	潘姝睿	—	—	—	—	—	—	—	—	—	—	0	—	2015年10月27日主动辞职
监事	佘建华	—	—	—	—	—	—	—	—	—	—	1.53	—	
总经理	龚永福	9.51	—	9.51	—	9.96	—	8.30	离任	—	—	—	—	
总经理	周小平	—	—	—	—	—	—	3.06	—	12.38	—	12.27	—	2014年9月15日后代董秘
副总经理	肖力	7.07	—	7.07	离任	7.20	—	2.82	离任	—	—	—	—	任职到期，个人原因离职
副总经理	张行	7.07	—	7.07	—	—	—	—	—	—	—	—	—	
副总经理	黄平	6.94	—	0	—	0	离任	—	—	—	—	—	—	2012年2月28日因个人原因离职
副总经理	文会清	6.94	—	6.94	—	7.20	—	2.82	离任	—	—	—	—	任职到期，个人原因辞职

续表

职务	姓名	2010年 年薪/津贴（万元）	2010年 在职/离任	2011年 年薪/津贴（万元）	2011年 在职/离任	2012年 年薪/津贴（万元）	2012年 在职/离任	2013年 年薪/津贴（万元）	2013年 在职/离任	2014年 年薪/津贴（万元）	2014年 在职/离任	2015年 年薪/津贴（万元）	2015年 在职/离任	备注
副总经理	叶华	6.94		0	离任	—	—	—		—		—	—	
副总经理	严平贵	6.94		6.94		10.3		4.88	离任	—	—	—	—	任职到期，个人原因辞职
副总经理	李玉强	—		5.48		5.48		0	离任	—	—	—	—	任职到期，个人原因辞职
副总经理	杨满华	—		0		10.3		4.11	离任	—	—	—	—	任职到期，个人原因辞职
副总经理	尹彬	—		—		—		5.97		7.97	离任	—	—	个人原因，于2014年9月15日辞职
副总经理	王征豪	—		—		—		5.56		1.72	离任	—	—	个人原因，于2014年3月17日辞职
副总经理	杨志荣	—		—		—		5.99		10.58		8.60	离任	2015年10月27日主动辞任
副总经理	丁伏华	—		—		—		—		10.16		8.60	离任	2014年3月17日聘任
副总经理	汪海峰	—		—		—		—		10.14		10.35		2014年3月17日聘任
副总经理	张久利	—		—		—		—		—		10.35		
副总经理	熊猛	—		—		—		—		—		5.19		
财务总监	覃学年	7.07		7.07		10.3		2.31	离任	—		0		个人原因，个人原因辞职
财务总监	刘圣清	—		—		—		8.55	离任	10.32		0	离任	2015年1月6日主动辞职
财务总监	高先勇	—		—		—	离任	—		—		10.35		任职到期，个人原因离职
董事会秘书	肖明清	7.82		8.00		0		—		—		—		2012年1月30日因个人原因离职
董事会秘书	肖力（兼）	—		—		7.20	离任	2.82	离任	—		—		任职到期，个人原因辞职
董事会秘书	尹彬（兼）	—		—		—		5.97		7.97	离任	—		个人原因9月15日辞职，其职责由总经理代替
董事会秘书	张久利（兼）	—		—		—		—		—		10.35	离任	

注：2009 年 10 月，第一次临时股东大会选举的董事会，由董事会提名成立的经理层和由临时股东大会及职工代表大会选举的监事会名单如下。

董事会：龚永福、杨荣华、张行、刘湛浙、蒋建初、张苏江、肖德祥、马海啸、青先国、杨晓华。

监事会：杨晓华、王湛浙、张苏江、黄平、严平贵、叶华、文会清、陈纪纯。

经理层：总经理龚永福；副总经理张行，副总经理黄平、文会清、叶华、严平贵；财务总监覃学年；董事会秘书肖明清。

从表 37-3 可以发现，公司人事发生两次大的变动：一次是造假被揭露后，正好也是换届（2009年10月至2012年10月）之时；二是实际控制人发生变更之时，恰好也逢换届之年（2012年10月至2015年10月），但很多人2015年初就递交了辞呈。这其中需要注意的是，董事会秘书和财务总监的频繁变动，高管团队的经常更换不是一个好现象。

（二）会计师事务所和审计意见

中磊会计师事务所作为公司 IPO 财务报告和 2010 年年报的审计意见签字者，两次都出具了标准无保留意见。这是公司顺利上市的关键一环。在公司造假被揭露后，2013 年 5 月 10 日，证监会在其官网公布了对会计师事务所的处罚决定。

"中磊会计师事务所在万福生科发行上市的审计和2011年年度报告的审计中，未勤勉尽责，审计程序缺失，在审计证据的获取以及审计意见的形成方面存在不当行为，所出具的审计报告存在虚假记载。该所的上述行为，违反了《证券法》等法律法规的相关规定，构成《证券法》第二百二十三条等法律法规所述情形。拟对中磊会计师事务所没收业务收入138万元，并处以2倍的罚款，撤销其证券服务业务许可。对签字会计师王越、黄国华给予警告，并分别处10万元、13万元罚款，均采取终身证券市场禁入措施。对签字会计师邹宏文给予警告，并处3万元罚款。"

2012 年，中磊会计师事务所最后为公司该年度年报出具了带强调事项段的保留意见，随后因其被取消证券执业资格，公司更换利安达会计师事务所提供审计业务。此后，2013 年、2014 年和2015 年公司都被出具非标准审计意见。具体非标准审计意见的详细说明请参见本系列案例"万福生科——审计意见"。

公司 IPO 前、2011 年、2013 年、2014 年和 2015 年各期审计意见如表 37-4 所示。

表 37-4　　公司 IPO 前、2011 年、2013 年、2014 年和 2015 年各期审计意见

年份	审计意见	会计师事务所
2008 年至 2011 年 6 月 30 日	标准无保留意见	中磊会计师事务所
2011 年	标准无保留意见	中磊会计师事务所
2012 年	保留意见+强调事项段	中磊会计师事务所
2013 年	保留意见+强调事项段	利安达会计师事务所
2014 年	带强调事项段的无保留意见	利安达会计师事务所
2015 年	保留意见+强调事项段	利安达会计师事务所

（三）其他中介

平安证券有限责任公司（以下简称"平安证券"）作为万福生科上市的保荐机构，湖南博鳌律师事务所作为公司上市的鉴证律师，在此次造假事件败露后，都受到证监会的处罚。2013 年 5 月 10日，证监会在其官网公布了对上述机构的处罚决定。

经查，平安证券在万福生科上市的保荐工作中，未审慎核查其他中介机构出具的意见；未对万福生科的实际业务及各报告期内财务数据履行尽职调查、审慎核查义务；未依法对万福生科履行持续督导责任；内控制度未能有效执行。其出具的《发行保荐书》和持续督导报告存在虚假记载。平安证券的上述行为，违反了《证券法》等法律法规的相关规定，构成了《证券法》第一百九十二条和《证券发行上市保荐业务管理办法》第六十七条所述情形。证监会拟对平安证券及相关人员采取以下行政处罚和行政监管措施：对平安证券给予警告并没收其万福生科发行上市项目的业务收入2 555万元，并处以2倍的罚款，暂停其保荐机构资格3个月；对保荐代表人吴文浩、何涛给予警告并分别处以30万元罚款，撤销其保荐代表人资格，撤销其证券从业资格，采取终身证

券市场禁入措施；对保荐业务负责人、内核负责人薛荣年、曾年生和崔岭给予警告并分别处以30万元罚款，撤销其证券从业资格；对保荐项目协办人汤德智给予警告并处以10万元罚款，撤销其证券从业资格。

湖南博鳌律师事务所在为万福生科发行上市提供法律服务时，未依法履行检查和验证义务，未能勤勉尽责，出具的法律意见书存在虚假记载，违反了《证券法》等法律法规的相关规定，构成《证券法》第二百二十三条所述情形。根据《证券法》等法律法规的相关规定，证监会拟没收博鳌律师事务所业务收入70万元，并处以2倍的罚款，且12个月内不接受其出具的证券发行专项文件；拟对签字律师刘彦、胡筠给予警告，并分别处以10万元的罚款，并采取终身证券市场禁入措施。

此事件后平安证券为此推出金额高达 3 亿元的"万福生科虚假陈述事件投资者利益补偿专项基金"。该基金用于补偿符合条件的投资者因为投资万福生科而出现的投资损失。补偿基金采取"先偿后追"方式，即平安证券先行以基金财产偿付符合条件的投资者，再通过法律途径向万福生科虚假陈述事件的主要责任方及其他连带责任方追偿。另外，公司董事长龚永福承诺下一步将承担依法应当赔偿的份额，同时承诺将妻子杨荣华所持 3 000 万股质押，用于保证应当承担的赔偿份额。该赔偿份额主要因万福生科虚假陈述行为造成。应该说这是历次上市公司造假给中小投资者造成巨大损失后，首次通过设立专项基金给中小投资者损失进行补偿的做法。

（四）市场

作为创业板推出后的第一起重大造假案被披露后，舆论一片哗然。造假是与我国股市相伴而生的顽疾，不仅没有因为新板块的推出而有所改善，却愈演愈烈。媒体和大众都在反思，什么原因使得我国股市出现又一重大造假案。

据《证券市场周刊》报道，万福生科董事长龚永福此前并没有将公司上市的计划，但是当地政府可以"帮助"，使得公司走上了上市的不归路。报道称，为了促使万福生科上市，湖南常德市金融办副主任郭某曾多次找龚永福"做思想工作"，后来市里又开了三四次座谈会，反反复复做了十多次动员，最终，龚永福勉强答应让公司上市。事实上，这种地方政府"主动帮助"企业上市的案例并不少见。一个地方是否有上市公司，对于当地主政者来讲，可能涉及政绩[①]。对于万福生科，夏草在其博客的最后写道：

"万福生科取名于"万里鹏翼、厚德载福"，招股书称（万福）始终铭记"唯厚德者多福""厚福者必宽厚，宽厚则福益厚"。龚永福穷孩子出身，信奉"信为人之本，德为商之魂"，自称从来没做过对不起人的事，如今却因涉嫌欺诈发行股票罪、违规披露重要信息罪已被检察机关正式提起公诉，龚永福及其一手带大的"亲儿子"万福生科注定遗臭万年。

万福生科案尘埃落定后，令人反思之处众多：为何证监会的处罚不能让人信服？造假为何频频发生？万福生科为何还能留在股市？退市为何如此之难？注册制为何迟迟难推出？等等。这一事件中唯一让人欣慰的是补偿基金的推出。这多少让股市众多投资者在因公司造假、内幕交易等遭受无数次重大损失后有了一丝慰藉。

七、金蝉脱壳

2014 年 12 月 11 日，公司发布"关于实际控制人变更的提示性公告"称，公司实际控制人发生变更，龚永福、杨荣华夫妇从第一大股东的位置上退下来，万福生科实际控制人改名换姓。

公告称（2014-64）：2014 年 12 月 11 日，万福生科（湖南）农业开发股份有限公司收到公司第一大股东龚永福、杨荣华夫妇的通知，龚永福、杨荣华夫妇的股权结构及公司实际控制人将发生变

---

① 王海涛. 万福生科上市"前传"更耐人寻味[N]. 新京报，2013-06-03.

化，现将有关事项公告如下。

龚永福、杨荣华夫妇分别持有公司40 190 000股股权，共计80 380 000股，占公司总股本的59.98%，为公司第一大股东兼实际控制人。桃源湘晖农业投资有限公司（以下简称"桃源湘晖"）于2013年8月30日、9月11日向龚永福、杨荣华夫妇合计提供了1.4亿元的项目借款，用于解决龚永福、杨荣华夫妇的债务危机。因项目借款逾期未还，桃源湘晖依法向桃江法院提交《支付令申请书》，2014年1月20日桃江法院做出〔2013〕桃执字第194-1号《执行裁定书》，裁定将龚永福先生持有的万福生科25 087 719股限售流通股和杨荣华女士持有的万福生科1 000万股限售流通股划拨给桃源湘晖，用于清偿被执行人龚氏夫妇对执行申请人桃源湘晖总额为1.4亿元的债务。司法划拨后，桃源湘晖直接持有公司26.18%股权，成为公司第一大股东。卢建之先生持有桃源湘晖100%的股权，因此卢建之先生将成为公司实际控制人。

公司上市后的2012年和2013年都出现巨额亏损，面临退市风险。从2014年8月26日到2015年4月24日，公司共发布30份公司股票可能被暂停上市的风险提示公告（2014—039、2014—040、2014—045、2014—048、2014—051、2014—052、2014—054、2014—055、2014—056、2014—057、2014—062、2014—063、2014—072、2014—085、2015—001、2015—007、2015—011、2015—001、2015—013、2015—015、2015—019、2015—025、2015—027、2015—029、2015—030、2015—031、2015—032、2015—033、2015—035、2015—036）。

2014年的盈利报告，使得公司暂缓一口气。但从公司披露的盈利构成看，这一利润并非公司经营得到改善所致，而是得益于政府补助、资产处置、债务重组等。通过表37-5可以看出，2014年在营业收入大幅锐减的情况下，公司的营业利润亏损也大幅减少，从亏损 1.87 亿元减少为亏损 0.08 亿元，最终实现的归属于上市公司股东的净利润为 0.05 亿元，但扣除非经常性收益 0.13 亿元后，归属于上市公司股东的净利润为-0.08 亿元。

表 37-5　　　　2013 年和 2014 年万福生科利润及非经常性损益　　　　单位:元

项目	2014 年	2013 年
营业收入	77 497 608.10	220 024 702.71
营业成本	76 721 096.09	221 125 957.95
营业利润	-8 212 998.12	-189 716 633.69
利润总额	5 107 638.85	-187 601 814.10
归属于上市公司股东的净利润	5 107 638.85	-187 769 196.23
归属于上市公司股东扣除非经常性损益的净利润	-8 212 998.12	-189 884 015.82
非流动资产处置损益	1 256 905.02*	-521 996.83
政府补助	17 655 969.68	2 702 886.67
债务重组	2 407 699.00	0
其他	-7 999 936.73	-66 050.25
减：所得税影响	0	0
合计	13 320 636.97*	2 114 819.59

*此处摘录的是 2014 年年报数据，2015 年年报非流动资产处置损益和合计分别为 34 559 843.40 元和 46 623 215.35 元。

公司 2014 年实现盈利"保壳"成功后，针对市场的股份波动，新任董事长在 2015 年 7 月发布一份"董事长暨实际控制人声明"，该声明主要内容如下。

近期证券市场出现了非理性波动，不仅投资者利益受损，也危及上市公司改革发展的大好势头。上市公司、控股股东、投资者既是利益共同体，更是责任共同体。我们希望在健康稳定的市场环境下共谋发展。为了稳定投资者对上市公司的市场预期，万福生科（湖南）农业开发股份有限公司董事长暨实际控制人卢建之先生发表了如下联合声明。

一、我们承诺诚信经营，以真实业绩回报投资者，以此奠定好证券市场的基石。

二、我们承诺：在法律、法规允许的范围内，积极探索采取回购、增持等措施，并且承诺今年内不减持本公司股票，以实际行动维护上市公司信用体系，切实保护投资者利益。

三、我们诚邀各类投资者走进上市公司，增进彼此了解和信任，共同见证企业发展，以增强市场信心，实现真正意义上的价值投资。

我们将以实际行动证明对中国经济、对上市公司的坚定信心，共同维护好资本市场的健康、良性发展。

在新任董事长发布承诺回购、增持而不减持股份的声明公告后，2016年许多股东却大幅减持手中股票，其中，龚永福、杨荣华夫妇在当年3月、4月共11次减持手中股份，其所持公司股份比例由22.53%下降到16.42%，一共套现130 709 300元；剩余股份2 200万股，如按上述出售均价每股15.95元计，可变现约3.5亿元（见表37-6）。

表37-6　　　　　　龚永福、杨荣华夫妇2016年3月、4月股份减持一览表

出售时间	2016-3-14	2016-3-15	2016-3-17	2016-3-18	2016-3-21	2016-3-22	2016-3-23	2016-4-5	2016-4-6	2016-4-14	2016-4-15
出售股份（万股）	50	50	50	100	150	100	50	50	70	59	90
出售价格（元）	15.41	14.99	13.18	14.50	15.04	15.53	16.82	16.81	17.64	18.87	18.47

著名财经评论人叶檀在新浪财经博客发文《如果万福生科限售股解禁　A股休矣》，该文指出：如果万福生科发起人股东限售股顺利解禁，就是对中国股票市场信用建设最响亮的耳光。对于万福生科的处置，应着眼于建立信用市场、保护中小投资者利益，通过三步挽回损失，分别是暂停上市、冻结账户、阻止限售股解禁[①]。耐人寻味的是，在2013年大幅计提减值准备后，万福生科在2015年又大幅计提减值准备。公司2015年的营业收入从2014年的0.77亿元下降到0.07亿元，归属于上市公司股东的净利润为-0.99亿元，扣除非经常性损益后的净利润为亏损近1亿元。

（注：本案例数据除单独注明外，均来源于公司招股说明书、公司公告和各年年报）

问题：

1. 请分析公司2008年至2011年上半年的财务报表的下列内容。

第一，每年四张财务报表之间的关系。

第二，各年同一财务报表之间的关系。

第三，计算基本的财务指标，并比较指标之间的关系。

通过上述比较分析，说明为何万福生科提供的财务报表在形式上是不存在大的问题的。

2. 请详细阅读公司招股说明书，指出公司为何上市。公司募集资金的用途是什么？你认为这些用途能实现吗，为什么？

3. 阐述2012年至2015年各年审计意见的出具依据。为何2014年出具的是无保留意见，而2012年、2013年和2015年出具的是保留意见？

---

① 叶檀. 如果万福生科限售股解禁 A股休矣[EB/OL]. 2013-3-22.

4. 为何公司两次大的减值分别发生在2013年和2015年，为何其他应付款一直存在问题？这些和前期造假存在何种关联？

5. 逐项分析2014年的非经常性损益项目，同时指出2014年公司的盈利能力有所改善吗？

6. 除了阅读公司提供的财务报表，我们还能从哪些途径发现公司造假的蛛丝马迹？另外，在一个公司造假后期，哪些项目需要重点关注？

7. 你认为万福生科的公司治理存在的主要问题有哪些？

8. 从万福生科造假事件中，指出我国公司上市审核制度、退市制度、监管及处罚制度、中介机构分别存在什么问题。

案例三十八

网络游戏收入确认——吉比特

随着 21 世纪的到来，人类也进入新的时代。这个时代有许多特点，如智能化、大数据化、网络化、虚拟化等。相应地，这个时代的经济也开始从传统的工业经济向新经济发展，新的业态、新的企业组织、新的业务模式、新的产品等开始涌现。

新经济的出现也给会计带来冲击，从公允价值计量属性越来越广泛地被使用，到具体要素准则的更新。这其中，收入准则的修订就是一例。2014 年，IASB 和 FASB 联合开发的收入准则正式出台，前者公布了新的 IFRS15，后者则发布了 Topic606。2017 年，我国公布修订的收入准则（CAS14），并于次年出台相应的应用指南。

网络游戏是新时代的产物，它具有新时代的许多特点。网络游戏企业作为一种新的业态，其业务模式、产品等与传统企业存在很大区别。此次收入准则的修订对这一行业的会计处理影响非常大。

中国音像与数字出版协会游戏出版工作委员会（以下简称"游戏工委"）、伽马数据（CNG）联合发布的《2018 年中国游戏产业报告》，2018 年中国游戏市场实际销售收入人民币 2 144.4 亿元，同比增长 5.3%，其中移动游戏市场销售收入人民币 1 339.6 亿元，占市场总额的 62.5%；客户端游戏销售收入人民币 619.6 亿元，占市场总额的 28.9%；网页游戏销售收入人民币 126.5 亿元，占市场总额的 5.9%（见图 38-1）。

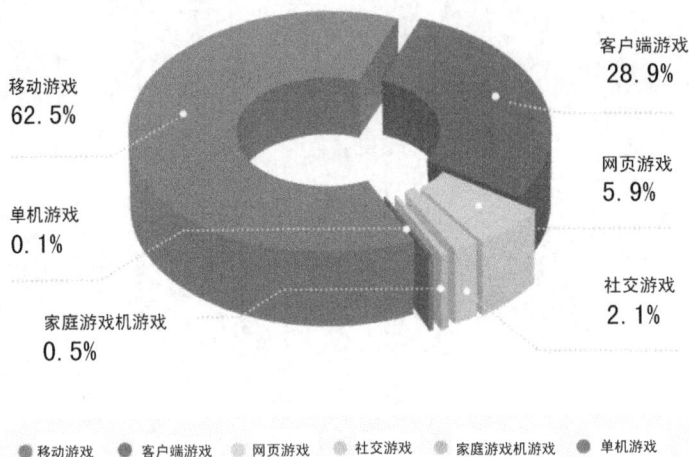

图 38-1 2018 年中国游戏收入构成

（数据来源：GPC CNG and IDC）

厦门吉比特网络技术股份有限公司（以下简称"吉比特"或"公司"），于 2004 年 3 月成立，2009年改制，2016 年 12 月在上海证券交易所挂牌上市（股票代码 603444）。吉比特主要从事网络游戏创意策划、研发制作及商业化运营，主要开发推出的游戏有《问道》《问道外传》《斗仙》等。

游戏按经营模式分为自主运营、授权运营和联合运营，公司则三种模式兼有。其中，自主运营是指在雷霆游戏平台发布，由公司负责发行及推广，标的产品来自公司自主研发及外部公司研发。

授权运营是指将公司自主研发的游戏授权给外部运营商，由其进行发行及推广，公司一般只负责技术支持及后续内容研发。联合运营是指公司将自主研发或获得授权的游戏产品，与第三方应用平台共同协作、共同负责游戏的发行及推广，第三方应用平台主要有苹果应用商店及各类安卓渠道。中国网络游戏的收费模式主要有按时长收费（PTP）、按虚拟道具收费（FTP）以及游戏内置广告（IGA）等。游戏的主要业务有六类：充值计费卡业务、虚拟道具和增值服务、游戏交易手续费、奖励行为、广告和第三方平台分成业务。公司游戏产品主要采用按道具收费模式。该模式下玩家可以免费进入游戏，运营商主要通过在游戏中出售虚拟道具实现盈利。按道具收费是目前中国网络游戏公司广泛采取的盈利模式。

在公司 2017 年和 2018 年财务报表的审计报告中，收入都被列为关键审计事项（这几乎是游戏行业审计报告的惯例）。公司 2018 年审计报告中该部分内容的摘录如下。

三、关键审计事项

关键审计事项是我们根据职业判断，认为对本期财务报表审计最为重要的事项。这些事项的应对以对财务报表整体进行审计并形成审计意见为背景，我们不对这些事项单独发表意见。

我们确定收入的确认是需要在审计报告中沟通的关键审计事项，相关信息披露详见财务报表附注五（28.）、附注七（52.）。

1. 事项描述

如财务报表附注五（28.）、附注七（52.）所示，吉比特公司主要以游戏产品及产品内的道具为载体，为用户提供服务，进而产生收入。收入一般产生于游戏币的充值、道具的购买、道具的使用等若干环节。吉比特公司在道具使用的环节，通过区分游戏产品的性质及道具的种类，以及识别或计算道具的使用情况来确认收入，而针对未使用的游戏币及未使用完的道具，予以递延计算。

鉴于该等业务参与的用户数量多，交易频繁，数据量大，产生错报的固有风险较高，因此，我们将营业收入确认作为关键审计事项。

2. 审计应对

我们针对营业收入确认执行的审计程序主要包括：

（1）复核收入确认的具体政策与方法，确认吉比特公司收入确认是否符合准则的规定；

（2）评价并测试与收入确认相关的内部控制；

（3）检查主要的合同信息、与运营商的对账信息，对交易金额、往来余额执行函证或实施替代测试程序，并跟踪期后收款情况；

（4）获取主要游戏产品的充值消费日志，对充值、消费进行分析、复核，检查重要玩家的消费日志，同时对各期收入结转进行测算，并利用 IT 辅助测试与财务报表相关的游戏数据的准确完整；

（5）测试收入确认涉及的道具摊销计算的准确性。

财务报表附注五（28.）的内容如下。

28. 收入

☑适用□不适用

（1）一般原则

① 销售商品

在已将商品所有权上的主要风险和报酬转移给购货方，既没有保留通常与所有权相联系的继续管理权，也没有对已售商品实施有效控制，收入的金额能够可靠地计量，相关的经济利益很可能流入企业，相关的已发生或将发生的成本能够可靠地计量时，确认商品销售收入的实现。

② 提供劳务

对在提供劳务交易的结果能够可靠估计的情况下，本公司于资产负债表日按完工百分比法确认收入。

劳务交易的完工进度按已经发生的劳务成本占估计总成本的百分比确定。

提供劳务交易的结果能够可靠估计是指同时满足：A. 收入的金额能够可靠地计量；B. 相关的经济利益很可能流入企业；C. 交易的完工程度能够可靠地确定；D. 交易中已发生和将发生的成本能够可靠地计量。

如果提供劳务交易的结果不能够可靠估计，则按已经发生并预计能够得到补偿的劳务成本金额确认提供的劳务收入，并将已发生的劳务成本作为当期费用。已经发生的劳务成本如预计不能得到补偿，则不确认收入。

③ 让渡资产使用权

与资产使用权让渡相关的经济利益能够流入及收入的金额能够可靠地计量时，本公司确认收入。

（2）收入确认的具体方法

本公司提供劳务收入确认的具体方法如下。

① 游戏收入

A. 自主运营收入

自主运营收入主要指本公司通过自有的网络平台发布游戏后从玩家处取得的营业收入。本公司将从玩家处取得的充值额全部予以递延，确认为递延收益；在游戏充值额被实际消费使用时，再区分道具的性质分别确认收入的实现。若为消耗性道具，按各个道具的使用进度确认收入，若无法逐个记录道具的使用进度，则按道具平均消耗周期分期确认；若为永久性道具，则按付费玩家的道具预计使用寿命分期确认收入。若无法区分消耗性道具与永久性道具，则统一按付费玩家的道具预计使用寿命分期确认收入。

B. 授权运营收入

授权运营收入主要是与运营商合作取得的收入，包括网络游戏授权金收入和营业分成收入。

具体确认方法如下。

授权金收入的确认：本公司将从运营商处收取的授权金收入予以递延，按网络游戏的可使用经济年限或营运协议约定的许可期间（以较短者为标准）分期确认收入。

营业分成收入的确认：本公司将按照运营协议约定从运营商处取得的充值额分成予以递延，确认为递延收益；在游戏充值额被实际消费使用时，按道具的性质分别确认收入。

若为消耗性道具，则按各个道具的使用进度确认收入，若无法逐个记录道具的使用进度，则按道具平均消耗周期分期确认收入；若为永久性道具，则按付费玩家的道具预计使用寿命分期确认收入。若无法区分消耗性道具与永久性道具，则统一按付费玩家的道具预计使用寿命分期确认收入。

C. 联合运营收入

联合运营收入主要是与联合运营商联合推广运营取得的收入。本公司将从联合运营商处收取的联合运营分成收入通过区分道具性质的方法分别确认收入。若为消耗性道具，则按各个道具的使用进度确认收入，若无法逐个记录道具的使用进度，则按道具平均消耗周期分期确认；若为永久性道具，则按付费玩家的道具预计使用寿命分期确认收入。若无法区分消耗性道具与永久性道具，则统一按付费玩家的道具预计使用寿命分期确认收入。若游戏类别属于单机游戏，则玩家付费时即确认收入。

② 其他劳务收入

在同一会计年度内开始并完成的劳务，在完成劳务时确认收入；如果劳务的开始和完成分属不同的会计年度，且在资产负债表日提供劳务交易的结果能够可靠估计，则采用完工百分比法确认提供劳务收入。本公司根据已经发生的劳务工作量占估计总工作量的百分比确定提供劳务交易的完工进度。

在资产负债表日提供劳务交易结果不能够可靠估计的，分别按下列情况处理。

A. 已经发生的劳务成本预计能够得到补偿的，按照已经发生的劳务成本金额确认提供劳务收入，并按相同金额结转劳务成本。

B. 已经发生的劳务成本预计全部不能得到补偿的，将已经发生的劳务成本计入当期损益，不确认提供劳务收入。

③ 让渡资产使用权

本公司在让渡其他资产使用权（不含游戏许可使用权）时，只有同时满足以下两个条件，才能确认收入：相关的经济利益能够流入企业和收入的金额能够可靠地计量。

利息收入按使用货币资金的时间和实际利率计算确定。使用费收入金额，按照有关合同或协议约定的收费时间和方法计算确定。

以下是财务报表附注七（52.）的内容。

52. 营业收入和营业成本

（1）营业收入和营业成本情况（见表38-1）

表38-1　　　　　　　　　　　　　　营业收入和营业成本　　　　　　　　　　　　　　单位：元

项目	本期发生额		上期发生额	
	收入	成本	收入	成本
主营业务	1 652 628 465.41	127 899 069.84	1 438 510 294.99	131 130 642.91
其他业务	2 066 581.17	511 097.22	1 497 372.92	406 235.36
合计	1 654 695 046.58	128 410 167.06	1 440 007 667.91	131 536 878.27

实际上，公司在"第四节 经营情况讨论与分析"中，对收入提供了更详尽的信息。

（1）主营业务分行业、分产品、分地区的情况（见表38-2～表38-4）

表38-2　　　　　　　　　　　　　主营业务分行业情况　　　　　　　　　单位：元 币种：人民币

分行业	营业收入	营业成本	毛利率（%）	营业收入比上年增减（%）	营业成本比上年增减（%）	毛利率比上年增减（%）
游戏收入	1 652 628 465.41	127 899 069.84	92.26	14.88	-2.46	1.38

表38-3　　　　　　　　　　　　　　　主营业务分产品情况

分产品	营业收入	营业成本	毛利率（%）	营业收入比上年增减（%）	营业成本比上年增减（%）	毛利率比上年增减（%）
自主运营	493 819 636.69	37 726 589.28	92.36	53.91	-2.82	4.46
授权运营	210 416 242.23	4 467 059.69	97.88	-23.94	-0.14	-0.50
联合运营	947 631 471.44	84 894 306.33	91.04	12.77	-2.76	1.43
其他	761 115.05	811 114.54	-6.57	10.49	51.67	-28.93

表38-4　　　　　　　　　　　　　　　主营业务分地区情况

分地区	营业收入	营业成本	毛利率（%）	营业收入比上年增减（%）	营业成本比上年增减（%）	毛利率比上年增减（%）
中国大陆地区	1 633 853 955.51	121 972 228.13	92.53	13.78	-6.89	1.65
海外地区	18 626 131.34	5 921 276.38	68.21	672.32	4 330.11	-26.25
港澳台地区	148 378.56	5 565.33	96.25	-12.39	125.28	-2.29

只是对比深圳中青宝互动网络股份有限公司（股票代码 30052，以下简称"中青宝"）在 2018年年报中提供的收入信息，吉比特的财务报表披露就差了很多。中青宝是根据《深圳证券交易所创业板行业信息披露指引第 5 号——上市公司从事互联网游戏业务》的要求来披露的，该文件第三条

的规定如下。

第三条 从事互联网游戏业务的上市公司在年度报告、半年度报告中披露公司经营情况时，应当同时按照下列要求履行信息披露义务：

（一）披露游戏业务经营情况时，披露报告期内主要游戏（指开发及运营收入占游戏业务总收入30%以上的游戏，下同）的详细信息，包括主要游戏的名称、所属游戏类型（端游、页游、手游等）、运营模式（自主运营、联合运营等）、收费方式（时间收费、道具收费、技能收费、剧情收费、客户端服务收费等），报告期内主要游戏收入及其占公司游戏业务收入的比例；

（二）按季度统计并披露主要游戏的运营数据，包括主要游戏的用户数量、活跃用户数、付费用户数量、ARPU值、充值流水等；

（三）公司从事游戏平台运营业务的，应当披露报告期内游戏平台新增运营的游戏数量、报告期末运营的游戏数量；

（四）披露报告期内主要游戏投入的推广营销费用总额，占公司游戏推广营销费用总额、主要游戏收入总额的比例。

吉比特还有引发外界关注的一点是其高额的现金分红，表38-5是其2016—2018年的现金分红方案。

表38-5 现金分红方案 单位：元 币种：人民币

分配年度	利润分配方案	现金分配金额（含税）
2018年度	以方案实施时股权登记日的公司总股本为基数，每10股派发现金红利100.00元（含税）	718 822 250.00
2017年度	以方案实施时股权登记日的公司总股本71 882 225股为基数，每10股派发现金红利26.00元（含税）	186 893 785.00
2016年度	以方案实施时股权登记日的公司总股本71 739 881股为基数，每10股派发现金红利41.00元（含税）	294 133 512.10
合计		1 199 849 547.10

以下是2016—2018年公司的主要财务数据和指标。

（1）主要会计数据（见表38-6）

表38-6 主要会计数据 单位：元 币种：人民币

主要会计数据	2018年	2017年	本期比上年同期增减（%）	2016年
营业收入	1 654 695 046.58	1 440 007 667.91	14.91	1 305 428 576.07
归属于上市公司股东的净利润	722 971 754.93	609 712 730.30	18.58	585 464 492.17
归属于上市公司股东的扣除非经常性损益的净利润	651 255 471.85	567 565 836.30	14.75	576 086 665.97
经营活动产生的现金流量净额	904 606 052.40	808 947 485.24	11.83	792 367 602.85
主要会计数据	2018年末	2017年末	本期末比上年同期末增减（%）	2016年末
归属于上市公司股东的净资产	2 906 972 949.05	2 302 029 942.71	26.28	1 926 468 935.83
总资产	4 008 214 957.17	3 143 580 718.17	27.50	2 643 045 104.16

（2）主要财务指标（见表38-7）

表38-7 主要财务指标

主要财务指标	2018 年	2017 年	本期比上年同期增减（%）	2016 年
基本每股收益（元/股）	10.12	8.53	18.64	10.97
稀释每股收益（元/股）				
扣除非经常性损益后的基本每股收益（元/股）	9.12	7.94	14.86	10.79
加权平均净资产收益率（%）	28.05	29.58	-1.53	78.90
扣除非经常性损益后的加权平均净资产收益率（%）	25.27	27.53	-2.26	77.64

问题：

1. 新旧收入准则相比，新收入准则主要变化是什么？新产业对传统会计带来的冲击有哪些？收入准则的修订与新产业有何关系？

2. 为何说游戏产业是新产业的代表，游戏产业的业态、经营模式和产品等有何特点？实施新收入准则后，这一行业的收入处理会发生哪些变化？

3. 在"经营情况讨论与分析"中，吉比特和中青宝对收入的披露为何存在重大差异？《深圳证券交易所创业板行业信息披露指引第5号——上市公司从事互联网游戏业务》第三条如此规定的依据和意义是什么？

4. 在网上查阅吉比特会计报表，请指出游戏企业的资产负债表、利润表和现金流量表的行业特征是什么？

5. 在我国A股上市公司普遍低分红的情况下，吉比特高分红正常吗？A股上市公司中还有哪些公司实行高分红股利政策，简要分析其原因。

案例三十九

融资租赁——东方航空（4）

在航空公司中，飞机就是其经营的基本设备。这一特点体现在资产负债表中就是飞机在整个资产总额中的占比非常高。截至 2015 年年末，东方航空的飞机及发动机净额为 1 210 亿元，资产总额为 1 957 亿元，飞机及发动机占总资产的 61.8%。如果把表外经营租赁的飞机也包含在内，这一比例可能突破 70%。

2015 年年末，公司机队由 526 架客机、9 架货机和 16 架公务机组成。其中经营租赁 139 架，自己购买和融资租赁 396 架，详情如表 39-1 所示。

表 39-1 　　　　　　　　截至 2015 年 12 月 31 日公司机队情况

项目	序号	机型	自购及融资租赁（架）	经营租赁（架）	小计（架）	平均机龄（年）
客机合计			394	132	526	
宽体机			56	10	66	5.1
	1	B777-300ER	9	—	9	0.8
	2	B767	6	—	6	14.7
	3	A330-300	11	7	18	7.4
	4	A330-200	30	3	33	3.3
窄体机			338	122	460	5.5
	5	A321	48	—	48	4.5
	6	A320	122	38	160	6.5
	7	A319	31	4	35	3.6
	8	B737-800	71	72	143	4.1
	9	B737-700	55	8	63	7.0
	10	B737-300*	5	—	5	13.3
	11	EMB-145LR*	6	—	6	8.7
货机合计			2	7	9	6.4
	12	B747-400F	2	1	3	8.9
	13	B777F	—	6	6	5.2
客货飞机合计			396	139	535	
托管公务机总数					16	
飞机总数					551	

*B737-300 和 EMB-145LR 机型即将退出本公司机队运营。

截至 2015 年 12 月 31 日，公司飞机及发动机净额为 1 210 亿元，其中，711 亿元为融资租赁的飞机及发动机，占总净额的 58.76%。如果将表外经营租赁的飞机也包含在内，这一比例将更高。通俗讲，公司每十架飞机中，有近七架是以租赁方式取得的。因此，租赁是航空业设备取得最基本的方式。

公司一般以资产为担保，以融资租赁及银行贷款的方式购入飞机。截至 2014 年 12 月 31 日，公司部分银行贷款对应的抵押资产值折合人民币为 231.17 亿元，而截至 2015 年 12 月 31 日，公司部分银行贷款对应的抵押资产值折合人民币为 291.47 亿元，同比增加 26.08%。截至 2014 年 12 月 31 日，公司的借款中，美元借款为 70.25 亿美元，人民币借款为 19.20 亿元人民币。固定利率借款占总借款的 16.93%，浮动利率借款占总借款的 83.07%。截至 2015 年 12 月 31 日，公司的借款中，美元借款为 56.89 亿美元，人民币借款为 39.80 亿元人民币。固定利率借款占总借款的 14.91%，浮动利率借款占总借款的 85.09%。

截至 2014 年 12 月 31 日和 2015 年 12 月 31 日，公司融资租赁债务折合人民币分别为 386.95 亿元人民币和 523.99 亿元人民币。截至 2014 年 12 月 31 日，融资租赁债务中，美元债务为 59.54 亿美元，新加坡元债务为 2.01 亿新元，港元债务为 12.03 亿港元，日元债务为 73.09 亿日元。截至 2015 年 12 月 31 日，融资租赁债务中，美元债务为 77.53 亿美元，新加坡元债务为 1.78 亿新元，港元债务为 10.72 亿港元，日元债务为 63.95 亿日元。通过融资租赁租入固定资产产生的未来应支付租金汇总如表 39-2 所示。

表 39-2　　　　　　　　　　　未来应付租金年限　　　　　　　　　　　　单位：百万元

到期年限	2015 年 12 月 31 日	2014 年 12 月 31 日
1 年以内	7 377	5 453
1～2 年（含 1 年）	7 101	5 174
2～3 年（含 2 年）	6 753	4 497
3 年以上（含 3 年）	37 597	27 940
合计	58 828	43 064

注：2015 年 12 月 31 日，未确认的融资费用余额为 64.29 亿元人民币，2014 年 12 月 31 日，未确认的融资费用余额为 43.69 亿元人民币。

经营性租赁费支出只能通过费用披露中的经营性租赁费了解，东方航空 2015 年经营性租赁费为 42.54 亿元人民币，2014 年为 45.02 亿元人民币。融资租赁的利息支出则只能通过财务费用附注间接了解。东方航空 2014—2015 年财务费用如表 39-3 所示。

表 39-3　　　　　　　　东方航空 2014—2015 年财务费用　　　　　　　　单位：百万元

项目	2015 年	2014 年
利息支出	3 205	2 580
减：资本化利息	1 016	623
减：利息收入	66	88
汇兑损益	4 987	203
其他	159	214
财务费用（收入）净额	7 269	2 286

问题：

1. 租赁与直接购买、分期付款购买的区别是什么？为何航空公司大多以租赁的渠道取得飞机？简述东方航空采用租赁方式取得飞机对其财务状况、经营业绩和现金流量的影响。

2. 在公司2015年财务报告中找出与租赁相关的报表项目，说明为何案例中公司融资租赁债务和表中未来应付租金不一致。

3. 经营租赁与融资租赁对企业的影响有何不同？IASB在2016年颁布了新的租赁准则（IFRS16）以及我国在2018年颁布新修订的《企业会计准则第21号——租赁》，取消了承租人经营租赁的会计处理做法（特定情况下除外），你认为新租赁准则的实施对东方航空的影响有哪些？请说明之。

4. 请结合附件中的融资租赁框架协议，指出与协议相关的租赁会计处理及结果。

附件：融资租赁框架协议

日期：2015年5月5日。

出租人：东航租赁就建议交易拟注册成立的全资附属公司（简称"东航租赁"）。

承租人：本公司。

融资人：国家开发银行上海分行（简称"国开行上海分行"）。据董事经做出一切合理查询后所深知、获悉及确信，国开行上海分行及其最终实际拥有人均为独立于本公司及本公司关联人士的第三方，且并非本公司的关联人士。

建议交易项下的飞机：最多23架飞机，包括3架空客A319飞机、6架空客A321飞机、3架空客A330-200飞机、9架波音B737-800型飞机及2架波音B777-300ER型飞机。

根据各飞机买卖合同所适用的相关价格目录，23架飞机的基本价格合计约为30.64亿美元（相等于人民币约187.82亿元）。

租期：自每架飞机的交付日起算，为期120个月。

建议交易的本金额上限：购置最多23架飞机的总代价的90%。

支付租金/利息：在建议交易项下的适用利率将为六个月美元LIBOR加100至300个基点，由本公司、东航租赁和国开行上海分行商定。

租金是建议交易项下的本金和利息的还款。

根据目前的LIBOR水平测算，就租期为120个月而言，本公司就最多23架飞机应付予出租人的租金总额预期不多于17亿美元（相当于约人民币104.21亿元）。

租金应自23架飞机中每一架飞机交付日起每半年后付，至该架飞机第20期付款日为止。

于各期租金的付款日期，本公司将租金支付到出租人在国开行上海分行开立的银行账户。国开行上海分行会对上述银行账户维持严格控制权及监管权，并于同日或各期租金付款日期的翌日自动从上述银行账户扣收租金（其金额相等于银行贷款的本金额及利息）至其本身的账户。

银行贷款：本公司、东航租赁与国开行上海分行已商定银行贷款金额与利率。

在建议交易项下，国开行上海分行将提供银行贷款于出租人，银行贷款的本金额上限将相等于最多23架飞机的融资租赁本金额。于前4架飞机交付日，国开行上海分行将为本公司购入前4架飞机提供融资。于各架其余19架飞机交付日，国开行上海分行将直接向飞机制造商支付贷款金额。

银行贷款项下的本金额、利息及利率及贷款期分别与建议交易项下的本金额、利息及利率及租期相同。

本公司于相关飞机买卖协议项下作为买家的重大权利及义务（包括取得交付飞机的权利、支付代价的义务等）转移予出租人，而最多23架飞机已抵押予国开行上海分行作为银行贷款的抵押品。

安排费：针对23架飞机中的每一架飞机，本公司将于各自的交付日开始时向出租人预先支付安排费。出租人有权就最多23架飞机收取总额不多于人民币7 500万元的安排费。

回购：于23架飞机的每一架租期届满后，本公司有权以每一架100美元的名义购买价向出租人回购该架飞机。

生效及条件：融资租赁框架协议须待订约方签立并经独立股东在本公司股东大会上批准融资租赁框架协议及其项下拟进行的交易后方可作实。

其他安排：根据本公司与出租人订立的相关贷款安排，本公司将先向飞机制造商支付前4架飞机的购买价。于独立股东在本公司股东大会上批准建议交易后，本公司将与出租人就前4架飞机分别订立融资出售及售后租回协议，代价为本公司与空中客车公司就前4架飞机购买价的90%。除上文所载者外，前4架飞机的建议交易的条款及条件与其余19架飞机的飞机融资租赁的条款及条件相同。

实施协议：为实行建议交易，本公司、东航租赁、出租人及国开行上海分行等（如适用）将订立单独书面协议，包括但不限于：

1. 将由本公司与出租人就前4架飞机中的每一架订立的买卖协议；

2. 将由本公司、出租人及（或）国开行上海分行等就其余19架飞机中的每一架订立的购机合同转让协议；

3. 将由本公司与出租人就23架飞机中的每一架订立的融资租赁协议；

4. 将由本公司、出租人与国开行上海分行就23架飞机中的每一架订立的租约权益转让三方协议；

5. 将由出租人与国开行上海分行就23架飞机中的每一架订立的借款合同，其条款于各重大方面均与融资租赁框架协议所载具约束力的原则、指引、条款及条件一致。

案例四十

会计政策变更——三木集团（3）

福建三木集团股份有限公司（以下简称"三木集团"或"公司"）是在1992年由全民所有制企业福州经济技术开发区建设总公司定向募集股份组建成立的股份有限公司。1996年10月公司公开向社会发行人民币普通股1 620万股，同年11月，这些普通股在深圳证券交易所上市流通（股票代码000632）。公司主要经营业务为土地开发、房地产综合开发及中介、建筑材料、家用电器等，以及自营和代营各类商品和技术的进出口业务、进料加工和"三来一补"业务、对外贸易和转口贸易等。

公司2004年、2005年因连续两年亏损，根据《深圳证券交易所上市规则》13.2.1条规定，被深圳证券交易所对公司股票实行退市风险警示。证券简称由"三木集团"变更为"*ST三木"，股票日涨跌幅限制为5%。公司股票交易实行退市风险警示后，若2006年度继续亏损，公司股票将会被暂停上市。2006年，公司实现盈利，恢复证券简称"三木集团"。

公司2010—2012年相关指标如表40-1所示。

表40-1 公司2010—2012年相关指标

	2012年	2011年	2010年
总资产（亿元）	49.29	37.91	33.85
总负债（亿元）	35.66	30.73	27.09
营业收入（亿元）	46.72	44.54	37.21
净利润（归属于母公司股东）（万元）	1 387	1 035	795
净利润（归属于母公司扣除非经常性损益）（万元）	-7 415	-2 737	1 890
经营活动产生的现金净流量（万元）	13 582	-22 540	6 675
净资产收益率（%）	1.88%	1.83%	1.43%

通过表40-1可以计算出公司2010—2012年的资产负债率分别为80.03%、81.06%和72.35%。

2012年12月11日和14日，公司分别发布2012-30号和2012-36号公告。前一份公告是关于出售公司所持有海峡银行股权的：转让款总计为12 233.65万元，如果出售成功，将为公司增利8 389.7万元。后一份公告是关于会计政策变更的，主要内容为：公司董事会决定从2012年1月1日起对投资性房地产由成本模式改为按公允价值模式进行后续计量（后经过股东大会通过）。公告称，预计2012年12月31日，变更前的投资性房地产的账面价值约为47 163万元。该变更预计增加公司递延所得税资产约354万元和递延所得税负债约23 896万元；增加所有者权益约70 626万元，其中归属于母公司股东的所有者权益约69 761万元（增加资本公积68 013万元和未分配利润约1 748万元）；增加公司2012年度净利润约944万元，其中归属于母公司股东的净利润约为863万元。

公司2013—2015年相关指标如表40-2所示。

表40-2 公司2013—2015年相关指标

	2015年	2014年	2013年
总资产（亿元）	71.53	59.27	56.83
总负债（亿元）	57.91	44.93	42.39
资产负债率（%）	80.96%	75.81%	74.59%

续表

	2015 年	2014 年	2013 年
营业收入（亿元）	46.23	43.57	52.28
净利润（归属于母公司股东）（万元）	1 216	1 208	1 406
净利润（归属于母公司扣除非经常性损益）（万元）	-4 278	-22 100	-5 100
经营活动产生的现金净流量（万元）	42 843	-21 945	-17 680
净资产收益率（%）	0.99%	0.97%	1.14%

由表 40-2 可以看出，公司的经营面临巨大危机，营业收入下降、净利润（归属于母公司股东）下降，归属于母公司扣除非经常性损益的净利润连续三年全呈现亏损，同时，公司的资产负债率不断攀升。

与此相伴的是公司治理面临的各种乱象。需要说明的是，从 2012 的年报披露的信息可知，公司第一大股东福建三联投资有限公司（以下简称"福建三联"）持有公司 18.06% 的股份（福建三联的实际控制人为福建开发区国有资产营运有限公司和福建经济技术开发区经济发展总公司，总共持股比例为 74%），由于持股比例小于 20%，公司不存在实际控制人。表 40-3 和表 40-4 分别是公司董事会、监事会和高级管理人员名单以及公司重要成员在第一大股东中的任职名单。

表 40-3　　　　　　　　　　公司董事会、监事会和高级管理人员名单

姓名	职务	任职状态	从公司获得的报酬总额（万元）	从股东单位获得的报酬总额（万元）
兰隽	董事长	现任	212.37	0
陈维辉	副董事长，总裁	现任	212.29	0
许静	董事，副总裁	现任	113.79	0
郑星光	董事	现任	58.81	0
卢少辉	独立董事	现任	9.6	0
陈明森	独立董事	现任	5.6	0
陈雄	独立董事	现任	5.6	0
方锦华	监事会主席	现任	6	54.94
柯真明	监事	现任	63.3	0
张宏健	监事	现任	3.6	0
池德庭	副总裁	现任	113.48	0
林锦聪	副总裁	现任	144.1	0
郑惠川	副总裁	现任	111.46	0
刘峰	副总裁	现任	154.44	0
谢明锋	财务总监	现任	115.78	0
彭东明	董事会秘书	现任	94.48	0

表 40-4　　　　　　　　　　公司重要成员在第一大股东中的任职名单

任职人员姓名	股东单位名称	在股东单位担任的职务	任期起始日期	任期终止日期	在股东单位是否领取报酬津贴
兰隽	福建三联投资有限公司	董事	2012 年 5 月 16 日	2015 年 5 月 16 日	否
陈维辉	福建三联投资有限公司	董事长	2012 年 5 月 16 日	2015 年 5 月 16 日	否
许静	福建三联投资有限公司	董事	2012 年 5 月 16 日	2015 年 5 月 16 日	否
方锦华	福建三联投资有限公司	总经理	2012 年 5 月 16 日	2015 年 5 月 16 日	是
柯真明	福建三联投资有限公司	董事	2012 年 5 月 16 日	2015 年 5 月 16 日	否

2014 年 7 月 12 日，公司发布 2014-28 号公告，称公司于 2014 年 7 月 10 日收到证监会《调查通知书》（闽调查通字 14051 号），因公司涉嫌信息披露违规，决定对公司立案调查。

2014 年 7 月 31 日，公司发布 2014-31 号公告，称公司收到深圳证券交易所（深证上〔2014〕267 号）决定，由于公司股东林传德违规交易股票，决定对其予以公开谴责的处分。

2014 年 8 月 9 日，公司发布 2014-35 号公告，称公司收到福建证监局《行政监管决定书》（福建监管局〔2014〕6 号），决定书中指明公司存在下列问题。

一、重大关联交易未履行决策程序和披露义务

二、重大债权转让协议未披露

三、其他信息披露问题

（一）个别决议信息披露不完整

（二）未按规定披露现金分红政策执行情况

四、公司治理方面的问题

（一）为控股股东的关联方垫付费用

（二）违规提供借款

（三）制度不健全

（四）"三会"会议记录不规范

五、财务核算方面的问题

（一）对冲往来账，虚减资产和负债

（二）个别开发成本核算错误

（三）个别固定资产折旧年限与公司会计政策不符

2014 年 9 月 16 日，公司发布 2014-48 号公告，称公司收到公司董事、副董事长陈维辉先生的请辞董事、副董事长的报告，辞职报告于送达董事会之日生效。

2014 年 10 月 10 日，公司发布 2014-55 号公告，称公司收到公司董事、董事长兰隽先生的请辞董事、董事长的报告，辞职报告于送达董事会之日生效。

2014 年 10 月 10 日，公司发布 2014-56 号公告，称公司收到公司总裁陈维辉先生的请辞总裁的报告，辞职报告于送达董事会之日生效。

2014 年 12 月 9 日，公司发布 2014-75 号公告，称公司收到公司监事、监事会主席方锦福先生的请辞监事、监事会主席的报告，方锦华先生在公司股东大会选补出新任监事前，仍履行监事义务。

2015 年 1 月 10 日，公司发布 2015-01 号公告，称公司于 2015 年 1 月 8 日收到福建证监局《行政处罚决定书》（〔2015〕1 号）。决定书称，证监会立案调查后，由福建证监局下发处罚书。处罚内容为：三木集团未按规定披露重大关联交易、未及时披露重大合同等行为违法，最后决定如下。

1. 对三木集团责令改正，给予警告并处以 30 万元罚款。

2. 对兰隽、陈维辉给予警告，并分别处以 20 万元罚款。

3. 对谢明锋（财务总监）、彭东明（董事会秘书）、柯真明（监事、关联交易当事人）给予警告，并分别处以 3 万元罚款。

2015 年 2 月 12 日，公司发布 2015-02 号公告，称公司于 2015 年 2 月 11 日收到深圳证券交易所下发的处罚决定。决定书称，针对公司关联交易未履行审议程序和披露义务及关联资金往来未履行披露义务等违法行为，对公司及兰隽、陈维辉、谢明锋、彭东明、柯真明给予公开谴责的处分，并记入上市公司诚信档案。

2015 年 3 月 4 日，公司发布 2015-09 号公告，称公司召开第七届董事会第二十七次会议并表决通过聘任王涵先生为公司董事会秘书的决议。

2015 年 4 月 17 日，公司发布 2015-18 号公告，称公司收到公司副总裁池德庭先生请辞副总裁的报告，辞职报告于送达董事会之日生效。

2015年5月29日，公司发布2015-39号公告，称公司收到公司副总裁刘峰先生请辞副总裁的报告，辞职报告于送达董事会之日生效。

2015年6月30日，公司发布2015-43号公告，称公司收到公司副总裁林锦聪先生请辞副总裁的报告，辞职报告于送达董事会之日生效。

2015年12月29日，公司发布2015-73号公告，称公司收到公司财务总监谢明锋先生请辞财务总监的报告，辞职报告于送达董事会之日生效。

2016年2月5日，公司发布2016-03号公告，称公司收到公司副总裁许静先生请辞副总裁的报告，辞职报告于送达董事会之日生效。

2016年3月15日，公司发布2016-15号公告，称公司收到公司董事郑星光先生请辞董事的报告，辞职报告于送达董事会之日生效。

2016年6月22日，公司发布2016-48号公告，称公司于2016年5月27日收到深圳证券交易所《关于对福建三木集团股份有限公司年报问询函（〔2016〕第306号）》。公司对问询函中提到的10个问题进行了逐一回复。这10个问题如下。

问题1. 你公司扣除非经常性损益后净利润连续三年为负，其中本年度确认投资性房地产公允价值变动损益7 851万元，占公司2015年净利润的87.12%。请你公司说明以下事项。

（1）投资性房地产余额为18.15亿元，请分项目补充披露采用公允价值计量的投资性房地产的所处位置、建筑面积、报告期租金收入、期初公允价值、期末公允价值、持有意图、出租率、是否具备使用条件等。

（2）对报告期公允价值变动超过10%的项目，对比可比项目披露变动原因。

（3）投资性房地产项目的估值依据、涉及的主要假设及其合理性、相关依据的充分性等，并请单独披露投资性房地产公允价值评估报告或市场价值调研报告。

（4）公司业绩对政府补助、股权转让收益等非经常性损益的依赖程度，并结合公司目前的经营环境、现金流量状况等量化分析对公司债的利息、银行贷款（如适用）等负债的偿债能力和正常运营能力是否存在影响，以及未来应对计划。

（5）结合主营业务情况分析公司的可持续经营能力。

问题2. 请你公司结合产品价格、成本及产品构成、期间费用、非经常性损益的变化情况，说明销售净利率与上年同期相比变化较大的原因及合理性。

问题3. 你公司本年毛利率水平较低，且与上年同期相比变动幅度较大，同时，你公司年报"收入与成本"部分显示，公司房地产业、酒店服务业以及物管费行业毛利率变化较大。请你公司以列表形式，结合产品价格、成本及产品构成分行业说明毛利率较上年相差较大的原因及合理性；如本期新增业务使公司毛利率较上年相差较大的，请公司说明发展新业务的原因、主业是否发生重大变化及对公司未来经营业绩的影响。

问题4. 报告期末，你公司对外担保余额达6.37亿元。请公司说明担保对象与上市公司是否存在关联关系、截至目前担保对象的偿债能力、涉及债务的到期日，并对你公司是否需承担担保责任做出合理预估，如需，请进行风险提示。

问题5. 报告期末，你公司应收账款、其他应收款、预付账款、应付账款、其他应付款、预收账款、应付票据余额分别为5 336.77万元、4.17亿元、9.17亿元、2.29亿元、3.86亿元、3.88亿元和15.02亿元。请你公司列表说明上述科目余额中前五名单位名称、地址、与你公司是否存在关联关系（如存在，已履行关联交易的审议程序和信息披露义务）、款项发生时间、金额、交易内容、已计提的坏账损失等，请列示上述项目的本年发生额，并分析说明发生额与实际贸易/交易额是否存在差异及其原因、截至目前的回款/支付情况、上述项目的初始确认和后续计量的具体会计政策，以及销售、采购环节的交易对手方是否与你公司控股股东及其关联方存在关联关系以及除关联关系以外的任何关系。

问题6. 你公司年报"分季度财务指标"部分显示，本年第四季度公司实现的营业收入和净利润较前三季度大幅增加。请结合业务的周期波动特点，说明第四季度收入占全年收入比例较高的原因、12月份收入确认情况，并结合近两年收入确认政策说明收入截止性测试情况。请会计师出具专业意见。

问题7. 你公司第一大股东福建三联投资有限公司持股比例为18.06%，第二大股东持股比例为4.98%，你公司称无实际控制人。请对照本所《股票上市规则》第18.1条第（五）、（六）、（七）项的规定，逐一列举你公司认定无实际控制人的依据及合理性。请律师出具专业意见。

问题8. 本报告期末，你公司存货余额为14.55亿元，其中含有借款费用资本化金额1.52亿元。请分项目披露报告期利息资本化累计金额、本期利息资本化金额、公司利息资本化率情况；按《深圳证券交易所行业信息披露指引第3号——上市公司从事房地产业务》第五条的规定，补充披露公司的房地产储备、房地产开发、房地产销售的情况等。

问题9. 本报告期，你公司财务费用为1.40亿元，报告期末一年内到期的非流动负债余额为5.66亿元，受限货币资金余额为13.87亿元。请你公司结合现金流状况、经营业务特点，说明财务费用较高的原因、最近一年的偿债计划、受限货币资金的用途及对你公司生产经营的影响。

问题10. 本报告期，你公司支付其他与经营活动有关的现金5.73亿元，请说明支付明细，包括支付对象名称、金额、与你公司是否存在关联关系等。

2012年公司变更投资性房地产的会计政策，从理论上和按公司公告的说法理解，是为了更公允地向投资者提供真实的会计信息，但从2013—2015年公司的实际情况来看，其所作所为并不是为了实现这一目的。这不由得使人怀疑公司当时变更会计政策另有企图，即通过会计政策来操纵会计信息，以达到粉饰的效果。

问题：

1. 三木集团2012年12月11日发布公告称从2012年1月1日开始对投资性房地产采用公允价值核算模式，请具体阐述这一变更的会计处理过程（要求编制相应的会计分录和对财务报表影响的计算过程）。（注：请参考公司2102年年度财务报表附注相关项目）

2. 据统计，在目前二千多家上市公司中，只有不到1%的上市公司采用公允价值核算模式对其投资性房地产进行核算，为什么？在何种情形下，运用这一核算模式更能实现财务会计的决策有用性的目标？

3. 会计政策变更一般有哪些情形？企业主动变更会计政策需要经过何种流程和满足何种条件？本案例中公司变更会计政策的真实目的是什么？

4. 自三木集团重大会计政策变更后，其公司治理乱象纷呈，分别受到证监会（福建证监局）、深圳证券交易所的通报和处罚，请分析背后的原因是什么。

5. 三木集团公布2015年度报告后，深圳证券交易所随后发出就该年报的问询函，该问询函中就10个问题要求公司一一进行回复。请问交易所为何提出这10个问题，公司的回复能自圆其说吗？

案例四十一

会计变更和差错更正
——东方航空（5）

东方航空自上市以来，除了少数年份外，财务报表均经过修订调整。表41-1是东方航空自1997年上市以来，修订前后的相关财务数据。

表41-1　　　　　　　　　　　东方航空修订前后的相关财务数据　　　　　　　　　　单位：千元

年份	利润总额		归属于上市公司股东的净利润		归属于上市公司股东的净资产		总资产	
	修订前	修订后	修订前	修订后	修订前	修订后	修订前	修订后
1997年	556 692		362 412		7 320 909		26 156 818	
1998年	-680 740		-632 438		6 531 036		26 960 244	
1999年	232 824	232 824	208 102	208 102	6 682 548	6 682 548	26 959 747	26 959 747
2000年	103 232	103 232	20 082	20 082	6 606 548	6 596 548	26 986 300	26 976 000
2001年	163 016	148 652	132 919	97 001	6 241 373	6 256 659	27 355 230	27 393 456
2002年	262 306	262 306	124 259	124 259	6 284 066	6 381 405	31 426 197	31 610 130
2003年	-410 123		-825 972		5 226 914		36 687 479	
2004年	914 601		536 342		6 512 988		41 395 605	
2005年	105 558	-120 136	60 474	-155 671	6 679 397	5 304 976	57 558 673	57 078 054
2006年	-2 847 502	-3 262 141	-2 779 979	-2 991 571	3 035 469	2 332 431	60 129 330	59 889 860
2007年	707 343	724 834	586 464	603 955	2 862 865	2 517 750	67 141 714	66 504 481
2008年	-13 985 108	-13 985 108	-13 927 656	-13 843 187	-11 599 346	-11 509 634	73 184 006	73 184 006
2009年	640 121	640 121	539 743	711 677	3 103 585	3 365 592	72 018 681	72 018 681
2010年	5 841 093		5 380 375		15 577 109		100 810 117	
2011年	5 167 714	*	4 886 702	4 644 798	20 437 377	15 081 302	112 215 152	112 858 057
2012年	3 515 656	3 238 556	3 430 105	3 173 196	23 376 346	17 922 345	120 962 479	121 670 628
2013年	2 220 566		2 376 037		24 616 699		137 776 513	
2014年	4 120 000		3 417 000		27 696 000		163 542 000	
2015年	5 671 000		4 541 000		35 137 000		195 709 000	

*报表上无法查到修订后的数据。

财务报表的修订（重述）有各种原因：会计政策变更、会计估计变更以及会计差错更正。因上述三种原因，东方航空历年会修订会计报表。以2013年财务报告为例，公司前期的调整主要是提前采用几项新修订的准则所致，但其他年份的修订则缺乏详细的说明。

对于2014年提前采用新准则的原因，公司在2013年财务报表附注"二、重要会计政策和会计估计"中披露如下。

2014年1月至3月，财政部制定了《企业会计准则第39号——公允价值计量》《企业会计准则第40号——合营安排》修订印发了《企业会计准则第30号——财务报表列报》《企业会计准则第9号——职工薪酬》《企业会计准则第33号——合并财务报表》《企业会计准则第2号——长期股权投资》。上述6项会计准则均自2014年7月1日起施行，但鼓励在境外上市的企业提前执行。本公司作为境内外上市公司，在编制2013年度财务报表时，执行了上述6项会计准则，并按照相关的衔接规定进行了处理。

就本财务报表而言，应对上述会计准则的变化，引起本公司相应会计政策变化的，已根据相关衔接规定进行了处理，对于比较数据需要进行追溯调整的，已进行了相应追溯调整。本集团员工的非社会统筹离职后福利，原于实际发生时入账；在《企业会计准则第9号——职工薪酬》（2014年修订）下，属于设定受益计划，改为员工提供服务的期间入账。本集团原将对被投资单位不具有共同控制或重大影响，并且在活跃市场中没有报价、公允价值不能可靠计量的权益性投资作为长期股权投资列报，根据《企业会计准则第2号——长期股权投资》（2014年修订），该类权益不再作为长期股权投资列报，改为按可供出售金融资产列报。

根据《企业会计准则第30号——财务报表列报》（2014年修订）关于财务报表列报的规定，本集团将预售机位所得票款改为在"票证结算"项目列报。

根据相关衔接规定，上述变化通过追溯调整法实施，本财务报表中比较信息已经重述。

上述情况引起的追溯调整对公司2013年度和2012年度财务报表的主要影响如表41-2和表41-3所示。

表41-2 　　　　　　　　　　　　　　2013年合并报表项目调整 　　　　　　　　　　　　单位：千元

报表项目	采用新准则前年末余额/本年发生额（i）	采用企业会计准则第9号	采用企业会计准则第2号	采用企业会计准则第30号	采用新准则后年末余额/本年发生额
可供出售金融资产	177 036	—	233 700	—	410 736
长期股权投资	1 731 132	—	（233 700）	—	1 497 432
预收款项	3 970 741	—	—	（3 534 531）	436 210
票证结算	—	—	—	4 496 730	4 496 730
其他应付款	3 185 844	—	—	（962 199）	2 223 645
长期应付职工薪酬	—	5 615 293	—	—	5 615 293
一年内到期的非流动负债	16 162 412	203 508	—	—	16 365 920
递延所得税资产	119 089	270 377	—	—	389 466
资本公积	17 644 052	（2 762 152）	—	—	14 881 900
累计亏损	（763 812）	（2 175 658）	—	—	（2 939 470）
少数股东权益	1 766 071	（92 047）	—	—	1 674 024
商誉	8 509 030	518 565	—	—	9 027 595
管理费用	（2 827 291）	（11 321）	—	—	（2 838 612）
所得税费用	（240 738）	116 457	—	—	（124 281）

注：采用各项新修订企业会计准则前的金额包含了本年发生的同一控制下企业合并的影响。

表41-3 　　　　　　　　　　　　　　2012年合并报表项目调整 　　　　　　　　　　　　单位：千元

报表项目	采用新准则前年末余额/本年发生额（i）	采用企业会计准则第9号	采用企业会计准则第2号	采用企业会计准则第30号	采用新准则后年末余额/本年发生额
可供出售金融资产	1 955	—	232 735	—	234 690
长期股权投资	1 484 366	—	（232 735）	—	1 251 631
预收款项	3 586 729	—	—	（3 094 427）	492 302
票证结算	—	—	—	3 790 699	3 790 699
其他应付款	2 962 123	—	—	（696 272）	2 265 851
长期应付职工薪酬	—	6 147 851	—	—	6 147 851
一年内到期的非流动负债	13 414 181	85 800	—	—	13 499 981

续表

报表项目	采用新准则前年末余额/本年发生额（i）	采用企业会计准则第9号	采用企业会计准则第2号	采用企业会计准则第30号	采用新准则后年末余额/本年发生额
递延所得税资产	12 043	112 615	—	—	124 658
资本公积	15 138 580	（3 177 267）	—	—	11 961 313
累计亏损	（3 034 712）	（2 280 795）	—	—	（5 315 507）
少数股东权益	1 666 296	（144 409）	—	—	1 521 887
商誉	8 509 030	518 565	—	—	9 027 595
管理费用	（2 743 290）	（277 717）	—	—	（3 021 007）
所得税费用	（215 613）	7 921	—	—	（207 692）

注：采用各项新修订企业会计准则前的金额包含了本年发生的同一控制下企业合并的影响。

问题：

1. 东方航空历年修订和调整报表的主要原因是什么？请逐一进行说明。

2. 请分别就东方航空因会计政策变更、会计估计变更以及会计差错更正各举一例，并说明修订调整的影响。

3. 请结合公司2013年年报附注中对于采用新准则后的追溯调整，请说明企业会计准则第2号、第9号和第30号分别发生了哪些变化，这些变化是如何影响这些调整项目的。

4. 频繁地修订报表数据会对会计信息使用者产生什么影响？这一现象正常吗？

5. 在会计变更和差错更正的调整说明上，分析东方航空存在的问题是什么，应该如何进行改进？

案例四十二

现金流量表
——欧亚农业和万福生科（3）

股市的本质是一个公开的筹资平台。在这个平台上，需要筹资的公司提供真实的财务信息，投资者则根据这些信息来进行评估。投资者借助股价表达对投资公司的评价，用实际行动表达投资意愿。这个平台运行得好与坏取决于两点：一是一视同仁的公平规则；二是透明真实的信息披露。

股市在中国的发展不过二十多年，但信息披露问题特别是财务报表造假成为其顽疾。究其原因，与当局者最初对股市的错误定位有关。我国建立股市的初衷是为国企解困，并将上市指标分解到各地。而公司上市的前提必须是绩优，因此就有了剥离上市的做法。这样使得企业将原本作为一个企业或集团的一个部分拿来上市，但作为一个企业或集团的一部分是没有独立的账目的。为了应对我国上市审核制度，很多企业则只有全面人工造账，并且按上市的标准去人为造账，即所谓的包装上市。

这种做法当初没有人质疑，但当上市公司扩展到民营企业时，单一的民营企业不存在剥离一说，包装上市也就慢慢演变成赤裸裸的造假。一种行为变成一种习惯，要改正就非一日之功了。当初从国有企业，到会计师事务所、保荐机构、律师事务所等中介机构，再到交易所、监管机构都认可这一做法的。

早期的造假可以说是明目张胆，银广夏造假案就是一个例子（参见本书案例三十六）。稍微隐秘一点的是欧亚农业造假案，但只要通过简单的逻辑分析也能识别。更高明一点的就是万福生科造假案，要识破需要更深入的分析。

上市公司的盈利能力是投资者关注的要点，公司上市造假的"重灾区"也在这一区域，尤其是收入和利润的造假。由于财务会计收入的确认依据是权责发生制，资产负债表和利润表依此而编，而现金流量表的编制依据则是收付实现制，所以，通过现金流量表来识别收入与利润的造假则是一个重要的手段。

先以欧亚农业为例来看其报表的漏洞。

2000 年 7 月 7 日，沈阳欧亚农业发展有限公司在沈阳注册，是为后来上市的欧亚农业（控股）有限公司（以下简称"欧亚农业"）的实际经营实体。该公司出资人为荷兰欧亚国际贸易有限公司，属于外商独资企业。2001 年 7 月 19 日，欧亚农业（控股）有限公司在香港上市，招股价定在 1.48 港元，市盈率为 6.45 倍，超额认购达到了 78 倍，募集资金 6.14 亿港元。2002 年 9 月 19 日，欧亚农业被香港证券及期货事务监察委员会（以下简称"香港证监会"）勒令停牌，原因为"未有披露一些股价敏感资料"，即总裁陈军的辞职未按规定及时公告。同年 10 月 4 日，欧亚农业副总裁、执行董事兼财务总监阎闯以个人健康理由提出辞职，而公司非执行董事黄汉森也以个人理由提出辞职。同年 10 月 7 日，香港《经济日报》刊登中国证监会致香港证监会文件，揭示欧亚农业存有涉嫌财务造假等问题。同年 10 月 8 日，上任仅 17 天的行政总裁李刚及执行董事兼行政副总裁刘桂芬也提交辞职信，但代行政总裁谷祝平发出的声明表示董事会未通过两人之请辞。2002 年 10 月，杨斌因涉嫌参与各种非法活动被捕。这些违法活动至少包括上千万元的欠税、违法建地、拖欠工程款、上市公司做假账、欺骗股民等，最后被判 18 年有期徒刑。2004 年 5 月 10 日，香港高等法院对欧亚农业颁布清盘令；5 月 20 日，欧亚农业被取消上市。

下面通过资产负债表和利润表反映出来和各种指标和现金流量表反映出来的指标对照就可以发现欧亚农业财务报表存在的漏洞。

表 42-1 是欧亚农业上市前后的主要业绩指标。

表 42-1   欧亚农业上市前后主要业绩指标

项目	1998 年	1999 年	2000 年	2001 年
营业额（万元）	847	34 550	67 007	110 225
毛利（万元）	195	10 828	22 289	58 487
毛利率（%）	23.02	31.34	33.26	53.06
营业利润（万元）	56	7 341	19 096	52 113
融资成本（万元）	0	0	0	（17）
其他非经营支出（万元）	0	0	0	（18）
所得税（万元）	0	0	0	0
本年度净利润（万元）	56	7 341	19 096	52 109
净利率（%）	6.56	21.25	28.50	47.28
股东权益（万元）	56	7 396	26 492	143 738
股东权益报酬率（%）	100	99.25	72.08	36.25

从上述指标可以看出，欧亚农业的成长速度实在令人惊叹。营业额从 1998 年的 847 万元猛增至 2001 年的约 11 亿元。殊不知，权责发生制下产生的利润最终还是要接受收付实现制下收回的现金的验证。表 42-2 是欧亚农业上市前后主要现金流量指标。

表 42-2   欧亚农业上市前后主要现金流量指标   单位：万元

项目	2001 年	2000 年	1999 年	1998 年	合计
经营活动现金流量	18 622	1 392	12 694	13 536	46 244
投资活动现金流量	−51 895	−214	−12 523	−13 536	−78 168
筹资活动现金流量	68 317	0	0	0	68 317
现金净流量	35 044	1 178	171	0	36 393
主营业务收入	110 225	67 007	34 550	847	212 629
净利润	52 113	19 096	7 341	56	78 606

资料来源：傅颀，龙云."欧亚农业"事件再探：对异常财务数据的分析[J].财务与会计，2003（3）：13-15.

与欧亚农业资产负债表、利润表与现金流量表存在较大的漏洞不同，万福生科的造假则看不出几账报表之间的明显漏洞。

万福生科前身系湖南省桃源县湘鲁万福有限责任公司（以下简称"桃源湘鲁万福"），于 2003 年 5 月 8 日在桃源县工商行政管理局登记注册，桃源湘鲁万福成立时注册资本为 300 万元，分别由龚永福和杨荣华以实物资产各出资 150 万元，法定代表人为杨荣华，公司注册地址为湖南省常德市桃源县陬市镇下街。桃源湘鲁万福 2005 年 4 月 1 日股东会决议、修改后的公司章程规定，股东杨荣华、龚永福按原出资比例共同增加出资。此次增资后，桃源湘鲁万福注册资本增至人民币 2 000 万元，其中股东杨荣华、龚永福各出资人民币 1 000 万元。

桃源湘鲁万福 2006 年 3 月 21 日股东会决议、修改后的公司章程规定：公司更名为湖南湘鲁万福农业开发有限公司（以下简称"湘鲁万福"）；经营范围变更为收购、仓储、销售粮食，加工、销售大米、饲料，生产、销售高麦芽糖浆、麦芽糊精、淀粉、淀粉糖、糖果、饼干、豆奶粉，生产销售稻壳活性炭、硅酸钠、油脂，畜牧养殖加工。

湘鲁万福以 2009 年 9 月 30 日采用整体变更方式设立万福生科（湖南）农业开发股份有限公司（以下简称"万福生科"或"公司"），于 2009 年 10 月 28 日在常德市工商行政管理局进行了变更登记，注册资本 5 000 万元，股份总数 5 000 万股（每股面值 1 元），法定代表人变更为龚永福。公司 2011 年 9 月 27 日向社会公开发行人民币普通股 17 000 000 股，每股面值为人民币 1 元，在创业板上市，股票简称"万福生科"，股票代码"300268"。

表 42-3 是上市前公司资产负债表和利润表的相关指标。

表 42-3　　　　　　　　　　上市前公司资产负债表和利润表的相关指标　　　　　　　　　单位：万元

项目	2011-06-30	2010-12-31	2009-12-31	2008-12-31
流动资产	25 718.77	28 588.01	26 139.43	19 843.36
非流动资产	25 123.40	22 019.86	12 088.88	11 672.99
资产总额	50 842.17	50 607.87	38 228.31	31 516.35
流动负债	20 370.33	23 253.92	20 784.77	22 634.79
非流动负债	5 855.00	5 855.00	1 500.00	1 800.00
负债总额	26 225.33	29 108.92	22 284.77	24 434.79
所有者权益	24 616.84	21 498.95	15 943.55	7 081.56
项目	2011 年 1—6 月	2010 年	2009 年	2008 年
营业收入	23 221.50	43 358.85	32 764.58	22 824.42
营业利润	3 017.74	5 343.26	4 199.62	3 265.39
利润总额	3 421.39	6 118.12	4 400.36	3 320.12
净利润	3 117.89	5 555.40	3 956.39	2 565.82
归属于母公司股东的净利润	3 117.89	5 555.40	3 956.39	2 565.82
扣除非经常性损益后归属于母公司股东的净利润	2 836.57	4 974.54	3 786.12	2 518.25

表 42-4 是上市前公司现金流量表的相关指标。

表 42-4　　　　　　　　　　上市前公司现金流量表的相关指标　　　　　　　　　单位：万元

项目	2011 年 1—6 月	2010 年	2009 年	2008 年
经营活动产生的现金流量净额	3 955.56	7 163.39	1 262.90	205.03
投资活动产生的现金流量净额	-2 863.46	-11 160.35	-931.15	-3 781.48
筹资活动产生的现金流量净额	-5 606.92	5 439.05	2 382.70	3 481.41
现金及现金等价物净增加额	-4 514.81	1 442.10	2 714.46	-95.04

就表 42-3 和表 42-4 中的数据，可能会认为资产负债表、利润表与现金流量表的指标在形式上不存在明显的漏洞，但通过对万福生科后续报表的深入分析，我们就可以找到其造假的线索。这说明目前造假的手段在升级，造假手段更高明、更隐秘。万福生科的造假手法就是通过真实的现金去伪造销售，使现金流量表中的经营活动现金流动与利润表中的利润相对应。但垫付的现金迟早要抽出来，否则作假就得不偿失。这时只需要观察两个方面就可以识破这种造假手段：一是观察不明现金的流出，如各种虚拟的购买业务；二是审查不存在或低价高报的资产，然后通过减值从账面核销。

万福生科的公告显示，2012 年、2013 年和 2015 年，会计师事务所为其出具的都是有保留的非标准意见，而导致形成保留意见的事项摘录部分如下。

2012 年保留事项部分：

2. 万福生科期末"其他应付款——龚永福"金额51 269 144.19元，主要系调整账务形成。对该等事项我们无法获取充分、适当的审计证据。

2013 年保留事项部分：

3. 万福生科"其他应付款——龚永福"年初金额51 269 144.19元，本年增加53 450 000.00元，本年减少104 627 655.56元，年末金额91 488.63元，主要系调整账务形成。对该等事项我们无法获取充分、适当的审计证据。

4. 万福生科本年收到湖南浏阳河酒业有限公司款项41 000 000.00元，列入"其他应付款——龚永福"，支付该笔款项利息1 217 391.00元，未能提供借款合同。对该等事项我们无法获取充分、适当的审计证据。

2015年保留事项部分：

万福生科在2015年度对固定资产、在建工程、无形资产、存货等长短期资产共计提了6 816.14万元的减值准备，我们无法判断公司计提上述减值准备的准确性及恰当性。

2014年4月25日公司披露2013年年度报告后，于2014年5月15日收到了深圳证券交易所《关于对万福生科（湖南）农业开发股份有限公司的年报问询函》，问询问题中与现金流量表相关一个问题如下。

4. 公司2013年经营性活动现金流与公司当期的营业收入和成本严重不匹配，其中：

（1）公司"收到的其他与经营活动有关的现金"中"往来款"高达1.89亿元，同时，"支付的其他与经营活动有关的现金"中"往来款"高达2.02亿元。请公司补充说明前述"往来款"的明细情况及发生原因。

（2）公司2013年"购买商品、接受劳务支付的现金"为7 236.63万元，而当期的"营业成本"为2.21亿元。请公司结合应收款、应付款及存货等科目变化情况，说明前述两科目差异较大的原因。

公司的回复如下（公告2014-25）。

（1）公司"收到的其他与经营活动有关的现金"中"往来款"高达1.89亿元，同时，"支付的其他与经营活动有关的现金"中"往来款"高达2.02亿元。发生的明细情况及原因如下。

① 收到其他与经营活动有关的现金中往来款1.89亿元，主要包括：万福生科（湖南）农业开发股份有限公司A. 本公司代收中央储备粮常德粮食直属库的收购款8 113.90万元；B. 财政退回企业所得税976.22万元，大股东兜底企业所得税1 032.88万元；C. 收到湖南浏阳河酒业有限公司4 100万元、湖南某贸易公司600万元、唐某300万元、桃源县湘晖农业投资有限公司2 705.28万元、杨荣华190万元、龚永福20万元、杨某60.2万元、喻某75万元等（主要原因见上述问题一、问题三）；D. 收回个人往来借支637.89万元，收各种押金款69.48万元，其他往来款63.24万元。

② 支付其他与经营活动有关的现金中往来支出2.02亿元，主要包括：A. 本公司代付中央储备粮常德粮食直属库的收购款7 631.77万元；B. 偿还桃源县湘晖农业投资有限公司借款1 480万元；C. 付中原信托有限公司416.42万元；D. 付李某、唐某775.6万元，付龚永福640万元，受龚永福委托付款给湖南某贸易公司1 000万元、易某3 000万元、朱某2 000万元、湖南某贸易有限公司2 500万元、叶某50万元、周某30万元，偿还粟某借款380万元（主要款项系偿还大股东龚永福的欠款，见问题一）；E. 个人借支309.83万元。

（2）公司2013年"购买商品、接受劳务支付的现金"为7 236.63万元，而当期的"营业成本"为2.21亿元，主要是因为2013年稻谷、节米的收购及其他辅助材料和低耗品的采购大幅度减少，而营业成本是根据当年的营业收入结转的，所消耗的原材料主要都是以前年度的存货所致。具体情况是：全年收购稻谷3 603吨，支付收购款787.8万元；收购节米11 639吨，支付收购款2 667.9万元；全年支付收购往来款2 588万元，支付原辅材料及低耗品1 192.9万元。全年加工付出稻谷48 563吨，价值10 831.8万元；加工付出节米29 957吨，价值7 292万元。全年直接销售稻谷8 294吨，销售成本1 982万元；销售糖浆29 485.7吨，销售成本7 733.3万元；销售蛋白粉3 434吨，销售成本1 352.1万元；销售精米6 005吨，销售成本2 302万元；销售普米22 771吨，销售成本7 008万元；销售糠油818吨，销售成本560.3万元；销售饼粕2 732吨，销售成本467.5万元；其他销售成本707万元。

另外，公司计提减值准备计1.24亿元，具体减值情况如表42-5所示。

表 42-5   2013 年资产减值情况   单位：元

资产类别	账面原值	账面净值	评估值	计提减值金额
房屋及建筑物	14 903 161.70	11 310 548.41	5 435 788.88	−5 874 759.53
机器设备	24 450 864.15	12 844 898.16	9 091 183.24	−3 753 714.92
土建工程	89 747 182.03	89 747 182.03	18 150 821.00	−71 596 361.03
设备安装工程	79 664 244.68	79 664 261.22	36 634 738.00	−43 029 523.22
合计	208 765 452.56	193 566 889.82	69 312 531.12	−124 254 358.70

公司在 2015 年计提的 6 816 万元减值准备中，存货减值为 374 万元、固定资产减值为 2 491 万元、在建工程减值为 3 883 万元和无形资产减值为 68 万元。

（注：本案例数据除单独注明外，均来源于公司招股说明书、公司公告和各年年报）

问题：

1. 为何欧亚农业资产负债表、利润表和现金流量表的指标之间存在明显的漏洞，而万福生科资产负债表、利润表和现金流量表的指标之间不存在明显的漏洞？

2. 万福生科垫付现金做假现金流量指标，如何通过后期的报表观察去识别？请通过具体的指标变化说明其做假过程。

3. 为何万福生科取得上市资格后，还要继续对2011年下半年和2012年全年的报表做假？

4. 为何收入和利润造假需要通过资产负债表的相关项目进行配合？请指出资产、收入、成本、费用和现金流量之间完整的勾稽关系。

5. 万福生科对交易所提出的两个现金流量表指标存在重大问题的回复，你认为有说服力吗？

6. 指出万福生科两次重大减值计提与造假之间的联系。

案例四十三

审计意见——万福生科（4）

审计意见作为财务报告必不可少的组成部分，是投资者阅读财务报告并判断其质量的重要依据。注册会计师出具的审计意见通常分为五类：标准无保留意见、带强调事项段的无保留意见、保留意见、否定意见和无法表示意见。

万福生科（湖南）农业开发股份有限公司（以下简称"万福生科"或"公司"）于 2011 年 9 月 27 日在创业板上市，股票简称万福生科，股票代码 300268。此次上市共募集资金 425 000 000 元，扣除发行费用募集资金净额为 394 810 541 元。首次公开向社会发行股票 1 700 万股，发行价格为 25.00 元/股，对应发行市盈率如下。

（1）25.25 倍（每股收益按照经会计师事务所遵照中国会计准则审核的扣除非经常性损益前后孰低的 2010 年净利润除以本次发行前的总股数计算）。

（2）33.78 倍（每股收益按照经会计师事务所遵照中国会计准则审核的扣除非经常性损益前后孰低的 2010 年净利润除以本次发行后的总股数计算）。

投资者之所以愿意以每股收益的 25 倍或近 34 倍（每股扣除非经常性损益后的收益）的价格购买万福生科的股票，一个重要原因是相信公司提供的招股信息（特别是其中的财务报告信息）是真实可靠的，而相信公司提供的信息真实可靠的前提是会计师事务所对公司编制的财务报告所出具的标准无保留审计意见。

万福生科首发上市的审计公司为中磊会计师事务所，该会计师事务所为公司首发上市和上市第一年的财务报告出具了标准无保留意见。万福生科造假被发现后，中磊会计师事务所受到被取消证券执业资格的处罚，另外，对签字会计师王越、黄国华给予警告，并分别处 10 万元、13 万元罚款，均采取终身证券市场禁入措施。对签字会计师邹宏文给予警告，并处 3 万元罚款。随后，公司更换会计师事务所为利安达会计师事务所。

表 43-1 是万福生科首发上市及上市后历年的审计意见及审计意见说明。

表 43-1　　　　万福生科首发上市及上市后历年的审计意见及审计意见说明

年份	审计意见	说明
2008 年—2011 年 6 月 30 日	标准无保留意见（中磊）	
2011 年	标准无保留意见（中磊）	
2012 年	保留意见+强调事项段（中磊）	保留事项： 1. 2012 年 10 月 26 日公司发布《万福生科（湖南）农业开发股份有限公司关于重要信息披露的补充和 2012 年中报更正的公告》，2012 年中报存在虚假记载和重大遗漏，初步自查公司在 2012 年半年报中虚增营业收入 187 590 816.61 元，虚增营业成本 145 558 495.31 元，虚增利润 40 231 595.41 元 2013 年 3 月 2 日万福生科披露《关于重大披露及股票复牌公告》，公司经过自查 2008 年至 2011 年累计虚增收入 7.4 亿元左右，虚增营业利润 1.8 亿元左右，虚增净利润 1.6 亿元左右，其中 2011 年虚增营业收入 2.8 亿元，虚增营业利润 6 541.36 万元，虚增归属上市公司股东净利润 5 912.69 万元。该等情形表明公司未能按照《企业内部控制基本规范》和相关规定保持有效的财务报告内部控制。公司因涉嫌信息披露违规被证监会立案调查，截至 2013 年 4 月 25 日，尚未收到证监会相应的处罚决定，无法确定最终处罚结果对公司财务报表的影响

年份	审计意见	说明
2012 年	保留意见+强调事项段（中磊）	2. 万福生科期末"其他应付款——龚永福"金额为 51 269 144.19 元，主要系调整账务形成。对该等事项我们无法获取充分、适当的审计证据 3. 万福生科本年度将东莞市常平湘盈粮油经营部、佛山市大沥广雅粮油站、中山民生粮食有限公司、东莞樟木头华源粮油经营部等销售额并入佛山市南海亿德粮油贸易行名下，合并后销售总金额为 24 648 519.65 元，佛山市南海亿德粮油贸易行成为万福生科第一大客户，该项销售金额占 2012 年销售总额的 8.33%。经走访了解，佛山市南海亿德粮油贸易行为自然人黄德义所有，与万福生科控股股东为亲属关系。佛山市南海亿德粮油贸易行（黄德义）对上述销售金额回函确认。对该等事项我们无法获取充分、适当的审计证据 4. 万福生科 2008—2012 年上半年自查存在重大虚假财务信息，针对可能导致的民事赔偿责任和行政处罚，公司尚未合理预计负债，对该等事项我们无法获取充分、适当的审计证据 强调事项： 万福生科财务报表附注十披露，公司 2008—2012 年上半年自查会计报表存在重大虚假信息，一旦公司股票被终止上市或暂停上市，则可能导致公司巨额的银行贷款难以展期。该项虚假财务信息可能导致公司承担巨额的民事赔偿责任和行政处罚；公司现在履职的全部董事、监事以及主要高级管理人员已于 2012 年 10 月任职到期。根据深圳证券交易所《创业板上市公司规范运作指引》，公司现在履职的全部董事、监事以及主要高级管理人员无法继续担任相应职务。上述情况表明，可能存在导致对该公司持续经营能力产生重大疑虑的重大不确定性
2013 年	保留意见+强调事项段（利安达）	保留事项： 1. 万福生科于 2013 年 10 月 22 日收到证监会下发的《行政处罚决定书》（〔2013〕47 号）。《行政处罚决定书》显示，对于公司涉嫌欺诈发行股票行为和涉嫌违规披露、不披露重大重要信息行为已移送至司法机关处理，且相应违法事实中涉及的虚构销售收入、营业利润等财务数据，以司法机关认定为准。截至本审计报告日，司法机关认定结果尚未下发，无法确定最终司法机关认定结果对公司财务报表的影响。万福生科 2012 年及以前年度的财务资料因涉案已移送司法机关，对 2013 年财务报表期初余额我们无法实施审计程序 2. 万福生科对虚假陈述事件可能导致的民事赔偿责任，尚未合理预计负债，对该等事项我们无法获取充分、适当的审计证据 3. 万福生科"其他应付款——龚永福"年初金额为 51 269 144.19 元，本年增加 53 450 000.00 元，本年减少 104 627 655.56 元，年末金额 91 488.63 元，主要系调整账务形成。对该等事项我们无法获取充分、适当的审计证据 4. 万福生科本年收到湖南浏阳河酒业有限公司款项 41 000 000.00 元，列入"其他应付款——龚永福"，支付该笔款项的利息 1 217 391.00 元，万福生科对于该项业务未能提供借款合同。对该等事项我们无法获取充分、适当的审计证据 强调事项： 万福生科财务报表附注披露，公司 2008—2012 年上半年财务报表存在重大虚假信息，一旦公司股票被终止上市或暂停上市，则可能导致公司银行贷款难以展期；该项虚假财务信息可能导致公司承担民事赔偿责任；公司本年度发生重大经营亏损，2013 年度净利润为 -187 769 196.23 元。上述情况表明，可能存在导致对该公司持续经营能力产生重大疑虑的重大不确定性
2014 年	带强调事项段的无保留意见（利安达）	万福生科财务报表附注披露，公司 2014 年度盈利 5 107 638.85 元，扣除非经常性损益后，公司 2014 年度亏损 8 212 998.12 元；截至 2014 年 12 月 31 日，公司累计亏损已达 207 933 508.50 元；自 2014 年 10 月至此次审计报告日，公司的生产销售业务一直处于停产状态。上述情况表明，可能存在导致对该公司持续经营能力产生重大疑虑的事项或情况存在重大不确定性。本段内容不影响已发表的审计意见

年份	审计意见	说明
2015 年	保留意见+强调事项段（利安达）	保留事项： 万福生科在 2015 年度对固定资产、在建工程、无形资产、存货等长短期资产共计提了 6 816.14 万元的减值准备，我们无法判断公司计提上述减值准备的准确性及恰当性 强调事项： 我们提醒财务报告使用者关注，如万福生科财务报表附注所述，万福生科 2015 年度亏损 99 443 173.16 元，扣除非经常性损益后，万福生科 2015 年度亏损 99 624 307.21 元；截至 2015 年 12 月 31 日，万福生科累计亏损已达 307 376 681.66 元；自 2014 年 10 月至此次审计报告日，万福生科的主营生产销售业务一直处于停产状态。万福生科已在财务报表附注中披露了拟采取的改善措施，但该措施可能导致对该公司持续经营能力产生重大疑虑的事项或情况存在重大不确定性。本段内容不影响已发表的审计意见。 鉴于万福生科亏损金额巨大，若公司未来的资产状况及日常经营情况进一步恶化，公司可能存在进一步的损失。这些情况表明存在可能导致对该公司持续经营能力产生重大疑虑的重大不确定性。虽然万福生科已在财务报表附注中充分披露了已经或拟采取的改善措施，但其持续经营能力仍然存在重大不确定性

中磊会计师事务所连续两次（首发上市和上市第一年）为公司出具标准无保留意见。该事务所没有发现公司造假的蛛丝马迹令人生疑。而湖南证监局上市公司检查组对万福生科进行上市后的例行现场检查却能发现问题，这说明中磊会计师事务所是职业能力低下，还是职业道德水平低下？我们不得而知。在公司造假被揭示后，中磊会计师事务所出具的审计意见就变成了"保留意见+强调事项段"的非标准审计意见，该反应不可谓不迅速。

2014 年 4 月 25 日公司披露 2013 年年度报告后，于 2014 年 5 月 15 日收到了深圳证券交易所《关于对万福生科（湖南）农业开发股份有限公司的年报问询函》，问询问题如下。

1. 公司 2013 年财务报告"其他应付款——龚永福"年初金额为 51 269 144.19 元，本年增加 53 450 000.00 元，本年减少 104 627 655.56 元，年末金额为 91 488.63 元，公司称主要系调整账务形成，审计师因无法获取充分、适当的审计证据而发表保留意见。公司解释称，年初余额 51 269 144.19 元是由以前年度发生的经济往来及调整账务形成的；本年增加的 53 450 000.00 元，主要是龚永福以个人名义委托其他单位和个人转入公司 50 000 000.00 元、杨荣华转入公司 1 900 000.00 元、龚永福转入 200 000.00 元、杨益转入 600 000.00 元、其他并账 750 000.00 元形成；本年减少的 104 627 655.56 元，主要是付款给龚永福 6 400 000.00 元、受龚永福委托付给其他单位及个人 17 756 000.00 元、受龚永福委托付给中原信托 4 164 155.56 元、支付杨荣华质押登记费用 7 500 元、调整合并往来 76 300 000.00 元形成。请公司明确说明前述往来款项明细发生的具体情况，包括发生原因、发生时间、是否有对应的银行转账凭证，前述 76 300 000 元"调整合并往来"的具体含义和内容，是否存在为关联方代垫资金的情况。

2. 公司披露，由于公司资金困难，公司在华融湘江银行贷款 5 000 万元于到期日（2013 年 3 月 12 日）难以按时归还，后由公司大股东龚永福于 2013 年 3 月 1 日向浏阳河酒业公司拆借资金 4 100 万元用于归还上述贷款，该笔资金后由龚永福以个人资金归还，万福生科支付了资金拆借费用 121.739 1 万元。因未能提供借款合同，审计师对此出具保留意见。请公司进一步说明前述款项的具体发生过程，对应的会计处理情况，拆借费用的确定标准及审议程序，同时提供 4 100 万元进账及归还贷款的相关凭证，如有可能，提供浏阳河酒业公司对前述事项的确认意见。

3. 请公司说明"其他应付款"中对桃源县湘晖农业投资有限公司的 12 252 756.71 元的往来款的发生原因。

4. 公司 2013 年经营性活动现金流与公司当期的营业收入和成本严重不匹配，其中：

（1）公司"收到的其他与经营活动有关的现金"中"往来款"高达 1.89 亿元，同时，"支付的其他与经营活动有关的现金"中"往来款"高达 2.02 亿元。请公司补充说明前述"往来款"的明细情况及发生原因。

（2）公司2013年"购买商品、接受劳务支付的现金"为7 236.63万元，而当期的"营业成本"为2.21亿元。请公司结合应收款、应付款及存货等科目的变化情况，说明前述两个项目差异较大的原因。

5. 公司2013年亏损的主要原因之一是计提了1.3亿元的资产减值损失，其中在建工程因项目终止而计提了1.14亿元。而对于具体计提减值的在建工程，报告期内公司还进行了新增投入，如"供热车间改造工程"减值36 395 690.28元，但报告期内还投入了3 250 804.15元；"稻米精深加工生产线技改项目"减值58 862 835.80元，报告期内还投入了29 155 538.05元；"3 000吨精纯米糠油技改工程"减值11 155 901.82元，报告期内还投入了14 992 808.69元。请公司补充说明在报告期内还有大量投入的情况下，对前述项目计提大额减值的合理性，同时详细说明前述在建工程减值测试的具体过程和依据。请会计师对此发表意见。另外，公司在对在建工程项目终止并计提减值准备后，在建工程项目余额仍有1.34亿元，请公司补充说明在项目终止后对前述在建工程未来的处置计划。

6. 公司2013年底存货仅为6 960.34万元，较期初的2.40亿元大幅减少72.58%，到2014年一季度末公司存货仅为4 748.82万元，又减少了约2 200万元。公司称，主要原因系原材料采购大幅减少。而公司2013年和2014年一季度的营业成本分别为2.21亿元和2 958.14万元。请公司结合市场环境、原材料价格变动、公司自身情况等，详细说明公司报告期内大幅减少原材料采购的原因，2013年和2014年一季度内分别新增存货采购的情况，低库存状况对公司未来业务的影响情况。请会计师就公司2013年商品发货、存货结转的真实性发表意见。

7. 公司主营业务——食品加工业务的毛利率仅为2.77%，较上一年度大幅下滑11.56%。公司称，主要原因在于大米市场目前"稻强米弱"的格局突出，稻米加工企业利润微薄，加之"湖南镉大米事件"、公司财务欺诈等问题。请公司分产品具体分析说明主要产品毛利率大幅下滑的原因。

8. 2013年，公司收入下滑的同时，销售费用和管理费用却较去年大幅上涨。其中销售费用为1 337.19万元，同比增加41.55%；管理费用为3 134.54万元，同比增加45%。请公司结合前述费用的明细情况，分析说明两项费用大幅增加的原因。

9. 公司期末有对桃源县粮油总公司700万元的其他应收款，期限为1~2年。请公司说明该款项的发生原因。

随后公司和利安达会计师事务所分别就相关问题进行了回复，参见"利安达会计师事务所（特殊普通合伙）关于对万福生科（湖南）农业开发股份有限公司的年报问询函的复函"和"万福生科（湖南）农业开发股份有限公司关于深交所2013年报问询函的回复公告"（公告2014-25）。

2015年4月22日，公司董事会和会计师事务所分别发布了"关于2013年度审计报告中保留意见所涉事项影响消除的专项说明"，认定2013年度财务报告中所提到的保留事项的影响已经消除。

值得玩味的是，在2014年"一、二、一"（一年盈利、二年亏损、再一年盈利）游戏顺利进行。万福生科当年实现盈利并"保壳"成功时，利安达会计师事务所给公司财务报告出具了无保留意见（带强调事项段）；而在2015年公司大幅计提减值又产生巨额亏损时，利安达会计师事务所则出具了保留意见（带强调事项段）。

（注：本案例数据除单独注明外，均来源于公司招股说明书、公司公告和各年年报）

问题：

1. 五种审计意见分别在何种情况下出具？为何在本案例中没有出现否定意见和无法表示意见，请举出后两种情形的实际例子。

2. 你认为中磊会计师事务所连续两次（首发上市和上市第一年）为公司出具标准无保留意见，同时没有发现公司的造假是事务所职业能力低下，还是职业道德水平低下？

3. 2013年年报发布后，深圳证券交易所发出问询函，公司和事务所的回复有说服力吗，为什么？

4. 请查阅2015年4月22日公司董事会和会计师事务所分别发布的"关于2013年度审计报告中保留意见所涉事项影响消除的专项说明"，你认为2013年度财务报告中所提到的保留事项的影响真的已经消除了吗？

5. 利安达会计师事务所为公司2014年年报出具无保留意见（带强调事项段），你认为该做法合理吗？

6. 请查阅相关法律、法规，说明事务所（包括签字审计师）出具与事实不符的审计意见，应该承担何种责任？审计师如何规避相应的审计风险？中磊会计师事务所和相关签字会计师所受到的处罚恰当吗？

高级篇

案例四十四

业务合并还是资产收购

企业合并是购买方获得对一个或多个业务控制的交易或事项。构成企业合并至少包括两层含义：一是要取得一个或多个业务的控制权；二是购买的是业务而不是资产。因此企业合并中，对控制和业务两个概论的理解至关重要。本案例重点讨论业务。根据IFRS3给出的定义，业务是指为以下目的的经营和管理的组合资产和活动，这些资产和活动能够向投资者或其他所有者、成员或参与者以股利、更低的成本或其他经济利益的形式提供回报。

一组集合的活动和资产能否形成业务，通常具备以下要素。

（1）投入：投入的资产包括非货币性资产（包括无形资产和使用非货币性资产的权利）、知识产权、取得必要材料或权利的能力、员工。

（2）过程：作用于一项或多项投入，可创造或有能力创造产出的系统、标准、惯例或规则。过程包括战略管理程序、经营程序和资源管理程序等。

（3）产出：提供或者能够提供回报的投入和作用于投入过程的结果。回报的形式包括直接向投资者或其他所有者、成员或参与者提供股利、更低的成本或其他经济利益。

总而言之，判断一组集合的活动和资产能否形成业务，需要两项必备的条件——投入和作用于这些投入的过程，两者将共同创造产出。但是产出并不是判断是否形成业务的必要条件，如处于发展阶段的一组集合的活动和资产可能没有产出。

在缺乏相反证据的情况下，如果一组集合的活动和资产中存在商誉，则该组合应被认定为业务。然而，业务并不是必须产生商誉。

我国某大型远洋航运公司（以下简称"A企业"）准备收购沿海一些小型船运公司，收购情形存在以下几种。

情形一：裸船收购，即只收购这些小型船运公司的船只，按新旧程度对船只进行估价并购买。

情形二：企业收购，即整体收购这些小型船运公司，在对账面资产进行重新评估后，再对每个公司的客户资源、航运线路、船员等进行逐一评估，最后给出合并价格。

情形三：企业收购。与情形二的公司相比，这类船运公司基本没有自己的船员，也没有自己的管理人员，但拥有自己的客户资源，每次接单后，将航运事务和管理外包给专业公司，指定经纪人负责联络。

情形四：企业收购。在"一带一路"的大背景下，我国大型国有企业在东南亚的基础建设开展得十分红火，同时也带动了特定的线路。A企业就是在这时成立的，并开始购买船只和接驳设备、招聘船员、兴建和租赁仓库和码头，且与相应的企业预签了运输合同，但由于资金链断裂，企业在即将营运之时不得已将相关资产出售。

问题：

1. 请指出资产购买和业务收购的本质区别，为何企业合并一定要构成业务？

2. 本案例中提及的四种收购情形是资产购买还是业务收购？请指出不同的会计处理对财务报表的影响。

3. 在缺乏相反证据的情况下，如果一组集合的活动和资产中存在商誉，则该组合应被认定为业务。在情形四中，一个还没有正式营运的企业会存在商誉吗，为什么？

4. 在外包越来越流行的情况下，该方式会对企业经营和企业会计处理带来哪些影响？

案例四十五

零支付对价需要合并吗？

　　某市 A 集团下属的一家全资子公司 B 公司近年来因经营不善而连年亏损。而在同一业务领域的民营企业 C 企业却经营得风生水起，盈利颇丰。A 集团虽然通过不断更换 B 公司管理班子来改善经营，但效果均不佳。A 集团与 C 企业沟通协商后，打算向其出售 B 公司，作价以账面净资产 1.5 亿元为依据，前提是除了经营班子，不能辞退签订正式合同的员工。但 C 企业没有接受这一方案。考虑到 B 公司的地理位置以及 A 集团的规模和背景，C 企业愿意进一步讨论这一合作，A 集团于是又提出以下三个方案供 C 企业选择。

　　方案一：留用全部签订正式合同的员工，如需要解聘，要与 A 集团沟通协商。每年形成的损益由 A 集团和 C 企业按 60% 和 40% 的标准来分配。

　　方案二：原员工由 C 企业自主决定是否续聘，每解聘一个员工，C 企业每年需支付 10 万元的固定费用，此后每年形成的损益由 A 集团和 C 企业按 40% 和 60% 的标准来分配。

　　方案三：原员工由 C 企业自主决定是否续聘，每解聘一个员工，C 企业每年需支付 10 万元的固定费用，此后每年形成的损益由 A 集团和 C 企业按 60% 和 40% 的标准来分配。如果委托经营超过 4 个经营期，从第 5 期开始，B 公司由 A 集团和 C 企业分别拥有其 60% 和 40% 的股权。

　　三个方案执行的基本前提是，A 集团将 B 公司委托给 C 企业经营，委托经营期限为 5 年，如无特殊情况，再延期 5 年，此后 C 企业有优先经营权，如果 A 集团要出售 B 公司，C 企业有优先购买权；B 公司的经营班子均不留用，B 公司此前的债务由 A 集团负责，但财务要定期接受 A 集团的监督，另外，重大合同需要 A 集团配合的，A 集团应大力提供协助。C 企业指定法定代理人，A 集团要为 B 公司的运行提供法律运行上的便利和条件；另外，正式受托经营后形成的债务，由 C 企业负责，形成的不动产经营到期后由 A 集团按账面价值收购，动产则由 C 企业自行转移或处置。C 企业对 B 公司以前的资产有使用权，但无处置权，如需处置和更新改造要与 A 集团协商并经 A 集团同意。委托经营期内，C 企业拥有生产、经营、人事（方案一中对原员工的人事权除外）和财务等方面的绝对自主权，重大投资如需要兴起地上项目等，需要与 A 集团沟通协商。委托经营期内主要会计政策需经双方讨论通过。

　　综合考虑后，C 企业最终选择了方案二。

问题：

　　1. C 企业的受托经营（方案二）B 公司是控制、合营、租赁还是特许经营，为什么？简述三种不同情形的会计处理和经济影响。

　　2. 比较三种方案，为什么 C 企业最终选择了方案二？

　　3. 如果 C 企业对受托经营的 B 公司拥有控制权，形成长期股权投资，那么这种零对价形成的长期股权投资如何进行核算？

　　4. 受托经营规定每解聘一个员工，C 企业每年需支付 10 万元的固定费用，这一支出是否构成支付对价（即取得长期股权投资的成本）？

　　5. C 企业投入 B 公司的生产经营和投资等支出如何核算？如果最终 C 企业拥有 B 公司 40% 的股权，那么上述核算有区别吗？

案例四十六

谁是公司的控制者
——支付宝事件

支付宝（中国）网络技术有限公司（以下简称"支付宝"）于 2004 年成立，主要为所有个人及企业用户提供安全可靠、方便快捷的网上支付和结算服务。作为国内实力较强的第三方网上支付服务提供商，支付宝已经占据全国第三方网上支付市场近一半的规模。2007 年阿里巴巴网络有限公司（以下简称"阿里巴巴集团"）上市时，支付宝是阿里巴巴集团的全资子公司。为了获得央行的第三方支付牌照，阿里巴巴集团于 2009 年 6 月和 2010 年 8 月分两次将支付宝的全部股权转移至马云控股的内资公司浙江阿里巴巴电子商务有限公司（以下简称"浙江阿里巴巴"）。同时，通过协议控制结构（以下简称 VIE 结构①）关系，阿里巴巴集团又控制了浙江阿里巴巴。然而，在向央行递交资格审查声明的前一天晚上，阿里巴巴集团管理层单方面解除了浙江阿里巴巴与阿里巴巴集团的协议控制关系。一时间，舆论哗然，这一事件也被称为"支付宝事件"，引发了国内外媒体对支付宝事件的关注和激烈讨论。

一、缘起

1999 年，马云等人在杭州创立阿里巴巴集团。阿里巴巴集团主要经营专业化、多元化的电子商务服务，业务涉及网上交易、网上销售、第三方支付、网上购物搜索引擎，以及电子商务云计算等多种服务。长期以来，阿里巴巴集团坚持将为用户提供方便快捷的电子商务服务作为经营理念，通过专业、周到、领先的电子商务服务实现快速发展。阿里巴巴集团通过互联网面向世界，为 240 多个国家和地区的客户提供服务，员工总数超过 24 000 人。阿里巴巴集团已经建立 B2B（Business to Business，商家对商家）国际和国内贸易的网上交易平台（1688.com），网上零售平台（淘宝网和天猫），支付平台（支付宝），网上购物搜索引擎（一淘），以数据为中心的云计算服务（阿里云计算），互联网资讯、邮箱、搜索等基础服务（中国雅虎）的主要业务架构。

2007 年，阿里巴巴集团的部分业务在香港联交所挂牌上市[以下简称该上市子公司为"阿里巴巴（香港）"]。上市当日，开盘价达到 30 港元，较发行价 13.5 港元上涨 122%，公司当日融资 15 亿美元。上市时，阿里巴巴集团的股权结构如图 46-1 所示。

2009 年 6 月以前，支付宝的全资控股股东为阿里巴巴集团全资子公司 Alipay e-commerce corp（以下简称"Alipay"，注册于开曼群岛）。而阿里巴巴集团前三大股东中，第一大股东雅虎和第三大股东软银股份有限公司（以下简称"软银"）均为外资公司。虽然阿里巴巴集团的控制权是由马云及其管理层掌握，但外资股东对公司决策的重大影响不可忽视，所以当时支付宝实际上是受外资重大影响的②。

---

① 在这种模式中，控制者可能不是公司的多数股东，也不拥有公司多数董事会席位，但是通过与公司签订一系列的协议，控制者可以控制公司股东大会的决议，可以控制公司董事会的决策，从而能够决定一个公司的财务和经营政策，并能据此从这个公司的经营活动中获取利益。这种模式也称终极控制模式，其典型代表就是特殊目的实体（Special Purpose Entity，SPE）和可变利益实体（Variable Interest Entities，VIE）。在这种模式控制下的公司，要判断谁是公司的终极利益获取者，核心标准是看谁获取了该公司的大多数预期收益，或者谁承担了该公司的大部分预期损失，或者同时满足以上两个条件。换言之，不论终极利益获取者是所有者，还是贷款人、担保人或出租人，只要其承受了公司的大部分损失或者享有公司的大部分利益，那么他就是公司的控制者。

② 2014 年，阿里巴巴集团在美国纳斯达克上市时，所提出的合伙人制度获得通过，其中规定"合伙人有提名董事会多数成员的权利"，由此合伙人掌控集团控制权得以明确。

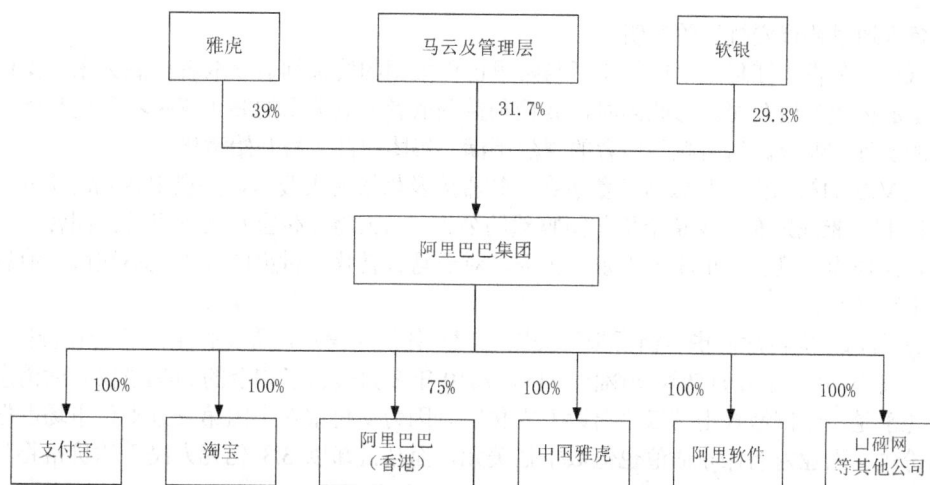

图 46-1　阿里巴巴集团的股权结构

为了获得央行的第三方支付牌照，阿里巴巴集团于 2009 年 6 月和 2010 年 8 月分两次将支付宝的全部股权转移至浙江阿里巴巴。同时，通过 VIE 结构关系，阿里巴巴集团又控制浙江阿里巴巴。然而，在向央行递交资格审查声明的前一天晚上，阿里巴巴管理层单方面解除了浙江阿里巴巴与阿里巴巴集团的协议控制关系。

下面对这起事件的来龙去脉做一个系统介绍。

二、事件回顾

2009 年 6 月 1 日，Alipay 向浙江阿里巴巴（马云占股 80%、谢世煌占股 20%）转让了支付宝 70% 的股权，作价 2 240 万美元（折合人民币 1.66 亿元）。同时，阿里巴巴（香港）设立的阿里巴巴（中国）网络技术有限公司 [以下简称"阿里巴巴（中国）"] 与浙江阿里巴巴保持协议控制关系。由于阿里巴巴（香港）是阿里巴巴集团的控股子公司，因此，此次支付宝股权转让后，阿里巴巴集团仍然是支付宝的终极利益获取者。

第一次股权转让完成之后不到一周，支付宝增资扩股，支付宝和浙江阿里巴巴对等增资，支付宝注册资本增至 5 亿元人民币。

2009 年 7 月 24 日，阿里巴巴集团董事会以纪要形式授权管理层通过股权结构调整来合法获取支付牌照。

2010 年 6 月 21 日，央行出台了《非金融企业支付服务管理办法》，规定从事第三方支付业务的企业必须向央行申请许可证，且申请者必须是"境内依法设立的有限责任公司及股份有限公司"，而对于有外资成分企业的牌照申请则"由中国人民银行另行规定，报国务院批准"。2011 年 9 月 1 日前，未拿到支付牌照的公司将不再允许办理支付业务。

2010 年 8 月 6 日，Alipay 将剩余的 30% 股权转让给浙江阿里巴巴，作价 1.649 8 亿元。交易完成后，浙江阿里巴巴以 3.3 亿元人民币，将市场估价约 50 亿美元的支付宝收为全资子公司。此时，由于阿里巴巴（中国）与浙江阿里巴巴的协议控制关系，阿里巴巴集团仍是浙江阿里巴巴的终极利益获取者。

2011 年 1 月 26 日，央行对首批申请支付牌照的企业进行资格审查，给支付宝发传真函件要求支付宝声明是否有终极利益获取者控制关系，是否为境外资本实际控制。

在向央行递交声明的前一天晚上，阿里巴巴集团管理层单方面解除了浙江阿里巴巴与阿里巴巴集团的终极利益获取者控制关系，并向央行提交了"浙江阿里巴巴是支付宝唯一实际控制权人，没有境外投资人通过协议安排"的声明。

这一纸声明使得浙江阿里巴巴终止了与阿里巴巴集团的终极利益获取者控制关系，支付宝成为真正意义上的内资控股公司。与此同时，终极利益获取者控制关系的终止意味着雅虎和软银失去了对支付宝的实际控制权。这引起了二者的强烈不满，集团内部矛盾开始激化。

在终止 VIE 的第二天，马云召开董事会告知雅虎及软银两大股东，并提出谈判解决补偿问题。

5 月 10 日，雅虎发布了令整个华尔街哗然的公告：马云将支付宝从阿里巴巴集团转移到了浙江阿里巴巴，而作为阿里巴巴集团大股东的雅虎，对于马云转移支付宝的行为毫不知情。消息一出，雅虎股价下跌 7.3%。

5 月 13 日，雅虎再次向华尔街日报等美国主流媒体发布消息，称支付宝的总转让价格为 3.3 亿元人民币，其中 2009 年 6 月转移 70% 的股权，2010 年 8 月转移了剩余的 30% 股权。此消息一出，美国舆论几乎是一边倒地抨击马云"窃取"支付宝。因为支付宝在中国第三方支付市场占据着近一半的市场份额，据业内的保守估值也值数十亿美元，而马云却以 3.3 亿元人民币的价格将其纳入私人囊中，这种行为几乎无异于"偷"了。

5 月 14 日，马云在香港召开的阿里巴巴集团股东大会上回应，称转移支付宝的行为"100% 合法透明"，并且雅虎一直都是知晓的。

5 月 16 日，马云在阿里巴巴集团股东大会上驳斥雅虎的说法，强调支付宝转移绝对合法。为了尽快获得监管部门的牌照，阿里巴巴集团才重组支付宝，将支付宝变成马云控股的内资公司。

5 月 26 日，央行公布了首批获得支付业务许可证的企业名单，包括支付宝在内共有 27 家企业获得第三方支付牌照。

5 月 27 日，雅虎杨致远面对媒体，首次谈到支付宝重组事件，表明雅虎的立场——"必须获得赔偿"。

6 月 1 日，有消息称雅虎与阿里巴巴集团已就支付宝纠纷达成和解；次日传出消息，软银拒绝参与支付宝股权转让补偿谈判，其意不明。

6 月 2 日，在前往美国参加第九届数字大会期间，马云首度承认支付宝的转移是由管理层单方面实施，但强调该行为是在告知股东后股东不置可否的情况下进行的。

6 月 9 日，雅虎因支付宝所有权转移遭到股东的集体诉讼。

6 月 11 日，著名媒体人胡舒立站出来评论此事，撰文《马云为什么错了》。该篇文章剑指马云私自转移支付宝违背"契约精神"，将外界对马云的质疑推向了高潮。

6 月 13 日，身在美国的马云打破沉默，通过短信指责胡舒立并不了解真相，并强调支付宝所有权转移事件并非仅仅是利益之争，倘若处置不好，可能会招来牢狱之灾。

6 月 14 日，回国后的马云迅速在杭州给蜂拥而至的媒体澄清事件真相，承认在董事会没有同意的情况下，单方面终止了阿里巴巴集团对浙江阿里巴巴的终极利益获取者控制关系，理由是遵守央行规定。

6 月 15 日，马云回应支付宝股权转移事件，称其做了一个艰难、"不完美"但"正确"的决定。然而，事与愿违，因为"解释就是掩饰，掩饰就是事实"的原则，舆论激增，互联网与创投圈内多位知名人士抨击马云的做法将拖垮整个互联网行业，甚至影响金融开放局面。声浪之中，拥有阿里巴巴集团董事会席位的当事方雅虎与软银，以及支付宝的主管部门央行的态度却让人琢磨不透。

6 月 20 日，软银董事长孙正义终于发声，称预计很快就支付宝事件与阿里巴巴集团达成协议。

6 月 22 日，阿里巴巴集团、软银以及雅虎发布联合声明，称支付宝转移事件取得了"实质性的、令人鼓舞的进展"，有望很快达成协议，三方在适当的时机之前，均不会就进一步细节发表评论。

7 月 29 日，三方正式签署协议，支付宝的控股公司承诺在支付宝上市时予以阿里巴巴集团合理的经济回报。回报额为支付宝上市时总市值的 37.5%（以 IPO 价为准），回报额将不低于 20 亿美元且不超过 60 亿美元。[①]

2014 年 10 月，蚂蚁金融服务集团（以下简称"蚂蚁金服"）正式成立，目标是为小微企业和个人消费者提供普惠金融服务。蚂蚁金服旗下有支付宝、余额宝、招财宝、蚂蚁聚宝、网商银行、蚂蚁花呗、芝麻信用、蚂蚁金融云、蚂蚁达客等子业务板块。公司已于 2016 年 4 月完成 B 轮融资，融资额为 45 亿美元（约 292 亿元人民币），估计时机成熟后在 A 股市场或海外公开上市。这意味着，支付宝股权之争基本告结。

三、缘由

支付宝事件充分暴露了 VIE 结构给相关投资人（如境外投资者）带来的风险，即管理层可以在股东大会和董事会没有批准的情况下单方面终止控制协议，割断终极利益获取者控制关系。要了解这一事件的缘由，先从 VIE 结构在我国的产生说起。

伴随着中国企业赴美上市的数量不断增多，中国对海外上市的监管制度也在发生变化。1999 年前，在海外上市的中国企业绝大多数是国有企业，其中多数是以红筹模式登陆海外市场的。因而，1997 年 6 月国务院发布了"九七红筹"（《国务院关于进一步加强在境外发行股票和上市管理的通知》）指引。

《证券法》第二十九条指出："境内企业直接或者间接到境外发行债券或者将其债券在境外市场交易，必须经国务院债券监督管理机构批准。"

由于 1992 年已在境外上市的侨兴环球等公司并未得到审批，这一事件促进了证监会 2000 年 6 月发布通知，要求中国企业取得"无异议函"后方可上市，即企业必须得到政府的审批后方能上市。这项通知在很大程度上防止了国有资产的流失。

"无异议函"在防止国有资产流失的同时，也成为了上市后出现问题的企业的保荐人推卸责任的借口。欧亚农业、格林柯尔等企业接连产生问题时，其保荐人就以拿到"无异议函"之后才上市为由，推卸责任。因此，在"无异议函"发布之后不到三年的时间，中华人民共和国商务部（以下简称"商务部"）、国家外汇管理局（以下简称"外管局"）等四部委颁布实施《外国投资者并购境内企业暂行规定》（外经贸部令 2003 年第 3 号），首次实现间接上市的规范由单一的证监会审批转为投资、外汇、证券及工商多元监管。

2003 年之后，"红筹模式"基本稳定，但是优秀的民营企业实现境外上市也使得优质资源外流，资本外逃的问题变得严重。因此，2005 年外管局相继发布"11 号文"和"29 号文"以加强对"红筹模式"的监管。同年 10 月，外管局发布"75 号文"，废止"11 号文"和"29 号文"，放宽了外汇登记条件，引导企业积极、合理、有效地利用资本市场，对"红筹模式""放行"。

大量的优质企业在境外上市，带动了企业境外上市潮。为了防止资本外逃，监管也变得更加严厉。六部委于 2006 年 6 月发布"10 号文"，其中第 11 条指出：境内公司、企业或自然人以其在境外合法设立或控制的公司名义并购与其有关联关系的境内的公司，应报商务部审批。当事人不得以外商投资企业境内投资或其他方式规避前述要求。从此，民营企业境外上市潮处于限制期。

自 1992 年中国企业赴美上市至今，中国概念股海外上市的交易结构最先是红筹模式，在政府出台"10 号文"后，红筹模式受到限制。随后 VIE 模式正式兴起。

（一）红筹模式

红筹模式是指境内企业控制人等以个人名义在境外设立离岸公司，并由该离岸公司收购境内经

[①] 新浪财经. 支付宝股权转让事件多方协议正文[EB/OL]. [2011-07-29].

营实体公司的股权，从而实现对境内经营实体公司的财务报表的合并。境内经营实体公司就变为外商投资企业，离岸控股公司成为未来上市的主体。红筹模式如图 46-2 所示。

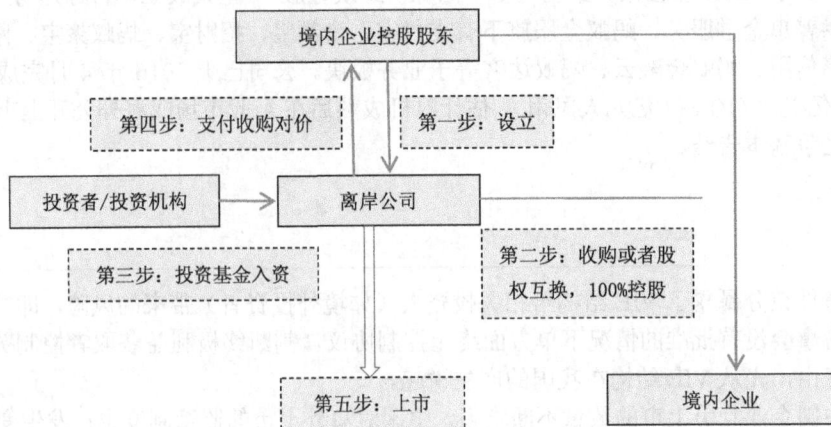

图 46-2　红筹模式

红筹模式是中国企业最初在美国上市的主要模式，其产生和发展主要是由于当时境外直接上市的种种困难。第一，两个国家或地区之间的法律不同。中国企业如果要到境外上市，就必须要符合上市地的法律要求。第二，国家或地区之间的会计准则上的差异。国内企业到境外上市，既要按照上市地的会计准则编制报表，又要按照中国的会计准则编制报表，增加了企业的成本。第三，审批手续繁杂。国内企业要到境外上市，首先要向包括证监会在内的中国政府有关部门提出申请，获准后才能向上市地的证券主管机关提出证券注册申请。这一过程运作时间长，程序复杂。更为重要的是，境外直接上市的财务门槛较高，必须满足"456 条款"。因为根据证监会发布的《关于企业申请境外上市有关问题的通知》（证监发行字〔1999〕83 号）的规定，企业准备境外直接上市在财务上必须达到以下要求：净资产不少于 4 亿元人民币，过去一年税后利润不少于 6 000 万元人民币，筹资额按合理预期市盈率计算不少于 5 000 万美元。由于这些硬性指标的存在，众多民营企业尤其是高新技术类、互联网类企业都被排除在大门之外。因此，这一模式主要适用于大型国有企业。早期的青岛啤酒、上海石化、中国石油、中国石化、中国移动、中国联通以及近期的四大国有商业银行等都是采用这种模式实现境外上市。

红筹结构在技术上的挑战在于如何较好地完成跨境股权的转让以及如何为该股权转让筹集资金。

（二）VIE 模式

VIE 是 FASB 在安然事件之后定义的。VIE 结构被称为协议控制结构，是指境外注册的上市实体通过签订协议，而非股权控制的方式直接或间接控制位于中国境内的业务实体，进而成为境内实体的实际收益人和资产控制人，但是境外注册的上市实体又与境内业务的运营实体相分离的控制结构。中国境内的业务实体在这里被称为上市实体的"可变利益实体（Variable Interest Entities，VIE）"。

VIE 模式的通常做法如下。

（1）企业的创始人或股东在境外设立一个离岸公司 A，如在维京群岛或开曼群岛。

（2）A 公司与外资 VC/PE（VC 即 Venture Capital 风险投资，PE 即 Private Equity 私募股权投资）及其他股东再共同成立一个开曼公司，作为上市的主体。

（3）上市公司主体再在维京群岛全资设立离岸公司 B。

（4）离岸公司 B 再以外商投资的身份，在国内全资设立一个外商独资企业。

（5）该外商独资企业与国内运营业务的实体签订一系列协议，以达到完全控制国内实体企业的目的。VIE 模式的控制结构如图 46-3 所示。

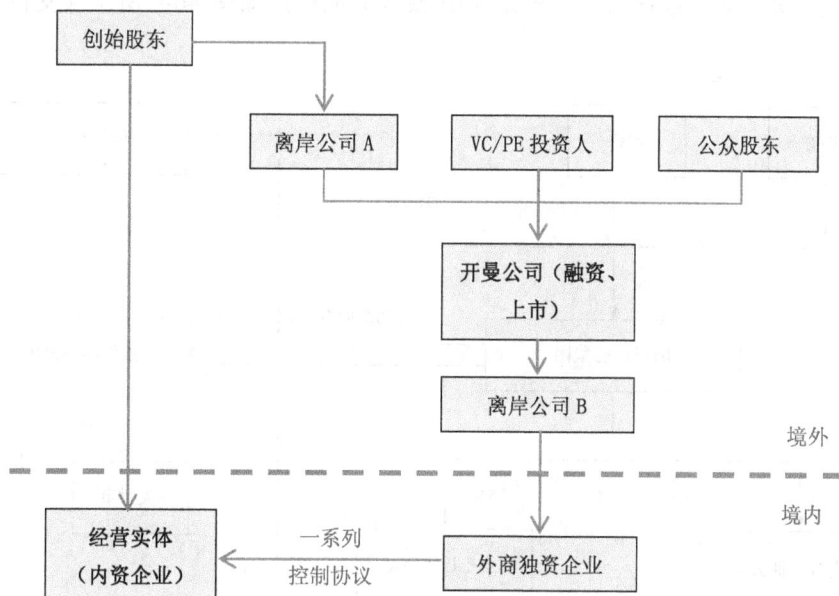

图 46-3　VIE 模式的控制结构

VIE 模式与红筹模式最本质的区别在于前者改变了境外上市公司对境内运营实体的控制模式；红筹模式采用的是股权控制，而 VIE 模式采用的是协议控制。在 VIE 模式中，由境外上市公司控制的外商独资企业与境内运营实体签订一系列的协议，包括贷款协议、股权质押协议、独家顾问服务协议、资产运营控制协议、认股权协议和投票权协议等，使得境外上市公司能够实质上控制境内运营实体，并获取其终极利益。这也是中国公司治理中的终极利益获取者控制模式。

VIE 模式最初应用于互联网企业赴美上市。互联网企业在创业初期，凭借着良好的商业模式、运作与独有的专业技术，建立起市场壁垒。但是脆弱的初始资金链条成为其成功的最大障碍。因此互联网企业能否成功融资是其能否顺利发展的关键。在互联网行业，速度决定了企业的发展。红筹模式在当时虽然是企业赴美上市通行的做法，但是通过红筹模式上市企业需要有复杂的登记审批手续。这些手续使得采用红筹模式上市的企业要面临相当高的等待风险。更为关键的是，国家对互联网、出版等行业有严格的外资准入政策限制，采用红筹模式的股权控制将不能通过审批。所以，对于互联网企业来说，红筹模式是行不通的，它们需要的是如何减少审批步骤而迅速成功融资，因此，便有了"新浪模式"，即后来兴起的"VIE 模式"。2006 年"10 号文"出台，规定："境内公司、企业或自然人以其在境外合法设立或控制的公司名义并购与其有关联关系的境内的公司，应报商务部审批"；同时"当事人不得以外商投资企业境内投资或其他方式规避前述要求。"对关联并购的严格限制基本上封锁了采用红筹模式上市之路，也客观上促进了 VIE 模式的发展。

在香港上市的阿里巴巴（香港）实质上是一家由阿里巴巴集团控股的外资控股公司。根据国务院令第 291 号《中华人民共和国电信条例》、第 292 号《互联网信息服务管理办法》，国家对提供互联网信息服务的内容生产网站（ICP）实行许可制度，即要求公司获得互联网信息服务业务经营许可证。但当时中国的《外商投资产业指导目录》禁止外商在中国投资提供增值电信服务（包括提供互联网信息增值服务）的业务，按照这一规定，阿里巴巴（香港）无法获得此项许可证。

　　阿里巴巴（中国）与持有互联网信息服务许可证的浙江阿里巴巴签订了一系列协议。这些协议既保障了阿里巴巴集团对浙江阿里巴巴的控制，又能使浙江阿里巴巴的终极利益合理地转移至阿里巴巴集团。这一过程实质上就是 VIE 模式的应用，如图 46-4 所示（支付宝股权转让之后）。

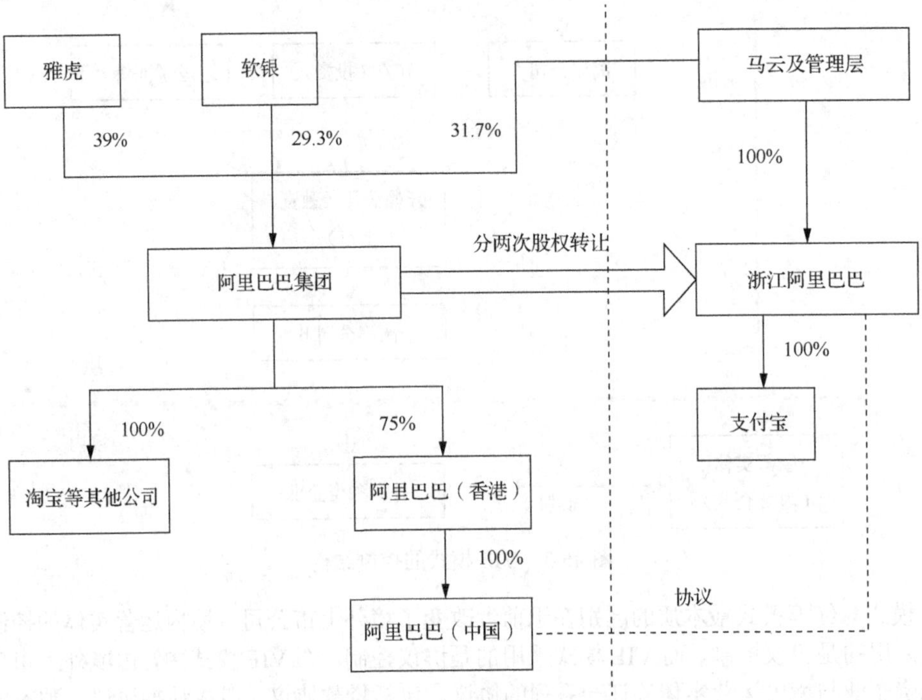

图 46-4　阿里巴巴集团终极利益获取者控制下公司关系

　　图 46-4 中虚线左侧为外资控股企业，右侧为内资控股企业，正是借助于阿里巴巴（中国）与浙江阿里巴巴的协议，阿里巴巴集团有效地规避了法律的限制，从而得以投资互联网行业并获得收益。也正是由于阿里巴巴集团与浙江阿里巴巴存在终极利益获取者控制关系，所以在支付宝由外资控股转为内资控股的过程中，雅虎和软银采取了默许的态度。

　　通过以上分析我们可以发现，阿里巴巴集团采用 VIE 模式的目的是规避法律的限制，绕过监管。这种动机隐藏着巨大的法律风险。倘若国家认定终极利益获取者控制结构的实质是外资控制而对企业行为加以禁止，则构建这种模式就属于非法行为，从而终极利益获取者将不得不放弃对目标企业的控制并从中退出。

　　由图 46-4 可以看出，阿里巴巴集团与浙江阿里巴巴之间存在着终极利益获取者控制关系，包括六项具体的协议：贷款协议、认购权协议、代理人协议、股权抵押协议、中国交易市场业务合作协议、独家技术服务协议。其中贷款协议为阿里巴巴（中国）向浙江阿里巴巴股东提供免息贷款，但规定该贷款只能用于对公司的注资，另外要以股东持有的浙江阿里巴巴的股权作为抵押；认购权协议、代理人协议、股权抵押协议等则对阿里巴巴集团认购浙江阿里巴巴股权的情形以及指定代理人行使股东权利等事项做了相关规定，目的在于确保对原控制人浙江阿里巴巴的实际控制；独家技术服务协议为阿里巴巴（中国）向浙江阿里巴巴提供独家技术服务支持，而浙江阿里巴巴则以税前利润作为费用支付给阿里巴巴（中国），该协议达到了转移终极利益的目的，使得浙江阿里巴巴的终极利益转移至阿里巴巴集团。阿里巴巴集团终极利益获取者控制架构具体如图 46-5 所示。

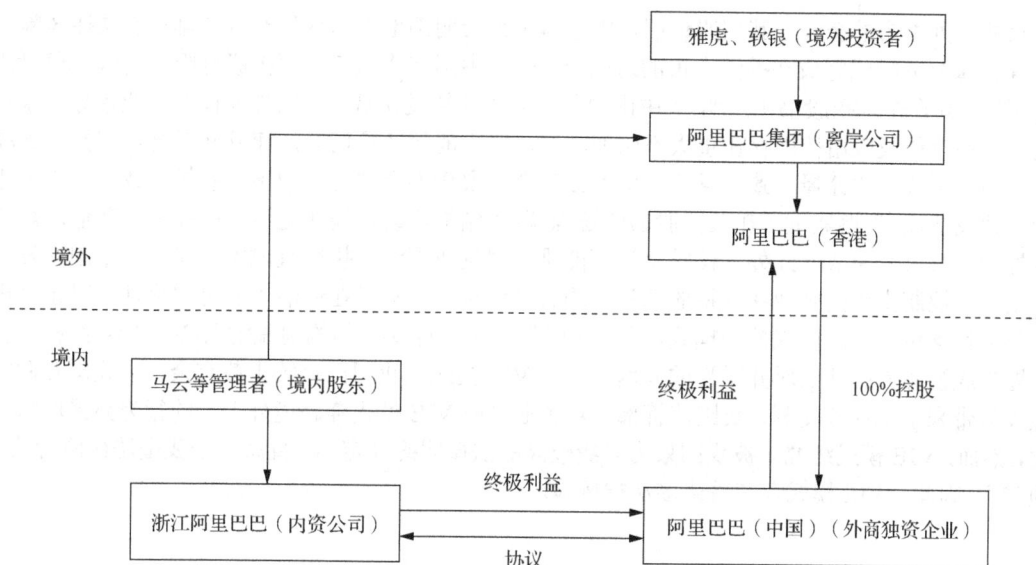

图 46-5　阿里巴巴集团终极利益获取者控制架构

四、风险

在终极利益获取者控制模式下，阿里巴巴集团与浙江阿里巴巴存在协议控制关系。当支付宝股权全部转移至浙江阿里巴巴时，雅虎和软银依旧可以通过阿里巴巴集团间接获取支付宝的终极利益并控制支付宝。但是当阿里巴巴管理层单方面解除协议控制关系后，浙江阿里巴巴与阿里巴巴集团没有了任何控制关系，外资企业失去了获取支付宝的终极利益基础，当然也就失去了对支付宝的控制权。所以，对于集团的终极利益获取者而言，这将无疑是一笔巨大的损失。

终极利益获取者控制关系终止后，雅虎的投资者们信心大幅降低，他们纷纷抛售股票，致使雅虎市值缩水 20 亿美元。2011 年 5 月 11 日，雅虎的股价大跌 7.28%，每股跌至 17.2 美元，创近一年来的最大跌幅。截至 2011 年 5 月 27 日收盘，雅虎的股价依然停留在 16.02 美元。

生米已经煮成熟饭，"控制者"似乎也只能默认这个局面。在终止 VIE 的第二天，马云召开董事会告知雅虎及软银两大股东，并提出谈判解决补偿问题。7 月 29 日，阿里巴巴集团、雅虎和软银做出了联合声明，称一旦支付宝上市或出售，依据阿里巴巴集团所持支付宝 37.5%股权计算，阿里巴巴集团将获得最低 20 亿美元、最高 60 亿美元的补偿。虽然从收益上看，这还算得上是雅虎和软银的成功投资案例，因为如果详细对比最初的投资金额和截至目前的回报，这两家投资方获得的收益也颇为可观。然而，这份协议并不利于雅虎和软银的更长远利益，因为它们原本可以作为股东，坐享支付宝丰厚的年度利润分成，或者在股价满意的时候选择套现。事实上，主动权已经不在它们的手里，而且获取回报的前提条件是支付宝上市，但支付宝上市仍然遥遥无期。协议公布当天，雅虎股价又下跌了 3%，收盘价为 13.10 美元。

在 VIE 模式下，尽管境外上市公司已经通过外商独资企业与境内内资企业签订一系列协议，从实质上获取了境内内资企业的终极利益和公司控制权。然而，毕竟这种控制关系是由一系列协议所确定的，境外上市公司及其在境内设立的外商独资企业对境内内资企业不拥有控股权，并不能直接介入境内内资企业的经营管理事务。加之，外商独资企业和境内内资企业之间签订的一系列协议所适用的准据法能否保证此类协议关系的合法有效也存在不确定性。因此，VIE 模式即终极利益获取者控制模式具有潜在的控制风险。

虽然我国默许境内企业采用 VIE 模式赴境外上市，但该模式尚未获得法律上的明确认可。采用

VIE 模式境外上市的企业在其招股说明书中基本上都会明确地表示这种结构安排存在法律风险。如2010年采用 VIE 模式完成在香港上市的造船企业——中国熔盛重工集团控股有限公司（以下简称"熔盛重工"），其在全球招股书中声明："中国现行及未来法律及法规（包括外商投资产业指导目录及并购规定）的诠释及应用范围存在重大不明朗因素，概不能保证我们的法律顾问对合约安排的诠释会或将会与中国政府的诠释一致，且不能确保该等合约安排不会被有关中国政府机关或法庭视为违反我国法律及法规。"熔盛重工在其招股书中还强调："结构协议及委托建造合同在赋予我们对熔盛造船的控制权时可能无效。此外，该等协议可能难于根据我国法律执行且成本高昂。"[①]中国秦发集团等采用协议控制上市的企业在其招股章程中均有类似规定。马云在澄清"支付宝事件"时也曾声称央行不允许支付宝适用协议控制模式，此说法引起了业内对 VIE 结构前景的关心，"VIE 结构的合法性问题"成为各界必须面对并重视的问题。虽然 VIE 模式在我国已存续十载有余，为我国互联网的迅猛发展带来了机遇和便利，我国监管部门对企业采取 VIE 模式奔赴境外上市的行为亦采取默许的态度，然而，VIE 模式终究未被我国效力等级较高的法律明确规定，一直游离于我国法律监管的"灰色地带"。因此，VIE 模式存在着诸多法律风险。

问题：

1. 如何评价阿里巴巴集团管理层为了获取支付牌照单方面解除协议控制关系这一做法？

2. 简述红筹模式、VIE模式在我国产生的背景，这两种模式的本质区别是什么？

3. 利用红筹模式、VIE模式进行境外上市是一种制度创新，还是一种非法行为？在既无法律明确规定、监管当局又未明令禁止的情况下，企业如何作为？

4. 我国VIE模式和国外VIE模式存在区别吗？在此种模式中，谁是公司真正的控制者，如何控制这一模式中出现的各种风险、保障各相关利益者的利益？

5. VIE模式对会计的影响是什么，如何判断控制以及合并的标准？

---

① 中国熔盛重工集团控股有限公司全球招股章程，2013-6-12.

案例四十七

控制权的安排——阿里巴巴

2014 年 9 月，阿里巴巴集团在纽约证券交易所上市，市值超 2 300 亿美元，以前所未有的美国股票 IPO 规模给纽约证券交易所送去了一份大礼。其实，阿里巴巴原本首选的上市地点是我国香港。2013 年，阿里巴巴集团有意在香港联交所上市，创新性地向香港联交所提出其设计的"合伙人制度"，经过双方多次交涉和谈判，合伙人制度未能被香港交易市场接受。随后，阿里巴巴集团于纽约证券交易所上市并成功引入了其独创的合伙人制度。这一事件背后值得人们思考的是阿里巴巴的合伙人制度究竟为何物？它的什么特点使得马云团队对其如此钟爱？如果进一步上升到理论高度，涉及的问题有控制权的本质是什么，控制权安排的目的是什么，控制权安排的原则是一成不变的吗？

一、阿里巴巴集团简介

阿里巴巴集团（以下简称"阿里"或"集团"）于 1999 年由马云等 18 个创始人在杭州市创立，起初集团主要以中小企业商户为主要服务对象，依托一家 B2B 电子商务站点在全球范围内运营互联网批发贸易。

自成立以来，阿里以"让天下没有难做的生意"为使命，逐步实现业务领域的扩张和经营规模的扩大。如今，阿里已经发展成为业务多元化的庞大企业集团，构建起了一个电子商务服务生态系统。阿里的发展历程和主要业务架构分别如图 47-1 和表 47-1 所示。

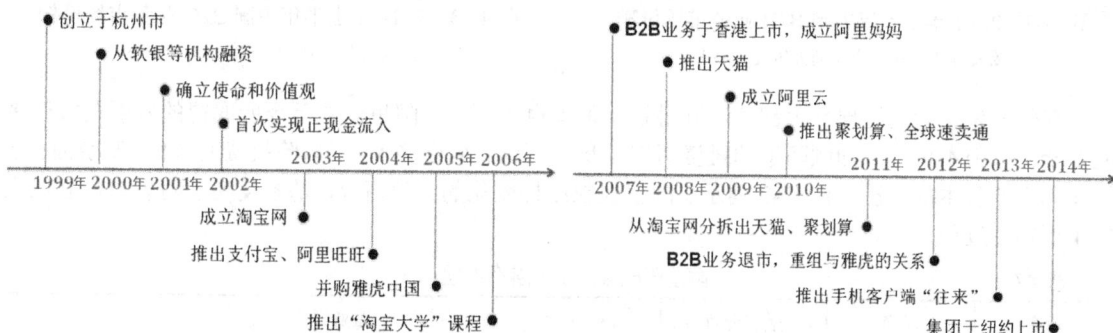

图 47-1 阿里巴巴集团发展历程

表 47-1 　　　　　　　　　　　　　　　阿里巴巴集团主要业务架构

业务	简介
淘宝网	阿里巴巴集团著名的 C2C（个人对个人）互联网交易平台，致力于提供便利的购物方式，支持商品的多元化选择，强调商品价值的体现和比较
天猫	阿里巴巴集团 B2C（商家对个人）平台，即"网上商城"，交易的一方为消费者，另一方为品牌和零售商，以"正品保障"为价值主张
1688	原"阿里巴巴中国交易市场"，阿里巴巴集团 B2B（商家对商家）平台，以批发和采购为业务核心，为企业客户提供电子商务服务

续表

业务	简介
阿里巴巴国际交易市场	集团成立之初就已开始经营的业务，在全球范围内为买家和供应商提供批发贸易服务
全球速卖通	淘宝网的"国际版本"，是服务于世界各地消费者的在线零售平台
聚划算	网络团购平台，通过集合零散的同类消费者订单来实现大批量交易，以从中获取佣金。聚划算于 2011 年从淘宝网剥离
阿里云计算	开发、提供云计算技术和服务，目前在相关业务领域取得了全球领先的地位
蚂蚁金融服务集团	阿里巴巴集团旗下的金融服务供应商，主要为小型、微型企业及普通消费者提供金融产品和服务，为人们所熟悉的支付宝、余额宝等都是该集团旗下的业务
阿里妈妈	网络营销技术和服务提供商，是基于互联网的广告推广平台
中国智能物流骨干网	即浙江菜鸟供应链管理有限公司，是一家物流信息平台运营商

阿里目前已经发展成为电子商务服务领域的领头羊，在多个相关业务领域处于业界领先的地位。例如，在 2014 年上半年 B2B 电子商务业务市场，阿里的营业收入领先于其他服务商，市场份额高达 40.5%；同期，在 B2C 业务网络零售市场中，天猫以 57.4% 的市场份额排名第一，领先排名第二的京东约 36.3% 的份额。具体情况如图 47-2 和图 47-3 所示。

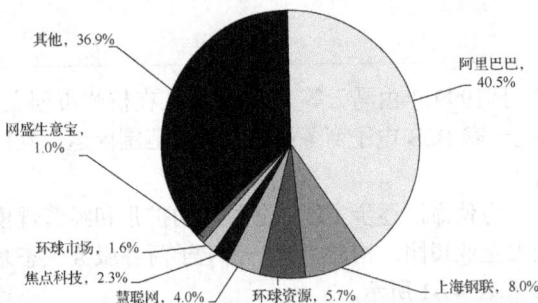

图 47-2　2014 年上半年中国 B2B 业务市场份额
（数据来源：中国电子商务研究中心）

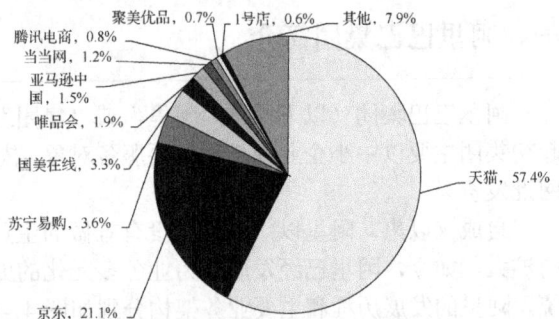

图 47-3　2014 年上半年中国 B2C 业务市场份额
（数据来源：中国电子商务研究中心）

任何一家企业的发展壮大都离不开融资，阿里也不例外。阿里创立至今所取得的发展与投资者的资金支持密不可分。回顾阿里的融资历程，我们可以看到众多 VC（风险投资）、PE（私募股权）机构和产业资本的身影。表 47-2 列示了阿里股权结构变化的大致情况，基本反映了阿里自创立以来的主要融资过程。

表 47-2　　　　　　　　　　　　　　阿里巴巴集团主要融资过程

次序	时间	融资金额	融资详情
第一轮	1999 年	500 万美元	获得了来自高盛、Investor AB（瑞典银瑞达）等 4 家 VC 机构的风险投资，共 500 万美元
第二轮	2000 年	2 500 万美元	从日本软银融资 2 000 万美元，从 Fidelity（富达）、Transpac Capital（新加坡汇亚）等 5 家 VC 机构融资 500 万美元
第三轮	2004 年	8 200 万美元	从日本软银融资 6 000 万美元，从富达、GGV（纪源）等 VC 机构融资 2 200 万美元
第四轮	2005 年	约 10.7 亿美元	从雅虎引入 10 亿美元的现金投资，同时获得了雅虎中国的全部资产（包括相关业务、品牌和技术使用权等，当时估值约 7 000 万美元），代价是将阿里巴巴集团 39% 的股权赋予雅虎

续表

次序	时间	融资金额	融资详情
第五轮	2007 年	—	集团旗下的 B2B 公司（阿里巴巴网络有限公司）在香港联合交易所主板正式挂牌上市
第六轮	2011 年	约 20 亿美元	从中国云峰基金等 4 家 PE 机构融资近 20 亿美元，用于员工股权购买计划
第七轮	2012 年	约 42.88 亿美元	从中信资本、美国银湖等 PE 机构、主权财富基金融资近 42.88 亿美元，用于回购雅虎所持有的阿里巴巴集团股份
第八轮	2014 年	—	集团在纽约证券交易所上市，登上了全球资本市场舞台

值得一提的是，在阿里于 2005 年进行了第四轮融资后，集团的股权结构为雅虎持股 39%，软银持股 29.3%，马云团队持股 31.7%。但根据相关协议，本属于雅虎的 4% 投票权在 2010 年 10 月前归马云所有，所以实际上该轮融资后马云团队仍保留着对阿里的管理控制权。

根据招股说明书披露的信息，上市前阿里巴巴集团的股权结构如图 47-4 所示。

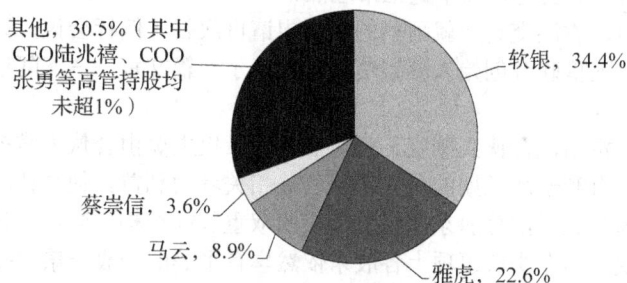

图 47-4　上市前阿里巴巴集团的股权结构

（数据来源：阿里巴巴集团招股说明书）

很明显，阿里核心人物——马云及其创业团队的实际持股比例并不高。

上市前，阿里巴巴集团董事会的组成如表 47-3 所示。

表 47-3　　　　　　　　　　上市前阿里巴巴集团董事会组成

姓名	职务	备注
马云	董事局执行主席	阿里巴巴集团主要创始人，2013 年出任集团执行主席
蔡崇信	董事局执行副主席	阿里巴巴集团创始人之一，2013 年出任集团执行副主席
孙正义	董事	大股东软银代表，2000 年出任集团董事
杰奎琳·雷瑟斯	董事	大股东雅虎代表，2012 年出任集团董事

资料来源：阿里巴巴集团招股说明书。

由此可见，在董事会投票权方面，阿里管理层与软银、雅虎维持 2 : 1 : 1 的比例，马云和蔡崇信在董事会中共持有 50% 的投票权，而软银和雅虎则分别持有 25% 的投票权。

二、合伙人制度

2010 年，阿里就已经确立了最初的合伙人制度，并将其写进了公司章程。合伙人制度正式以官方披露的形式"面世"则是在 2013 年 9 月 10 日。当天，马云发给"阿里人"的一封内部邮件曝光，在邮件中马云阐述了合伙人制度的"来历"。当初创立阿里的包括马云在内的 18 人在集团创立十周年（2009年）时就已开始不再使用"创始人"的称呼。马云表示，考虑到各种因素，企业的创始人不可能一直伴随企业发展，为了使创始人的经营理念、文化价值观等帮助阿里获得成功的关键要素能够在创始人离开公司后仍能继续指导阿里未来的长远发展，需要设法在创始人离开工作岗位前完成这些文化要素的传递和继承。基于这样的考虑，2010年阿里创新性地推出"合伙人制度"。新的"合伙人"每年从集团现有的管理团队中选拔产生，这些合伙人持有一定的公司股份并参与公司的经营管理，致力于传承和发扬阿里的企业文化，能够克服导致短视决策、追逐短期利益等各种影响因素。马云称，至今共已产生28名合伙人。马云从以下几个方面描述了合伙人的具体选拔标准：资历上，须有不低于五年的阿里工作经验；素质上，须有杰出的领导能力；观念上，须高度赞同阿里的企业文化，愿为创始人经营理念和文化价值观的继承和发扬尽心竭力；工作上，须曾为阿里的发展做出一定贡献。

马云强调，推出合伙人制度并非为了满足某一群人的私利或实现他们对公司的控制，而是为了更好地传承和发扬阿里的企业文化，为公司保持创新力、提高市场竞争力提供源源不断的动力，以使阿里能够通过长期可持续地良好发展带给所有股东回报。在邮件的最后，马云从侧面表示阿里在乎的是合伙人制度能否得到支持，而不是上市地点。

2013年9月26日，香港交易所就阿里的上市申请再次召开例行会议，讨论是否接受阿里提出的合伙人制度。同日，阿里联合创始人蔡崇信公开发表了一篇文章——《阿里巴巴为什么推出合伙人制度》①。

在文章中，蔡崇信指出，合伙人制度下公司业务决策权主要由合伙人掌控，这有利于避免追逐短期利益的短视行为，有利于从长期的角度保障利益相关者的利益。他否认阿里的合伙人制度有悖于一股一票原则，认为与赋予部分股东超级投票权的双重股权结构不同，合伙人制度仅仅是在董事提名上赋予合伙人特权，而在决议事项上各股东依然享有平等的一股一票的投票权。

至于坚持合伙人制度的原因，蔡崇信强调，并非只是创始人想要通过这种安排来维持控制权，而是基于传承阿里取得当下成就的关键要素——阿里企业文化的考虑。他认为合伙人作为由内部股东组成的群体组织，相对于创始人能更好地共同坚守、传递和发扬企业的优秀文化，并能通过自我更新机制来保持活力和不断创新，这些对于企业在当前瞬息万变的发展环境中获得成功是非常关键的。

2014年，更新后的合伙人制度才在阿里向美国证券交易委员会提交的招股说明书中正式地公之于众。综合各相关信息，合伙人制度的核心内容如表47-4所示。

表47-4　　　　　　　　　　　　　合伙人制度的核心内容

项目	内容
制度全名	湖畔合伙人制度
合伙人定义	（1）不同于合伙企业中、法律意义上的合伙人 （2）是基于一定标准从管理团队中产生的、以传承和发扬阿里巴巴的使命、愿景和价值观为主要职责的人
合伙人董事提名及任命权	（1）合伙人有提名董事会简单多数成员的权利，提名的董事须经股东大会表决通过才可当选 （2）若合伙人提名的董事未获股东大会表决通过，合伙人有权直接任命另一人为临时董事，不需经过股东大会投票表决，且任命时效止于下一年度股东大会 （3）若合伙人提名的董事当选后因故离开董事会，合伙人有权直接任命另一人为临时董事以填补空缺，不需经过股东大会投票表决，且任命时效止于下一年度股东大会 （4）下一年度股东大会召开时，临时董事或合伙人另行提名的人将作为候选人参与相应席位的选举，当选后任期为相应席位原应有的剩余年限 （5）新版的招股说明书进一步阐明：不论什么时候，亦不论因为什么缘故，一旦董事会中由合伙人提名或直接任命的董事总数少于简单多数，合伙人都有权任命相应空缺名额的董事

① 财经网.蔡崇信. 阿里巴巴为什么要推出合伙人制度[EB/OL].（2013-09-26），[2014-11-16].

项目	内容
合伙人 资格条件	（1）素质：个人品格良好，正直诚信 （2）资历：一般应有不低于五年在阿里巴巴集团或其关联公司工作经验 （3）工作：曾为阿里巴巴的发展做出一定贡献 （4）观念：高度赞同阿里巴巴的企业文化，愿为公司经营理念和文化价值观的继承和发扬尽心竭力
合伙人 表决方式	一人一票
合伙人 委员会	（1）主管新合伙人的审核和选举事务 （2）目前委员会由5人组成，分别是马云、蔡崇信、陆兆禧、彭蕾、曾鸣 （3）委员会成员每届任期三年，届满可连选连任 （4）换届时由原合伙人委员会提名8人，所有合伙人投票进行差额选举，票数最高的5名合伙人当选合伙人委员会委员
合伙人 产生程序	（1）集团每年都会进行新合伙人的选举 （2）新合伙人由现任合伙人推荐并由合伙人委员会审核其参选资格 （3）经75%以上现任合伙人表决同意即可当选
合伙人 退出机制	合伙人符合以下任一情形，取消其合伙人资格 （1）不再供职于阿里巴巴集团或其关联公司（马云和蔡崇信不受此限制） （2）年龄达到60岁（马云和蔡崇信不受此限制） （3）死亡 （4）丧失行为能力 （5）自愿被除名 （6）经全体合伙人简单多数表决，可对任意合伙人除名
合伙人 名额	（1）公司章程不对合伙人名额做出限定 （2）最初的招股说明书披露，目前阿里巴巴共有包括马云和蔡崇信在内的28名合伙人，其中22名来自阿里巴巴集团管理层，6名来自关联公司管理层；随后更新的招股说明书披露，合伙人由28人变为27人；上市前夕更新的招股说明书披露，阿里巴巴已新晋3名合伙人，合伙人团队由27人增加至30人
合伙人 持股要求	（1）所有合伙人在任期内均应持有一定比例的阿里巴巴公司股份（持股比例未做限制），可以由个人直接持有，亦可通过关联公司间接持有 （2）原28名合伙人以2014年1月1日为基期，新晋合伙人以当选之日为基期，三年内各合伙人须保持持有股份不低于基期日持股数的60%；若在三年期限到期后仍任合伙人，后续任期内须保持持有股份不低于基期日持股数的40%
合伙人制度相 关条款的修订	若要对公司章程中有关合伙人董事提名权的条款进行修订，须经出席股东大会的股东所持（及代理行使）表决权的95%以上表决通过

三、阿里赴港上市的计划搁浅

2013年7月9日，阿里CEO陆兆禧在香港媒体首次见面会上向记者透露，阿里有首次公开发行上市的计划，并且已经做好了相关的筹备工作，可随时启动上市程序。

2013年8月，媒体报道称，阿里已经启动赴港上市程序，向香港交易所非正式地提出了关于其赴港上市的相关计划，双方正在探讨阿里所建议的一种被称为"合伙人制度"的特殊方案，阿里希望该方案得到香港交易所的批准。

图47-5列示了截至阿里非正式地提出上市申请时，香港交易所对于申请上市公司的股份的相关要求。

《香港交易所上市规则》中主板交易规定第 8.11 款

新申请人的股本不得包括下述股份：该等股份拟附带的投票权利，与其于缴足股款时所应有的股本权益，是不成合理比例的 [B 股（B Shares）]。本交易所不会批准上市发行人已发行的新 B 股上市，亦不会允许上市发行人发行新 B 股（无论该等股份寻求的是在本交易所或其他证券交易所上市）。但下列情况则作别论：

（1）本交易所同意的特殊情况；

（2）如该等拥有已发行 B 股的上市公司，通过以股代息或资本化发行的方式，再次发行在各方面与该等 B 股享有同等地位的 B 股，但经此次发行后的已发行 B 股的总数，与已发行的其他有投票权股份总数的比例，须大致维持在这次发行前的水平。

图 47-5　香港交易所对申请上市公司股份的相关要求

通过对上述条款的解读我们可以知道，除非是香港交易所同意的特殊情况，否则申请挂牌交易的公司股份不得附带不同的投票权，即上市公司不得采用双重股权结构。

如此看来，阿里引入合伙人制度上市的申请若要被允许，除非符合以下两种情况中的一种：一是合伙人制度被香港交易所作为"特殊情况"接纳，二是香港交易所上市规则的相关条款得以修订。

2013 年 9 月 2 日，据报道，香港证监会已经在其董事局会议中就是否豁免阿里引入合伙人制度上市一事展开讨论。据相关人士称，香港证监会不同意任何有悖于当前条款规则而放行阿里合伙人制度的行为。但相关官员亦表示，香港证监会仍会对阿里提出的以合伙人制度上市的方案加以研究和考察。

2013 年 9 月 10 日，马云发给"阿里人"的一封内部邮件曝光，在邮件中马云阐述了合伙人制度的"来历"。

2013 年 9 月 25 日，香港证券交易所行政总裁李小加在博客中发表了一篇新文章。在这篇名为"投资者保障杂谈"[①]的文章中，李小加以梦境为背景，采用拟人化的手法分别从坚守传统、开拓创新、保障投资者权益、求真务实、坚守道德、放眼未来等角度描述了香港市场面对创新型企业对不同投票权股权机制的诉求时的困境。阿里以千亿美元的规模上市对于香港交易所而言无疑是很大的诱惑，但李小加表示，作为利益相关者，香港交易所认为公众利益优先于香港交易所股东利益，当两者发生冲突时，香港交易所会站在公众利益的角度去考虑问题。

2013 年 9 月 26 日，香港交易所就阿里的上市申请再次召开例行会议，讨论是否接受阿里提出的合伙人制度。同日，阿里联合创始人蔡崇信公开发表了一篇文章——《阿里巴巴为什么推出合伙人制度》。蔡崇信明确表示香港是阿里首选的上市地点，并称阿里已经就合伙人制度的相关问题与有关监管机构进行了多番交涉。

2013 年 9 月 26 日，阿里第一大股东软银的代表孙正义发表声明，称企业文化是阿里取得巨大成就并为股东带来可观收益的核心要素，软银认可传承企业文化对阿里未来发展的重要性，因此全力支持合伙人制度。随后，阿里另一大股东雅虎亦由其代表杰奎琳·雷瑟斯做出公开表态，对当前市场环境下企业管理者传承和发扬企业文化的重要性予以了肯定，称相信阿里推出的合伙人制度既可以顾及股东权益，又有利于公司的长期发展，从侧面表达了对阿里合伙人制度的大力支持。

尽管合伙人制度获得了大股东公开的大力支持，但香港监管当局似乎仍没有打算放行阿里的合伙人制度。在双方谈判陷入僵局、公众舆论对阿里不利的情况下，马云等阿里高管人员在 2013 年 10 月 3 日亲自奔赴香港，与投资银行、基金公司等相关方面进行接洽并诠释合伙人制度，探讨阿里是否可能以及如何可以赴港上市，力争改善此前种种因素导致的阿里在香港舆论界的"不良形象"，以争取赴港上市谈判的达成。马云团队的这一努力似乎又为阿里究竟能否在香港上市增添了一份新的悬念。

2013 年 10 月 7 日，相关媒体披露了阿里与香港监管机构谈判的"内幕"，称阿里第一大股东软

---

① 李小加. 投资者保障杂谈[EB/OL].（2013-09-25）[2014-11-16].

银为了成全阿里顺利引入合伙人制度在港上市，做出了"重大牺牲"——愿意将其持有的不少于集团总股份30%的股份的投票权授权给阿里合伙人团队行使，以使合伙人团队符合香港监管机构对于合伙人团队持股份额所规定的下限。

据悉，由于合伙人制度尚属首创，没有先例可循，香港的有关监管机构援用《香港公司收购及合并守则》中定义主要股东的持股比例标准，要求阿里的合伙人团队必须持有30%以上的股份投票权。软银付出的重大代价得到了回报，香港交易所最终表示，若阿里愿意接受香港交易所提出的一些限制条件，则同意阿里引用合伙人制度于香港交易所上市。表47-5列示了香港交易所提出的相关条件。

表47-5　　　　　　　　　　　　香港交易所对阿里提出的上市条件

序号	条件
1	合伙人制度只能实施三年，逾期失效
2	合伙人制度在三年有效期内，合伙人减持股份数量不得超过其原持有股份的25%
3	合伙人提名的董事被股东大会否决超过两次后，合伙人不再享有提名过半数董事的特权

然而，马云并没有就此妥协，他表示拒绝接受上述条件，双方谈判再度陷入僵局。

2013年10月9日，香港财经事务及库务局局长陈家强表示，为了使投资者的权益得到保障，香港不允许上市公司采用同股不同权的股份架构，目前由香港交易所、香港证监会和香港政府组成的管治结构和相关监管制度并不存在什么问题，香港不打算对交易所关于上市申请审批的相关职能做出改变，交易所也不打算就公司能否通过发行不同类别股票上市展开公众咨询。至此，香港官方正式表态，豁免合伙人制度、修订法规这两种情况都不会出现，导致阿里赴港上市无望。

2013年10月10日，阿里首席执行官陆兆禧公开表示，新兴企业在治理结构上的创新目前尚不能被香港市场完全理解和接受，阿里与香港相关方面未能达成协议，因此阿里决定不在香港上市。至此，阿里赴港上市的计划终止。

四、美国市场接纳阿里

阿里宣布放弃赴港上市以后，纳斯达克证券交易所和纽约证券交易所先后向阿里抛出橄榄枝。据阿里新闻发言人表示，经接洽，两家交易所均已以书面形式认定阿里合伙人制度与美国现行上市监管的相关规定不存在任何冲突，他们表示欢迎阿里赴美上市。纳斯达克首席执行官更是对阿里IPO表现出了极大兴趣，称若阿里能到纳斯达克证券交易所上市，那将是纳斯达克市场的荣幸。实际上，据报道，早在2013年3月，纳斯达克证券交易所就已与阿里高层探讨阿里是否有可能赴美上市。

2014年3月，阿里决定启动赴美上市计划。表47-6列示了阿里赴美上市的历程。

表47-6　　　　　　　　　　　　阿里赴美上市的历程

时间（2014年）	事项
3月16日	启动赴美上市计划
5月6日	向美国证券交易委员会提交了IPO申请
6月16日	首次公开合伙人名单（共27人）及上市后董事会成员名单（共9人）
6月26日	决定在纽约证券交易所申请上市，股票交易代码为"BABA"
9月8日	在纽约启动为期十天的全球路演
9月19日	在纽约证券交易所正式上市

阿里招股说明书显示，阿里与软银、雅虎达成了一份投票权协议，主要包括以下条款。

① 只要持股比例不低于 15%，软银就可享有一名董事的提名权。

② 软银承诺：将在每年股东大会上投票支持合伙人团队的董事提名；未经马云和蔡崇信同意，不会投票赞成对合伙人团队提名的董事的除名；将其持有的超出阿里总股份 30%以外的股份的投票权交给马云和蔡崇信代为行使。

③ 马云和蔡崇信将通过在每年股东大会上行使他们享有的全部表决权来支持软银的董事提名。

④ 雅虎将在每年股东大会上投票支持合伙人团队的董事提名和软银的董事提名。

基于阿里最新版本的招股说明书披露的信息，在承销商不行使超额配售权的前提下，公司上市前后主要股东持股比例的变化情况如表 47-7 所示。

表 47-7　　　　　　　　　　　　　阿里上市前后主要股东持股比例的变化情况

股东	IPO 前持有普通股数量	IPO 前持股比例	IPO 时出售普通股数量	IPO 后持有普通股数量	IPO 后持股比例
软银	797 742 980	34.4%	0	797 742 980	32.4%
雅虎	523 565 416	22.6%	121 739 130	401 826 286	16.3%
马云	206 100 673	8.9%	12 750 000	193 350 673	7.8%
蔡崇信	83 499 896	3.6%	4 250 000	79 249 896	3.2%

资料来源：阿里巴巴集团招股说明书。

阿里招股说明书显示，上市后公司董事会结构将发生变化。招股说明书披露的董事会成员名单中有 10 人，其中雅虎代表杰奎琳·雷瑟斯在公司上市后将退出董事会，因此实际确定的董事人数为 9 人。另外，在已确定的 9 名董事会成员中，只有马云、蔡崇信等四人出自合伙人团队，而根据合伙人制度的相关条款，当阿里合伙人团队提名或直接指定的董事总数未超过董事会成员半数时，合伙人团队有权继续任命相应数量的董事以确保对董事会过半数席位的决定权。因此，阿里上市后，合伙人团队将会再指定尚未确定的 2 人进入董事会，最终董事会成员将增至 11 人。表 47-8 列示了阿里上市后的董事会结构。

表 47-8　　　　　　　　　　　　　　　阿里上市后的董事会结构

姓名	职务	备注
马云	执行董事	合伙人团队成员
蔡崇信	执行董事	合伙人团队成员
陆兆禧	执行董事	合伙人团队成员
张勇	执行董事	合伙人团队成员
孙正义	非执行董事	软银代表
杨致远	独立非执行董事	雅虎创始人
董建华	独立非执行董事	原中华人民共和国香港特别行政区行政长官
郭德明	独立非执行董事	毕马威高管
迈克尔·埃文斯	独立非执行董事	高盛前副董事长
待定	—	将由合伙人团队指定
待定	—	将由合伙人团队指定

资料来源：阿里巴巴集团招股说明书。

合伙人制度有其优势，这正是马云和阿里坚持采用该制度的原因。但不可否认，该制度也存在很大的缺陷，这也是香港证监会不接纳阿里的原因。例如，这一制度有可能沦为合伙人团队谋取控制权私利、损害其他股东利益的工具，同时也可能在没有利益补偿机制的情况下使控制权市场的监督作用失效，这有悖于公平原则等。实际上，美国资本市场接纳合伙人制度是有历史渊源的。因为合伙人制度的同类控制权安排，即合伙人制度的原型——双重股权结构在美国早已被允许上市公司采用。因此，为了更好地挖掘出美国资本市场接纳合伙人制度的原因，我们有必要对这种历史渊源进行了解。

尽管美国各州的公司法等法律法规没有做出强制要求，但一直以来普通股一股一票的原则都自然而然地被美国的公司当作公理来遵循。直到 1898 年，美国的 International Silver 公司首次打破这种原则，创新性地将其普通股股票分为两类，发行了一种无投票权的普通股（并非优先股，随后该公司赋予了这些股票每股二分之一票的投票权）。这是对不同投票权普通股股票机制的首次尝试，也是目前的双重股权结构的雏形。随后，为了将控制权集中于部分股东手中，以家族企业和银行为主的一些企业陆续引入了这种不同投票权普通股股票机制，该类机制开始盛行。相关统计资料显示，截至 1926 年，美国采用双重股权结构的公司超过 180 家[1]。

1925 年，美国道奇兄弟公司在纽约证券交易所上市，向其原控股股东（某投资银行）发行了有投票权的 B 类股票，向公众发行了无投票权的 A 类股票，使公司百分之百的投票权由该投资银行所掌握。然而，公司筹集的绝大部分资金（1.3 亿美元）却是来自 A 类股票股东、优先股股东和债权人，该投资银行投入公司的资金仅仅是 230 万美元。哈佛大学的威廉·雷普利教授随即对这种不同投票权股票机制表达了强烈不满，认为这种机制不仅导致投资银行控制公司的成本由持有 A 类股票的公众股东承担，还使得 A 类股票的投票权被剥夺。他指出，尽管现实中很多享有投票权的股东通常并不会亲自行使这些投票权，但毕竟在利益受到侵害时，他们还是可能会行使投票权以维护自身利益，因此，他们的投票权不应被剥夺。

他的观点引起了媒体乃至政府高层的关注，并获得了部分学者和公众的支持。部分州政府决定不再允许公司发行无投票权的 A 类股票。受舆论和政治等因素的影响，自 1926 年纽约证券交易所开始拒绝发行无投票权的 A 类股票的公司的上市申请，一股一票原则首次在上市公司中被强制执行。1940 年，纽约证券交易所正式宣布上市公司不得采用双重股权结构。

尽管如此，美国的其他证券交易所还是对双重股权结构采取了较为宽松的态度。

美国股票交易所在 1976 年曾批准了一家因采用双重股权结构被纽约证券交易所拒绝而转投美国股票交易所的公司的上市申请，并声明允许上市公司采用符合该交易所提出的有限定条件的双重股权结构。这些限定条件包括 A 类股票与 B 类股票的单位投票权比例不低于 10%、B 类股票股东持股比例低于某一下限时超级投票权失效、建议 A 类股票股东享有优先分红权等。据统计，1985 年在美国股票交易所的上市公司中，约有 7% 的公司采用了双重股权结构[2]。

美国证券商协会的政策则更为宽松，几乎没有对双重股权结构的应用做出任何限制性规定，这吸引了大量采用双重股权结构的公司到纳斯达克市场上市。据统计，1985 年纳斯达克市场中约有 110 家上市公司采用了双重股权结构[3]。

20 世纪 80 年代，伴随企业并购浪潮的兴起和敌意收购的活跃，双重股权结构受到越来越多的公司青睐。采用双重股权结构的公司纷纷申请到美国股票交易所或纳斯达克市场上市。纽约证券交易所的部分上市公司为了引入双重股权结构，甚至产生了从纽约证券交易所退市并转投别家交易所的倾向。

为了应对美国证券交易所、纳斯达克证券交易所两大对手的"强势竞争力"，纽约证券交易所开始放弃对一股一票原则的坚持，于 1985 年拟定了一份方案。该方案规定，在获得三分之二以上股东和多数独立董事同意、A 类股票的单位投票权不低于 0.1 票且其他股东权利与 B 类股票的其他股东权利相同的条件下，上市公司可以引入双重股权结构。

① Arthur S. D. The Financial Policy of Corporations [J].The Fronald Press, 1953: 178.
② Craig Doidge. US Cross-listing and the Private Benefits of Control: Evidence from Dual-class [J]. Journal of Financial Economics, 2004: 519-553.
③ Craig Doidge. US Cross-listing and the Private Benefits of Control: Evidence from Dual-class [J]. Journal of Financial Economics, 2004: 519-553.

美国议会随即对三家证券交易所施压，要求它们共同探讨是否能将相关的上市标准统一化，但三家证券交易所未能达成共识。1986 年，纽约证券交易所进一步放宽了对公司引入双重股权结构的限制条件，允许上市公司在获得大多数外部股东和独立董事同意的情况下采用双重股权结构。

至此，美国的三家证券交易所对于上市公司采用双重股权结构的态度都较为宽松，采用双重股权结构的上市公司数量开始迅速增长。据统计，1988 年已有接近 7% 的美国上市公司采用了双重股权结构[①]

纽约证券交易所对一股一票原则的放弃引起了美国证券交易委员会的重视。此外，随着双重股权结构的风靡，各界人士对双重股权结构的议论也越来越多。有人支持亦有人反对，还有一种观点认为，虽然不应禁止上市公司采用双重股权结构，但应设法防止掌握控制权的 B 类股票持有者侵害其他股东利益。

在这样的背景下，1988 年，美国证券交易委员会出台了"19C-4"规则，其核心内容是要求交易所保障上市公司引入双重股权结构时不会侵犯原股东既有的投票权。具体而言，交易所应禁止已经上市的公司通过新股交换或其他行为来稀释原股东既有的投票权，但应允许其在发行新股（包括 IPO）或进行非敌意并购时发行与投票权不等的股票。

然而，该规则一经颁布便遭到质疑，因为与股东权利相关的公司治理及证券行为在传统上是由各州政府来规范，美国证券交易委员会似乎有越位之嫌。尽管如此，纽约证券交易所仍参照该规则来规范公司双重股权结构的引入。

1990 年，"19C-4"规则被法庭判定超出证券交易委员会权限范围，予以废止。于是，公司上市标准仍归各州政府及各证券交易所管控。然而，纳斯达克证券交易所和纽约证券交易所均纷纷表示自愿遵循已被废止的"19C-4"规则，允许公司在不侵犯原股东既有投票权的前提下，于 IPO 时发行不同投票权的股份。不久后美国证券交易所也规定，在获得过半数外部非控股股东及三分之二以上所有股东同意的情况下，上市公司可以采用双重股权结构。

1993 年，在美国证券交易委员会主席的倡议下，三家证券交易所同意在双重股权结构规范相关问题上采用一致的政策。至此，美国对于双重股权结构的政策规定已较为成熟和统一，基本方案是：上市公司可以发行不同投票权的新股（包括 IPO）以引入双重股权结构，但不得以任何形式侵犯原股东既有的投票权。

结合本案例情况，图 47-6 列示了纽约证券交易所现行规则中与合伙人制度类似的控制权安排相关条款（纳斯达克证券交易所相关规则与此相同）。

《纽约证券交易所上市公司手册》第 313 节相关规定
（1）本政策比"19C-4"规则更加灵活。相应地，纽约证券交易所会继续允许遵循"19C-4"规则的上市公司发行股票的行为，同时允许与新政策不相违背的其他公司行为。
（2）根据证券交易法第 12 节规定注册登记的公开交易的普通股，其持有者的既有投票权不能被公司的任何行为所减少或限制。这些公司行为包括但不限于：采取分阶段实施的投票计划；采取规定投票权上限的计划；发行超级股票权股或者发行投票权低于一股一票的新股。
（3）这种限制发行超级投票权股的行为主要是针对首次公开发行而言。在不与本政策冲突的情况下，已实行双重股权结构的公司可以发行新的超级投票权股。

图 47-6　纽约证券交易所现行规则中与合伙人制度类似的控制权安排相关条款

基于美国资本市场接纳合伙人制度的历史渊源，结合相关历史背景，我们可以发现美国资本市场接纳合伙人制度是有原因和前提条件的：美国具备相应的配套机制，如完善的信息披露制度、健全的监管体系和集体诉讼制度、成熟的投资者（以机构投资者为主体）等。这些因素足以抗衡合伙

① Ang J. S., W. L. Megginson. Restricted Voting Shares, Ownership Structure and the Market Value of Dual-class Firms [J]. Journal of Financial Research, 1989: 301-318.

人制度的缺陷可能造成的负面影响。

问题：

1. 阿里的合伙人制度的核心是什么，为什么马云和其创始人团队一定要坚守该制度？

2. 对其他股东而言（非合伙人），合伙人制度会损害其利益，但为何阿里的其他几个大股东都支持阿里使用这一制度？

3. 控制权安排是公司股东之间的博弈，为何各公司的章程、公司法和上市规则等都对此进行规范，上市公司、交易所和证券监督管理部门都要介入此事吗？

4. 为何美国资本市场能接纳合伙人制度，而中国内地和香港资本市场不能接纳？

5. 控制权安排的本质、目的是什么，控制权安排必须遵循的基本原则是什么？这些原则是一成不变的吗？

案例四十八

并购游戏——富控互动

2017年，A股近3500家上市公司中有17家公司的财务报表被注册会计师出具"无法表示意见"的审计报告，占总审计意见的0.5%[1]。上海富控互动娱乐股份有限公司（以下简称"富控互动"或"公司"，股票代码600634）就是其中一家，众华会计师事务所（特殊普通合伙）为其出具的完整的审计报告如下。

一、无法表示意见

我们审计了上海富控互动娱乐股份有限公司（以下简称"富控互动"或"公司"）财务报表，包括2017年12月31日的合并及公司资产负债表，2017年度的合并及公司利润表、合并及公司现金流量表、合并及公司所有者权益变动表以及相关财务报表附注。

我们不对后附的富控互动财务报表发表审计意见。由于"形成无法表示意见的基础"部分所述事项的重要性，我们无法获取充分、适当的审计证据以作为对合并财务报表发表审计意见的基础。

二、形成无法表示意见的基础

1. 涉及诉讼纠纷案件

（1）如本节/十五、资产负债表日后事项/4，其他资产负债表日后事项说明所述，资产负债表日后富控互动已收到法院送达的9个民间借贷纠纷案件、1个企业借贷纠纷案件、1个金融借款合同纠纷案件的诉讼资料及1份民事裁定书。9个民间借贷纠纷案件中：5个案件富控互动为共同借款人，借款本金共计13 750.00万元；4个案件富控互动为单一借款人，借款本金共计4 450万元。上述9笔借款，借款主体均指定了收款人。经富控互动内部自查，公司与各借款人之间不存在上述借款事项，公司内部未提交过这些借款协议的用印审批，也未查见用印记录；未发现公司收到上述借款并进行会计处理。

（2）如本节/十五、资产负债表日后事项/4，其他资产负债表日后事项说明所述，从人民法院公告网网站上查询到的信息显示，资产负债表日后富控互动涉及另1起案件纠纷，富控互动表示公司未收到法院送达的相关诉讼资料。

截至审计报告签发日，上述富控互动已收到诉讼资料的9个民间借贷纠纷案件、1个企业借贷纠纷案件以及1个金融借款合同纠纷案件尚处于审理阶段，公司收到的1份民事裁定书及通过网站查询了解到的另1起案件信息有限，我们无法得知其他案件的具体情况。我们无法获取充分、适当的审计证据以判断相关诉讼纠纷的真实性、准确性，富控互动是否还存在其他潜在纠纷，以及前述事项对财务报表可能产生的影响。

2. 涉及大额资金往来的事项

（1）如本节/十六、其他重要事项/8，其他所述，2017年度富控互动及原下属子公司上海中技投资管理有限公司（以下简称"中技投资管理"）、原下属子公司上海海鸟建设开发有限公司（以下简称"海鸟建设"）、下属子公司上海澄申商贸有限公司（以下简称"澄申商贸"）以及下属孙公司宏投（香港）网络科技有限公司（以下简称"宏投香港"）与10家公司存在大额资金往来，资金流出累计163 416.22万元，富控互动未将该10家公司识别为关联方。

① 截至2017年5月13日，A股上市公司共3 488家，其中17家的财务报表被出具"无法表示意见"的审计意见，占比为0.5%。
资料来源：CSMAR数据库。

上述大额资金往来中，主要存在以下三种情形：（1）签订借款合同并收取利息的大额资金往来共计110 250.00万元；（2）签订协议款项支付后又取消协议的资金往来共计32 666.22万元，其中1 666.22万元期末尚未收回，该类业务不具交易实质；（3）未签订协议发生的款项支付，共计18 500.00万元。

我们无法取得充分、适当的审计证据以判断富控互动及其下属公司与上述10家公司之间发生大额资金往来的真实目的和性质、富控互动与上述10家公司之间是否存在关联关系，以及前述事项对财务报表可能产生的影响。

（2）如本节/十五、资产负债表日后事项/4，其他资产负债表日后事项说明所述，截至审计报告签发日，富控互动下属子公司的部分定期存款在期后存在大额资金划出，涉及金额5.50亿元；部分定期存款尚未到期或到期后未办理解活，涉及金额1.40亿元；富控互动及下属子公司的部分银行活期存款在期后存在大额资金划出，涉及金额约4.90亿元。我们无法获取充分、适当的审计证据以判断大额资金划出的真实用途、性质及上述定期存款在资产负债表日的状态，以及上述情况对财务报表可能产生的影响。

3. 对关联企业的担保

如本节/十四、承诺及或有事项/2，或有事项所述，从富控互动获悉，截至2017年12月31日止，富控互动对关联企业上海中技桩业股份有限公司（以下简称"中技桩业"）的借款担保尚未到期的借款余额为9.43亿元。

我们无法获取相关资料以判断中技桩业的偿债能力、富控互动可能承担的担保义务，以及对富控互动的财务报表可能产生的影响。

三、管理层和治理层对财务报表的责任

富控互动管理层（以下简称"管理层"）负责按照企业会计准则的规定编制财务报表，使其实现公允反映，并设计、执行和维护必要的内部控制，以使财务报表不存在由于舞弊或错误导致的重大错报。

在编制财务报表时，管理层负责评估富控互动的持续经营能力，披露与持续经营相关的事项，并运用持续经营假设，除非管理层计划清算富控互动、终止运营或别无其他现实的选择。治理层负责监督富控互动的财务报告过程。

四、注册会计师对财务报表审计的责任

我们的责任是按照中国注册会计师审计准则的规定，对富控互动的财务报表执行审计工作，以出具审计报告。但由于"形成无法表示意见的基础"部分所述的事项，我们无法获取充分、适当的审计证据以作为发表审计意见的基础。

按照中国注册会计师职业道德守则，我们独立于富控互动，并履行了职业道德方面的其他责任。

注册会计师出具无法表示意见的基础，主要集中在资金拆借纠纷、大额资金往来和关联企业资金担保上。总之，注册会计师对富控互动财务报表出具无法表示意见的根本原因就是资金出了问题。

富控互动，最初名为上海澄海企业发展股份有限公司，为境内公开发行 A 股股票并在上海证券交易所上市的股份有限公司。公司于 1988 年 8 月 1 日由上海华成无线电厂与香港新科创力有限公司共同投资成立。1992 年 4 月 30 日，公司经相关机构批准，采用公开募集方式由中外合资经营企业改制为股份有限公司。公司股票于 1993 年 3 月 4 日在上海证券交易所上市交易。迄今为止，上市公司控股股东换了 3 次，主业变了 5 次，名称则换了近 10 次，可谓是经历坎坷。公司曾用名包括海鸟电子、海鸟发展、G 海鸟、海鸟发展、*ST 海鸟、NST 海鸟、ST 海鸟、澄海公司、ST 澄海、中技控股、富控互动[①]等。公司名称换了一个又一个，但股票代码只有一个——600634。

公司最新控股股东的变动发生在 2013 年。当时公司名为澄海公司，因为连续亏损被冠以"ST"。2011 年 4 月 25 日，公司因连续三年亏损被暂停上市，一年后微盈，于 2012 年 7 月 3 日恢复上市资格。彼时，急于上市的中技股份（实际控制人为颜静刚，最初于 2005 年成立，名为"上海中技桩业

---

① 汤小包. 富控互动"夫妻店式"并购 实控人换 3 茬，主业变 5 次[EB/OL]. [2018-01-05].

发展有限公司"，简称"中技有限"；2008 年改制并更名为"上海中技桩业发展股份有限公司"，简称"中技股份"）与急切寻找优质资产澄海公司一拍即合，在 2013 年 5 月 3 日签订《发行股份购买资产协议》，以此协议为基础的一整套借壳上市方案终于在当年 8 月 22 日达成，包括发行股份、购买资产、募集配套资金、对赌协议。这份方案被证监会于当年 12 月 11 日核准。至此，颜静刚的中技股份终于在其创立 8 年之后登上资本市场①（中技股份上市后，更名为"上海中技投资控股股份有限公司"，简称"中技控股"）。

资金出问题有各种原因，原因之一就是经营有问题、主业有问题。所以这家上市公司每次控股股东更换之后，必然就会调整主业并更改公司名称。

最新控股股东上来后，也是这一路径：先是更名为中技控股、后改为富控互动；然后调整主业，主业也是先从房地产经营及建材、钢材贸易变成预制混凝土桩类产品的研发、生产和销售（对应名称"中技控股"），接着又调整到网络科技与游戏产业上来（对应名称"富控互动"）。一家从事房地产经营及建材、钢材贸易的公司，改行做预制混凝土桩类产品的研发、生产和销售后，又突然一百八十度大转弯做起网络科技与游戏经营。这一产业重大调整最简单、最直接的办法就是资产重组，包括资产出售与并购，并购对象当然是网络与游戏类企业。

富控互动为实现资产重组所采取的行动包括出售主业、收购游戏企业。

（1）2016 年 7 月 13 日，公司发布《重大资产出售暨关联交易报告书（草案）》，宣布以 24.16 亿元的对价向上海轶鹏投资管理有限公司（以下简称"上海轶鹏"）转让其持有的上海中技桩业股份有限公司（以下简称"中技桩业"）94.489 4%的股权，上海轶鹏将采用现金方式支付对价。交易完成后，上海中技投资控股股份有限公司（以下简称"中技控股"）不再持有中技桩业股权，实现主业剥离。

（2）2016 年 9 月 13 日，公司发布《重大资产购买暨关联交易报告书（草案）》，宣布拟以现金 16.32 亿元购买上海品田创业投资合伙企业（有限合伙）（以下简称"品田投资"）持有的上海宏投网络科技有限公司（以下简称"宏投网络"）26%的股权以及上海宏达矿业股份有限公司（以下简称"宏达矿业"）持有的宏投网络 25%的股权，合计持有宏投网络 51%的股权。宏投网络的核心资产为英国老牌游戏公司 Jagex。

2017 年 6 月 28 日，公司发布《重大资产购买报告书（草案）》，宣布以 22.30 亿元购买宏投网络剩余的 49%的股权。

（3）2017 年的 12 月 16 日，公司发布《关于收购宁波百搭网络科技有限公司股权》的公告，宣布拟以 13.67 亿元现金收购宁波尚游网络科技合伙企业（有限合伙）持有的宁波百搭网络科技有限公司 51%的股权。

这里，我们主要关注公司对宏投网络的收购。

2016 年 9 月 13 日，公司公布的《重大资产购买暨关联交易报告书（草案）》中，对交易标的估价是这样表述的：

本次交易标的资产的评估机构为立信评估。根据立信评估出具的《资产评估报告》，本次评估以 2016 年 6 月 30 日为评估基准日，选取资产基础法对宏投网络的对应权益进行评估，宏投网络 100%股权的评估值为 320 327.32 万元，即宏投网络 51%股权对应的价值为 163 366.93 万元，经交易各方友好协商，拟确定宏投网络 51%股权交易对价为 163 200 万元，其中品田投资所持宏投网络 26%股权的交易价格为 83 200 万元；宏达矿业所持宏投网络 25%股权的交易价格为 80 000 万元。

其中的核心是宏投网络 100%股权的评估值为 320 327.32 万元，即 32 亿元。而 9 个月后的 2017 年 6 月 28 日公布的《重大资产购买报告书（草案）》对收购剩余的 49%的股份时估价是这样表述的：

本次交易标的资产的评估机构为立信评估。根据立信评估出具的《资产评估报告》，本次评估以

---

① 王迎春. 资本猎手颜静刚大败局：高息债台倒塌资金去向成谜[N]. 中国经营报，2018-06-14.

2017年3月31日为评估基准日，选取资产基础法对宏投网络的对应权益进行评估，宏投网络100%股权的评估值为455 866.32万元，在此基础上经交易双方协商确定，宏投网络100%股权的价格为455 000.00万元，因此宏投网络49%股权交易对价为222 950.00万元。

不到一年的时间，交易标的的总价由32亿元上涨到45.59亿元，上涨了40%。

同样，在2016年9月13日，公司公布的《重大资产购买暨关联交易报告书（草案）》中，对第一次交易对上市公司主要财务指标的影响描述如下。

根据上市公司财务报告及《上市公司备考审阅报告》，假设中技桩业94.489 4%股权已经置出，购买宏投网络51%股权完成前后，上市公司2015年及2016年1—6月的主要财务指标如表48-1所示。

表48-1　　　　　　　公司收购宏投网络51%的股权前后主要财务指标对比

财务指标	完成前	完成后（备考合并）	完成前	完成后（备考合并）
	2016年6月30日		2015年12月31日	
总资产（万元）	721 259.37	697 122.82	664 306.58	655 914.38
总负债（万元）	452 851.03	308 987.79	404 030.42	252 723.89
归属于母公司股东的净资产（万元）	257 279.36	284 925.80	249 451.90	282 226.82
资产负债率（%）	62.79	44.32	60.82	38.53

2017年6月28日公布的《重大资产购买报告书（草案）》中，对第二次交易对上市公司主要财务指标的影响描述如下。

本次交易后，宏投网络将成为上市公司的全资子公司，根据上市公司财务报告及《上市公司备考审阅报告》，假设于2016年1月1日前中技桩业94.489 4%股权已经置出，并于2016年1月1日起持有宏投网络100%股权。本次交易完成前后上市公司2016年及2017年1—3月的主要财务指标如表48-2所示。

表48-2　　　　　　　公司收购宏投网络49%的股权前后主要财务指标对比

财务指标	完成前	完成后（备考合并）	完成前	完成后（备考合并）
	2017年3月31日		2016年12月31日	
总资产（万元）	638 761.54	640 475.36	595 930.10	597 862.03
总负债（万元）	231 384.45	454 808.16	197 022.45	420 455.43
归属于母公司股东的净资产（万元）	291 769.87	184 452.41	288 738.39	176 192.21
资产负债率（%）	36.22	71.01	33.06	70.33

表48-3至表48-6是公司2017年度和2016年度合并资产负债表与母公司资产负债表。2017年年末合并资产负债表中的总资产为56.56亿元，2016年年末合并合并资产负债表中公司的总资产为59.59亿元，2017年年末合并总资产比2016年年末合并总资产减少3.03亿元；2017年年末母公司资产负债表中的总资产为62.42亿元，2016年年末母公司资产负债表中的总资产为45.08亿元，2017年年末母公司总资产比2016年年末母公司总资产增加17.34亿元。这一增一减，最终导致2017年年末合并总资产比母公司总资产少5.86亿元；而在2016年，合并总资产比母公司总资产多出14.51亿元。这一少一多，在一年时间内，合并总资产比母公司总资产减少20.37亿元。

另外，在公司2017年6月28日公布的《重大资产购买报告书（草案）》中，在第二次交易对上市公司主要财务指标影响的描述中，2017年3月31日完成合并后的总资产为64.05亿元，比2017年年末的实际总资产多7.49亿元。

表 48-3

2017 年合并资产负债表
2017 年 12 月 31 日

编制单位：上海富控互动娱乐股份有限公司 单位：元

项目	附注	期末余额	期初余额
流动资产：			
货币资金	七.1	1 738 276 659.32	1 650 471 654.40
应收票据	七.4		24 000 000.00
应收账款	七.5	55 640 099.83	72 655 952.12
预付账款	七.6	910 780 711.21	38 205 927.08
应收利息	七.7	13 494 341.68	2 465 833.33
其他应收款	七.9	34 145 937.07	1 281 526 987.77
存货	七.10	362 578.68	1 702 261.82
其他流动资产	七.13	2 960 478.82	7 309 768.11
流动资产合计		2 755 660 806.61	3 078 338 384.63
非流动资产：			
可供出售金融资产	七.14		21 250 000.00
投资性房地产	七.18	158 388 117.98	162 767 929.04
固定资产	七.19	28 020 742.17	27 469 431.95
无形资产	七.25	110 635 056.61	81 656 604.51
开发支出	七.26	14 987 894.94	1 536 584.56
商誉	七.27	2 578 384 231.73	2 578 384 231.73
长期待摊费用	七.28	10 115 166.61	7 897 881.43
非流动资产合计		2 900 531 210.04	2 880 962 663.22
资产总计		5 656 192 016.65	5 959 301 047.85
流动负债：			
短期借款	七.31	1 164 758 900.00	871 274 313.00
应付账款	七.35	29 691 429.32	33 012 631.55
预收账款	七.36	19 237 669.86	9 047 453.57
应付职工薪酬	七.37	40 203 909.43	41 431 443.22
应交税费	七.38	74 081 831.64	55 174 128.43
应付利息	七.39	4 981 975.08	2 908 839.68
其他应付款	七.41	43 128 951.63	347 650 465.13
一年内到期的流动负债	七.43	172 040 047.34	74 409 717.09
流动负债合计		1 548 124 714.30	1 434 908 991.67
非流动负债：			
长期借款	七.45	2 080 000 000.00	515 000 000.00
递延所得税负债	七.29	27 409 281.49	20 315 465.00
非流动负债合计		2 107 409 281.49	535 315 465.00
负债合计		3 655 533 995.79	1 970 224 465.67
所有者权益：			
股本	七.53	575 732 081.00	575 732 081.00
资本公积	七.55	987 422 679.57	1 934 598 844.16
其他综合收益	七.57	1 069 020.84	-1 285 438.01
盈余公积	七.59	54 099 405.22	54 099 405.22
未分配利润	七.60	370 136 993.25	324 239 009.03
归属于母公司所有者权益合计		1 988 460 179.88	2 887 383 901.40
少数股东权益		12 197 840.98	1 101 692 689.78
所有者权益合计		2 000 658 020.86	3 989 076 591.18
负债和所有者权益总计		5 656 192 016.65	5 959 301 047.85

表 48-4   2017 年母公司资产负债表
2017 年 12 月 31 日

编制单位：上海富控互动娱乐股份有限公司   单位：元

项目	附注	期末余额	期初余额
流动资产：			
货币资金		400 589 600.62	285 037 009.19
应收票据			
应收账款	十七.1	481 065.04	34 200.00
预付账款		910 525 789.98	4 319 620.95
应收利息			
其他应收款	十七.2	817 503 215.24	2 295 355 686.80
存货			
其他流动资产		1 471 615.02	
流动资产合计		2 121 571 285.90	2 584 746 516.94
非流动资产：			
可供出售金融资产		3 000 000.00	3 000 000.00
长期股权投资	十七.3	3 937 693 045.48	1 738 243 045.48
投资性房地产		156 594 225.82	160 721 433.76
固定资产		18 281 926.19	18 322 099.13
无形资产		39 513.74	
开发支出		4 773 584.77	
长期待摊费用		404 984.59	2 834 892.07
非流动资产合计		4 120 787 280.59	1 923 121 470.44
资产总计		6 242 358 566.49	4 507 867 987.38
流动负债：			
短期借款		972 000 000.00	654 500 000.00
应付账款		197 905.20	197 905.20
预收账款		808 864.94	2 546 283.54
应付职工薪酬		781 499.14	1 652 982.94
应交税费		1 250 445.93	8 347 743.81
应付利息		1 943 316.00	2 798 580.57
其他应付款		421 248 094.58	518 085 638.23
一年内到期的流动负债		88 000 000.00	
流动负债合计		1 486 230 125.79	1 188 129 134.29
非流动负债：			
长期借款		2 080 000 000.00	515 000 000.00
递延所得税负债			
非流动负债合计		2 080 000 000.00	515 000 000.00
负债合计		3 566 230 125.79	1 703 129 134.29
所有者权益：			
股本		575 732 081.00	575 732 081.00
资本公积		1 949 731 880.03	1 949 731 880.03
其他综合收益			
盈余公积		54 099 405.22	54 099 405.22
未分配利润		96 565 074.45	225 175 486.84
所有者权益合计		2 676 128 440.70	2 804 738 853.09
负债和所有者权益总计		6 242 358 566.49	4 507 867 987.38

表 48-5 　　　　　　　　　2016 年合并资产负债表

2016 年 12 月 31 日

编制单位：上海富控互动娱乐股份有限公司　　　　　　　　　　　　　　　　　　单位：元

项目	附注	期末余额	期初余额
流动资产：			
货币资金	七.1	1 650 471 654.40	1 768 294 336.11
应收票据	七.4	24 000 000.00	282 423 648.99
应收账款	七.5	72 655 952.12	445 223 443.31
预付账款	七.6	38 205 927.08	311 364 111.68
应收利息	七.7	2 465 833.33	6 694 840.12
其他应收款	七.9	1 281 526 987.77	298 639 320.98
存货	七.10	1 702 261.82	124 026 291.56
一年内到期的非流动资产	七.12		1 186 226.45
其他流动资产	七.13	7 309 768.11	
流动资产合计		3 078 338 384.63	3 237 852 219.20
非流动资产：			
可供出售金融资产	七.14	21 250 000.00	21 250 000.00
长期股权投资	七.17		20 986 510.68
投资性房地产	七.18	162 767 929.04	1 310 283 179.26
固定资产	七.19	27 469 431.95	838 818 685.48
在建工程	七.20		419 701 556.78
无形资产	七.25	81 656 604.51	185 794 055.02
开发支出	七.26	1 536 584.56	31 941 329.94
商誉	七.27	2 578 384 231.73	532 583 711.73
长期待摊费用	七.28	7 897 881.43	1 004 014.84
递延所得税资产	七.29		30 736 257.68
其他非流动资产	七.30		12 114 290.48
非流动资产合计		2 880 962 663.22	3 405 213 591.89
资产总计		5 959 301 047.85	6 643 065 811.09
流动负债：			
短期借款	七.31	871 274 313.00	1 533 499 000.00
应付票据	七.34		803 276 271.25
应付账款	七.35	33 012 631.55	318 702 247.67
预收账款	七.36	9 047 453.57	39 776 329.85
应付职工薪酬	七.37	41 431 443.22	12 486 992.08
应交税费	七.38	55 174 128.43	80 547 091.85
应付利息	七.39	2 908 839.68	3 522 716.30
应付股利	七.40		13 425 844.52
其他应付款	七.41	347 650 465.13	573 512 313.39
一年内到期的流动负债	七.43	74 409 717.09	364 116 610.03
流动负债合计		1 434 908 991.67	3 742 865 416.94

续表

项目	附注	期末余额	期初余额
非流动负债：			
长期借款	七.45	515 000 000.00	134 960 000.00
长期应付款	七.47		98 766 275.18
递延收益	七.51		62 599 302.59
递延所得税负债	七.29	20 315 465.00	1 113 180.64
非流动负债合计		535 315 465.00	297 438 758.41
负债合计		1 970 224 465.67	4 040 304 175.35
所有者权益：			
股本	七.53	575 732 081.00	575 732 081.00
资本公积	七.55	1 934 598 844.16	1 122 694 585.01
其他综合收益	七.57	−1 285 438.01	
盈余公积	七.59	54 099 405.22	77 930 283.37
未分配利润	七.60	324 239 009.03	718 162 053.86
归属于母公司所有者权益合计		2 887 383 901.40	2 494 519 003.24
少数股东权益		1 101 692 689.78	108 242 632.50
所有者权益合计		3 989 076 591.18	2 602 761 635.74
负债和所有者权益总计		5 959 301 047.85	6 643 065 811.09

表 48-6　　　　　　　　2016 年母公司资产负债表

2016 年 12 月 31 日

编制单位：上海富控互动娱乐股份有限公司　　　　　　　　　　　　　　单位：元

项目	附注	期末余额	期初余额
流动资产：			
货币资金		285 037 009.19	259 804 881.57
应收票据			
应收账款	十七.1	34 200.00	218 113.35
预付账款		4 319 620.95	10 744 793.14
应收股利			230 208 799.36
其他应收款	十七.2	2 295 355 686.80	59 603 803.74
存货			
其他流动资产			
流动资产合计		2 584 746 516.94	560 580 391.16
非流动资产：			
可供出售金融资产		3 000 000.00	3 000 000.00
长期股权投资	十七.3	1 738 243 045.48	2 401 112 213.83
投资性房地产		160 721 433.76	165 175 732.77
固定资产		18 322 099.13	21 809 536.17
无形资产			
开发支出			
长期待摊费用		2 834 892.07	

项目	附注	期末余额	期初余额
非流动资产合计		1 923 121 470.44	2 591 097 482.77
资产总计		4 507 867 987.38	3 151 677 873.93
流动负债：			
短期借款		654 500 000.00	
应付票据			1 100.00
应付账款		197 905.20	
预收账款		2 546 283.54	1 827 429.33
应付职工薪酬		1 652 982.94	666 290.93
应交税费		8 347 743.81	−206 635.59
应付利息		2 798 580.57	
其他应付款		518 085 638.23	616 074 486.35
一年内到期的流动负债			
流动负债合计		1 188 129 134.29	618 362 671.02
非流动负债：			
长期借款		515 000 000.00	
递延所得税负债			
非流动负债合计		515 000 000.00	
负债合计		1 703 129 134.29	618 362 671.02
所有者权益：			
股本		575 732 081.00	575 732 081.00
资本公积		1 949 731 880.03	1 862 996 561.98
其他综合收益			
盈余公积		54 099 405.22	31 888 879.52
未分配利润		225 175 486.84	62 697 680.41
所有者权益合计		2 804 738 853.09	2 533 315 202.91
负债和所有者权益总计		4 507 867 987.38	3 151 677 873.93

这些数据引发人的深思，这家公司到底发生了什么？

问题：

1. 企业并购的主要原因是什么？为什么我国上市公司都热衷于企业并购？（用近十年A股市场各上市公司的合并数据说明此问题）

2. 为何这家上市公司控股股东的每次变动，都会引发该公司主业的变动？

3. 结合这一案例，解释该公司的合并总资产小于母公司总资产的原因。

4. 仔细阅读2016年9月13日公司发布的《重大资产购买暨关联交易报告书（草案）》和2017年6月28日公司发布的《重大资产购买报告书（草案）》，说明两次定价的合理性与不合理性，并说明理由。

5. 整理出这家公司上市后的发展轨迹，指出我国上市公司在企业并购中存在的主要问题。

6. 注册会计师出具无法表示意见的审计报告主要是针对公司资产拆借、大额资金往来和关联企业资金担保等方面，注册会计师为何不对企业并购中存在的问题发表审计意见？

案例四十九

谁合并谁——中国平安收购深发展

一、缘起

中国平安保险（集团）股份有限公司（以下简称"中国平安"或"公司"）是一家集保险、银行和投资三大主营业务于一身的综合金融企业。中国平安是一家在深圳注册的股份有限公司，于1988年3月21日经批准成立。公司成立之初的名称为"深圳平安保险公司"，主要在深圳从事财产保险业务。经营区域扩大后，公司于1992年更名为"中国平安保险公司"，1994年开始从事寿险业务，并于1997年更名为"中国平安保险股份有限公司"。2002年，公司更名为"中国平安保险（集团）股份有限公司"，同年分别成立并控股中国平安财产保险股份有限公司和中国平安人寿保险股份有限公司（以下简称"平安人寿"）。2004年6月，中国平安在香港联交所主板上市，股票代码为02318；2007年3月，中国平安在上海证券交易所上市，股票代码为601318。

2002年，汇丰控股有限公司（以下简称"汇丰控股"）出资6亿美元获得中国平安10%的股权，成为公司第二大股东，并在2004年增持股票成为中国平安的第一大股东。由于汇丰控股的加入，中国平安开始了在银行领域的拓展。2003年中国平安与香港上海汇丰银行联手并购福建亚洲银行（下称"福亚银行"），平安信托有限责任公司（以下简称"平安信托"）联合汇丰控股，分别出资2 000万美元联合收购福亚银行，随后平安信托增资2 300万美元，最后获得福亚银行73%的股权比例。此后福亚银行更名为平安银行。2006年底，中国平安以49亿元人民币收购深圳市商业银行89.24%的股权；2007年6月，在中国平安的主导下，深圳市商业银行吸收合并平安银行并更名为深圳平安银行；2009年2月，深圳平安银行更名为平安银行。

为了获得全国性银行牌照，2005年，中国平安开始介入广东发展银行的重组。在平安银行与花旗银行、法国兴业银行等竞标购买广东发展银行的过程中，花旗银行取得最终的胜利。

深圳发展银行股份有限公司（以下简称"深发展"）系在对深圳经济特区内原6家农村信用社进行股份制改造的基础上设立的股份制商业银行，其于1987年5月10日以自由认购的形式首次向社会公开发售人民币普通股，于1987年12月22日正式设立。1991年4月3日，深发展在深圳证券交易所上市，股票代码为000001。深发展是全国性股份制商业银行，其经营网络集中于中国相对发达的地区，如珠江三角洲、环渤海地区、长江三角洲。2004年5月，新桥入股深发展，使深发展成为我国首家外资控股的中资银行。新桥是美国的一家私人投资公司，主要业务之一为私募股权基金，其入股深发展目的为财务投资，不会谋求长期投资，最终是要通过适当的退出机制来实现盈利。因此，当中国平安收购广东发展银行失利后，从2008年第二季度开始，中国平安旗下的平安人寿在二级市场上大举买入深发展的股份。2008年年末，中国平安持有的深发展的股份总额达到1.59亿股，占深发展总股本的4.86%，中国平安一举成为深发展的第二大股东。

二、交易过程

中国平安收购深发展真正发起源于对新桥股份的收购，收购的核心——取得控制权。中国平安以平安银行 90.75%的股份和部分现金收购深发展新发行的股份并拥有深发展 52.38%的股份。该收购过程以深发展吸收合并平安银行为完结标志。整个过程分为三个阶段。

第一阶段：中国平安收购新桥手中持有的深发展股份，成为深发展的第一大股东。

2008 年年末，中国平安通过其子公司平安人寿持有深发展 4.86%的股份。2009 年 6 月，平安人寿又与深发展签署《股份认购协议》，认购其非公开发行的不少于 3.7 亿股但不超过 5.85 亿股的股份，每股认购价为 18.26 元人民币。

2009 年 6 月，中国平安与新桥签署《股份认购协议》，受让其持有的深发展 520 414 439 股股份（占签署日深发展总股本的 16.67%）。2010 年 5 月，中国平安向新桥发行 299 088 758 股 H 股作为受让深发展股份的支付对价。至此，中国平安和平安人寿合计持有深发展 21.44%的股份。

2010 年 6 月，深发展公布向平安人寿非公开发行 379 580 000 股新股的公告，同时收到平安人寿所交的 6 931 130 800 元认股款。此次发行后，深发展总股本增至 3 485 013 762 股，中国平安和平安人寿合计持有深发展股份 1 045 322 687 股，约占其总股本的 29.99%，中国平安成为深发展的第一大股东。

第二阶段：中国平安以平安银行 90.75%的股份和部分现金收购深发展新发行的股份，此次收购后，中国平安拥有深发展 52.38%的股份，深发展成为中国平安控股子公司。

2010 年 9 月，中国平安和深发展同时发布资产重组公告，公告内容为深发展向中国平安发行股份，中国平安则以其持有的平安银行 90.75%的股份和部分现金收购本次深发展新发行的股份。

2011 年 1 月，该交易得到中国银行保险监督管理委员会（以下简称"银监会"）的批准，6 月得到证监会的批准。7 月，深发展向中国平安发行 1 638 336 654 股股份（该交易使得中国平安和平安人寿合计持有深发展 2 683 659 341 股股份），中国平安则将持有的 7 825 181 106 股平安银行的股份过户给深发展，同时支付给深发展 269 005.23 万元现金。

至此，中国平安和平安人寿合计持有深发展 52.38%的股份，中国平安成为深发展的控股股东，平安银行则成为深发展的控股子公司。此项合并的购并日确定为 2011 年 7 月 18 日。

第三阶段：深发展吸收合并平安银行，平安银行注销。

2012 年 1 月，深发展发布《关于吸收合并控股子公司平安银行股份有限公司的公告》（公告编号：2012-004），称根据监管部门的要求，深发展应与平安银行进行整合。为实现前述监管要求，深发展拟吸收合并平安银行，本次吸收合并完成后，平安银行将注销法人资格，深发展将作为存续公司依法承继平安银行的所有资产、负债、证照、许可、业务、人员及其他一切权利与义务。

深发展因本次吸收合并就每一平安银行股份应支付给现金合并对价股东的对价为 3.37 元人民币。深发展和平安银行应自先决条件满足日起的合理时间内尽快确定股票合并对价的申报期，少数股东有权在股票合并对价申报期内选择股票合并对价，即按以下公式将其持有的平安银行股份交换为深发展的股份：交换股份的数量=股票合并对价申报股东持有的平安银行股份数量×每股最终定价/深发展每股价格。深发展和平安银行应在工商行政管理机关办理平安银行的注销登记。合并完成日应为平安银行的注销登记完成之日。合并完成日，平安银行的所有股份均应被注销。

2012 年 8 月，深发展发布《关于两行吸收合并交易实施完成的公告》（公告编号：2012-045），称 2012 年 6 月，原平安银行收到深圳市市场监督管理局出具的《企业注销通知书》，深圳市市场监督管理局核准原平安银行于 2012 年 6 月 12 日注销登记。

2012 年 2 月 9 日，深发展召开的 2012 年第一次临时股东大会审议通过了《深圳发展银行股份有限公司关于更名的议案》，同意公司的中文名称由"深圳发展银行股份有限公司"变更为"平安银行股份有限公司"。经公司申请，并经深圳证券交易所核准，公司证券简称自 2012 年 8 月 2 日起发生变更，变更后的证券简称为"平安银行"，该公司证券代码 000001 不变。

在股票合并对价申报期届满后，公司已根据申报公告的规定对少数股东提交的申报材料进行了核查，共有 73 名少数股东有效申报了股票合并对价，合计持有原平安银行股份 163 821 397 股。公司在完成对申报材料的核查后，对该等申报股票合并对价的少数股东发出了书面通知并安排该等股东按照申报公告履行相应程序并签署相关协议和文件，共有 70 名少数股东（合计持有原平安银行股份 158 225 709 股）在公司指定的时间内按照申报公告完成了相关开户及文件签署事宜。这 70 名少数股东为有效选择股票合并对价的少数股东（"股票合并对价申报股东"）。按照申报公告和相关协议约定，这些股东获得 34 512 663 股的公司股票作为股票合并对价，并就受二级市场交易操作规则（包括在二级市场上购买股票只能以 100 股为单位）所限，实际购入的股份数量不足其应获得的本公司股份的部分（就每位少数股东而言，不足的数量限于 100 股以内），获得相应的现金。

根据申报公告，未有效选择股票合并对价的少数股东即为现金合并对价股东，有权获得现金合并对价。截至 2012 年 8 月 18 日，已有 146 名现金合并对价股东（合计持有原平安银行股份 103 098 245 股）按照申报公告的要求向本公司提交了相关材料并获得了现金合并对价。除此之外，目前有权获得现金合并对价但尚未领取该等对价的少数股东共有 122 名，合计持有原平安银行股份 37 246 562 股。

三、购买价格（第二阶段）的确定和商誉的计算

本次收购的三个阶段中，第二阶段购买价格的确定特别关键。根据中国平安 2010 年 9 月 15 日公布的《重大资产购买暨关联交易报告书（草案）》，此次重大资产交易的合同包括《股份认购协议》《股份认购补充协议》和《盈利预测补偿协议》。

新发行股份的每股认购价格为深发展董事会批准《股份认购协议》项下股份发行的首次董事会决议公告日前 20 个交易日深发展股票交易均价，即 17.75 元/股。新发行股份的认购数量按照以下公式进行确定：股份认购数量=平安银行的最终定价÷新发行股份的每股认购价格。根据中国平安与深发展所确认的平安银行的最终定价（2 908 047.56 万元）和每股认购价格（17.75 元/股），规定股份认购数量为 1 638 336 654 股。新发行股份的总认购价格为每股认购价格（17.75 元/股）与股份认购数量（1 638 336 654 股）的乘积，共计 2 908 047.56 万元。中国平安向深发展支付的总认购价格由认购对价资产和认购对价现金两部分组成。

认购对价资产（中国平安持有的平安银行 7 825 181 106 股股份，约占平安银行总股本的 90.75%）的作价为认购对价资产的价值。根据《股份认购协议》的约定，认购对价资产的价值等额于平安银行的最终定价乘以中国平安持有平安银行的股比（90.75%）所得的数值；平安银行的最终定价，以评估基准日（2010 年 6 月 30 日）平安银行经具有证券期货从业资格的会计师事务所审计、资产评估机构评估的净资产值为定价基础，综合考虑平安银行的盈利能力和增长能力等因素，由中国平安与深发展共同确认平安银行于评估基准日的整体净资产（全部股东所有者权益）的价值。根据安永华明会计师事务所出具的安永华明〔2010〕审字第 60803861_B02 号《审计报告》，截至 2010 年 6 月 30 日，平安银行经审计的净资产值为 1 532 909.35 万元。根据中联资产评估有限公司出具的中联评报字〔2010〕第 698 号《资产评估报告》，平安银行股东全部权益在评估基准日（2010 年 6 月 30 日）的评估值为 2 908 047.56 万元。根据《股份认购补充协议》，中国平安与深发展共同确认平安银行的最终定价为 2 908 047.56 万元，认购对价资产的价值为 2 639 042.33 万元。

新发行股份发行完成后，由包括中国平安在内的深发展全体股东按其持有深发展股份的比例共享深发展在新发行股份发行完成前的滚存未分配利润。认购对价资产自评估基准日（2010 年 6 月 30 日）之次日至完成过户到深发展名下之日期间所产生的损益由深发展承担或享有。

购买资产价格确定后，购买商誉就容易计算了。以下分别摘自深发展和中国平安 2011 年年度财务报告中关于此次并购成本和商誉计算的附注说明。

深发展 2011 年年度财务报告中关于此次并购成本和商誉计算的附注说明如下。

三、合并财务报表的合并范围

2. 本年度发生的非同一控制下企业合并新增的子公司

本年内，本公司以非公开发行 1 638 336 654 股股份的方式向中国平安购买了其持有的平安银行 7 825 181 106 股股份（约占平安银行总股本的 90.75%）并向中国平安募集 269 005.23 万元人民币。截至 2011 年 7 月 18 日，本次重大资产重组所指本公司发行股份所购买的资产均已完成资产过户和交付，合并购买日为 2011 年 7 月 18 日。本公司预期通过本次重大资产重组获得来自中国平安的战略资源支持，从而充分发挥本公司与平安银行及中国平安的协同效应。

平安银行的可辨认资产和负债于购买日的公允价值和账面价值如下。

单位：千元

	2011-7-18 公允价值（注3）	2011-7-18 账面价值
现金及存放中央银行款项	40 238 663	40 238 663
存（拆）放同业及其他金融机构款项	23 397 082	23 397 082
以公允价值计量且其变动计入当期损益的 金融资产及衍生金融资产	14 799 502	14 799 502
发放贷款和垫款	144 414 068	144 414 068
贷款减值准备	（1 314 957）	（1 314 957）
可供出售金融资产	36 857 715	36 857 715
持有至到期投资	24 280 555	24 909 081
无形资产	5 873 969	140 137
其他资产	3 423 187	2 952 699
吸收存款	（209 320 073）	（209 320 073）
同业及其他金融机构存（拆）放款项	（52 955 203）	（52 955 203）
其他负债	（8 610 868）	（7 242 600）
少数股东权益	（1 950 237）	-
合计：	19 133 403	16 876 114
合并形成的商誉（注1）	7 568 304	
合并成本（注2）	26 701 707	

注1：产生的商誉主要是基于本公司未来获得来自中国平安的战略资源支持以发挥本公司与平安银行及中国平安的协同效应等因素综合确定的。

注2：合并成本指本公司为本次购买平安银行发行的 1 638 336 654 股股份，以购买日本公司股票之收盘价计算确定的公允价值减去本公司收到的 269 005.23 万元人民币现金对价。

注3：平安银行的可辨认资产和负债于购买日的公允价值已经中联资产评估集团有限公司出具中联评报字〔2011〕第716号资产评估报告。

中国平安 2011 年年度财务报告中关于此次并购成本和商誉计算的附注说明如下。

本年度发生的主要非同一控制下企业合并——收购深发展

2010 年 9 月，本公司与深发展签订股份认购协议，本公司拟以持有的 90.75% 的平安银行股权以及现金人民币 2 690 百万元，全额认购深发展向本公司定向增发的 1 638 百万股 A 股。2011 年 7 月 8 日，本公司将持有的 90.75% 的平安银行股权过户至深发展名下，并于 2011 年 7 月 12 日，由平安银行完成股东变更登记手续。2011 年 7 月 18 日，本公司将剩余认购款现金人民币 2 690 百万元全额支付予深发展，并于 2011 年 7 月 20 日，由深发展完成股东变更登记手续。此次股份认购完成之后，本集团持有深发展股权比例由 29.99% 增加至 52.38%，深发展由本集团的联营企业转为子公司。本集团于 2011 年 7

月18日取得对深发展的控制权，将该日确定为购买日。

深发展的可辨认资产和负债在购买日的公允价值和账面价值如下。

单位：千元

	公允价值	账面价值
货币资金	114 544	114 544
拆出资金	8 878	8 878
交易性金融资产	1 158	1 158
衍生金融资产	452	452
买入返售金融资产	110 133	110 133
应收利息	3 011	3 011
应收账款	28 320	28 320
发放贷款及垫款	440 991	440 991
可供出售金融资产	36 983	36 983
持有至到期投资	76 692	78 345
应收款项类投资	21 002	21 002
长期股权投资	404	407
固定资产	4 487	2 552
无形资产	15 290	186
递延所得税资产	2 071	2 071
其他资产	3 328	3 024
可辨认资产合计	867 744	852 057
向中央银行借款	1 524	1 524
银行同业及其他金融机构存放款项	120 791	120 791
拆入资金	5 336	5 336
衍生金融负债	364	364
卖出回购金融资产款	14 989	14 989
吸收存款	632 497	632 497
应付账款	12 518	12 518
应付职工薪酬	1 857	1 857
应交税费	1 385	1 385
应付利息	4 642	4 642
应付债券	13 077	13 126
递延所得税负债	4 060	115
其他负债	4 761	4 761
可辨认负债合计	817 801	813 905
	49 943	38 152
减：少数股东权益	（23 783）	
平安集团应占权益	26 160	
购买产生的商誉	8 624	
合并成本		34 784

（1）原持有的深发展股权在购买日的公允价值为　26 126

（2）以平安银行股权对深发展增资：

－原持有90.75%平安银行股权的账面价值　15 492

－减：增资后实际间接持有47.53%平安银行

股权的账面价值 （8 115）

（3）对深发展的现金增资：

－现金增资总额 2 690

－减：增资后实际持有52.38%的现金增资部分 （1 409）

合并成本 34 784

四、盈利预测补偿协议

根据中国平安与深发展2010年9月14日签订的《盈利预测补偿协议》的约定，深发展应于本次交易实施完毕后的3年内，在每一年度结束后的4个月内，根据中国企业会计准则编制平安银行在该年度的备考净利润数值，并促使其聘请的会计师事务所尽快就该等实际盈利数以及实际盈利数与利润预测数之间的差异情况出具专项审核意见。中国平安同意，根据专项审核意见，若平安银行在补偿期间的任一年度的实际盈利数低于相应的利润预测数，则中国平安应以现金方式向深发展支付实际盈利数与利润预测数之间的差额部分的90.75%。中国平安应在针对该年度的专项审核意见出具后的20个营业日内将该等金额全额付款至深发展指定的银行账户。

根据此后相关年报的披露，《盈利预测补偿协议》得到很好的实施：一是提供了三年的盈利预测和实际盈利的对比表；二是由于三年的实际盈利数均超过了预测盈利数，中国平安不用对深发展进行任何补偿。

在深发展2011年年度报告中，安永华明会计师事务所出具了专项审计报告（〔2012〕专字第60438538_H05号），报告的差异情况如表49-1所示。

表49-1 　2011年差异情况 　单位：百万元

		深发展归属于母公司股东的净利润（集团）	深发展净利润（公司）	相关资产平安银行股份有限公司
实际盈利数	A	10 279	9 181	2 409
预测盈利数	B	9 340	7 247	2 300
差异	C=A−B	939	1 934	109

注：深发展归属于母公司股东的2011年度预测盈利数人民币9 340百万元系摘自安永华明会计师事务所出具的〔2010〕专字第60438538_H08号《深圳发展银行股份有限公司2010年度及2011年度备考合并盈利预测报告及审核报告》，2011年度备考合并盈利预测数是基于备考合并盈利预测的合并基准日（2010年1月1日）的假设，根据本公司及平安银行各自经安永华明会计师事务所审核的2011年度的盈利预测报告的财务计划简单汇总并经过合并调整后得出。

深发展归属于母公司股东的2011年度实际盈利数人民币10 279百万元，包含本公司（深发展）2011年度的净利润和子公司（平安银行）2011年7月18日至2011年12月31日的净利润，以及相应的合并调整项目。

在平安银行2012年年度报告中，安永华明会计师事务所出具了专项审计报告（〔2013〕专字第60438538_H03号），报告的差异情况如表49-2所示。

表49-2 　2012年原平安银行差异情况 　单位：百万元

2012年1—6月盈利数	A	1 430
2012年7—12月盈利数	B	1 491
2012年盈利数	C=A+B	2 921
2012年利润预测数	D	2 858
差异	E=C−D	63

注：2012年1—6月盈利数摘自经安永华明会计师事务所审计的《原平安银行股份有限公司2012年6月30日模拟财务报表》，审计报告号为安永华明〔2012〕专字第60438538_H08号；2012年7—12月盈利数是建立在厘定方案的基础上编制的，摘自经安永华明会计师事务所审计的《平安银行股份有限公司（原名深圳发展银行股份有限公司）2012年7—12月相关资产模拟利润表》，审计报告号为安永华明〔2013〕专字第60438538_H02号。表中所列的相关资产（原平安银行股份有限公司）的2012年度的利润预测数系摘自中联资产评估有限公司出具的《深圳发展银行股份有限公司拟整合平安银行股份有限公司股权项目资产评估说明》（中联评报字〔2010〕第697号）。

在平安银行 2013 年年度报告中，普华永道中天会计师事务所出具了专项审计报告（特审字〔2014〕第 0543 号），报告的差异情况如表 49-3 所示。

表 49-3　　　　　　　　　2013 年原平安银行股份有限公司差异情况　　　　　　　　　单位：百万元

2013 年盈利数	A	3 695
2013 年利润预测数	B	3 597
差异	C=A-B	98

注：鉴于原平安银行已于 2012 年 6 月被原深发展吸收合并，且已于 2012 年 6 月 12 日办理公司注销登记。为跟踪在重大资产重组完成后三年内相关资产（即原平安银行）盈利数与资产评估报告预测盈利数之间的差异，本公司 2011 年 6 月 8 日第八届董事会第五次会议审议通过了《深圳发展银行股份有限公司关于重大资产重组完成后三年内平安银行（相关资产）盈利厘定方案》（以下简称"厘定方案"）用于厘定相关资产被吸收合并后的利润数。

表中所列的相关资产 2013 年度盈利数是在经普华永道中天会计师事务所审计的本公司 2013 年度财务报表（审计报告号为普华永道中天审字〔2014〕第 10035 号）的基础上，依据厘定方案进行厘定。

2012 年，平安银行新一届董事会成立，孙建一任董事长、邵平任行长，陈伟董事兼任 CFO。在高层管理中，李南青任董事会秘书。除邵平来自民生银行外，绝大部分董事和高管均来自平安集团。

问题：

1．简述此项合并的动机。

2．简述该项合并的类型：同一控制或非同一控制下的合并、一揽子合并或非一揽子合并、吸收合并或控股合并、正向并购或反向并购。

3．请分别指出第一阶段和第二阶段中国平安确定购买成本的依据，两阶段的出价有何关联？

4．分步收购与一次收购时商誉的确定有何区别？中国平安确认的商誉和深发展确认的商誉是否符合现行的准则规定？请说明理由。

5．如何确定购买日？评估日和购买日之间的关系是什么？评估日与购买日之间产生的权益变动如何处理？

6．第三阶段的吸收合并是深发展吸收合并平安银行吗？吸收合并中对少数股东的现金作价和股份作价是否公允？请详细说明。

7．何谓盈利预测补偿协议？在此次收购中，盈利预测补偿协议的意义是什么，该补偿协议最终得到很好的实施了吗？

8．此项合并暴露出我国企业合并中存在的会计处理和监管问题有哪些，应该如何加以改善？

进一步阅读材料：

张奇峰. 企业并购买与重组会计案例[M]. 大连：东北财经大学出版社，2015：137-150.

案例五十

反向收购——都市股份换股收购海通证券

一、收购双方情况简介

2006 年 12 月 28 日，上海市都市农商社股份有限公司（股票代码 600837，以下简称"都市股份"）发布第三届董事会第二十七次会议决议公告，公告称：本公司在向光明集团转让全部资产及负债的同时，以新增股份换股吸收合并海通证券（以下简称"本次合并"），换股比例的确定以双方市场化估值为基础，即海通证券的换股价格以财务顾问出具的报告中确认的合理估值为基准确定为每股人民币 2.01 元。本公司的换股价格以 2006 年 10 月 13 日（星期五）的收盘价为基准确定为每股人民币 5.8 元，由此确定海通证券与本公司的换股比例为 1∶0.347，即每股海通证券股份换 0.347 股本公司股份。海通证券在本次合并前的股份总数为 8 734 438 870 股，换为本公司的股份 3 031 000 000 股。本次合并完成后本公司的股份总数将增加至 3 389 272 910 股。

"本次合并生效后，海通证券的全部资产、负债、权利、义务转移至本公司；海通证券的现有业务（包括业务资质）及全部员工由本公司承继和接收；本公司并相应地修改章程、变更住所、变更经营范围及更名为'海通证券股份有限公司'。"（该公告全文请参见本案例附件三）

上海市都市农商社股份有限公司原名为上海市农垦农工商综合商社股份有限公司，于 1993 年经批准改制设立，1994 年 2 月 4 日在上海证券交易所上市，属于综合类型的股份有限公司。该公司的经营范围为蔬菜、瓜果、粮油作物、花卉、草坪、绿化苗木的种植及上述业务的加工、批发和零售，农业机械设备批发、零售及相关的技术服务，市外经贸委批准的进出口业务，食品加工和生物医药有关产品的生产和销售，工业产品、五金工具、针纺织品、日用百货、五金交电、机电及通信设备、金属材料、建筑材料、汽车配件的经营，经贸咨询；主要产品为星辉品牌的系列蔬菜、瓜果、粮油作物、花卉、草坪、保健品等。

根据上海市国资委国企改革总体布置，通过重组，公司控股股东原上海农工商（集团）有限公司注册资本已实施增资并更名为光明食品（集团）有限公司。都市股份的股权实际控制关系如图 50-1 所示。

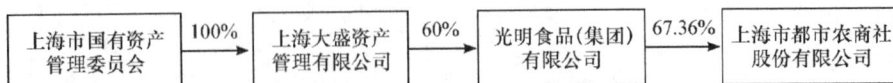

| 上海市国有资产管理委员会 | →100%→ | 上海大盛资产管理有限公司 | →60%→ | 光明食品(集团)有限公司 | →67.36%→ | 上海市都市农商社股份有限公司 |

图 50-1　都市股份的股权实际控制关系

海通证券股份有限公司的前身是上海海通证券公司，成立于 1988 年，是我国最早成立的证券公司之一。1994 年海通证券改制为有限责任公司，并发展成全国性的证券公司。2001 年年底，公司整体改制为股份有限公司。2002 年，经证监会批准，公司注册资本金增至 87.34 亿元，成为国内证券行业中资本规模最大的综合性证券公司，同时公司致力于走国际化的金融控股集团的发展道路，公司已收购黄海期货公司并将其更名为海富期货经纪有限公司。2005 年 5 月，经中国证券业协会评审通过，公司成为创新试点券商，发展进入新时期，各项业务继续保持市场前列。2006 年，随着股权分置改革和券商综合治理的完成，资本市场进入实质转折期，公司抓住机遇，启动了上市进程。2007年6月7日，公司借壳都市股份（600837）上市事宜获得证监会正式批准。

二、收购过程和细节

收购细节请参见本案例附件三。

另外，作为对光明集团在本次合并后承接都市股份原有资产、负债、人员、业务等所造成的经营压力及其已在都市股份股权分置改革中支付的上市流通权对价的补偿，海通证券同意向光明集团支付补偿款2亿元人民币。

2007年6月7日，证监会批准了上海市都市农商社股份有限公司重大资产出售暨吸收合并海通证券股份有限公司的方案。2007年6月22日，海通证券已经合法、完整地向都市股份交割了截至2007年5月31日的全部资产、负债，都市股份对海通证券交割的资产、负债无异议并全部接收。海通证券于2007年7月6日取得了新的营业执照，注册资本变更为人民币3 389 272 910元。

三、合并财务报表及相关附注

2007年6月30日，海通证券编报了收购后的第一期合并报表，表50-1至表50-5是海通证券编制的合并资产负债表、合并利润表、合并现金流量表、合并所有者权益变动表和母公司所有者权益变动表。

表 50-1   合并资产负债表

编制单位：海通证券股份有限公司   2007年6月30日   单位：元

资产	行次	附注五	合并		附注六	母公司	
			2007年6月30日	2006年12月31日		2007年6月30日	2006年12月31日
货币资金	1	（一）	45 867 478 355.18	18 965 327 093.02		45 407 704 392.28	18 716 811 644.80
其中：客户资金存款	2		43 499 119 876.86	18 320 168 470.48		43 439 133 368.29	18 308 774 949.86
结算备付金	3	（二）	4 328 150 176.62	1 010 492 522.20		4 328 150 176.62	1 010 492 522.20
其中：客户备付金	4		3 502 054 666.77	696 549 749.23		3 502 054 666.77	696 549 749.23
拆出资金	5						
交易性金融资产	6	（三）	1 907 006 092.57	1 069 843 609.91		1 906 695 672.57	1 069 786 969.91
衍生金融资产	7		10 129.00	2 870.00		10 129.00	2 870.00
买入返售金融资产	8	（四）	200 001 250.00			200 001 250.00	
应收利息	9	（五）	9 877 058.16	5 654 891.91		8 183 600.24	4 129 063.30
存出保证金	10	（六）	2 246 495 222.76	316 364 902.60		2 217 488 852.40	301 437 460.25
可供出售金融资产	11	（七）	827 958 351.89	179 291 614.66		827 958 351.89	179 291 614.66
持有至到期投资	12		99 595 686.96	49 251 999.75		99 595 686.96	49 251 999.75
长期股权投资	13	（八）	320 967 088.83	603 329 287.50	（二）	460 386 165.38	742 748 364.05
投资性房地产	14		112 748 918.64	114 478 166.82		108 449 171.70	110 113 322.58
固定资产	15	（九）	903 347 695.30	846 845 949.56		890 206 514.91	837 108 380.00
无形资产	16	（十）	156 409 346.85	121 909 553.34		150 328 588.93	116 013 544.20
其中：交易席位费	17		82 728 106.82	57 543 509.85		82 728 106.82	57 543 509.85
递延所得税资产	18	（十一）	64 270.87	110 097 922.16			110 033 651.29
其他资产	19	（十二）	453 202 829.99	455 152 794.01	（一）	428 200 781.77	416 076 913.85
资产总计	47		57 433 312 473.62	23 848 043 177.44		57 033 359 334.65	23 663 298 320.84

资产	行次	附注五	合并		附注六	母公司	
			2007 年 6 月 30 日	2006 年 12 月 31 日		2007 年 6 月 30 日	2006 年 12 月 31 日
负债	1						
短期借款	2						
其中：质押借款	3						
拆入资金	4						
交易性金融负债	5						
衍生金融负债	6	（十三）	408 952 622.00			408 952 622.00	
卖出回购金融资产款	7	（十四）	599 999 250.00			599 999 250.00	
代理买卖证券款	8	（十五）	46 912 104 012.01	18 887 024 008.96		46 833 652 288.41	18 871 052 352.82
代理承销证券款	9						
应付职工薪酬	10	（十六）	181 485 716.99	73 557 694.83		154 207 482.32	55 349 752.75
应交税费	11	（十七）	1 070 951 699.37	74 836 273.31		1 043 416 098.76	64 690 541.36
应付利息	12		17 019.16	189 919.80		17 019.16	189 919.80
预计负债	13	（十八）	220 790 425.00	207 432 525.00		220 790 425.00	207 432 525.00
长期借款	14						
应付债券	15						
递延所得税负债	16	（十九）	276 952 354.49	35 214 336.54		276 952 354.49	35 214 336.54
其他负债	17	（二十）	922 568 623.64	775 214 112.91		853 092 329.36	757 873 123.65
负债合计	18		50 593 821 722.66	20 053 468 871.35		50 391 079 869.50	19 991 802 551.92
股东权益	19						
股本	20	（二十一）	3 389 272 910.00	8 734 438 870.00		3 389 272 910.00	8 734 438 870.00
资本公积	21	（二十二）	859 198 403.30	60 922 307.23		859 198 403.30	60 922 307.23
减：库存股	22						
盈余公积	23						
一般风险准备	24						
未分配利润	25	（二十三）	2 431 552 643.00	−5 124 312 891.60		2 393 808 151.85	−5 123 865 408.31
归属于母公司所有者权益合计	26		6 680 023 956.30	3 671 048 285.63			
少数股东权益	27		159 466 794.66	123 526 020.46			
所有者权益合计	28		6 839 490 750.96	3 794 574 306.09		6 642 279 465.15	3 671 495 768.92
负债和股东权益总计	29		57 433 312 473.62	23 848 043 177.44		57 033 359 334.65	23 663 298 320.84

公司负责人：王开国　　财务负责人：任澎　　会计机构负责人：李础前　　制表人：朱亦红

表 50-2　　　　　　　　　　合并利润表

编制单位：海通证券股份有限公司　　　　　2007 年 1—6 月　　　　　　　　　单位：元

项目	行次	合并		母公司	
		2007 年 1—6 月	2006 年 1—6 月	2007 年 1—6 月	2006 年 1—6 月
一、营业收入	1	4 753 259 677.10	1 138 660 657.94	4 467 871 140.66	1 038 017 368.51
1. 手续费及佣金净收入	2	3 417 478 373.35	701 409 874.11	3 167 132 621.47	599 544 697.87
其中：代理买卖证券业务手续费净收入	3	2 919 096 540.95	526 128 628.59	2 884 316 623.53	512 674 412.23

续表

项目	行次	合并		母公司	
		2007年1—6月	2006年1—6月	2007年1—6月	2006年1—6月
证券承销业务净收入	4	155 113 115.51	78 478 364.82	155 113 115.51	78 478 364.82
受托客户资产管理业务净收入	5	222 070 971.94	88 134 035.17	7 542 019.93	
2. 利息净收入	6	147 953 893.28	26 960 585.78	145 270 477.04	24 812 558.05
3. 投资收益	7	751 407 719.19	225 557 519.12	750 065 034.47	240 740 251.49
其中：对联营企业和合营企业的投资收益	8	36 017 590.24		36 017 590.24	
4. 公允价值变动损益	9	347 832 173.03	135 363 258.08	347 665 913.03	135 363 258.08
5. 汇兑损益	10	-8 798 077.37	771 033.15	-8 392 622.37	-570 621.78
6. 其他业务收入	11	97 385 595.62	48 598 387.70	66 129 717.02	38 127 224.80
二、营业支出	12	1 463 894 431.28	528 357 698.96	1 291 460 106.44	458 122 823.14
1. 营业税金及附加	13	233 214 525.17	47 679 548.99	219 052 379.99	42 032 837.83
2. 业务及管理费	14	1 009 454 902.53	398 871 466.65	851 182 722.87	334 283 301.99
3. 资产减值损失	15	219 544 703.15	81 499 880.40	219 544 703.15	81 499 880.40
4. 其他业务成本	16	1 680 300.43	306 802.92	1 680 300.43	306 802.92
三、营业利润	17	3 289 365 245.82	610 302 958.98	3 176 411 034.22	579 894 545.37
加：营业外收入	18	24 216 282.38	41 188 102.51	24 206 202.38	39 681 147.00
减：营业外支出	19	50 491 150.51	175 928 411.54	50 490 389.07	175 871 811.62
四、利润总额	20	3 263 090 377.69	475 562 649.95	3 150 126 847.53	443 703 880.75
减：所得税费用	21	1 186 314 414.86	246 239 038.75	1 147 483 633.34	229 588 628.07
五、净利润	22	2 076 775 962.83	229 323 611.20	2 002 643 214.19	214 115 252.68
（一）归属于母公司所有者的净利润	23	2 040 835 188.63	214 115 252.68		
（二）少数股东收益	24	35 940 774.20	15 208 358.52		
六、每股收益	25				
（一）基本每股收益	26	0.60	0.02		
（二）稀释每股收益	27	0.60	0.02		

公司负责人：王开国　　财务负责人：任澎　　会计机构负责人：李础前　　制表人：朱亦红

表 50-3　　　　　　　　　　　合并现金流量表

编制单位：海通证券股份有限公司　　　　　2007年1—6月　　　　　　　　　单位：元

项目	行次	合并		母公司	
		2007年1—6月	2006年1—6月	2007年1—6月	2006年1—6月
一、经营活动产生的现金流量	1				
处置交易性金融资产净增加额	2	580 134 546.62	96 977 165.32	579 092 795.98	96 977 165.32
收取利息、手续费及佣金的现金	3	4 343 427 482.91	826 720 754.37	4 090 770 979.09	723 594 032.26
拆入资金净增加额	4		-600 000 000.00		-600 000 000.00
回购业务资金净增加额	5	399 998 000.00	-201 945 681.25	399 998 000.00	-201 945 681.25
收到其他与经营活动有关的现金	6	28 201 663 857.29	8 160 742 387.65	28 036 135 793.47	8 152 010 283.83

续表

项目	行次	合并		母公司	
		2007 年 1—6 月	2006 年 1—6 月	2007 年 1—6 月	2006 年 1—6 月
经营活动现金流入小计	7	33 525 223 886.82	8 282 494 626.09	33 105 997 568.54	8 170 635 800.16
支付利息、手续费及佣金的现金	8	785 870 240.42	104 470 482.08	785 867 530.52	99 063 554.69
支付给职工及为职工支付的现金	9	453 441 302.45	147 594 788.14	416 339 174.79	113 065 431.40
支付的各项税费	10	228 026 892.57	64 119 809.56	191 634 834.55	42 256 113.95
支付其他与经营活动有关的现金	11	2 540 087 551.40	255 254 430.79	2 412 371 841.61	213 085 011.14
经营活动现金流出小计	12	4 007 425 986.84	571 439 510.57	3 806 213 381.47	467 470 111.18
经营活动产生的现金流量净额	13	29 517 797 899.98	7 711 055 115.52	29 299 784 187.07	7 703 165 688.98
二、投资活动产生的现金流量	14				
收回投资所收到的现金	15	58 937 401.00	25 384 907.11	58 880 281.00	24 209 098.17
取得投资收益收到的现金	16	240 606 047.27	82 819 413.73	240 305 113.19	86 921 690.00
收到其他与投资活动有关的现金	17				
投资活动现金流入小计	18	299 543 448.27	108 204 320.84	299 185 394.19	111 130 788.17
投资支付的现金	19	102 779 160.00	89 995 256.89	99 449 600.00	86 921 690.00
购建固定资产、无形资产和其他长期资产所支付的现金	20	119 858 765.11	72 713 612.38	112 024 201.51	68 699 638.88
支付其他与投资活动有关的现金	21	1 977 150.83		1 977 150.83	
投资活动现金流出小计	22	224 615 075.94	162 708 869.27	213 450 952.34	155 621 328.88
投资活动产生的现金流量净额	23	74 928 372.33	−54 504 548.43	85 734 441.85	−44 490 540.71
三、筹资活动产生的现金流量	24				
吸收投资收到的现金	25	707 830 488.86	44 059 922.00	707 830 488.86	
其中：吸收少数股东投资收到的现金	26		44 059 922.00		
发行债券收到的现金	27				
借款收到的现金	28				
收到其他与筹资活动有关的现金	29	123 593 906.49		123 593 906.49	
筹资活动现金流入小计	30	831 424 395.35	44 059 922.00	831 424 395.35	
偿还债务支付的现金	31				
分配股利、利润或偿付利息支付的现金	32				
支付其他与筹资活动有关的现金	33	200 000 000.00		200 000 000.00	
筹资活动现金流出小计	34	200 000 000.00		200 000 000.00	
筹资活动产生的现金流量净额	35	631 424 395.35	44 059 922.00	631 424 395.35	
四、汇率变动对现金及现金等价物的影响	36	−8 231 046.08	−20 938.87	−8 392 622.37	
五、现金及现金等价物净增加额	37	30 215 919 621.58	7 700 589 550.22	30 008 550 401.90	7 658 675 148.27
加：期初现金及现金等价物余额	38	19 845 456 915.22	8 277 001 798.54	19 727 304 167.00	8 207 432 854.22
六、期末现金及现金等价物余额	39	50 061 376 536.80	15 977 591 348.76	49 735 854 568.90	15 866 108 002.49

公司负责人：王开国　　财务负责人：任澎　　会计机构负责人：李础前　　制表人：朱亦红

表 50-4 　　　　　　　　　　合并所有者权益变动表

编制单位：海通证券股份有限公司　　　　　　　　　　　　　　　　　　　　　　　　　　　单位：元

项目	行次	2007 年 1—6 月								
		股本	资本公积	盈余公积	一般风险准备	未分配利润	其他	母公司所有者权益合计	少数股东权益	所有者权益合计
一、上期期末余额	1	8 734 438 870*	9 500 000	11 870 262		−5 267 375 691		3 488 433 440	123 461 749	3 611 895 190
加：会计政策变更	2		51 422 307	−11 870 262		143 062 799		182 614 844	64 270	182 679 115
前期差错更正	3									
二、本年年初余额	4	8 734 438 870	60 922 307			−5 124 312 891		3 671 048 285	123 526 020	3 794 574 306
三、本年增减变动金额（减少以 "−" 号填列）	5	−5 345 165 960	798 276 096			7 555 865 534		3 008 975 670	35 940 774	3 044 916 444
（一）净利润	6					2 040 835 188		2 040 835 188	35 940 774	2 076 775 962
（二）直接计入所有者权益的利得和损失	7		260 309 993					260 309 993		260 309 993
1. 可供出售金融资产公允价值变动净额	8		385 745 572					385 745 572		385 745 572
（1）计入所有者权益的金额	9		423 062 024					423 062 024		423 062 025
（2）计入当期损益的金额	10		−37 316 452					−37 316 452		−37 316 452
2. 与计入所有者权益项目相关的所得税影响	11		−127 296 038					−127 296 038		−127 296 038
3. 其他	12		1 860 459					1 860 459		1 860 459
上述（一）和（二）小计	13		260 309 993			2 040 835 188		2 301 145 181	35 940 774	2 337 085 956
（三）所有者投入和减少资本	14	−5 345 165 960	537 966 102			5 515 030 345		707 830 488		707 830 488
1. 所有者投入资本	15	358 272 910	349 557 578					707 830 488		707 830 488
2. 股份支付计入所有者权益的金额	16									
3. 其他	17	−5 703 438 870	188 408 524			5 515 030 345				
（四）利润分配	18									
1. 提取盈余公积	19									
2. 对所有者（或股东）的分配	20									
3. 其他	21									
（五）所有者权益内部结转	22									
1. 资本公积转增资本（或股本）	23									
2. 盈余公积转增资本（或股本）	24									
3. 盈余公积弥补亏损	25									
四、本年年末余额	26	3 389 272 910	859 198 403			2 431 552 643		6 680 023 956	159 466 794	6 839 490 750

* 原报表中小数点后两位直接删除，不进行四舍五入。

续表

项目	行次	2006 年 1—6 月								
		股本	资本公积	盈余公积	一般风险准备	未分配利润	其他	母公司所有者权益合计	少数股东权益	所有者权益合计
一、上期期末余额	1	8 734 438 870		9 506 266		−5 915 430 137	−3 096 000	2 825 418 998	59 876 922	2 885 295 920
加：会计政策变更	2			−9 506 266		336 716 157	3 096 000	330 305 891		330 305 891
前期差错更正	3									
二、本年年初余额	4	8 734 438 870				−5 578 713 980		3 155 724 889	59 876 922	3 215 601 812
三、本年增减变动金额（减少以"−"号填列）	5		16 042 489			214 115 252		230 157 742	15 208 358	245 366 101
（一）净利润	6					214 115 252		214 115 252	15 208 358	229 323 611
（二）直接计入所有者权益的利得和损失	7		16 042 489					16 042 489		16 042 489
1. 可供出售金融资产公允价值变动净额	8		9 764 910					9 764 910		9 764 910
（1）计入所有者权益的金额	9		9 764 910					9 764 910		9 764 910
（2）计入当期损益的金额	10									
2. 与计入所有者权益项目相关的所得税影响	11		−3 222 420					−3 222 420		−3 222 420
3. 其他	12		9 500 000					9 500 000		9 500 000
上述（一）和（二）小计	13		16 042 489			214 115 252		230 157 742	15 208 358	245 366 101
（三）所有者投入和减少资本	14									
1. 所有者投入资本	15									
2. 股份支付计入所有者权益的金额	16									
3. 其他	17									
（四）利润分配	18									
1. 提取盈余公积	19									
2. 对所有者（或股东）的分配	20									
3. 其他	21									
（五）所有者权益内部结转	22									
1. 资本公积转增资本（或股本）	23									
2. 盈余公积转增资本（或股本）	24									
3. 盈余公积弥补亏损	25									
四、本年年末余额	26	8 734 438 870	16 042 489			−5 364 598 727		3 385 882 632	75 085 280	3 460 967 913

表 50-5　　　　　　　　　　　　　　母公司所有者权益变动表

编制单位：海通证券股份有限公司　　　　　　　　　　　　　　　　　　　　　　　　　　　单位：元

项目	行次	2007 年 1—6 月								
		股本	资本公积	盈余公积	一般风险准备	未分配利润	其他	母公司所有者权益合计	少数股东权益	所有者权益合计
一、上期期末余额	1	8 734 438 870	9 500 000	11 870 262		-5 255 505 429		3 488 433 440		
加：会计政策变更	2		51 422 307	-11 870 262		131 640 020		183 062 328		
前期差错更正	3									
二、本年年初余额	4	8 734 438 870	60 922 307			-5 123 865 408		3 671 495 768		
三、本年增减变动金额（减少以"-"号填列）	5	-5 345 165 960	798 276 096			7 517 673 560		2 970 783 696		
（一）净利润	6					2 002 643 214		2 002 643 214		
（二）直接计入所有者权益的得利和损失	7		260 309 993					260 309 993		
1. 可供出售金融资产公允价值变动净额	8		385 745 572					385 745 572		
（1）计入所有者权益的金额	9		423 062 024					423 062 024		
（2）计入当期损益的金额	10		-37 316 452					-37 316 452		
2. 与计入所有者权益项目相关的所得税影响	11		-127 296 038					-127 296 038		
3. 其他	12		1 860 459					1 860 459		
上述（一）和（二）小计	13		260 309 993			2 002 643 214		2 262 953 207		
（三）所有者投入和减少资本	14	-5 345 165 960	537 966 102			5 515 030 345		707 830 488		
1. 所有者投入资本	15	358 272 910	349 557 578					707 830 488		
2. 股份支付计入所有者权益的金额	16									
3. 其他	17	-5 703 438 870	188 408 524			5 515 030 345				
（四）利润分配	18									
1. 提取盈余公积	19									
2. 对所有者（或股东）的分配	20									
3. 其他	21									
（五）所有者权益内部结转	22									
1. 资本公积转增资本（或股本）	23									
2. 盈余公积转增资本（或股本）	24									
3. 盈余公积弥补亏损	25									
四、本年年末余额	26	3 389 272 910	859 198 403			2 393 808 151		6 642 279 465		

项目	行次	2016 年 1—6 月								
		股本	资本公积	盈余公积	一般风险准备	未分配利润	其他	母公司所有者权益合计	少数股东权益	所有者权益合计
一、上期期末余额	1	8 734 438 870		9 506 266		−5 905 923 871	−3 096 000	2 825 418 998		
加：会计政策变更	2			−9 506 266		327 209 891	3 096 000	330 305 891		
前期差错更正	3									
二、本年年初余额	4	8 734 438 870				−5 578 713 980		3 155 724 889		
三、本年增减变动金额（减少以"−"号填列）	5		16 042 489			214 115 252		230 157 742		
（一）净利润	6					214 115 252		214 115 252		
（二）直接计入所有者权益的利得和损失	7		16 042 489					16 042 489		
1.可供出售金融资产公允价值变动净额	8		9 764 910					9 764 910		
（1）计入所有者权益的金额	9		9 764 910					9 764 910		
（2）计入当期损益的金额	10									
2. 与计入所有者权益项目相关的所得税影响	11		−3 222 420					−3 222 420		
3. 其他	12		9 500 000					9 500 000		
上述（一）和（二）小计	13					214 115 252		245 366 100		
（三）所有者投入和减少资本	14									
1. 所有者投入资本	15									
2. 股份支付计入所有者权益的金额	16									
3. 其他	17									
（四）利润分配	18									
1. 提取盈余公积	19									
2. 对所有者（或股东）的分配	20									
3. 其他	21									
（五）所有者权益内部结转	22									
1. 资本公积转增资本（或股本）	23									
2. 盈余公积转增资本（或股本）	24									
3. 盈余公积弥补亏损	25									
四、本年年末余额	26	8 734 438 870	16 042 489			−5 364 598 727		3 385 882 632		

在2007年中报中，海通证券对此次合并的会计处理做了如下说明。

本次吸收合并以海通证券为合并方主体对都市股份进行非同一控制下企业合并，具体处理如下。

（1）吸收合并日为2007年6月22日。

（2）会计上购买方的认定：按会计业务的实质以海通证券作为会计上的合并方。

该认定基于：合并后存续公司的名称变更为海通证券股份有限公司；合并后存续公司的经营范围变更为原海通证券的经营范围，且取得与原海通证券相同的各项证券金融经营许可；都市股份原有业务及员工全部由光明食品（集团）有限公司承接，合并后存续公司将承继及承接原海通证券的所有职工、资产、负债、权利、义务、资质及许可。

（3）会计上被购买方的认定：按会计业务的实质以都市股份作为会计上的被合并方。

（4）被购买方都市股份合并成本的确认：本次吸收合并并入都市股份的资产合计831 424 395.35元，全部系银行存款。包括：光明集团受让都市股份全部资产及负债支付的转让款756 000 000.00元，转让价格以都市股份截至2006年9月30日经评估确认的净资产值确定；都市股份过渡期间实现净利润75 333 705.35元；都市股份专户存款利息收入90 690.00元。

并入的都市股份负债合计123 593 906.49元，主要是根据都市股份2006年度股东大会决议应付都市股份老股东2006年现金红利。

并入的都市股份股东权益合计707 830 488.86元（其中股本358 272 910.00元，资本公积349 557 578.86元）。

（5）合并财务报表的编制原则：该合并报表是海通证券财务报表的延续。

另外，对与此合并有关的附注说明列示如下。

（十二）其他资产

1. 余额明细（见表50-6）

表50-6   余额明细   单位：元

项目	2007年6月30日	2006年12月31日
应收款项	188 081 921.67	373 936 874.94
应收股利	15 951 515.18	191 980.18
待转承销费用	9 849 388.79	6 099 563.82
商誉	204 749 956.98	4 749 956.98
长期待摊费用	28 070 047.37	43 163 020.45
抵债资产	6 500 000.00	27 011 397.64
合计	453 202 829.99	455 152 794.01
……		

2. 商誉（见表50-7）

表50-7   商誉   单位：元

形成来源	初始金额	2006年12月31日	本期变动	2007年6月30日	计提减值准备
吸收合并都市股份形成	200 000 000.00	0.00	200 000 000.00	200 000 000.00	0.00
合并子公司海富期货形成	4 749 956.98	4 749 956.98	0.00	4 749 956.98	0.00
合计	204 749 956.98	4 749 956.98	200 000 000.00	200 000 000.00	0.00
……					

（二十二）资本公积（见表 50-8）

表 50-8   资本公积   单位：元

项目	调整前期初数	调整金额	调整后期初数	本期增加	本期减少	期末数
股本溢价	0.00	0.00	0.00	537 966 102.89	0.00	537 966 102.89
其他资本公积——可供出售投资公允价值变动储备	0.00	76 749 712.27	76 749 712.27	423 062 024.97	37 316 452.72	462 495 284.52
其他资本公积——与计入所有者权益项目相关的所得税影响	0.00	-25 327 405.04	-25 327 405.04	-127 296 038.84	0.00	-152 623 443.88
其他资本公积——其他权益变动	9 500 000.00	0.00	9 500 000.00	1 860 459.77	0.00	11 360 459.77
合计	9 500 000.00	51 422 307.23	60 922 307.23	835 592 548.79	37 316 452.72	859 198 403.30

说明：

1. 依据财政部财会〔2006〕3 号《关于印发〈企业会计准则第 1 号——存货〉等 38 项具体准则的通知》，公司从 2007 年 1 月 1 日起，执行新《企业会计准则》；并根据《企业会计准则第 38 号——首次执行企业会计准则》所规定的 5～19 条相关内容，对财务报表项目进行了追溯调整，影响期初资本公积 51 422 307.32 元。

2. 股本溢价包括海通证券折股溢价 188 408 524.03 元及并入都市股份股本溢价 349 557 578.86 元。

（二十三）未分配利润（见表 50-9）

表 50-9   未分配利润   单位：元

项目	2007 年 1—6 月
调整前期初未分配利润	-5 267 375 691.20
调整期初未分配利润	143 062 799.60
调整后期初未分配利润	-5 124 312 891.60
加：本期归属于母公司所有者的净利润	2 040 835 188.63
加：所有者投入——其他	5 515 030 345.97
减：提取法定盈余公积	0.00
提取一般风险准备	0.00
应付普通股股利	0.00
期末未分配利润	2 431 552 643.00

说明：

1. 依据财政部财会〔2006〕3 号《关于印发〈企业会计准则第 1 号——存货〉等 38 项具体准则的通知》，公司从 2007 年 1 月 1 日起，执行新《企业会计准则》；并根据《企业会计准则第 38 号——首次执行企业会计准则》所规定的 5～19 条相关内容，对财务报表项目进行了追溯调整，影响期初未分配利润 143 062 799.60 元。

2. "所有者投入——其他"本期增加系海通证券折股后弥补截至 2006 年 9 月 30 日的累计亏损。

问题：

1. 企业合并主要基于哪些目的？公开披露企业合并情况的主要目的是什么？为什么？

2. 本案例中的合并属于何种性质（正向并购或反向并购、同一控制或非同一控制、吸收合并或创立合并或控股合并，请参考附件一和附件二）？请说明理由。

3. 在这一合并中，公司确认了 2 亿元的商誉（参见附注（十二）中"2. 商誉"），请阐述商誉的确认原则，本合并报表中如此确认合理吗？

4. 在这一合并中，公司共确认了 537 966 102.89 元的股本溢价和 5 515 030 345.97 元的折股后补亏额（参见附注（二十二）资本公积和（二十三）未分配利润），请说明该做法的理论依据（请参考附件一和附件二），你认为如此处理是否可行？

5. 在这一合并中，合并资产负债表和合并利润表分别出现少数股东权益和少数股东收益，请根据案例中所提供的相关资料或搜集更详细的资料，说明如此处理的依据（请参考附件一和附件二）。

附件一：反向收购的会计处理规定（IFRS3 企业合并 附录二 实施指南）

反向购买

19. 根据本附录第13段至18段中的指南，出于会计处理目的将发行证券的主体（法律上的购买方）认定为被购买方时，就发生了反向购买。对于反向购买交易来说，出于会计处理的目的，权益被购买的主体（法律上的被购买方）是购买方。例如，反向购买有时发生在这样的情况下，一家私营主体想成为上市公司，但又不想就其权益进行登记注册。为了实现这一目标，私营主体就与一家上市公司进行安排，购买其权益换取上市公司的权益。在这个例子中，上市主体就是法律上的购买方，因为它发行了权益，而私营主体是法律上的被购买方，因为它的权益被购买。然而，应用本附录第13段至18段的指南导致如下认定。

（1）出于会计处理的目的，上市主体被认定为被购买方（会计上的被购买方）。

（2）出于会计目的，私营主体被认定为购买方（会计上的购买方）。

会计上的被购买方必须符合业务的定义，其交易才能作为反向购买进行会计处理，并且本国际财务报告准则中的所有确认和计量原则（包括商誉的确认要求）都适用。

计量转移的对价

20. 在反向购买中，会计上的购买方通常不向被购买方发行对价。相反，会计上的被购买方通常向会计上的购买方的所有者发行权益。相应地，会计上的购买方为获得其在会计上的被购买方的权益而转移对价，该对价在购买日的公允价值基于法律上子公司为法律上母公司的所有者在反向购买产生的合并后主体中拥有相同比例的权益将发行的权益数量。以上述方式计算的权益数量的公允价值可以作为换取被购买方所转移对价的公允价值。

合并财务报表的编制

21. 反向购买之后编制的合并财务报表应以法律上母公司（会计上的被购买方）的名义发布，但是应在附注中说明是法律上子公司（即会计上的购买方）财务报表的延续，并需要追溯调整会计上购买方的法定资本以反映会计上被购买方的法定资本。该调整要求反映法律上母公司（会计上的被购买方）的资本。合并财务报表中列报的可比信息也要进行追溯调整，以反映法律上母公司（会计上的被购买方）的法定资本。

22. 由于这样的合并报表代表了法律上子公司除资本结构外财务报表的延续，因此合并报表要反映：

（1）法律上子公司（会计上的购买方）的资产和负债按合并前账面金额确认、计量。

（2）法律上母公司（会计上的被购买方）的资产和负债按本国际财务报告准则确认、计量。

（3）在企业合并前法律上子公司（会计上的购买方）的留存收益和其他权益余额。

（4）在合并财务报表中作为发行的权益确认的金额，应当将法律上子公司（会计上的购买方）在企业合并前那一刻发行在外的权益增加到法律上母公司（会计上的被购买方）按照本国际财务报告准则确定的公允价值的金额上。然而权益结构（即发行权益的数量和类型）反映法律上母公司（会计上的被购买方）的权益结构，包括法律上母公司为了实现企业合并而发行的权益。相应地，法律上子公司（会计上的购买方）也要按照协议规定的交换比例进行重述，以反映反向购买交易中法律上母公司（会计上的被购买方）发行的股份数量。

（5）非控制性权益在法律上子公司（会计上的购买方）合并前留存收益和其他权益的账面金额中所占比例份额（如本附录第23段和第24段所讨论的）。

非控制性权益[*]

23. 在反向购买中，法律上被购买方（会计上的购买方）的有些所有者可能并没有以他们的权益来交换法律上母公司（会计上的被购买方）的权益。这些所有者在反向购买后的合并财务报表中反映为非控制性权益。这是因为，那些没有以其权益来交换法律上购买方权益的法律上被购买方的所有者，仅在法律上被购买方而非合并后主体的经营成果和净资产中拥有权益。相反，即使法律上购买方在会计上被视为被购买方，但是法律上

---

[*] 对应我国的"少数股东权益"。

购买方的所有者都在合并后主体的经营成果和净资产中拥有权益。

24. 法律上被购买方的资产和负债在合并财务报表中以其合并前的账面金额确认和计量[参见本附录第22段（1）]。因此，在反向购买中，非控制性权益反映控制性股东在法律上购买方净资产的合并前账面金额中按比例持有的权益份额，即使在其他购买中非控制性权益以其购买日公允价值进行计量。

每股收益

25. 在本附录第22段（4）中已指出，反向购买后的合并财务报表中的权益结构，反映了法律上购买方（会计上的被购买方）的权益结构，包括法律上购买方为实现企业合并而发行的权益。

26. 计算在反向购买发生期间加权平均的发行在外普通股数量（每股收益计算中的分母）的过程中：

（1）自该期期初至购买日，发行在外普通股数量应该用该期间法律上被购买方（会计上的购买方）发行在外的普通股的加权平均数量乘以合并协议中的交换比例来计算；

（2）购买日到该期间结束的发行在外普通股数量应该是法律上的购买方（会计上的被购买方）当期发行在外的普通股实际数量。

27. 在反向购买后的合并财务报表中，购买日之前的各可比期间列报的基本每股收益，应当按如下方式计算：（1）将每个期间法律上被购买方可归属于普通股股东的损益，除以（2）法律上被购买方发行在外的普通股历史加权平均数乘以协议规定的交换比例。

附件二：反向收购的会计举例

反向收购——一个简例*

上市公司A于2009年6月30日通过定向增发本企业普通股对B公司进行合并，取得其100%的股权。双方合并前简化的资产负债表如表50-10所示。假定合并时不考虑所得税的影响。

表50-10　　　　　　　　　　　A、B公司合并前资产负债表　　　　　　　　　　单位：万元

项目	A公司（法律意义上的母公司，会计上被购方）	B公司（法律意义上的子公司，会计上购买方）
流动资产	500	700
非流动资产	1 300	3 000
资产合计	1 800	3 700
流动负债	300	600
非流动负债	400	1 100
负债合计	700	1 700
股本（面值1元）	100	60
资本公积	200	540
盈余公积	300	500
未分配利润	500	900
所有者权益总额	1 100	2 000
负债及所有者权益合计	1 800	3 700

其他资料：

1. 2009年6月30日，A公司发行股份，以2.5股交换1股B公司的普通股，B公司所有股东都交换他们持有的B公司股票。A公司一共发行150万股，取得B公司全部60万股普通股。

2. 2009年6月30日，B公司每股普通股的公允价值为40元，A公司当日的市场交易价为每股16元。

3. 2009年6月30日，除A公司非流动资产的公允价值为1 500万元外，其他可辨认资产和负债的公允价值均等于账面价值。

---

*　罕尼·梵·格鲁宁. 国际财务报告准则：实用指南[M]. 北京：中国财政经济出版社，2007.

合并过程如下。

一、确定合并成本

A公司（法律意义上的母公司，会计上的被购买方）发行150万股普通股的结果是，B公司股东持有合并后60%的已发行股份（150/250），剩余的40%由A公司股东持有。如果企业合并是由B公司发行普通股交换A公司普通股，要使合并后B公司取得同样的股份比例，B公司要发行40万股普通股，即B公司流通在外的总股份为100万股，所持有的股份占总股份的60%（60/100）。因此，B公司取得A公司的合并成本为1600万元（40元×40万股）。

二、企业合并成本的分配与商誉的确定

合并成本		1600万元
A公司各项可辨认资产、负债		
流动资产	500万元	
非流动资产	1300万元	
流动负债	（300）万元	
非流动负债	（400）万元	（1300）万元
商誉		300万元

三、编制合并日合并财务报表（见表50-11）

表50-11　　　　　　　　　　　A、B公司合并日合并资产负债表　　　　　　　　　单位：万元

项目	A公司	B公司	合并金额
流动资产	500	700	1200
非流动资产	1300	3000	4500
商誉			300
资产合计	1800	3700	6000
流动负债	300	600	900
非流动负债	400	1100	1500
负债合计	700	1700	2400
股本（面值1元）	100	60	250*
资本公积	200	540	1950*
盈余公积	300	500	500*
未分配利润	500	900	900*
所有者权益总额	1100	2000	3600
负债及所有者权益合计	1800	3700	6000

*合并金额中股本数量（或面值）为A公司总股本数；资本公积为B公司余额，即原账面价值和合并成本扣除增发股票的面值［540+1600－（250-60）］；留存收益为B公司余额。

四、每股收益

相关资料如下。

1. 2008年度B公司的净利润为600万元。2009年度合并利润为1000万元。

2. 2008年全年以及2009年1月1日至6月30日反向购买日前的期间内，B公司的普通股数量没有发生变化。

2009年合并每股收益计算如下：

2009年流通在外加权平均股数=150×6/12+250×6/12=200（股）

2009年每股收益=1000/200=5（元/股）

2008年度重述的每股收益=600/150=4（元/股）

五、少数股东权益

假定其他假设相同，假设 B 公司只有 56 万股而不是 60 万股普通股参与交换，这时，A 公司只用发行 140 万股[4 万股占全部 60 万股的 6.7%，即交换 B 公司 93.3%的股份，A 公司需发行 140 万股（150×93.3%）]。B 公司的多数股东拥有合并后主体的已发行股份的 58.3%（140/240）。

在计算 B 公司需发行的股票数量时，不考虑少数股东权益的影响。多数股东拥有 56 万股 B 公司股票，为代表 58.3%的权益份额，B 公司需增发 40 万股普通股，多数股东将拥有 B 公司已发行的 96 万股中的 56 万股，占比 58.3%（56/96）。这时合并 A 公司合并成本没有变化，仍然是 1 600 万元（40 元×40 万股）。如果 B 公司的一些股东没有参与交换，已确认的集团在 A 公司的权益份额的金额不会发生变化。

少数股东权益由 B 公司的全部 60 万股股票中没有交换的 4 万股代表，占比 6.7%（4/60）。少数股东权益反映了少数股东在合并之前 B 公司的净资产账面金额中所占权益的比例，即 134 万元（2 000×6.7%）。

含少数股东权益的合并资产负债表如表 50-12 所示。

表 50-12　　　　　　　A、B 公司合并日合并资产负债表（含少数股东权益）　　　　　　单位：万元

项目	A 公司	B 公司	合并金额
流动资产	500	700	1 200
非流动资产	1 300	3 000	4 500
商誉			300
资产合计	1 800	3 700	6 000
流动负债	300	600	900
非流动负债	400	1 100	1 500
负债合计	700	1 700	2 400
股本（面值 1 元）	100	60	240*
资本公积	200	540	1 919.8*
盈余公积	300	500	466.5*
未分配利润	500	900	839.7*
少数股东权益			134
所有者权益总额	1 100	2 000	3 600
负债及所有者权益合计	1 800	3 700	6 000

*合并金额中股本数量（或面值）为 A 公司总股本数；资本公积为 B 公司参加交换后股东享有的余额，即原账面价值的多数股东部分和合并成本扣除增发股票的面值[540×93.3%+1 600-（240-56）]；留存收益为 B 公司多数股东部分余额（500×93.3%和 900×93.3%）。

附件三：都市股份（600837）第三届董事会第二十七次会议决议公告

本公司及董事会全体成员保证公告内容的真实、准确和完整，对公告的虚假记载、误导性陈述或重大遗漏负连带责任。

上海市都市农商社股份有限公司（以下简称"本公司"或"公司"）第三届董事会第二十七次会议，于 2006 年 12 月 28 日在光明食品（集团）有限公司总部三楼会议室召开。本次会议应到董事九名，实到董事九名，符合《公司法》及公司章程的有关规定。

本次会议审议并通过如下议案。

一、审议并通过《关于上海市都市农商社股份有限公司向光明食品（集团）有限公司出售全部资产及负债的议案》

1. 本公司拟向光明食品（集团）有限公司（以下简称"光明集团"）转让全部资产及负债，转让价款参照本公司截至 2006 年 9 月 30 日经评估核准备案的净资产值，确定为人民币 75 600 万元（以下简称"本次转让"）。同时，本公司现有全部业务及全部职工（含离退休人员）也将随资产及负债一并由光明集团承接。自转让基准日（即 2006 年 9 月 30 日）起至本次转让协议（即《关于上海市都市农商社股份有限公司之资产转让协议书》

及其附件）生效之日止期间，本公司实现的全部利润均归本公司享有，在本次转让所得未计入该期间收益情况下，如本公司发生亏损，则由光明集团负责以货币资金全额补足。

本次转让方案经本公司股东大会审议通过，并经中国证监会及国有资产管理部门批准或核准后，方可生效并实施。

2. 本次董事会会议审议通过本议案后，本公司将与光明集团正式签署本次转让协议及相关文件。

3. 本议案与议案二及议案七为本公司资产重组方案的组成部分，其中任一议案未获得完全批准或核准，包括但不限于股东大会的批准以及国家相关主管部门的批准或核准（但议案七未获得国家相关主管部门的批准或核准的情形除外），则本议案将自动撤销及终止实施。

表决结果：7票赞成，0票反对，0票弃权，审议通过本议案。对此议案本公司关联董事童锐志、钟尚文回避了表决，独立董事发表了独立意见。

本议案尚需提交公司2007年度第一次临时股东大会审议，审议时关联方需回避表决。本议案需参会非关联股东所持表决权的三分之二以上审议通过。

二、审议并通过《关于上海市都市农商社股份有限公司以新增股份换股合并海通证券股份有限公司的议案》

1. 本公司拟通过换股方式吸收合并海通证券股份有限公司（以下简称"海通证券"），具体方案如下。

（1）本公司向光明集团转让全部资产及负债的同时，以新增股份换股吸收合并海通证券（以下简称"本次合并"），换股比例的确定以双方市场化估值为基础。即海通证券的换股价格以财务顾问报告确认的合理估值为基准，确定为每股人民币2.01元；本公司的换股价格以2006年10月13日（星期五）的收盘价为基准，确定为每股人民币5.8元，由此确定海通证券与本公司的换股比例为1∶0.347，即每1股海通证券股份换0.347股本公司股份。海通证券在本次合并前的股份总数为8 734 438 870股，换为本公司的股份3 031 000 000股。本次合并完成后本公司的股份总数将增加至3 389 272 910股。

（2）本次合并生效后，海通证券的全部资产、负债、权利、义务转移至本公司；海通证券的现有业务（包括业务资质）及全部员工由本公司承继和接收；本公司相应修改章程、变更住所、变更经营范围及更名为"海通证券股份有限公司"。

海通证券自合并基准日（2006年9月30日）起至本次合并协议（即《上海市都市农商社股份有限公司与海通证券股份有限公司之吸收合并协议书》及其附件）生效日止期间形成的损益，扣除海通证券为实施合并所应承担的税费及其他成本开支、费用后外，均由本公司及存续公司（"存续公司"指本公司于合并登记日及其后的存续实体公司，"合并登记日"指本公司完成在上海市工商行政管理局的合并变更登记和原海通证券完成注销登记手续之日）享有或承担。此外，本公司自合并基准日起至2006年12月31日止期间实现的税后利润，在扣除向光明集团出售转让资产所实现的税后利润及按章程规定提取法定公积金后的可供股东分配利润后，由本公司原股东（不包括海通证券股东）享有，除此，本公司于2007年1月1日起至本次合并协议生效之日止期间实现的可供股东分配的利润，由合并后的本公司及其存续公司全体股东（包括海通证券股东）享有。

（3）为充分尊重持有本公司无限售条件股份股东的意愿、保护反对本次合并及本次转让股东的合法权益，决定赋予除光明集团之外的本公司所有股东现金选择权，具有现金选择权的股东可以全部或部分行使现金选择权，行使选择权的股份将按照本公司于2006年10月13日（星期五）的收盘价格每股人民币5.80元换取现金，相应的股份过户给第三方光明集团下属全资子公司上海市农工商投资公司。上海市农工商投资公司已出具承诺函，承诺担任本次合并的第三方，并将在本次合并方案生效后，按照相关规定将履行本次合并第三方支付责任的保证金划入中国证券登记结算有限责任公司上海分公司的指定账户。

（4）本公司本次合并实施完成后，海通证券原股东通过换股所持本公司的股份将变更为有限售条件的流通股，流通的时间安排将根据中国证监会的有关规定及海通证券原股东的承诺执行。

本次合并方案经海通证券股东大会和本公司股东大会审议通过，并经中国证监会及其他国家相关主管部门批准或核准后，方可生效并实施。

2. 为维护股权分置改革预期的稳定，维持本公司控制权和经营管理的稳定，以维护本公司无限售条件流通股股东的利益，光明集团和海通证券现有12家股东单位将分别签署《关于承继光明食品（集团）有限公司在上海市都市农商社股份有限公司股权分置改革中作出的承诺的承诺书》。该承诺书的部分内容如下：自本次合并完成及原海通证券股东持有的本公司股票获得上市流通权之日起，各自持有的本公司的所有股票在 2010 年 11 月 8 日前不上市交易或者转让；提议本公司 2006 年至 2007 年连续两年的利润分配比例将不低于当年实施的可分配利润的 50%，并承诺在股东大会表决时对该议案投赞成票。

3. 本次董事会会议审议通过本次合并方案后，本公司将与海通证券正式签署本次合并协议及相关文件。

4. 本议案与议案一及议案七为本公司资产重组方案的组成部分，其中任一议案未获得完全批准或核准，包括但不限于股东大会的批准以及国家相关主管部门的批准或核准（但议案七未获得国家相关主管部门的批准或核准的情形除外），则本议案将自动撤销及终止实施。

表决结果：7 票赞成，0 票反对，0 票弃权，审议通过本议案。对此议案本公司关联董事童锐志、钟尚文回避了表决，本公司独立董事发表了独立意见。

本议案尚需提交公司 2007 年度第一次临时股东大会审议，审议时关联方需回避表决。本议案需参会非关联股东所持表决权的三分之二以上审议通过。

三、审议通过《关于上海市都市农商社股份有限公司更名为海通证券股份有限公司的议案》

在本次转让方案及本次合并方案生效的前提下，同意本公司注册名称由"上海市都市农商社股份有限公司"变更为"海通证券股份有限公司"，公司英文名称由"SHANGHAI URBAN AGRO-BUSINESS CO.LTD"变更为"HAITONG SECRITIES COMPANY LTD"，并依法办理本公司名称变更的核准手续。

表决结果：9 票赞成，0 票反对，0 票弃权，审议通过本议案。

本议案尚需提交公司 2007 年度第一次临时股东大会审议。

四、审议通过《关于上海市都市农商社股份有限公司变更住所的议案》

在本次转让方案及本次合并方案生效的前提下，同意本公司住所由"上海市浦东新区张扬路 838 号"迁往海通证券现住所地，即"上海市淮海中路 98 号"，并依法办理本公司住所变更的核准手续。

表决结果：9 票赞成，0 票反对，0 票弃权，审议通过本议案。

本议案尚需提交公司 2007 年度第一次临时股东大会审议。

五、审议通过《关于变更上海市都市农商社股份有限公司经营范围的议案》

在本次转让方案及本次合并方案生效的前提下，同意本公司的经营范围由"蔬菜、瓜果、粮油作物、花卉、草坪、绿化苗木的种植及上述业务的加工、批发和零售，农业机械设备批发、零售及相关的技术服务，市外经贸委批准的进出口业务，食品加工和生物医药有关产品的生产和销售，工业产品、五金工具、针纺织品、日用百货、五金交电、机电及通信设备、金属材料、建筑材料、汽车配件的经营，经贸咨询（上述经营范围涉及许可证经营的凭许可证经营）"，变更为"证券（含境内上市外资股）的代理买卖，代理证券的还本付息、分红派息、证券代保管、鉴证，代理登记开户，证券的自营买卖业务、证券（含境内上市外资股）的承销（含主承销），证券投资咨询（含财务顾问），受托投资管理；中国证监会批准的其他业务"，并依法办理本公司经营范围变更的核准手续。

表决结果：9 票赞成，0 票反对，0 票弃权，审议通过本议案。

本议案尚需提交公司 2007 年度第一次临时股东大会审议。

六、审议通过《关于修改上海市都市农商社股份有限公司章程的议案》

同意就上述五项议案涉及的本公司变更事项并结合证券公司的业务特点、风险控制及治理要求，对本公司章程进行相应修改及补充（具体修改内容详见附件一《章程修正案》），以适应吸收合并后的本公司的业务运作及法人治理要求。该修改后的公司章程在上述五项议案事项及本议案事项经本公司股东大会审议通过并获国家相关主管部门的批准或核准后生效。

表决结果：9 票赞成，0 票反对，0 票弃权，审议通过本议案。

本议案尚需提交公司 2007 年度第一次临时股东大会审议，需经参会股东所持表决权的三分之二以上审议通过。

七、审议并通过《关于非公开发行股票的议案》

1. 为本公司发展所需，本公司拟在吸收合并海通证券完成后，向经中国证监会核准的特定投资者非公开发行不超过 10 亿股的新股，发行价格不低于本公司与海通证券合并时的换股价每股人民币 5.8 元，发行底价将由存续公司新的董事会确定（本次发行前如有派息、送股、资本公积金转增股本等除权除息事项，应对该价格进行除权除息处理），并由其按照股东大会的授权及根据市场化询价情况与承销商协商确定最终发行价格。

本次非公开发行股票的方案尚须由存续公司新的董事会及股东大会审议通过并经中国证监会核准。

2. 本议案与议案一及议案二均为本公司资产重组方案的组成部分，其中任一议案未获得完全批准或核准，包括但不限于股东大会的批准以及国家相关主管部门的批准或核准，则本议案将自动撤销并终止实施。如唯本议案不能获得中国证监会的核准，不影响本公司资产重组方案其他事项的实施，不构成对本公司资产重组实施的障碍。

表决结果：9 票赞成，0 票反对，0 票弃权，审议通过本事项。

本议案尚需提交本公司 2007 年度第一次临时股东大会审议，审议时关联方需回避表决。本议案需经参会非关联股东所持表决权的三分之二以上审议通过。

八、审议通过了《关于提请股东大会授权董事会办理向光明食品（集团）有限公司出售全部资产及负债的议案》

就本公司向光明集团出售全部资产及负债事宜，提请股东大会授权本公司董事会按照监管部门的要求，根据保护股东利益和本公司可持续发展的原则，制定相关的具体方案。该授权自股东大会批准之日起至本次转让完成交接手续或本次转让计划终止之日止有效。

表决结果：9 票赞成，0 票反对，0 票弃权，审议通过本议案。

本议案尚需提交公司 2007 年度第一次临时股东大会审议，审议时关联方需回避表决。本议案需经参会非关联股东所持表决权的三分之二以上审议通过。

九、审议通过了《关于提请股东大会授权董事会办理上海市都市农商社股份有限公司以新增股份换股合并海通证券股份有限公司相关事宜的议案》

就本公司以新增股份换股合并海通证券事宜，提请股东大会授权本公司董事会按照监管部门的要求，根据保护股东利益和公司可持续发展的原则，制定具体方案，该授权自股东大会批准之日起至本次合并完成相应的工商变更登记或本次合并计划终止之日止有效。

表决结果：9 票赞成，0 票反对，0 票弃权，审议通过本议案。

本议案尚需提交公司 2007 年度第一次临时股东大会审议，审议时关联方需回避表决。本议案需经参会非关联股东所持表决权的三分之二以上审议通过。

十、审议并通过《关于提名王开国等为上海市都市农商社股份有限公司新增董事候选人的议案》

为确保本次资产转让及本次合并生效后的顺利实施，在股东大会批准通过议案七所附章程修正案后，同意提名王开国、李明山、夏斌及李光荣为本公司新增董事候选人，其中夏斌及李光荣为独立董事候选人，各位董事候选人的简历附后。新当选的本公司董事的委任于本公司资产重组方案经股东大会审议通过且其中本次转让方案及本次合并方案获国家相关主管部门批准或核准生效之日生效。新当选的董事与本公司现任 9 名董事组成存续公司新的董事会。

表决结果：9 票赞成，0 票反对，0 票弃权，审议通过本议案。

本议案尚需提交公司 2007 年度第一次临时股东大会审议。

十一、审议通过《关于召开上海市都市农商社股份有限公司 2007 年度第一次临时股东大会的议案》

根据《公司法》及本公司章程的规定，本公司前述第一项至第十项议案须经公司股东大会批准，因此本公司董事会决定于 2007 年 1 月 23 日召开 2007 年第一次临时股东大会审议上述议案。会议具体事项详见《上海市都市农商社股份有限公司关于召开 2007 年度第一次临时股东大会会议的通知》。

表决结果：9 票赞成，0 票反对，0 票弃权，审议通过本议案。

十二、审议并通过《关于公司董事会征集 2007 年度第一次临时股东大会投票委托的议案》

本公司董事会决定向持有本公司无限售条件股份的所有股东征集于 2007 年 1 月 23 日召开的审议前述议案一、议案二、议案七、议案八及议案九的 2007 年第一次临时股东大会的投票委托。具体事项详见《上海市都市农商社股份有限公司关于 2007 年第一次临时股东大会投票委托征集函》。

表决结果：9 票赞成，0 票反对，0 票弃权，审议通过本议案。

特此公告。

上海市都市农商社股份有限公司

2006 年 12 月 28 日

案例五十一

新兴行业的估值——乐视网（1）

　　乐视网信息技术（北京）股份有限公司（以下简称"乐视网"或"公司"）前身为北京乐视星空信息技术有限公司（简称"乐视星空"）。2004 年 11 月经北京市工商行政管理局批准，乐视星空在北京市成立。2005 年 7 月 20 日，乐视星空更名为乐视移动传媒科技（北京）有限公司，法定代表人为贾跃亭。2010 年 8 月经证监会核准，由主承销商平安证券有限责任公司采用网下询价配售与网上资金申购定价发行相结合的方式，公司发行人民币普通股（A 股）2 500 万股，发行价格为每股 29.20 元，共募集资金 73 000 万元。首次公开发行股票后，公司注册资本由人民币 7 500 万元变更为人民币 10 000 万元。股票公开发行后，公司在深圳证券交易所上市交易，股票简称"乐视网"，股票代码 300104。

　　公司所处的行业是网络视频服务行业（广义的互联网信息服务行业）。网络视频服务行业是依托于互联网、手机无线网等网络，以一定的通信协议，借助编解码和传输技术，向互联网用户和手机用户提供一定格式视频内容的直播、点播、搜索和下载观看等服务的新兴媒体服务行业。

　　公司主要业务是提供网络视频服务及视频平台增值服务。

　　（1）网络视频基础服务。

　　① 互联网视频基础服务。该业务主要通过互联网视频门户"乐视网"和免费客户终端"乐视网络电视"，为免费用户提供网络标清视频及个人 TV 服务，为付费用户提供网络高清视频及企业 TV 服务；同时，利用网络影视剧版权资源，为合作方提供版权分销服务。

　　② 手机电视基础服务。该业务主要是基于手机电视门户"3G 乐视网"以及手机电视客户端软件，为手机用户提供网络视频点播和直播服务；同时借助技术研发和内容优势，向电信运营商和内容集成商提供技术服务和内容服务。

　　互联网视频服务是公司存续和发展的重要根基，是开展视频平台增值服务的重要前提。手机电视服务是公司重点培育、重点开拓的业务领域，是业绩的重要增长点。

　　（2）视频平台增值服务。

　　公司借助向互联网及手机用户提供网络视频基础服务而形成的庞大用户群、强大的品牌价值和媒体传播效应，为广告客户提供广告发布服务，为具有相关用户群体的网站提供视频平台用户分流服务。视频平台增值服务是实现未来较快增长，保持持续经营的重要基础。

　　公司的两大类业务互相依存：网络视频基础服务是核心和根基，视频平台增值服务是动力和引擎。

　　互联网作为一个新兴的行业，正受到市场和投资者的追捧，但也存在诸多问题。

　　2015 年 6 月 1 日，乐视网实际控制人、董事长、总经理贾跃亭减持公司股份 1 751 万股，每股交易均价 68.50 元，套现金额约 12 亿元（1 199 435 000 元）；6 月 3 日贾跃亭又减持公司股份 1 773.03 万股，套现金额约 13 亿元（1 300 162 899 元）。三天之内贾跃亭连续两次合计减持公司股份约 3 524 万股（35 240 300 股），总套现金额合计约 25 亿元（2 499 597 899 元）。针对这一现象，中央财经大学教授刘姝威女士在其博客发文指出：如果上市公司经济状况良好，上市公司的实际控制人、董事长、总经理不会减持股票，每年的股票分红足以让他们拥有足够的现金。上市公司的实际控制人、董事长、总经理肩负着为广大投资者创造利润的重任。如果上市公司的实际控制人、董事长、总经理连续大幅度地减持股票，套现，我们只能判断是公司的持续经营状况出现了问题[①]。

随即刘姝威又发布了名为"乐视网分析报告：烧钱模式难以持续"的博文。该文指出，2014年乐视网实现营业收入约68亿元，比2013年增长近2倍；2014年乐视网的营业利润约4787万元，比2013年营业利润2.37亿元下降约80%；2014年营业利润率是0.7%，2013年营业利润率是10.02%。2015年第一季度，乐视网实现营业收入21.33亿元，比上年同比增加108%；实现营业利润2310.80万元，比上年同期降低47%。由此可见，乐视网在营业收入大幅度提高的同时，盈利能力却大幅度下降。其盈利能力下降的主因是"乐视TV销量大规模增长"，这导致成本激增。2014年，乐视网销售乐视TV150万台，而当年70%的主营业务成本是终端成本。可见，销售乐视TV是乐视网盈利能力下降的重要原因之一。对于乐视网2014年度财务报告给出的"依照公司的整体运营策略，当前阶段并不依赖智能终端产品的销售快速产生利润，更多是扩大用户规模，抢占市场份额，所以对公司当期的利润造成了一定影响"解释，刘姝威认为，乐视网的这一模式难以继续维持。目前，股市正在"去金融杠杆"，新股上市的速度明显加快。但是，我国证券市场还有一个很大的风险：以"故事"和"概念"的想象空间吹高股价。如果任其发展，不论是讲故事的人还是听故事的人都会遭遇灭顶之灾[②]。

刘姝威的后一篇博文在发布后，立刻引起众多争议。黄思瑜在一财经网站发表名为"刘姝威炮轰乐视网失利：败给了互联网思维"的文章。文章指出，乐视网终究不是蓝田股份，中央财经大学中国企业研究中心主任刘姝威的弹劾力度也显得有些"不痛不痒"。市场原本预料将惨跌的乐视网股价，于周三高开，收盘涨3.52%。有市场观点称，刘姝威或许真的不懂互联网行业，所论述的观点"不深刻"。持这种观点的人认为互联网企业用户的规模转化为盈利需要较长的周期，而生产周期较短的制造业一般不存在这样的问题，他们在发货以后便能获得收入。互联网企业若合理地"烧钱"，虽然短期难以看到业绩，但长久则未必。该篇文章"打蛇未打到七寸"的评论成为业内对刘姝威分析乐视网报告的结论[③]。

与此文观点类似，凯恩斯在其博客发表名为"刘姝威不懂投资 乐视网是被低估的"的文章。文章通过数据分析、测算来对乐视网的价值进行评估，最后确定乐视网2015年每股的合理价格为87元，相比于乐视网现在每股55元左右的价格而言，现在的价格具备安全边际，是被市场低估的[④]。

互联网行业作为一个新兴的行业，与传统农业、制造业和服务业存在很大差异。正如南都经济评论员鲁浩所说，从商业模式来看，互联网时代的产品以及企业规模效益与生命周期，都是工业时代无法比拟的。另外，投资者的容忍度似乎也在不断发生变化：从过去首先关注怎么赚钱，到首先关注如何快速获取用户，再到关心为用户提供怎样的服务、对商业模式有怎样的改变或颠覆……他们都在寻找下一个最具代表性的企业，生怕迟了一步。但文章最后明确提出，互联网模式也绝非一个挡箭牌。在讲故事和收益回报之间，那些"裸泳者"们便是投资者最大的风险[⑤]。

争议中间的一个插曲耐人寻味。2015年6月23日，公司发布"关于控股股东向公司提供借款暨关联交易的公告"（公告编号：2015—063），公告内容如下。2015年5月26日，公司收到控股股东及实际控制人贾跃亭先生的减持告知函：为了缓解公司资金压力，满足公司日常经营的资金需求，贾跃亭先生拟计划在未来六个月内，根据上市公司资金需求部分减持自己所持有的乐视网股票，将其所得全部借给公司以作为营运资金使用，借款将用于公司日常经营，借款期限将不低于60个月，免收利息。近日，公司将与贾跃亭先生签署第一笔资金的《借款协议》，借款金额为不少于25亿元，借款期限不低于10年（120个月），免收利息，用于补充公司的营运资金。借款到期后，公司将有权根据自身经营状况自主决定续借或者偿还，所涉关联交易亦须经董事会与股东

① 刘姝威. 严格控制上市公司实际控制人减持套现[EB/OL]. [2015-6-17].
② 刘姝威. 乐视网分析报告：烧钱模式难以持续[EB/OL]. [2015-6-23].
③ 黄思瑜. 刘姝威炮轰乐视网失利：败给了互联网思维[EB/OL]. [2015-6-25].
④ 凯恩斯. 刘姝威不懂投资 乐视网是被低估的[EB/OL]. [2015-6-24].
⑤ 鲁浩. 刘姝威PK乐视：讲故事与盈利间隔了多少裸泳者[N]. 南方都市报，2015-6-29.

会审议，届时贾跃亭先生将回避对应关联事项的表决。公司如若续借此笔资金，仍将免收利息。后续减持所得资金借款，相关条款将与本次保持一致。

互联网行业的兴起，给投资者带来了一个问题——如何进行价值评估。传统第一、二产业的产品大多是有形的，虽然产品的价格不会一成不变，但有规律可循，其现金流是可预测的。第三产业中提供的服务和技术虽然是无形的，但大多围绕产品的增值进行，预测的复杂性虽然提高了，但仍然可以操作。但对在初期以快速获取用户为首要目标的互联网行业，如何对其价值进行评估，至少目前没人能解决这一难题。

互联网作为一个新兴行业，其盈利前景一直吸引着众多投资者。既然有需要，就会有解决之道。在互联网发展初期，扩大规模是企业的经营重点，通过并购的方式来壮大规模是有效捷径，而并购中对被收购对象的估值是关键的一环。由于直接估值对大部分处于"烧钱"阶段的互联网企业很难操作，因此，业绩对赌和或有对价的安排在并购中就经常出现。

问题：

1. 简述公司历年利润的分配情况，说明为何公司热衷于转增和配股（送股）。

2. 请结合刘姝威发布的乐视网分析报告，说明你赞同刘教授的哪些观点，对哪些观点持不同意见，请说明理由。

3. 请结合凯恩斯发布的乐视网分析报告，说明你赞同凯恩斯的价值评估过程和结果吗，为什么？

4. 请结合案例提供的相关数据（附件一～附件三），并结合公司各年财务报告以及相关行业的数据，给出你对公司的价值评估报告。同时指出贾跃亭减持股份是因为公司经营出现了问题，还是将其作为解决公司现金流的一个权宜之计。

5. 请指出业绩对赌和或有对价的安排在并购中的意义和注意事项，并结合相应的实例进行说明。

6. 请解释2015年度乐视网这些指标的合理性：营业收入13 016 725 124.12元、营业成本11 112 009 123.84元、营业利润69 422 832.97元、利润总额74 169 222.09元、所得税-142 947 603.47元、净利润217 116 825.56元、归属于母公司股东净利润573 027 173.33元，并说明其背后的经济含义。

附件一：乐视网历年主要财务数据和指标（见表5-1）

表51-1
公司历年主要财务数据和指标
单位：元

项目	2007年	2008年	2009年	2010年	2011年
营业收入	36 916 305.04	73 607 120.71	145 731 415.40	238 258 165.65	598 555 886.31
营业成本	11 821 791.91	14 850 092.14	49 551 009.37	80 214 851.97	275 090 733.33
营业利润	14 920 483.69	31 687 234.76	47 423 819.37	72 926 101.82	161 361 770.12
利润总额	14 683 477.39	31 677 235.53	47 702 286.10	74 836 620.57	164 244 470.12
所得税	3 224 077.55	1 422 490.69	—	4 737 191.20	33 366 594.96
净利润	14 683 477.39	30 254 744.84	44 478 208.55	70 099 429.37	130 877 875.16
净利润（归属于上市公司）	14 691 721.76	30 253 798.94	44 470 003.76	70 099 429.37	131 121 130.75
经营活动现金净流量	9 458 967.07	16 494 533.36	83 403 123.85	65 485 087.00	146 904 755.98
现金红利（元/股）（含税）	—	—	—	0.15	0.073
现金红利（含税）	—	—	—	15 000 000.00	16 060 000.00
总资产	64 337 456.24	148 161 210.49	236 509 318.57	1 031 621 057.21	1 774 387 093.37
总负债	4 721 643.48	5 490 652.89	49 503 555.66	92 958 769.27	717 280 370.84
净资产	59 615 812.76	142 670 557.60	187 005 762.91	938 662 287.94	1 057 106 722.53

续表

项目	2007 年	2008 年	2009 年	2010 年	2011 年
净资产（归属于上市公司）	59 481 960.21	142 535 759.15	187 005 762.91	938 662 287.94	1 056 249 618.69
每股收益（基本）（元/股）	0.29	0.57	0.59	0.17	0.31
加权平均净资产收益率（%）	28.18	32.81	26.99	15.6	13.16

项目	2012 年	2013 年	2014 年	2015 年	
营业收入	1 167 307 146.72	2 361 244 730.86	6 818 938 622.38	13 016 725 124.12	
营业成本	684 246 822.49	1 668 684 007.47	5 828 133 468.42	11 112 009 123.84	
营业利润	197 411 228.59	236 707 644.84	47 866 453.36	69 422 832.97	
利润总额	228 011 728.59	246 400 883.23	72 899 104.84	74 169 222.09	
所得税	38 045 914.33	14 020 132.73	−55 897 456.04	−142 947 603.47	
净利润	189 965 814.26	232 380 750.50	128 796 560.88	217 116 825.56	
净利润（归属于上市公司）	194 194 142.39	255 009 694.82	364 029 509.12	573 027 173.33	
经营活动现金净流量	106 199 921.42	175 851 396.59	234 182 733.96	875 701 876.46	
现金红利（元/股）（含税）	0.05	0.033	0.046	0.031	
现金红利（含税）	20 900 000.00	26 349 387.83	38 694 742.90	57 536 469.90	
总资产	2 901 149 532.04	5 020 324 966.22	8 851 023 247.13	16 982 154 558.91	
总负债	1 627 722 293.63	2 940 799 215.69	5 507 549 851.11	13 167 020 279.22	
净资产	1 273 427 238.41	2 079 525 750.53	3 343 473 396.02	3 815 134 279.69	
净资产（归属于上市公司）	1 244 591 583.06	1 599 540 144.51	3 166 827 658.29	3 927 659 431.97	
每股收益（基本）（元/股）	0.46	0.14	0.20	0.31	
加权平均净资产收益率（%）	16.9	18.19	13.83	16.17	

注：IPO 前总股本为 7 500 万股，IPO 后总股本为 10 000 万股。公司 2010 年度以资本公积转增股本，每 10 股转增 10 股，以未分配利润每 10 股送 2 股，共计转增股本 12 000 万股。

公司 2011 年度以资本公积转增股本，以 220 000 000 股为基数向全体股东每 10 股转增 9 股，共计转增 198 000 000 股，转增后公司总股本增加至 418 000 000 股。

2012 年度以资本公积转增股本，以 418 000 000 股为基数向全体股东每 10 股转增 9 股，转增后公司总股本将增加至 798 466 298 万股。

2013 年度利润分配无转增，无送股。

2014 年度非公开发行 42 723 765 股，发行后公司总股本增加至 841 190 063 股。

2015 年度利润分配无转增，无送股。

另，表中营业收入和营业成本不是营业总收入和营业总成本的概念。由于公司其他业务单一，营业收入与营业总收入是一致的，而营业成本和营业总成本则存在较大区别。

附件二

乐视网分析报告：烧钱模式难以持续

2015 年 06 月 23 日 21:42 新浪财经 微博

作者 刘姝威

我从 2014 年上半年开始分析乐视网（股票代码：300104），但是我原来没有打算发表乐视网的分析报告。

2015年6月17日上午我发表了《严格控制上市公司实际控制人减持套现》一文，文中具体提到乐视网的实际控制人、董事长、总经理贾跃亭减持套现约25亿元，建议证监会规定上市公司实际控制人、董事长、总经理减持套现应该提前一个月公示。这篇文章立即掀起轩然大波，所以我决定公开发表乐视网的分析报告。

上市公司的持续经营能力和盈利能力是我国证券市场健康发展的基础，也是保护投资者利益的基础。根据乐视网在深交所官网公开发布的定期报告和公告，我分析了乐视网的持续经营能力和盈利能力。

一家上市公司的持续经营能力和盈利能力首先取决于公司的决策层（董事会）和高管层。我们首先来分析乐视网的董事会成员结构和高管人员结构。

一、乐视网的董事会成员结构分析

根据乐视网2014年度报告，我们可以发现乐视网的董事会有五名成员，其中有2名独立董事，其余3名董事分别是贾跃亭（1995年9月至1996年7月任山西省垣曲县地方税务局网络技术管理员）、刘弘（1997年至2004年为中国国际广播电台记者）和邓伟（2002年至2004年任太原科技大学教师，2004年至2008年任北京市金杜律师事务所律师）。

我们接着分析乐视网的高管人员结构。乐视网总经理是贾跃亭，董事刘弘是副总经理，还有九位副总经理，分别是贾跃民（1989年至2004年任职于中国人民银行临汾分行）、梁军（2010年4月至2011年12月任联想集团移动互联网及数字家庭群组产品开发副总裁）、高飞（2008年7月至2009年5月，任酷6网副总编）、雷振剑（2003年5月至2009年5月任新浪娱乐主编、金杰（2007年9月至2009年任渣打银行行销专业讲师、苏州分行副总裁兼乐桥支行行长）、杨永强[2003年至2005年任长天科技集团有限公司增值业务事业部（手机流媒体业务）技术总监]、吴亚洲（1998年7月至2011年5月任酷6网运维副总裁）、刘刚（2009年1月至2010年7月任酷6网营销总经理）、谭殊（2004年3月至2011年10月，任搜狐网全国渠道总监；2012年至2013年1月任公司广告副总裁）。乐视网的财务总监是杨丽杰（中级会计师）、董事会秘书是张特（2007年4月至2011年11月在平安证券有限责任公司任高级业务总监职务）。

通过分析乐视网的董事会成员结构和高管人员结构，我们看到，乐视网的优势是在传媒领域，尤其是网络视频。

为了更清晰地分析，我们对比分析华为公司的董事会成员结构。华为公司官网披露最新的年度报告是2013年度报告。根据华为公司2013年度报告，华为公司的董事会有17名成员，分别是任正非（毕业于重庆建筑工程学院，复员转业后创立华为公司）、孙亚芳（毕业于成都电子科技大学）、郭平（毕业于华中理工大学、徐直军（毕业于南京理工大学）、胡厚崑（毕业于华中理工大学）、徐文伟（毕业于东南大学）、李杰（毕业于西安交通大学）、丁耘（毕业于东南大学）、孟晚舟（毕业于华中理工大学）、陈黎芳（毕业于中国西北大学）、万飚（毕业于中国科学技术大学）、张平安（毕业于浙江大学）、余承东（毕业于清华大学）、李英涛（毕业于哈尔滨工业大学）、李今歌（毕业于北京邮电大学）、何庭波（毕业于北京邮电大学）、王胜利（毕业于武汉大学）。

华为公司创始人任正非先生说："我不懂技术，也不懂管理。"但是，华为公司的董事会是由信息与通信技术专家组成的，所以华为公司能够成为信息与通信领域的国际强者。

二、乐视网的主营业务分析

根据乐视网2014年度报告，2014年乐视网实现营业收入约68亿元，与2013年相比，增长近2倍；2014年乐视网的营业利润约4 787万元，2013年营业利润为2.37亿元，营业利润同比下降80%；2014年营业利润率是0.7%，2013年营业利润率是10.02%（见表51-2）。

表51-2　　　乐视网2013年和2014年营业收入和营业利润的比较

	2014年	2013年	同比变动
营业收入（万元）	681 693.86	236 124.47	188.79%
营业利润（万元）	4 786.65	23 670.76	-79.78%
营业利润率	0.7%	10.02%	

（数据来源：乐视网年度报告）

乐视网 2014 年度报告披露了该公司的主营业务收入结构，但是没有像其他上市公司那样，披露各项业务的盈利情况（见表 51-3）。

表 51-3　　　　　　　　　　　乐视网 2014 年主营业务收入结构

业务名称	营业收入（万元）	收入比例	营业成本（万元）	成本比例	利润比例	毛利率
终端业务收入	274 004.70	40.18%				
会员及发行业务收入	242 191.62	35.52%				
广告业务收入	157 206.18	23.05%				
其他业务收入	8 491.36	1.25%				

（数据来源：乐视网 2014 年度报告）

2014 年乐视网的"销售商品、提供劳务收到的现金"是 58.29 亿元，比 2013 年增长了 3 倍，相当于当期营业收入的 85.5%。这么高的"销售商品、提供劳务收到的现金"比例在上市公司中是不多见的，这也说明乐视网的现金流量非常充足。

根据乐视网 2015 年第一季度报告，我们可发现在报告期内，乐视网实现营业收入 21.33 亿元，同比增加108%；实现营业利润 2 310.80 万元，同比降低 47%（见表 51-4）。

表 51-4　　　　乐视网 2014 年第一季度和 2015 年第一季度营业收入和营业利润的比较

	2015 年第一季度	2014 年第一季度	同比变动
营业收入（万元）	213 345.77	102 694.77	107.75%
营业利润（万元）	2 130.80	4 377.13	−47.21%
营业利润率	1.08%	4.26%	

（数据来源：乐视网年度报告）

根据乐视网公开披露的财务数据，我们可以明显看出，乐视网的营业收入大幅度地提高，而盈利能力却大幅度地下降。是什么原因造成乐视网这样的财务状况呢？

据乐视网 2014 年度报告披露，乐视网持股 58.55% 的子公司——乐视致新电子科技(天津)有限公司在 2014年实现营业收入 41 亿元，营业亏损 5 亿元。据乐视网 2013 年度报告，2013 年乐视致新实现营业收入 7.2 亿元，营业亏损 6 816 万元（见表 51-5）。

表 51-5　　　　　　　　　　乐视致新营业收入和营业利润

	2014 年	2013 年	同比变动
营业收入（元）	4 107 196 586.15	723 927 044.17	467.35%
营业利润（元）	−502 783 389.93	−68 160 024.26	

（数据来源：乐视网年度报告）

乐视网 2014 年度报告解释乐视致新亏损较大的原因是"乐视 TV 超级电视销量大规模增长"。2014 年乐视网销售乐视 TV150 万台。2014 年乐视网的 70% 主营业务成本是终端成本。可见，销售乐视 TV 是乐视网盈利能力下降的重要原因之一。

乐视网的盈利能力下降情况已经持续到 2015 年。

三、我为什么说乐视网的经营状况出现了问题？

我们允许创业板上市公司在一段时期内营业亏损，但这一情况的前提是我们能够预测出上市公司需要多长时间能够扭亏为盈。例如，北京布乐奶酪坊正在亏损，因为奶酪坊刚刚扩大了店面。我们预测出布乐奶酪坊能够扭亏为盈，因为奶酪坊的销售量正在稳步增加。2015 年 6 月在法国举办的世界奶酪大赛中，布乐奶酪坊的两种奶酪都获得了金奖，这是中国奶酪第一次在世界大赛中获得金奖。

我们要想预测出乐视网是否能够扭转盈利能力下降趋势，我们必须要全面分析并找出乐视网盈利能力下降的原因。

乐视网 2014 年度报告披露的乐视网业务生态图如图 51-1 所示。

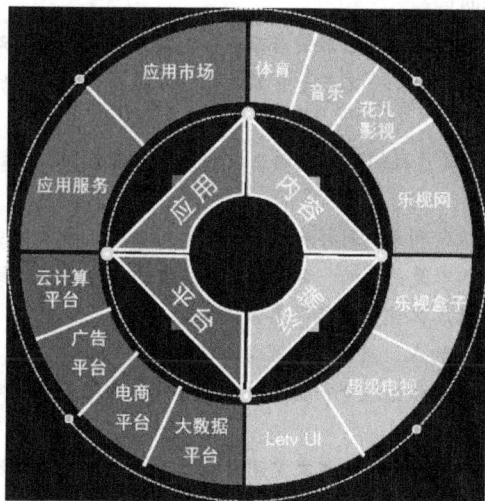

图 51-1　乐视业务生态情况

根据乐视网业务生态图，我们可发现乐视网的终端业务板块包括超级电视、乐视盒子和 Letv UI。根据前面的分析，我们知道，终端业务是造成乐视网盈利能力下降的重要原因。乐视网 2014 的年度报告称："依照公司的整体运营策略，当前阶段并不依赖智能终端产品的销售快速产生利润，更多的是扩大用户规模，抢占市场份额，所以这一策略对公司当期的利润造成了一定影响。""2015 年，超级电视的销售量目标将要达到 300 万台—400 万台，保有量突破 500 万台。"

"2015 年公司的整体营业收入有望突破 150 亿元，各主营业务的增速力争达到 100%。"但乐视网 2014 年度报告没有提到预期利润。

我们不禁发问乐视网能够通过销售乐视 TV，扩大用户规模吗？这种策略能够持续下去吗？

平板电视机的 70%成本是显示屏，海信电器历经十几年才研发出无屏显示。海信电器的掌门人——周厚健。他就是学电子专业的。受摩尔定律的影响，电子行业的技术更新周期只有 18 个月。如果乐视网想要通过销售乐视 TV 的方法，扩大用户规模，那么，乐视 TV 的更新速度能够跟上电子行业的技术更新速度吗？

如果乐视网继续实施"通过销售乐视 TV，扩大用户规模"的策略，那么，这种"烧钱"模式能够持续多久？乐视网的投资者们愿意为乐视网的"烧钱"模式继续提供资金吗？经过调查研究，我们可发现在国内外，被"烧钱"模式烧死的公司已经不少了。

四、乐视网的优势在哪里？

"乐视网业务生态图"有一个"内容"版块，该版块的内容包括乐视网、花儿影视、音乐和体育。

在现代社会，内容产品就像食物一样是人们每天都需要的。中国不仅有着世界最大的内容产品市场，同时各种类型的内容产品市场都是世界最大的。我国引进的韩国内容产品《爸爸去哪儿？》和《奔跑吧，兄弟！》是经典的低成本高利润的内容产品。

在前面我们已经看到，乐视网的董事会和高管人员中有内容制作专家和网络视频专家。2014 年乐视网的终端成本是 40.92 亿元，占当期营业收入的 60%，相当于当期"销售商品、提供劳务收到的现金"的 70%。

假设乐视网把 40 亿元的终端成本用于内容产品的创造上，乐视网创造不出来像《爸爸去哪儿？》和《奔跑吧，兄弟！》那样低成本高利润的内容产品吗？

有一天，一位银行的朋友和我谈起《奔跑吧，兄弟！》。当时我就感到很惊讶，因为这位朋友说："周五晚上谁不看《奔跑吧，兄弟！》？？！"由此可见，内容产品才是扩大用户规模的杀手锏！

据乐视网 2014 年度报告，2014 年乐视网支付《甄嬛传》《大时代》《宫》《非诚勿扰》等 93 部影视作品的版权费共计约 1.88 亿元，平均每部产品支付版权费约 202 万元。

乐视网购买这些影视作品的版权后，能够从影视作品的使用中收回成本和创造利润吗？

五、可以为"讲故事"投资吗？

1965 年，当人们还在使用留声机听唱片，欣赏音乐时，美国出现了一篇科幻小说，该小说的一个内容片段如下：在一个手掌大的电子设备里储存了一万五千首歌曲，可以随身听。美国政府根据这一想法进行了巨额投资，八年后，"MP3"问世。

自从 2014 年 6 月这轮牛市启动，我们经常在创业板的上市公司中听到"故事""概念"，以及"故事"和"概念"的"想象空间"。

上市公司从银行贷款要支付银行利息，同样地假如上市公司在股市融资要支付投资者股息。上市公司无论是从银行借款还是从股市融资，都不是免费的，都是有资金成本的。上市公司使用的每一分钱都要考虑其投资收益，募集的资金不是上市公司想怎么使用就能够怎么使用的。

不论是讲故事的人还是听故事的人，首先都要思考以下问题，"故事"和"概念"能够变成现实吗？能够收回投资成本和创造利润吗？如果不考虑这个前提条件，盲目对"故事"和"概念"的想象空间投资，结果必然是血本无归。

当一个证券市场靠"故事"和"概念"的想象空间吹高股价，首先不提投资者的收益回报，大股东以各种冠冕堂皇的理由任意减持股份，套现巨额资金，这个证券市场还能够运转下去吗？

六、我为什么以前没有发表乐视网分析报告？

2015 年 5 月 4 日我发表了《股指上涨的推动力和股市风险》一文，文中提出"金融杠杆工具和投资对象不足是目前股市的两大风险"。

目前，股市正在"去金融杠杆"，新股上市的速度明显加快。但是，我国证券市场还有一个很大的风险：以"故事"和"概念"的想象空间抬高股价。如果任其发展下去，无论是讲故事的人还是听故事的人都会遭遇灭顶之灾。

这轮牛市不同于以往的牛市，这轮牛市的显著特征是居民资产正在进行重新配置，银行存款正在流向股市。这轮牛市将使我国金融领域发生质的变化：银行承担零售业务和企业的短期融资，企业的长期融资转移到债市和股市，企业由以前通过银行进行间接融资转变为向债权人和投资者进行直接融资。投资者对上市公司的投资价值分析与银行对借款企业的偿还能力分析没有太大的差别，因为银行必须保证收回贷款本金和利息，投资者必须保证收回投资本金和收益。

目前，只要是新股上市都能募集到资金，因为一方面新股上市通过发审委审核，另一方面上市公司的数量比较少。实施股票发行注册制后，不是所有的上市公司都能够在证券市场募集到资金。如果投资者认为上市公司不能在一定的时期内创造预期的投资回报，投资者就不会购买该公司的债券和股票，因此有的上市公司可能募集不到任何资金。

在实施股票发行注册制之前，我们必须有效地"去金融杠杆"，有效地遏制用"故事"和"概念"的想象空间抬高股价的做法，遏制根本不提投资者收益的大股东任意减持股份，套现巨额资金，否则，我们不能顺利地完成从银行的间接融资向证券市场的直接融资转变。

2015 年 6 月 5 日股指开始回调，这次股指回调可以完成两项任务：一项任务是清除杠杆资金，另一项任务是让靠"故事"和"概念"的想象空间吹起来的那些上市公司的股价回归价值。这次股指回调完成两项基本任务之后，股指仍然返回到上升通道，以健康和持续稳定的速度上涨，这样股市"疯牛病"可能提前治愈。

作为学者和研究人员，如果我发现上市公司的问题而不指出来，任其恶化，那么，我违背了我的职业道德。但是，我非常担心，一旦我说出一个"不"字，马上会引起轩然大波。这次果然不出所料。

在此之前，我一直考虑怎样以合适的方式和时间发表我对乐视网和其他一些创业板上市公司的分析和判断。这次我决定发表乐视网分析报告是被"激"出来的，也许现在是我发表这篇分析报告的合适时间。

附件三

刘姝威不懂投资 乐视网是被低估的

2015-06-24 09：11：07 凯恩斯新浪财经

本来不想写，但是由于本人的微信公众号免费股票池里面三年来一直有乐视网，所以最近有非常多的股民问我怎么看刘姝威发表的关于乐视网财务分析的文章，是否要卖出手中持有乐视网的股票？

本人虽然是对外经贸大学的客座教授，但是说实话，学术水平与中财的刘教授还是有一定的差距，不过，不知道是我进步了，还是刘教授退步了，刘教授的财务分析报告是不专业的。同时显然也没有看懂乐视的价值。可能是大学教授只懂教书，从来就不投资股票的原因吧。股市是实践，就像打仗一样。纸上谈兵得再好，上了战场，就有可能无计可施。从这点来说，毛泽东是伟大的，他的军事理论来自实践，从实践出发，他找到了一条符合中国国情的革命道路。离题了！

如何看乐视网的融资需求旺盛？

这个问题就像如何看待你 16 岁的儿子能吃？青春发育期的孩子能吃是正常的。对于处于青春期的孩子来说，不吃饭，吃了不消化才是病。乐视正处在高速发展期，对资金渴望是正常的。现在的贾跃亭就像当年的成吉思汗，处于攻城略地之中，需要的就是几个如狼似虎的儿子。把他们放出去，让他们去跑马圈地。这几个儿子就如同乐视生态的七个部分。未来每个儿子将建立各自的汗国：电视帝国，体育帝国，手机帝国，影视帝国。成吉思汗的军事扩张不需要经济支持吗？虽然历史书中元朝就只存在了 100 年。但实际上现在的俄罗斯就是金帐汗国的一部分，是由成吉思汗的大儿子术赤建立的钦察汗国，该国一直存在到了明末。这就是生态帝国的价值：虽然一部分可能出现问题，但是最具备竞争力的部分会大而不倒。

乐视的视频牌照与广电总局电视内容管控

乐视不是央企，其实只要是中国企业，都是祖国母亲的儿子，何必分亲疏呢？我相信科技进步和时代的趋势是不可阻挡的。何况现在乐视进军智能手机的目的就是规避广电总局的智能电视监管令。

乐视与小米的生态模式，谁更容易成功？

对比分析小米与乐视网的生态销售收入数据，情况如表 51-6 所示。

表 51-6　　　小米与乐视网的生态销售收入数据对比　　　收入单位：亿元　终端数量单位：万台

比较项目 公司名称	2014 年		2013 年		2012 年		2011 年	
	营业收入	终端数量	营业收入	终端数量	营业收入	终端数量	营业收入	终端数量
乐视网	68	150	23	30	11	0	6	0
小米	743	6 112	316	1 870	126	719	5.5	30

表 51-6 中小米的终端是手机，乐视的终端是电视机。虽然看上去手机和电视机没有任何的可比性，但是在智能物联网时代，无论是智能手机还是智能电视，都是新一代互联网即万物互联的智能物联网的一个入口，都是万物互联的智能终端，所以两者还是具备可比较性的。而且乐视在 2015 年将开始推出基于手机的生态系统，小米是乐视网的在智能物联网行业唯一竞争的对手。而通过上述表格我们可以清晰地看到，小米智能手机终端的发展是极其迅速的。从2011 年销售30 万台终端数量，营业收入 5 亿，发展到2014 年实现营业收入743亿元，销售终端数量 6 112 台，小米仅仅用了 4 年时间。相比于小米，本人认为，乐视网目前的规模大致相当于小米 2012 年的规模。未来的 2 年，乐视网的营业收入将像小米在 2013 年和 2014 年的营业收入一样，智能终端的销售数量将出现爆发式的增长。

为何对乐视手机终端这么乐观？

道理很简单：你觉得一个舍不得花钱买高配置手机的人会付费收看视频内容吗？不管你是否相信，小米手机的生态系统目前正遭到围剿。首先是底端机，正遭到 360 的大神手机的围剿。非常明显，大神手机比小米 2 更便宜，性价比更高。

高端机方面，华为 m8 的销售量已经高于小米的高配手机。至于小米的生态系统，则遭到乐视的挑战。

乐视网现在值多少钱？

乐视网的价值包括三个部分。第一部分是智能电视生态系统，第二部分是乐视影业，第三部分是乐视手机。我们测算一下这三个部分分别值多少钱，这样，我们就能看懂乐视网的价值。

乐视网智能电视终端生态系统销售收入及利润测算

乐视网目前的总股本是 18.5 亿股，2014 年乐视网实现营业总收入 68 亿元，较去年同期增长 188.98%；归属于上市公司股东的净利润为 3.2 亿元，较去年同期增长 26.84%；基本每股收益为 0.40 元，比去年同期增长 24.37%（见表 51-7）。

表 51-7　　　　　　　　　　　乐视网分类销售收入测算

项目	2014 年收入（单位：万元）	换算成 2014 年智能电视终端单价（除以 150 万台）（单位：元）	2015 年目标销量（单位：万台）	2015 年收入预测（单位：亿元）
广告业务收入	157 206	1 048	400	42
终端业务收入	274 004	1 826	400	73
会员及发行业务收入	242 191	1 614	400	64.5
其他业务收入	8 491	56	400	2.2
合计	681 893	4 544	400	181.7

乐视网的收入和盈利一直在加速增长，每年的销售收入都远超市场预期。过去三年收入增速均超过 100%。通过表 5-17 我们可以看到，乐视生态 2014 年销售收入 68 亿元和 150 万台电视，相当于每台电视给乐视带来 4 544 元的收入。这里我们按照 4 500 元/台以及 2015 年销售乐视网智能电视 400 万台的目标来测算，2015 年乐视网电视终端生态系统将给乐视带来 180 亿元（4 500 元/台×400 万台）的销售收入（见表 51-8）。

表 51-8　　　　　　　　　　乐视网 2014 年年报公布的主要财务数据和指标

项目	2014 年	2013 年	增减变动幅度（%）
营业总收入（单位：万元）	682 355	236 124	188.98
营业利润（单位：万元）	86	23 670	-99.64
利润总额（单位：万元）	2 584	24 640	-89.51
归属于上市公司股东的净利润（单位：万元）	32 345	25 500	26.84
基本每股收益（元）	0.40	0.32	24.37
加权平均净资产收益率	14.64%	18.19%	-3.55
项目	本报告期末	本报告期初	增减变动幅度（%）
总资产（单位：万元）	884 360	502 032	76.16
归属于上市公司股东的所有者权益（单位：万元）	324 170	159 954	102.66
股本（单位：万）	84 119	79 846	5.35
归属于上市公司股东的每股净资产（元）	3.85	2.00	92.37

通过上面的表格我们可以看出，乐视网 2014 年每股收益 0.4 元，每股净资产 3.85 元。2014 年销售收入 68 亿元，净利润 3.2 亿元，2014 年净利润率是 4.4%（3.2/68）。

截至 2014 年底，乐视网总股本 8.41 亿股。按照前面分析的 2015 年乐视智能电视终端生态系统总收入 180 亿乘以 2014 年净利润率 4.4%，可以得到 2015 年乐视的净利润是 180×4.4%=7.9 亿元。

按照乐视网 2014 年底的总股本 8.41 亿测算，2015 年乐视网 2015 年预计每股收益是 0.94 元（7.9 亿元÷8.41 亿股）。

乐视手机业务收入及利润测算

根据乐视网公告，上市公司直接持有乐视移动智能 10% 股份，同时通过乐视致新公司持有 9% 的股份，移动智能公司并不属于公司的控股子公司。根据乐视生态的业务模式，超级手机业务布局前期将带来巨额亏损，而上市公司有盈利要求，因此乐视手机业务不适合放在体内；但超级手机作为整体生态的一环，与上市公司的体内业务密不可分，因此后期业务逐步成熟后有可能注入体内，而且能为上市公司的年度会员收费带来收入。按照乐视手机的 2015 年销售 300 万台手机的计划。平均每台手机单价 2 000 元，测算方法是按照乐视网目前两款手机平均单价（1 499+2 499）/2=2 000 元测算，手机业务收入是 300 万×2 000 元/台=60 亿元。按照乐视持股 19%计算，手机业务总计为乐视带来 11.4 亿的销售收入。

同时乐视为了配合"买服务减裸机费，打通不同硬件统一账户"的模式，即每购买价值 490 元的一年乐视全屏影视会员服务（通用于 PC/电视/手机等所有终端），手机价格直降 300 元。采用这种模式，我们可计算出每台手机的会员收入为 490-300=190 元。2015 年总共可增加 190×300 万=5.7 亿元的收看费，此部分不会增加乐视网的视频边际成本。预计此部分会为乐视带来盈利，可以补贴手机亏损。按照一半成为利润测算，会为乐视带来 3 亿左右的净利润。

按照乐视网 2014 年底的总股本 8.41 亿测算，2015 年乐视网手机业务带来的每股收益是 0.36 元（3 亿元÷8.41 亿股）。

乐视影业业务收入及利润测算

2014 年底，乐视集团承诺乐视影业在 2015 年注入乐视网。根据艺恩咨询数据，乐视影业 2014 国产片共取得票房 19 亿元，乐视影业 2014 全年票房有望达到 30 亿元。市场份额从 2013 年的 8%提升至 11%。乐视影业可比公司是光线传媒和华谊兄弟。根据艺恩咨询数据，目前三家公司占民营电影市场份额分别如下：光线传媒 19%，乐视影业 11%，华谊兄弟 5.6%。

光线传媒和华谊兄弟 2014 年的财务情况如表 51-9 所示。

表 51-9　　　　　　　三家公司 2014 年主要财务指标

名称	总股本（亿股）	总市值（亿元）	票房收入（亿元）	毛利润率（%）	净利润率（%）	每股收益（元）
光线传媒	11.3	378	12.1	46	36	0.33
华谊兄弟	12.4	442	23.8	50	29	0.73
乐视影业			19			

注：根据上市公司 2014 年年报整理。

通过表 51-9 我们可以看到，光线传媒和华谊兄弟的净利润率的平均数是（36%+29%）/2×100%=32.5%。按照乐视影业的 19 亿元的票房计算，可测算出乐视影业的利润大致是 19 亿×32.5%=6 亿元。由于乐视影业的票房收入 19 亿元约等于光线传媒和华谊兄弟的中间数，所以本文认为乐视影业总市值的估值也应当是（378 亿元+442 亿元）/2=410 亿元，本文取 400 亿元。按照乐视影业目前已做完 B 轮融资的情况，该轮融资金额估值 48 亿元，这里，我认为乐视影业一旦上市，会给乐视网带来约 400 亿元的估值提升空间。

乐视网价值评估

乐视智能电视生态收入、乐视手机、乐视影业的分析，整理出的乐视网 2015 年的收入预测数据如表 51-10 所示。

表 51-10　　　　　　　乐视网 2015 年销售收入和利润测算汇总

项目	销售收入（亿元）	净利润（亿元）	每股收益（元）
乐视智能电视生态	180	7.9	0.45
乐视手机	11+5.7	3	0.18
乐视影业	19	6	—
合计	215	16.9	0.63

通过表 51-10 我们可以看到，预计乐视网 2015 年的总销售收入是 215 亿元，与 2014 年的 68 亿元相比增长了 316%；2015 年的净利润是 16.9 亿元，与 2014 年的 3.2 亿元相比，增长了 500%；2015 年的每股收益是 0.63 元，与 2014 年的 0.42 相比，增长了 50%。

乐视网估值分析如表 51-11 所示。

表 51-11　　　　　　　　　　乐视网估值基础数

项目名称	数据指标	数量	备注
总股本	亿股	18.5	
流通 A 股/B 股	万股	108 823/0	
2014 年净资产	亿元	31.2 亿	
每股净资产	元	1.75	税后
12 个月内最高/最低价	元	89/12.8	
2014 年每股收益	元	0.42	增速 40%
2015 年销售收入测算	亿元	215	
2015 年销售每股销售收入	元	10	
2015 年净利润	亿元	16.9	
2015 年每股净利润	元	0.63	
2015 年/2011 年利润增速	%	50	

注：数据来源于乐视网 2014 年年报。

根据以上表格数据，我们可以计算得到乐视网的 2015 年的估值情况，如表 51-12 所示。

表 51-12　　　　　　　　　　乐视网 2015 年的估值情况

项目名称	最低价 12.8 元	最高价 89 元	结论
市净率	12.8/1.75=7.6	89/1.75=25	高估
市销率	12.8×18.5/215=1.1	89×18.5/215=7.6	低估
市盈率	12.8/0.63=20	89/0.63=141	

估值结论如下。

1. 市净率，目前中国股市的银行股市净率普遍在 1.5 倍左右，乐视网高达 7.6/25 倍的市净率显然是偏高的。不过乐视网属于轻资产公司，不宜用市净率比较，而且市净率本身也不能用于不同行业的公司的相互比较。

2. 市销率：4 倍的平均市销率在互联网公司是合理的估值，而乐视网最低时是 1.1 倍，显然被严重低估了。即使是按照最高股价 89 元，对应的 7.6 倍的市销率仍然可以接受。

3. 市盈率：目前创业板的估值平均在 100 倍以上，互联网公司的估值在 120 倍以上。而乐视网的收入仍然处于高速成长阶段，所以乐视网年初最低时的 20 倍市赢率显然是被严重低估了。即使是按照最高股价 89 元，对应的 141 倍的市盈率也并不是高估的，因为目前互联网公司的市盈率都很高。

乐视网值多少钱？

乐视网是 A 股中唯一一家横跨智能终端、节目内容、软件应用以及云平台的平台型互联网公司，没有直接可比的视频行业的互联网公司。只能将乐视网与相同商业模式的小米做比较，以此来验证和对比对乐视网的价值评估的结果。

目前乐视网的商业模式是全世界领先的，在 A 股也是独一无二的，在视频行业中没有可比的上市公司。纵观全世界的互联网公司，小米在业务结构和商业模式方面与乐视较为接近。通过比较我们可以发现以下结果。

1. 二者都是基于智能终端的综合平台型公司；

2. 小米在手机业务领先于乐视 4 年，但这一差距有望随着乐视超级手机的推出而急剧缩小；

3. 乐视在电视和 PC 业务领先于小米，基于乐视对内容资源的掌控能力和专业制作能力的考虑，短期而言乐视仍将保持明显优势。而小米先后投资了爱奇艺、优酷土豆、迅雷等，正在以战略布局的方式补齐内容短板。

在 2014 年年底进行的国际投行第五轮融资中，小米公司凭借 450 亿美元的估值融得 11 亿美元，这一估值已经达到世界顶尖科技公司的级别。2014 年，小米共售出 6 112 万台手机，同比增长 227%；含税收入 743 亿元，同比增长135%。小米由于未上市，所以是按照PE的标准进行融资和估值的，一般而言，这种标准的估值水平偏低。按照国内做PE的习惯，一般估值水平是上市公司市值的一半，因为要考虑流动性和不确定性，毕竟上市公司的股权是可以随时变现的，而未上市公司股权变现时间不好确定。所以，可以参照国际投行给小米的估值水平对乐视网做估值。

按照小米2014年743亿的含税收入，小米最新一轮的估值为450亿美元（约2 800亿元人民币），相当于3.8倍市销率。本文前面预测2015年整个乐视生态（包含智能电视、智能手机、乐视影业资产注入）的收入规模为215亿，参照小米估值，则乐视2015年的合理估值是215×3.75=806亿元市值。另外，考虑到一级市场（PE市场）和二级市场的估值差，乐视网2015年总市值的合理估值是806×2=1 612亿元。按照市销率方法计算，股价等于总市值除以总股本，乐视网每股的合理价格为：

$$1\ 612亿总市值÷18.5亿股本=87元/股$$

本文通过对乐视网价值评估，确定乐视网2015年的合理价格为87元，相比于乐视网现在55元左右的价格而言，现在的价格具备安全边际，是被市场低估的。

声明：本文是参考一篇乐视网的论文写成，仅仅是探讨乐视网的估值，并不是推荐投资。不够成投资建议，据此操作后果自负。

案例五十二

合并所得税会计——乐视网（2）

在案例五十一中，我们聚焦于互联网企业的估值问题。但乐视网引出的话题远不止于此：法人代表声明减持股票并将所得款项借给公司以供正常运作、高超的会计操作、巧妙的关联交易等。在公司的愿景一个个破灭、公司出现巨额亏损、债务缠身，公司经营难以为继后，公司董事长贾跃亭先生远走美国。但媒体对乐视网的关注并未因此减弱。这家公司引发多个话题的同时，也带给资本市场许多值得思考的问题。

本案例主要关注乐视网的合并所得税会计。乐视网 2015 年年报和 2016 年年报（见表 52-1）公布后，许多人惊呼看不懂：合并所得税费用为负但合并递延所得税资产较高？合并净利润为正以及归属于母公司净利润为正但出现巨额负的少数股东收益？母公司净利润为正、合并净利润为负，但归属于母公司净利润为正？母公司递延所得税资产不高但合并递延所得税资产非常高？面对这种种怪象，不单非会计人士感到迷茫，就是许多会计专业人员也很困惑。在一篇题为"乐视网 VS 格力电器：中国资本市场财务报表巅峰之作，潮水退去，你才知道谁在裸泳……"的博客指出，著名会计专家、长江商学院终身教授、长江商学院创办副院长、上海国家会计学院创办副院长薛云奎教授，也在一篇文章中坦言："我为自己读不懂乐视网的财报而汗颜。"

表 52-1　　　　　　　　　　　乐视网 2015—2016 年相关项目　　　　　　　　　　单位：元

项目	合并报表		母公司报表	
	2016 年	2015 年	2016 年	2015 年
递延所得税资产	763 343 422	507 251 454	53 298 607	26 620 487
递延所得税负债	3 037 852	6 489 862	3 037 852	1 401 579
利润总额	-328 708 521	74 169 222	1 155 901 763	695 110 388
所得税	-106 815 889	-142 947 603	84 437 829	73 110 299
净利润	-221 892 632	217 116 826	1 071 463 934	622 000 089
归属于母公司股东	554 759 227	573 027 173		
少数股东收益	-776 651 859	-355 910 348		

为了对上述指标的情况有更好的了解，我们将乐视网 2013—2014 年相关项目也列示出来（见表 52-2）。

表 52-2　　　　　　　　　　　乐视网 2013—2014 年相关项目　　　　　　　　　　单位：元

项目	合并报表		母公司报表	
	2014 年	2013 年	2014 年	2013 年
递延所得税资产	196 218 582	26 756 965	10 589 900	5 424 814
递延所得税负债	0	0	0	0
利润总额	72 899 105	246 400 883	599 722 541	323 722 349
所得税	-55 897 456	14 020 133	66 122 517	35 079 928
净利润	128 796 561	232 380 750	533 600 024	288 642 421
归属于母公司股东	364 029 509	255 009 695		
少数股东收益	-235 232 948	-22 628 944		

实际上，乐视网 2016 年合并报表中的 7.63 亿元递延所得税资产的绝对额在 2016 年的 A 股上市公司中还排不到前十名（见表 52-3），其占净资产的比重为 7.28%（7.63÷104.82×100%），也不是最高的，但乐视网的发展速度却是最快的（见表 52-1 和表 52-2）。

表 52-3　　　　　　　　　A 股上市公司递延所得税资产排名前十公司　　　　　　　单位：亿元

代码	名称	递延所得税资产	占净资产的比例
600104.SH	上汽集团	208.52	8.87%
601857.SH	中国石油	203.60	1.48%
000651.SZ	格力电器	96.68	17.60%
601668.SH	中国建筑	87.92	3.02%
600188.SH	兖州煤业	80.63	15.79%
600028.SH	中国石化	72.14	0.87%
000002.SZ	万科 A	71.99	4.45%
600606.SH	绿地控股	65.22	8.42%
000069.SZ	华侨城 A	53.47	11.11%
601390.SH	中国中铁	52.58	3.52%

公司递延所得税资产高并非问题的关键，问题的关键是递延所得税资产是如何形成的。以表 52-3 中格力电器为例，该公司的 96.68 亿元递延所得税资产在 A 股上市公司中排名第三，占净资产的比重高达 17.6%。该公司递延所得税的形成原因如表 52-4 所示。

表 52-4　　　　　　　　　2016 年格力电器未经抵销的递延所得税资产　　　　　　　单位：元

项目	期末余额		期初余额	
	可抵扣暂时性差异	递延所得税资产	可抵扣暂时性差异	递延所得税资产
资产减值准备	827 413 296.99	132 246 754.17	410 412 835.71	77 110 236.61
可抵扣亏损	456 836 817.78	114 209 204.47	301 321 074.64	75 330 268.67
预提费用	57 983 419 537.57	8 697 537 604.97	51 189 425 884.98	7 678 526 424.69
应付职工薪酬	414 478 017.73	62 171 702.65	715 736 768.61	107 674 163.51
资产摊销	1 084 532 006.00	163 007 525.36	1 050 783 076.81	157 740 989.92
其他	3 295 065 226.21	498 544 360.53	4 402 472 094.43	667 994 052.87
合计	64 061 744 902.28	9 667 717 152.15	58 070 151 735.18	8 764 376 136.27

（资料来源：格力电器 2016 年年报）

从表 52-4 中我们可以看出，格力电器 96.68 亿元递延所得税资产主要是预提费用所导致的，而乐视网递延所得税资产形成的主要原因如表 52-5 所示。

表 52-5　　　　　　　　　2016 年乐视网未经抵销的递延所得税资产　　　　　　　单位：元

项目	期末余额		期初余额	
	可抵扣暂时性差异	递延所得税资产	可抵扣暂时性差异	递延所得税资产
内部交易未实现利润	169 073 742.93	25 361 061.44	188 929 607.36	47 232 401.84
可抵扣亏损	2 602 199 425.40	650 549 856.36	1 696 948 005.00	424 237 001.25
坏账准备	463 494 431.03	78 612 500.65	204 414 434.86	33 878 127.25
存货跌价准备	29 844 291.01	7 461 072.75	3 300 877.24	825 219.31
无形资产减值准备	5 023 702.04	753 555.31	5 164 022.99	788 635.54
融资租赁摊销利息	4 035 837.37	605 375.60	1 933 794.55	290 069.18
合计	3 273 671 429.78	763 343 422.11	2 100 690 742.00	507 251 454.37

从表 52-5 中我们可以看出，乐视网 7.63 亿元递延所得税资产主要是可抵扣亏损所导致的。

实际上，从表 52-1 和表 52-2 我们可以看出，乐视网 2013 年、2014 年和 2015 年合并净利润为正、少数股东收益为负的现象就出现了，只是 2016 年出现的母公司净利润为正、合并净利润为负，但归属于母公司净利润为正的现象引发了公众的好奇。其实这一问题的答案与合并报表和合并所得税有密切的关系。

很简单，如果乐视网对其子公司都是 100%控股，那么，就不会出现负的少数股东收益。因此，只要找到合并报表中非 100%控股子公司的实际控股比例，再根据 2016 年负的少数股东收益，就可以推测出这些子公司的亏损规模了（见表 52-6）。

表 52-6　　　　　　　　　　　　　乐视网企业集团的构成

子公司名称	主要经营地	注册地	业务性质	持股比例		取得方式
				直接	间接	
乐视网（天津）信息技术有限公司	天津	天津	信息技术	100.00%		投资
北京乐视流媒体广告有限公司	北京	北京	广告发布	100.00%		投资
乐视网信息技术（香港）有限公司	香港	香港	信息技术	100.00%		投资
乐视网（上海）信息技术有限公司	上海	上海	信息技术	100.00%		投资
乐视致新电子科技（天津）有限公司	天津	天津	产品生产、销售	58.55%		投资
乐视网文化发展（北京）有限公司	北京	北京	文艺交流、发布广告	51.00%		投资
乐视新媒体文化（天津）有限公司	天津	天津	信息技术	100.00%		发行股份购买资产
东阳市乐视花儿影视文化有限公司	东阳	东阳	影视文化	100.00%		发行股份购买资产
乐视云计算有限公司	北京	北京	数据处理、技术服务	50.00%		投资
霍尔果斯乐视新生代文化传媒有限公司	新疆	新疆	会员业务	100.00%		投资
重庆乐视小额贷款有限公司	重庆	重庆	贷款业务	100.00%		投资
乐视原创（北京）文化传媒有限公司	北京	北京	文化艺术交流	100.00%		投资
乐视财富（北京）信息技术有限公司	北京	北京	互联网金融	100.00%		投资
樂想控股有限公司	香港	香港	–	100.00%		投资
乐视电子商务（北京）有限公司	北京	北京	零售	30.00%		投资

注：乐视电子商务（北京）有限公司在 2016 年 12 月 31 日之后不再纳入合并报表范围。

表 52-6 中，虽然乐视网当年出售了乐视电子商务（北京）15%的股权，不再将其纳入合并资产负债表，但仍然在合并利润表和现金流量表中。

2017 年乐视网的年度报告公布后，有关合并所得税的疑云仿佛消散（见表 52-7～表 52-10），但其引发的思考并未停止。

表 52-7 乐视网 2017 年相关项目 单位：元

项目	合并报表	母公司报表
	2017 年	2017 年
递延所得税资产	55 170 945	0
递延所得税负债	3 037 852	3 037 852
利润总额	−17 461 729 546	−8 781 824 148
所得税	722 577 953	53 298 607
净利润	−18 184 307 477	−8 835 122 755
归属于母公司股东	−13 878 044 830	
少数股东收益	−4 306 262 647	

表 52-8 2017 年乐视网未经抵销的递延所得税资产 单位：元

项目	期末余额		期初余额	
	可抵扣暂时性差异	递延所得税资产	可抵扣暂时性差异	递延所得税资产
内部交易未实现利润	149 217 878.40	22 382 681.76	169 073 742.93	25 361 061.44
可抵扣亏损	—	—	2 602 199 425.40	650 549 856.36
坏账准备	170 307 029.58	32 788 263.67	463 494 431.03	78 612 500.65
存货跌价准备	—	—	29 844 291.01	7 461 072.75
无形资产减值准备	—	—	5 023 702.04	753 555.31
融资租赁摊销利息	—	—	4 035 837.37	605 375.60
合计	319 524 907.98	55 170 945.43	3 273 671 429.78	763 343 422.11

表 52-9 2017 年乐视网未确认递延所得税资产明细 单位：元

项目	期末余额	期初余额
可抵扣暂时性差异	10 736 065 613.76	27 161 632.07
可抵扣亏损	4 558 952 447.31	513 646 505.90
合计	15 295 018 061.07	540 808 137.97

表 52-10 2017 年乐视网将于以后年度到期的未确认递延所得税资产可抵扣亏损 单位：元

年份	期末金额	期初金额	备注
2017 年	1 394.51	1 394.51	
2018 年	5 500 242.67	5 500 242.67	
2019 年	22 286 866.22	22 286 866.22	
2020 年	85 545 637.44	85 545 637.44	
2021 年	400 312 365.06	400 312 365.06	
2022 年	4 045 305 941.41		
合计	4 558 952 447.31	513 646 505.90	

注：本案例中未注明来源的所有数据均摘自乐视网公布的各年年报。

问题：

1. 递延所得税资产形成的主要原因是什么？乐视网和格力电器递延所得税资产形成的主要原因的差别是什么？同样是资产，两家公司的递延所得税资产带来的经济后果是一样的吗？

2. 格力电器2016年预提费用的发生额是多少，其是如何影响当年净利润的？为何格力电器计提巨额的预提费用以及这样计提的合理性？

3. 说明乐视网的递延所得税资产从2013—2016年逐年上升的原因。

4. 说明2016年乐视网合并净利润为负而归属于母公司净利润为正、少数股东收益为负的原因。2016年乐视电子商务（北京）被出售部分股权后不再纳入合并资产负债表，但是为什么仍然并入利润表和现金流量表中？

5. 2016年年末，乐视网确认的7.63亿元递延所得税资产有问题吗？为何在2017年可抵扣亏损不再形成递延所得税资产了？

6. 乐视电子商务（北京）等四家非全资子公司是导致子少数股东收益为负、递延所得税资产持续较高的原因，这同样也是归属于母公司的净利润为正的真实原因吗？

案例五十三

关联交易——乐视网（3）

案例五十二中提到了乐视网所得税会计的处理，然而乐视网净利润，特别是归属于母公司净利润增长的秘诀虽然部分归功于特别的会计处理，但主要的功劳还是属于关联交易。

表 53-1 和图 53-1 是乐视网从 2007 年到 2016 年的营业收入、净利润和归属于母公司净利润的变化趋势。在 2015 年和 2016 年，乐视网的营业收入出现了井喷式增长，这一切实际上是其关联交易的结果。

表 53-1　　　　2007—2016 年乐视网营业收入、净利润、归属于母公司净利润等指标　　　　单位：元

项目	2007 年	2008 年	2009 年	2010 年	2011 年	2012 年	2013 年	2014 年	2015 年	2016 年
营业收入	36 916 305	73 607 121	145 731 415	238 258 166	598 555 886	1 167 307 147	2 361 244 731	6 818 938 622	13 016 725 124	21 986 878 491
净利润	14 698 477	30 254 745	44 478 209	70 099 429	130 877 875	189 965 814	232 380 751	128 796 561	217 116 826	-221 892 632
归属于母公司净利润	14 691 722	30 253 799	44 470 004	70 099 429	131 121 131	194 194 142	255 009 695	364 029 509	573 027 173	554 759 227

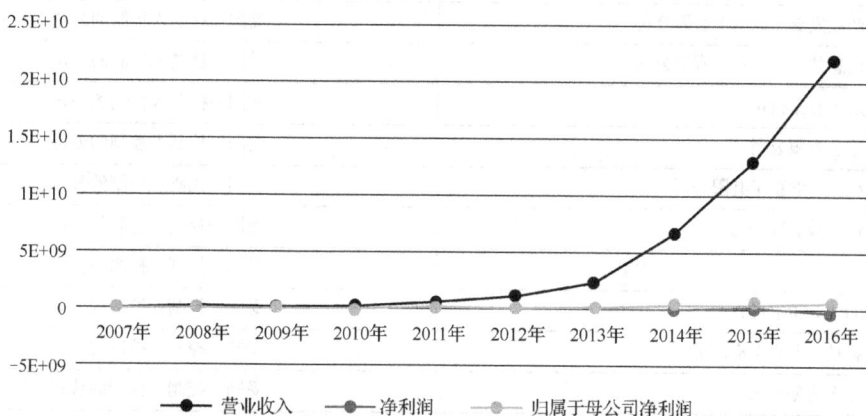

图 53-1　2007—2016 年乐视网营业收入、净利润、归属于母公司净利润等指标的变动趋势

下面重点分析 2015 年乐视网的关联交易情况。表 53-2 是 2015 年年报中公司的营业收入构成情况。

表 53-2　　　　　　　　　　　　　　营业收入构成　　　　　　　　　　　　　　单位：元

营业收入	2015 年		2014 年		同比增减
	金额	占营业收入比重	金额	占营业收入比重	
广告业务收入	2 633 677 836.17	20.23%	1 572 061 798.67	23.05%	67.53%
终端业务收入	6 088 833 693.67	46.78%	2 740 047 010.46	40.18%	122.22%
会员及发行业务收入	3 782 359 728.95	29.06%	2 421 916 186.04	35.52%	56.17%
付费业务收入	2 710 141 070.62	20.82%	1 525 949 717.10	22.38%	77.60%

营业收入	2015 年		2014 年		同比增减
	金额	占营业收入比重	金额	占营业收入比重	
版权业务收入	776 088 695.58	5.96%	704 591 996.39	10.33%	10.15%
电视剧发行收入	296 129 962.75	2.27%	191 374 472.55	2.81%	54.74%
技术服务收入	151 172 563.14	1.16%	—	0.00%	—
其他业务收入	360 681 302.19	2.77%	84 913 627.21	1.25%	324.76%
合计	13 016 725 124.12	100%	6 818 938 622.38	100%	90.89%

注：技术服务收入指包括乐视云计算公司所提供的云视频技术服务等；其他业务收入指公司对外授权可供使用的技术服务等。

表 53-3 是 2015 年年报中公司的主要客户和供应商情况。

表 53-3　　　　　　　　　公司主要销售客户和供应商情况

公司主要销售客户情况		公司主要供应商情况	
前五名客户合计销售金额（元）	前五名客户合计销售金额占年度销售总额比例	前五名供应商合计采购金额（元）	前五名供应商合计采购金额占年度采购总额比例
3 833 520 142.40	29.45%	6 886 752 861.02	45.03%

表 53-4 是 2015 年年报中公司的其他关联方情况。

表 53-4　　　　　　　　　其他关联方情况

其他关联方名称	其他关联方与本企业关系
乐视手机电子商务（北京）有限公司	受同一控制人控制的公司
乐视体育文化产业发展（北京）有限公司	受同一控制人控制的公司
乐视移动智能信息技术（北京）有限公司	受同一控制人控制的公司
乐视影业（北京）有限公司	受同一控制人控制的公司
乐视影业（天津）有限公司	受同一控制人控制的公司
乐意互联智能科技（北京）有限公司	受同一控制人控制的公司
山西西贝尔通信科技有限公司	受同一控制人控制的公司
Le Wish Ltd	受同一控制人控制的公司
LE CORPORATION LIMITED	受同一控制人控制的公司
乐卡汽车智能科技（北京）有限公司	受同一控制人控制的公司
乐视控股（北京）有限公司	受同一控制人控制的公司
乐帕营销服务（北京）有限公司	受同一控制人控制的公司
乐果文化传媒（北京）有限公司	受同一控制人控制的公司
乐影网络信息（天津）有限公司	受同一控制人控制的公司
北京宏城鑫泰置业有限公司	受同一控制人控制的公司
乐视虚拟现实科技（北京）有限公司	受同一控制人控制的公司
乐视飞鸽科技（天津）有限公司	受同一控制人控制的公司
北京网酒网电子商务股份有限公司	受同一控制人控制的公司
北京芝兰玉树科技有限公司	受同一控制人控制的公司
西伯尔联合通信科技（北京）有限公司	受同一控制人控制的公司

表 53-5 和表 53-6 分别是 2015 年年报中公司的关联采购和关联销售情况。

表 53-5　　　　　　　　　　　　关联采购情况　　　　　　　　　　　　单位：元

关联方	关联交易内容	本期发生额	获批的交易额度	是否超过交易额度	上期发生额
北京网酒网电子商务股份有限公司	货物采购	13 261 938.80		否	2 412 260.00
北京芝兰玉树科技有限公司	版权采购	134 111.40		否	0.00
乐果文化传媒（北京）有限公司	版权采购	44 080.00		否	2 400 000.00
乐视飞鸽科技（天津）有限公司	货物采购	2 724 677.08		否	0.00
乐视手机电子商务（北京）有限公司	货物采购	1 772 359 969.10		否	0.00
乐视体育文化产业发展（北京）有限公司	广告分成	289 871 844.62		否	0.00
乐视移动智能信息技术（北京）有限公司	会员分成及货款	346 173 254.00		否	0.00
乐视影业（北京）有限公司	版权采购、广告	257 999 455.98		否	43 471 337.50
乐视影业（天津）有限公司	版权采购、广告	500 000.00		否	38 689 625.00
乐意互联智能科技（北京）有限公司	货物采购	27 171 442.40		否	0.00
乐视娱乐投资（北京）有限公司	广告	0.00		否	455 144.40
合计		2 710 240 773.38		否	87 428 366.90

表 53-6　　　　　　　　　　　　关联销售情况　　　　　　　　　　　　单位：元

关联方	关联交易内容	本期发生额	上期发生额
乐视移动智能信息技术（北京）有限公司	会员、广告、技术使用费收入	971 027 691.44	58 300 000.00
乐视体育文化产业发展（北京）有限公司	广告、技术服务收入	278 776 781.53	0.00
北京智骅信息技术有限责任公司	销售货物	159 739 233.76	0.00
Le Wish Ltd	版权销售	80 228 428.00	0.00
LE CORPORATION LIMITED	销售货物	74 805 945.00	0.00
乐卡汽车智能科技（北京）有限公司	技术服务	21 875 586.65	0.00
北京网酒网电子商务股份有限公司	广告收入、货款	17 101 166.93	190 934.00
乐视影业（北京）有限公司	版权销售、广告收入	15 898 700.00	0.00
乐视手机电子商务（北京）有限公司	技术使用收入	15 437 914.62	0.00
乐视控股（北京）有限公司	销售货物	3 513 959.16	14 700.00
乐意互联智能科技（北京）有限公司	销售货物	20 353.00	0.00
乐影网络信息（天津）有限公司	技术服务费	54 984.64	0.00
合计		1 638 480 744.73	58 505 634.00

注：本案例中所有数据均摘自乐视网公布的各年年报。

问题：

1. 何谓关联方及关联交易？关联交易的披露是如何规定的？乐视网的关联交易披露规范吗？

2. 计算2015年乐视网关联采购和关联销售在总采购和总销售中的比重。乐视网2015年营业收入的增长是否是关联交易带来的？（提示：查阅乐视网2013年和2014年年报，说明这三年乐视网关联交易的变化）

3. 在2015年的前五大关联销售方中，除了北京智骖信息技术有限责任公司是乐视网的联营企业（乐视网拥有其20%股份，按权益法核算）外，乐视网与其他关联方都没有直接的股权联系，为什么会出现这种安排？

4. 请查阅乐视网2016年年报，简要回答2016年公司关联交易的特点。

5. 乐视网2017年年报显示，公司营业收入、净利润和归属于母公司净利润分别为70亿元、−182亿元和−139亿元。请查阅公司2017年年报，回答公司当年的关联交易与前几年相比发生了哪些变化，为何营业收入只有70亿元，而亏损却高达182亿元？

案例五十四

BOT 项目的会计处理——抵销与不抵销的经济后果

BOT 英文全称 Build Operate Transfer，意为"建设 经营 移交"，是指政府部门就某个基础设施项目与私人企业（项目公司）①签订特许权协议，让私营企业参与基础设施建设，并允许签约方在协议规定的特许期限内承担此项目的投融资建设和后续经营管理，向社会提供公共服务的一种模式。在我国，许多基础建设都是以此方式进行的。

关于 BOT 项目，一般由某个公司承接后成立相应的项目公司，承接公司作为投资方给项目公司注入相应的资金，项目公司作为建设主体兴建项目，项目完成后由项目公司经营管理。承接公司根据注入项目公司的资金确定其对项目公司的投资核算模式，一般情况下会按母公司对子公司进行股权投资核算及合并其财务报表。项目公司则按工程建造期间和工程完工后两阶段分别进行会计核算。建造期间按在建工程或建造合同进行核算，工程完工后则按普通生产经营进行核算。从我国 BOT 项目的实际发展过程来看，其会计处理经历了三个阶段。

一、2008年之前

BOT 项目实施过程中，中标承接企业在移交项目前，需要提供服务并承担经营管理等重要职责，且经营期限超过十年。这些特性在 2008 年以前的会计准则里面完全符合固定资产确认的标准。因此 BOT 项目建成验收合格之后，企业一般将其纳入固定资产的核算范畴并进行会计处理。BOT 项目在筹建过程中所产生的施工收入、成本、收益均被认为是未实现的内部收益，这些收益在承接公司合并项目公司的报表时予以抵销。

二、2008—2012年

《企业会计准则解释公告第 2 号》（以下简称《2 号解释公告》）较原会计准则最大的变化有两点：一是 BOT 项目建设完成后属于特许经营权，计入无形资产核算而非计入固定资产核算；二是自行投资建设施工的施工建设成本不再直接纳入在建工程后计入固定资产，而是体现为内部施工收入、成本、利润，将建造合同施工收入按照收取或应收对价的公允价值计量，并在确认收入的同时，确认无形资产。

《2 号解释公告》相关内容摘录如下。

五、企业采用建设经营移交方式（BOT）参与公共基础设施建设业务应当如何处理？

答：企业采用建设经营移交方式（BOT）参与公共基础设施建设业务，应当按照以下规定进行处理。

（一）本规定涉及的BOT业务应当同时满足以下条件。

1. 合同授予方为政府及其有关部门或政府授权进行招标的企业。

2. 合同投资方为按照有关程序取得该特许经营权合同的企业（以下简称合同投资方）。合同投

---

① 实际上，现实中承接项目的公司更多是国有企业。

资方按照规定设立项目公司（以下简称项目公司）进行项目建设和运营。项目公司除取得建造有关基础设施的权利以外，在基础设施建造完成以后的一定期间内负责提供后续经营服务。

3. 特许经营权合同中对所建造基础设施的质量标准、工期、开始经营后提供服务的对象、收费标准及后续调整做出约定，同时在合同期满，合同投资方负有将有关基础设施移交给合同授予方的义务，并对基础设施在移交时的性能、状态等做出明确规定。

（二）与BOT业务相关收入的确认。

1. 建造期间，项目公司对于所提供的建造服务应当按照《企业会计准则第15号——建造合同》确认相关的收入和费用。基础设施建成后，项目公司应当按照《企业会计准则第14号——收入》确认与后续经营服务相关的收入。

建造合同收入应当按照收取或应收对价的公允价值计量，并区别以下情况在确认收入的同时，确认金融资产或无形资产。

（1）合同规定基础设施建成后的一定期间内，项目公司可以无条件地自合同授予方收取确定金额的货币资金或其他金融资产的；或在项目公司提供经营服务的收费低于某一限定金额的情况下，合同授予方按照合同规定负责将有关差价补偿给项目公司的，项目公司应当在确认收入的同时确认金融资产，并按照《企业会计准则第22号——金融工具确认和计量》的规定处理。

（2）合同规定项目公司在有关基础设施建成后，从事经营的一定期间内有权利向获取服务的对象收取费用，但收费金额不确定的，该权利不构成一项无条件收取现金的权利，项目公司应当在确认收入的同时确认无形资产。

建造过程如发生借款利息，应当按照《企业会计准则第17号——借款费用》的规定处理。

2. 项目公司未提供实际建造服务，将基础设施建造发包给其他方的，不应确认建造服务收入，应当按照建造过程中支付的工程价款等考虑合同规定，分别确认为金融资产或无形资产。

（三）按照合同规定，企业为使有关基础设施保持一定的服务能力或在移交给合同授予方之前保持一定的使用状态，预计将发生的支出，应当按照《企业会计准则第13号——或有事项》的规定处理。

（四）按照特许经营权合同规定，项目公司应提供不止一项服务（如既提供基础设施建造服务又提供建成后经营服务）的，在各项服务能够单独区分时，其收取或应收的对价应当按照各项服务的相对公允价值比例分配给所提供的各项服务。

（五）BOT业务所建造基础设施不应作为项目公司的固定资产。

（六）在BOT业务中，授予方可能向项目公司提供除基础设施以外的其他资产，如果该资产构成授予方应付合同价款的一部分，则不应作为政府补助处理。项目公司自授予方取得资产时，应以其公允价值确认，未提供与获取该资产相关的服务前，项目公司应确认为一项负债。

本规定发布前，企业已经进行的BOT项目，应当进行追溯调整；进行追溯调整不切实可行的，应以与BOT业务相关的资产、负债在所列报最早期间期初的账面价值为基础重新分类，作为无形资产或是金融资产，同时进行减值测试；在列报的最早期间期初进行减值测试不切实可行的，应在当期期初进行减值测试。

《2号解释公告》明确了项目公司在建造期间要体现内部施工收入、成本、利润，将建造合同施工收入按照收取或应收对价的公允价值计量，并在确认收入的同时，确认无形资产。但是另一个相应的问题在该公告中并未明确，就是投资公司是否要对与项目公司间的未实现的内部收益（或者说BOT项目筹建过程中所产生的施工收入、成本、收益是否被认定为未实现的内部收益）进行抵销并无明确说明，因而导致涉及BOT项目的公司出现抵销与不抵销两种做法。

三、2013年以后

针对上述企业对BOT项目会计处理不一致的现象，2012年，证监会在《上市公司执行企业会计准则监管问题解答》（2012 年第 1 期）（以下简称《问题解答》）中，对涉及 BOT 业务的合并报表编制等问题进行了如下阐述。

涉及BOT项目的合并报表编制

上市公司合并报表范围内的企业承接BOT项目，但将实质性建造服务发包给合并范围内其他企业的，上市公司在编制合并财务报表时，实务中一直存在是否应抵销建造方的建造合同收入及发包方对应的资产成本的困惑。一般情况，合并财务报表以纳入合并范围内的母子公司个别报表（或经调整的个别报表）为基础，在抵销未实现内部交易损益后编制形成。上市公司合并报表范围的企业（项目公司）自政府承接BOT项目，并发包给合并范围内的其他企业（承包方），由承包方提供实质性建造服务的，从合并报表作为一个报告主体来看，建造服务的最终提供对象为合并范围以外的政府部门，有关收入、损益随着建造服务的提供应为已实现，上市公司的合并财务报表中，应按照相关规定体现出建造合同的收入与成本。

《问题解答》发布后，为不抵销未实现的内部收益提供了政策支持，使项目公司、投资方合并报表中的利润更高，降低了资产负债率而相应提高了信用等级等，从而使得一些大量接受 BOT 项目的公司避免因抵销走入财务困境。

本案例附件提供了一家接受 BOT 项目的公司对未实现的内部收益进行与不进行抵销处理的对比分析资料。

问题：

1. 简要叙述《企业会计准则解释公告第2号》发布前后BOT项目公司的会计处理以及总承包公司抵销与不抵销的合并会计处理。

2. 根据《企业会计准则解释公告第2号》的规定，项目公司对BOT项目在建期间会计处理的主要变化是什么？你认为项目公司对BOT项目按固定资产进行核算和按建造合同进行核算的实质区别有哪些？另外，项目公司按建造合同进行核算与普通的建造合同的会计处理是否完全一样，项目的公允价值是如何影响收入的确认的。

3. 《企业会计准则解释公告第2号》的规定对总承包公司的会计核算有何影响？

4. 总承包公司与项目公司编制合并报表的依据是什么？证监会在《上市公司执行企业会计准则监管问题解答》（2012年第1期）中对BOT项目公司的合并规定与财政部有关合并报表准则的规定是否一致？

5. 总承包公司与BOT项目公司之间关于项目未实现的内部收益抵销或不抵销的理论基础是什么，你是如何看待这一问题的？

6. 你认为本案例折射出的经济问题是什么？为什么财政部对BOT项目中是否抵销未实现的内部收益不明确表态？

附件：广东A公路工程有限公司[①]（摘录）

广东 A 公路工程有限公司（以下简称"A 公司"）是广东省一支老牌公路施工专业队伍。A 公司现总资产超过 10 亿元，是具备国家公路工程施工总承包资质、公路行业设计甲级资质等各项施工资质，并拥有对外经营权的大型企业。A 公司的主营业务包括路桥、隧道施工，开展高速公路项目投资建设、营运，同时积极拓展工程项目 BOT、BT 投资建设业务。B 高速公路项目（以下简称"B 项目"）位于广东省，总造价 8 亿元，其中建安造价 5 亿元。B 公司于 2013 年成立，负责 B 项目的建设。B 公司为 A 公司的全资子公司，B 项目采用 BOT 模式组织投资建设，母公司 A 公司作为 B 公司的施工总承包方开展项目施工建设。B 项目于 2013 年全年完成施工建设。建设期内，若抵销施工关联收入、成本、收益，B 项目对 A 公司合并报表净利润的影响额为−3 030

---

① 孙鹏搏. BOT项目内部关联交易合并报表研究——以 A 公司为例[D]. 广州：暨南大学，2014.
注：因 A 公司为非上市公司，所有数据均经过技术处理。

万元；若不抵销施工关联交易，B项目对A公司合并报表净利润的影响额为2 175万元。按以往合并报表的处理方法，合并报表编制过程中抵销关联收入50 000万元，抵销关联成本44 795万元，不抵销施工关联损益与抵销施工关联损益相比净利润增加5 205万元。与不抵销的情况相比，抵销关联损益的合并报表除减少原母公司施工净利润外，因增加主营业务税金及附加和所得税而减少相应合并报表净利润。以往合并报表处理方法严重影响集团合并收入、成本、利润等财务指标。

根据本文案例资料，B项目由A公司以全资组建项目公司（B公司）的形式投资建设和经营管理。B公司于2013年正式成立。经广东省人民政府、广东省发改委等政府机构批准，B项目投资估算为8亿元。

为简化计算、突出重点，A、B公司的相关数据按如下假设计算。

1. A公司B项目投资的资本金均为自筹。

2. 年内应收、应付等往来款项除工程质量保证金外均已结算并支付完毕，工程质量保证金按结算金额的5%计算。

3. 贷款年利率按6%计算。建设期贷款利息：建设期当年应计算利息=（年初贷款累计+当年借款支用/2）×年利率，建设期一年。

2013年B项目投资80 000万元，其中项目资本金按25%计算，为20 000万元。具体情况如下。

（1）当年投入资金：根据投资建设计划，2013年年初投入，当年完成，投资总额暂按国资委最新批复预计数8亿元设计。

（2）建安费：根据工程项目可行性研究报告，建安费为50 000万元，其他为征地拆迁、利息等费用。

（3）资本金、贷款及财务费用：资本金、贷款及财务费用数分别按投资金额8亿元的25%、75%计算。

根据以上基本假设和基础数据，计算B公司2013年资产负债主要指标，详情如表54-1所示。

表54-1　　　　　　　　　　　　　2013年B公司资产负债主要指标　　　　　　　　　　　　单位：万元

项目	行次	不按《2号解释》	按《2号解释》
资产合计	1	82 500	82 500
其中：货币资金	2	2 500	2 500
在建工程	3	80 000	
无形资产	4		80 000
负债合计	5	62 500	62 500
其中：应付账款	6	2 500	2 500
长期借款	7	60 000	60 000
所有者权益合计	8	20 000	20 000
其中：实收资本	9	20 000	20 000

表54-1中的相关数据说明如下。

（1）货币资金：按建筑安装工程费用50 000万元的5%计算，未付A公司质保金为2 500万元。

（2）在建工程：不按《2号解释》核算，所有投资均于期末计入在建工程，在建工程数80 000万元即为累计投资额。

（3）无形资产：按《2号解释》核算，所有投资于期末计入无形资产核算，无形资产数80 000万元即为累计投资额。

（4）应付账款：按建筑安装工程费用50 000万元的5%计算，应付质保金为2 500万元。

（5）长期借款：B公司长期借款数即为其累计贷款额60 000万元。

（6）所有者权益：即为A公司投入的项目资本金20 000万元，核算计入实收资本。

从表54-1中数据我们可以看出，是否按《2号解释》进行核算，对B公司个别资产负债的唯一影响是建设后形成的资产核算的科目不同。原核算方法是先计入在建工程核算，待高速公路项目获许通车后（达到预计可使用状态）转入固定资产。按《2号解释》，认为项目投资所建设的资产并非项目公司自有的固定资产，而为获得特许经营权所发生的支出，计入无形资产。

现分别计算无 B 项目和有 B 项目的情况下，A 公司资产负债主要指标，并进行对比分析，详情如表 54-2 所示。

表 54-2 　　　　　　　　　　　　　2013 年 A 公司资产负债主要指标　　　　　　　　　　　　　单位：万元

项目	行次	无 B 项目	有 B 项目	B 项目对 A 公司影响额
流动资产合计	1	20 000	22 175	-325
其中：货币资金	2	10 000	9 675	-325
应收账款	3	10 000	12 500	2 500
非流动资产合计	4	20 000	40 000	20 000
其中：固定资产	5	20 000	20 000	
长期股权投资	6		20 000	20 000
非流动负债合计	7		20 000	20 000
其中：长期借款	8		20 000	20 000
所有者权益合计	9	40 000	42 175	2 175
其中：实收资本	10	40 000	40 000	
盈余公积	11		218	218
未分配利润	12		1 957	1 957

表 54-2 中相关数据说明如下。

（1）在无 B 项目的情况下，为简单明了，突出重点，A 公司货币资金按 10 000 万元、应收账款按 10 000 万元、固定资产按 20 000 万元、实收资本按 40 000 万元、其他科目按 0 计算。

（2）货币资金：在有 B 项目的情况下，假定不考虑其他往来款项，也不考虑固定资产按折旧数更新，因 B 项目施工产生的净利润则全部体现为现金净流入形成货币资金。因 B 项目净利润 2 175 万元和质保金 2 500 万元未收回这两个因素的影响，2013 年年末，B 项目对 A 公司货币资金影响额为-375 万元，A 公司货币资金为 10 000+2 175-2 500=9 675（万元）。

（3）应收账款：因 B 项目增加 2 500 万应收工程质量保证金，所以 A 公司应收账款数为 10 000+2 500=12 500（万元）。

（4）长期股权投资：长期股权投资数 20 000 万元，为 A 公司投入 B 公司的资本金数。

（5）长期借款：根据本文基本假设，A 公司投入 B 公司的 20 000 万元资本金全部以长期借款方式解决。

（6）盈余公积：按 2013 年 A 公司利润表中净利润的 10% 提取，即 2 175×10%≈218（万元）。

（7）未分配利润：净利润提取盈余公积后剩余的部分，即 2 175-218=1 957（万元）。

根据表 54-2 中数据我们可以看出：B 项目施工完工后，母公司 A 公司应收账款、长期借款、长期股权投资、盈余公积、未分配利润等财务指标增加。因部分应收账款仍在缺陷责任期（质保期）未能收到，货币资金减少 325 万元。截至 2013 年年末 A 公司分别增加长期借款 20 000 万元，长期股权投资 20 000 万元，盈余公积 218 万元，未分配利润 1 957 万元，且是否按《2 号解释》核算对 A 公司个别报表数无影响。

为简化计算，突出 B 项目对 A 公司的影响，假设 A 公司只承包 B 公司施工项目，没有承担其他外单位项目，无其他收入和成本。A 公司采取总承包的方式进行 B 项目的施工，该项目将给 A 公司带来相应的收入、成本、利润等。A 公司在 B 项目施工中的利润率为合同约定 BOT 项目合理利润率 7%，我们通过计算得出的数据分析 B 项目对 A 公司利润的影响，即 A 公司 2013 年度利润表中的数据，详见表 54-3。

表 54-3 　　　　　　　　　　　　　　2013 年 A 公司利润表　　　　　　　　　　　　　　单位：万元

项目	行次	2013 年	备注
一、营业收入	1	50 000	
二、营业成本	2	44 795	

续表

项目	行次	2013年	备注
营业税金及附加	3	1 705	
财务费用	4	600	
三、利润总额	5	2 900	
减：所得税费用	6	725	
四、净利润	7	2 175	

表 54-3 中相关数据说明如下。

（1）营业收入：为项目投资额中建安费。因该项目于 2013 年完成，所以可以按工程计量数计算营业收入。

（2）营业成本：按项目合理利润率 7% 计算出项目利润为 3 500 万，按公式营业收入-营业成本-营业税金及附加=项目利润计算，营业成本为 50 000-1 705-3 500=44 795（万元）。

（3）营业税金及附加：按营业收入的 3.41% 计算，营业税金及附加为 1 705 万元。

（4）财务费用：本文假设母公司 A 公司投资项目的资金 20 000 万元全部靠长期借款解决，借款利息按年利率 6% 计算，全年按月按进度使用利息按所贷资金的 3% 计算，利息支出为 600 万元。

（5）所得税费用：按利润总额的 25% 计算，所得税费用为 2 175 万元。

根据表 54-3 中数据我们可以看出，A 公司在不动用任何自有资金的前提下，完全通过贷款的方式建设该项目，就可以增加净利润 2 175 万元，为公司创造较大的经济效益。公司自行投资 BOT 项目并且自行组织施工，既能从高速公司投资营运中获取收益，又能从自行组织施工管理中获取效益，同时也能盘活资金。这一高速公路发展建设模式在我国高速公路建设中使用得越来越普遍，由此衍生出的大量施工企业通过 BOT 或 BT 项目建设，并且自行组织施工带动施工企业的多元化发展，实现盈利模式的转变。

合并资产负债表

假设 A 公司只有 B 公司一家子公司，根据 A、B 公司 2013 年度资产负债表数据，A 公司 2013 年的合并资产负债表如表 54-4 所示。

表 54-4　　　　　　　　　　2013 年 A 公司合并资产负债表　　　　　　　　单位：万元

项目	行次	A公司	B公司（不按《2号解释》）	B公司（按《2号解释》）	抵销数	合并（按《2号解释》）	合并（不按《2号解释》）
货币资金	1	9 675	2 500	2 500		12 175	12 175
应收账款	2	12 500			2 500	10 000	10 000
在建工程	3		80 000		5 205		74 795
无形资产	4			80 000		80 000	
流动资产合计	5	22 175	82 500	82 500	2 500	102 175	96 970
固定资产	6	20 000				20 000	20 000
长期股权投资	7	20 000			20 000	0	0
非流动资产合计	8	40 000			20 000	20 000	20 000
资产总计	9	62 175	82 500	82 500	22 500	122 175	116 970
应付账款	10		2 500	2 500	2 500	0	0
长期借款	11	20 000	60 000	60 000		80 000	80 000
负债合计	12	20 000	62 500	62 500	2 500	80 000	80 000
实收资本	13	40 000	20 000	20 000	20 000	40 000	40 000
盈余公积	14	218				218	218
未分配利润	15	1 957			5 205	1 957	-3 248
所有者权益合计	16	42 175	20 000	20 000	20 000	42 175	36 970

根据合并报表编制要求，无论是否按《2 号解释》进行 BOT 项目核算，A 公司合并报表应做如下合并抵销分录。

1. A 公司合并资产负债表应抵销内部关联往来账款，抵销分录如下。

借：应付账款   2 500

  贷：应收账款   2 500

2. 抵销 A 公司对子公司 B 公司的投资，抵销分录如下。

借：实收资本   20 000

  贷：长期股权投资   20 000

同时，按《2 号解释》不需对内部关联施工收入、成本进行抵销，而按原核算方式需要对 B 项目施工内部关联收入、成本进行抵销，抵销分录如下。

借：营业收入   50 000

  贷：营业成本   44 795

    在建工程   5 205

从表 54-4 中数据我们可以看出，2013 年年末，投资 B 项目这一决策使 A 公司合并资产负债表中货币资金增加 2 175 万元，长期借款增加 80 000 万元，盈余公积增加 218 万元。而内部应收与应付账款，长期股权投资与实收资本因相互抵销没有产生任何增减。

按原核算方式和按《2 号解释》核算的主要差别是，根据《2 号解释》，因公路收费权为特许经营权所以按无形资产核算，在 A 公司合并报表中不增加相应的在建工程，项目达到预定可使用状态后也不转入固定资产，只增加无形资产 80 000 万元。同时因为原核算方式对内部关联收入、成本进行抵销，使在建工程数抵销了 5 205 万元，未分配利润相应地减少了 5 205 万元。

合并利润表

B 项目由 A 公司（母公司）采取总承包的方式进行项目施工，将给 A 公司（母公司）带来相应的收入、成本、利润等。为简化计算，突出重点，假定 A 公司（母公司）只做 B 项目施工，且 A 公司的合并范围只有母公司和 B 公司。不同核算方式下 BOT 项目合并利润表如表 54-5 所示。

表 54-5   A公司B项目合并报表比较分析   单位：万元

项目	行次	A公司	B公司	抵销数	合并报表（抵销）	合并报表（不抵销）	合并报表差异数
一、营业收入	1	50 000	0	50 000	0	50 000	50 000
二、营业成本	3	44 795	0	44 795	0	44 795	44 795
营业税金及附加	4	1 705	0		1 705	1 705	0
财务费用	5	600	0		600	600	0
三、利润总额	6	2 900	0		-2 305	2 900	5 205
减：所得税费用	7	725	0		725	725	0
四、净利润	8	2 175	0		-3 030	2 175	5 205

A 公司 2013 年因为 B 项目施工完成确认收入 5 亿元、成本 4.54 亿元、主营业务税金及附加 1 705 万元，财务费用 600 万元，利润总额 2 900 万元，所得税费用 725 万元，净利润 2 175 万元。按原合并报表处理方式，需抵销施工关联收入 50 000 万元、关联成本 44 795 万元，合并报表净利润为 -3 030 万元。而如按《2 号解释》结合实体理论编制合并报表，不需抵销关联施工收入和成本，合并报表净利润为 2 175 万元。两种处理方式相比，合并报表净利润相差 5 205 万元，且抵销关联施工收入会导致原本合并报表的施工盈利变成亏损。

案例五十五

汇兑损益——东方航空（6）

航空业是一个特殊行业，具体表现为流动资产占总资产的比重低、长期资产占总资产的比重高、负债率高（特别是外币债务占总债务比重高）、受外部因素影响大等特点。

就东方航空而言，流动资产占总资产的比重低的特点主要体现在：截至 2015 年 12 月 31 日，公司流动资产约为 231 亿元，总资产约为 1 957 亿元，流动资产占总资产的比重为 11.2%，具体分析请参见案例十四。长期资产占总资产的比重高主要体现在公司资产中，飞机占比高。截至 2015 年年末，公司机队由 526 架客机、9 架货机和 16 架公务机组成。其中，经营租赁 132 架，自购买和融资租赁 394 架。截至 2015 年 12 月 31 日，飞机及发动机净额为 1 210 亿元，其中，711 亿元为融资租赁取得。不包括其他周转件和其他设备、房屋和在建工程，东方航空单就飞机及发动机就占总资产的 61.8%（这其中还不包括经营租赁的 132 架飞机）。

截至 2015 年 12 月 31 日，东方航空的借款中，美元借款为 56.89 亿美元，人民币借款为 39.80 亿元人民币；固定利率借款占总借款的比例为 14.91%，浮动利率借款占总借款的比例为 85.09%。截至 2015 年 12 月 31 日，在其他变量保持稳定的前提下，若利率上升或下降 25 个基点，则东方航空净利润的影响额为 1.48 亿元人民币、其他综合收益的影响额为 0.18 亿元人民币。

截至 2015 年 12 月 31 日，东方航空的融资租赁债务中，美元债务为 77.53 亿美元，新加坡元债务为 1.78 亿新元，港元债务为 10.72 亿港元，日元债务为 63.95 亿日元。截至 2015 年 12 月 31 日，若美元相较于人民币升值或贬值 1%，其他因素不变，则东方航空净利润的影响额为 5.81 亿元人民币。

此外，航油价格对东方航空的影响也特别巨大。航油成本是东方航空最大的运营成本，公司 2015 年的飞机燃料成本为 203.12 亿元人民币，占整个公司营业成本的 26.33%，而上期飞机燃料成本占整个公司营业成本的 37.97%。2008 年，航油支出约占公司营业成本的 43%，加之一方面国内接连出现了重大自然灾害和突发事件，以及全球金融危机对世界经济产生重大冲击，使得国际和国内业务都受到极大影响，导致公司出现严重亏损。2015 年，虽然公司航油消耗量约为 531.42 万吨，同比增长 11.70%，但由于平均油价同比降低 39.86%，公司的飞机燃料支出同比减少了 32.83%。在其他变量保持不变的情况下，倘若 2015 年平均航油价格上升或下降 5%，公司航油成本将上升或下降 10.16 亿元人民币。

除了上述因素外，宏观经济也直接影响航空业的经营业绩。表 55-1 是东方航空 2011—2015 年主要财务数据，表 55-2 是东方航空 2011—2015 年财务费用，从中就能发现航空业的业绩与汇率之间的关联。

表 55-1　　　　　　　　　　　东方航空 2011—2015 年主要财务数据

主要财务数据	2015 年	2014 年	2013 年	2012 年	2011 年
营业收入（百万元）	93 844	89 746	88 109	85 569	83 975
合并净利润（百万元）	5 047	3 547	2 096	3 031	4 902
归属于上市公司股东净利润（百万元）	4 541	3 417	2 358	3 430	4 887

续表

主要财务数据	2015 年	2014 年	2013 年	2012 年	2011 年
归属于上市公司股东扣除非经常性损益净利润（百万元）	3 192	-230	1 214	2 377	4 620
经营活动产生的现金净流量	24 325	12 252	10 775	12 608	13 464
基本每股收益（元）	0.36	0.27	0.20	0.34	0.43
稀释每股收益（元）	0.36	0.27	0.20	0.34	0.43
扣除非经常性损益后基本每股收益（元）	0.25	-0.02	0.10	0.21	0.41
加权平均净资产收益率（%）	14.73	13.06	10.87	15.48	27.12
扣除非经常性损益后加权平均净资产收益率（%）	10.59	-0.87	5.60	10.73	25.64

表 55-2　　　　　　　　　东方航空 2011—2015 年财务费用　　　　　　　　单位：百万元

	2015 年	2014 年	2013 年	2012 年	2011 年
利息支出	3 205	2 580	1 939	1 994	1 723
减：资本化利息	（1 016）	（623）	（391）	（297）	（260）
减：利息收入	（66）	（88）	（148）	（201）	（152）
汇兑损益	4 987	203	（1 976）	（148）	（1 872）
其他	159	214	136	116	120
财务费用（收入）净额	7 269	2 286	（440）	1 464	（441）

问题：

1. 简述2011—2015年间美元兑人民币汇率的变动对公司经营业绩的影响。

2. 在规避浮动利率、汇率变动的风险方面，东方航空采取了哪些措施，这些措施的效果如何？

3. 在控制宏观因素对企业的经营影响方面，会计应该起到的作用是什么？

案例五十六

衍生金融工具——碧桂园

碧桂园控股有限公司（以下简称"碧桂园"，股票代码02007.HK）创建于1992年，主营业务为房地产，同时还包括建安、装修、物业发展、物业管理、酒店开发和管理等。2007年4月20日，碧桂园在香港联合交易所主板上市，共募集资金146.71亿元人民币（4月19日按每股5.38港元的价格发行每股面值0.10港元的普通股2 400 000 000股，4月27日以相同价格超额发行360 000 000股）。

截至2007年12月31日，碧桂园的45个项目中已竣工项目的总建筑面积为8 760 936平方米，建成47 998个单位，预计可容纳约191 000人口；在建总建筑面积为9 884 000平方米，持作未来发展土地的总建筑面积为28 560 443平方米。碧桂园2015年实现总收入177.35亿元、净利润41.36亿元，每股收益为0.27元、净资产收益率为40.4%，而上市前一年相应的指标分别为实现总收入79.41亿元、净利润15.19亿元，每股收益为0.11元、净资产收益率为84.1%。

由于当时正处于中国房地产开发的黄金时期，碧桂园的资金需求没有因上市而满足。上市前的2006年和上市后的2007年，碧桂园的资产总额、负债总额和资产负债率分别为15.31亿元、13.84亿元、90.4%和38.63亿元、19.24亿元、49.8%。而截至2007年12月31日，上市时募集的146.71亿元资金已经使用了95.2%，资金去向和使用比例分别是：收购土地占30%、原有项目占60%和营运资金占10%。

由于对资金的需求不断增加，2007年10月，碧桂园原计划发行15亿美元债券满足其需求，但由于金融危机的影响，即使碧桂园承诺10%的高收益率，但仍未受到投资者青睐，于是此计划暂时搁浅。2008年年初，因为碧桂园有一笔高达18.3亿港元的债务快要到期，所以在融资刻不容缓的情况下，碧桂园接受了美林的私募股权投资，在发行可转换债券的同时与美林签署一份对赌协议，以提高此项融资安排的吸引力。

2008年2月，碧桂园与美林签署了一份可转换债券协议，同时接受了美林的一份股份掉期协议。这份融资安排包括两部分内容：一是发行含转股选择权的债券；二是签订以碧桂园的股价作为参考支付的对赌协议。[①]

一、可转换债券协议

首先，碧桂园发行可转换债券。在2008年4月3日之后的5年时间内，该债券可以转换成碧桂园的普通股票，并且能够在香港交易所正常买卖，以此吸引投资者。可转换债券协议的内容如表56-1所示。

表56-1　　　　　　　　　　　　可转债协议的内容

项目	具体内容
债券本金	固定债券本金总额为35.95亿元人民币（约为38.99亿港元），选择性债券本金总额为7.19亿元人民币（约为7.8亿港元）。碧桂园向美林出售期权，美林根据碧桂园的市场情况选择购买。若美林选择发行选择性债券，则发行的债券最高本金额为43.14亿元人民币（约等于46.79亿港元）

---

① 摘自百度文库《碧桂园——美林对赌协议背景及基本情况分析》一文。

续表

项目	具体内容
初步转股价	9.05 港元。将该股价分别与以下时段的股价相比：（1）2008 年 2 月 15 日早上交易时段内的成交量的加权平均价为 6.60 港元，溢价约 37.1%；（2）2008 年 2 月 14 日香港联交所的股份平均收市价为每股 6.82 港元，溢价约 32.7%；（3）截至 2008 年 2 月 14 日（包括该日）前五个交易日香港联交所的股份平均收市价为每股 6.38 港元，溢价约 41.85%；（4）截至 2008 年 2 月 14 日（包括该日）前十个交易日香港联交所的股份平均收市价为每股 6.30 港元，溢价约 43.65%
转股期	债券持有人可于 2008 年 4 月 3 日或之后至 2013 年 2 月 15 日营业时间结束的期间内随时行使转股权
到期	除非先前已按债券条款及细则赎回、转换或购买及注销该债券，否则碧桂园将于 2013 年 2 月 22 日赎回该债券，赎回价等于债券的人民币价值本金额的美元等值乘以 121.306%
债券持有人选择赎回	任何债券持有人均可以要求碧桂园按债券的人民币本金额的美元等值乘以 111.997%，连同截至赎回日期的应计未付利息，赎回持有人于 2011 年 2 月 22 日所持的全部或部分债券。认沽通知一旦发出即不可撤销，本公司同意的有关撤回除外

碧桂园选择发行可转换债券的原因一方面是其 2.5% 的年利率，该利率相对于 5.76% 的金融机构五年期贷款利率而言已经很低；另一方面是相对于配股、增发等方法而言，发行可转换债券能够取得发行溢价，且不会很快地稀释公司股本，可以降低对企业每股收益的摊薄。

碧桂园在可转换债券协议中给予美林一个选择权，即对于价值 780 百万港元的选择性债券，美林可以选择是否发行。美林最终发行了 780 百万港元的可选择债。可转换债券的发行情况如表 56-2 所示。

表 56-2　　　　　　　　　　可转换债券的发行情况

发行情况	发行本金			固定债券	可选择债券	总转数
	百万人民币	百万港元	百万美元	百万股	百万股	百万股
固定债券本金	3 595	3 899	500			
选择性债券本金	719	780	100			
债券本金小计	4 314	4 679	600			
转股价（港元/股）		9.05				
固定债券转股数				430.48	86.17	517.01

经计算，碧桂园发行的可转换债券的负债部分、权益部分的价值如表 56-3 所示。

表 56-3　　　　　　　　　　可转换债券的负债及权益部分

可转换债券	金额（百万人民币）
负债价值	3 781.329
权益价值	424.821
交易费用	107.85
债券本金小计	4 314

碧桂园把一半的发债融资额作为抵押金，以此和美林签署对赌协议；将融资额的 40% 用于偿还债务；而只将融资额的 10% 用于公司一般用途。具体金额使用情况如表 56-4 所示。

表 56-4　　　　　　　　　　固定债券本金用途

固定债券本金用途	比例	百万港元	百万美元
签订股份掉期协议的抵押金	50%	1 950	250
偿还债务	40%	1 560	200
公司一般用途	10%	389	50
合计	100%	3 899	500

二、股份掉期协议

碧桂园于 2007 年在香港交易所上市，市场反应较好。碧桂园的股价曾达到 14 港元/股。然而 2008 年 2 月，受内外因素影响，碧桂园的股价被削减至约 7 港元/股。此时，假如资金充足，碧桂园可以采用回购股份的策略，一方面可以提升投资者的信心，另一方面可以使公司以较低的价格收回自认为被低估的股份。

当时碧桂园的公众持股比例只有 16.86%，回购股份将会使公众持股比例小于 15%（香港交易所要求该比例一般在 25% 以上，但碧桂园上市之初因其较大的市值，才被允许只有 15% 的公众持股比例），由此或将面临退市风险。然而当可转换债券转股时，公司股价很可能已经上升，若那时候再回购股票，成本将远高于现在的回购成本。在 2008 年金融危机的背景下，许多上市公司认为本公司的股价远低于其真实价值，股价是暂时被低估的。碧桂园也不甘心以低价配股，那么怎样才能实现以当时较低的股票价格回购股票的目的。为对冲未来股价，令公司锁定未来的回购成本，碧桂园把一半的发债融资额 2.5 亿美元作为抵押金，与美林签署一份比较少见的以现金结算的股份掉期协议。该协议实际上是一份对赌合约，具体内容如表 56-5 所示。

表 56-5　　　　　　　　美林—碧桂园的股份掉期协议（对赌协议）情况

投资方	美林
融资方	碧桂园
具体约定	从协议签订日开始，在之后的 5 年内，若公司股价总是小于 9.05 港元/股，无论市场价格高低，锁定该笔掉期股份未来交易价格为 6.87 港元/股。也就是说，持有债券者可以 6.87 港元/股出售，碧桂园支付差价
抵押品金额	17.98 亿元人民币 1 950 百万港元，相当于 2.5 亿美元，占发行固定债券融资总额（5 亿美元）的 50%
结算方式	现金结算
掉期股份数	总股本为 2.79 亿股（19.5 亿港元，7 港元/股）

2008 年 6 月 30 日，碧桂园的股价尚在每股 5 港元之上，碧桂园在 2008 年中报中只针对这份对赌协议计提了 4.43 亿元人民币的损失。而其后，碧桂园的股价更是一落千丈，掉到每股 3 港元左右，媒体一片哗然，随之各种分析和报道纷纷出台。碧桂园面临巨大压力，在年底出台的年报中，公司针对此项协议计提了 12.4 亿元的损失。

问题：

1. 简述碧桂园发行债券的背景，说明为何碧桂园要在发行可转换债券的同时签订对赌协议。

2. 说明在对赌协议中，业绩、股价是如何影响对赌协议的；双方在协议中对最高收益和最高损失是如何约定的，并指出碧桂园最终的支付代价。这一交易给我们的启示是什么？

3. 参考碧桂园2008年到2013年的年度报告，做出各年与案例中交易相关的会计处理并提供相应的依据，并简要说明相关交易的实施过程。同时说明汇率变动对会计处理的影响。

4. 指出碧桂园相关交易的披露是否存在问题。通过附注披露，你能对相关交易了解到何种程度，还需要了解哪些细节才能完全弄清交易的全部过程？

案例五十七

套期保值——云南铜业（2）

2014年，中国证券报记者发表了一篇关于上市公司开展套期活动的文章[①]，针对当时我国上市公司的套期活动有下列描述。

据记者的不完全统计结果显示，截至2014年4月30日，有36家上市公司在2013年年报中清晰披露了其套期保值的损益情况，其中24家公司在衍生品投资上获得正收益，12家为亏损。

随着2013年期货新品种的密集上市，期货市场服务实体经济的功能进一步凸显。与2013年相比，2014年参与套期保值的上市公司的数量大幅增加，同时保证金规模也在扩大。据记者统计，从2013年12月1日截至2014年4月30日，有79家上市公司相继发布了2014年度拟开展套期保值业务的公告，其中56家上市公司在商品套期保值上拟动用的保证金总和约为75.39亿元，且涉足金属期货品种的公司占绝对多数。

一个不可否认的事实是，尽管越来越多的上市公司已经学会运用衍生金融工具规避经营风险，但与沪深两市数千家上市公司的数量相比，涉足套期保值业务的上市公司数量依然较少。据研究发现，僵化的财务考核、对套期保值概念的误解、缺少期权等金融衍生工具是出现此现象的主要原因。

有色金属期货由于价格功能发挥良好，在服务实体经济方面已经取得一定成果，有色金属类上市公司的数量在参与主体中的数量位居首位，如美的集团、格力电器和焦作万方等。在能源价格经常暴涨暴跌的情况下，越来越多的化工企业不得不通过参与期货交易的方式进行套期保值，如荣盛石化、恒逸石化、海利得、银禧科技、国风塑业等。此外，近几年我国国内参与套期保值的涉农企业不断增加，如海大集团、通威股份等。值得注意的是，在人民币兑外汇汇率浮动的背景下，为规避进出口收付汇业务的汇率波动风险，越来越多的上市公司开始利用利率、外汇等衍生金融工具对冲外汇风险，如美的集团、怡亚通、中兴通讯等。上市公司之所以形成上述套期保值格局，主要和当前已上市的期货品种集中在有色金属、煤焦钢、能化以及农产品领域相关，随着期货品种越来越丰富，产业覆盖越来越广泛，未来这一套期保值格局也必将发生变化。

云南铜业股份有限公司（以下简称"云南铜业"或"公司"）是一家生产、加工、销售有色金属和贵金属等的公司。公司主要产品为电解铜、硫酸、铜精矿、贵金属等，母公司为云南铜业（集团）有限公司，最终控制人为中国铝业集团有限公司。公司于1998年在深圳证券交易所正式上市，股票代码000878。

2010年年底，公司总资产为322.26亿元、所有者权益为41.67亿元、营业收入为317.13亿元（上年同期为161.84亿元）、利润总额为6.79亿元（上年同期为4.69亿元）、利润净额为5.78亿元（上年同期为4.40亿元）、扣除非经常性损益归属于母公司股东的净利润为3.91亿元（上年同期为3.92亿元）、经营活动产生的经营净流量为-3.45亿元（上年同期为15.76亿元）、资产负债率为83.6%（上年同期为81.9%）。

公司于2010年8月26日召开第五届董事会第四次会议和第五届临时股东大会第三次会议，审议通过了《关于公司非公开发行A股股票方案的预案》等议案；同年9月，公司议案获证监会的正式受理，2011年获中国证监会发行审核委员会有条件审核通过（证监许可〔2011〕717号）。

---

① 36家上市公司披露套期保值损益情况 风险狙击见奇效[N]. 中国证券报，2014-05-12.

从 2010 年年报披露中，我们可以发现该公司通过现金流量套期，产生负的其他综合收益达 2.09 亿元，税后净额为 1.77 亿元[参见 2010 年年报附注五（五十二）]。如果将上述金额直接计入当期损益，则公司当年利润额将减少近三分之一，同时也将直接导致 2010 年的净利润低于上年。当进一步从 2010 年年报中寻找相关信息时，我们能在主要会计政策和会计估计中，找到附注四（十五）套期会计的政策说明（而 2009 年年报不存在这一内容）和附注五（五十二）其他综合收益的说明，而对于套期工具（一般为衍生金融工具或其他特定套期工具）和现金流量套期的相关信息，2010 年年报没有提供任何信息。一个耐人寻味的现象是 2009 年还在合并资产负债表中交易性金融资产项目列示的 0.24 亿元保证金，在 2010 年变为 0 元了。但依据《企业会计准则第 37 号——金融工具列报（2006）》第二十五条的规定，企业应当披露与每类套期保值有关的信息：套期关系的描述、套期工具的描述及其在资产负债表日的公允价值和被套期风险的性质；另外第二十六条还要求企业披露与现金流量套期相关的信息。很显然，云南铜业并未按准则要求对其套期活动进行相应地披露，从而导致其 1.77 亿元净利润的增加令人生疑。

问题：

1. 云南铜业2010年套期活动存在什么问题？为何公司要通过现金流量套期改变损益的结果？

2. 现金流量套期一般在何种情况下进行，应该如何在报表附注中对其进行系统地披露？

3. 结合2014年兖州煤业（股票代码600188）的年度报告，请详细描述兖州煤业当年套期活动的基本情况。

4. 结合2011年西部矿业（股票代码601168）的年度报告，请指出西部矿业当年套期活动的披露存在什么问题。另外请指出公允价值套期活动和投资活动的区别是什么，以及两者对企业经营的影响的不同之处。

5. 在中国，为何目前开展套期活动的上市公司的数量并不多？

案例五十八

"澳元门"事件——中信泰富

2008 年 10 月 21 日，中信泰富有限公司（以下简称"中信泰富"）发出盈利预警，称杠杆式外汇买卖合约迄今已导致公司亏损超过 150 亿港元。中信泰富股份当日复牌，股价大幅下跌，最低跌至 6.47 港元，收市报 6.52 港元，较停牌前的收市价 14.52 港元下跌了 8 港元，跌幅高达 55.1%。

在两个交易日内，这家颇具声誉的公司的市值蒸发了 2/3。该公司成了在 2008 全球金融风暴中首批遭受重大损失的中国企业之一。

一、相关背景

中信泰富的前身泰富发展有限公司（以下简称"泰富"）于 1985 年成立。1986 年，泰富通过新景丰公司获得上市地位；同年 2 月，泰富发行 2.7 亿股新股予中国国际信托投资（香港集团）有限公司（以下简称"中信"），使中信持有泰富 64.7%股权。自此，泰富成为中信子公司。而后，中信通过百富勤把部分泰富股份配售出，使中信对泰富的持股比例下降至 49%，截至 2008 年，中信对泰富的持股比例已降至 29.4%。1991 年泰富正式易名为中信泰富。中信收购泰富，不是通过股权转让来实现的，而是通过泰富向中信定向发行 2.7 亿股新股来实现的。

中信泰富是一家投资控股公司，其业务包括特钢制造、铁矿石开采、物业发展及投资、发电、航空、隧道、信息业，以及分销汽车及消费品。近年，特钢制造产生的利润占中信泰富总利润的比例最大（见表 58-1）。

表 58-1 　　　　　　　　　　中信泰富主要业务的溢价贡献 　　　　　　　　单位：百万港元

	2008 年	2007 年	2006 年	2005 年	2004 年	2003 年	2002 年	2001 年	2000 年	1999 年
特钢	1 617	2 242	1 333	808	438	178	126	95	29	22
物业	1 013	731	2 035	1 106	608	508	925	633	422	740
航空	（994）	1 263	3 288	1 058	1 398	421	1 263	324	1 475	659
发电	（1 198）	494	268	368	439	229	245	281	314	440
基础设施	523	490	469	413	329	635	1 223	1 362	1 320	1 292
大昌行	320	417	297	233	284	253	234	105	221	230
中信 1616	181	157	191	122	120	116	252	129	39	—

2006 年 3 月底，中信泰富与澳大利亚的采矿企业 Mineralogy Pty Ltd.达成协议，以 4.15 亿美元收购西澳大利亚州两个分别拥有 10 亿吨磁铁矿资源开采权的公司 Sino-Iron 和 Balmoral Iron 的全部股权。

中信泰富在西澳大利亚州拥有 20 亿吨磁铁矿的开采权及拥有购入另外 40 亿吨磁铁矿的选择权。这类铁矿石开采是中国内地特钢制造的投资的相关部分。在该矿场完全落成之后，这 20 亿吨磁铁矿石每年可转化生产 2 760 万吨铁矿产品，能满足中国内地及中信泰富的钢铁厂生产的需要。

根据中信泰富 2008 年 6 月 30 日的中期报告，公司仍在从事澳大利亚铁矿石开采项目的基础建设。该项目首两期的最新资本开支预计达 35 亿美元（约合 273 亿港元），其中约 75%为已承诺开支。

另一笔约 3.5 亿美元（约合 27 亿港元）的资本开支预期将于该项目第三期（用于额外 10 亿吨磁铁矿资源）展开时产生。此项投资将为加工及支持的基础建设（包括港口设施、矿浆管道、发电站及海水淡化厂）提供资金。由于公司以澳元及人民币做出重大开支承诺（少数以欧元做出），而项目贷款以美元列示，中信泰富账目的呈报货币为港元（港元与美元挂钩），且全球铁矿价格以美元列示，因此此项投资给中信泰富的货币管理带来了重大挑战。

公司董事会计划 5 年内此项投资将需要约 35 亿澳元及 1.23 亿欧元。按 2008 年 6 月 30 日未经审核账目所示的中信泰富综合资产总额约 1 242 亿港元计算，澳大利亚铁矿石开采项目所需资金占中信泰富总资产的比例较大。诚如中信泰富于 2008 年 10 月 20 日刊发的公告所载，中信泰富签订了多项澳元及欧元杠杆式外汇合约，以降低澳大利亚铁矿石开采项目的货币风险及人民币货币风险，但该杠杆式外汇合约导致中信泰富出现重大未变现亏损（参见本案例附件七）。中信泰富解释，此乃公司现已辞任的主要员工未遵守中信泰富的货币管理政策所致，投资者应参阅中信泰富于 2008 年 10 月 20 日发布的载有盈利警告的公告。

倘汇价或澳元兑美元的汇率下跌，该等杠杆式外汇合约对公司带来的亏损并无限额。据中信泰富所获的法律意见，在未获合约对手同意前，公司难以将该等合约平仓，因此，中信泰富在从现在起至 2010 年的期间内可能面临庞大未变现亏损。若该亏损成为变现亏损，由于该负债可能超过经营业务的经常性预测现金流量，中信泰富可能需出售重大资产或获取新资本，以在上述负债到期时履行有关责任。鉴于该事态的发展情况，中信泰富于 2008 年 11 月 12 日公布，中信泰富最大股东中国中信集团有限公司（以下简称"中信集团"）将按通函所载的条款安排最多 15 亿美元的备用信贷，即中信泰富将向中信集团发售等值的可换股债券，转换价为每股 8 港元，到期日为 2009 年 1 月 31 日，换股后中信集团将成为中信泰富的控股股东，拥有 57.6% 的股权（见表 58-2）。

表 58-2　　　　　　　　　　　　中信泰富公司股权变动情况

	变更之后	变更之前
已发行股份	3 646 274 160	2 193 149 160
主要股东：		
中信集团	57.6%	29.4%
荣智健	11.5%	19.1%
管理层	1.8%	3.2%
社会公众	29.1%	48.3%
总额	100%	100%

中信集团在金融服务及实业投资领域经营着广泛的业务，在实业投资领域，中信集团涉足的业务包括房地产业、工程承包业、原材料业及资源业、信息产业、制造业及服务业。中信集团被视为中国领先商业企业之一，为中国政府所拥有。根据中信集团的年报，2007 年 12 月 31 日中信集团的资产总额约为 13 220 亿元人民币，净利润约为 160 亿元人民币，分别约合 14 930 亿港元及 180 亿港元。

自 2007 年 12 月 31 日及中信泰富刊发 2008 年 6 月 30 日中期未经审核账目以来，全球市场出现了不寻常的高度波幅，同时许多市场亦出现逆转。各货币之间的汇价大幅变动，在中信泰富经营业务的主要市场及全球市场中，一直处于上升趋势的股票市场及商品价格亦大幅下跌；而普遍用于衡量全球贸易情况的波罗的海证券交易所，自 2008 年 5 月的高位下跌了约 93%（见图 58-1）。有关波幅及多项重大逆转造成全球普遍出现亏损，使环球信贷及资本市场资金紧张，同时使中国及其他地方的物业价格及其他资本资产受压。

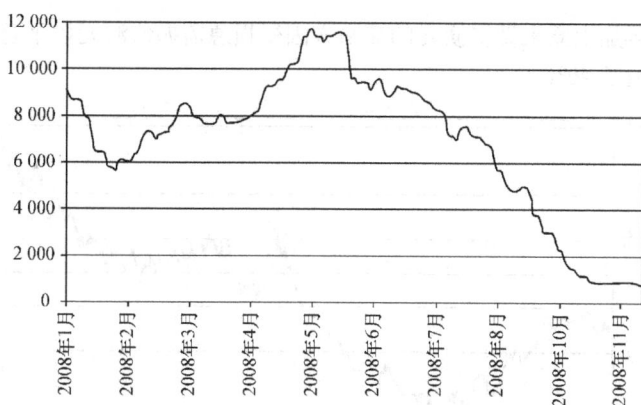

图 58-1　波罗的海干散货指数

2008 年，OECD 经济合作与发展组织（Organization for Economic Co-operation and Development, OECD）成员国的政府进行了前所未有的干预，投放数以百亿或千亿的美元，以免银行系统崩溃。表 58-3 所示为主要贸易货币 2005 年 12 月 31 日、2006 年 12 月 31 日、2007 年 12 月 31 日以及 2008 年 12 月 31 日与美元之间的汇率或汇价。2008 澳元的波动较大，且出现异常跌幅，有关情况见表 58-3、表 58-4、图 58-2 所列的澳元兑美元的汇率。

表 58-3　　　　　　　　　　　　　　　　美元汇率或汇价

1 美元兑其他货币	2005-12-31	2006-12-31	2007-12-31	2008-12-31
人民币	8.070 2	7.804 5	7.303 6	6.834 6
日元	117.75	119.05	111.75	95.46
澳元	0.732 8	0.788 5	0.875 1	0.653 0
新西兰元	0.683 7	0.703 9	0.765 9	0.548 7
加元	1.162 0	1.165 7	0.998 4	1.243 2
英镑	1.723 0	1.958 8	1.985 0	1.533 1
欧元	1.184 9	1.319 7	1.458 9	1.273 4
瑞士法郎	1.313 4	1.220 1	1.133 5	1.214 4

表 58-4　　　　　　　　　　　　美元汇率变动幅度（%，正百分比表示外币升值）

1 美元兑其他货币	2005-12-31	2006-12-31	2007-12-31	2008-12-31
人民币		3.4	6.9	6.9
日元		−1.1	6.5	17.1
澳元		7.6	11.0	−25.4
新西兰元		3.0	8.8	−28.4
加元		−0.3	16.8	−19.7
英镑		13.7	1.3	−22.8
欧元		11.4	10.5	−12.7
瑞士法郎		7.6	7.6	−6.7

（资料来源：彭博（Bloomberg））

2007 年—2008 年 8 月，澳元兑美元升值已逾 16%，最高达到 0.95 美元，有分析师甚至预测澳元兑美元汇率可以达到 1。而中信泰富签约时澳元兑美元汇率在最高点附近浮动。

然而，一方面，受金融危机的影响，矿产等原材料价格下跌，澳大利亚和新西兰等国货币贬值，2018 年 9 月和 10 月，澳大利亚储备银行连续两次降息；另一方面，美国金融机构的危机造成了美元支付高潮，大量美元流回美国，加之投资者为求避险纷纷将在新兴市场的投资套现，2018 年 7 月以来美元突然大涨，再加上原来做多澳元的交易方因受损急需抛售澳元以平仓。这些原因使澳元在三个多月的时间里贬值了40%。

图 58-2　澳元兑美元的斐波那契分析图

二、合约内容

中信泰富签订合约之时，并没有向外界公开与所有银行签订的合约的具体条款，12 月 2 日晚，中信泰富发出的股东通函也只是向投资者披露了公司和 13 家银行签订的外汇累计期权合约的银行确认函及大概内容，但合同的具体细节尚未公开（详细资料见附件七）。中信泰富于 2008 年 10 月 21 日发出的盈利警告公告如下。

本集团持有仍在生效之澳元累计目标可赎回远期合约及每日累计澳元远期合约。澳元累计目标可赎回远期合约及每日累计澳元远期合约与澳元兑美元汇率挂钩，比对美元总额以澳元做交收。本集团于所有澳元累计目标可赎回远期合约下须接收之最高金额为90.5亿澳元，分月接收，截至2010年10月。本集团于每日累计澳元远期合约下须接收之最高金额为10 330万澳元，分月接收，截至2009年9月。仍在生效之澳元杠杆式外汇合约的加权平均价为澳元：美元=1：0.87。仍在生效之澳元累计目标可赎回远期合约下尚余最高利润总额为5 150万美元。每份澳元累计目标可赎回远期合约当达到其规定本公司可收取的最高利润（150万美元～700万美元）时便须终止，亏损则无类似终止机制。

本集团持有仍在生效之双货币累计目标可赎回远期合约。双货币累计目标可赎回远期合约下，本集团将接收澳元或欧元（视哪种货币较疲弱），该合约与欧元兑美元及澳元兑美元汇率挂钩。本集团于双货币累计目标可赎回远期合约下须接收之最高金额为29 070万澳元或16 040万欧元，分月接收，截至2010年7月。假设澳元为较疲弱货币，仍在生效之双货币累计目标可赎回远期合约的加权平均价为澳元：美元=1：0.87。假设欧元为较疲弱货币，仍在生效之双货币累计目标可赎回远期合约的加权平均价为欧元：美元=1：1.44。仍在生效之双货币累计目标可赎回远期合约下尚余最高利润总额为200万美元。每份双货币累计目标可赎回远期合约当达到其规定的最高利润（80万美元～140万美元）时便须终止，亏损则无类似终止机制。

本集团持有仍在生效之人民币累计目标可赎回远期合约。人民币累计目标可赎回远期合约以美元结算，以每月的人民币面值比对若干预定的美元兑人民币汇率计算盈亏，当中概无以实质人民币做交收。人民币累计目标可赎回远期合约须每月做净结算，直至2010年7月。人民币累计目标可赎回远期合约内最高票面值为104亿元人民币。按最后实际可行日期美元：人民币=6.84的汇率计算，应付美元结算金额不会超过4 280万美元（当中并无实质人民币交收，此为本集团最高实际风险）。仍在生效之人民币累计目标可赎回远期合约的加权平均价为美元：人民币=6.59。仍在生效之人民币累计计目标可赎回远期合约下尚余最高利润总额为730万元人民币。每份人民币累计目标可赎回远期合约当达到其规定的最高利润（240万元人民币～380万元人民币）时便须终止，亏损则无类似终止机制。

董事会在做出一切适当及谨慎的查询后，确认就其所深知及深信，除本公告所述外汇合约以及一般基本型外汇合约外（包括简单的买卖外汇合约），本集团并无订立其他澳元、欧元、人民币或其他币值衍生金融工具。

这次中信泰富错买的杠杆外汇合约，可以说是变种的累计期权（accumulator）。两者的不同之处在于对赌的目标不是股价而是汇率。

累计期权是投资者与私人银行订立的累计股票期权合约，一般没有零售，最低入场费为 100 万美元。累计股票期权是一种衍生金融工具，其具体运作如下：投资者与私人银行订立累计股票期权合约，为期 1 年。假设香港交易所当时的股价是 220 港元，在该份合约下投资者可以以折让价 200 港元每日购入 500 股香港交易所股份；若股价跌穿 200 港元，投资者亦要以 200 港元的价格，每日购入 1 000 股（即双份）的香港交易所股份；假若香港交易所价格的股票超过 250 港元的赎回价，合约便即时终止。由此可以看出，若香港交易所收市价远远低于 200 港元，参与累计期权合约的投资者就会亏损累累，导致有些参与累计期权的投资者为了套现或减持手中的股票，而不理市况沽售股票。这样做的结果是令部分股票陷入"越沽越接，越接越沽"的怪圈。

虽然中信泰富董事会主席荣智健在一份个人声明中说，中信泰富签订外汇合约的目的是降低公司西澳大利亚铁矿项目和其他投资项目面对的货币风险。但这些外汇合约的收益与风险完全不匹配，实则是在做高杠杆的投机——对赌。第一，该项目中中信泰富的澳元开支只有 16 亿澳元，远低于它在衍生产品中接收的澳元总额（94 亿澳元）。第二，假如真为了套期保值，完全可以用最简单的远期和外汇互换合约，这样不仅定价简单，而且符合企业会计准则中的套期会计处理要求，不必单独列报亏损。第三，风险的不对称性。合约规定，每份澳元合约都有最高利润上限，当达到这一利润水平时，合约自动终止。所以在澳元兑美元汇率高于 0.87 时，中信泰富可以赚取差价，但如果澳元兑美元汇率低于 0.87，却不能自动终止协议，中信泰富必须不断以高汇率接盘，从理论上来讲亏损会无限增多。

中信泰富披露，该公司持有的澳元合约到期日为 2010 年 10 月，当每份合约达到 150 万美元～700 万美元的最高利润时，合约终止。中信泰富手中所有的澳元合约加起来，给公司带来的最高利润总额仅为 5 150 万美元，约合 4 亿港元，即这些合约理论上带来的最高利润为 4 亿港元，但公司接盘外币的数量却超过 500 亿港元。

只要合约不终止，中信泰富的澳元合约所需要接受的澳元总额就高达 90.5 亿澳元，超过 485 亿港元！只要澳元兑美元不断贬值，中信泰富就必须不断在高位接盘，直到接盘总量达 90.5 亿澳元为止。

双币合约则更加复杂。按规定，中信泰富必须以 0.87 的澳元兑美元汇率或者 1.44 的欧元兑美元汇率，按照表现更弱的一方来接盘澳元或者欧元，直到 2010 年 7 月；而人民币合约则参考美元兑人民币汇率 6.84 来计算盈亏。

在这些合约之下，中信泰富的澳元合约接盘总量为 90.5 亿澳元（约 485 亿港元）；每日澳元合约接盘量最高为 1.33 亿澳元（约 7.1 亿港元）；双币合约的接盘总量为 2.97 亿澳元（约 15.92 亿港元）或者 1.604 亿欧元（约 16.6 亿港元），但最高利润总额却仅为 200 万美元（约 1 560 万港元）。此外，人民币合约的最高利润为 730 万元人民币，但最高亏损却可达 4 280 万美元（约 2.09 亿元人民币）。

三、相关影响

由于当时并没有向外界披露合约的具体内容，且合约签订的日期集中在 2008 年 7 月—2008 年 9 月，所以当时合约对相关事项的影响并不显著。因此这里我们主要讲 2008 年 10 月 21 日预计亏损至 2008 年经营业绩公布之后的影响。

第一，直接导致股价大跌。

中信泰富股价变动详情如图 58-3 所示。中信集团控股的中信泰富 10 月 21 日在香港交易所主板的股价重挫 55.1%。此前，中信泰富发出盈利预警，称杠杆式外汇买卖合约迄今已导致公司亏损超过 150 亿港元。中信泰富股份当日复牌，股价大幅下跌，最低跌至每股 6.47 港元，收市报 6.52 港元，较停牌前的收市价 14.52 港元下跌 8 港元，跌幅高达 55.1%。当日股份成交量为 1.79 亿股，涉及 13.67 亿港元；当日恒生指数跌至 15 041 点，跌幅 1.84%。基金经理建议抛售股票，表示尽管公司市盈率目前为 1.32 倍，但市场对公司的信心在短期内无法恢复。业内人士指出，中信泰富的股票若跌势不止，极有可能被剔除出蓝筹股行列。

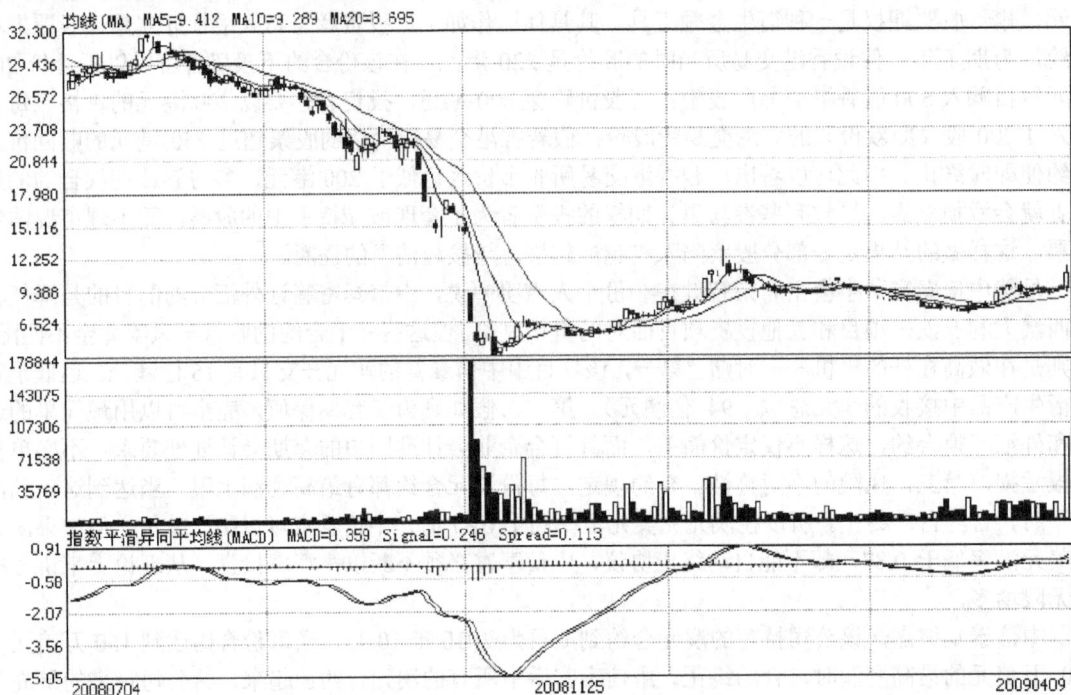

图 58-3　中信泰富股价变动详情

同时，中信泰富于 2008 年 11 月 12 日公布，中信泰富最大股东中信集团将按通函①所载的条款安排最多 15 亿美元的备用信贷，中信泰富向中信集团发售等值的可换股债券，转换价为每股 8 港元，到期日为 2009 年 1 月 31 日，换股后中信集团将成为中信泰富控股股东，拥有中信泰富约 57.56% 的股权。这一举措使得中信泰富的资金问题得以解决，再加上政府对经济问题的逐渐重视，中信泰富的股价逐渐回升。

第二，信用等级下降，利率升高，融资困难。

2008 年 10 月 21 日，评级机构标准普尔立即将中信泰富的长期企业信贷评级从"BB+"降到"BB"，并且放在负面观察名单之中。不过在中信泰富得到中信集团的注资后，标准普尔遂将中信泰富的长期企业信贷评级由"BB"调高至"BB+"，展望前景改为"稳定"。至于该公司担保的高级无抵押债券评级，则由"BB"调高至"BB+"，并将上述评级移出负面观察名单。穆迪 10 月 21 日下调中信泰富相关债券的评级，从"Ba1"调低至"Ba2"，并继续将其列入可能调低的复评名单。穆迪发布公告称，中信泰富依然拥有相关合约的风险敞口，公司的亏损可能进一步扩大，并影响公司的杠杆率和现金流。该事件暴露出该公司内部风险管理方面存在漏洞的情况更让评级机构担忧。2009 年 2 月，穆迪表示，调高中信泰富相关债券的评级，由"Ba2"调至"Ba1"，评级展望为"负面"。调高

———————————

① 重要通函——杠杆合约详细内容。

评级反映了母公司中信集团强劲的财务支持。花旗集团将中信泰富的目标价从 28 港元下调至 6.66 港元，将评级从"买进"下调至"卖出"，并称，如果澳元兑美元汇率跌至 0.5，则中信泰富的亏损将从目前的 155 亿港元扩大至 260 亿港元。尽管中信集团将为中信泰富安排 15 亿美元的备用信贷，但花旗集团表示对该公司执行贷款合同的能力没有信心。高盛亦呼吁卖出中信泰富，将其目标价从 31.5 港元下调至 12.5 港元。至 2009 年 3 月 27 日，高盛发表研究报告，称将中信泰富的目标价由 8.3 港元轻微调升至 8.5 港元，维持其资产净值折让 45%，评级依旧为"中性"。摩根大通则将中信泰富的评级从"增持"下调至"减持"，将其目标价从 36 港元下调至 10 港元。至 2009 年 3 月 27 日，摩根大通重申减持中信泰富评级。里昂证券指出，每股资产净值拨备 10 港元将使中信泰富的资产净值由 42 港元降到 32 港元。另外，1997 年金融危机时，中信泰富股价较资产净值的最大折让为 54%，而此轮金融危机带给公司的影响更严重，该公司还面临自己独有的问题。因此，里昂证券将中信泰富的股票评级由"买进"下调至"卖出"，将其目标价由 32 港元降至 9.6 港元。

第三，导致中泰信富的财务重组。

此前，因履行澳大利亚铁矿石项目签订的杠杆式外汇买卖合约，中信泰富已亏损共 8.08 亿港元；而杠杆式外汇合约仍在生效，公司按公平价定值的亏损更高达 147 亿港元。中国证券监督管理委员会和香港证券及期货事务所监察委员会两部门联手调查后，指出亏损可能进一步扩大。

当时，中信泰富面临的最大风险是澳元期货合约的问题，而中信泰富剩余约 54 亿澳元的合约被一次性剥离到中信集团手中，让这 54 亿澳元期货合约由中信集团自己消化。为此中信集团也做了风险储备，增加了拨备，以应对可能的潜在风险。经过这样的财务处理，中信泰富的主要风险已基本冲抵，中信泰富余下的澳元期货合约转换成了一种正常的远期安排，剩余的澳元期货合约只计入储备而不计入损益表。2008 年中信泰富的损失都已在上市公司的财务报表中体现了。

为摆脱困境，中信集团将为中信泰富提供总额为 15 亿美元（约 116 亿港元）的备用信贷，中信泰富将发行等值的可换股债券，用来替换上述备用信贷，转换价格为每股 8 港元。转换完成后，中信集团将持有中信泰富 57.6%的股权；同时，荣智健的个人持股比例将由 19.17%被稀释至 11.47%。此次增持后，中信泰富的实际控制人不变，中信泰富的总股本和股权结构也不变，但股东的权益将被显著稀释。

第四，直接导致企业由盈利转为亏损。

中信泰富于 2009 年 3 月 25 日通过香港交易所发布了截至 2008 年 12 月 31 日的损益披露，由于外汇合同导致的变现及市场公允价值变化造成了 146.32 亿港元巨额亏损。虽然 2008 年营业额较 2007 年同期增长了 20.46%，2008 年营业额为 464.2 亿港元，但中信泰富全年税后净亏损仍达到 126.62 亿港元，对公司盈利造成了严重影响，公司总负债亦同比翻番。这是该公司首次出现全年净亏损，主要原因是为了履行澳大利亚铁矿石项目签订的杠杆式外汇买卖合约。中信泰富坦言，由于杠杆式外汇合约，公司亏损了 146.32 亿港元，所以不得不向中信集团求助。数据显示，中信泰富于 2009 年、2010 年、2011 年到期的负债分别为 93.8 亿港元、56.3 亿港元及 115.9 亿港元，共计 266 亿港元。截至 2007 年年底，公司现金及存款结余为 183 亿港元，备用贷款及备用贸易信贷额分别为 203 亿港元及 34 亿港元。此外，2008 年利息支出大幅上升，由 2007 年的 9.85 亿港元增至 18.33 亿港元，增幅为 86%。受此消息影响，中信泰富股价在 2009 年 3 月 25 日、26 日连续下跌，两个交易日跌幅共超 10%。

第五，追究相应责任人，导致人事变动。

由于发生了以上外汇风险的事件，中信泰富财务董事张立宪和中信泰富财务总监周志贤已辞去中信泰富董事职位，辞呈于 2008 年 10 月 20 日起生效。张立宪及周志贤确认与董事会并无任何意见分歧。

自 1990 年出任中信泰富董事的莫伟龙已于 2008 年 10 月 20 日起被委任为中信泰富财务董事，负责中信泰富财务及内部监控事务。莫伟龙亦会担任根据上市条例所规定的会计师一职。

由于荣明方并非董事局成员，只是中信泰富财务部主管，职能上要向张立宪负责，调查认为她有责任，但并非第一责任人，所以荣明方被调离财务部，并接受降级和减薪的纪律处分。2009 年 4 月 8 日，由于这一系列事件造成的影响相当巨大，董事会主席荣智健和总经理范鸿龄相继辞职，中信集团副董事长兼总经理常振明接任中信泰富董事会主席和总经理一职。

四、媒体评价

2009 年 1 月 10 日下午 2:00—5:00，由凤凰网和招商证券共同主办的金融衍生产品的投资、套利与对冲研讨会在北京方庄热公馆举行。会上，何启聪认为中信泰富不应该去做这样的对冲行为，因本来可以考虑通过期货或者远期合约达到目的，所以没有必要去用此类合约。"他们是运用错了衍生金融工具。"

新浪网财经频道也设了一个专栏，名为"中信泰富巨亏"，记者通过该专栏对这次事件的亏损做了跟踪报道，认为该事件的主要责任在于中信泰富，但事件背后的"魔鬼银行"也难辞其咎。中信泰富事件值得我们反思，我国针对境外对赌期货的现行法规规定很不完善，可援引的法律规范效力太低。我们应呼吁制定《境外国有投资中资机构期货交易管理办法》，进一步完善我国的境外国有资产管理法律体系。

和讯网也报道了中国多家公司因外汇交易巨亏：中信泰富外汇合约巨亏、中国中铁亏 19 亿元，中铁建亏 3 亿元。其中一篇题为"中信泰富与国企管制困境"的文章对中信集团为中信泰富提供帮助的做法提出了异议：中国国有企业雄厚的资金难道要一直用在这种补亏上吗？

中国网发表了一篇题为"中信泰富 186 亿港元巨亏内幕全揭秘　合约四大毒丸"的文章，文中指出四大毒丸：一是目标错位。其目标是锁定购买澳元的成本，也就是最小化澳元波动的风险。但是其签订的这些累计期权合约的目标函数却是最大化利润，对风险没有任何约束。二是量价错配。当澳元兑美元的价格走势对其有利时，最多需买 36 亿澳元，而当价格大幅下跌时，则最多需要购入 90 亿澳元。而中信泰富的真实需求只有 30 亿澳元，这是量上的错配。同时美国爆发的金融危机，使相关矿产资源价格受到影响，澳大利亚作为主要的铁矿石、铝矿石和铜矿石等资源出口国，其经济必将受经济衰退的沉重打击。即使在当时看，澳元走软的可能性也很大。三是工具错选。累计期权不是用来套期保值的工具，而是一个投机产品。四是对手欺诈。这些国际银行利用其定价优势，恶意欺诈。在最理想的情况下，中信泰富最大盈利为 5 150 万美元，但是因为定价能力不对等，签订合同时，中信泰富就已经亏了 1 亿美元。

《21 世纪经济报道》发表了一篇题为"13 家银行上榜　中信泰富首度披露外汇合约对手"的文章，文中指出了中信集团以每股 8 港元的价格增持中信泰富股份，持股比例将从 29.4%提高到 57.6%，而 8 港元的增持价相对来说比较合理，文中同时指出了中信集团的止亏办法。

《新快报》认为中信泰富事件肯定令不少人忆起 1995 年年初轰动全球金融界的巴林事件，并指出要重点调查中信泰富高层是否有违法行为。

五、企业如何自保

对于涉外企业而言，一方面需要用衍生产品套期保值规避风险，另一方面又需要防范交易员投机或被诱惑购入复杂的衍生产品。如何才能平衡两者的关系呢？

长江商学院黄明教授在《财经》杂志发表的一篇题为"防范复杂衍生品陷阱"的文章中指出，企业在面临类似危机时应遵循以下基本原则。

第一，加强规章制度建设。规章制度能够有效地减少内部风险。在套期保值交易中，企业可能因为交易员的个人原因，投机失控，导致巨大风险。

第二，不懂的坚决不做。如果做，一定要有人才、软件体系支持，有风险控制和定价、估值体系。

第三，每个重要的交易员身边一定要有实时实地的监控。从巴林银行倒闭和中航油（新加坡）等事件来看，交易员在遭受亏损后往往会选择继续"赌"，希望弥补损失，从而失控，导致巨大风险。因此，企业需要对交易员实施实时实地监控，而且风险管理员的汇报线路、薪酬体制和考核应完全与交易员的汇报线路分开。

第四，一旦发现亏损，企业应该认真考虑平仓，否则会承担更大的市场风险，而且有可能引来市场操纵与超前销售，从而加大企业亏损。所以，比较好的做法是以迅速与稳健的方式平仓。

问题：

1. 企业经营中会面临哪些风险，如何规避这些风险？套期保值是规避风险的唯一选择吗？哪些风险是无法规避的？规避风险应遵循什么原则？

2. 中信泰富在此次事件中暴露了哪些问题，是什么原因造成的？

3. 中信泰富的主要产业是什么，其经营风险（非系统风险）和系统风险是什么？根据近10年的财务报表，你认为中信泰富的经营存在哪些问题？

4. 对于衍生金融产品，企业应如何看待？此案例中涉及的累计期权有何特点，为何有人说中信泰富与相关金融机构签订的是不平等合约，你的观点是什么？

5. 国务院国有资产监督管理委员会表示，将对从事境外衍生品业务的公司实行审批制，只有得到批准的国有企业才可以做。你对此有何看法？

附件一：中信泰富的股：（2006—2008 年）变动

相关内容如图 58-4 所示。

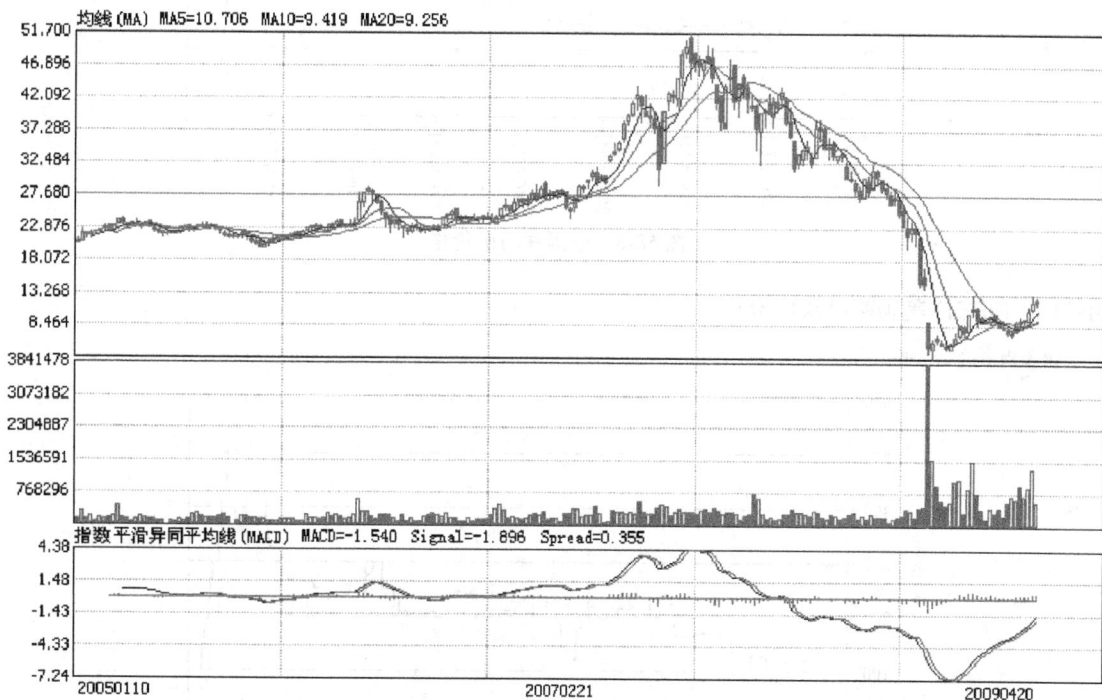

图 58-4　中信泰富股价变动

附件二：澳大利亚证券交易所金属及矿业指数

相关内容如图 58-5 所示。

图 58-5　标准普尔/澳洲证券交易所金属及矿业指数

（资料来源：彭博（Bloomberg））

附件三：中国铁粉矿价格变动图（2005 年 1 月—2008 年 7 月）

相关内容如图 58-6 所示。

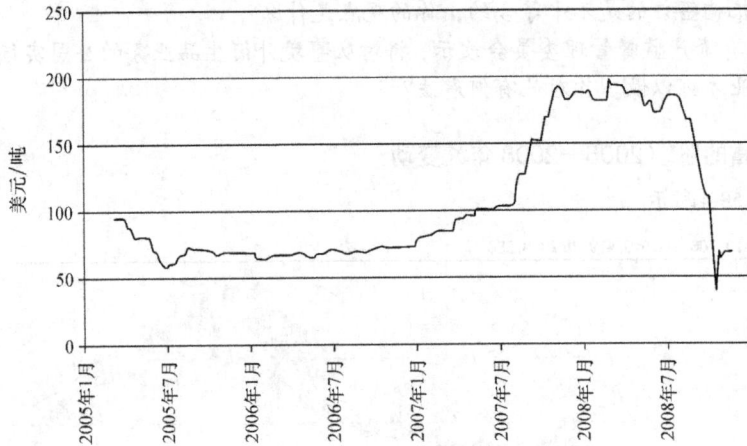

图 58-6　中国铁粉矿价格

附件四：FIBER 美国商品铁矿价格

相关内容如图 58-7 所示。

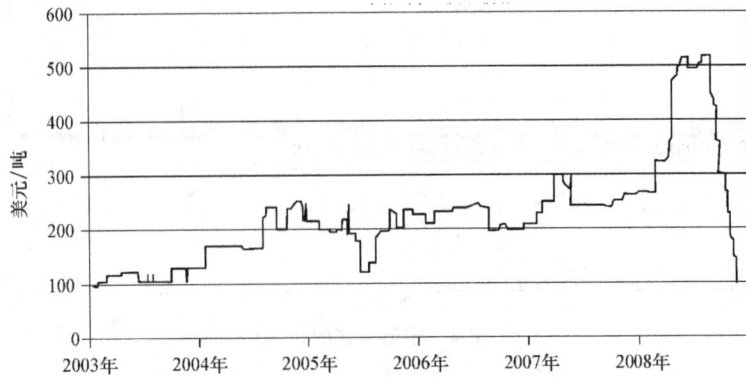

图 58-7　FIBER 美国商品铁矿价格

附件五：中信泰富董事会成员（2005—2008 年）

相关内容如表58-5所示。

表 58-5　　　　　　　　　2005—2008 年中信泰富董事会成员名单

项目	2005 年	2006 年	2007 年	2008 年
执行董事	荣智健（董事会主席） 范鸿龄（董事总经理） 李松兴（副董事总经理） 阮纪堂（副董事总经理） 莫伟龙（执行董事） 李士林（执行董事） 荣明杰（执行董事） 张立宪（执行董事） 周志贤（执行董事） 罗铭韬（执行董事） 王安德（执行董事）	荣智健（董事会主席） 范鸿龄（董事总经理） 李松兴（副董事总经理） 荣明杰（副董事总经理） 李士林（执行董事） 莫伟龙（执行董事） 刘基辅（执行董事） 张立宪（执行董事） 周志贤（执行董事） 罗铭韬（执行董事） 王安德（执行董事）	荣智健（董事会主席） 范鸿龄（董事总经理） 李松兴（副董事总经理） 荣明杰（副董事总经理） 张立宪（副董事总经理） 莫伟龙（执行董事） 荣明杰（执行董事） 李士林（执行董事） 周志贤（执行董事） 罗铭韬（执行董事） 王安德（执行董事） 郭文亮（执行董事）	荣智健（董事会主席） 范鸿龄（董事总经理） 李松兴（副董事总经理） 荣明杰（副董事总经理） 莫伟龙（集团财务董事） 荣明杰（执行董事） 李士林（执行董事） 罗铭韬（执行董事） 王安德（执行董事） 郭文亮（执行董事）
非执行董事	张伟立 何厚浠 韩武教 陆钟汉 何厚锵 德马雷 彼得·克莱特	张伟立 何厚浠 韩武教 陆钟汉 何厚锵 德马雷 彼得·克莱特 常振明	张伟立 何厚浠 韩武教 陆钟汉 何厚锵 德马雷 彼得·克莱特 常振明	张伟立 何厚浠 韩武教 陆钟汉 何厚锵 德马雷 彼得·克莱特 常振明 张极井 居伟民

注：此节资料为公布 2008 年全年业绩之日的情况。2009 年 4 月 8 日，荣智健及范鸿龄辞任为董事；常振明获委任为公司董事会主席及董事总经理。

附件六：中信泰富相关指标（2005—2008 年）

相关内容如表58-6所示。

表 58-6　　　　　　　　　2005—2008 年中信泰富相关指标　　　　　　　单位：百万港元

项目	2005 年	2006 年	2007 年	2008 年
基本每股收益（港元）	1.82	3.77	4.91	（5.68）
净资产利润率（%）	10.58	18.15	17.88	（20.99）
资产总额（百万港元）	70 068	76 660	106 835	139 184
资产变动率（%）	17.81	9.41	3.94	3.03
负债总额（百万港元）	29 472	28 651	42 136	83 177
负债变动率（%）	48.07	（2.79）	47.07	97.40

附件七：中信泰富所签重大合约[①]

…………

---

① 重要通函——杠杆合约详细内容。

6. 约务更替合约①

（1）日期为 2008 年 7 月 9 日的确认函件，证明中信泰富与花旗银行香港分行（以下简称"花旗银行"）于 2008 年 7 月 8 日订立的一项外汇远期交易的条款。据此，中信泰富同意，在 2008 年 11 月 4 日至 2010 年 10 月 6 日期间：（A）倘澳元兑美元的参考汇率于厘定汇率日等于或高于远期汇率（即澳元兑美元的汇率为 0.800 0～0.860 0，视厘定汇率日而定），以美元向花旗银行购买合约金额 1 000 万澳元；（B）倘澳元兑美元的参考汇率于厘定汇率日低于远期汇率，则以美元向花旗银行购买合约金额 3 000 万澳元（等于该合约金额乘以远期汇率）。该项交易设有终止条款，据此，倘发生终止事项，订约方须支付结算款额，而其余交易应予终止（详情载于确认函件）。

（2）日期为 2008 年 7 月 16 日的确认函件，证明中信泰富与 Cooperatieve Centrale Raiffeisen-Boerenleenbank B.A.（通过其香港办事处，以 Rabobank International 名义进行交易）于 2008 年 7 月 16 日订立的 24 项外汇远期交易的条款。据此，中信泰富同意就每项交易：（A）倘澳元兑美元的参考汇率于到期日等于或高于远期汇率（即澳元兑美元的汇率为 0.781 5～0.960 0，视到期日而定），以美元向 Rabobank International 购买 1 000 万澳元（相当于该澳元款额乘以有关到期日的远期汇率）；（B）倘澳元兑美元的参考汇率于到期日低于远期汇率，则以美元向 Rabobank International 购买 2 500 万澳元（相当于该澳元款额乘以指定到期日的远期汇率），该交易的到期日为 2008 年 10 月 16 日至 2010 年 9 月 16 日期间的指定日期。各项交易均设终止条款，据此，倘发生终止事项，订约方须支付结算款额，而其余交易应予终止（详情载于确认函件）。

（3）日期为 2008 年 8 月 26 日的确认函件，证明中信泰富与渣打银行于 2008 年 7 月 16 日订立的 24 项外汇远期交易的条款。据此，中信泰富同意就每项交易：（A）倘澳元兑美元的汇率于到期日高于或等于履约价（即澳元兑美元的汇率为 0.784 0～0.960 0，视到期日而定），以美元向渣打银行购买 1 500 万澳元；（B）倘澳元兑美元的汇率于到期日低于履约价，则以美元向渣打银行购买 3 750 澳元（相当于该澳元款额乘以履约价），24 项交易的到期日为 2008 年 10 月 16 日至 2010 年 9 月 16 日期间的指定日期，而结算日为 2008 年 12 月 18 日至 2010 年 9 月 20 日期间的指定日期。各项交易设有目标终止条款，据此，倘发生目标终止事项，订约方须支付结算款额，而其余交易应予终止（详情载于确认函件）。

（4）日期为 2008 年 10 月 30 日的经修订确认函件，证明中信泰富与 NATIXIS 于 2008 年 7 月 18 日订立的一项外汇远期交易的条款。据此，中信泰富同意就每项交易：（A）倘澳元兑美元的汇率于厘定日等于或高于履约价（即澳元兑美元的汇率为 0.781 0～0.940 0，视厘定日而定），以美元向 NATIXIS 购买 1 000 万澳元；（B）倘澳元兑美元的汇率于厘定日低于履约价，则以美元向 NATIXIS 购买 2 500 万澳元（相当于该澳元款额乘以履约价），24 个厘定日期为 2008 年 10 月 20 日至 2010 年 9 月 20 日期间的指定日期，而结算日则为 2008 年 10 月 22 日至 2010 年 9 月 22 日期间的指定日期。该项交易设有终止条款，据此，倘发生终止事项，订约方须支付结算款额，而其余交易应予终止（详情载于确认函件）。

（5）日期为 2008 年 8 月 13 日的确认函件，证明中信泰富与 Credit Suisse International（CSIN）于 2008 年 7 月 22 日订立的一项外汇远期交易的条款。据此，中信泰富同意：（A）倘澳元兑美元的外汇汇率于估值日等于或高于履约价（即澳元兑美元的汇率为 0.781 0～0.943 0，视估值日而定），以美元向 CSIN 购买 1 000 万澳元；（B）倘澳元兑美元的外汇汇率于估值日低于履约价，则以美元向 CSIN 购买 2 500 万澳元（相当于该澳元款额乘以有关估值日期的履约价），24 个估值日期为 2008 年 10 月 29 日至 2010 年 9 月 28 日期间的指定日期，而结算日则为 2008 年 10 月 31 日至 2010 年 9 月 30 日期间的指定日期。该交易设有终止条款，据此，倘发生终止事项，订约方须支付结算款额，而其余交易应予终止（详情载于确认函件）。

（6）日期为 2008 年 7 月 24 日的确认函件（于 2008 年 10 月 22 日修订，有关修订于 2008 年 10 月 21 日生效），证明中信泰富与美国银行于 2008 年 7 月 23 日订立的一项外汇远期交易的条款。据此，中信泰富同意：（A）倘澳元兑美元的参考汇率于估值日高于或等于远期汇率（即澳元兑美元的汇率为 0.776 5～0.940 0，视估值日而定），以美元向美国银行购买 6 533 333 澳元；（B）倘澳元兑美元的参考汇率于估值日低于远期汇率，

---

① 前 5 份合约为非套保合约。

则以美元向美国银行购买 16 333 333 澳元（相当于该澳元款额乘以远期汇率），24 个估值日期为 2008 年 10 月 23 日至 2010 年 9 月 22 日期间的指定日期，而结算日则为 2008 年 10 月 27 日至 2010 年 9 月 27 日期间的指定日期。该项交易设有终止条款，据此，倘发生终止事项，订约方须支付结算款额，而其余交易应予终止（详情载于确认函件）。

（7）日期为 2008 年 9 月 5 日的确认函件（于 2008 年 10 月 2 日修订，有关修订于 2008 年 9 月 29 日生效），证明中信泰富与巴克莱银行于 2008 年 7 月 23 日订立的 24 项外汇远期交易的条款。据此，中信泰富同意就每项交易：（A）倘澳元兑美元的汇率于到期日高于或等于履约价（即澳元兑美元的汇率为 0.773 5～0.940 0，视到期日而定），以美元向巴克莱银行购买 4 166 666.67 澳元；（B）倘澳元兑美元的参考汇率于到期日低于履约价，则以美元向巴克莱银行购买 4 166 666.67 澳元的 2.5 倍［就（A）而言，相当于澳元款额乘以履约价；就（B）而言，相当于澳元款额的 2.5 倍乘以履约价］，24 项交易的到期日为 2008 年 10 月 23 日至 2010 年 9 月 22 日期间的指定日期，而结算日则为 2008 年 10 月 27 日至 2010 年 9 月 27 日期间的指定日期。各项交易设有触发条款，据此，倘发生触发事项，订约方须支付结算款额，而其余交易应予终止（详情载于确认函件）。

（8）日期为 2008 年 8 月 29 日的确认函件，证明中信泰富与法国巴黎银行香港分行于 2008 年 7 月 25 日订立的一项外汇远期交易的条款。据此，中信泰富同意：（A）倘澳元兑美元的汇率于估值日等于或高于远期汇率（即澳元兑美元的汇率为 0.788 0～0.939 5，视估值日而定），以美元向法国巴黎银行香港分行购买 1 000 万澳元；（B）倘澳元兑美元的汇率于估值日低于远期汇率，则以美元向法国巴黎银行香港分行购买 2 000 万澳元（相当于该等澳元款额乘以远期汇率），24 个估值日期为 2008 年 9 月 25 日至 2010 年 8 月 26 日期间的指定日期，而结算日则为 2008 年 9 月 29 日至 2010 年 8 月 30 日期间的指定日期。该交易设有终止条款，据此，倘发生终止事项，订约方须支付结算款额，而其余交易应予终止（详情载于确认函件）。

（9）日期为 2008 年 8 月 13 日的确认函件，证明中信泰富与 CSIN 于 2008 年 7 月 28 日订立的一项外汇远期交易的条款。据此，中信泰富同意：（A）倘澳元兑美元的外汇汇率于估值日等于或高于履约价（即澳元兑美元的汇率为 0.773 0～0.943 0，视估值日而定），以美元向 CSIN 购买 1 000 万澳元；（B）倘澳元兑美元的外汇汇率于估值日低于履约价，则以美元向 CSIN 购买 2 500 万澳元（相当于该等澳元款额乘以有关估值日的履约价），24 个估值日期为 2008 年 10 月 28 日至 2010 年 9 月 28 日期间的指定日期，而结算日则为 2008 年 10 月 30 日至 2010 年 9 月 30 日期间的指定日期。该项交易设有终止条款，据此，倘发生终止事项，订约方须支付结算款额，而其余交易应予终止（详情载于确认函件）。

（10）日期为 2008 年 8 月 21 日的确认函件，证明中信泰富与摩根士丹利（MS）于 2008 年 7 月 29 日订立的一项外汇远期交易的条款。据此，中信泰富同意：（A）倘澳元兑美元的汇率于到期日等于或高于参考履约价（即澳元兑美元的汇率为 0.777 0～0.956 0，视到期日而定），以美元向 MS 购买 1 000 万澳元；（B）倘澳元兑美元的汇率于到期日低于参考履约价，则以美元向 MS 购买 2 500 万澳元（相当于该等澳元款额乘以参考履约价），24 个到期日为 2008 年 9 月 26 日至 2010 年 8 月 26 日期间的指定日期，而结算日则为 2008 年 9 月 30 日至 2010 年 8 月 30 日期间的指定日期。该项交易设有目标赎回条款，据此，倘发生目标事项，订约方须支付结算款额，而其余交易应予终止（详情载于确认函件）。

（11）日期为 2008 年 9 月 5 日的确认函件，证明中信泰富与巴克莱银行于 2008 年 8 月 5 日订立的 24 项外汇远期交易的条款。据此，中信泰富同意就每项交易：（A）倘澳元兑美元的参考汇率于到期日高于或等于履约价（即澳元兑美元的汇率为 0.772 5～0.935 0，视到期日而定），以美元向巴克莱银行购买 500 万澳元；（B）倘澳元兑美元的参考汇率于到期日低于履约价，则以美元向巴克莱银行购买 500 万澳元的两倍［就（A）而言，相当于澳元款额乘以履约价；就（B）而言，相当于澳元款额的两倍乘以履约价］，24 项交易的到期日为 2008 年 10 月 2 日至 2010 年 9 月 3 日期间的指定日期，而结算日则为 2008 年 10 月 8 日至 2010 年 9 月 7 日期间的指定日期。各项交易设有触发条款，据此，倘发生触发事项，订约方须支付结算款额，而其余交易应予终止（详情载于确认函件）。

7. 澳元累计目标可赎回远期合约

（1）日期为 2008 年 7 月 17 日的确认函件，证明中信泰富与渣打银行于 2008 年 6 月 12 日订立的 24 项外汇远期交易的条款。据此，中信泰富同意就每项交易：（A）倘澳元兑美元的汇率于到期日高于或等于远期汇率（即澳元兑美元的汇率为 0.797 5），以美元向渣打银行购买 800 万澳元；（B）倘澳元兑美元的汇率于到期日低于远期汇率，则以美元向渣打银行购买 2 000 万澳元（相当于该等澳元款额乘以远期汇率），24 项交易的到期日为 2008 年 9 月 12 日至 2010 年 8 月 12 日期间的指定日期，而结算日则为 2008 年 11 月 17 日至 2010 年 8 月 16 日期间的指定日期。各项交易设有终止条款，据此，倘发生终止事项，订约方须支付结算款额，而其余交易应予终止（详情载于确认函件）。

（2）日期为 2008 年 7 月 30 日的合约细则，载列 Sino Iron 与国家开发银行于 2008 年 7 月 29 日订立的一项外汇远期交易的条款。据此，Sino Iron 就各指定期间同意：（A）倘澳元兑美元的结算汇率于到期日等于或高于每月履约价（即澳元兑美元的汇率为 0.775 0～0.960 0，视到期日而定），以美元向国家开发银行购买 2 000 万澳元；（B）倘澳元兑美元的结算汇率于到期日低于每月履约价，则以美元向国家开发银行购买 5 000 万澳元（相当于该等澳元款额乘以每月履约价），24 个到期日为 2008 年 10 月 15 日至 2010 年 9 月 15 日期间的指定日期，而结算日则为 2008 年 10 月 17 日至 2010 年 9 月 17 日期间的指定日期。该等交易设有终止条款，据此，倘发生终止事项，订约方须支付结算款额，而其余交易应予终止（详情载于合约细则）。

（3）日期为 2008 年 8 月 12 日的确认函件，证明中信泰富与香港上海汇丰银行有限公司（以下简称"汇丰"）于 2008 年 8 月 8 日订立的 24 项外汇远期交易的条款。据此，中信泰富同意就每项交易：（A）倘澳元兑美元的汇率于厘定日等于或高于远期汇率（即澳元兑美元的汇率为 0.790 0），以美元向汇丰购买 1 000 万澳元；（B）倘澳元兑美元的汇率于厘定日低于远期汇率，则以美元向汇丰购买 2 000 万澳元（相当于该等澳元款额乘以远期汇率），24 项交易的厘定日期为 2008 年 9 月 10 日至 2010 年 8 月 10 日期间的指定日期。各项交易设有目标赎回条款，据此，倘发生目标事项，订约方须支付结算款额，而其余交易应予终止（详情载于确认函件）。

（4）日期为 2008 年 8 月 11 日的合约细则，载列 Sino Iron 与国家开发银行于 2008 年 8 月 8 日订立的一项外汇远期交易的条款。据此，Sino Iron 同意：（A）倘澳元兑美元的结算汇率于到期日等于或高于 0.786 0，以美元向国家开发银行购买 1 000 万澳元；（B）倘澳元兑美元的结算汇率于到期日低于 0.786 0，则以美元向国家开发银行购买 2 500 万澳元（相当于该澳元款额乘以 0.786 0），24 个到期日为 2008 年 9 月 10 日至 2010 年 8 月 10 日期间的指定日期，而结算日则为 2008 年 9 月 12 日—2010 年 8 月 12 日期间的指定日期。该项交易设有终止条款，据此，倘发生终止事项，订约方须支付结算款额，而其余交易应予终止（详情载于合约细则）。

（5）日期为 2008 年 8 月 20 日的确认函件，证明中信泰富与 Calyon 于 2008 年 8 月 11 日订立的一项外汇远期交易的条款。据此，中信泰富同意：（A）倘澳元兑美元的汇率于估值日等于或高于履约价（即澳元兑美元的结算汇率为 0.790 0），以美元向 Calyon 购买 1 000 万澳元；（B）倘澳元兑美元的结算汇率于估值日低于履约价，则以美元向 Calyon 购买 2 000 万澳元（相当于该等澳元款额乘以履约价），估值日期为 2008 年 9 月 11 日至 2010 年 8 月 11 日期间的指定日期，而结算日则为 2008 年 9 月 16 日至 2010 年 8 月 13 日期间的指定日期。该项交易设有终止条款，据此，倘发生终止事项，订约方须支付结算款额，而其余交易应予终止（详情载于确认函件）。

8. 每日累计澳元远期合约

（1）日期为 2007 年 11 月 7 日的经修订及重列确认函件，证明中信泰富与 Calyon 于 2007 年 8 月 30 日订立外汇远期交易的条款。据此，中信泰富同意向 Calyon 以美元（等于有关金额以 0.768 0 的汇率由澳元兑换为美元）购入：（A）零澳元（倘结算汇率等于或高于 0.850 0）；（B）5 万澳元（倘结算汇率等于或高于 0.768 0 且低于 0.850 0）；（C）10 万澳元（倘结算汇率低于 0.768 0），有关金额按 2007 年 8 月 30 日至 2009 年 2 月 25 日期间的指定日期的汇率计算，并于 2008 年 2 月 29 日至 2009 年 2 月 27 日期间的指定日期结算。

（2）日期为 2007 年 10 月 10 日的确认函件，证明中信泰富与汇丰于 2007 年 9 月 7 日订立的 19 项外汇远期交易的条款。据此，中信泰富同意向汇丰购入等于 10 万澳元乘以指定累计期间的天数（倘结算汇率低于 0.850 0），以换取等于 78 000 美元乘以指定累计期间的天数的金额（倘结算汇率低于 0.850 0）。首个累计期间由 2007 年 9 月 10 日开始，最后的累计期间于 2009 年 9 月 9 日结束，而该等交易将于 2008 年 3 月 11 日至 2009 年 9 月 11 日期间的指定日期结算。

（3）日期为 2007 年 10 月 10 日的确认函件，证明中信泰富与汇丰于 2007 年 9 月 7 日订立的 19 项外汇远期交易的条款。据此，中信泰富同意：向汇丰购入等于（A）15 万澳元乘以指定累计期间的天数（倘结算汇率等于或高于 0.768 0 且低于 0.850 0），另加（B）等于 30 万澳元的金额乘以相同指定累计期间的天数（倘结算汇率低于 0.768 0），以换取等于（C）115 200 美元乘以相同指定累计期间的天数的金额（倘结算汇率等于或高于 0.768 0 且低于 0.850 0），另加（D）等于 23.04 万美元乘以相同指定累计期间的天数的金额（倘结算汇率低于 0.768 0）。首个累计期间由 2007 年 9 月 10 日开始，最后的累计期间于 2009 年 9 月 9 日结束，而该等交易将于 2008 年 3 月 11 日至 2009 年 9 月 11 日期间的指定日期结算。

9. 双货币累计目标可赎回远期合约

（1）日期为 2008 年 7 月 22 日的确认函件，证明中信泰富与汇丰于 2008 年 7 月 15 日订立的 24 项外汇远期交易的条款。据此，就各项交易，中信泰富同意：向汇丰购入（A）（a）400 万澳元（倘澳元兑美元的汇率于有关厘定日等于或高于 0.845 0），以换取相当于 400 万澳元乘 0.845 0 的美元金额（条件 1）；（b）800 万澳元（倘澳元兑美元的汇率于有关厘定日低于 0.845 0），以换取相当于 800 万澳元乘 0.845 0 的美元金额（条件 2）；（B）（a）200 万欧元（倘欧元兑美元的汇率于有关厘定日等于或高于 1.440 0），以换取相当于 200 万欧元乘 1.440 0 的美元金额（条件 3）；（b）400 万欧元（倘欧元兑美元的汇率于有关厘定日低于 1.440 0），以换取相当于 400 万欧元乘 1.440 0 的美元金额（条件 4）；该 24 项交易的厘定日为由 2008 年 8 月 14 日至 2010 年 7 月 15 日期间内间隔一个月的日期，倘条件 1 及 3 均于同一厘定日达到，该项交易将根据确认函件的条款计算产生每月较低货币配对收益的有关条件结算。该等交易设有目标可赎回条款，据此，倘发生相关目标事项，订约方须支付结算款项，而余下的交易应予终止（详情载于确认函件）。

（2）日期为 2008 年 8 月 4 日的确认函件，证明中信泰富与法国巴黎银行于 2008 年 7 月 18 日订立的外汇远期交易的条款。据此，中信泰富同意：向法国巴黎银行购入（A）（a）等于 200 万美元乘以欧元远期汇率的欧元金额（倘欧元兑美元的汇率为 1.382 0～1.460 0，视估值日而定）（倘欧元兑美元的参考价格于估值日等于或高于欧元远期汇率），（b）相当于 500 万美元乘以欧元远期汇率的欧元金额（倘欧元兑美元的参考价格于估值日低于欧元的远期汇率；（B）（a）等于 200 万美元乘以澳元远期汇率的澳元金额（倘澳元兑美元的汇率为 0.790 0～0.950 0，视估值日而定）（倘澳元兑美元的参考价格于估值日等于或高于澳元远期汇率），（b）相当于 500 万美元乘以澳元远期汇率的澳元金额（倘澳元兑美元的参考价格于估值日低于澳元的远期汇率），24 个估值日期在 2008 年 8 月 20 日至 2010 年 7 月 20 日期间，而结算日则在 2008 年 8 月 22 日至 2010 年 7 月 22 日期间。每一结算日，将仅结算每月内在值较低的货币配对（按各相应估值日计算者，详情载于确认函件）。该项交易设有终止条款，据此，倘出现有关终止事项，订约方须支付结算款项，而余下的交易应予终止（详情载于确认函件）。

10. 人民币累计目标可赎回远期合约

（1）日期为 2008 年 10 月 28 日的经修订确认函件，证明中信泰富与德意志银行香港分行于 2008 年 7 月 8 日订立的 18 项外汇远期交易的条款。据此，（A）德意志银行香港分行同意，倘美元兑人民币的汇率于估值日低于或等于结算汇率（即 6.890 0～6.450 0，视估值日而定），则向中信泰富支付等于 1 000 万美元乘以（a）结算汇率减美元兑人民币的汇率除以（b）美元兑人民币的汇率；（B）中信泰富同意，倘美元兑人民币的汇率于估值日较结算汇率高出的部分少于或等于 1.5，则向德意志银行香港分行支付等于 2 000 万美元乘以（a）美元兑人民币的汇率减结算汇率除以（b）美元兑人民币的汇率；（C）中信泰富同意，倘美元兑人民币的汇率于估值日较结算汇率高出的部分多于 1.5，则向德意志银行香港分行支付等于 2 000 万美元乘以（a）1.5 除以（b）美元兑人民币的汇率。该等交易设有目标盈利条文，据此，倘发生目标盈利事项，将须支付结算款项，而余下交易应予终止（详情载于确认函件）。

（2）日期为 2008 年 7 月 22 日的确认函件，证明中信泰富与 Calyon 于 2008 年 7 月 16 日订立的外汇远期交易的条款。据此，（A）Calyon 同意，倘美元兑人民币的汇率于估值日低于或等于履约汇率（即 6.852 0～6.350 0，视估值日而定），则向中信泰富支付等于 1 000 万美元乘以（a）履约汇率减美元兑人民币的汇率除以（b）美元兑人民币的汇率；（B）中信泰富同意，倘美元兑人民币的汇率于估值日高于履约汇率，则向 Calyon 支付等于 2 000 万美元乘以（a）美元兑人民币的汇率减履约汇率除以（b）美元兑人民币的汇率，18 个估值日期在 2008 年 8 月 14 日至 2010 年 1 月 15 日，而结算日则在 2008 年 8 月 18 日至 2010 年 1 月 19 日。该等交易设有终止条款，据此，倘发生终止事项，将须支付结算款项，而余下的交易则予终止（详情载于确认函件）。

（3）日期为 2008 年 8 月 12 日的确认函件（于 2008 年 9 月 24 日修订，有关修订于 2008 年 9 月 23 日生效），证明中信泰富与 Calyon 于 2008 年 7 月 18 日订立外汇远期交易的条款。据此，（A）Calyon 同意，倘美元兑人民币的汇率于厘定日低于或等于履约汇率（即 6.852 0～6.100 0，视厘定日而定），则向中信泰富支付等于 800 万美元乘以（a）履约汇率减美元兑人民币的汇率除以（b）美元兑人民币的汇率；（B）中信泰富同意，倘美元兑人民币的汇率于厘定日高于履约汇率，则向 Calyon 支付等于 1 600 万美元乘以（a）美元兑人民币的汇率减履约汇率除以（b）美元兑人民币的汇率，24 个厘定日期在 2008 年 8 月 20 日至 2010 年 7 月 20 日期间，而进行结算的交付日期则在 2008 年 8 月 22 日至 2010 年 7 月 22 日期间。该等交易设有终止条款，据此，倘发生终止事项，将须支付结算款项，而余下的交易则予终止（详情载于确认函件）。

除上文披露的合约外，于最后实际可行日期，中信泰富或其附属公司在通函日期前两年内并无订立任何重大合约（并非于日常业务过程中订立的合约）。

签约时间汇总

6. 约务更替合约

2008 年 7 月 8 日	花旗银行香港分行
2008 年 7 月 16 日	Rabobank
2008 年 7 月 16 日	渣打银行
2008 年 7 月 18 日	NATIXIS
2008 年 7 月 22 日	Credit Suisse International
2008 年 7 月 23 日	美国银行
2008 年 7 月 23 日	巴克莱银行
2008 年 7 月 25 日	法国巴黎银行香港分行
2008 年 7 月 28 日	Credit Suisse International
2008 年 7 月 29 日	摩根士丹利
2008 年 8 月 5 日	巴克莱银行

澳元累计目标可赎回远期合约

2008 年 6 月 12 日	渣打银行
2008 年 7 月 29 日	国家开发银行
2008 年 8 月 8 日	汇丰银行
2008 年 8 月 8 日	国家开发银行
2008 年 8 月 11 日	Calyon

每日累计澳元远期合约

2007 年 8 月 30 日	Calyon
2007 年 9 月 7 日	汇丰银行
2007 年 9 月 7 日	汇丰银行

双货币累计目标可赎回远期合约

2008 年 7 月 15 日　　汇丰银行

2008 年 7 月 18 日　　法国巴黎银行

人民币累计目标可赎回远期合约

2008 年 7 月 8 日　　德意志银行香港分行

2008 年 7 月 16 日　　Calyon

2008 年 7 月 18 日　　Calyon

案例五十九

合伙纠纷——张中山与闫国平合伙纠纷上诉案

在大多数经济体中，独资企业、合伙企业的数量一般远超公司制企业。独资企业由于大多属于家族企业，即使内部存在争议，也不为外人所知；公司制企业因规模大、按法规设置和运行、实行良好的公司治理规范，即使出现问题，也会有较好的解决路径。而合伙企业，一方面不存在家族企业那样浓厚的血缘关系；另一方面又没有公司制企业的规范运作，因此合伙企业的纠纷经常见诸报端，为人所知。

下面是最高人民法院的一起合伙纠纷上诉案的民事判决书。通过阅读该判决书，我们可以发现我国合伙企业经营中存在的种种问题，如规范经营、会计核算、入伙与退伙等。

张中山与闫国平合伙纠纷上诉案

2002-07-15 16:17:39 中国法院网

法公布〔2000〕32号

中华人民共和国最高人民法院
民 事 判 决 书

〔2000〕民终字第8号

上诉人（原审原告）：张中山，男，1949年10月出生，河北省隆尧县城关镇南柏舍村农民，住该县城关镇康庄路。

委托代理人：陈志明，男，1924年12月出生，住北京市正义路10号。

委托代理人：路文修，男，1935年4月出生，住北京市复兴路16号。

上诉人（原审被告）：闫国平，男，1959年8月出生，河北省隆尧县城关镇北柏舍村农民，住北京市朝阳区十里河。

委托代理人：田蕲，河北北华律师事务所律师。

张中山与闫国平因合伙纠纷一案，双方均不服河北省高级人民法院〔1998〕冀民初字第17号民事判决，向本院提起上诉。本院依法组成合议庭公开开庭审理了本案，现已审理终结。

经审理查明：隆尧县电动阀门厂原系张中山个人投资开办的小型铸造企业，当时挂靠在其所在的南柏舍村。1994年4月，张中山与闫国平口头协商合伙经营该厂，约定：双方合伙经营期间按5：5的比例分配利润和承担风险。同时约定：张中山负责企业的生产和日常管理工作，闫国平负责企业的销售工作。双方共同经营期间，聘请闫国平的弟弟闫国安任会计，聘请张中山的妻子王永芹为出纳，共同负责合伙企业的财务。双方自成立合伙关系起，二人除按月领取工资外，均未从企业提取过利润，只是每年年底将利润在账面上按5：5比例分割后转入下年资本金投入企业，用于扩大再生产。1998年3月，张中山退出企业管理，自此合伙企业一直由闫国平主持生产和经营。后因双方发生纠纷，张中山于同年9月起诉至一审法院，请求依法解除双方的合伙关系，对合伙企业的共同财产依法依约分割，将应属张中山所有的资产500余万元判归其所有。同年10月，张中山又变更了诉讼请求，以会计出具的经营报表有误，经其核对双方原始出资的有关书证，张中山出资总额为283 809.85元、闫国平出资总额为36 300元为由，请求对合伙企业财产按照双方出资比例进行分割，将应属张中山所有的资产700余万元判归其所有。

另查明：1998年8月，闫国平及会计闫国安因客观原因未在企业，该月的企业往来账款留在出纳王永芹手中，提起诉讼后这一部分账款一直由张中山掌握。一审法院曾决定组织双方对账以便澄清此事，但因张中山不同意，对账未果。根据张中山提供的合伙企业1997年《经营情况表》，截至1997年年底，企业已实收资本金4 304 602.95元，实现利润3 636 758.55元，应付福利59 064.65元，总计8 000 426.15元，闫国平对此表示认可。根据闫国平提供的1998年7月31日企业《资产负债表》，截止于1998年7月31日，企业实收资本金为7 885 861.48元，1998年1月至7月实现利润2 170 389.96元，应付福利176 496.75元，总计10 232 748.19元。在一审庭审中双方一致同意以此计算合伙企业的总资产，并就1998年1月至7月的平均利润推算8月至12月利润。故截止到1998年年底，合伙企业总资产为10 232 748.19+（2 170 389.96÷7）×5=11 783 026.69元。鉴于诉讼中双方均表示同意解除合伙关系，但又均要求继续留厂经营，一审法院经多次调解无效后，曾采取竞价方式解决此问题，结果未成。

本院二审期间，张中山提交了1998年8月合伙企业的账目和票据，但闫国平认为张中山提交的票据中含有大量白条，表示不予对质和认可，并表示只有张中山交回该月从企业支取的230万元后，公司财务人员才能制作合伙企业1998年9月以后的财务。张中山对闫国平的意见亦不同意。

一审法院认为，双方基于共同的意思表示，共同出资、共同经营隆尧县电动阀门厂，其行为不违反法律规定，故双方依法对合伙企业享有的财产权应受法律保护。虽然双方关于原始出资的方式、数额及比例没有书面约定，但从企业的原始出资账册上看，双方均履行了各自的出资义务。诉讼前张中山对外多次声称自己是企业的二分之一股东，而且多年来双方按约定的5：5比例分配企业利润，故双方按5：5比例享有企业财产权的事实，证据充分足以认定。

张中山关于受到闫国平的欺诈，双方出资不对等并要求以其主张的出资比例分享企业财产权之主张，因其既不能举证证明所诉事实的发生，又不能证明出资比例与享有企业财产权利比例之间的因果关系，且从法律上也早已超过诉讼时效，故张中山此主张依法不能成立，应予驳回。现双方因诸多矛盾发生讼争并一致请求解除合伙关系，又均表示继续留厂经营，为公平起见，法院曾采取双方竞价方式以解决该问题，但因张中山不同意按5：5比例分割企业财产权，出价条件不对等而未果。考虑到双方的实际经营能力及产品销售对企业生存与发展的重要影响，法院决定在充分保护张中山合法权益的前提下，判令闫国平继续留厂经营，并由闫国平在合理期限内分期分批付给张中山企业资产一半的财产份额，以充分保护双方的合法权益，同时又有利于企业的继续经营和发展。据此判决：

一、解除张中山与闫国平的合伙关系，隆尧县电动阀门厂由闫国平所有并经营。

二、张中山在合伙企业中的财产份额由闫国平按企业1998年年底总资产的一半付给张中山5 891 513.345元；1999年1月以后至判决生效之日止，闫国平每月按1998年月平均利润310 055.7元的一半向张中山支付以后盈利期间的利润。本条上款闫国平的履行期限为本判决生效后三个月内给付张中山350万元，余款两年内付清。

三、张中山占有的1998年8月隆尧县电动阀门厂账款于判决生效后10日内交还闫国平。

四、驳回张中山其他诉讼请求。

一审判决后，双方均表示不服，遂提起上诉。张中山上诉称：一审法院未对合伙企业原始资本金和现有企业资产总额进行审计，基本事实没有查清。由于闫国平投资不到位，只能根据投资额的比例分割现有资产总额。无视双方投资多少，仍按5：5比例分割利润显失公平。故请求撤销一审判决，解除双方的合伙关系，隆尧县电动阀门厂由张中山继续经营。对合伙企业原始资本金和现有资产总额进行重新审计、评估，并按合伙人实际投资比例依法进行分割等。闫国平上诉称：一审判决认定1998年7月31日以前的合伙资产时，没有考虑扣除应付税款和职工福利费，上述款项应从总资产中扣除。在合伙人尚不知企业盈亏的情况下，一审判决断然认定合伙企业必然盈利，并推定了盈利期限为"1999年1月以后至本判决生效之日止"，同时推算出月平均利润为310 055.7元。这一认定显然没有任何法律依据，不应予以支持。故请求二审法院查清事实，并对资产总额依法改判。

本院认为，张中山与闫国平之间虽然没有订立书面合伙协议，但双方当事人均承认其合伙关系，又具备合伙的其他条件，故双方之间的合伙关系应予认定。合伙经营积累的财产，应归张中山和闫国平共有。因双方约定合伙经营期间按5∶5的比例分割利润和承担风险，在实际履行中双方将利润在账面上按5∶5比例分割转为资本金并据此制作了年度财务报表，对此张中山并未提出过异议。现张中山主张按出资比例分割利润，缺乏依据，本院不予支持。双方在一审庭审中一致同意以合伙期间财务报表载明的10 232 748.19元计算1998年7月31日前合伙企业的总资产，二审期间虽然张中山表示反悔，但因未能提供相反的证据，故对其主张本院不予支持。对于一审法院按1998年1月至7月平均利润推算8月至12月利润之问题，因双方在一审庭审中均表示同意推算，张中山没有提供1998年8月的账款，闫国平没有提供1998年9月以后的账目，一审法院按此处理并无不当。关于闫国平对一审法院推算1999年1月以后的利润所提之异议，因闫国平声称没有做账，亦未提供相反的证据，本院不予支持。至于闫国平提出应扣除相应税费等主张，因该税费属于合伙企业尚未实际支出的财产，本案只处理合伙关系解除后的财产分割，所涉税费应由双方当事人根据税法的有关规定另行缴纳，本院在此不做处理。一审判决张中山将1998年8月的账款交还闫国平超出了当事人的诉讼请求范围，且账款数目不清，对此应予纠正。根据《中华人民共和国民事诉讼法》第一百五十三条第一款第（一）、（三）项之规定，判决如下：

一、维持河北省高级人民法院〔1998〕冀民初字第17号民事判决第一、二、四项。

二、撤销河北省高级人民法院〔1998〕冀民初字第17号民事判决第三项。

一审、二审案件受理费共计90 020元，由张中山和闫国平各负担45 010元。

本判决为终审判决。

审判长：胡仕浩
审判员：王文芳
代理审判员：吴晓芳
书记员：辛正郁
二零零零年七月二十四日

问题：

1. 张中山变更了诉讼请求，以会计出具的经营报表有误，经其核对双方原始出资的有关书证，张中山出资总额为283 809.85元、闫国平出资总额为36 300元为由，请求对合伙企业财产按照双方出资比例进行分割，将应属张中山所有的资产700余万元判归其所有。法院最终没有就诉讼请求给予支持，你认为法院的判决有道理吗，为什么？

2. 法院进行财产分割时，依据的是总资产，而不是净资产，为何不扣除负债？

3. 闫国平上诉称，一审判决断然认定合伙企业必然盈利，并推定了盈利期限为"1999年1月以后至本判决生效之日止"，同时推算出月平均利润为310 055.7元。这一认定显然没有任何法律依据，不应予以支持。你认为闫国平的上诉理由成立吗？

4. 最高人民法院撤销河北省高级人民法院〔1998〕冀民初字第17号民事判决第三项的理由成立吗？

5. 请指出这一合伙经营中有哪些地方可取，哪些地方存在不足，特别是会计核算方面，应如何改善？

案例六十

关联交易——三木集团（4）

2015年2月11日，深圳证券交易所发布《关于对福建三木集团股份有限公司及相关当事人给予公开谴责处分的公告》，针对该公司2012年、2013年未履行关联交易审议程序和披露义务以及未履行关联资金往来披露义务，给予福建三木集团股份有限公司及相关当事人公开谴责处分。公告全文如下：

关于对福建三木集团股份有限公司及相关当事人给予公开谴责处分的公告

经查明，福建三木集团股份有限公司（以下简称"公司"）存在以下违规行为。

1. 关联交易未履行审议程序和披露义务

2012年、2013年，公司与福州开发区华永贸易有限公司（以下简称"华永贸易"）分别发生关联交易43 943.81万元、93 167.24万元，与福建华永科技有限公司（以下简称"华永科技"）发生关联交易105.38万元、140.45万元，与福州三木园林绿化有限公司发生关联交易1 427.77万元、2 803.46万元。就上述关联交易，公司未按规定履行董事会、股东大会审议程序，也未履行披露义务。

2. 关联资金往来未履行披露义务

2012年、2013年，公司与华永贸易的关联资金往来分别为47 044.88万元和123 876.21万元；2012年公司与华永科技的关联资金往来达到8 605.73万元；2012年公司与福州开发区联得益贸易有限公司的关联资金往来达到18 350.47万元，但公司未就上述关联资金往来履行审议程序和披露义务。

公司上述行为违反了本所《股票上市规则（2012年修订）》第2.1条、第10.2.4条、第10.2.5条的规定。

公司时任董事长兰隽、时任副董事长兼总经理陈维辉、时任监事柯真明、财务总监谢明锋未能恪尽职守、履行诚信勤勉义务，违反了本所《股票上市规则（2012年修订）》第1.4条、第3.1.5条的规定；公司时任董事会秘书彭东明未能恪尽职守、履行诚信勤勉义务，违反了本所《股票上市规则（2012年修订）》第1.4条、第3.1.5条、第3.2.2条的规定，对违规行为负有重要责任。

鉴于上述违规事实及情节，依据本所《股票上市规则（2012年修订）》第17.2条、第17.2.3条、第17.2.4条，经本所纪律处分委员会审议通过，本所做出如下处分决定：

① 对公司给予公开谴责的处分；

② 对公司时任董事长兰隽、时任副董事长兼总经理陈维辉、时任监事柯真明、财务总监谢明锋、时任董事会秘书彭东明给予公开谴责的处分。

对于当事人上述违规行为及本所给予的处分，本所将记入上市公司诚信档案，并抄报有关部门。

本所重申：上市公司，其全体董事、监事和高级管理人员，以及其他信息披露义务人应严格遵守《证券法》《公司法》等法律法规及《上市规则》的规定，真实、准确、完整、及时、公平地履行信息披露义务。

深圳证券交易所

2015年2月11日

实际上，公司于2014年7月10日就收到证监会的《调查通知书》（编号：闽调查通字14051号）。因公司涉嫌信息披露违规，证监会决定对公司立案调查。公司于2014年8月22日连发三份公告（2014-43、2014-44、2014-45），对相关关联交易进行了披露说明。

2015年1月9日，公司发布2015-01号公告，称公司已收到福建证监局《行政处罚决定书》（〔2015〕1号）。决定书称，证监会立案调查后，由福建证监局下发处罚书。处罚内容为，三木集团未按规定披露重大关联交易、未及时披露重大合同等行为违法，最后决定：

（1）对三木集团责令改正，给予警告并处以三十万元罚款；

（2）对兰隽、陈维辉给予警告，并分别处以二十万元罚款；

（3）对谢明锋（财务总监）、彭东明（董事会秘书）、柯真明（监事、关联交易当事人）给予警告，并分别处以三万元罚款。

2015年2月11日，深圳证券交易所也发布了上述谴责公告。

问题：

1. 如何认定关联关系？在公司上述未履行关联交易审议程序和披露义务的关联交易中，交易双方的关系属于哪种类型？另外，与企业存在关系但不构成关联关系的有哪些情形？

2. 关联交易有哪些类型？在公司2012年年报中，公司披露了哪些类型的关联交易？

3. 关联交易应履行何种审议程序和如何进行关联交易的披露？找出相关的法律规定、具体条文及标准（具体包括人民代表大会颁布的法律，财政部、证监会、交易所等部门颁发的相关规定）。

4. 为何要对未履行关联交易审议程序和披露义务的行为进行处罚？这种行为的危害是什么？另外，包含在合并报表中的母子公司间的交易还需要进行披露吗？

案例六十一

准则的国际比较——兖州煤业（2）

兖州煤业股份有限公司（以下简称"兖州煤业"或"公司"）是我国唯一一家拥有境内外四地上市平台的煤炭企业。1998年，公司股票分别在纽约、香港和上海三地上市。2012年，其控股子公司兖州煤业澳大利亚有限公司在澳大利亚证券交易所上市。公司分别依据国际财务报告准则（IFRS）和中国企业会计准则（CAS）向投资者编制财务报表和提供财务信息。由于两套准则目前还存在一定差异，所以报表编制结果在一些项目上存在分歧。

2015年10月公司发布第三季度季报后，华尔街著名投资银行杰富瑞（Jefferies）在对兖州煤业（股票代码：600188）第三季度季报的评论中指出：报表中"专项储备"和"资本公积金"科目金额大幅减少显得可疑。截至第三季度末，公司"专项储备"为9.6亿元，较年初减少47%；同时，"资本公积金"为8.7亿元，比年初减少49%。公司的这一表现疑为在调控成本。

"按中国的监管规定，专项储备只能用于维护和安全支出"杰富瑞表示，"但对于兖州煤业来说，专项储备似乎变成了'缓冲池'，富裕的年份就堆钱进去，到了紧张的年份就从里面'抽水'。这个储备似乎对维护和安全支出并没有什么帮助。"此外，杰富瑞还在研报中指出，兖州煤业通过会计调整资本公积金，为2015年前9个月"创造"了10亿元的营收款，若是在国际会计准则下，该公司将录得大幅亏损而不是盈利。

"在中国企业会计准则下，公司在成本费用中冲减专项储备的行为是被允许的，但在国际会计准则中这种专项储备的使用是据实列支的。在境内外两种会计准则下净利润差异是始终存在的，这也是正常的。"兖州煤业内部人士表示，"资本公积的变化主要是由于收购兖矿集团旗下的东华重工的股权，在中国企业会计准则下，这属于同一控制下的企业收购，需要对收购项目和合并报表做追溯调整。"

兖州煤业董事长秘书张宝才也在接受媒体采访时表示，专项储备是用于维护和安全支出的强制储备，在年景好的时候多存一点，年景不好的时候多用一点是正常的事情，大幅使用专项储备是"以丰补欠"，是行业普遍存在的正常行为。"现在煤炭行业环境非常差，动用这部分资金非常必要，不应该受到指责。"张宝才称。[①]

在2015年年报中，公司对按两套准则编制的企业财务报告中的净利润和净资产的差异情况做了披露说明，调节表如表61-1所示。

表61-1　　同时按 IFRS 和 CAS 披露的财务报告中的净利润和净资产差异情况　　　　单位：千元

	净利润（归属于母公司股东）		净资产（归属于母公司股东）	
	本期发生额	上期发生额	期末余额	期初余额
按中国企业会计准则	859 514	2 163 812	39 807 679	39 430 219
按国际财务报告准则调整的项目及金额				
同一控制下的合并	-10 000	-9 981	1 510 747	1 399 295
同一控制下的合并——收购东华	-12 748	83 898	428 843	-231 542
专项储备	-839 539	-2 487 687	424 867	530 805

① 杨广才. 华尔街投行揭兖州煤业业绩猫腻：两科目数据锐减五成[N]. 投资快报，2015-11-06.

	净利润（归属于母公司股东）		净资产（归属于母公司股东）	
	本期发生额	上期发生额	期末余额	期初余额
递延税项	176 789	394 991	93 653	-274 031
永续资本债券	—	—	-6 661 684	-2 521 456
无形资产减值损失	-12 777	731 332	463 304	702 435
其他	3 220	-110 207	-697 508	-309 879
按国际财务报告准则	164 459	766 158	35 369 901	38 725 846

通过表 61-1 可以发现，按国际财务报告准则编制出的净利润为 164 459 000 元，比上期减少 78.53%；而按中国企业会计准则编制出的净利润即使在大幅减少专项储备计提的情况下，其净利润为 859 514 000 元，比上期减少 60.28%。当然如果还按上期的水平计提专项储备，当年按中国企业会计准则计算的净利润就会出现负数。所以在上述提到的文章中，杰富瑞明确提出了兖州煤业的专项储备金作为"盈利时'注水'、亏损时'抽水'的弹性'蓄水池'"还能够坚持多久？

问题：

1. 兖州煤业2015年净利润（归属于母公司股东）在两套准则下计算的差异主要是由哪些不同的会计处理造成的？请具体说明两种准则下的会计处理过程及差异结果。

2. 比较两套准则下合并资产负债表、合并利润表、合并现金流量表等不同项目的差异及原因。

3. 杰富瑞明确提出的中国企业会计准则下专项储备金为"盈利时'注水'、亏损时'抽水'的弹性'蓄水池'"，你认为这样做合理吗，为什么？

4. 请全面阅读两套准则下公司2015年年度报告，指出两份报告具体的区别。

5. 公司利润分配（现金分红）是依据哪一套会计准则计算出来的利润为基础的，这样规定合理吗？

案例六十二

利润分配——会计问题还是财务问题

利润分配既是财务管理中三大核心问题之一，也是财务会计的重大事项之一。利润分配事项一般首先由董事会提出，然后交由股东大会表决通过。《中华人民共和国公司法》(2015 版)(以下简称《公司法》)第一百六十六条中规定:

"公司分配当年税后利润时，应当提取利润的百分之十列入公司法定公积金。公司法定公积金累计额为公司注册资本的百分之五十以上的，可以不再提取。

公司的法定公积金不足以弥补以前年度亏损的，在依照前款规定提取法定公积金之前，应当先用当年利润弥补亏损。

公司从税后利润中提取法定公积金后，经股东会或者股东大会决议，还可以从税后利润中提取任意公积金。

公司弥补亏损和提取公积金后所余税后利润，有限责任公司依照本法第三十五条的规定分配;股份有限公司按照股东持有的股份比例分配，但股份有限公司章程规定不按持股比例分配的除外。

股东会、股东大会或者董事会违反前款规定，在公司弥补亏损和提取法定公积金之前向股东分配利润的，股东必须将违反规定分配的利润退还公司。

公司持有的本公司股份不得分配利润。"

归纳起来，公司利润分配的顺序为:如果有账面亏损，公司结算的利润首先弥补亏损;然后按利润额的 10%计提法定盈余公积(已经计提的法定盈余公积达公司注册资本的 50%以上的可以不提);根据需要公司可进一步提取任意盈余公积;接下来根据剩余利润按公司章程规定和实际情况进行股利分配(现金股利)。同时公司可分配股票股利(或配股)、将资本公积转增股本、进行拆股等。所有利润分配事项由董事会讨论通过后，再经过股东大会表决通过。

在上述利润分配事项中，每一项都与股东利益息息相关，这其中现金股利又尤为重要。在单独报表中(不存在任何子公司报表)现金股利的分配基本不会出现问题。但在集团公司中，现金股利的分配就会出现诸如如何确定现金股利计算的基数、盈余公积计提的基数问题。

在《企业会计准则(2006)》(以下简称"准则")出台前，母公司的长期股权投资按权益法进行核算，母公司单独报表的净利润与合并报表中归属于母公司的净利润基本是一致的(如果集团内部存在关联交易未实现利润，则会产生差异)，但准则颁布后，准则要求母公司的长期股权投资按成本法进行核算，编制合并报表时再调整为权益法，这样就使得母公司单独报表的净利润与合并报表中归属于母公司的净利润出现两种结果。这时问题就出现了，即现金股利的分配是以母公司单独报表的净利润为基数还是以合并报表中归属于母公司的净利润为基数?

准则对长期股权投资由权益法改为成本法核算是从两方面考虑的:一方面是与国际会计准则趋同，当时国际会计准则也是如此规定的(后又调整为企业可选择使用成本法或权益法);另一方面是按权益法核算长期股权投资，子公司分不分配股利都不影响母公司的账面利润，而成本法下只有子公司分配股利后，母公司才确认账面利润，这样可以鼓励子公司进行现金分红。

但这一修改带来的效果并不明显，上市公司中的 "铁公鸡"(多年不分红)仍然没有大幅度减少。后来，为了鼓励上市公司分红，证监会和两个证券交易所又出台多种相关的规定。如证监会 2012

年发布的《关于进一步落实上市公司现金分红有关事项的通知》（证监发〔2012〕37号）。2013年发布的《上市公司监管指引第 3 号——上市公司现金分红》（证监会公告〔2013〕43号）明确要求各上市公司制定股东回报规划，其中第五条规定如下。

"上市公司董事会应当综合考虑所处行业特点、发展阶段、自身经营模式、盈利水平以及是否有重大资金支出安排等因素，区分下列情形，并按照公司章程规定的程序，提出差异化的现金分红政策：

（一）公司发展阶段属成熟期且无重大资金支出安排的，进行利润分配时，现金分红在本次利润分配中所占比例最低应达到80%；

（二）公司发展阶段属成熟期且有重大资金支出安排的，进行利润分配时，现金分红在本次利润分配中所占比例最低应达到40%；

（三）公司发展阶段属成长期且有重大资金支出安排的，进行利润分配时，现金分红在本次利润分配中所占比例最低应达到20%；公司发展阶段不易区分但有重大资金支出安排的，可以按照前项规定处理。"

同年，上海证券交易所发布《上市公司现金分红指引》，其中第十条规定如下。

"上市公司年度报告期内盈利且累计未分配利润为正，未进行现金分红或拟分配的现金红利总额（包括中期已分配的现金红利）与当年归属于上市公司股东的净利润之比低于30%的，公司应当在审议通过年度报告的董事会公告中详细披露以下事项：

（一）结合所处行业特点、发展阶段和自身经营模式、盈利水平、资金需求等因素，对于未进行现金分红或现金分红水平较低原因的说明；

（二）留存未分配利润的确切用途以及预计收益情况；

（三）董事会会议的审议和表决情况；

（四）独立董事对未进行现金分红或现金分红水平较低的合理性发表的独立意见。"

之后，上市公司纷纷修订公司章程，修改或增加有关利润分配条款。

在公司法中，集团公司从来都不是一个法律主体，所以依据我国《公司法》的相关规定，公司利润分配的基础只能是母公司单独报表的净利润，即成本法下计算的母公司净利润。然而集团公司却是一个会计主体，合并报表的编制正是基于这一基本前提。《中央企业国有资本收益收取管理暂行办法》规定，以合并报表中归属于母公司的净利润为基础收缴国有资本投资收益〔第二章 第八条 国有独资企业拥有全资公司或者控股子公司、子企业的，应当由集团公司（母公司、总公司）以年度合并财务报表反映的归属于母公司所有者的净利润为基础申报〕。这样，不同的规定势必导致企业在进行利润分配时产生困惑，即一个企业集团中母公司利润分配的基础和子公司利润分配的基础不一致。同时，另一个衍生的问题是提取盈余公积时，是以母公司单独报表中的净利润为基础还是以合并报表中归属于母公司的净利润为基础？很多企业为了维护自身利益，把被抵销掉的子公司提取的法定盈余公积"反提"回来或者直接按照归属于母公司所有者的净利润的10%在合并报表中计提法定盈余公积。

在我国，同时在两地或多地上市的公司不少，这些公司既要按我国准则的规定编制财务报告，同时又要依照上市所在地的准则编制财务报告（一般为依照国际会计准则的要求编制）。这时的问题是：同时在多地上市的公司，以何种准则计算的利润作为利润分配的基数等。

一个很有意思的现象出现了，在分配利润时，这些上市公司中既有以母公司单独报表中的净利润为基础进行的，也有以合并报表中归属于母公司的净利润为基础进行的；既有按中国企业会计准则计算的净利润进行的，也有按国际会计准则计算的净利润进行的。下面列举三家上市公司利润分配的基本情况，包括公司章程中对利润分配的规定、股东回报规划和三年利润分配情况。

一、獐子岛集团

公司章程（2015年）摘录如下。

第一百五十五条　公司应当实施积极的利润分配办法，并严格遵守以下规定。

（一）公司董事会制定的利润分配原则

（1）公司每年将根据当期经营情况和项目投资的资金需求计划，在充分考虑股东利益的基础上，正确处理公司的短期利益与长远发展的关系，确定合理的利润分配方案。

（2）公司的利润分配应以可持续发展和维护股东权益为宗旨，重视对社会公众股东的合理投资回报，保持利润分配政策的连续性和稳定性。公司董事会和股东大会在制定利润分配政策的具体条件、决策程序和机制时应充分听取独立董事和中小股东的意见，并严格履行信息披露义务。

（3）公司利润分配不得超过累计可供分配利润的范围，不得损害公司持续经营能力。

（4）在公司经营性现金流量状况充裕的情况下优先采用现金分红的利润分配方式。

（5）公司存在股东违规占用资金情况的，公司应当扣减该股东所分配的现金红利，以偿还其所占用的资金。

（二）公司利润分配具体政策

1. 利润分配的形式

公司利润分配可采取现金与股票相结合或者法律、法规允许的其他方式；在有条件的情况下，根据实际经营情况，公司可以进行中期分红。

2. 现金分红的具体条件和比例

公司拟实施现金分红时应满足以下条件：（1）公司该年度或半年度实现盈利且累计未分配利润为正值、现金流充裕，实施现金分红不会影响公司后续持续经营；（2）审计机构对公司该年度或半年度财务报告出具标准无保留意见的审计报告；（3）公司无重大投资计划或重大现金支出等事项发生（募集资金项目除外）；（4）无董事会认为不适宜现金分红的其他情况。

重大投资计划或重大现金支出是指：公司未来十二个月内拟对外投资、收购资产或者购买设备等的累计支出达到或者超过公司最近一期经审计净资产的30%。

现金分红的最低比例：公司最近三年（2013—2015年）以现金的方式累计分配的利润不少于最近三年（2013—2015年）实现的年均可分配利润的30%。

3. 现金分红政策

在实际分红时，公司董事会应当综合考虑所处行业特点、发展阶段、自身经营模式、盈利水平以及是否有重大资金支出安排等因素，区分下列情形，并按照《公司章程》规定的程序，拟定差异化的现金分红政策：（1）公司发展阶段属成熟期且无重大资金支出安排的，进行利润分配时，现金分红在本次利润分配中所占比例最低应达到80%；（2）公司发展阶段属成熟期且有重大资金支出安排的，进行利润分配时，现金分红在本次利润分配中所占比例最低应达到40%；（3）公司发展阶段属成长期且有重大资金支出安排的，进行利润分配时，现金分红在本次利润分配中所占比例最低应达到20%。

公司在实际分红时根据具体所处阶段，由公司董事会根据具体情形确定分配政策。公司发展阶段不易区分但有重大资金支出安排的，可以按照前项规定处理。

4. 发放股票股利的具体条件

公司根据累计可供分配利润、公积金及现金流状况，在考虑现金分红优先及保证公司股本规模合理的前提下，可以采用发放股票股利的方式进行利润分配，具体分红比例由公司董事会审议通过后，提交股东大会审批。

公司三年（2013—2015年）的股东回报规划摘录如下。

（1）分配方式：可采取现金与股票相结合或者法律、法规允许的其他方式分配利润；在有条件的情况下，根据实际经营情况，公司可以进行中期分红。

（2）现金分红的分配比例：依据《公司法》及《公司章程》的有关规定，未来三年公司应在符合利润分配原则、保证公司正常经营和长远发展的前提下积极进行现金分红。公司未来三年（2013—2015

年）以现金的方式累计分配的利润不少于该三年实现的年均可分配利润的 30%；具体的分红比例由公司董事会结合公司的盈利情况、资金供给和需求情况，并经董事会审议通过后提交股东大会审批。

（3）发放股票股利的分配比例：公司根据累计可供分配利润、公积金及现金流状况，在考虑现金分红优先及保证公司股本规模合理的前提下，可以采用发放股票股利的方式进行利润分配；具体分红比例由公司董事会审议通过后，提交股东大会审批。

（4）公司股东大会对利润分配方案做出决议后，公司董事会须在股东大会召开后2个月内完成股利（或股份）的派发事项。

公司近三年（2013—2015 年）普通股现金分红情况如表62-1 所示。

表 62-1　　　　　公司近三年（2013—2015 年）普通股现金分红情况　　　　　单位：元

分红年度	现金分红金额（含税）	分红年度合并报表中归属于上市公司普通股股东的净利润	占合并报表中归属于上市公司普通股股东的净利润的比例	以其他方式现金分红的金额	以其他方式现金分红的比例
2015 年	0.00	-242 936 260.14	0.00%	0.00	0.00%
2014 年	-1 189 327 466.52	0.00%	0.00	0.00%	
2013 年	106 666 829.10	96 942 753.45	110.03%	0.00	0.00%

二、广州发展集团股份有限公司

公司章程摘录如下。

第一百五十九条　公司利润分配政策：公司重视对投资者的回报，采取现金、股票或者两者相结合的方式分配股利，原则上以现金分红为主。具体分配政策如下。

（一）在保证公司正常经营业务和长期发展的前提下，如无重大投资计划或重大现金支出等事项发生，公司采取现金方式分配股利，每年以现金方式分配的利润不少于当年实现的可分配利润的30%。

（二）公司可根据当期经营利润和现金流情况进行中期分配股利。

（三）公司管理层在中期或者每个会计年度结束后，根据公司利润分配政策和当期实际情况向董事会提出利润分配建议，董事会经审议形成利润分配预案后，提交公司股东大会表决通过后实施。

（四）董事会在决策和形成利润分配预案时，要详细记录管理层建议、参会董事的发言要点、独立董事意见、董事会投票表决情况等内容，并形成书面记录作为公司档案妥善保存。公司独立董事应对利润分配预案是否适当、稳健，是否保护投资者利益发表独立意见。

（五）公司年度盈利但未提出现金利润分配预案的，应当在年度报告中披露未分红原因、未用于分红的资金留存公司的用途和使用计划，独立董事应当对此发表独立意见并公开披露，公司在召开股东大会时除现场会议外，还应向股东提供网络投票平台。

（六）公司外部经营环境或者公司自身经营状况发生较大变化，确需调整利润分配政策的，应详细论证和说明原因，在董事会审议通过后，提交股东大会特别决议通过。

《股东回报规划（2012—2014 年）》的摘录如下。

（一）未来三年，公司当年实现的归属于母公司股东的净利润为正数且当年年末累计可分配利润为正数时，可采取现金、股票或两者相结合的方式分配股利，也可以进行中期分红。

（二）未来三年，公司将积极采取现金方式进行分红。公司每年以现金方式分配的利润不少于当年实现的可分配利润的30%，且最近三年以现金方式累计分配的利润不少于最近三年实现的年均可分配利润的90%。

（三）未来三年，公司如因外部环境、经营状况、发展规划的重大变化而需调整股东回报规划的，将以保护股东权益为出发点，详细论证和说明调整原因，并由董事会提交议案由股东大会审议通过。

公司近三年（含报告期）的利润分配方案或预案、资本公积金转增股本方案或预案如表 62-2 所示。

表 62-2　　　公司近三年（含报告期）的利润分配方案或预案、资本公积金转增股本方案或预案

单位：万元　币种：人民币

分红年度	每 10 股送红股数（股）	每 10 股派息数（元）（含税）	每 10 股转增数（股）	现金分红的数额（含税）	分红年度合并报表中归属于上市公司股东的净利润	占合并报表中归属于上市公司股东的净利润的比例（%）
2014 年	0	1.80	0	49 071.54	122 412.44	40.09
2013 年	0	1.50	0	40 892.95	103 509.14	39.51
2012 年	0	1.60	0	43 857.55	87 262.71	50.28

三、兖州煤业股份有限公司

《公司章程》规定的现金分红政策为：公司在分配有关会计年度的税后利润时，以两种财务报表（按中国企业会计准则编制的财务报表、按国际或者境外上市地会计准则编制的财务报表）税后利润数较少者为准。公司可以采用现金、股票或者现金与股票相结合的方式进行利润分配。当具备现金分红条件时，现金股利优先于股票股利。公司分配当年税后利润时，应当提取利润的 10% 计入公司法定公积金。公司法定公积金累计额为公司注册资本的 50% 以上的，可以不再提取。公司每年分配末期股利一次，由股东大会通过普通决议授权董事会分配和支付该末期股利；经董事会和股东大会审议批准，公司可以进行中期现金分红。公司派发现金股利的会计期间间隔应不少于六个月。在优先保证公司可持续发展、公司当年盈利且累计未分配利润为正的前提下，除有重大投资计划或重大现金需求外，公司在该会计年度分配的现金股利总额，应占公司该年度扣除法定储备后净利润的约 35%。公司在经营情况良好，并且董事会认为公司股票价格与公司股本规模不匹配、发放股票股利有利于公司全体股东整体利益及其他必要情形时，可采用股票形式进行利润分配。（摘自公司 2015 年年报）

公司近三年（含报告期）的普通股利润分配方案或预案、资本公积金转增股本方案或预案如表 62-3 所示。

表 62-3　　　公司近三年（2013—2015 年）的普通股利润分配方案或预案、资本公积金转增股本方案或预案

单位：亿元　币种：人民币

分红年度	每 10 股送红股数（股）	每 10 股派息数（元）（含税）	每 10 股转增数（股）	现金分红的数额（含税）	分红年度合并报表中归属于上市公司股东的净利润	占合并报表中归属于上市公司股东的净利润的比例（%）
2015 年	0	0.10	0	0.491	1.645	29.85
2014 年	0	0.20	0	0.984	7.662	12.84
2013 年	0	0.20	0	0.984	7.774	12.65

注："分红年度合并报表中归属于上市公司股东的净利润"是当年度经审计的按国际财务报告准则编制的公司股东应占净收益。

根据兖州煤业《公司章程》规定，以两种财务报表（按中国企业会计准则编制的财务报表、按国际或者境外上市地会计准则编制的财务报表）税后利润额孰低进行利润分配是一种稳健的做法，但如果企业同样规定以母公司的净利润与合并报表中归属于母公司的净利润额孰低进行利润分配还是一种稳健的做法吗？

问题：

1. 利润分配是财务问题还是会计问题。为什么财政部通过会计政策的调整对利润分配进行规范，证监会（包括交易所）则通过信息披露来加强对利润分配的监督，而国资委通过管理办法来对利润分配进行管理？

2. 利润分配是以母公司账面净利润为基数，还是以合并财务报表中归属于母公司的净利润为基数，哪一个更合理，为什么？

3. 多地上市公司以不同准则下税后利润额孰低进行利润分配是一种稳健的做法吗？

4. 在2012年和2013年证监会和交易所分别出台加强现金分红的监管措施后，各上市公司纷纷修订公司章程中的利润分配条款，你认为利润分配是公司内部的事务，还是非公司的内部事务，请说明理由。

5. 如果公司按合并报表的口径进行现金股利分配，那么，法定盈余公积的计提基数是母公司的净利润，还是合并报表中归属于母公司的净利润？

6. 分别指出上述三家公司现金股利分配、法定盈余公积的计提基础。

案例六十三

董事会秘书——海航集团

据海航集团有限公司（以下简称"海航集团"）官网介绍，海航集团于1993年成立，目前成为囊括航空、酒店、旅游、地产、商品零售、金融、物流、船舶制造、生态科技等多业态的大型企业集团，业务版图从海南发展到全球，总资产逾万亿元，2016年实现收入逾6 000亿元，为社会提供就业岗位逾41万个。2015年7月，海航集团更首次进入《财富》杂志评选的"全球最大五百家公司"排行榜，以营业收入256.464亿美元位列第464。2016年7月，海航集团再度进入《财富》杂志评选的"全球最大五百家公司"排行榜，以营业收入295.6亿美元位列第353，排名较上年上升111名。2017年7月，海航集团以530.353亿美元的营业收入位列该榜单第170。这是海航集团连续第3年进入该榜单，排名也较2016年的353位，大幅跃升183位。

在海航集团的发展历程中，陈峰和王健是两个核心人物，前者任集团董事局主席，后者任集团董事长。作为海航集团的"二把手"，王健在集团拓展中起着举足轻重的作用。"海航系"扩张之所以如此迅速，与其高超的资本运作手段以及广泛的金融布局不无关系。这些资本运作，王健全程参与。特别是2005年，投资大鳄索罗斯旗下的量子基金以2 500万美元投资海航集团。从此，海航集团就把"触角"伸到了全球。除了海航控股和航基股份之外，海航集团旗下其他企业大都为"借壳"上市，在"海航系"的几何式扩张中，资本手段发挥了不小的作用。截至2017年年末，海航集团资产规模达到1.23万亿元，海航集团成为"中国四大航企"之一。从零基础发展到资产过万亿，海航集团用了仅25年的时间。根据野马财经不完全统计，"海航系"控股A股公司10家（其中10家A股公司中，8家因重大资产重组相关事项处于停牌之中），港股公司6家。[①]"海航系"控股上市公司如表63-1所示。

表63-1　　　　　　　　　　"海航系"控股上市公司

A股公司	港股公司
海航投资（000616 SH）	香港国际建设（0687 HK）
海航基础（600515 SH）	海航科技投资（2086 HK）
凯撒旅游（000796 SZ）	CWT（0521 HK）
海航控股（600221 SH）	航基股份（0357 HK）
海航科技（600751 SH）	海福德集团（0442 HK）
渤海租赁（000415 SZ）	旅业国际（1626 HK）
供销大集（000564 SZ）	
*ST东电（000585 SZ）	
海航创新（600555 SH）	
海越股份（600387 SH）	

然而，从2017年开始，海航集团陷入债务危机中，为了解决流动性问题，海航集团从2017年年底开始便陆续出售旗下的境外资产。2018年年初以来，海航集团处置境内外资产的步伐更是不断加快。

---

① 陈梦霏，张译文. 海航集团董事长意外去世，身后万亿资产如何"调仓"？［EB/OL］. ［2018-07-04］.

就在集团战略大调整之际，2018 年 7 月 4 日下午，海航集团发布讣告称，海航集团联合创始人、董事长王健在法国公务考察时意外跌落导致重伤，经抢救无效，于当地时间 2018 年 7 月 3 日不幸离世，享年 57 岁。

王健离世后，陈峰又重新执掌企业，于 2018 年 9 月底正式担任集团董事长。在回答《中国经济周刊》记者提问时，陈峰回答：（集团）目前累计完成近 3 000 亿元规模的资产出售。海航集团处置资产的决心很大，坚持聚焦主业，非主业的资产，再盈利也不要。但是处理的速度离我们预期的速度要慢一些。主要还是由于环境的变化，市场上出现了资金紧张的问题。海航集团出售的资产主要是地产和金融两个方面。地产包括在北京、上海、广州、深圳等主要城市的办公楼、商业和住宅物业，同时还有一些境外待出售物业。金融方面，我们正在积极与监管机构和潜在买家沟通出售金融机构股权。业务板块的调整与扩张是根据宏观经济环境和国家战略需要来确定的。[①]

陈峰就任集团董事长的同时，集团人事也发生一次大变动。以海航控股（股票代码 600221）为例，根据野火财经的统计，在不到一年内海航控股董事长任上出现过王斐和包启发，CEO 任上出现过包启发、孙剑锋和刘璐，总裁任上出现过孙剑锋、周志远和徐军。海航控股 2018 年高管离职名单如表 63-2 所示。[②]

表 63-2　　　　　　　　　　　　　海航控股 2018 年高管离职名单

姓名	职务	任职日期	离职日期	性别
萧飞	风控总监	2017-10-13	2018-11-29	男
杜建	职工监事	2018-05-30	2018-11-29	男
武强	董事会秘书	2017-06-19	2018-11-29	男
权栋	人力资源总监	2017-10-13	2018-11-29	男
刘璐	首席执行官	2018-08-29	2018-11-29	男
周志远	总裁	2017-10-13	2018-11-29	男
陈明琼	监事	2017-10-12	2018-10-12	男
王少平	监事会主席	2017-10-12	2018-10-12	男
王少平	监事	2017-10-12	2018-10-12	男
曹宁宁	监事	2018-05-30	2018-10-12	男
牟伟刚	董事	2018-06-15	2018-09-21	男
牟伟刚	副董事长	2018-06-15	2018-09-21	男
陈宁	安全总监	2017-10-13	2018-09-21	男
何海燕	副总裁	2017-09-22	2018-09-21	男
孙剑锋	首席执行官	2018-02-14	2018-08-29	男
余超杰	副总裁	2017-10-13	2018-08-29	男
曹凤岗	审计委员会委员	2017-12-13	2018-08-14	男
曹凤岗	董事	2017-12-13	2018-08-14	男
王雨霏	副总裁	2018-02-14	2018-08-14	女
曹凤岗	战略委员会委员	2017-12-13	2018-08-14	男
王若雷	职工监事	2016-11-23	2018-05-30	男
耿磊	监事	2016-11-23	2018-05-30	男
曹凤岗	副董事长	2017-12-13	2018-05-14	男
包启发	首席执行官	2017-10-13	2018-02-14	男
孙剑锋	总裁	2016-11-25	2018-02-14	男

①　张燕. 陈峰谈海航危机：过去一年遇到很大风浪 海航死了一轮［J/OL］. 中国经济周刊, 2018-11-19.
②　野火财经. 海航控股高管持续动荡：一年内两任董事长，三任 CEO，三总裁变动［EB/OL］.

续表

姓名	职务	任职日期	离职日期	性别
王斐	法定代表人	2017-06-06	2018-01-19	女
王斐	薪酬与考核委员会委员	2017-06-06	2018-01-19	女
王斐	提名委员会委员	2017-06-06	2018-01-19	女
王斐	董事长	2017-06-06	2018-01-19	女
王斐	战略委员会召集人	2017-06-06	2018-01-19	女
王斐	审计委员会委员	2017-06-06	2018-01-19	女

（资料来源：wind 数据库）

在集团董事会成员大调整的同时，董事会秘书也大面积进行调整。据统计，"海航系"10 家 A 股上市公司中，现任董事会秘书中有 7 位是 2018 年上任的，其中，2018 年 11 月以后上任的就有 5 位。而这些上市公司中，很多公司董事会秘书中都出现了一年两换、经历 3 位的情况。不到一年时间，海航集团更换了 11 名董事会秘书（见表 63-3）。①

表 63-3 　　　　　　　"海航系" A 股上市公司 2018 年董事会秘书更换情况

股票代码	股票简称	现任董事会秘书	上任时间	2018 年更换次数
600515 SH	海航基础	戴美欧	2018 年 11 月	2
600387 SH	海越能源	陈贤俊	2018 年 11 月	2
600555 SH	海航创新	彭见兴	2018 年 12 月	2
600751 SH	海航科技	姜涛	2018 年 12 月	2
000616 SH	海航投资	朱西川	2018 年 4 月	1
600221 SH	海航控股	周志远	2018 年 11 月	1
000564 SZ	供销大集	杜璟	2018 年 5 月	1
000585 SZ	＊ST 东电	苏伟国	2014 年 8 月	0
000796 SZ	凯撒旅游	江丽妮	2017 年 7 月	0
000415 SZ	渤海租赁	王景然	2017 年 10 月	0

2019 年 4 月 13 日，海航控股发布临时公告（临 2019-30）：在公司召开的第八届董事会第四十三次会议上，宣布更换董事会秘书，由李晓峰替换周志远。海航集团董事会秘书的更换次数还在继续增加。

问题：

1. 海航集团从零基础到资产规模过万亿，仅用时25年，这一奇迹是如何实现的？海航集团的奇迹值得效仿吗？

2. 王健的离世为何造成整个海航集团的人事大变动，这种现象正常吗？

3. 上市公司中董事会秘书的职责是什么？上市公司信息披露中，董事会秘书扮演什么角色？请阐述公司财务总监和董事会秘书的关系。

4. 为何海航集团高层人员大变动会造成董事会秘书的大更换？

---

① 董秘学苑："不到一年更换 11 次董秘 海航系卖卖卖后又开启换换换". 新浪财经. 2018 年 12 月 26 日.

案例六十四

信息披露——奇葩公告

上市公司作为公众公司，其利益相关者众多。为了保护这些利益相关者的基本利益，一个基本的措施就是上市公司要公开提供可靠、相关的信息。上市公司应披露的信息包括入市报告、定期报告和临时报告等。

自1990年和1991年上海证券交易所和深圳证券交易所建立以来，我国股市从无到有，截至2019年12月10日，我国A股上市公司总数已达3 763家。但自股市成立以来，利益输送、违规和非法交易时有发生，股价与公司价值严重偏离。而造成这一现象的原因林林总总，其中，信息披露不真实、不可靠和不相关是重要原因。

以下公告正好折射出我国上市公司信息披露中存在的诸多问题。为了避免作者的阐述影响读者的判断，以下只摘录公告原文，对公告内容不作任何说明。

一、咆哮吐槽公告——创兴资源（600193）

二、不保真年报——博元投资（600656）

三、最牛差错更正——*ST贤成（600381）

四、莫名停牌公告——凯撒股份（002425）

五、要钱保壳公告——*ST昌九（600228）

六、违规交易凑学费——九州通（600998）

七、奇葩更名公告——多伦股份（600696）

八、虚假审计报告——中讯邮电（新三板836710）

一、咆哮吐槽公告——创兴资源（600193）

证券代码：600193　证券简称：创兴资源　编号：临2014-012号

上海创兴资源开发股份有限公司公告

本公司及董事会全体成员保证公告内容的真实、准确和完整，对公告的虚假记载、误导性陈述或者重大遗漏负连带责任。

关于近期对上海创兴资源开发股份有限公司（以下简称"我司"）的恶意报道并造成公司股价下跌的情况，我司再次声明前几次公司的并购、重组程序合法，内容真实，没有造假，大股东没一点图利！符合《公司法》《证券法》的规定，经得起核查、审计！

（一）关于媒体的恶意报道

我司知道有个姓黄的人在背后操纵，十年前他就利用媒体写文章威胁敲诈过并得手。为达目的，他请人写文章攻击我司及公司创始人陈榕生先生。多年来为了能给上市公司发展创造有利的外部环境，公司及陈榕生先生对此采取息事、忍让的态度，但始终不能感化这类"小人"。近期他又使出威胁、恐吓、敲诈的手段，网罗一些媒体记者、律师、会计师。他们深知上市公司各项规则和上市公司的软肋，利用媒体攻击上市公司，以达到敲诈勒索上市公司的目的。他们散布断章取义、歪曲事实的文章，使上市公司高管、实际控制人及其他相关人员（包括政府、证券监管机构）疲于应对，此类事件造成了巨大的社会成本浪费。其结果也直接使公司的股价滑坡、暴跌，从而对整个上市公司、全体股东造成了极大的损害。我们知道他躲在暗处，其手段非常阴险、狡猾，是专业的敲诈高手，但我司仍然坚决不予理睬。

在当今的文明社会，尤其是在证券市场中有这样一股恶势力，实在是令人灰心、痛心！我们由衷地希望有良知的主流媒体记者、会计师、律师不要被这种人利用，不要帮助这样的人去歪曲事实，对社会、企业、个人进行破坏性攻击，造成不必要的社会内耗！

（二）关于中小股东们

首先感谢长期以来对我司的信任和支持！

因激烈的市场竞争和市场环境的变化，我司的主业进行了多次转型。公司由上市之初的水产、冷冻食品行业转型到房地产行业，之后，主业又转移至矿产资源开发行业。在没有贷款、没有股票增发、没有资金的情况下，公司在大股东的帮助和支援下先后投资了铁矿、稀土矿等矿产资源项目，虽然这些转型因市场急变而不太理想，但我司目前资产及财务状况还是优良的，经营也是稳健的。

有人利用媒体攻击我司，造成我司股价暴跌，使我司市值损失数亿元人民币，居然还打着维权的旗号，此行为无异于贼喊捉贼。我们相信广大公司股东是清醒并有觉悟的，知道谁是真正的破坏者！

（三）关于大股东和我司

我司是由公司前任董事长兼创始人陈榕生先生带领其团队经过多年辛勤拼搏创立的，他历经其中的辛酸苦辣，倍加珍惜这来之不易的上市公司！上市公司的战略转型很不易，控股股东一直在扶持我司，不可能有私心杂念对我司进行图利！

要做好企业，唯有诚信、敬业、守法！2009年陈榕生先生因为购买自家股票而被定为"内幕交易"罪，陈榕生先生虽然觉得很冤，但也接受了这一现实，放弃上诉，接受这一经验教训并要求我司工作人员引以为戒，本分做人、稳健经营。陈榕生先生仍然热爱社会、热爱我司、热爱生活，感谢身边帮助他的每一位朋友。

我们知道今天得罪这位黄姓的高人，我司仍会继续受到他们的攻击，从而失去一些股票增发、重组的机会。我们为存在这类人操纵着部分媒体攻击我司而造成的影响感到痛心。但我们仍然相信社会是进步的，政府是公正的，我们有信心、有毅力去经营好我司，让我司成为具备一定收入规模、业绩成长良好、重回报、受尊重的上市公司。

为了我司能有更好的发展，公司大股东做出以下三条承诺：1. 将有发展前景、盈利能力的资源类资产（包括参股子公司中铝广西有色崇左稀土开发有限公司尚未注入给我司的13%股权）无偿赠送给我司；2. 大股东承诺近期增持公司股票；3. 继续推动我司收购兼并重组、促进产业升级与转型。

最后，感谢社会各界的理解和支持！感谢公司全体股东的支持！感谢公司全体员工的努力付出！特此公告。

上海创兴资源开发股份有限公司

2014年4月30日

二、不保真年报——博元投资（600656）

证券代码：600656　证券简称：博元投资

珠海市博元投资股份有限公司

重要提示

（1）本公司董事会、监事会及董事、监事、高级管理人员无法保证年度报告内容的真实、准确、完整，年度报告中不存在虚假记载、误导性陈述或重大遗漏，并不承担个别和连带的法律责任。

（2）公司全体董事、监事、高级管理人员无法保证本报告内容的真实、准确和完整，理由是：鉴于公司的现状。请投资者特别关注。

（3）公司全体董事出席董事会会议。

（4）大华会计师事务所（特殊普通合伙）为本公司出具了无法表示意见的审计报告，本公司董事会、监事会对相关事项已有详细说明，请投资者注意阅读。

本期报表延续前期会计报表，本届董事会对其内容的准确性、真实性、完整性不发表意见。

（5）公司负责人许佳明及会计机构负责人（会计主管人员）李红声明：无法保证年度报告中财务报告的真实、准确、完整。

（6）经董事会审议的报告期利润分配预案或公积金转增股本预案。

本年度利润不分配，不转增。

（7）前瞻性陈述的风险声明。

本年度报告涉及未来计划等前瞻性陈述，该等陈述不构成公司对投资者的实质承诺，请投资者注意投资风险。

（8）是否存在被控股股东及其关联方非经营性占用资金情况？

否。

（9）是否存在违反规定决策程序对外提供担保的情况？

否。

三、最牛差错更正——*ST贤成（600381）

证券代码：600381　证券简称：*ST贤成　公告编号：2014-064号

青海贤成矿业股份有限公司
关于会计差错更正的公告

本公司董事会及全体董事保证本公告内容不存在任何虚假记载、误导性陈述或者重大遗漏，并对其内容的真实性、准确性和完整性承担个别及连带责任。

重要内容提示

本次会计差错更正对公司截至2012年12月31日的财务状况及经营成果的影响：更正后资产总额较更正前减少91 371.94万元；更正后负债总额较更正前增加143 632.30万元；更正后股东权益总额较更正前减少235 004.24万元。其中：更正后归属于母公司股东的权益较更正前减少208 519.54万元；更正后利润总额较更正前减少194 529.34万元；更正后归属于母公司股东的净利润较更正前减少171 884.36万元。

公司于2014年4月30日披露了公司《2013年年度报告》，公司在开展2013年年度报告工作过程中，依据《企业会计准则》的相关要求，对前期发生的重大会计差错事项进行了追溯调整。现将相关事项公告如下。

（一）会计差错更正的内容及原因

1. 公司重大差错更正事项

（1）参股子公司盘县华阳森林矿业有限责任公司的生产已长期停滞，存在大量债务及担保纠纷。确认长期股权投资以前年度投资收益-20 045 977.87元，减少长期股权投资和年初未分配利润各20 045 977.87元；对其长期股权投资余额全额计提长期股权投资减值准备193 368 800.27元，减少长期股权投资193 368 800.27元，增加资产减值损失193 368 800.27元。

（2）对子公司青海创新矿业开发有限公司（以下简称"创新矿业"）存在合并商誉15 423 321.40元，无证据证明创新矿业未来能够为公司带来超额收益等经济利益流入，故对其全额计提商誉减值准备，减少商誉15 423 321.40元，增加资产减值损失15 423 321.40元。

（3）根据破产重整债权申报情况补提2012年度银行借款利息支出17 544 554.00元，增加财务费用和应付利息各17 544 554.00元。

（4）公司对外担保事项均发生在 2012 年及以前年度，其担保债务危机爆发在2012 年度，公司2012 年度应承担相应的担保损失。根据已确认、暂缓确认、不确认、已知未申报的对外担保事项，按重整计划的偿债比例，预计需偿付债务215 189 300.00元，增加营业外支出和预计负债各215 189 300.00元。

2. 子公司创新矿业重大差错更正事项

（1）关联方在2012年通过子公司创新矿业的施工单位向其控制的公司划转资金450 000 000.00元，该款项被关联方占用。该款项形成损失的可能性很大，故以个别认定法计提坏账准备450 000 000.00元；按账龄分析法冲回坏账准备7 760 618.06元，合计补提坏账准备442 239 381.94元，增加资产减值损失442 239 381.94元，减少应收款项442 239 381.94元。

（2）上年误将支付的工程预付款作为资金占用计入其他应收款，本期转回增加预付账款121 746 733.08元，减少其他应收款121 746 733.08元。

（3）根据预计可变现净值补提库存商品磷铵存货跌价准备33 020 504.74元，减少存货33 020 504.74元，增加资产减值损失33 020 504.74元。

（4）调整冲回上年误结转固定资产的在建工程合成氨装置及其他工程项目金额62 943 513.86元，减少固定资产原值62 943 513.86元，增加在建工程62 943 513.86元；冲回相应多计提折旧6 804 935.56元，减少管理费用1 843 695.65元，减少存货4 961 239.91元。

（5）根据工程完工进度资料，调整增加在建工程16 540 922.19元，增加应付工程款16 540 922.19元。

（6）调整已领用发出工程物资误计为发出原材料，增加原材料3 258 036.90元，减少工程物资3 258 036.90元。

（7）调整增加对联营企业青海大头羊煤业有限责任公司长期股权投资1 029 715.81元。其中：损益调整-534 484.19元，股权投资准备1 564 200.00元，减少投资收益534 484.19元，增加资本公积1 564 200.00元。

（8）调整冲回递延所得税资产7 511 472.93元，增加所得税费用7 511 472.93元。

（9）创新矿业对外担保事项均发生在2012年，随着贤成矿业担保债务危机的爆发，创新矿业在同期因担保责任资产被查封、冻结，创新矿业2012年度就应承担相应的担保损失。根据已确认、暂缓确认、不确认、已知未申报的对外担保事项，按重整计划的偿债比例，预计需偿付债务601 605 000.00元，增加营业外支出和预计负债各601 605 000.00元。

3. 控股子公司盘县华阳煤业有限责任公司（以下简称"华阳煤业"）、贵州省盘县云贵矿业有限公司（以下简称"云贵矿业"）、贵州省盘县云尚矿业有限公司（以下简称"云尚矿业"）、贵州省仁怀市光富矿业有限公司（以下简称"光富矿业"）重大差错更正事项

（1）贵州华阳天泽煤业投资控股有限公司占用光富矿业资金94 000 000.00元，以个别认定法计提坏账准备94 000 000.00元；按账龄分析法计算应补提坏账准备10 773 357.56元，合计补提坏账准备104 773 357.56元。增加资产减值损失104 773 357.56元，增加坏账准备104 773 357.56元。

（2）调整冲回多计存货成本15 243 513.85元，减少年初未分配利润15 243 513.85元。

（3）调整冲回多计在建工程66 001 374.66元，减少年初未分配利润66 001 374.66元。

（4）按采矿权及土地使用权的使用年限测算，补计无形资产摊销27 592 537.98元，减少无形资产27 592 537.98元，增加管理费用27 592 537.98元。

（5）调整冲回以前年度确认递延所得税资产1 099 930.93元，减少未分配利润1 099 930.93元。

（6）云贵矿业补做短期借款6 000万元，光富矿业补做长期借款9 400 万元，增加其他应收款15 400万元。

（7）根据借款合同调整减少短期借款2 902万元，增加长期借款2 902万元。

（8）补计未入账拆借资金增加其他应付款151 433 487.00元，减少年初未分配利润151 433 487.00元。

（9）子公司因对外担保计提预计负债223 568 300.00元，增加营业外支出和预计负债各223 568 300.00元。

（10）冲回多计提专项储备28 258 170.63元，增加年初未分配利润25 242 414.59元，减少营业成本3 015 756.04元。

（11）冲回多计营业收入25 628 868.00元，减少应交税费3 331 752.84元，减少应收账款28 960 620.84元。冲回多计营业成本40 131 265.72元，减少年初未分配利润40 131 265.72元。

（12）补计银行借款及融资利息支出97 887 269.18元，增加财务费用97 887 269.18元，增加应付利息63 218 851.65元，增加其他应付款34 668 417.53元。

（二）会计差错更正对公司的影响

上述重大前期差错更正事项及其他非重大差错更正事项对贤成矿业2012年12月31日的财务状况及2012年度经营成果的影响如表64-1所示。

表64-1　重大前期差错对贤成矿业2012年12月31日财务状况及2012年度经营成果的影响　　单位：元

项目	更正前	差异	更正后
货币资金	384 346 684.33	-2 430 127.25	381 916 557.08
应收账款	102 797 660.70	-13 813 421.77	88 984 238.93
预付款项	48 156 641.07	143 193 147.29	191 349 788.36
其他应收款	1 237 040 042.90	-664 582 649.20	572 457 393.70
存货	167 900 654.66	-63 214 195.54	104 686 459.12
长期股权投资	259 010 739.93	-214 036 016.37	44 974 723.56
固定资产	709 574 704.62	-58 166 134.46	651 408 570.16
在建工程	642 334 842.92	13 483 061.39	655 817 904.31
工程物资	3 258 036.90	-3 258 036.90	
无形资产	472 305 110.91	-27 593 287.98	444 711 822.93
商誉	15 423 321.40	-15 423 321.40	
递延所得税资产	9 509 053.94	-7 878 449.55	1 630 604.39
短期借款	57 517 871.00	30 980 000.00	88 497 871.00
应付账款	354 632 925.01	-10 680 568.95	343 952 356.06
预收款项	89 701 425.46	-34 110 592.56	55 590 832.90
应付职工薪酬	24 607 704.82	-7 994 393.03	16 613 311.79
应交税费	48 165 811.53	-19 220 423.09	28 945 388.44
应付利息	68 955 305.10	61 718 851.65	130 674 156.75
其他应付款	806 332 368.54	252 247 485.50	1 058 579 854.04
长期借款	424 000 000.00	123 020 000.00	547 020 000.00
预计负债		1 040 362 600.00	1 040 362 600.00
资本公积	597 108 886.93	-60 213 003.85	536 895 883.08
专项储备	28 335 673.01	-21 968 260.68	6 367 412.33
盈余公积	23 989 598.88	-8 000 886.50	15 988 712.38
未分配利润	-452 876 517.03	-1 995 013 219.29	-2 447 889 736.32
少数股东权益	353 671 051.03	-264 793 020.94	88 824 030.09
营业收入	514 260 599.30	-34 159 420.85	480 101 178.45

续表

项目	更正前	差异	更正后
营业成本	490 955 429.68	−37 955 057.44	453 000 372.24
营业税金及附加	2 677 577.06	1 003 393.56	3 680 970.62
销售费用	11 108 575.57	2 037 762.14	13 146 337.71
管理费用	72 086 269.89	16 608 452.67	88 694 722.56
财务费用	86 543 824.57	88 871 586.48	175 415 411.05
资产减值损失	33 496 162.36	797 591 769.18	831 087 931.54
投资收益	−793 986.76	−2 185 438.23	−2 979 424.99
营业外收入	12 937 844.22	110 975.28	13 048 819.50
营业外支出	3 404 891.38	1 040 901 643.07	1 044 306 534.45
所得税费用	−4 594 086.72	9 117 212.29	4 523 125.57
归属于母公司股东的净利润	−133 230 816.02	−1 718 843 567.73	−1 852 074 383.75
少数股东损益	−36 043 371.01	−235 567 078.02	−271 610 449.03
年初未分配利润	−319 645 701.01	−276 169 651.56	−595 815 352.57

（三）公司董事会、监事会及会计师事务所对会计差错更正的意见

（1）公司董事会对会计差错更正的意见：于2014年4月28日召开的公司第五届董事会第三十七次会议对上述重大会计差错事项进行了审议，以5票赞成、2票反对、0票弃权审议通过《董事会关于2013年度会计差错更正的专项说明》（以下简称《专项说明》，详见公司2014-060号公告），在《专项说明》中，公司董事会认为本次公司根据《企业会计准则》等有关规定对以前年度发生的会计差错进行更正，恰当地进行了会计处理，对公司实际经营状况的反映更为准确，使公司的会计核算更符合有关规定，符合公司目前的实际情况，且没有损害公司及全体股东的合法权益。

（2）公司监事会对会计差错更正的意见：于2014年4月28日召开的公司第五届监事会第二十二次会议对上述重大会计差错事项进行了审议，以3票赞成、0票反对、0票弃权审议通过《监事会关于重大会计差错更正的说明》（详见公司2014-061号公告），公司监事会认为本次公司对以前年度发生的会计差错进行更正的依据是《企业会计准则》等有关规定，会计处理恰当，对公司实际经营状况的反映更为准确，使公司的会计核算更符合有关规定，符合公司目前的实际情况，且没有损害公司及全体股东的合法权益。

（3）会计师事务所意见：担任公司2013年年度审计工作的瑞华会计师事务所在对公司截至2013年12月31日的财务报表进行审计后，出具了瑞华审字〔2014〕63060052号带强调事项段的无保留意见的审计报告。

该审计报告的审计意见为："我们认为，贤成矿业财务报表在所有重大方面按照企业会计准则的规定编制，公允地反映了贤成矿业2013年12月31日合并及公司的财务状况以及 2013年度合并及公司的经营成果和现金流量。"

该审计报告的强调事项为："我们提醒财务报表使用者关注，如财务报表附注十二（一）所述，贤成矿业及子公司青海创新矿业开发有限公司在2013年进行了破产重整，现处于重整计划执行期，子公司青海创新矿业开发有限公司的硫酸、磷铵生产线已于2014年3月恢复生产。贤成矿业持续经营能力仍存在重大不确定性。本段内容不影响已发表的审计意见。"

特此公告。

青海贤成矿业股份有限公司董事会

2014年5月6日

四、莫名停牌公告——凯撒股份（002425）

证券代码：002425　证券简称：凯撒股份　公告编号：2015-025号

凯撒（中国）股份有限公司
关于重大事项停牌的公告

本公司及董事会全体成员保证公告内容真实、准确和完整，不存在虚假记载、误导性陈述或者重大遗漏。

凯撒（中国）股份有限公司（以下简称"公司"）拟筹划重大事项，相关事项尚存在不确定性。根据《深圳证券交易所股票上市规则》的有关规定，为避免因此引起公司股价波动，维护广大投资者利益，保证公平信息披露，经公司申请，公司股票于2015年4月23日（周四）开市起停牌，待上述事项确定后，公司将尽快刊登相关公告并申请公司股票复牌。

特此公告。

凯撒（中国）股份有限公司董事会
2015年4月22日

五、要钱保壳公告——*ST昌九（600228）

证券代码：600228　证券简称：*ST昌九　公告编号：2014-067号

江西昌九生物化工股份有限公司
关于控股股东筹划公司新保壳方案的情况暨复牌公告

本公司董事会及全体董事保证本公告内容不存在任何虚假记载、误导性陈述或者重大遗漏，并对其内容的真实性、准确性和完整性承担个别及连带责任。

本公司于2014年10月11日在《中国证券报》《上海证券报》和上海证券交易所网站披露了《江西昌九生物化工股份有限公司重大事项停牌公告》，并于2014年10月17日发布了《江西昌九生物化工股份有限公司重大事项进展公告》，因控股股东江西昌九化工集团有限公司（以下简称"昌九集团"）研究筹划公司新的保壳方案，本公司股票已按有关规定于2014年10月10日起停牌。

2014年10月23日，公司收到昌九集团《关于昌九生化新保壳方案与报批进展情况的函》，停牌期间，昌九集团对昌九生化面临的严峻形势进行了认真分析。根据充分论证，经研究，为确保昌九生化2014年净利润为正、净资产为正的保壳目标，昌九集团现将拟定的昌九生化新保壳方案与报批进展情况公告如下。

（一）新保壳方案主要措施

（1）请示赣州市政府于2014年12月31日以前给予昌九生化经营性财政补贴8000万元。

（2）请示赣州工业投资集团有限公司（以下简称"赣州工投"）批准昌九集团在2014年12月31日以前豁免昌九生化1.60亿元债务。

截至2014年9月30日，昌九生化所欠昌九集团债务累计为3.90亿元，昌九集团在豁免昌九生化1.60亿元债务的同时，将昌九生化341 466.67平方米的工业用地按评估值等额抵偿所欠昌九集团1.31亿元债务（经中铭国际资产评估公司评估，昌九生化现有341 466.67平方米的工业用地账面值为0.53亿元，评估值为1.31亿元，评估基准日为2014年8月31日）。昌九集团承诺：昌九生化土地资产抵债后，在该宗土地上的房屋建筑物等附作物资产没有进行处置前，不进行该宗土地的第二次流转。

（二）新保壳方案报批进展

昌九集团现已将昌九生化新保壳方案主要措施形成《关于请求批准昌九生化新的保壳方案的请示》上报赣州工投，目前尚未取得相关批复。

公司将充分关注事项进展并及时履行信息披露义务。上述事项尚须履行相关法定程序，其中：经营性财政补贴须获得赣州市人民政府的批准；以土地资产抵偿所欠昌九集团债务以及豁免昌九生化债务的事项在获得赣州工投批复后尚须履行昌九生化董事会、股东大会以及昌九集团股东会的批准程序。鉴于上述事项存在不确定性，敬请广大投资者理性投资，注意投资风险。

经向上海证券交易所申请，公司股票于2014年10月24日起复牌。

特此公告。

江西昌九生物化工股份有限公司董事会

2014年10月24日

六、违规交易凑学费——九州通（600998）

证券代码：600998　证券简称：九州通　公告编号：临2014-047号

九州通医药集团股份有限公司
关于公司高级管理人员违规交易的公告

本公司及董事会全体成员保证公告内容不存在虚假记载、误导性陈述或者重大遗漏，并对其内容的真实、准确和完整承担个别及连带责任。

九州通医药集团股份有限公司（以下简称"公司"）近日获悉公司技术总裁谷春光先生股票账户出现违规交易公司股票的行为，经核实，现将有关情况公告如下。

（一）本次违规交易的基本情况

公司技术总裁谷春光的股票账户于2014年6月20日以12.95元/股的价格买入公司股票4 000股，于2014年8月25日以16.00 元/股的价格卖出公司股票5 000股。谷春光现为公司高级管理人员，上述股票交易行为构成以下违规事项。

第一，违反了公司高级管理人员买卖公司股票间隔时间不得少于6个月的限制性规定；第二，违反了在公司信息披露"窗口期"禁止进行股票交易的规定，即公司2014年半年度报告预约披露日为2014年8月28日，上述股票交易行为发生在8月25日，违反了"窗口期"禁止进行股票交易的规定。

经公司董事会了解，截至本公告日，谷春光尚持有公司股票总计135 600股。谷春光向董事会说明的情况是：尽管公司董事会秘书处就公司股票交易禁止事项进行了培训和提示，但是由于其个人股票账户交给其妻子代为管理和操作，自己对上述交易行为并不知情，且因临近开学，其妻子出售股票是为了给孩子准备学费，且其妻并不知道上述股票交易行为违规。

（二）对本次违规交易事项的处理

《中华人民共和国证券法》第四十七条规定，"上市公司董事、监事、高级管理人员、持有上市公司股份百分之五以上的股东，将其持有的该公司的股票在买入后六个月内卖出，或者在卖出后六个月内又买入，由此所得收益归该公司所有，公司董事会应当收回其所得收益"。公司董事会认为，谷春光的本次买卖公司股票行为违反了上述规定，其所获差价收益 12 200元应全部上缴公司。谷春光表示对自己个人股票账户管理不严，对在公司信息公布的"窗口期"交易股票的行为，愿意按照本次涉及交易金额的10%，向公司缴纳8 000元人民币。

谷春光已深刻认识到了本次违规交易事项的严重性，并深感懊悔和歉意，为此向广大投资者致以诚挚的歉意，自愿接受上述处理。谷春光同时郑重承诺，将加强对相关法律法规和公司有关制度的学习，遵守上市公司高级管理人员的有关规定，加强账户管理，审慎操作，及时向公司披露买卖公司股票的情况，一定吸取教训，今后决不再犯此类错误。

特此公告。

九州通医药集团股份有限公司

2014年8月27日

七、奇葩更名公告——多伦股份（600696）

证券代码：600696　证券简称：多伦股份　编号：临 2015-028 号

上海多伦实业股份有限公司关于公司名称变更的公告

本公司董事会及全体董事保证本公告不存在任何虚假记载、误导性陈述或重大遗漏，并对其内容的真实性、准确性和完整性承担个别及连带责任。

上海多伦实业股份有限公司（以下简称"公司"）立志于做中国首家互联网金融上市公司。基于上述业务转型的需要，为使公司名称能够体现公司的主营业务，公司拟将名称变更为匹凸匹金融信息服务（上海）股份有限公司，英文名称P2P Financial Information Service Co., Ltd.。该公司变更的议案已经于2015年4月28日由第七届董事会第十次会议通过，并将提交2014年年度股东大会表决。

特此公告。

上海多伦实业股份有限公司董事会
2015年5月11日

八、虚假审计报告——中讯邮电（新三板836710）

新三板挂牌企业中讯邮电（836710）在2016年年报中称"北京永拓会计师事务所（特殊普通合伙）对公司出具了标准无保留审计报告"。但江苏证监局于2018年12月12日出具《关于对张家港中讯邮电科技股份有限公司采取出具警示函措施的决定》（〔2018〕78号）的行政监管措施决定书中却表明，北京永拓会计师事务所未承接该公司的年报审计业务，未曾出具审计报告，公司披露的2016年审计意见是虚假的。作为一家公众公司，竟然堂而皇之地捏造审计意见并对外披露，这样的操作震惊了圈内人士。为了显示真实的情况，我们将该公司2016年报中的审计报告以图片形式呈现。

该公司的虚假审计报告如下。

第十节　财务报告	一、审计报告
是否审计	是
审计意见	标准无保留
审计报告编号	北京永拓审会字〔2017〕第305196号
审计机构名称	北京永拓会计师事务所（特殊普通合伙）
审计机构地址	北京市朝阳区关东店北街1号2幢13层
审计报告日期	2017年6月26日
注册会计师姓名	王波、刘珺
会计师事务所是否变更	是
会计师事务所连续服务年限	-

审计报告正文：

审计报告

北京永拓审会字〔2017〕第305196号

张家港中讯邮电科技股份有限公司全体股东：

我们接受委托，审计了后附的张家港中讯邮电科技股份有限公司（以下简称"贵公司"）2016年12月31日的资产负债表，2016年度的利润表、现金流量表和股东权益变动表以及财务报表附注。

一、管理层对财务报表的责任

编制和公允列报财务报表是贵公司管理层的责任，这种责任包括：（1）按照企业会计准则的规定编制财务报表，并使其实现公允反映；（2）设计、执行和维护必要的内部控制，以使财务报表不存在由于舞弊或错误导致的重大错报。

二、注册会计师的责任

我们的责任是在执行审计工作的基础上对财务报表发表审计意见。我们按照中国注册会计师审计准则的规定执行了审计工作。中国注册会计师审计准则要求我们遵守中国注册会计师职业道德守则，计划和执行审计工作以对财务报表是否不存在重大错报获取合理保证。

审计工作涉及实施审计程序，以获取有关财务报表金额和披露的审计证据。选择的审计程序取决于注册会计师的判断，包括对由于舞弊或错误导致的财务报表重大错报风险的评估。在进行风险评估时，注册会计师考虑与财务报表编制和公允列报相关的内容控制，以设计恰当的审计程序，但目的并非对内部控制的有效性发表意见。审计工作还包括评价管理层选用会计政策的恰当性和做出会计估计的合理性，以及评价财务报表的总体列报。

我们相信，我们获取的审计证据是充分、适当的，为发表审计意见提供了基础。

三、审计意见

我们认为，张家港中讯邮电科技股份有限公司财务报表在所有重大方面按照企业会计准则的规定编制，公允反映了贵公司 2016 年 12 月 31 日的财务状况以及 2016 年度的经营成果和现金流量。

（以下无正文）

北京永拓会计师事务所　　　　　　　中国注册会计师：

（特殊普通合伙）

中国·北京　　　　　　　　　　　中国注册会计师：

2017 年 6 月 26 日

证监会江苏监管局对该公司出具的警示函如下。

索　引　号：40000895X/　　　　　　　　分类：公众公司监管；通知公告

发布机构：江苏局　　　　　　　　　　　发文日期：2018年12月12日

名　　称：【行政监管措施】关于对张家港中讯邮电科技股份有限公司采取出具警示函措施的决定

文　　号：（2018）78号　　　　　　　　主题词：

【行政监管措施】关于对张家港中讯邮电科技股份有限公司

采取出具警示函措施的决定

张家港中讯邮电科技股份有限公司：

根据《非上市公众公司监督管理办法》（证监会令第 96 号），我局对你公司违规情况进行核查。经查，发现你公司存在以下违规行为：

一、虚假披露 2016 年审计意见

2017 年 6 月 30 日，你公司披露 2016 年年报中称"北京永拓会计师事务所（特殊普通合伙）对公司出具了标准无保留审计报告"。经查，北京永拓会计师事务所未承接你公司的年报审计业务，未曾出具你公司提供的北京永拓审会字〔2017〕第 305196 号审计报告，你公司披露的上述 2016 年审计意见虚假。

二、股权冻结未及时披露

2017 年 11 月 9 日，陆正明持有你公司股份 1 780 万股被司法冻结，占公司总股本 89%；2018 年 2 月 1 日，陆正明持有你公司股份 1 680 万股被司法冻结，占公司总股本 84%。上述司法冻结情况你公司均未及时报告。

你公司上述行为违反了《非上市公众公司监督管理办法》第二十条、第二十二第、第二十五条的规定。根据《非上市公众公司监督管理办法》第五十六条、第六十二条的规定，现对你公司采取出具警示函的监管措施，并记入证券期货市场诚信档案。你公司应采取有效措施及时整改：

一、公司应严格遵守《证券法》《非上市公众公司监督管理办法》等相关法律法规，强化信息披露信息，严格按规定履行信息披露义务。

二、公司全体董事、监事、高级管理人员应加强对相关证券法律法规的学习，确保公司信息披露真实、准确、完整、公平、及时。

你公司应在收到此决定书之日起 10 个工作日内将整改落实情况书面报送我局，我局将视整改情况采取相应措施。

如果对本监督管理措施不服，可以在收到本决定书之日起 60 日内向中国证券监督管理委员会提出行政复议申请，也可以在收到本决定书之日起 6 个月内向有管辖权的人民法院提起诉讼。复议与诉讼期间，上述监督管理措施不停止执行。

江苏证监局

2018 年 12 月 12 日

问题：

1. 请简述上述每一个公告产生的原因，并结合相应的披露规则指出每一个公告存在的具体问题。

2. 出现上述公告乱象的根本原因是什么？如何根治我国上市公司信息披露不规范的顽疾？

案例六十五

一体观与独立观——广州发展

广州发展集团股份有限公司（以下简称"广州发展"或"公司"）是一家经营电力业务、燃料业务和天然气业务的能源公司，1997 年在上海证券交易所上市（原名为"广州发展实业控股集团股份有限公司"，简称"广州控股"，股票代码 600098，2012 年后改为现名）。公司上市后经营一直比较平稳，特别是近十年来，业绩都呈上升态势（见表 65-1，个别年份因全球金融危机导致大幅下滑的除外）。然而，2016 年，公司业绩大幅度下滑，与上年（2015 年）相比，净利润（归属于上市公司股东的净利润）下降 48.64%，从而导致公司股价不断下跌，股价从近一年来最高的 12.40 元降为本年度股东大会召开前的 7 元左右（见表 65-2）。恰逢此时，公司召开一年一度的股东大会。

表 65-1　　　　　　　　　　　广州发展 2006—2016 年经营业绩一览　　　　　　　　　单位：元

	营业收入	归属于上市公司股东的净利润	归属于上市公司股东扣除非经常性损益后的净利润	经营活动产生的现金流量净额
2006 年	6 084 548 183.13	724 299 630.67	669 825 875.58	1 321 244 431.33
2007 年	7 154 925 291.09	1 085 421 399.80	723 584 551.16	1 070 326 573.82
2008 年	8 205 176 813.49	361 699 979.98	349 872 734.68	1 044 925 279.94
2009 年	7 567 132 970.84	710 489 056.93	700 998 723.37	1 712 117 487.28
2010 年	8 859 319 649.40	746 395 555.81	688 454 444.96	766 171 796.34
2011 年	13 241 410 133.71	577 465 712.71	344 441 564.34	839 409 051.28
2012 年	15 164 465 859.16	872 627 086.79	683 026 386.66	3 031 271 477.42
2013 年	16 894 531 933.90	1 035 091 363.27	981 288 818.65	2 766 444 396.66
2014 年	19 445 795 158.86	1 224 124 444.61	1 173 915 692.13	3 235 942 365.18
2015 年	21 116 650 727.13	1 302 614 913.21	1 232 416 870.99	3 189 175 088.84
2016 年	22 008 147 524.67	668 963 314.29	654 219 257.43	2 475 175 328.18

表 65-2　　　　　　　　　　　广州发展近一年来最高股价和最低股价　　　　　　　　　单位：元

日期	开盘价	最高价	最低价	收盘价
2017-3-8	12.40	12.40	11.09	11.09
2017-5-24	7.22	7.32	7.09	7.25
2017-6-1	7.40	7.40	7.22	7.23
2017-6-2	7.23	7.33	7.18	7.32

2017 年 6 月 2 日上午 9 点 30 分，广州发展股东大会在公司发展大厦 6 楼召开，由于参会的股民较多，股民登记超时使得会议推迟将近二十分钟才开始。

本次会议一共审议公司《2016 年度董事会工作报告》《2016 年度监事会工作报告》《2016 年年度报告》《2016 年年度报告摘要》《2016 年度财务决算报告》《2016 年度利润分配方案》《2017 年度财务预算方案》《日常交易事项》《聘任审计机构》等九个议案。在各位董事将各议案向大会宣读提交后，进入股东提问环节。

第一个提问的是一位老年股民，他首先表明自己是公司的一位老股东，持有公司股票多年，突然间，这位老者情绪变得非常激动，所提问题也十分尖锐。他提到，公司 2016 年的净利润（归属于上市公司股东的净利润）比上年下降 48.64%，这是公司历史上少有的业绩下滑。在这种困境下，公司竟然还计提几亿元的减值准备，特别是对东周窑的股权投资计提三千多万元的减值准备。接着，他很生气地提出，在公司业绩如此大幅度的下降的情况下，为什么高管的奖金依旧照拿。最后，他提出请公司管理层和负责审计委员会的独立董事回答该问题。

会议由公司董事长主持，首先董事长做了一些说明，然后由总经理进行了补充。期间，公司证券代表将厚厚的一本事先准备好的股东大会问题回答的范本递给了独立董事，并翻到高管奖金这一问题上。针对这一问题，范本中的答案是高管 2016 年发放的奖金是 2015 年应获得的，而 2016 年的奖金还未确定。董事长和总经理对老年股民的问题进行了一一解释。大体有以下几层意思：一是我国电力行业 2016 年度总体业绩呈现大幅度下滑态势，原因分为两个方面——一方面是煤炭价格从下半年开始大幅回升，另一方面是电价的不断下调；二是公司由于多方面的原因，计提了三个多亿的减值准备，否则，公司 2016 年的业绩虽然会有下降，但下降的幅度不会达到近 50%。2016 年公司做了很多卓有成效的工作，如果不考虑减值因素，公司 2016 年度的绩效在整个电力行业都是靠前的。董事长和总经理回答后，董事长并未让独立董事进行回答，这一问题就此回答完毕。后来又有一位香港的股东提出一个问题，该问题是公司是否准备进行市值管理，回购一些公司的股票。公司董秘回答，公司暂无此计划。

问题回答完毕后，进入投票环节。据现场投票统计显示，九个方案反对票的股票数均为 22 300 股。

在 2016 年度，公司对四个项目计提了减值准备（提交董事会进行讨论并公开进行了公告），其中三个项目在年底计提减值准备，一个项目于本年度 6 月计提减值准备。根据公司第七届董事会第十四次会议中的《关于计提减值准备的议案》，各项减值准备项目、减值金额和对母公司净利润的影响如表 65-3 所示。

表 65-3　　　　　　　　　　　公司 2016 年度资产减值准备计提情况　　　　　　　　　单位：万元

项目	计提减值准备	影响母公司净利润
南沙电力项目（包括商誉）	30 078.10	23 409.49
肇庆电力项目	3 958.64	1 979.32
东周窑项目	3 515.54	2 285.10
达海港项目	400.00	400.00
合计	37 952.28	28 073.91

在 2016 年度报告财务报告附注"第十六项、其他重要事项"的"第 7 项、其他对投资者决策有影响的重要交易和事项"中，编号为（15）、（17）、（18）、（19）的项目分别对南沙电力项目、东周窑项目、达海港项目和肇庆电力项目的减值进行了说明。需要说明的是，在最初的年度财务报告中，这些减值都未作为重大事项在附注中进行说明，后经独立董事的提示以及与审计师沟通后进行了改进，增加了减值项目作为重大事项的附注说明。

董事长和总经理对公司业绩下滑的解释基本上是符合事实的，表 65-4 是 2016 年度和 2015 年度业绩对照情况。

表 65-4　　　　　　　　　公司 2016 年度和 2015 年度业绩对照情况　　　　　　　　单位：万元

项目		第一季度	第二季度	第三季度	第四季度	合计
营业收入	2015 年	421 506.65	424 281.45	500 238.42	765 638.56	2 111 665.07
	2016 年	527 730.02	537 851.10	537 077.02	598 156.61	2 200 814.75
归属于上市公司股东的净利润	2015 年	23 686.44	29 725.32	45 135.99	31 713.74	130 261.49
	2016 年	16 698.09	32 981.74	49 297.65	-32 081.15	66 896.33
归属于上市公司股东的扣除非经常性损益后的净利润	2015 年	23 175.87	25 701.28	41 475.76	32 888.78	123 241.69
	2016 年	16 524.96	32 566.98	48 736.22	-32 406.24	65 421.93
经营活动产生的现金流量净额	2015 年	112 227.40	75 753.31	73 328.43	57 608.36	318 917.51
	2016 年	6 826.76	34 110.77	103 850.63	102 729.38	247 517.53

2016 年第四季度由于煤炭价格的上涨和电价的下调，公司亏损超过三亿元（包括年底近三亿元的减值准备），否则，公司业绩有可能不会低于 2015 年。

股东大会上，老股民提到的东周窑的股权投资的减值准备是在 6 月计提的，当时这一减值并未通过董事会讨论通过，只是在半年度财务报告中的附注"七、合并报表项目注释"中的"16. 长期股权投资（2）"进行了如下说明："公司根据 2016 年度我国煤炭市场的形势，对持有大同煤矿集团同发东周窑煤业有限公司 30%的股权计提 35 155 400 元的减值准备"。该决策主要的考虑是煤炭价格的大幅度下降，因此公司对东周窑煤炭的股权投资项目的前景并不看好，所以从谨慎性原则的角度出发计提减值准备。虽然后来煤炭价格大幅度上涨，公司对东周窑煤炭的股权投资项目的投资前景又变得较好，但由于我国企业会计准则对长期资产项目计提减值后不允许转回的规定，这一会计业务就不可逆处理。正是这一会计规定，以及我国中期报告采用的一体观而不是独立观，而引发人们对减值计提时机的思考——我国企业计提减值准备，是在减值迹象发生时立即计提，还是到年末统筹进行考虑后再计提？

与此类似的是对南沙电力项目的减值计提。南沙电力项目是广州发展下属全资子公司广州发展电力集团有限公司控股子公司广州发展南沙电力有限公司（直接和间接控股 77%）的一个"上大压小"扩建项目。该项目于 2008 年取得国家能源局的批准（国能局电力函〔2008〕128 号），截至 2016 年年底，该项目实际投入 47 621.01 万元，其中 17 542.91 万元属于预付款项，可以实际收回，另外 30 078.10 万元则包括建筑工程投入、管理费用和利息费用、建设费用和商誉，由于这些费用属于沉没成本，于 2016 年年底全额计提减值。对南沙电力项目计提减值，原因是国家能源局于 2016 年 9 月 13 日下发了《关于取消一批不具备核准建设条件煤电项目的通知》（国能电力〔2016〕244 号），在此通知中就包括取消南沙电力项目（参见公司公告 2016-051 号）。如果按独立观，公司应于第三季度对此项目计提减值准备，而不是等到年底计提。令人质疑的是，为何公司对东周窑股权投资项目在年中就计提减值准备，而对南沙电力项目要拖到年底才进行计提？

问题：

1. 企业资产减值准备，是在减值迹象发生时立即计提，还是到年末统筹进行考虑后再计提？对于东周窑股权投资项目和南沙电力项目，你认为是在减值迹象发生时计提，还是在年底计提，或者两者分别进行考虑？请说明理由（结合会计信息的质量特征）。（提示：可结合穗恒运的案例一起讨论）

2. 根据我国中期财务报告一体观的原则，广州发展对东周窑的股权投资在6月计提的减值准备可以转回，同时，这一会计处理并未经过结账处理。你认为这一说法有道理吗？

3. 企业计提减值准备需要经过董事会讨论吗？计得多少的减值准备需要提请董事会讨论？减值迹象的判断标准是什么？

4. 何谓重大事项？在年度财务报告中，什么样的事项需要在重大事项中进行附注说明？

5. 有人说，企业业绩特别好时，或者业绩特别差时都是企业计提重大减值准备的好时机，你认为这一说法正确吗？请用数据和事例说明。

6. 何谓市值管理？企业选择会计政策需要考虑市值管理（包括股票价格）的因素，或者说要特别照顾股东的利益吗？

案例六十六

借题发挥还是多元经营——重庆啤酒

一、神话破灭？

2011年12月8日，重庆啤酒股份有限公司（以下简称"重庆啤酒"）对外发布关于"治疗用（合成肽）乙型肝炎疫苗"[①]研究进度暨复牌公告（参见本案例附件一），披露由其控股的重庆佳辰生物工程有限公司乙肝（乙型肝炎）疫苗项目II期临床研究主要疗效指标的初步统计结果。公告称，以北京大学人民医院为组长单位的"治疗用（合成肽）乙型肝炎疫苗治疗慢性乙型肝炎的疗效及安全性的多中心、随机、双盲、安慰剂对照的II期临床研究"主要疗效指标初步统计显示：安慰剂组应答率28.2%；治疗用（合成肽）乙型肝炎疫苗600μg组应答率30.0%；治疗用（合成肽）乙型肝炎疫苗900μg组应答率29.1%。也就是说，所研发乙肝疫苗的疗效和安慰剂的疗效没有显著性差异。

这则公告无疑震碎了重庆啤酒13年来凭借乙肝疫苗概念堆砌而成的180倍市盈率"神话"，并且成了所有投资人的噩梦。12月8日，重庆啤酒复牌便以跌停开盘，全日有超过80万手（我国股市中，1手=100股）的卖单牢牢封死跌停板，成交量仅有1 121手，呈现出无量跌停的态势，而重庆啤酒的市值在一日之间蒸发39.32亿元。接下来的八个交易日，重庆啤酒股价连续跌停，股价从公告发布前一交易日的81.06元暴跌至31.39元，跌幅为158.24%（参见表66-1）。

面对重庆啤酒持续跌停的风险，重仓持股基金也面临着难以逃脱的厄运，纷纷发布公告，称对重庆啤酒的股票按照公允价值进行估值调整。国泰基金公告自12月6日起按指数收益法对重庆啤酒的股票进行估值。富国基金公告，对旗下基金（上证综指ETF除外）持有的重庆啤酒股票在12月8日收盘价的基础上连续下调3个10%的价格进行估值。而作为重庆啤酒最大机构投资者的大成基金更是接连发布了七个关于所持重庆啤酒估值调整的公告（参见本案例附件二），将重庆啤酒的每股股价由59.09元一度调整为32.79元。

种种迹象都显示出对重庆啤酒乙肝疫苗项目的不利，难道演绎了13年的"疫苗神话"真的就此破灭？

表66-1　　2011年11月24日至12月20日重庆啤酒股票交易的相关数据

日期	开盘价（元）	最高价（元）	最低价（元）	收盘价（元）	涨跌额（元）	涨跌幅（%）	振幅（%）	总手数	成交额（万元）
2011-11-24	71	75.56	71	75.56	6.87	10.00	6.64	57 378	42 854
2011-11-25	83.12	83.12	80.26	81.06	5.5	7.28	3.79	157 622	129 975

---

① 治疗用乙型肝炎疫苗是指在已感染病原微生物或已患有某些疾病的机体中，通过诱导特异性的免疫应答，达到治疗或防止疾病恶化的天然、人工合成或用基因重组技术表达的产品或制品。它和预防用疫苗有一定的区别。预防用疫苗是在机体未遭受到病毒攻击之前接种，从而机体可产生表面抗原抗体，该抗体在机体感染乙肝病毒时可阻止其与肝细胞膜的结合而中断感染过程，起到预防作用。目前国内外已有预防用乙肝疫苗上市。治疗用乙型肝炎疫苗主要是在机体已经感染了病毒之后注射，此时，机体内已经有病毒抗原存在，只是由于机体免疫反应的部分缺陷，而不能发挥有效的清除病原体的作用。治疗用疫苗就是通过某种途径来弥补或"唤醒"机体的免疫反应，从而达到清除病毒的目的。目前，国际上尚无治疗用乙肝疫苗上市，原中华人民共和国国家食品药品监督管理局（以下简称"国家食品药品监督管理局"）批准进行临床试验的有且只有以下四种：a. 高剂量乙肝疫苗，估计二期B（IIb期）临床试验已完成，现进度未明；b. 抗原抗体复合物治疗性乙肝疫苗，三期临床试验开展中；c. 治疗性乙肝（合成肽）疫苗（即附注所指），二期完成；d. 双质粒治疗性乙肝DNA疫苗，二期已完成。中国另有数个治疗性乙型肝炎疫苗正在研究中。

续表

日期	开盘价（元）	最高价（元）	最低价（元）	收盘价（元）	涨跌额（元）	涨跌幅（%）	振幅(%)	总手数	成交额（万元）
2011-12-8	72.95	72.95	72.95	72.95	-8.11	-10.00	0	1 121	817
2011-12-9	65.66	65.66	65.66	65.66	-7.29	-9.99	0	973	638
2011-12-12	59.09	59.09	59.09	59.09	-6.57	-10.01	0	566	334
2011-12-13	53.18	53.18	53.18	53.18	-5.91	-10.00	0	1 160	616
2011-12-14	47.86	47.86	47.86	47.86	-5.32	-10.00	0	1 178	563
2011-12-15	43.07	43.07	43.07	43.07	-4.79	-10.01	0	1 360	585
2011-12-16	38.76	38.76	38.76	38.76	-4.31	-10.01	0	10 911	4 229
2011-12-19	34.88	34.88	34.88	34.88	-3.88	-10.01	0	7 377	2 573
2011-12-20	31.44	31.44	31.39	31.39	-3.49	-10.01	0.14	75 398	23 667

二、重庆啤酒简介

重庆啤酒股份有限公司系经重庆市经济体制改革委员会渝改委〔1993〕109 号文批准，由重庆啤酒（集团）有限责任公司（以下简称"重啤集团"）作为独家发起人将重庆啤酒厂进行改组，采用定向募集方式设立的股份有限公司。

1997 年 10 月，经证监会批准，重庆啤酒发行人民币普通股 4 000.00 万股，并于同月在上海证券交易所上市交易。1999 年 9 月，根据 1998 年股东大会决议并经证监会证监公司字〔1999〕65 号文批准，重庆啤酒向全体股东配售了 1 387.20 万股普通股，配股后普通股总数为 5 387.20 万股。2003 年 4 月，重庆啤酒以 2002 年年末股份 17 087.20 万股为基数，以资本公积向全体股东每 10 股转增 5 股，转增后普通股总数为 25 630.80 万股。2006 年 9 月，重庆啤酒根据 2006 年第一次临时股东大会决议并经中国商务部商资批〔2006〕1602 号文和重庆市国有资产监督管理委员会渝国资产〔2006〕125 号文批准进行股权分置改革，以 2005 年年末股份 25 630.80 万股为基数，以资本公积按每 10 股转增 3.854 55 股的比例向全体流通股股东转增股份，转增后普通股总数为 28 637.35 万股。2007 年 5 月，重庆啤酒以 2006 年年末股份 28 637.35 万股为基数，以资本公积向全体股东每 10 股转增 3 股，转增后普通股总数为 37 228.55 万股。2008 年 5 月，重庆啤酒以 2007 年年末股份 37 228.55 万股为基数，以资本公积向全体股东每 10 股转增 3 股，转增后普通股总数为 48 397.12 万股。

2010 年 12 月，经国务院国资委、国家商务部批准，原第一大股东重啤集团将其持有的重庆啤酒 12.25%股权转让给嘉士伯啤酒厂香港有限公司（Carlsberg Brewery Hong Kong Limited.，以下简称"嘉士伯香港"）。该股权转让完成后，嘉士伯香港与其关联公司嘉士伯重庆有限公司（Carlsberg Chongqing Limited.）共同持有重庆啤酒 29.71%的股权，计 143 794 582 股，为第一大股东；重啤集团持有重庆啤酒 20%的股权，计 96 794 240 股，为第二大股东。

重庆啤酒经营范围包括：啤酒、非酒精饮料（限制类除外）的生产、销售；啤酒设备、包装物、原辅材料的生产、销售；普通货运（不含危险品运输）。

重庆啤酒是全国大型啤酒生产企业之一，是西南最大的啤酒生产企业，现有生产能力为年产五大系列、十五个品种啤酒 15 万吨。重庆啤酒本期持续经营，主要销售收入来源于啤酒销售；主要产品有山城啤酒、重庆啤酒、大梁山啤酒、国人啤酒、九华山啤酒等。其中，"重庆"牌、"山城"牌系列啤酒，在重庆市和四川省拥有稳定的市场。重庆啤酒自上市以来的历年相关指标请参见本案例附件三。

三、乙肝疫苗事件的经过

（一）收购佳辰生物股权——迎来上市后第一波大行情

1998 年 10 月 27 日，重庆啤酒发布公告（参见本案例附件四）称，公司将斥资 1 435.20 万元收购重啤集团持有的重庆佳辰生物工程有限公司（以下简称"佳辰生物"）52%股权。佳辰生物股权结构随即变为：重庆啤酒持股 52%，重啤集团持股 18%，中国人民解放军第三军医大学、重庆大学各持股 15%，而佳辰生物当时正"全力以赴进行治疗乙肝新药等重大项目的开发"，重庆啤酒开始披上了乙肝疫苗概念股的光环。

在阐述收购目的与意义时，重庆啤酒称："通过收购佳辰生物，本公司将直接进入高新技术产业，目前该公司正加紧研制具有完全独立知识产权的生物制药产品，该生物制药品有望成为本公司新的利润增长点。这将为本公司可持续发展奠定坚实的基础，也将为股东带来丰厚的回报。"此后，虽然"新的利润增长点"并没有实现，但股价却有了"丰厚的回报"，因为乙肝疫苗概念对重庆啤酒股价的刺激是立竿见影的。

1999 年 6 月 21 日，重庆啤酒对外发布公告（参见本案例附件五），称其控股子公司佳辰生物正在研制的乙型病毒性肝炎治疗性多肽疫苗项目已被列为国家高新技术产业化重点项目，并获得国家新药研究基金的立项资助。

就在 1998 年 10 月 27 日发布公告后的 8 个月里，重庆啤酒迎来了上市之后的第一波大行情——1998 年 10 月 27 日至 1999 年 6 月 30 日期间，重庆啤酒股价累计上涨 148.82%，股价最高时曾达 31.48元，而沪指同期却下跌了 0.33%。

（二）疫苗项目获批——迎来股价第二春

此后，重庆啤酒继续对佳辰生物增资扩股，截至 2001 年 1 月 19 日，重庆啤酒陆续将其持有的佳辰生物股权增至 93.15%。由此，这家啤酒公司的股票被正式视作乙肝疫苗概念股，被反复炒作。

重庆啤酒股价在 2003 年小跌 0.87%后，随着大牛市的来临以及乙肝疫苗项目接连迎来关键节点，重庆啤酒再次引起了人们的关注。2004 年 11 月，重庆啤酒完成了"治疗用（合成肽）乙型肝炎疫苗"Ⅰ期临床试验，并于 2004 年 11 月 24 日向重庆市食品药品监督管理局和国家食品药品监督管理局提出了开展Ⅱ、Ⅲ期临床试验的申请；2005 年 6 月，该申请得到了国家食品药品监督管理局的批复（参见本案例附件六）；2006 年 3 月 31 日，重庆啤酒在北京启动Ⅱ期临床研究试验（参见本案例附件七）；而与此好消息相对应的是，重庆啤酒股价也在 2005 年 6 月 30 日至 2007 年 6 月 30 日期间大涨 1 003.96%，并迎来股价的第二个历史高点——54 元。

（三）Ⅱ期 A 阶段临床观察低效——股价"高台跳水"

正所谓"成也萧何、败也萧何"，就在投资者对重庆啤酒乙肝疫苗项目充满期待的时候，挫折突然而至。2007 年，重庆啤酒宣布，在方案设定的 48 周Ⅱ期 A 阶段临床观察期内，受试者不仅没有出现病毒 DNA 数量下降情况，就连免疫水平都处在低位，似乎疫苗对慢性乙肝病人没有功效，加上随后大盘的崩溃，重庆啤酒股价"高台跳水"，在 2008 年 9 月 18 日一度跌至 8.05 元。

（四）Ⅱ期临床试验顺利——股价再创新高

转折点出现在 2010 年 9 月，当年 9 月 2 日，重庆啤酒发布关于"治疗用（合成肽）乙型肝炎疫苗"研究进展提示性公告（参见本案例附件八），公告显示北大组按临床试验方案正在各家临床医院正常进行临床试验，浙大组入组病人速度加快，疫苗研究进展顺利。随后兴业证券发布研究报告，给予重庆啤酒"强烈推荐"的投资评级。

消息传出，重庆啤酒股价立刻如脱缰的野马一般飞驰，当年 11 月 16 日创出新高——79.68 元。加上嘉士伯与重庆啤酒的重组事宜渐渐明晰，市场一度认为重庆啤酒是"重庆上市公司中的第一只百元股"。虽然此后股价一度滑落 42%，但重庆啤酒仍处于相对强势的地位，至 11 月 25 日，重庆啤酒股价已取得 47.03%的年内涨幅，重庆啤酒位居重庆 A 股上市公司之首。

（五）疫苗研究进展提示性公告——股价连续涨停，飙至历史最高点

2011 年 10 月 26 日，重庆啤酒董事会通过决议（参见本案例附件九），同意佳辰生物根据乙肝疫苗前期临床研究进展，在北方组Ⅱ期临床研究揭盲后，向美国食品和药品监督管理局（FDA）提出Ⅲ期临床国际多中心临床试验（IND）注册申请。

2011年11月24日，重庆啤酒发布关于"治疗用（合成肽）乙型肝炎疫苗"研究进展提示性公告（参见本案例附件十），称其控股的佳辰生物研发的治疗用（合成肽）乙型肝炎疫苗以北京大学人民医院为中心实验室（组长单位）的"治疗用（合成肽）乙型肝炎疫苗治疗慢性乙型肝炎的疗效及安全性的多中心、随机、双盲、安慰剂对照的Ⅱ期临床研究"将于2011年11月27日召开揭盲工作会议。

所谓双盲试验，简单理解就是谁都不知道哪组病人用了对照药物，哪组病人用了活性药物（研发的乙肝疫苗）。而揭盲工作会议的主要内容便是揭晓哪组病人用了哪种药物，也就是说，揭晓重庆啤酒研发的治疗用（合成肽）乙型肝炎疫苗的真正效用。

在业内人士和市场人士看来，此次揭盲工作会议的结果对于判断疫苗的效用很重要。为此，重庆啤酒在公告中称，将于2011年11月28日至12月2日停牌，在2011年12月5日公告揭盲工作会相关信息后复牌。

当日，兴业证券发布对重庆啤酒的研究报告（参见本案例附件十一），表示其治疗性乙肝疫苗的前景乐观，维持"强烈推荐"评级。

次日中盘重庆啤酒股价涨至83.12元，达历史最高点，报收81.06元/股，13年间重庆啤酒股价大涨了37倍。

（六）"揭盲结果"披露三度延期

2011年11月27日，重庆啤酒旗下佳辰生物研发的治疗用乙型肝炎疫苗进行了数据揭盲。按照此前计划，重庆啤酒将于2011年12月5日公告揭盲工作会相关信息。然而，2011年12月2日晚，重庆啤酒对外发布临时公告，全文如下所示。

证券代码：600132	股票简称：重庆啤酒	公告编号：2011-038

重庆啤酒股份有限公司

继续停牌公告

> 本公司董事会及全体董事保证本公告内容不存在任何虚假记载、误导性陈述或者重大遗漏，并对其内容的真实性、准确性和完整性承担个别及连带责任。

因工作原因，本公司暂时未能取得本公司控股的重庆佳辰生物工程公司研发的治疗用（合成肽）乙型肝炎疫苗以北京大学人民医院为组长单位的"治疗用（合成肽）乙型肝炎疫苗治疗慢性乙型肝炎的疗效及安全性的多中心、随机、双盲、安慰剂对照的Ⅱ期临床研究"于2011年11月27日召开的揭盲工作会议相关信息。

公司股票于2011年12月5日（星期一）继续停牌一天。

公司对因此给广大投资者带来的不便深表歉意！敬请谅解。

特此公告。

重庆啤酒股份有限公司董事会

2011年12月2日

2011年12月5日晚，重庆啤酒又发布临时公告，称因重要信息正在核实中，公司股票于2011年12月6日（星期二）继续停牌一天。

到了2011年12月6日晚，公司却再次发布临时公告，称由于重要信息还在核实中，公司股票于2011年12月7日（星期三）继续停牌一天。

随着股价攀升，风险的泡沫也在积聚。有投资者表示，重庆啤酒的价值就像一杯啤酒，其啤酒资产价值仅相当于杯里的啤酒，杯里的泡沫相当于A股市场对乙肝疫苗的预期——成功的话，这杯啤酒的价值会变成茅台酒的价值，而一旦失败，重庆啤酒将在"上百亿市值灰飞烟灭"中实现惨痛价值回归。因而，停牌的几天，对重庆啤酒的投资者而言，无异于度日如年。

（七）乙肝疫苗研究进度暨复牌公告——股价连续九个跌停

2011 年 12 月 8 日，重庆啤酒在拖延了整整 5 天后终于对外发布关于"治疗用（合成肽）乙型肝炎疫苗"研究进度暨复牌公告（参见本案例附件一），对 II 期临床研究的结果揭盲：初步统计结果显示，安慰剂组应答率为 28.2%；治疗用（合成肽）乙肝疫苗 600μg 组应答率 30.0%；治疗用（合成肽）乙肝疫苗 900μg 组应答率 29.1%。这说明用药组与安慰剂组无显著差异，临床成果甚微，以至于不少股民戏称"不用疫苗喝水就能治乙肝"。

这一则公告让重庆啤酒从"天堂"堕入"地狱"。

2011 年 12 月 8 日，重庆啤酒复牌，其股票便遭遇恐慌式抛售，股价无量跌停。从此开始，重庆啤酒像是被击打的一面大鼓，跌停伴着鼓点倾泻而出，让风声鹤唳的资本市场随之忐忑飘摇。

12 月 12 日，重庆啤酒股价跌停于 59.09 元，这已是重庆啤酒连续第三次跌停。并且，由于重庆啤酒 2011 年 12 月 8 日至 12 月 12 日连续三个交易日收盘价格跌幅偏离值达到 20% 以上，根据上海证券交易所的有关规定，该波动属股票交易异常波动，公司不得不对外发布股票交易异常波动公告（参见本案例附件十二），提醒投资者注意投资风险。同时，公司表示"经公司征询控股股东及实际控制人，截至本报告披露日，公司及公司实际控制人不存在应披露而未披露的信息。"公告还称，"根据 RPS 公司拟订的初步工作计划，预计'治疗用（合成肽）乙型肝炎疫苗治疗慢性乙型肝炎的疗效及安全性的多中心、随机、双盲、安慰剂对照的 II 期临床研究'的统计分析结果终稿将于 2012 年 1 月 6 日出具，预计本项目临床研究总结报告终稿将于 2012 年 4 月 6 日出具。"

因信息披露问题，重庆啤酒甚至上演了大股东与投资者"兵戎相见"的闹剧性事件——"大成罢董"。2011 年 12 月 12 日，重仓重庆啤酒股权 10% 以上的大成基金公开发表声明，要求重庆啤酒停牌并回应市场质疑。大成基金的声明原文请参见本案例附件十三。

2011 年 12 月 13 日至 12 月 15 日，重庆啤酒股票又连续三个交易日跌停，且收盘价格跌幅偏离值累计达到 20%，根据上海证券交易所的有关规定，该波动属股票交易异常波动，公司不得不对外发布股票交易异常波动公告，提醒投资者注意投资风险。

2011 年 12 月 16 日至 12 月 19 日，重庆啤酒股票又遭遇连续两个交易日跌停，且收盘价格跌幅偏离值累计达到 20%，公司又不得不对外发布股票交易异常波动公告，提醒投资者注意投资风险。

2011 年 12 月 20 日，重庆啤酒股票连续第九个跌停！重庆啤酒俨然成为当时证券市场最大的"明星"。半个月内，重庆啤酒已经由每股 80 多元的高位暴跌至每股 20 多元，市值蒸发高达 260 多亿元。

重庆啤酒在各个历史时期的股价走势请参见本案例附件十四。

（八）总结报告出炉——股价持续走低

重庆啤酒给我们讲述的疫苗故事似乎还在继续，但是，相比这个疫苗故事，或者说是疫苗"神话"，更多人将目光转向了重庆啤酒股票。

连续跌停的噩梦终于在 2011 年 12 月 21 日画上了一个句号。2011 年 12 月 21 日，重庆啤酒再次成了证券市场的焦点：在连续遭遇 9 个"一"字跌停后，重庆啤酒被巨量资金打开，大量的买单汹涌而出，放出上市以来少见的 934 871 手，成交额达到 27.80 亿元，资金净流出 1.763 亿元，换手率达 19.32%！这使得二级市场股价由跌停板一路高歌猛进，盘中甚至一度冲击涨停，但由于此后仍缓慢回调，最后报收于 31.61 元/股，涨幅仅为 0.70%。

然而好景不长，2011 年 12 月 22 日，重庆啤酒股价便继续跌停，随后一路下跌。按原计划，重庆啤酒本应在 2012 年 1 月 6 日披露乙肝疫苗临床 II 期研究统计分析结果终稿。可是当日，公司却发布临时公告，表示在 2012 年 1 月 6 日内尚不能完成相关信息披露工作，并决定于 2012 年 1 月 9 日继续停牌一天，在取得统计分析结果终稿后，于 2012 年 1 月 10 日再披露相关信息并复牌。

2012 年 1 月 9 日晚间，重庆啤酒发布了长达 69 页的关于"治疗用（合成肽）乙型肝炎疫苗"研究进度暨复牌公告（参见附件十五），披露临床 II 期研究统计分析结果终稿。该披露结果与 2011 年 12 月 7 日晚披露的初稿结果基本相同，安慰剂组和用药组在统计上还是没有显著差异。这使得重庆啤酒的投资者对"疫苗神话"再度失去了信心。2012年1月10日复牌后,公司股价便下跌了7.98%。从2011年12月21日到2012年1月18日,重庆啤酒的下跌幅度达到33.16%。

不过,在春节来临时重庆啤酒又上演了一出逆转大戏,股价极为活跃且出现多个涨停,这令投资者怀疑乙肝疫苗的"神话"仍然"有戏"。从2012年1月19日开始,重庆啤酒的股价便开始反弹,从2012年1月19日的最低点20.16元一直到2012年2月23日的39.05元,重庆啤酒的股价在短短20几个交易日已经累积上涨93.70%,接近翻番。这引起了媒体和投资者的高度关注:难道重庆啤酒要"咸鱼翻身"了?

正当投资者猜测疫苗概念是否能卷土重来之际,重庆啤酒又对外发布临时性公告了。2012年2月24日,重庆啤酒发布风险提示公告(参见本案例附件十六),称预计4月份北大组将发布临床总结报告,浙大组临床研究仍未结束。同时,重庆啤酒明确两份临床试验总结报告是决定两个小组后续研究是否继续的依据。项目研发过程仍存在较大风险,具有重大不确定性。这是重庆啤酒首次对"治疗用(合成肽)乙肝疫苗"研究项目表示存在重大不确定性。同一天,重庆啤酒还特别强调了自身是一个以啤酒制造与销售为主业的食品饮料行业的上市公司。该消息一出,部分市场机构"嗅到"了重庆啤酒有可能终止乙肝疫苗研究、彻底回归啤酒行业的意图。公告当日,重庆啤酒股价便大幅下跌6.07%,成为当日A股表现最差的股票。重庆啤酒在疫苗事件后续发展阶段的股价走势请参见附件十四。

按照重庆啤酒原来的信息披露工作计划,子公司佳辰生物与中国人民解放军第三军医大学联合申办的"治疗用(合成肽)乙型肝炎疫苗治疗慢性乙型肝炎的疗效及安全性的多中心、随机、双盲、安慰剂对照的Ⅱ期临床研究"(即单独用药组)临床试验总结报告拟于2012年4月6日出具。然而到了这一天,大家等来的却是又一个悬念。2016年4月6日晚间,重庆啤酒发布公告表示,"截止到本公告发出时,单独用药组的临床试验总结报告正在组长单位履行确认签署程序,公司将尽最大努力协调和督促相关各方,争取在本公告发出之后的10个工作日内取得单独用药组的临床试验总结报告。"

无论如何,各方等待的结果还是没有如约到来,重庆啤酒的"疫苗梦"依旧是前景难测。

2012年4月17日晚间,重庆啤酒在推迟十余天之后,终于公布了"治疗用(合成肽)乙型肝炎疫苗"有关临床试验总结报告的公告(参见附件十七)。公告称,"治疗用(合成肽)乙型肝炎疫苗单独治疗慢性乙型肝炎,治疗剂量从600μg每次提高到900μg每次时,在主要疗效指标和次要疗效指标中,无显著疗效。"这份报告的结论与之前公布的初稿的结论基本一致,最终证实了重庆啤酒所研制的治疗性乙肝疫苗无显著疗效。

次日,受此重大利空消息打击,重庆啤酒股票以几乎跌停的价格26.99元开盘。随后,尽管大盘一路大幅走高,但重庆啤酒一直稳居两市跌幅榜第一,重庆啤酒股价最终以27.55元收盘,跌幅达8.07%,换手率为10.42%,成交量较上一交易日放大110%。

这一公告也使重庆啤酒陷入了两难境地:放弃乙肝疫苗研发,意味着13年投入的重金打了水漂;而继续研发,还需投入重金,且面临极不确定的前景。对此,重庆啤酒表示,"公司将尽快就单独用药组项目相关事项与相关各方及专家进行沟通,就单独用药组项目是否继续进行后续研究进行评估,并同时对目前尚在进行的联合用药组[①]项目进行研究评估。因此治疗用(合成肽)乙型肝炎疫苗是否进行后续研究或继续推进存在重大不确定性和重大风险,本公司再次提请投资者注意投资风险。"

重庆啤酒"疫苗神话"最终将何去何从?我们拭目以待。

四、事件后续发展

2012年5月30日晚,重庆啤酒发布公告(参见本案例附件十八)称,公司董事会同意控股子公司佳辰生物不申请"治疗用(合成肽)乙型肝炎疫苗治疗慢性乙型肝炎的疗效及安全性的多中心、

---

① 联合用药组:指"治疗用(合成肽)乙型肝炎疫苗联合恩替卡韦治疗慢性乙型肝炎患者的疗效及安全性的随机、双盲、多中心Ⅱ期临床研究"试验方案组。

随机、双盲、安慰剂对照的Ⅱ期临床研究"（单独用药组）的Ⅲ期临床试验，并不再开启新的单独用药组Ⅱ期临床研究。

次日，重庆啤酒股票承压大幅低开，开盘跌幅便已达 8.73%，后一路低位震荡，截至收盘，该股下跌 6.36%，收盘于 24.14 元，位居沪市跌幅之首，并出现主力资金大幅度减仓迹象。

虽然单独用药组的研究终止，但重庆啤酒联合用药组的研究还将继续。在 2012 年 5 月 30 日晚发布的公告中，除了不再申请临床试验外，还公布了董事会同意佳辰生物按原定Ⅱ期临床方案进行"治疗用（合成肽）乙型肝炎疫苗联合恩替卡韦①治疗慢性乙型肝炎的疗效及安全性的随机、双盲、多中心Ⅱ期临床研究"（联合用药组）。联合用药组临床试验于 2010 年 6 月召开启动会，试验周期为 96 周，预计将在 2013 年年初结束，随后将进行揭盲、统计分析和总结工作。截至目前，完成整个联合用药组的实验及总结工作预计还需要投入资金 1 000 万元左右。

重庆啤酒表示，在联合用药组Ⅱ期临床研究完成后，将根据联合用药组《临床试验总结报告》的结论意见、咨询药品监督管理部门相关专家意见和公司的实际情况等进行综合评判，并对治疗用乙肝疫苗相关事项做出决策。

重庆啤酒同时特别提示多重风险：因单独用药组《临床试验总结报告》结论意见等因素的影响，联合用药组存在不能按临床方案完成试验的重大风险；即使联合用药组完成Ⅱ期临床试验，能否继续进行后续研究存在重大风险；即使联合用药组进行后续研究，目前尚无法对后续研究时间周期进行准确预计。

公告同时称，佳辰生物分别于 2012 年 4 月 18 日和 5 月 18 日向本项目联合申办方中国人民解放军第三军医大学致函，希望该校作为项目的技术提供方和共同申办方，尽快就本项目后续工作相关事项提出意见，并书面函告佳辰生物。截至公告日，佳辰生物尚未收到相关书面回复，能否获得对方书面回复以及对联合用药组研究的影响存在重大不确定性。

由于国内新药获批必须经历 4 期临床试验，此次佳辰生物不再申请新一期临床试验，宣告着重庆啤酒研发乙肝疫苗新药的历程结束，也意味着重庆啤酒疫苗概念基本去除。尽管公司称联合用药组的Ⅱ期临床研究将按原样推进，但因单独用药组"疫苗无效"的临床最终报告已经见光，业内普遍认为该用药组的后续研究其实已是"形式大于实质"。

重庆啤酒乙肝疫苗事件进程表请参见附件十九。

问题：

1. 重庆啤酒涉足乙肝疫苗研究是多元化经营还是借题炒作？企业多元化经营的边界在哪里（请结合武钢养猪这一现象来谈）？

2. 查找相关专业资料，说明乙肝疫苗在医学上的技术攻关属于何种难度问题、世界各国的研究现状以及重庆佳辰生物工程有限公司的研究背景与现状。

3. 重大事项信息披露的相关规定有哪些？其基本原则是什么？

4. 重庆啤酒在几个重要时点的信息披露上违背了基本的信息披露规则吗？

5. 重庆啤酒几次股价异常波动反映出中国股市的什么问题？

6. 抛开疫苗事件，客观评价重庆啤酒在啤酒板块的经营状况。

附件

附件目录

---

① 恩替卡韦别名恩替卡韦水合物、恩替卡韦一水合物，是最新抗乙肝病毒的一线药物。

附件一：关于"治疗用（合成肽）乙型肝炎疫苗"研究进度暨复牌公告

证券代码：600132　　　　　股票简称：重庆啤酒　　　　　公告编号：2011－041

重庆啤酒股份有限公司董事会
关于"治疗用（合成肽）乙型肝炎疫苗"研究进度暨复牌公告

> 本公司董事会及全体董事保证本公告内容不存在任何虚假记载、误导性陈述或者重大遗漏，并对其内容的真实性、准确性和完整性承担个别及连带责任。

特别提示：

（1）为充分保证投资者公平获取公司信息的权利和信息披露的及时性，公司向广大投资者发布本公告。

（2）本公告所披露信息为负责本临床研究项目数据统计工作的专业研究机构截至目前仅向公司提供的一项临床研究统计指标的初步统计结果。该项指标为本临床研究项目的主要疗效指标，其他各项疗效指标专业研究机构正在统计分析中。专业研究机构将对本公告所披露的该项统计指标的真实性负责。

（3）对治疗用（合成肽）乙型肝炎疫苗在临床研究中的疗效及安全性，需在专业研究机构完成所有各项指标的统计分析，并形成统计分析报告和临床研究总结报告后方可综合判断。

（4）新药研制具有高风险、高投入、周期长的特性，公司敬请投资者注意投资风险。

（5）本公司股票将于 2011 年 12 月 8 日复牌。

一、关于以北京大学人民医院为组长单位的"治疗用（合成肽）乙型肝炎疫苗治疗慢性乙型肝炎的疗效及安全性的多中心、随机、双盲、安慰剂对照的 II 期临床研究"进度情况如下所示。

2011 年 11 月 27 日，组长单位北京大学人民医院主持召开了本临床研究项目的盲态数据审核会，本公司控股的重庆佳辰生物工程公司（以下简称"佳辰公司"）聘请的 CRO（临床合同研究组织）RPS 医药科技（北京）有限公司（以下简称"RPS 公司"）向与会专家汇报了本临床研究项目的进展、数据管理进展，进行了盲审报告讨论和数据库锁定及揭盲工作。

本研究项目的疗效及安全性评估包括以下几个方面。

1. 临床有效性评估

（1）主要疗效指标。

随访至第 76 周，发生 HBeAg/抗 HBe 血清转换的患者比例。

（2）次要疗效指标。

次要疗效指标包括患者病毒、血清等指标，需要计算各指标的应答率，同时进行事件及发生时间分析。

① 第 12、28、32、40、52、64、76 周各时间点的血清学应答情况：

发生 HBeAg/抗 HBe 血清转换的患者比例（除第 76 周）；

HBeAg 阴转，但未出现抗 HBe 的患者比例；

发生血清抗 HBe 阳转患者比例；

HBeAg 滴度变化。

② 第 12、28、32、40、52、64、76 周各观察时间点的病毒学应答情况：

血清 HBV-DNA 载量下降大于或等于 1 个对数级的患者比例；

血清 HBV-DNA 载量下降大于或等于 2 个对数级的患者比例；

血清 HBV-DNA 定量 $< 2.93 \times 10^4$ IU/mL 的患者比例；

血清 HBV-DNA 较基线值下降的变化值。

③ 各观察时间点生化学应答，指 ALT 水平降至正常范围内：

ALT 恢复正常的受试者比例；

ALT 在用药后不同时间点的变化。

2. 临床安全性指标

安全性监测从入选时开始，评价研究过程中的不良事件及异常实验室检查结果。研究中将设立独立的安全监测委员会，进行不良事件的评价。

二、以北京大学人民医院为组长单位的"治疗用（合成肽）乙型肝炎疫苗治疗慢性乙型肝炎的疗效及安全性的多中心、随机、双盲、安慰剂对照的 II 期临床研究"主要疗效指标初步统计结果如下所示。

根据 RPS 公司于 2011 年 12 月 3 日提交的《71006.01 项目统计分析工作进展说明》，RPS 公司现正在对临床研究数据进行全面的统计分析。本研究共入组 360 例病例，其中 331 例完成 76 周研究。经专家盲态审核，共计 360 例纳入安全数据集，354 例纳入意向性分析集，328 例纳入符合方案集，符合国家药监局《药品临床试验管理规范》的相关要求。

根据 RPS 公司提交的《项目统计分析工作进展说明》，目前已开始第 76 周时 HBeAg 转阴同时抗 HBe 转阳的血清转换应答率（即本公告中一、1.1 主要疗效指标）的统计分析工作。结果初步显示：安慰剂组应答率 28.2%；治疗用（合成肽）乙型肝炎疫苗 600μg 组应答率 30.0%；治疗用（合成肽）乙型肝炎疫苗 900μg 组应答率 29.1%。

RPS 公司对本研究各项疗效（包括病毒及血清指标）及安全性指标的全面统计分析正在进行中。同时 RPS 公司提交的《项目统计分析工作进展说明》认为，在统计分析报告完成并形成临床研究总结报告后，方可综合判断治疗用（合成肽）乙型肝炎疫苗在本研究中的疗效及安全性。本公司将在 RPS 公司向佳辰公司提供统计分析报告终稿后，及时披露本临床研究项目相关信息。

三、关于以浙江大学医学院附属第一医院为组长单位的"治疗用（合成肽）乙型肝炎疫苗联合恩替卡韦治疗慢性乙型肝炎患者的疗效及安全性的随机、双盲、多中心 II 期临床研究"进度情况如下所示。

截止到本公告日，该临床研究项目按照计划方案正在相关临床试验医院正常进行临床试验，本临床试验的研究目的是扩展临床应用范围的研究。

特此公告。

重庆啤酒股份有限公司董事会

2011 年 12 月 7 日

附件二：大成基金关于所持重庆啤酒估值调整的公告

关于旗下基金所持重庆啤酒（600132）估值调整的公告

2011 年 12 月 8 日，重庆啤酒股份有限公司发布了《重庆啤酒股份有限公司董事会关于"治疗用（合成肽）乙型肝炎疫苗"研究进度暨复牌公告》，根据中国证监会《关于进一步规范证券投资基金估值业务的指导意见》（〔2008〕38 号文），并参照中国证券业协会《关于停牌股票估值的参考方法》，大成基金管理有限公司经与托管银行商定，自 2011 年 12 月 8 日起对公司旗下基金持有的重庆啤酒（600132）采用估值模型进行估值调整。

我公司已向上市公司正式发函督促其充分履行信息披露义务，并将密切关注上市公司的后续动向，积极与上市公司沟通相关事宜。

待该股票其交易体现了活跃市场交易特征后，将恢复为采用当日收盘价格进行估值，届时不再另行公告。

风险提示：本公司承诺以诚实信用、勤勉尽责的原则管理和运用基金资产，但不保证基金一定盈利，也不保证最低收益。敬请投资人注意投资风险。

特此公告

大成基金管理有限公司

2011 年 12 月 9 日

关于旗下基金所持重庆啤酒（600132）估值调整的补充公告

2011 年 12 月 9 日，大成基金管理有限公司发布了《关于旗下基金所持重庆啤酒（600132）估值调整的公告》，现补充如下：

大成基金管理有限公司经与托管银行商定，自 2011 年 12 月 8 日起对公司旗下基金持有的重庆啤酒（600132）采用估值模型进行估值调整。我公司依据谨慎原则，采用分部估值方法，对其啤酒资产、现有医药资产、乙肝疫苗项目分别运用市销率、市盈率、现金流折现等相应估值模型测算三项业务估值区间再进行综合评估。调整后的估值价格为 59.09 元。

特此公告

大成基金管理有限公司

2011 年 12 月 10 日

关于旗下基金所持重庆啤酒（600132）进一步估值调整的公告

2011 年 12 月 8 日，重庆啤酒股份有限公司发布了《重庆啤酒股份有限公司董事会关于"治疗用（合成肽）乙型肝炎疫苗"研究进度暨复牌公告》。根据中国证监会《关于进一步规范证券投资基金估值业务的指导意见》（〔2008〕38 号文），并参照中国证券业协会《关于停牌股票估值的参考方法》，大成基金管理有限公司自 2011 年 12 月 8 日起对公司旗下基金持有的重庆啤酒（600132）采用估值模型进行估值调整。鉴于重庆啤酒（600132）近日的市场表现，重庆啤酒估值模型因子已发生变化，大成基金管理有限公司经重新计算并与托管银行商定，自 2011 年 12 月 12 日起对公司旗下基金持有的重庆啤酒（600132）继续进行估值调整，估值价格调整为 47.86 元。

待该股票其交易体现了活跃市场交易特征后，将恢复为采用当日收盘价格进行估值，届时不再另行公告。

风险提示：本公司承诺以诚实信用、勤勉尽责的原则管理和运用基金资产，但不保证基金一定盈利，也不保证最低收益。敬请投资人注意投资风险。

特此公告

大成基金管理有限公司

2011 年 12 月 13 日

关于旗下基金所持重庆啤酒（600132）估值调整的公告

根据中国证监会《关于进一步规范证券投资基金估值业务的指导意见》（〔2008〕38 号文），并参照中国证券业协会《关于停牌股票估值的参考方法》，大成基金管理有限公司根据重庆啤酒（600132）目前的市场交易特征进行审慎评估，并经与托管银行商定，自 2011 年 12 月 14 日起对公司旗下基金持有的重庆啤酒（600132）进行估值调整，估值价格调整为 43.07 元。

待该股票其交易体现了活跃市场交易特征后，将恢复采用当日收盘价格进行估值，届时不再另行公告。

风险提示：本公司承诺以诚实信用、勤勉尽责的原则管理和运用基金资产，但不保证基金一定盈利，也不保证最低收益。敬请投资人注意投资风险。

特此公告

大成基金管理有限公司

2011 年 12 月 15 日

关于旗下基金所持重庆啤酒（600132）估值调整的公告

根据中国证监会《关于进一步规范证券投资基金估值业务的指导意见》（〔2008〕38 号文），并参照中国证券业协会《关于停牌股票估值的参考方法》，大成基金管理有限公司根据重庆啤酒（600132）目前的市场交易特征进行审慎评估，并经与托管银行商定，自 2011 年 12 月 15 日起对公司旗下基金持有的重庆啤酒（600132）进行估值调整，估值价格调整为 40.92 元。

待该股票其交易体现了活跃市场交易特征后，将恢复采用当日收盘价格进行估值，届时不再另行公告。

风险提示：本公司承诺以诚实信用、勤勉尽责的原则管理和运用基金资产，但不保证基金一定盈利，也不保证最低收益。敬请投资人注意投资风险。

特此公告

大成基金管理有限公司

2011 年 12 月 16 日

关于旗下基金所持重庆啤酒（600132）估值调整的公告

根据中国证监会《关于进一步规范证券投资基金估值业务的指导意见》（〔2008〕38 号文），并参照中国证券业协会《关于停牌股票估值的参考方法》，大成基金管理有限公司根据重庆啤酒（600132）目前的市场交易特征进行审慎评估，并经与托管银行商定，自 2011 年 12 月 16 日起对公司旗下基金持有的重庆啤酒（600132）进行估值调整，估值价格调整为 36.43 元。

待该股票其交易体现了活跃市场交易特征后，将恢复采用当日收盘价格进行估值，届时不再另行公告。

风险提示：本公司承诺以诚实信用、勤勉尽责的原则管理和运用基金资产，但不保证基金一定盈利，也不保证最低收益。敬请投资人注意投资风险。

特此公告

大成基金管理有限公司

2011 年 12 月 17 日

关于旗下基金所持重庆啤酒（600132）估值调整的公告

根据中国证监会《关于进一步规范证券投资基金估值业务的指导意见》（〔2008〕38 号文），并参照中国证券业协会《关于停牌股票估值的参考方法》，大成基金管理有限公司根据重庆啤酒（600132）目前的市场交易特征进行审慎评估，并经与托管银行商定，自 2011 年 12 月 19 日起对公司旗下基金持有的重庆啤酒（600132）进行估值调整，估值价格调整为 32.79 元。

待该股票其交易体现了活跃市场交易特征后，将恢复采用当日收盘价格进行估值，届时不再另行公告。

风险提示：本公司承诺以诚实信用、勤勉尽责的原则管理和运用基金资产，但不保证基金一定盈利，也不保证最低收益。敬请投资人注意投资风险。

特此公告

大成基金管理有限公司

2011 年 12 月 20 日

附件三：重庆啤酒自上市以来的历年相关指标（见表 66-2）

表 66-2　　　　　　　　　　　　重庆啤酒历年相关指标统计

年份	营业收入（百万元）	营业成本（百万元）	利润总额（百万元）	净利润（百万元）	总资产（百万元）	股东权益（百万元）	每股收益（元）	净资产收益率（%）
1997 年	215.2	114.0	62.1	52.8	611.8	483.8	0.34	11.02
1998 年	288.4	151.0	75.9	64.4	793.9	544.0	0.41	11.54

续表

年份	营业收入（百万元）	营业成本（百万元）	利润总额（百万元）	净利润（百万元）	总资产（百万元）	股东权益（百万元）	每股收益（元）	净资产收益率（%）
1999 年	305.2	155.2	50.2	41.3	899.6	631.0	0.24	12.81
2000 年	338.2	180.2	52.6	44.4	1 253.9	647.8	0.26	6.83
2001 年	466.7	235.8	40.1	32.9	1 178.1	629.5	0.20	5.68
2002 年	778.7	394.8	55.4	44.8	1 415.6	683.9	0.26	7.44
2003 年	943.9	473.2	71.4	57.8	1 801.3	726.3	0.22	8.82
2004 年	1 251.2	660.9	83.0	66.0	1 895.8	740.0	0.26	10.01
2005 年	1 490.5	813.5	101.5	79.9	1 967.6	752.4	0.31	11.74
2006 年	1 812.7	928.1	194.0	154.1	2 048.9	891.2	0.52	19.46
2007 年	1 958.1	1 019.9	198.4	165.5	2 409.4	982.2	0.43	18.40
2008 年	2 121.2	1 210.6	199.7	166.0	3 125.3	1 127.6	0.34	16.50
2009 年	2 260.4	1 216.1	235.1	190.0	3 293.8	1 292.6	0.37	16.08
2010 年	2 375.3	1 328.6	404.1	356.7	3 553.0	1 496.4	0.75	28.10
2011 年	2 694.9	1 514.7	200.6	152.2	3 584.3	1 480.3	0.32	10.98

附件四：重庆啤酒股份有限公司第二届董事会第四次会议决议公告

重庆啤酒股份有限公司第二届董事会第四次会议决议公告

重庆啤酒股份有限公司第二届董事会第四次会议于 1998 年 10 月 27 日上午在本公司会议室举行，会议应到董事 9 名，实到 7 名，其余 2 名董事因公外出。会议由董事长华正兴先生主持。会议根据本公司 1997 年度股东大会授予本届董事会行使 3 000 万元以下投资项目审批权的决议，经审议表决通过了关于收购重庆啤酒（集团）有限责任公司持有的重庆佳辰生物工程有限公司（以下简称"佳辰生物"）52% 股权及重啤集团攀枝花啤酒有限责任公司（以下简称"攀枝花啤酒"）51% 股权的议案。现就有关事宜公告如下。

一、"佳辰生物""攀枝花啤酒"简介

1. 重庆佳辰生物工程有限公司是集产、学、研为一体的高新生物制药企业，公司由重庆啤酒（集团）有限责任公司、中国人民解放军第三军医大学、重庆大学共同发起，在原重庆生化制药厂基础上改制而成，注册资本 2 000 万元。重庆啤酒（集团）有限责任公司以其拥有的重庆生化制药厂经评估作价的实物资产和货币作为出资，占佳辰生物总股本的 70%；两所高校以其科研成果作价入股，各占佳辰生物总股本的 15%。公司的经营范围是生产销售生物、生化制药系列产品。目前公司在从事正常的生化制药生产经营的同时，正全力以赴进行治疗乙肝新药等重大项目的开发。

根据重庆正华会计师事务所出具的资产评估报告书，截至 1998 年 9 月 30 日，重庆佳辰生物工程有限公司总资产 2 600 万元，负债 600 万元，所有者权益 2 000 万元，重庆啤酒（集团）有限责任公司拥有 70% 的权益，价值为 1 040 万元人民币。

2. 重啤集团攀枝花啤酒有限责任公司是由重庆啤酒（集团）有限责任公司与攀枝花啤酒厂共同出资组建，主要从事啤酒及相关产品的生产与销售，公司注册资本 2 000 万元，重庆啤酒（集团）有限责任公司占总股本的 51%。公司年生产销售啤酒 3 万吨，1998 年 1-9 月销售啤酒 29 178 吨，实现销售收入 4 992.46 万元、利润 221.96 万元。

根据攀枝花市资产评估事务所出具的资产评估报告书，截至 1998 年 9 月 30 日，攀枝花啤酒总资产 8 117.17 万元，负债 5 638.07 万元，所有者权益 2 482.10 万元；重庆啤酒（集团）有限责任公司拥有 51% 的权益，价值 1 265.87 万元人民币。

二、收购形式和价格

本次收购采用协议受让股权方式。根据重庆正华会计师事务所出具的资产评估报告书，本公司受让重庆啤酒（集团）有限责任公司转让的重庆佳辰生物工程有限公司 52% 的股权，本次转让价格以佳辰生物 1998 年 9 月 30 日的净资产（评估值）为依据，协议受让价格为 1 435.20 万元人民币（每股 1.38 元）。本公司自 1998 年 10 月 1 日起享有佳辰生物 52% 的权益。

依据攀枝花市资产评估事务所出具的资产评估报告书，本公司受让重庆啤酒（集团）有限责任公司持有的重啤集团攀枝花啤酒有限责任公司 51% 的股权，本次转让价格以攀枝花啤酒 1998 年 9 月 30 日的净资产（评估值）为依据。协议受让价为 1 377.00 万元人民币（每股 1.35 元）。本公司自 1998 年 10 月 1 日起享有攀枝花啤酒 51% 的权益。

三、本次收购的目的和意义

近年来，全世界的生物工程技术正在飞速发展，将成为二十一世纪最具发展潜力的新兴产业。通过收购佳辰生物，本公司将将直接进入这一高新技术产业，目前该公司正加紧研制具有完全独立知识产权的生物制药产品，该生物制药产品有望成为本公司新的利润增长点。不仅会为本公司可持续发展奠定坚实的基础，也为股东带来丰厚的回报。

通过对攀枝花啤酒的收购，公司的啤酒生产规模不仅得到迅速扩张，而且有效地占领了攀枝花市场，公司产品的市场占有率得到提高。这有利于公司形成立足重庆和四川，覆盖西南，辐射全国和东南亚市场的营销网络格局，确保公司在激烈的市场竞争中得到进一步的发展与壮大。

四、本次收购关联关系说明

本次收购属关联交易。转让方重庆啤酒（集团）有限责任公司为本公司的第一大股东，占本公司总股本的 57.96%。被收购的佳辰生物及攀枝花啤酒是重庆啤酒（集团）有限责任公司控股的两个子公司，集团公司分别持有其 70% 和 51% 的权益。通过本次收购，被收购的两公司仍将保留法人资格，成为本公司的控股子公司，其关联关系将纳入本公司合并报表。

五、备查文件

（1）重庆市国有资产管理局（渝国资管〔1998〕第 118 号文）。

（2）重庆正华会计师事务所（重华评估字〔1998〕第 6 号文）。

（3）攀枝花市资产评估事务所资产评估报告（攀资评〔1998〕01 号文）。

（4）股权转让协议。

查阅地址：重庆市石杨路 16 号重庆啤酒股份有限公司证券部

联系人：苏甫玉、韩西泽

咨询电话：（023）68629476

传真：（023）68629476

特此公告

重庆啤酒股份有限公司董事会
1998 年 10 月 27 日

附件五：关于"治疗用（合成肽）乙型肝炎疫苗"研究进展提示性公告

重庆啤酒股份有限公司重要事件公告

接《国科生命办字〔1999〕18 号文》通知，本公司之控股子公司重庆佳辰生物工程有限公司所研制开发的国家一类生物制药——乙型病毒性肝炎治疗性多肽疫苗已被列为国家高新技术产业化重点项目，并获得国家新药研究基金的立项资助。

特此公告。

重庆啤酒股份有限公司
1999 年 6 月 21 日

附件六：重庆啤酒股份有限公司重要事件公告

证券代码：600132　　　　　　股票简称：重庆啤酒　　　　　　公告编号：2005-011

重庆啤酒股份有限公司重要事件公告

> 本公司董事会及全体董事保证本公告内容不存在任何虚假记载、误导性陈述或者重大遗漏，并对其内容的真实性、准确性和完整性承担个别及连带责任。

本公司控股子公司重庆佳辰生物工程有限公司与中国人民解放军第三军医大学联合开发研制的国家一类新药——"治疗用（合成肽）乙型肝炎疫苗"已于2004年11月完成了Ⅰ期临床试验，并于2004年11月24日向重庆市食品药品监督管理局和国家食品药品监督管理局提出了开展Ⅱ、Ⅲ期临床试验的申请，日前已得到中国国家食品药品监督管理局批复，同意本品继续进行临床试验，批件号为：2005L02042。

特此公告。

重庆啤酒股份有限公司

2005年6月27日

附件七：重庆啤酒股份有限公司重要事件公告

证券代码：600132　　　　　　股票简称：重庆啤酒　　　　　　公告编号：2006-005

重庆啤酒股份有限公司重要事件公告

> 本公司董事会及全体董事保证本公告内容不存在任何虚假记载、误导性陈述或者重大遗漏，并对其内容的真实性、准确性和完整性承担个别及连带责任。

日前获悉，本公司控股子公司重庆佳辰生物工程有限公司"治疗用（合成肽）乙型肝炎疫苗"项目，于2006年3月31日在北京召开Ⅱ临床研究启动会。

特此公告。

重庆啤酒股份有限公司

2006年4月3日

附件八：关于"治疗用（合成肽）乙型肝炎疫苗"研究进展提示性公告

证券代码：600132　　　　　　股票简称：重庆啤酒　　　　　　公告编号：2010-031

重庆啤酒股份有限公司关于"治疗用（合成肽）乙型肝炎疫苗"研究进度公告

> 本公司董事会及全体董事保证本公告内容不存在任何虚假记载、误导性陈述或者重大遗漏，并对其内容的真实性、准确性和完整性承担个别及连带责任。

截止到8月31日，以北京大学人民医院为中心实验室（组长单位）的"治疗用（合成肽）乙型肝炎疫苗治疗慢性乙型肝炎的疗效及安全性的多中心、随机、双盲、安慰剂对照的Ⅱ期临床研究"按临床试验方案正在各家临床医院正常进行临床试验。

以浙江大学医学院附属第一医院为中心实验室（组长单位）的"治疗用（合成肽）乙型肝炎疫苗联合恩替卡韦治疗慢性乙型肝炎患者的疗效及安全性的随机、双盲、多中心Ⅱ期临床研究"临床试验正在进行受试者的筛选入组工作，目前累计已入组了72例受试者。

特此公告。

重庆啤酒股份有限公司董事会

2010年9月1日

附件九：第六届董事会第十四次会议决议公告

证券代码：600132　　　　　　股票简称：重庆啤酒　　　　　　公告编号：2011－033

重庆啤酒股份有限公司
第六届董事会第十四次会议决议公告

> 本公司董事会及全体董事保证本公告内容不存在任何虚假记载、误导性陈述或者重大遗漏，并对其内容的真实性、准确性和完整性承担个别及连带责任。

重庆啤酒股份有限公司第六届董事会第十四次会议通知于 2011 年 10 月 17 日发出，于 2011 年 10 月 26 日上午 9 点 30 分在北部新区大竹林新区接待中心二楼会议室召开，会议应到董事 11 名，实到董事 11 名，本次会议的召开符合《公司法》和《公司章程》的规定，会议由董事长黄明贵先生主持。会议经认真审议，以书面表决方式审议通过了如下议案。

一、审议通过了关于《公司 2011 年度第三季度报告》的议案。

表决结果：赞成 11 人，反对 0 人，弃权 0 人。

二、审议通过了《关于重庆佳辰生物工程有限公司拟开展治疗用（合成肽）乙型肝炎疫苗Ⅲ期临床国际多中心临床试验注册申请的议案》。

同意重庆佳辰生物工程有限公司根据治疗用（合成肽）乙型肝炎疫苗前期临床研究进展，在以北京大学人民医院为组长单位的"治疗用（合成肽）乙型肝炎疫苗治疗慢性乙型肝炎的疗效及安全性的多中心、随机、双盲、安慰剂对照的Ⅱ期临床研究"揭盲后，向美国食品和药品监督管理局（FDA）申报治疗用（合成肽）乙型肝炎疫苗的Ⅲ期临床国际多中心临床试验（IND）注册申请。

在该申请获得 FDA 的 IND 书面许可后、正式开始实施 IND 之前，佳辰公司仍需按照本董事会的具体要求制订详细完整的、分阶段实施的临床试验实施计划、费用预算、用款计划和融资方案，交由本董事会（股东大会，若需）分阶段审议通过后方可实施。

表决结果：赞成 11 人，反对 0 人，弃权 0 人。

特此公告。

重庆啤酒股份有限公司董事会

2011 年 10 月 26 日

附件十：关于"治疗用（合成肽）乙型肝炎疫苗"研究进展提示性公告

证券代码：600132　　　　　　股票简称：重庆啤酒　　　　　　公告编号：2011－037

重庆啤酒股份有限公司
关于治疗用（合成肽）乙型肝炎疫苗研究进展提示性公告

> 本公司董事会及全体董事保证本公告内容不存在任何虚假记载、误导性陈述或者重大遗漏，并对其内容的真实性、准确性和完整性承担个别及连带责任。

本公司控股的重庆佳辰生物工程公司研发的治疗用（合成肽）乙型肝炎疫苗以北京大学人民医院为中心实验室（组长单位）的"治疗用（合成肽）乙型肝炎疫苗治疗慢性乙型肝炎的疗效及安全性的多中心、随机、双盲、安慰剂对照的Ⅱ期临床研究"将于 2011 年 11 月 27 日召开揭盲工作会议。

为维护证券市场公平公开公正的原则，保护投资者合法权益，公司股票将于 2011 年 11 月 28 日至 12 月 2 日停牌，在 12 月 5 日公告揭盲工作会相关信息后复牌。

敬请投资者留意。特此公告。

重庆啤酒股份有限公司董事会

2011 年 11 月 23 日

附件十一：兴业证券研究报告《重庆啤酒：治疗性乙肝疫苗Ⅱ期临床即将揭盲》

分析师　王晞　　　　　　　　　　　　　　　　　　强烈推荐（维持）

021-38565926

wangx@xyzq.com.cn

SAC：S0190510110011

重庆啤酒（600132）

治疗性乙肝疫苗Ⅱ期临床即将揭盲

投资要点

事件：

重庆啤酒发布公告，称公司控股的重庆佳辰生物工程公司研发的治疗用（合成肽）乙型肝炎疫苗以北京大学人民医院为中心实验室（组长单位）的"治疗用（合成肽）乙型肝炎疫苗治疗慢性乙型肝炎的疗效及安全性的多中心、随机、双盲、安慰剂对照的Ⅱ期临床研究"将于2011年11月27日召开揭盲工作会议。为维护证券市场公平、公开、公正的原则，保护投资者合法权益，公司股票将于2011年11月28日至12月2日停牌，在12月5日公告揭盲工作会相关信息后复牌。

点评：

公司公告，公司股票在下周将停牌一周。我们认为原因可能是：揭盲会议后，公司需要将结果汇总上报给相关部门。为避免市场对结果有误解，因此停牌，而此举措使投资者可以公平了解信息，维护投资者利益。

公司此次公告，表明治疗性乙肝疫苗的Ⅱ期临床研究已经完成，我们只需静待结果公布。从此前公告的信息分析，该临床研究进展顺利，我们认为治疗性乙肝疫苗与对照组之间的治疗结果应该存在显著性差异，该现象即可表明疫苗对慢性乙肝治疗有明显效果。

我们对治疗性乙肝疫苗的前景持乐观态度。治疗性乙肝疫苗从机理上是可行的，最近几年的临床研究将从实践上证明其可行性。根据目前汇总的信息，我们认为该疫苗安全、有效，与现有治疗药物相比，该疫苗具有副作用小、治疗效果持久、有效率高等特点，将给广大慢性乙肝患者带来治愈的希望。一旦该项目获得成功，在此机理基础上，公司有望继续研发其他针对此类病毒性疾病的药物，这一研发平台的价值潜力巨大。

自主创新是沙漠之花。过去中国的制药行业基本上是仿制药的天下，但未来自主创新的产品会越来越多。特别是在生物制药领域，会有越来越多的国际先进水平的成果出现。

盈利预测。我们认为治疗性乙肝疫苗在2013年之前不会给公司带来收益。预估2011—2013年公司的每股盈余分别是0.43元、0.41元和0.44元。鉴于治疗性乙肝疫苗的前景广阔，目前已经度过风险期，我们维持"强烈推荐"评级。

兴业证券

2011年11月24日

附件十二：股票交易异常波动公告

证券代码：600132　　　　　　　证券简称：重庆啤酒　　　　　　　公告编号：临2011-043

重庆啤酒股份有限公司

股票交易异常波动公告

重要提示：

- 本公司股票在2011年12月8日至2011年12月12日连续三个交易日的收盘价格跌幅偏离值累计达到20%。

- 经公司征询控股股东及实际控制人，截至本报告披露日，公司及公司实际控制人不存在应披露而未披露的信息。

- 本公告所列相关工作事项时间安排，为RPS医药科技（北京）有限公司的初步工作计划，存在因客观情况变化而进行调整的可能。

一、股票异常波动情况

公司股票于 2011 年 12 月 8 日至 12 月 12 日连续三个交易日收盘价格跌幅偏离值达到 20%以上，根据上海证券交易所的有关规定，此情况属股票交易异常波动。

二、公司关注并核实的相关情况

经征询公司管理层，截至目前，公司生产经营情况正常，未发生对公司生产经营有重大影响的情形。

经征询公司控股股东及实际控制人，截至目前，公司控股股东及实际控制人不存在对公司股票交易价格可能产生影响的应披露而未披露的重大信息。

经公司与重庆佳辰生物工程有限公司再次征询 RPS 医药科技（北京）有限公司，截至目前，该公司除 2011 年 12 月 3 日出具的《71006.01 项目统计分析工作进展说明》披露的事项外，不存在对本公司股票交易价格可能产生影响的应披露而未披露的重大信息，亦不存在对《71006.01 项目统计分析工作进展说明》披露信息的进一步说明。

公司 2011 年 12 月 7 日发布的《临 2011-041 公告》所披露的统计指标信息属于重要敏感信息，公司遵循《上海证券交易所股票上市规则》等有关法规和规范性文件要求的公平性、及时性原则，全面披露了公司所获知的信息。

根据 RPS 医药科技（北京）有限公司拟订的初步工作计划，预计"治疗用（合成肽）乙型肝炎疫苗治疗慢性乙型肝炎的疗效及安全性的多中心、随机、双盲、安慰剂对照的 II 期临床研究"的统计分析结果终稿将于 2012 年 1 月 6 日出具，预计本项目临床研究总结报告终稿将于 2012 年 4 月 6 日出具。

本公司特在此提请投资者注意：上述工作事项的时间安排仅是 RPS 医药科技（北京）有限公司现有初步工作计划，存在因客观情况变化而进行调整的可能。

三、是否存在应披露而未披露的重大信息的声明

本公司董事会确认，公司没有任何根据《上海证券交易所股票上市规则》等有关规定应予以披露而未披露的事项，董事会也未获悉本公司有根据《上海证券交易所股票上市规则》等有关规定应予以披露而未披露的、对本公司股票交易价格产生较大影响的信息。

本公司再次特别提示：2011 年 12 月 7 日发布的《临 2011-041 公告》所披露统计指标信息为负责本临床研究项目数据统计工作的专业研究机构截至目前仅向公司提供的一项临床研究统计指标的初步统计结果，该项指标为本临床研究项目的主要疗效指标，目前专业研究机构正在统计分析其他多项疗效指标。由于新药研制具有复杂性和系统性，对治疗用（合成肽）乙型肝炎疫苗在临床研究中的疗效及安全性，需在专业研究机构完成各项指标的统计分析，并形成统计分析报告和临床研究总结报告后方可做出综合判断。

截止到本公告日，以浙江大学医学院附属第一医院为组长单位的"治疗用（合成肽）乙型肝炎疫苗联合恩替卡韦治疗慢性乙型肝炎患者的疗效及安全性的随机、双盲、多中心 II 期临床研究"仍然按照计划方案正在相关临床试验医院正常进行临床试验。

四、风险提示

本公司将继续严格按照法律法规和《上海证券交易所股票上市规则》等有关规定履行信息披露义务。本公司指定信息披露媒体为《中国证券报》《上海证券报》《证券时报》《证券日报》，有关公司信息以公司指定信息披露报纸和上交所网站所载信息为准，新药研制具有高风险、高投入、周期长的特性，公司敬请投资者注意投资风险。

特此公告。

重庆啤酒股份有限公司董事会

2011 年 12 月 12 日

附件十三：大成基金关于要求重庆啤酒股份有限公司申请股票停牌并依法充分履行信息披露义务的郑重声明

关于要求重庆啤酒股份有限公司申请股票停牌并依法充分履行信息披露义务的郑重声明

重庆啤酒股份有限公司（以下简称"重庆啤酒"）于 2011 年 12 月 8 日发布了《关于"治疗用（合成肽）乙型肝炎疫苗"研究进度暨复牌公告》，对于该公司控股的重庆佳辰生物工程公司"治疗用（合成肽）乙型肝炎疫苗治疗慢性乙型肝炎的疗效及安全性的多中心、随机、双盲、安慰剂对照的 II 期临床研究"进度情况进行了信息披露。我公司旗下多只基金持有重庆啤酒（600132），作为重庆啤酒的主要流通股股东之一，我公司经审慎研究后认为重庆啤酒本次信息披露不够完整、充分，须进一步补充完善。

在上述情况下，重庆啤酒（600132）12 月 8 日复牌后市场反应剧烈，目前重庆啤酒乙型肝炎疫苗项目 II 期临床研究 B 阶段的揭盲工作处于关键时期，每一项重要研究数据和结论的发布都会引起资本市场的高度关注。鉴于此，从保护上市公司股东和基金份额持有人利益的角度出发，我公司现郑重声明，敦请重庆啤酒立即向上海证券交易所申请股票停牌，直至信息披露完整、充分。停牌期间上市公司应就下列事项向社会公众进行澄清和说明：

一、全面补充披露相关信息，后续信息披露应及时、完整、充分；

二、对公告内容进行全面的解读和评价，对数据所反映出的治疗用（合成肽）乙型肝炎疫苗的有效性和安全性给出与疫苗项目当前研究阶段相匹配的结论；

三、针对 12 月 8 日公告中提及的安慰剂对照组应答率等引起市场疑义的数据进行认真核实，并及时向投资者揭示已查找出的原因。

特此声明

大成基金管理有限公司
2011 年 12 月 12 日

附件十四：重庆啤酒股价走势

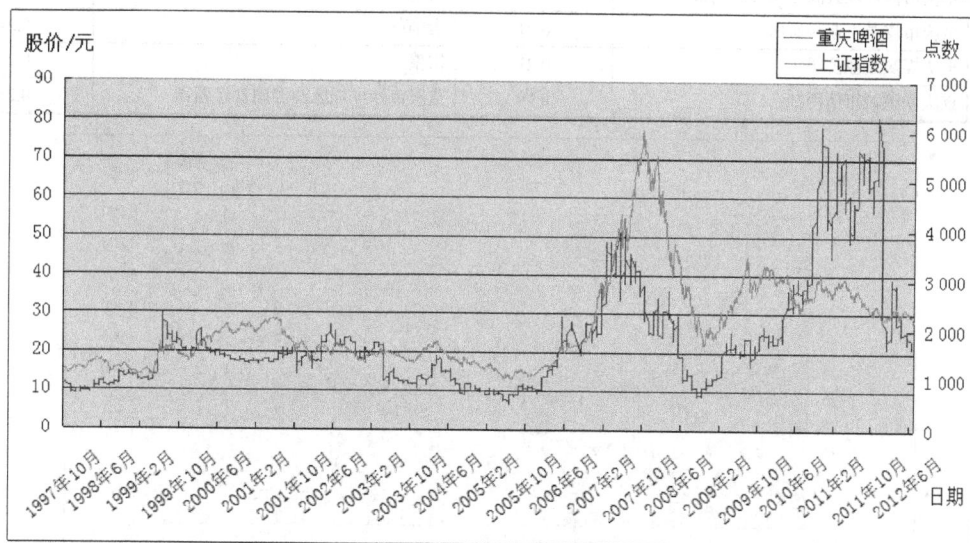

图 66-1　重庆啤酒股价走势（1997 年 10 月 30 日—2012 年 6 月 30 日）

说明：图 66-1 是重庆啤酒从 1997 年 10 月 30 日上市之日起到 2012 年 6 月 31 日止的股价走势。总体上，重庆啤酒的股价有四个高速增长期（1998 年 10 月 20 日—1999 年 6 月 30 日、2005 年 6 月 30 日—2007 年 6 月 30 日、2010 年 9 月 1 日—2010 年 12 月 1 日和 2011 年 10 月 20 日—2011 年 11 月 25 日）和两个暴跌期（2007 年 7 月 30 日—2008 年 9 月 30 日和 2011 年 11 月 25 日—2011 年 12 月 20 日），它们都与重庆啤酒乙肝疫苗研究进展密切相关。

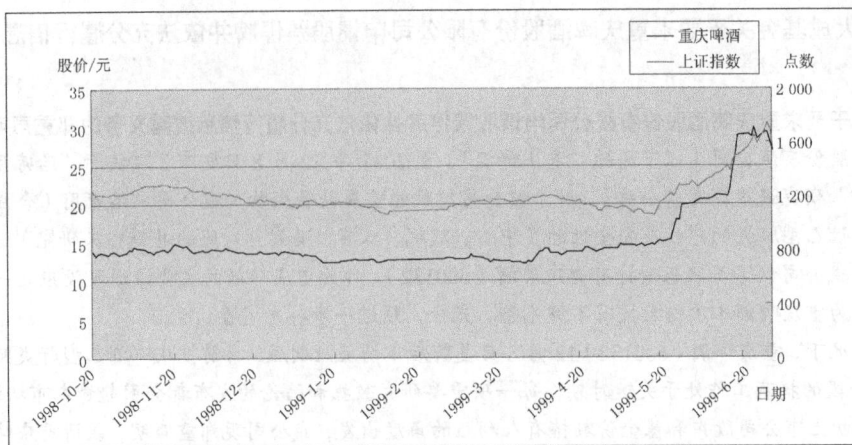

图 66-2　重庆啤酒股价走势（1998 年 10 月 20 日—1999 年 6 月 30 日）

说明：图 66-2 是重庆啤酒从 1998 年 10 月 27 日斥资收购重庆佳辰生物工程有限公司股权开始到 1999 年 6 月 30 日止所迎来的上市之后第一波大行情，在此期间重庆啤酒股票累计上涨 148.82%，股价最高时曾达 31.48 元。

表 66-3　　　　重庆啤酒十大股东（1998 年 6 月 30 日、1998 年 12 月 31 日）

股东名次	1998 年 6 月 30 日		1998 年 12 月 31 日	
	股东名称	持有比例（%）	股东名称	持有比例（%）
1	重庆啤酒（集团）有限责任公司	57.96	重庆啤酒（集团）有限责任公司	57.96
2	重庆华阳科技开发公司	2.11	申银万国证券股份有限公司	4.06
3	重庆康达机械制造有限责任公司	1.99	重庆华阳科技开发公司	3.19
4	重庆金星啤酒厂	1.84	重庆康达机械制造有限责任公司	1.99
5	兴华基金	0.8	重庆金星啤酒厂	1.84
6	韩大庆	0.24	吕松	0.46
7	重庆市沙坪坝区渝宏副食经营部	0.23	夏素琼	0.4
8	重庆市皮革工业科研所	0.21	唐华英	0.24
9	重庆煤炭工业公司	0.21	雷薇	0.23
10	重庆联谊城市信用社	0.19	重庆市沙坪坝区渝宏副食经营部	0.23

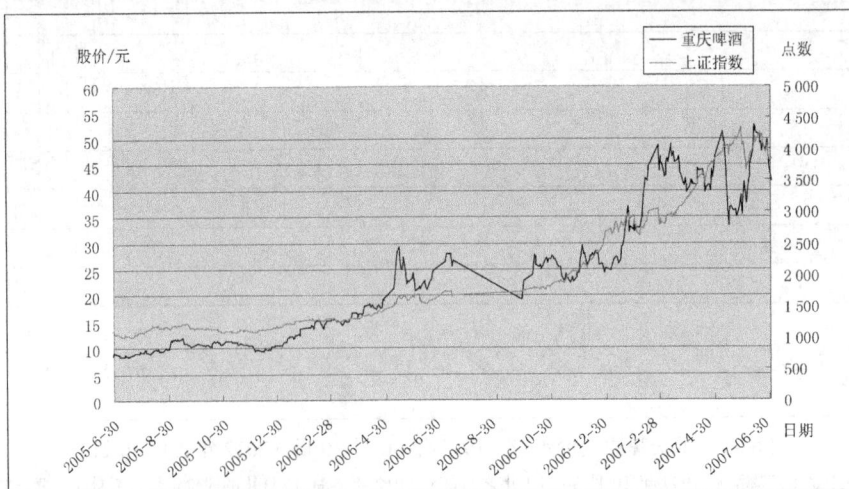

图 66-3　重庆啤酒股价走势（2005 年 6 月 30 日—2007 年 6 月 30 日）

说明：图 66-3 反映的是重庆啤酒股价在第二个高速增长期的走势。2005 年 6 月，重庆乙肝疫苗项目得到国家食品药品监督管理局批复；2006 年 3 月 31 日，重庆啤酒在北京启动 II 期临床研究试验；而与利好消息相对应，重庆啤酒股价也在 2005 年 6 月 30 日至 2007 年 6 月 30 日期间大涨 1 003.96%，并迎来第二个历史高点——54 元。

表 66-4　　　　　重庆啤酒十大股东（2005 年 6 月 30 日、2005 年 12 月 31 日）

持股排名	2005 年 6 月 30 日		2005 年 12 月 31 日	
	股东名称	持股比例（%）	股东名称	持股比例（%）
1	重庆啤酒（集团）有限责任公司	34.55	重庆啤酒（集团）有限责任公司	34.55
2	S&N ASIA PACIFIC LIMITED	19.51	S&N ASIA PACIFIC LIMITED	19.51
3	重庆市合川区银源商贸有限公司	4.7	重庆市合川区银源商贸有限公司	4.7
4	东方证券股份有限公司	2.53	东方证券股份有限公司	2.7
5	重庆钰鑫实业集团有限责任公司	1.69	重庆钰鑫实业集团有限责任公司	1.69
6	国联证券有限责任公司	0.56	海通证券股份有限公司	0.77
7	上海市职工保障互助会	0.5	中国建设银行-上投摩根中国优势证券投资基金	0.64
8	重庆市九龙坡区渝宏副食经营部	0.38	中国银行-同盛证券投资基金	0.61
9	宏源证券股份有限公司	0.31	国联证券有限责任公司	0.57
10	国泰君安证券股份有限公司	0.3	重庆市九龙坡区渝宏副食经营部	0.38

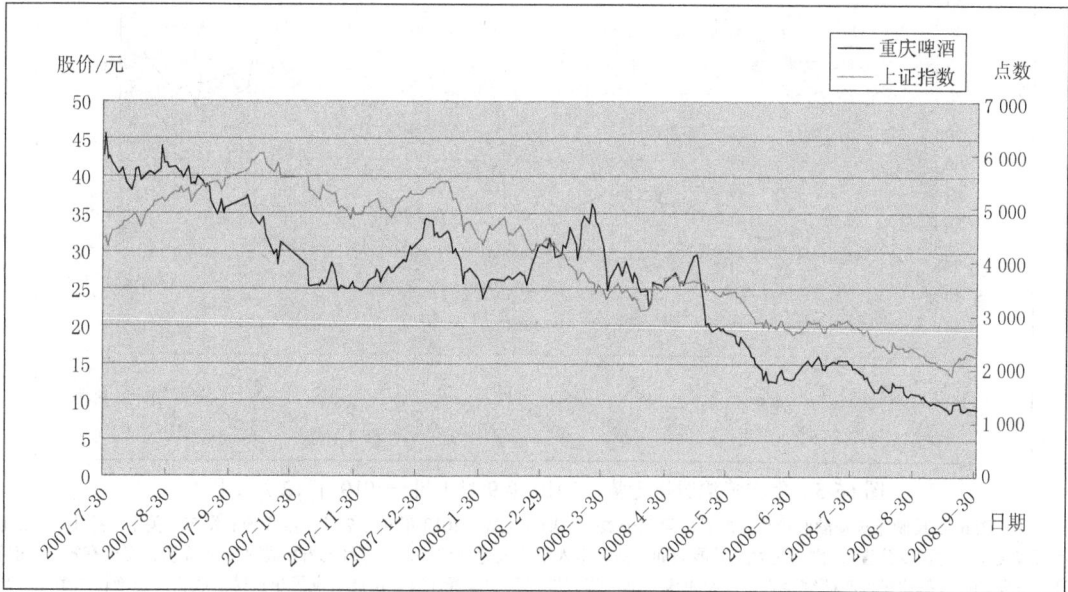

图 66-4　重庆啤酒股价走势（2007 年 7 月 30 日—2008 年 9 月 30 日）

说明：图 66-4 反映的是重庆啤酒股价的第一次暴跌的走势。2007 年，重庆啤酒宣布，乙肝疫苗在Ⅱ期 A 阶段临床观察期内效果不显著，加上随后大盘的下跌，重庆啤酒股价"高台跳水"，2008 年 9 月 18 日股价一度跌至 8.05 元，在此期间重庆啤酒股价下跌了 78.53%。

表 66-5　　　　　重庆啤酒十大股东（2007 年 6 月 30 日、2007 年 12 月 31 日）

持股排名	2007 年 6 月 30 日		2007 年 12 月 31 日	
	股东名称	持股比例（%）	股东名称	持股比例（%）
1	重庆啤酒（集团）有限责任公司	32.25	重庆啤酒（集团）有限责任公司	32.25
2	S&N ASIA PACIFIC LIMITED	17.46	S&N ASIA PACIFIC LIMITED	17.46
3	重庆市合川区银源商贸有限公司	3.1	重庆市合川区银源商贸有限公司	3.1
4	交通银行-安顺证券投资基金	1.58	重庆钰鑫实业集团有限责任公司	1.37
5	重庆钰鑫实业集团有限责任公司	1.51	宏源证券股份有限公司	0.94

持股排名	2007 年 6 月 30 日		2007 年 12 月 31 日	
	股东名称	持股比例（%）	股东名称	持股比例（%）
6	东方证券股份有限公司	1.27	东方证券股份有限公司	0.87
7	中国建设银行-华安宏利股票型证券投资基金	0.91	交通银行-安顺证券投资基金	0.56
8	宏源证券股份有限公司	0.81	中国农业银行-华夏平稳增长混合型证券投资基金	0.36
9	浙江嘉和投资管理有限公司	0.43	中国银行-嘉实沪深 300 指数证券投资基金	0.33
10	重庆市九龙坡区渝宏副食经营部	0.34	中国建设银行-华安宏利股票型证券投资基金	0.3

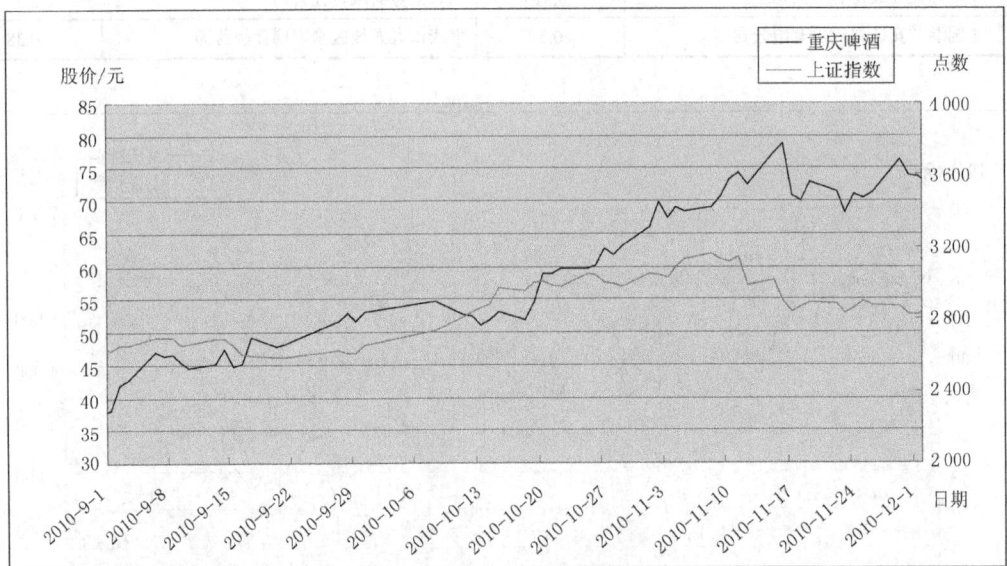

图 66-5　重庆啤酒股价走势（2010 年 9 月 1 日—2010 年 12 月 1 日）

说明：图 66-5 反映重庆啤酒股价高速增长的第三个黄金时期的走势。2010 年 9 月 2 日，重庆啤酒发布"关于治疗用（合成肽）乙型肝炎疫苗研究进度公告"，称"北大组进展顺利，浙大组入组病人速度加快，治疗性乙肝疫苗的疗效确切，安全有效。"随后兴业证券和华创证券等纷纷发布研究报告，给予重庆啤酒"强烈推荐"的投资评级，由此引发了重庆啤酒股价高速增长的第三个高速增长期。在此期间重庆啤酒股价累计上涨 93.05%，并于 2010 年 11 月 16 日创出新高——79.68 元。

表 66-6　　重庆啤酒十大股东（2010 年 6 月 30 日、2010 年 9 月 30 日）

持股排名	2010 年 6 月 30 日		2010 年 9 月 30 日	
	股东名称	持股比例（%）	股东名称	持股比例（%）
1	重庆啤酒（集团）有限责任公司	32.25	重庆啤酒（集团）有限责任公司	32.25
2	CARLSBERG CHONGQING LIMITED.	17.46	CARLSBERG CHONGQING LIMITED.	17.46
3	中国农业银行-大成创新成长混合型证券投资基金	2.64	中国农业银行-大成创新成长混合型证券投资基金	2.64
4	中国银行-大成优选股票型证券投资基金	2.15	中国银行-大成财富管理 2020 生命周期证券投资基金	1.86
5	中国银行-大成财富管理 2020 生命周期证券投资基金	1.86	中国银行-大成优选股票型证券投资基金	1.81
6	重庆市合川区银源商贸有限公司	1.45	景福证券投资基金	1.05

持股排名	2010 年 6 月 30 日		2010 年 9 月 30 日	
	股东名称	持股比例（%）	股东名称	持股比例（%）
7	景福证券投资基金	1.05	重庆市合川区银源商贸有限公司	1.04
8	中国人寿保险股份有限公司-万能-国寿瑞安	0.94	中国人寿保险股份有限公司-万能-国寿瑞安	0.96
9	中国农业银行-大成精选增值混合型证券投资基金	0.83	中国农业银行-大成精选增值混合型证券投资基金	0.83
10	中国农业银行-大成景阳领先股票型证券投资基金	0.72	中国农业银行-大成景阳领先股票型证券投资基金	0.72

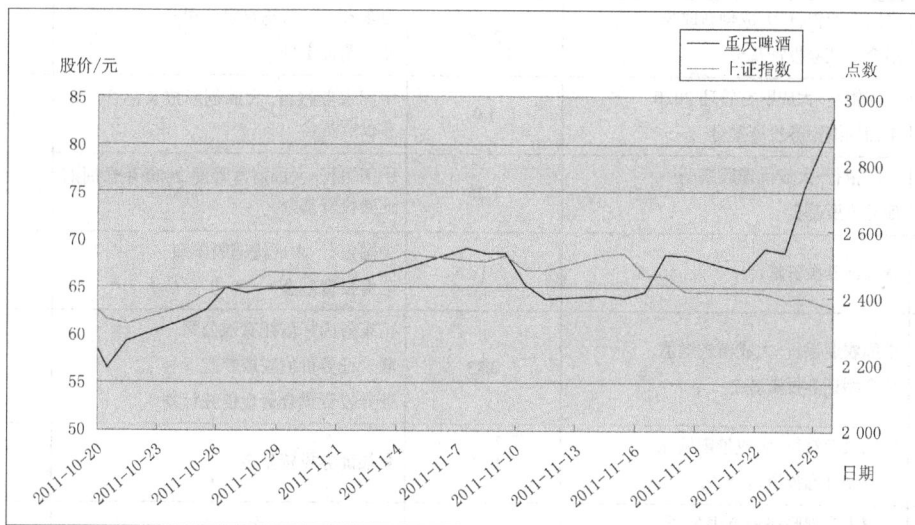

图 66-6　重庆啤酒股价走势（2011 年 10 月 20 日—2011 年 11 月 25 日）

说明：图 66-6 反映的是重庆啤酒股价在高速增长的第四个阶段的走势。2011 年 10 月 26 日重庆啤酒董事会通过决议，同意佳辰生物向美国食品和药品监督管理局提出Ⅲ期临床国际多中心临床试验注册申请；11 月 24 日，重庆啤酒发布乙肝疫苗研究进展提示性公告，称"北大组"将于 11 月 27 日召开Ⅱ期临床研究揭盲工作会议。当日，兴业证券发布对重庆啤酒的研究报告，表示其治疗性乙肝疫苗的前景乐观，维持"强烈推荐"评级。在此期间重庆啤酒股价上涨了 43.39%，并于 11 月 25 日达历史顶点 83.12 元。

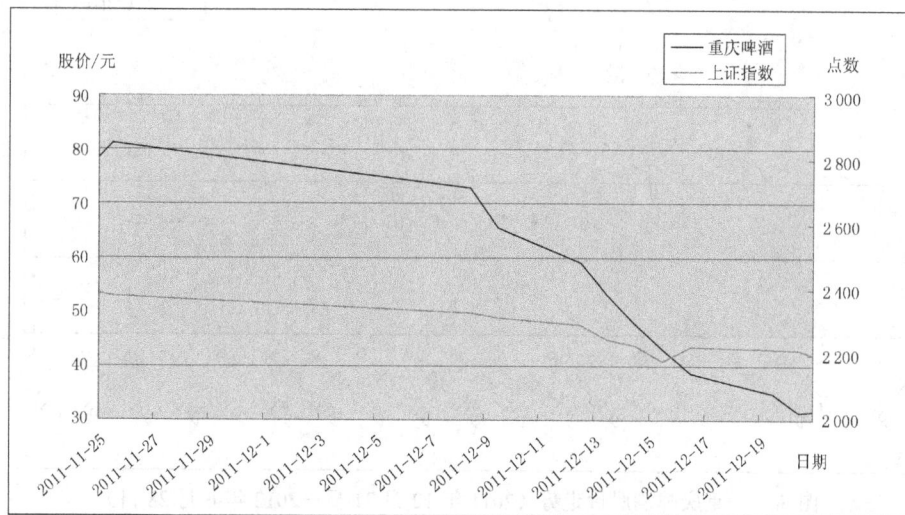

图 66-7　重庆啤酒股价走势（2011 年 11 月 25 日—2011 年 12 月 20 日）

说明：图 66-7 反映的是重庆啤酒股价在第二个暴跌期的走势。2011 年 12 月 7 日，重庆啤酒披露了Ⅱ期临床研究的结果，乙肝疫苗效果甚微，由此引发了重庆啤酒历史上第二个暴跌期，在此期间重庆啤酒出现了连续九个跌停，股价累计下跌 61.28%。

表 66-7　　　　　重庆啤酒十大股东（2011 年 9 月 30 日、2011 年 12 月 31 日）

持股排名	2011 年 9 月 30 日		2011 年 12 月 31 日	
	股东名称	持股比例（%）	股东名称	持股比例（%）
1	重庆啤酒（集团）有限责任公司	20	重庆啤酒（集团）有限责任公司	20
2	CARLSBERG CHONGQING LIMITED.	17.46	CARLSBERG CHONGQING LIMITED.	17.46
3	嘉士伯啤酒厂香港有限公司	12.25	CARLSBERG BREWERIES A/S（嘉士伯啤酒厂有限公司）	12.25
4	中国农业银行-大成创新成长混合型证券投资基金	2.78	山东省国际信托有限公司-泽熙瑞金 1 号	1.94
5	中国银行-大成财富管理 2020 生命周期证券投资基金	1.9	中国农业银行-大成创新成长混合型证券投资基金	1.73
6	中国银行-大成优选股票型证券投资基金	1.26	中国银行-大成财富管理 2020 生命周期证券投资基金	1.26
7	景福证券投资基金	1	中国银行-大成优选股票型证券投资基金	0.88
8	中国农业银行-大成精选增值混合型证券投资基金	0.83	山东省国际信托有限公司-联合证券价值联成梦想 5 号证券投资集合资金信托计划	0.83
9	中国农业银行-大成景阳领先股票型证券投资基金	0.77	景福证券投资基金	0.61
10	中国人寿保险股份有限公司-万能-国寿瑞安	0.73	袁超	0.57

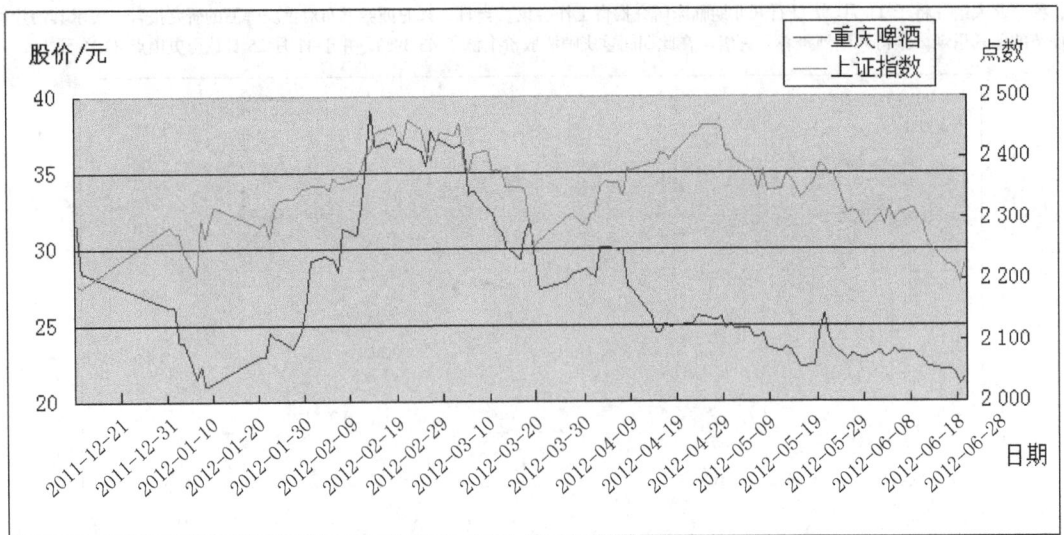

图 66-8　重庆啤酒股价走势（2011 年 12 月 21 日—2012 年 6 月 28 日）

说明：图 66-8 反映的是重庆啤酒股价在疫苗事件后期发展阶段的走势。与疫苗结果的不确定性相对应，在此期间，重庆啤酒股价具有较大波动性，时而下跌，时而反弹。但在乙肝疫苗Ⅱ期临床研究的最终结果披露后，重庆啤酒股价最终走势是持续下跌的。

附件十五：关于"治疗用（合成肽）乙型肝炎疫苗"研究进度暨复牌公告

证券代码：600132   证券简称：重庆啤酒   公告编号：临2012－005

重庆啤酒股份有限公司

关于"治疗用（合成肽）乙型肝炎疫苗"研究进度暨复牌公告

> 本公司董事会及全体董事保证本公告内容不存在任何虚假记载、误导性陈述或者重大遗漏，并对其内容的真实性、准确性和完整性承担个别及连带责任。

特别提示：

（1）为充分保证投资者公平获取公司信息的权利和信息披露的及时性，本公司向广大投资者发布本公告。

（2）由 RPS 医药科技（北京）有限公司出具的本临床研究项目统计分析结果全文包括统计分析表格及统计列表。根据相关法规、监管部门的要求及保护本项目技术秘密的需要，本公司披露的本临床研究项目统计分析结果的具体信息为"治疗用（合成肽）乙型肝炎疫苗治疗慢性乙型肝炎的疗效及安全性的多中心、随机、双盲、安慰剂对照的 II 期临床研究"方案所规定的所有随访至 76 周的主要疗效指标和次要疗效指标及临床安全性指标的统计结果。

（3）负责本临床研究的相关研究单位已于 2012 年 1 月 4 日召开了本临床研究项目的统计分析结果临床专家讨论会议。在形成临床研究总结报告之前，各研究者将继续对本临床研究的疗效及安全性进行讨论分析及总结。

（4）鉴于治疗用（合成肽）乙型肝炎疫苗作为一类新药的研制本身具有复杂性、系统性和不可预测的特点，同时还具有高风险、高投入、周期长的特性，本公司再次提请投资者注意投资风险。

（5）本公告所列数据均摘自本公告附表，主要为第 76 周数据，所有数据均以本公告附表为准，请投资者详细查阅。

（6）本公司股票将于 2012 年 1 月 10 日复牌。

一、关于以北京大学人民医院为主要研究者的"治疗用（合成肽）乙型肝炎疫苗治疗慢性乙型肝炎的疗效及安全性的多中心、随机、双盲、安慰剂对照的 II 期临床研究"随访至 76 周时的主要疗效指标和次要疗效指标及临床安全性指标统计分析结果如下。

1. 本临床研究项目入组病例

本临床研究项目共入组 360 例病例，其中 331 例完成 76 周研究。经专家盲态审核，共计 360 例纳入安全数据集，354 例纳入意向性分析集，328 例纳入符合方案集，符合国家食品药品监督管理局发布的《药物临床试验质量管理规范》的相关要求。

2. 临床有效性评估

（1）主要疗效指标。

随访至第 76 周，发生 HBeAg/抗 HBe 血清转换的患者比例。

① 在结束点发生 HbeAg 转阴同时抗 HBe 转阳的血清转换——意向性治疗人群（见表66-8）。

表 66-8   意向性治疗人群统计

组别	统计人数（人）	应答人数（人）	应答率
安慰剂组	117	33	28.2%
εPA-44 600μg 组	120	36	30.0%
εPA-44 900μg 组	117	34	29.1%

注：εPA-44 为治疗用（合成肽）乙型肝炎疫苗简称。

意向性治疗人群的安慰剂组与 εPA-44 600μg 组，及安慰剂组与 εPA-44 900μg 组之间，HBeAg/抗 HBe 血清转换在统计意义上均无差异。

② 在结束点发生 HbeAg 转阴同时抗 HBe 转阳的血清转换——符合方案人群（见表66-9）。

表 66-9 符合方案人群统计

组别	统计人数（人）	应答人数（人）	应答率
安慰剂组	109	32	29.4%
εPA-44 600μg 组	111	35	31.5%
εPA-44 900μg 组	108	33	30.6%

符合方案人群的安慰剂组与 εPA-44 600μg 组，及安慰剂组与 εPA-44 900μg 组之间，HBeAg/抗 HBe 血清转换在统计意义上均无差异。

（2）次要疗效指标。

次要疗效指标包括患者病毒、血清等指标，需要计算各指标的应答率，同时进行事件及发生时间分析。

① 第 76 周的血清学应答情况。

a. 发生 HBeAg/抗 HBe 血清转换的患者比例（见表 66-10）。

表 66-10 发生 HBeAg/抗 HBe 血清转换的患者比例

组别	统计人数（人）	乙肝血清学应答在每一随访的分析：发生 HbeAg 转阴同时抗 HBe 转阳的血清转换——意向性治疗人群第 76 周的人数（人）	乙肝血清学应答在每一随访的分析：发生 HbeAg 转阴同时抗 HBe 转阳的血清转换——意向性治疗人群第 76 周的比例
安慰剂组	117	32	27.4%
εPA-44 600μg 组	120	35	29.2%
εPA-44 900μg 组	117	33	28.2%

b. HBeAg 阴转，但未出现抗 HBe 转阳的患者比例（见表 66-11）。

表 66-11 HBeAg 阴性，但未出现抗 HBe 转阳的患者比例

组别	统计人数（人）	乙肝血清学应答在每一随访的分析：发生 HBeAg 阴转，但未出现抗 HBe 转阳——意向性治疗人群第 76 周的人数（人）	乙肝血清学应答在每一随访的分析：发生 HBeAg 阴转，但未出现抗 HBe 转阳——意向性治疗人群第 76 周的比例
安慰剂组	117	1	0.9%
εPA-44 600μg 组	120	0	0
εPA-44 900μg 组	117	1	0.9%

c. 发生血清抗 HBe 转阳的患者比例（见表 66-12）。

表 66-12 发生血清抗 HBe 转阳的患者比例

组别	统计人数（人）	乙肝血清学应答在每一随访的分析：发生血清抗 HBe 转阳——意向性治疗人群第 76 周的人数（人）	乙肝血清学应答在每一随访的分析：发生血清抗 HBe 转阳——意向性治疗人群第 76 周的比例
安慰剂组	117	42	35.9%
εPA-44 600μg 组	120	46	38.3%
εPA-44 900μg 组	117	42	35.9%

d. HBeAg 滴度变化（见表 66-13）。

表 66-13　　　　　　　　　　　HBeAg 滴度变化

组别	统计人数（人）	乙肝血清学应答分析：HBeAg 滴度较基线值下降的变化值——意向性治疗人群 HBeAg 滴度基线平均水平	乙肝血清学应答分析：HBeAg 滴度较基线值下降的变化值——意向性治疗人群第 76 周 HBeAg 滴度平均水平
安慰剂组	117	844.6	247.9
εPA-44 600μg 组	120	1 072.2	227.0
εPA-44 900μg 组	117	870.9	290.0

在第 12、28、32、40、52、64、76 周，安慰剂组与 εPA-44 600μg 组，及安慰剂组与 εPA-44 900μg 组之间，各乙肝血清学应答指标在统计意义上均无差异。

② 第 76 周的病毒学应答情况。

a. 血清 HBV-DNA 载量下降大于或等于 1 个对数级的患者比例（见表 66-14）。

表 66-14　　　　　　血清 HBV-DNA 载量下降大于或等于 1 个对数级的患者比例

组别	统计人数（人）	病毒学应答在每一随访的分析：发生血清 HBV-DNA 载量（IU/mL）下降大于或等于 1 个对数级——意向性治疗人群第 76 周的人数（人）	病毒学应答在每一随访的分析：发生血清 HBV-DNA 载量（IU/mL）下降大于或等于 1 个对数级——意向性治疗人群第 76 周的比例
安慰剂组	117	68	58.1%
εPA-44 600μg 组	120	77	64.2%
εPA-44 900μg 组	117	70	59.8%

b. 血清 HBV-DNA 载量下降大于或等于 2 个对数级的患者比例（见表 66-15）。

表 66-15　　　　　　血清 HBV-DNA 载量下降大于或等于 2 个对数级的患者比例

组别	统计人数（人）	病毒学应答在每一随访的分析：发生血清 HBV-DNA 载量（IU/mL）下降大于或等于 2 个对数级——意向性治疗人群第 76 周的人数（人）	病毒学应答在每一随访的分析：发生血清 HBV-DNA 载量（IU/mL）下降大于或等于 2 个对数级——意向性治疗人群第 76 周的比例
安慰剂组	117	53	45.3%
εPA-44 600μg 组	120	62	51.7%
εPA-44 900μg 组	117	49	41.9%

c. 血清 HBV-DNA 定量 $< 2.93 \times 10^4$ IU/mL 的患者比例（见表 66-16）。

表 66-16　　　　　　血清 HBV-DNA 定量 $< 2.93 \times 10^4$ IU/mL 的患者比例

组别	统计人数（人）	病毒学应答在每一随访的分析：发生血清 HBV-DNA 载量 $< 2.93 \times 10^4$ IU/mL——意向性治疗人群第 76 周的人数	病毒学应答在每一随访的分析：发生血清 HBV-DNA 载量 $< 2.93 \times 10^4$ IU/mL——意向性治疗人群第 76 周的比例
安慰剂组	117	40	34.2%
εPA-44 600μg 组	120	45	37.5%
εPA-44 900μg 组	117	36	30.8%

d. 血清 HBV-DNA 较基线值下降的变化值（见表 66-17）。

表 66-17 血清 HBV-DNA 较基线值下降的变化值

组别	统计人数（人）	病毒学应答在每一随访的分析：血清 HBV-DNA 载量（IU/mL）较基线值下降的变化值——意向性治疗人群血清 HBV-DNA 平均基线水平	病毒学应答在每一随访的分析：血清 HBV-DNA 载量（IU/mL）较基线值下降的变化值——意向性治疗人群第 76 周血清 HBV-DNA 平均水平
安慰剂组	117	3.73E8	9.41E7
εPA-44 600μg 组	120	4.87E8	9.48E7
εPA-44 900μg 组	117	2.4E8	6.05E7

在第 12、28、32、40、52、64、76 周，安慰剂组与 εPA-44 600μg 组，及安慰剂组与 εPA-44 900μg 组之间，各病毒学应答指标在统计意义上均无差异。

③ 第 76 周的生化学应答，指 ALT 水平降至正常范围内

a. ALT 恢复正常的受试者比例（见表 66-18）。

表 66-18 ALT 恢复正常的受试者比例

组别	统计人数（人）	生化学应答在每一随访的分析：ALT 水平降至正常范围——意向性治疗人群第 76 周的人数（人）	生化学应答在每一随访的分析：ALT 水平降至正常范围——意向性治疗人群第 76 周的比例
安慰剂组	117	47	40.2%
εPA-44 600μg 组	120	50	41.7%
εPA-44 900μg 组	117	45	38.5%

b. ALT 在用药后不同时间点的变化。

安慰剂组与 εPA-44 600μg 组，及安慰剂组与 εPA-44 900μg 组之间，关于生化学应答指标在统计意义上均无差异。

3. 临床安全性指标

共计 360 例患者进入安全性分析人群，εPA-44 600μg，εPA-44 900μg 组和安慰剂组各 120 例。

（1）不良事件分析结果。

研究用药出现的不良事件总体情况（包含双盲期和停药后）——安全性人群（见表 66-19）。

表 66-19 研究用药出现的不良事件总体情况（包含双盲期和停药后）——安全性人群

组别	统计人数（人）	发生不良事件的人数（人）	发生不良事件的比例
安慰剂组	120	55	45.8%
εPA-44 600μg 组	120	65	54.2%
εPA-44 900μg 组	120	62	51.7%
安慰剂组	120	4	3.3%
εPA-44 600μg 组	120	1	0.8%
εPA-44 900μg 组	120	1	0.8%

（2）其他安全性指标。

生命体征观测值（脉搏、血压、体温、呼吸）在各用药组间基本平衡。关于心电图、血常规、尿常规、凝血功能、血生化指标，各组异常有临床意义例数的组间差异无统计学意义；体格检查基本正常。肝功能异常有临床意义的例数，在各用药组间基本平衡。

二、以浙江大学医学院附属第一医院为主要研究者的"治疗用（合成肽）乙型肝炎疫苗联合恩替卡韦治疗慢性乙型肝炎患者的疗效及安全性的随机、双盲、多中心Ⅱ期临床研究"进度情况截止到本公告日，该临床研究项目按照计划方案正在相关临床试验医院正常进行临床试验，该临床试验的研究目的是扩展治疗用（合成肽）乙型肝炎疫苗临床应用范围的研究。

特此公告。

重庆啤酒股份有限公司董事会

2012 年 1 月 9 日

附件十六：关于"治疗用（合成肽）乙肝疫苗"临床研究的风险提示公告

股票代码：600132   股票简称：重庆啤酒   公告编号：临 2012-013

重庆啤酒股份有限公司

关于"治疗用（合成肽）乙肝疫苗"临床研究的风险提示公告

> 本公司董事会及全体董事保证本公告内容不存在任何虚假记载、误导性陈述或者重大遗漏，并对其内容的真实性、准确性和完整性承担个别及连带责任。

特别提示：

（1）为充分保证投资者公平获取公司信息的权利和信息披露的及时性，本公司向广大投资者发布本公告。

（2）目前"治疗用（合成肽）乙肝疫苗临床"研究存在重大不确定性；本公司再次提请投资者注意投资风险。

一、关于"治疗用（合成肽）乙肝疫苗"研究进展情况

本公司控股子公司重庆佳辰生物工程有限公司与中国人民解放军第三军医大学申办的"治疗用（合成肽）乙肝疫苗临床"研究项目，截至目前进展情况如下。

（一）以北京大学人民医院为组长单位的"治疗用（合成肽）乙型肝炎疫苗治疗慢性乙型肝炎的疗效及安全性的多中心、随机、双盲、安慰剂对照的Ⅱ期临床研究"（以下简称"北大组临床研究"）按临床试验方案已在各家临床医院完成临床试验。本公司已于 2012 年 1 月 10 日以临 2012-005 号公告披露了该项目的统计分析结果。该项目随访至第 76 周时的主要疗效指标和次要疗效指标的统计分析结果在统计意义上均无差异。

该项目目前处于进行临床试验总结报告编制阶段。按照初步工作计划将于今年 4 月完成临床试验总结报告。

（二）以浙江大学医学院附属第一医院为主要研究者的"治疗用（合成肽）乙型肝炎疫苗联合恩替卡韦治疗慢性乙型肝炎患者的疗效及安全性的随机、双盲、多中心Ⅱ期临床研究"（以下简称"浙大组临床研究"）的研究目的是扩展临床应用范围。截至目前该项目尚在相关临床试验医院进行临床试验，该项目研发过程仍存在较大风险，具有重大不确定性。

二、"治疗用（合成肽）乙肝疫苗"研究进展对本公司的影响及存在的风险

鉴于目前北大组临床研究随访至第 76 周时的主要疗效指标和次要疗效指标的统计分析结果在统计意义上均无差异，公司将根据北大组临床研究总结报告的意见对是否继续进行该临床研究进行评判。是否进行后续研究存在重大不确定性。

假若北大组临床研究不再继续进行后续临床研究，在目前进行的浙大组临床研究完成后，公司将根据浙大组临床研究总结报告的意见对是否继续进行该临床研究进行评判。是否进行后续研究存在重大不确定性。

三、"治疗用（合成肽）乙肝疫苗研究"后续信息披露

本公司将严格按照《上市公司信息披露管理办法》和《上海证券交易所股票上市规则》的规定，对"治疗用（合成肽）乙肝疫苗研究"发生的相关重大进展及时履行信息披露义务。

特此公告。

重庆啤酒股份有限公司董事会

2012 年 2 月 23 日

附件十七：关于"治疗用（合成肽）乙型肝炎疫苗"有关临床试验总结报告的公告

证券代码：600132　　　　证券简称：重庆啤酒　　　　公告编号：临 2012-020

关于"治疗用（合成肽）乙型肝炎疫苗"
有关临床试验总结报告的公告

本公司董事会及全体董事保证本公告内容不存在任何虚假记载、误导性陈述或者重大遗漏，并对其内容的真实性、准确性和完整性承担个别及连带责任。

释义如下。

单独用药组：指"治疗用（合成肽）乙型肝炎疫苗治疗慢性乙型肝炎的疗效及安全性的多中心、随机、双盲、安慰剂对照的Ⅱ期临床研究"试验方案组。

联合用药组：指"治疗用（合成肽）乙型肝炎疫苗联合恩替卡韦治疗慢性乙型肝炎患者的疗效及安全性的随机、双盲、多中心Ⅱ期临床研究"试验方案组。

特别提示：

（1）为充分保证投资者公平获取公司信息的权利和公司信息披露的及时性，本公司向广大投资者发布本公告。

（2）本次公告内容系单独用药组临床试验总结报告相关信息。

（3）公司将尽快就单独用药组项目相关事项与相关各方及专家进行沟通，就单独用药组项目是否继续进行后续研究进行评估，并同时对目前尚在进行的联合用药组项目进行研究评估。因此"治疗用（合成肽）乙型肝炎疫苗"是否进行后续研究或是否继续推进存在重大不确定性和重大风险，本公司再次提请投资者注意投资风险。

一、单独用药组临床实验总结报告

本公司于 2012 年 4 月 17 日收到单独用药组的临床试验总结报告，该报告中的研究摘要（原文）内容如表 66-20 所示。

表 66-20　　　　　　　　　　单独用药组临床试验总结报告研究摘要

研究药物名称	治疗用（合成肽）乙型肝炎疫苗（εPA-44）
研究名称	治疗用（合成肽）乙型肝炎疫苗（εPA-44）治疗慢性乙型肝炎的疗效及安全性的多中心、随机、双盲、安慰剂对照的Ⅱ期临床研究
临床试验分期	Ⅱ期临床试验
该研究发表论文	暂无
研究时间	开始时间：2009 年 01 月 11 日
	结束时间：2011 年 11 月 27 日
研究目的	主要目的：评价慢性乙型肝炎患者单用 εPA-44 的疗效 次要目的：观察慢性乙型肝炎患者单用 εPA-44 的安全性和耐受性，并为后续临床试验探索最合理的剂量和疗程
研究方法	多中心、随机、双盲、安慰剂对照
受试者数目（计划的和分析的）	计划入组：360 例受试者 分析人数：360 例受试者
入选及排除标准	入选标准： 1）年龄 18～65 岁，性别不限 2）符合 2005 年版的"慢性乙型肝炎防治指南"的慢性乙型肝炎诊断标准（HBsAg 阳性超过 6 个月），且–HBV-DNA 大于 2.93×10^4IU/mL； 　–HBeAg 阳性，HBsAb 阴性； 　–ALT 在正常值上限的 2～10 倍 3）HLA-A2 阳性 4）具有下列血液学和血液生化指标的代偿性肝病

入选及排除标准	– 白细胞≥3.5×10⁹/L – 中性粒细胞≥1.5×10⁹/L – 血小板≥80×10⁹/L – 血红蛋白≥110g/L – 总胆红素≤1.5 倍的正常值上限 – 白蛋白不低于正常值下限 – 血尿素氮未超过正常值上限 – 肌酐未超过正常值上限 – 凝血酶原时间延长≤3 秒，部分凝血活酶时间在正常值范围内 – 空腹血糖≤7.0mmol/L 5）TSH 在正常值范围内 6）甲胎蛋白≤20ng/mL 7）育龄期受试者（包括女性和男性病人的女伴）在研究期间能采取有效的避孕措施 8）理解并自愿签署经伦理委员会批准的知情同意书 9）能够遵守方案规定的研究程序和访视计划 排除标准： 1）抗-HAVIgM、抗-HCV、抗-HDVIgM 或抗-HEVIgM 阳性 2）抗-CMVIgM、抗-EBVIgM 或抗-HIV 阳性 3）抗核抗体滴度＞1：160 4）肝癌、疑似肝癌者或肝硬化患者 5）有以下系统疾病或既往史，有研究者认为不宜参加本试验的严重疾病 心血管系统：不稳定或明显的心血管疾病，如心绞痛、近期发作心肌梗塞、充血性心力衰竭、严重高血压、明显心律失常或心电图异常等 呼吸系统：支气管扩张、支气管哮喘、慢性阻塞性肺疾病、呼吸衰竭等 内分泌及代谢性疾病：糖尿病、药物控制不佳的甲状腺疾病等（自身免疫性疾病、活动性结核、恶性疾病（如肿瘤）、神经或精神疾病病史等） 6）研究用药前 6 个月内曾用过抗乙肝病毒治疗药物（干扰素、拉米夫定、阿德福韦酯、恩替卡韦和替比夫定等）及免疫调节剂（胸腺肽等） 7）近 3 个月内参加过任何药物临床研究者 8）过敏体质或可疑对本研究药物过敏 9）怀孕、哺乳期或研究期间计划怀孕的女性患者 10）有酗酒（饮酒 5 年以上，每天酒精含量男性大于 40g，女性大于 20g）及已知药物依赖者 11）器官移植史（除外角膜移植和毛发种植） 12）存在任何其他研究者认为不适合入选本研究或完成研究的因素
受试药物的规格、批号、用法用量	规格：治疗用（合成肽）乙型肝炎疫苗 εPA-44，300μg/支 批号：20080601、20081001、20081101、20081201 用法：上臂皮下注射 用量 1）εPA-44 600μg 组：分别在第 0、4、8、12、20、28 周注射 εPA-44 600μg 2）εPA-44 900μg 组：分别在第 0、4、8、12、20、28 周注射 εPA-44 900μg 3）安慰剂对照组：不注射受试药物
对照药物的规格、批号、用法用量	规格：空脂质体，300μg/支 批号：20080801、20080901、20081101 用法：上臂皮下注射 用量 1）εPA-44 600μg 组：分别在第 0、4、8、12、20、28 周注射相当于 300μg 试验药物的空脂质体 2）εPA-44 900μg 组：不注射安慰剂空脂质体 3）安慰剂对照组：分别在第 0、4、8、12、20、28 周注射相当于 900μg 试验药物的空脂质体

评估标准	疗效评价 主要疗效指标： 主要疗效指标是随访至第 76 周，发生 HBeAg/抗 HBe 血清转换的患者比例 次要疗效指标： 次要疗效指标包括患者病毒、血清等指标，需要计算各指标的应答率，同时进行事件及发生时间分析 1）第 12、28、32、40、52、64、76 周各观察时间点的血清学应答情况： 　– 发生 HBeAg/抗 HBe 血清转换的患者比例 　– HBeAg 阴转，但未出现抗-HBe 的患者比例 　– 发生血清抗-HBe 转阳的转患者比例 　– HBeAg 滴度变化 2）第 12、28、32、40、52、64、76 周各观察时间点的病毒学应答情况： 　– 血清 HBV-DNA 载量下降大于或等于 1 个对数级的患者比例 　– 血清 HBV-DNA 载量下降大于或等于 2 个对数级的患者比例 　– 血清 HBV-DNA 定量 $< 2.93 \times 10^4$ IU/mL 患者比例 　– 血清 HBV-DNA 较基线下降的变化值 3）各观察时间点生化学应答，指 ALT 水平降至正常范围内 　– ALT 恢复正常的受试者比例 　– ALT 在用药后不同时间点的变化 安全性指标： 评价研究过程中的不良事件及异常实验室检查结果，并评估生命体征、体格检查、心电图等变化。研究中独立的安全监测委员会，将进行不良事件的评价 判断标准： 慢性乙型肝炎诊断标准，HBsAg 阳性超过 6 个月（2005 年版"慢性乙型肝炎防治指南"）
统计方法	计量数据的描述性统计将提供人数、均值、标准差、中位数、最小值和最大值，分类数据的描述性统计将提供各类别的例数和百分比。所有的病例报告记录，都将使用进入研究（Enrolled）人群，生成对应的数据清单。所有的统计检验均采用双侧检验，P-值小于 0.05 将被认为所检验的差别有统计学意义
结果和结论	疗效结果： 本研究主要疗效指标是随访至第 76 周，发生 HBeAg/抗 HBe 血清转换的患者比例。安慰剂组、εPA-44 600μg 组和 εPA-44 900μg 组的转换率分别为 28.2%（33/117）、30.0%（36/120）和 29.1%（34/117）。安慰剂组对照 εPA-44 600μg 组和 εPA-44 900μg 组，HBeAg/抗 HBe 血清转换率在双侧 CMH 检验下，对 0.05 的检验水平均未见显著统计学差异。安慰剂组对照 εPA-44 600μg 组比率比为 1.1（P=0.79），对照 εPA-44 900μg 组比率比为 1.0（P=0.87）。εPA-44 600μg 组对照 εPA-44 900μg 组，血清转换率亦无显著统计学差异，比率比为 1.0（P=0.86） 研究期间，在不同时间观察点的 HBeAg/抗 HBe 血清转换率，安慰剂组从第 12 周的 5.1%（6/117）持续升高到第 76 周的 27.4%（32/117），εPA-44 600μg 组从 6.7%（8/120）升高到 29.2%（35/120），εPA-44 900μg 组则从 6.0%（7/117）升高到 28.2%（33/117）。安慰剂组对照 εPA-44 600μg 组和 εPA-44 900μg 组在双侧 CMH 检验下，对 0.05 的检验水平均未见显著统计学差异，两个剂量组间也未见显著统计学差异 研究期间安慰剂组、εPA-44 600μg 组和 εPA-44 900μg 组均未见单纯血清 HBeAg 转阴（指只出现 HBeAg 转阴，无抗 HBe 转阳）的受试者，仅在研究结束时，即第 76 周时，安慰剂组和 εPA-44 900μg 组各出现 1 例受试者发生 HBeAg 转阴，无抗 HBe 转阳。在第 12、28、32、40、52、64、76 周各观察点，安慰剂对照 εPA-44 600μg 组和 εPA-44 900μg 组，抗 HBe 转阳率及 HBeAg 滴度相比基线的变化值等血清学指标均未见显著性差异 在第 12、28、32、40、52、64、76 周各观察时间点，血清 HBV DNA 载量下降≥1 个对数级的受试者比例，以及 DNA 载量≥2 个对数级的受试者比例，以及 HBV DNA 载量 $< 2.93 \times 10^4$ IU/mL 的受试者比例，在安慰剂组、εPA-44 600μg 组和 εPA-44 900μg 组中均呈递增趋势，但各治疗组间基于双侧 CMH 检验，在 0.05 检验水平下无显著性统计学差异 在第 4、8、12、28、32、40、52、64、76 周时，ALT 恢复正常的受试者比例，在安慰剂组从 6.8%（8/117）持续升高到第 76 周的 40.2%（47/117），εPA-44 600μg 组从 10.0%（12/120）升高到 41.7%（50/120），εPA-44 900μg 组则从 3.4%（4/117）升高到 38.5%（45/117）。安慰剂组对照 εPA-44 600μg 组和 εPA-44 900μg 组，对双侧 CMH 检验在 0.05 的检验水平下均未见显著统计学差异，两个剂量组间也未

续表

	见显著统计学差异
结果和结论	在基线 ALT 对 HBeAg 血清转换率和 HBeAg 转阴率的分析中，显示，基线 ALT 为正常值上限 2～5 倍时，安慰剂组、εPA-44 600μg 组和 εPA-44 900μg 组间差异不明显。在 ALT 为正常值上限 5～10 倍时，安慰剂组、εPA-44 600μg 组和 εPA-44 900μg 组在各访视点的 HBeAg 血清转换率和 HBeAg 转阴率，都表现为随访视周增加而有持续升高，且 εPA-44 600μg 组和 εPA-44 900μg 组在各访视点均高于安慰剂组，εPA-44 900μg 组较安慰剂组有明显升高。在访视第 28 周 HBeAg 血清转换率时，εPA-44 900μg 组应答率为 30%，安慰剂组应答率为 8.8%，其差异有统计学意义（P=0.03），在其他访视点，虽然 HBeAg 血清转换率 εPA-44 900μg 组高于安慰剂组，但未显示出统计学差异。同样在基线 ALT 分组为正常值上限 2～5 倍和 5～10 倍时，观察 HBV-DNA 载量下降≥2 个对数级的受试者比例，在各访视点均随访视周增加而呈增加趋势，但三组间相比无统计学差异

	安全性结果：
	本研究中 50.0%（180/360）的受试者至少发生 1 例不良事件。其中，安慰剂组至少发生 1 例不良事件的受试者比例为 45.8%（55/120），εPA-44 600μg 组和 εPA-44 900μg 组的发生率均略高于安慰剂组，分别为 54.2%（65/120）和 50.0%（60/120）。本研究共有 3 例受试者因不良事件而提前退出，均发生在 εPA-44 药物治疗组，其中，εPA-44 600μg 组发生 1 例，εPA-44 900μg 组发生 2 例。大多数不良事件为轻度或中度不良事件，安慰剂组、εPA-44 600μg 组和 εPA-44 900μg 组发生轻度或中度不良事件的受试者比例分别为 94.5%（52/55）、98.5%（64/65）和 98.3%（59/60）。安慰剂组发生不良事件中，经研究者判断，10.8%（13/120）与研究药物有关，该比例低于 εPA-44 600μg 组的 25.0%（30/120）和 εPA-44 900μg 组的 28.3%（34/120）。与研究药物相关的不良事件主要为注射部位各种反应，在各种单一出现的注射部位各种反应中，有注射部位痛、注射部位瘙痒，其他注射部位反应在各治疗组中发生率均较低，且未见明显差异。其他与研究药物相关的不良事件的发生率比较低，在各研究组中的发生率均在 1%～2%
结果和结论	对不良事件进行医学编码后，发生频率最高的器官系统为全身性疾病及给药部位各种反应，主要有乏力和注射部位各种反应；感染及侵袭类疾病，主要有鼻咽炎、上呼吸道感染；及胃肠系统疾病，主要有恶心、腹泻。其中，注射部位各种反应在安慰剂组的发生率 10.8%（13/120）明显低于 εPA-44 600μg 组的 25.0%（30/120）和 εPA-44 900μg 组的 28.3%（34/120），其他不良事件在各治疗组间无明显差异
	本研究中共有 6 例受试者发生 7 例次严重不良事件，其中，安慰剂组发生 4 例次，εPA-44 600μg 组发生 1 例次，εPA-44 900μg 组发生 2 例次（同一例受试者 045）。经研究者判断，2 例次严重不良事件与研究药物有关：εPA-44 900μg 组的受试者 045，发生严重不良事件为慢性乙型肝炎加重；另一例为安慰剂组的受试者 157 发生肝功能异常。本研究未发生死亡事件
	结论：
	治疗用（合成肽）乙型肝炎疫苗单独治疗慢性乙型肝炎，治疗剂量从 600μg 每次提高到 900μg 每次时，在主要疗效指标和次要疗效指标中，无显著疗效。在基线 ALT 为正常值上限 5～10 倍的受试者中，显示的 HBeAg 血清转换率，εPA-44 600μg 组和 εPA-44 900μg 组在各访视点均高于安慰剂组，εPA-44 900μg 组较安慰剂组升高明显，差异无统计学意义。仅在第 28 周访视 HBeAg 血清转换率，显示其差异有统计学意义；在基线 ALT 分组为正常值上限 2～5 倍和 5～10 倍观察 HBV-DNA 载量下降≥2 个对数级的受试者比例，在各访视点均随访视周增加而呈增加趋势，但三组相比，无统计学差异。慢性乙型肝炎患者注射治疗用（合成肽）乙型肝炎疫苗安全性和耐受性良好。与研究药物相关的不良事件主要为注射部位各种反应，单一出现的注射部位反应有注射部位痛、注射部位瘙痒

二、"治疗用（合成肽）乙型肝炎疫苗"本公司的影响及存在的风险

公司将尽快就单独用药组项目相关事项与相关各方及专家进行沟通，就单独用药组项目是否继续进行后续研究进行评估，并同时对目前尚在进行的联合用药组项目进行研究评估。因此"治疗用（合成肽）乙型肝炎疫苗"是否进行后续研究或继续推进存在重大不确定性和重大风险，本公司再次提请投资者注意投资风险。

三、"治疗用（合成肽）乙肝疫苗研究"后续信息披露

本公司将严格按照《上市公司信息披露管理办法》和《上海证券交易所股票上市规则》的规定，对"治疗用（合成肽）乙肝疫苗研究"发生的相关重大进展及时履行信息披露义务。

特此公告。

重庆啤酒股份有限公司董事会

2012 年 4 月 17 日

附件十八：关于第六届董事会第十九次会议决议公告

证券代码：600132　　　　　证券简称：重庆啤酒　　　　　公告编号：临 2012－022

重庆啤酒股份有限公司

第六届董事会第十九次会议决议公告

本公司董事会及全体董事保证本公告内容不存在任何虚假记载、误导性陈述或者重大遗漏，并对其内容的真实性、准确性和完整性承担个别及连带责任。

风险提示：

（1）本次董事会同意公司控股子公司重庆佳辰生物工程有限公司（以下简称"佳辰公司"）不申请"治疗用（合成肽）乙型肝炎疫苗治疗慢性乙型肝炎的疗效及安全性的多中心、随机、双盲、安慰剂对照的Ⅱ期临床研究"（以下简称"单独用药组"）的Ⅲ期临床试验，并不再开启新的单独用药组Ⅱ期临床研究。

（2）本次董事会同意佳辰公司按原定Ⅱ期临床方案进行"治疗用（合成肽）乙型肝炎疫苗联合恩替卡韦治疗慢性乙型肝炎的疗效及安全性的随机、双盲、多中心Ⅱ期临床研究"（以下简称"联合用药组"）Ⅱ期临床研究。本研究的目的是"初步评价与单用恩替卡韦治疗相比，治疗用（合成肽）乙肝疫苗联合恩替卡韦治疗 HbeAg 阳性慢性乙型肝炎患者的疗效及安全性"，其主要疗效指标为 HBeAg 血清转换率，次要疗效指标为血清学应答、病毒学应答、生化学应答；安全性评价为研究过程中的不良事件及异常实验室检查结果。联合用药组研究项目符合国家食品药品监督管理局《药物临床试验质量管理规范》及相关法律法规的要求。

联合用药组临床试验于 2010 年 6 月召开启动会，试验周期为 96 周，预计将在 2013 年年初结束，随后将进行揭盲、统计分析和总结工作。截至目前，完成整个联合用药组的实验及总结工作预计还将投入资金 1 000 万元左右。因单独用药组《临床试验总结报告》结论意见等因素的影响，联合用药组存在不能按临床方案完成试验的重大风险；即使联合用药组完成Ⅱ期临床试验，能否继续进行后续研究也存在重大风险；即使联合用药组进行后续研究，目前也尚无法对后续研究时间周期进行准确预计。

（3）佳辰公司分别于 2012 年 4 月 18 日和 5 月 18 日向本项目联合申办方中国人民解放军第三军医大学致函，希望该校作为本项目的技术提供方和共同申办方尽快就本项目后续工作相关事项提出意见，并书面函告佳辰公司。截至本公告日，佳辰公司尚未收到相关书面回复，能否获得中国人民解放军第三军医大学书面回复以及对联合用药组研究的影响存在重大不确定性。

（4）本次董事会依据佳辰公司管理层建议经认真讨论做出董事会决议。

（5）本公司是以啤酒制造与销售为主业的食品饮料行业的上市公司，本公司再次提醒投资者注意投资风险。

重庆啤酒股份有限公司第六届董事会第十九次会议通知于 2012 年 5 月 24 日以传真和电子邮件方式发出，于 2012 年 5 月 30 日上午 9 点 30 分在公司北部新区接待中心二楼会议室召开。会议应到董事 11 名，实到董事 7 名，董事 Roy Bagattini（白荣恩）先生和 Stephen Maher（马儒超）先生因公出差委托董事王克勤先生代为出席并行使其表决权；董事谭坤一先生因公出差委托董事邹宁先生代为出席并行使其表决权；独立董事孙芳城先生因公出差委托独立董事张国林先生代为出席并行使其表决权。会议的召开符合《公司法》和《公司章程》的规定，会议由董事长黄明贵先生主持，会议经审议以书面表决方式通过《关于重庆佳辰生物工程有限公司治疗用（合成肽）乙型肝炎疫苗相关事项的议案》。根据单独用药组《临床试验总结报告》结论意见，董事会同意佳辰公司不申请单独用药组的Ⅲ期临床试验，并不再开启新的单独用药组Ⅱ期临床研究；鉴于联合用药组的Ⅱ期临床研究已进入观察期，同意佳辰公司按原定临床方案进行联合用药组Ⅱ期临床研究。在联合用药组Ⅱ期临床研究完成后，公司将根据联合用药组《临床试验总结报告》的结论意见、咨询药品监督管理部门相关专家意见和公司的实际情况等进行综合评判，并对治疗用（合成肽）乙型肝炎疫苗相关事项做出决策。

表决结果：赞成 11 票，反对 0 票，弃权 0 票。

特此公告。

重庆啤酒股份有限公司董事会

2012 年 5 月 30 日

附件十九：重庆啤酒乙肝疫苗事件进程（见表 66-21）

表 66-21　　　　　　　　　　　　　重庆啤酒乙肝疫苗事件进程

进程	日期	开盘价（元）	最高价（元）	最低价（元）	收盘价（元）	涨跌额（元）	涨跌幅（%）	振幅（%）	成交量（手）	成交额（万元）
阶段 1： 1. 收购佳辰生物（附件四） 2. 乙肝疫苗项目被列为国家高新技术产业化重点项目（附件五）	1998-10-30	14.42	14.42	12.98	13.38	-1.02	-7.08	10	114 866	15 795
	1998-11-30	13.41	15.14	13.41	13.96	0.58	4.33	12.93	151 873	21 569
	1998-12-31	13.85	14.5	13.25	13.79	-0.17	-1.22	8.95	58 538	8 100
	1999-1-29	13.42	13.72	11.96	12.7	-1.09	-7.9	12.76	38 516	4 922
	1999-2-9	12.62	12.9	11.78	12.75	0.05	0.39	8.82	9 127	1 140
	1999-3-31	12.4	13.47	12.05	12.18	-0.57	-4.47	11.14	42 459	5 429
	1999-4-30	12.1	14.43	12	14.08	1.9	15.6	19.95	109 922	15 175
	1999-5-31	14.35	20.77	14.05	19.97	5.89	41.83	47.73	259 618	44 123
	1999-6-30	19.98	31.48	19.52	27.88	7.91	39.61	59.89	253 701	62 541
阶段 2： 1. Ⅰ期临床试验完成（附件六） 2. Ⅱ、Ⅲ期临床试验获批（附件六） 3. 启动Ⅱ期临床研究试验（附件七）	2005-8-31	7.87	11.78	6.45	11.43	3.67	42.39	68.69	868 190	79 154
	2005-11-30	11.38	12.3	10.02	10.56	-0.87	-7.71	19.95	617 894	68 684
	2006-2-28	10.44	15.99	9.05	15.24	4.68	41.12	65.72	866 505	109 661
	2006-5-31	10.44	15.99	9.05	22.6	4.68	41.12	45.54	866 505	109 661
	2006-10-31	22.6	28.81	18.68	27.45	4.85	22	44.82	1 136 819	275 262
	2007-1-31	27.51	38.1	21.41	32.16	4.71	19.89	60.8	1 683 130	474 004
	2007-4-30	31.58	50.25	31.55	46.48	14.32	46.91	58.15	1 321 147	556 464
	2007-6-29	47.3	54	33.19	44.2	-2.28	-2.77	44.77	1 722 596	738 489
阶段 3： Ⅱ期 A 阶段临床效果不显著	2007-9-28	44.1	45.85	33.58	35.68	-8.52	-19.89	27.76	1 864 831	750 407
	2007-12-28	35.79	38.68	24.1	30.28	-5.4	-11.61	40.86	1 789 850	512 248
	2008-3-31	30.27	36.84	23	30.59	0.31	5.25	45.71	2 557 830	796 806
	2008-6-30	30.01	31.2	11.66	13	-17.59	-73.5	63.88	1 800 653	406 719
	2008-9-26	12.88	16.21	8.05	9.2	-3.8	-29.03	62.77	1 172 448	152 616
阶段 4： 发布研究进度公告，进展顺利（附件八）	2010-9-30	37.6	53.85	37.32	53	15.43	41.07	44	1 586 516	732 671
	2010-10-29	53.09	64.45	49.31	63.09	10.09	19.04	28.57	987 717	551 645
	2010-11-30	64.08	79.98	63.74	73.89	10.8	17.12	25.74	1 370 841	978 892
	2010-12-31	74.28	76.38	50	55.43	-18.46	-24.98	35.7	1 182 802	708 141
阶段 5： 1. 同意向美国申请Ⅲ期国际多中心临床试验（附件九） 2. 发布研究进度公告，将揭盲Ⅱ期结果（附件十）	2011-10-14	63.5	66.23	58.81	60.49	-2.31	-3.68	11.82	114 519	72 406
	2011-10-21	60.25	61.45	55.8	59.4	-1.09	-1.8	9.34	99 108	58 370
	2011-10-28	59.55	67.28	58.1	64.76	5.04	8.48	15.45	124 287	78 915
	2011-11-4	64.94	68.13	63.8	67	0.22	0.34	6.69	76 611	50 586
	2011-11-11	67.05	69.96	61	63.73	2.02	3.02	13.37	96 022	63 743
	2011-11-18	63.28	69.29	62.5	68.28	4.55	7.14	10.65	149 515	98 756
	2011-11-25	67.5	83.12	66.41	81.06	12.78	18.72	24.47	296 798	228 528
阶段 6： 披露Ⅱ期临床研究结果初稿，效果甚微（附件一）	2011-12-8	72.95	72.95	65.66	65.66	-15.4	-19	10.8	2 094	1 456
	2011-12-16	59.09	59.09	38.76	38.76	-26.9	-40.97	30.96	151 63	6 325
	2011-12-22	34.88	34.88	28.25	28.45	-10.31	-26.6	17.11	1 162 616	346 035
阶段 7： 披露Ⅱ期临床研究结果终稿，无显著疗效（附件十七）	2012-1-31	25.61	26.88	20.16	22.93	-5.52	-19.4	23.62	5 047 615	1 185 353
	2012-2-29	22.86	40.88	22.71	37.3	14.37	62.67	79.24	10 284 530	3 188 155
	2012-3-30	36.91	38.49	26.52	27.31	-9.99	-26.78	32.09	6 817 908	2 320 416
	2012-4-27	27.31	30.99	24.05	24.91	-2.4	-8.79	25.41	3 763 781	1 040 623
	2012-5-31	25.19	26.28	21.9	24.14	-0.77	-3.09	17.58	3 261 442	801 882

案例六十七

信息披露——穗恒运（3）

案例写作格式

编写目的

本案例主要是为配合《高级财务会计》中上市公司信息披露的相关内容而编写的。企业存在两种风险：系统风险与非系统风险。企业无法规避系统风险，但必须向投资者及时揭示此种风险。企业在何种情况下，按什么形式，对哪些内容，根据何种规定进行及时、真实的信息披露，是上市公司面临的基本问题。企业财务部门必须配合董事会和董事会秘书做好这一工作。这一案例，可以帮助学生熟悉上市公司信息披露的基本规则、要求与要点。

知识点

上市公司信息披露

关键词

恒运集团，预亏公告，关停机组

案例摘要

广州恒运企业集团股份有限公司（以下简称"穗恒运"或"公司"）是一家生产、销售电力及热力的公司，1994年1月6日在深圳证券交易所挂牌上市交易。2007年7月6日，集团对外发布临时公告称：因公司两台5万千瓦机组以及公司投资参股的广州恒运热电有限公司一台5万千瓦机组列入广东省2007年关停计划，根据企业会计准则规定和资产评估结果，本会计期计提减值准备约1.08亿元。另外，由于公司控股的广州恒运热电（D）厂有限责任公司（以下简称"恒运（D）厂"）一台30万千瓦机组于2007年5月投入商业运行，恒运（D）厂当月摊销开办费约5 226万元。因上述因素综合影响，导致穗恒运2007年上半年业绩亏损。中期业绩预亏公告发布后，当日开市后公司股票停牌1小时，复牌交易后，穗恒运股票大跌，开盘即跌停，由上一天的每股收盘10.26元跌为每股9.23元。当日股价跌幅为2.53%、振幅为9.84%，股票交易量显著放大，是前一天交易量的4.1倍。

与三台5万千瓦机组关停对应的是，穗恒运两台30万千瓦机组的上马与建设问题。根据广东省政府相关文件的规定，要求有关各方签订相关的关停协议。针对一些不上大机组的小电厂面临的因关闭而产生的职工安置问题，广州开发区专门发布了信函，要求穗恒运暂按150元/千瓦的标准，预付明珠集团和广保电力公司职工安置费用。由于这一金额是一个不确定数，少则一千多万，多则几千万，而且补偿款最终是由政府负担还是由穗恒运（上大机组的企业）负担也是不确定的，所以财务经理不得不提前考虑好这个问题。因为本年三台5万千瓦机组可能关停这一事项已经导致企业亏损，如果将这笔补偿款作为费用处理，无疑将加大本年的亏损。该笔资金是进行资本化还是费用化处理，是公司面临的又一个问题。

本案例揭示的问题是，企业随时面临系统风险与非系统风险，企业应如何对这些风险进行充分、及时地披露，确保投资者能全面准确地了解这些信息，从而据此做出正确的判断。

案例目录

一、预亏公告

一、预亏公告

2007年7月6日，广州恒运企业集团股份有限公司对外发布临时公告，全文如下所示。

股票代码：000531   股票简称：穗恒运A   公告编号：2007-013

广州恒运企业集团股份有限公司
2007年中期业绩预亏公告

本公司及董事会全体成员保证公告内容真实、准确、完整，没有虚假记载、误导性陈述或重大遗漏。

一、预计的本期业绩情况

1. 业绩预告期间：2007年1月1日至2007年6月30日。

2. 业绩预告情况：经本公司财务部初步测算，预计公司2007年中期业绩亏损，净利润为-5 000万元左右。

3. 业绩预告是否经过注册会计师预审计：否。

二、上年同期业绩

1. 净利润：6 780.62万元。

2. 每股收益：0.254元。

三、业绩变动原因说明

1. 因公司两台5万千瓦机组以及公司投资参股的广州恒运热电有限公司一台5万千瓦机组列入广东省2007年关停计划，根据企业会计准则规定和资产评估结果，本会计期计提减值准备约1.08亿元。

2. 由于公司控股的广州恒运热电（D）厂有限责任公司一台30万千瓦机组于2007年5月投入商业运行，恒运热电（D）厂当月摊销开办费约5 226万元。

上述因素综合影响，导致2007年上半年业绩亏损。

四、其他相关说明

具体财务数据将经广东羊城会计师事务所有限公司审计后在公司2007年半年度报告中详细披露。敬请投资者注意投资风险。

特此公告。

广州恒运企业集团股份有限公司董事会
2007年7月6日

中期业绩预亏公告发布后，当日开市后公司股票停牌1小时，复牌交易后，穗恒运股票大跌，开盘即跌停，由上一天的每股收盘10.26元跌为每股9.23元。当日股价跌幅为2.53%、振幅为9.84%，股票交易量显著放大，是前一天交易量的4.1倍（参见表67-1）。随后一周，穗恒运的股票价格一直处于振荡调整之中，7月末，股票价格恢复到业绩预亏公告发布前的每股近11元。

表67-1   2007年7月3—13日穗恒运股票交易相关数据

日期	开盘价（元）	最高价（元）	最低价（元）	收盘价（元）	涨幅（%） 个股	涨幅（%） 大盘	振幅（%）	总手数	金额（万元）	换手数	成交次数
2007-7-3	11.90	11.99	11.43	11.70	0.17	2.29	4.79	32 494	3 776	2.74	2 663
2007-7-4	11.84	11.84	11.21	11.25	-3.85	-1.97	5.38	16 678	2 151	1 057	1 940
2007-7-5	10.99	11.14	10.25	10.26	-8.80	-5.80	7.90	39 924	4 200	3.37	3 699
2007-7-6	9.23	10.24	9.23	10.00	-2.53	5.19	9.84	182 588	17 323	15.39	10 440
2007-7-9	9.60	10.99	9.28	10.66	6 060	3.64	17.10	176 659	17 613	14.90	11 658
2007-7-10	10.42	10.96	9.89	9.97	-6.47	-1.28	7.41	79 246	8 080	6.68	6 403

日期	开盘价（元）	最高价（元）	最低价（元）	收盘价（元）	涨幅（%）		振幅（%）	总手数	金额（万元）	换手数	成交次数
					个股	大盘					
2007-7-11	9.81	10.12	9.70	9.99	0.20	0.82	4.21	31 585	3 137	2.66	2 631
2007-7-12	9.99	10.19	9.85	9.99	0.00	0.51	3.40	28 981	2 904	2.44	2 113
2007-7-13	10.02	10.10	9.80	9.88	-1.10	-0.27	3.00	20 489	2 023	1.73	1 715

中期业绩预亏公告发布当天，股民问询和质疑的电话不断打进公司各个部门——董事会秘书办公室、公司财务部等，甚至独立董事（财务专家）处要求公司对这一影响企业利润的重大事件做出解释。

实际上，在此之前穗恒运就三台 5 万千瓦机组关停的事宜发布过两次公告：一次是 2007 年 4 月 17 日发布的《广州恒运企业集团股份有限公司 5 万千瓦机组关停临时公告》（公告编号：2007-006）；另一次是 2007 年 6 月 15 日发布的《广州恒运企业集团股份有限公司 5 万千瓦机组关停风险提示性公告》（公告编号：2007-010）（公告全文请参见附件六）。由此可见，公司对三台 5 万千瓦机组关停一事进行了及时披露。同时，公司聘请某资产评估公司对三台 5 万千瓦机组进行评估（评估报告参见本案例附件一、附件二），为三台 5 万千瓦机组计提减值准备提供了权威依据。

二、穗恒运简介

穗恒运是经广州经济技术开发区管理委员会批准，于 1992 年 11 月 30 日由全民所有制与集体所有制法人联营企业改组成的股份制企业，公司工商登记号是 4401011106225。穗恒运于 1993 年 10 月向社会公开发行股票，并于 1994 年 1 月 6 日在深圳证券交易所挂牌上市。穗恒运经广州经济技术开发区管理委员会穗开管函〔1994〕120 号文、广州市证券委员会穗证字〔1994〕14 号文批准，从 1995 年 4 月 1 日起由原"广州恒运热电股份有限公司"更名为"广州恒运企业集团股份有限公司"。穗恒运股本总额为 26 652.13 万股，2006 年 2 月，公司完成股权分置改革，股权分置改革后，各大股东结构为：广州凯得控股有限公司持股 89 457 355 股，占本公司股本总额的 33.56%；广州开发区工业发展集团有限公司持股 46 468 800 股，占本公司股本总额的 17.44%；广州黄电投资有限公司持股 11 991 359 股，占本公司股本总额的 4.5%。穗恒运的注册资本为人民币 266 521 260.00 元。

穗恒运经营范围包括：生产、销售电力、热力及国家政策允许的其他投资业务，维修热力仪表、管网及其副产品，建筑材料、煤炭、石油制品、电力行业的技术咨询及技术服务和电力副产品的综合利用。

穗恒运 2007 年持续经营，主要销售收入来源于销售电力、热力。公司及控股子公司的机组中，2×5 万千瓦机组和 2×21 万千瓦环保脱硫燃煤机组运行情况良好。报告期内，广州恒运热电（D）厂有限责任公司一台 30 万千瓦机组通过 168 小时满负荷试运行后正式转入商业运行。

报告期内（2007 年度）穗恒运与其他公司共同投资组建的广州恒运热电（D）厂有限责任公司的一台 30 万千瓦机组及下属控股孙公司龙门县恒隆环保钙业有限公司仍处于建设期。穗恒运自上市以来的详细发展情况及历年来相关指标请参见本案例附件三、附件四。

三、资本化还是费用化

与关停三台 5 万千瓦机组对应的是，穗恒运两台 30 万千瓦机组的上马与建设问题。根据粤府办〔2007〕28 号文件《广东省小火电机组关停实施方案》（见本案例附件五）中配套措施规定，要求有关各方签订相关的关停协议。根据这一规定，由广州恒运热电（D）厂有限责任公司、广州恒运热电厂有限公司（B 厂）、广东电网公司、广州市政府、广东发展和改革委员会能源处、中国电力企业联合会行业发展和环境保护部等六方签订了关于穗恒运三台5万千瓦机组关停拆除的协议（简称"六方协议"，参见本案例附件六）。

同时，针对一些不上大机组的小电厂面临的因关闭而产生的职工安置问题，广州开发区专门发布了一份穗开国资办函〔2007〕68号《关于预付明珠集团和广保电力公司职工安置补偿费用的函》（本案例附件七），要求穗恒运暂按150元/千瓦的标准，预付明珠集团和广保电力公司职工安置费用。

由于这一金额是一个不确定数，少则一千多万，多则几千万，而且补偿款最终是由政府负担还是由穗恒运（上大机组的企业）负担也是不确定的，所以财务经理不得不提前考虑这个问题。因为本年三台5万千瓦机组可能关停已经导致企业亏损，如果将这笔补偿款作为费用处理，无疑将加大本年的亏损。考虑到这一后果，财务经理想到了采用资本化来处理这笔金额。但与审计师沟通后，审计师不同意资本化的做法。后来经过与独立董事、审计师共同协商，大家认为这是企业遇到的一个特殊的新的经济业务，最好的处理方法是寻求权威部门的意见。于是，财务经理草拟了一份《关于"上大压小"电建项目关停小机组补偿支出其会计处理的咨询函》向企业会计准则专家委员会求助。该函全文如下所示。

关于"上大压小"电建项目
关停小机组补偿支出其会计处理的咨询函

财政部企业会计准则专家委员会：

我公司是以发电供热为主的地方能源企业，并在深圳证券交易所上市。我们现在遇到了一个特殊的经济事项，对其会计处理把握不准，特此请教，请给予解答。

我公司投资控股的广州恒运热电（D）厂有限责任公司（以下简称"恒运D厂"）新建了两台30万千瓦国产亚临界燃煤供热机组，这是国家首批"上大压小"电建项目。所谓"上大压小"，就是大机组要获准新建必须要关停相应容量的小机组。

由于恒运D厂自身没有可替代的小机组容量，所以新建两台30万千瓦机组所配套应关停的小机组容量都需要从外部取得。这就需要支付一定的对价，即需要支付给拟关停小机组所属单位一定的经济补偿（以下称"补偿"）。

我们认为，恒运D厂"压小"补偿支出，其实质是新机组获准建设投产并网发电的必要开支。从这个角度来看，这些补偿支出符合资本化的条件，应做"资本化"处理。此外，根据目前国家的电建政策，恒运D厂两台30万千瓦机组容量，今后也可以作为新建更大容量机组的替代容量，同样具有其相应的市场价值，从这个角度来看，这些补偿支出又符合"无形资产"的形成条件，似乎又应作为"无形资产"处理。

我们的问题是，恒运D厂的上述补偿支出是作为"资本化"处理，还是作为"无形资产"处理？或者其他会计处理？采取哪种会计处理最合适呢？

特此致函请教，敬请复函！

感谢支持！

广州恒运企业集团股份有限公司

2007年9月13日

后来，因为补偿金额和由谁最后承担补偿款还是不确定性的事件，且了解到当某一会计处理面临不确定性向企业会计准则专家委员会求助而没有得到答复期间企业股票需要停牌，所以这份咨询函最终没有发出。穗恒运预付的1 285.2万元暂时做预付款处理，并作为或有事项在附注中进行说明。

四、公司公告

2007年度（公告日期2007年5月至2008年4月）对穗恒运来讲是一个困难时期。首先是三台5万千瓦机组被列入关停计划（公司公告2007-006，2007-010），公司上市以来，首次出现亏损（公司公告 2007-013），并最终导致年末业绩亏损（公司公告 2008-006）。其次，由于一台 30 万千瓦机组本年度实现商业运行（公司公告 2007-009），恒运 D 厂需要摊销巨额开办费，加上前面提到的三台 5 万千瓦机组被列入关停计提 1 亿元左右减值损失（公司公告 2007-013），这进一步加深了本年度的亏损程度。此外，从 2007 年开始，公司执行新的企业会计准则，按照企业会计准则及其解释第 1 号的相关规定，公司对以前年度损益等项目进行了追溯调整，调整后母公司 2007 年年初未分配利润为-6 569 430.45 元，减去在 2007 年度实施的 2006 年度利润分配 63 965 102.40 元，加上 2007 年当年净利润-309 694.48 元，年末可供分配利润为-70 844 227.33 元。因此，年末董事会决定不进行现金红利分配（公司公告 2008-004），这使得该公司自 1993 年上市以来不间断的股利分配首次出现中断。2008 年 4 月 21 日公司签订收购广州富力地产股份有限公司、广州粤泰集团有限公司和广州城启集团有限公司所持广州证券有限责任公司共 20.02%的股权（公司公告 2008-003，2008-010，2008-011，2008-012，2008-013，2008-015，2008-017，2008-018）。最后，加上需要对外公告的其他事项，公司对外发布 39 份公告，再加上 4 份定期报告和其他无编号的 4 份报告（如年度股东大会法律意见书、公司治理专项活动的整改报告、资金占用情况的专项说明等），本年度共发布 48 份公司公告。下面是本年度发布的公司公告名称、发布编号和日期（部分公告的具体内容请参见本案例附件八）。

第六届董事会第十一次会议决议公告（公告编号：2008-025） 2008-06-05

2008 年中期业绩预告（公告编号：2008-022） 2008-04-25

2008 年第一季度报告（公告编号：2008-021） 2008-04-25

第六届董事会第十次会议决议公告（公告编号：2008-020） 2008-04-25

关于股票异常波动的提示性公告（公告编号：2008-019） 2008-04-24

复牌公告（公告编号：2008-018） 2008-04-22

对外投资公告（公告编号：2008-017） 2008-04-22

召开 2007 年年度股东大会通知（公告编号：2008-016） 2008-04-22

第六届董事会第九次会议决议公告（公告编号：2008-015） 2008-04-22

2008 年第一季度业绩预告（公告编号：2008-014） 2008-04-21

临时公告（公告编号：2008-013） 2008-04-21

临时公告（公告编号：2008-012） 2008-04-14

临时公告（公告编号：2008-011） 2008-04-07

临时公告（公告编号：2008-010） 2008-03-31

2007 年 1 月 1 日至 12 月 31 日止审计报告及财务报表 2008-03-28

5 万千瓦机组上网电价下调临时公告（公告编号：2008-009） 2008-03-28

两台 30 万千瓦燃煤机组项目进展公告（公告编号：2008-008） 2008-03-28

关于控股子公司广州恒运热力有限公司与参股公司广州恒运热电有限公司 2008 年度的日常关联交易公告（公告编号：2008-007） 2008-03-28

2007 年度报告摘要（公告编号：2008-006） 2008-03-28

第六届监事会第八次会议决议公告（公告编号：2008-005） 2008-03-28

第六届董事会第八次会议决议公告（公告编号：2008-004） 2008-03-28

2007 年度报告 2008-03-28

与控股股东及其他关联方占用资金情况的专项说明 2008-03-28

重大事项停牌公告（公告编号：2008-003） 2008-03-27

澄清公告（公告编号：2008-002） 2008-01-15

2008 年第一季度发电计划公告（公告编号：2008-001） 2008-01-11

第六届董事会第七次会议决议公告（公告编号：2007-022） 2007-12-27

关于变更公司办公地址名称的公告（公告编号：2007-021） 2007-11-20

2007 年年度业绩预告公告（公告编号：2007-020） 2007-10-26

2007 年第三季度报告 2007-10-26

第六届董事会第六次会议决议公告（公告编号：2007-018） 2007-10-26

关于加强公司治理专项活动的整改报告 2007-10-26

2007 年第三季度业绩预告修正公告（公告编号：2007-017） 2007-10-11

2007 年第三季度业绩预告公告（公告编号：2007-016） 2007-08-10

2007 年半年度报告 2007-08-10

2007 年半年度报告摘要（公告编号：2007-015） 2007-08-10

2007 年半年度审计报告及财务报表 2007-08-10

"加强上市公司治理专项活动"自查报告与整改计划（公告编号：2007-014） 2007-07-06

2007 年中期业绩预亏公告（公告编号：2007-013） 2007-07-06

第六届董事会第四次会议决议公告（公告编号：2007-012） 2007-07-06

关于加强上市公司治理专项活动的自查报告 2007-07-06

2006 年度分红派息公告（公告编号：2007-011） 2007-06-22

5 万千瓦机组关停风险提示性公告（公告编号：2007-010） 2007-06-15

30 万千瓦燃煤机组项目进展公告（公告编号：2007-009） 2007-05-15

2006 年度股东大会的法律意见书 2007-05-11

2006 年度股东大会决议公告（公告编号：2007-008） 2007-05-11

2007 年第一季度报告 2007-04-24

5 万千瓦机组关停临时公告（公告编号：2007-006） 2007-04-17

问题：

1. 为何在中期业绩预亏公告发布当天，穗恒运股票大跌，但随后股票价格回升？请解释这一现象。

2. 三台 5 万千瓦机组被关停体现了何种风险，企业应对这种风险有何对策？

3. 在三台 5 万千瓦机组的折旧年限（折旧率）的确定上，你认为穗恒运的做法有无不妥之处，请说明理由。（提示：请查阅公司各年折旧政策，同时配合证监会相关融资规定来思考该问题）

4. 恒运 D 厂的"压小"补偿支出的三种选择——资本化、登记为无形资产、费用化，哪一种处理方式更合理？当面临新的存在疑难的经济业务的会计处理时，企业应该如何寻求最佳的处理方案？

5. 2007 年度穗恒运的公司公告（参见附件八）可以分为哪些类型，这些公告公布的依据是什么？（提示：请找出证监会相关信息披露的规定）

附件一：广州恒运企业集团股份有限公司计提资产减值准备项目资产评估报告书摘要（××评报字〔2007〕第 1071 号）

广州恒运企业集团股份有限公司计提资产减值准备项目
资产评估报告书摘要
××评报字〔2007〕第 1071 号

××资产评估有限责任公司接受广州恒运企业集团股份有限公司的委托，根据国家关于资产评估准则及其他有关规定，本着客观、独立、公正、科学的原则，按照公认的资产评估方法，对广州恒运企业集团股份有限公司计提资产减值准备所涉及的部分资产在评估基准日 2007 年 6 月 30 日的公允价值进行了评估，为广州恒运企业集团股份有限公司拟进行计提资产减值准备提供价值参考依据。

在评估过程中，××资产评估有限责任公司对指定评估范围内的资产进行了必要的勘察核实，对广州恒运企业集团股份有限公司提供的法律性文件、财务记录等相关资料进行了必要的验证审核，实施了必要的资产评估程序。

根据以上评估工作，得出如下评估结论：

纳入评估范围资产账面原值为 28 685.44 万元，账面净值为 15 546.95 万元，评估值为 5 085.36 万元，资产评估减值 10 461.59 万元，减值率 67.29%。

本资产评估报告有效期一年，自评估基准日 2007 年 6 月 30 日起，至 2008 年 6 月 29 日止，超过 2008 年 6 月 29 日，需聘请中介机构对委估资产重新评估。

本报告专为委托人及本报告所列明的评估项目而做，评估报告使用权归委托人所有。未经委托人及我们书面同意，此报告或者报告中的任何部分不得向他人提供或公开。除依据法律须公开的情形外，报告的全部或部分内容不得发表于任何公开的媒体上。

重要提示

以上内容摘自资产评估报告书，如欲了解本评估项目的全面情况及资产评估结果成立的各种假设和前提，正确评价资产评估结果，须认真阅读资产评估报告书全文。

评估机构法定代表人：＿＿＿＿＿＿＿＿＿＿＿＿＿＿＿＿＿

评估报告负责人：＿＿＿＿＿＿＿＿＿＿＿＿＿＿＿＿＿

评估报告审核人：＿＿＿＿＿＿＿＿＿＿＿＿＿＿＿＿＿

附件二：广州恒运企业集团股份有限公司计提资产减值准备项目资产评估咨询报告书摘要（××评报字〔2007〕第 1073 号）

广州恒运企业集团股份有限公司计提资产减值准备项目

资产评估咨询报告书摘要

××评报字〔2007〕第 1073 号

××资产评估有限责任公司接受广州恒运企业集团股份有限公司的委托，根据国家关于资产评估准则及其他有关规定，本着客观、独立、公正、科学的原则，按照公认的资产评估方法，对广州恒运企业集团股份有限公司计提资产减值准备所涉及的部分资产在评估咨询基准日 2007 年 12 月 31 日的公允价值进行了评估，为广州恒运企业集团股份有限公司拟进行计提资产减值准备提供价值参考依据。

在评估过程中，××资产评估有限责任公司对指定评估咨询范围内的资产进行了必要的勘察核实，对广州恒运企业集团股份有限公司提供的法律性文件、财务记录等相关资料进行了必要的验证审核，实施了必要的资产评估程序。

根据以上评估工作，得出如下评估咨询结论：

纳入评估咨询范围的资产于 2007 年 6 月 30 日的账面原值为 28 685.44 万元，账面净值为 15 546.95 万元；如使用至 2007 年 12 月 31 日停用并拆卸，其残余价值评估值为 2 351.40 万元，残余价值评估值比 2007 年 6 月 30 日的账面净值减值 13 195.55 万元，减值率 84.88%。

本报告专为委托人及本报告所列明的评估咨询目的而做，评估咨询报告使用权归委托人所有。未经委托人及我们书面同意，此报告或者报告中的任何部分不得向他人提供或公开。除依据法律须公开的情形外，报告的全部或部分内容不得发表于任何公开的媒体上。

重要提示

以上内容摘自资产评估咨询报告书，如欲了解本评估咨询项目的全面情况及资产评估咨询结果成立的各种假设和前提，正确评价资产评估咨询结果，须认真阅读资产评估咨询报告书全文。

评估机构法定代表人：

评估咨询报告负责人：

评估咨询报告审核人：

附件三：穗恒运历年发展情况简介

释义

A厂、公司、集团公司：广州经济技术开发区恒运热电厂、广州恒运热电股份有限公司、广州恒运企业集团股份有限公司

工总：广州经济技术开发区工业发展总公司、广州经济技术开发区工业发展集团有限公司

信投：广州经济技术开发区国际信托投资公司

黄电：广州经济技术开发区黄电电力技术发展公司、广州经济技术开发区黄电实业总公司

凯得：广州凯得控股有限公司

B厂：广州恒运热电有限公司

C厂：广州恒运热电（C）厂有限公司

D厂：广州恒运热电（D）厂有限公司

东区热力公司：广州恒运东区热力有限公司

1、2号机组：1.2万千瓦机组

3、4、5机组：5万千瓦机组

6、7机组：21万千瓦机组

8、9机组：30万千瓦机组

广州经济技术开发区恒运热电厂（以下简称"A厂"）于1987年8月成立，投资方为广州经济技术开发区工业发展总公司（以下简称"工总"）、广州经济技术开发区国际信托投资公司（以下简称"信投"）和广州经济技术开发区黄电电力技术发展公司（后改名为广州经济技术开发区黄电实业总公司，以下简称"黄电"），注册资本5 370万元，三家投资方出资比例分别为57.86%、32.14%和10%。工总成立于1985年，注册资本999.2万元，法人代表陈传实；信投成立于1988年，注册资本1亿元，法人代表陈仲怡；黄电成立于1988年，注册资本223万元，法人代表刘建可。

A厂1990年开始投产（两台1.2万千瓦机组，即1、2号机组），并且当年获益。A厂主要产品为电力与热力，适用的企业所得税税率为15%。

1991年，广州恒运热电有限公司（以下简称"B厂"）由工总、黄电、广州市电力公司等六家发起筹建（兴建三台5万千瓦机组），后经一系列股权转让，A厂占55%股权。B厂适用的企业所得税税率为15%。

A厂1992年11月改组为股份公司，更名为广州恒运热电股份有限公司（以下简称"公司"）。公司成立时注册股份6 330万股，其中法人股5 370万股，占总股本的84.8%，内部职工股960万股，占总股本的15.2%。董事会成员9名：董事长，陈传实；副董事长，邓建龙、张毓麟；董事，马灿彬、徐铁有、宿秉忠、温锦泉、杨江（总经理）、刘建可（副总经理）。财务负责人，黄宇芬；公司适用的企业所得税税率为15%；员工515名，其中技术工人426名。

1993年10月，公司向社会公开发行股票，每股发行价格4.8元，发行数量2 110股，市值10 128万元，发行费用633万元，实际募集资金9 495万元。公司发行后的总股本为8 440万股，法人股占总股本的63.62%（工总36.81%、信投20.45%、黄电6.36%），内部职工股占总股本的11.38%，社会公众股占总股本的25%，募集资金全部用于B厂建设。公司财务报表由羊城会计师事务所审计，至今未再变更会计师事务所，所有年份审计意见均为无保留意见。公司适用的企业所得税税率为15%。

1994年1月6日，公司股票在深圳证券交易所挂牌交易，开盘价8元，年度最后交易日收盘价为3.68元。公司两台5万千瓦机组（3、4号机组）于当年6月和11月先后投产发电。1994年5月，公司实施1993年每10股送8股的分配方案，共送出红股6 752股（以公积金转增资本），股本数增为15 192万股。公司法人股年末为9 660万股，占总股本的63.626%；社会公众股为4 566万股，占总股本的30.055%；职工股仍为960万股，占总股本的6.319%。董事会成员9名：董事长，陈传实；副董事长，陈根根、曾日明；董事，马灿彬、徐铁有、宿秉忠、金鑫、刘进培（总经理）、刘建可（副总经理）。公司财务负责人，黄宇芬；信息披露事务人员，赖永。折旧政策：残值率10%，直线法；年折旧率：房屋及建筑物3.6%，机械设备9%，运输工具及其他设备

18%。公司适用企业所得税税率为 15%、增值税税率为 17%。广州恒运热电（C）厂有限公司（以下简称"C厂"）于 1994 年 11 月注册登记，A 厂投资占其总股本的 41.5%。

1995 年，另一台 5 万千瓦机组（B 厂 5 号机组）于当年投产发电。同年 4 月，广州恒运热电股份有限公司更名为广州恒运企业集团股份有限公司（以下简称"集团公司"）。同年 5 月，集团公司与工总签订协议，受让其持有的广州美特容器有限公司 10% 的股权、广州经济技术开发区工业进出口公司 50.02% 的股权和广州经济技术开发区电力燃料公司 55% 的股权。同月，集团公司实施 1994 年每 10 股送 1 股派 1 元红利的分配方案，共送出红股 1 519.2 万股，股本数增为 16 711.2 万股，同时集团公司实施并完成了按 1994 年末总股本计算每 10 股配 1.666 股的配股方案，配股总数 2 530.987 2 万股，募集资金 7 166.86 万元，资金分批投入 C 厂建设（兴建两台 21 万千瓦机组）。集团公司股份总数增加至 19 242.187 2 万股：法人股年末为 12 243 万股，占总股本的 63.626%（工总 40.327%、信投 17.761%、黄电 5.538%）；社会公众股为 6 994 万股，占总股本的 36.347%；职工股为 52 620 股，占总股本的 0.027%。董事会成员 9 名：董事长，陈传实；副董事长，陈留根、曾日明；董事，徐铁有、宿秉忠、金鑫、夏藩高（总经理）、刘进培、刘建可（副总经理）。财务负责人，黄宇芬。信息披露事务人员，赖永。折旧率：房屋及建筑物 3.6%，机械设备 9%。集团公司适用的企业所得税税率为 15%，增值税税率为 17%，营业税税率为 5%，集团公司和 B 厂适用的企业所得税税率为 15%（B 厂当年减半征收），广州经济技术开发区工业进出口公司和广州经济技术开发区电力燃料公司适用的企业所得税税率为 33%。集团公司本年末员工共 732 人。

1996 年 7 月，集团公司实施 1995 年度每 10 股送 1 股的分配方案，共送出红股 192 423.2 万股，集团公司股份总数增加至 21 166.4 万股。法人股年末为 13 467.3 万股，占总股本的 63.626%（工总 40.327%、信投 17.761%、黄电 5.538%）；社会公众股为 7 699.2 股，占总股本的 36.374%。董事会成员 12 名：董事长，陈传实；副董事长，陈留根、曾日明；董事，徐铁有、金鑫、湛为国、王义勇、郑晋年、夏藩高（总经理）、宿秉忠、刘建可、陈志恒（副总经理）。财务负责人，黄宇芬。信息披露事务人员，肖晨生。折旧率：房屋及建筑物 3.6%，机械设备 9%。企业所得税税率：集团公司和 B 厂为 15%（B 厂当年减半征收）、广州经济技术开发区工业进出口公司和广州经济技术开发区电力燃料公司为 33%，增值税税率为 17%、营业税税率为 5%。集团公司本年末员工共 791 人。

1997 年 7 月，集团公司实施 1996 年每 10 股送红利 1.5 元（含税）的分配方案；11 月，完成配售 3 062.8 万股，配售价格为每股 5.3 元，实际募集资金 15 724 万元。集团公司股份总数增加至 24 229.2 万股：法人股年末为 14 430.3 万股，占总股本的 59.55%（工总 38.71%、信投 16.01%、黄电 4.83%）；社会公众股为 9 798.85 万股，占总股本的 40.45%。董事会成员 12 名：董事长，陈传实；副董事长，陈留根、陈楚源；董事，徐铁有、周迪华、湛为国、王义勇、郑晋年、夏藩高（总经理）、宿秉忠、刘建可、陈志恒（副总经理）。财务负责人，黄宇芬。董事会秘书，肖晨生。折旧率：房屋及建筑物 3.6%、机械设备 9%。企业所得税税率：集团公司和 B 厂为 15%（B 厂当年减半征收）、广州经济技术开发区工业进出口公司和广州经济技术开发区电力燃料公司为 33%。增值税税率为 17%，营业税税率为 5%，城市维护建设税税率为 7%，教育费附加征收率为 3%。1996 年 12 月，集团公司为广州美特容器有限公司 450 万美元的长期借款（2000 年到期）提供担保。集团公司本年末员工共 814 人。

1998 年 7 月，集团公司一台 21 万千瓦机组（6 号机组）正式投入商业运行，同月实施 1997 年度按每 10 股送 0.5 股、每 10 股以公积金转增 0.5 股以及每 10 股送 1 元红利的分配方案。集团公司股份总数增加至 26 652.126 万股（此后股本总数再未发生变动）：法人股年末为 15 873.39 万股，占总股本的 59.55%（工总 38.71%、信投 16.01%、黄电 4.83%）；社会公众股为 10 778.74 万股，占总股本的 40.45%。集团公司对 B 厂实行重组，B 厂各股东同比例减资 66.67%，B 厂注册资本由 21 500 万元调整为 7 160 万元，B 厂改为中外合作企业。集团公司通过收回 B 厂的投资以及转让股权（保留重组后 B 厂 5% 的股权，并负责其经营管理），并以承担 24 233.66 万元的债务，置换 B 厂两台 5 万千瓦机组。董事会成员 13 名：董事长，陈传实；副董事长，陈留根、陈楚源；董事，洪汉松、杜暖根、徐铁有、周迪华、湛为国、王义勇、郑晋年、肖晨生、夏藩高（总经理）、宿秉忠（副总经理）。财务负责人，黄宇芬。董事会秘书，肖晨生。折旧率：房屋及建筑物为 3.6%～4.5%，机械设备为 6%～9%。企业所得税税率：集团公司和 B 厂为 15%（B 厂当年减半征收），C 厂和广州经济技术开发区工业进出口公司及广州经济技术开发区电力燃料公司为33%，增值税税率为17%。营业税税率为5%，城市维护建设税税率为7%，教育费附加征收率为3%。所得税会计采用应付税款法。由于广州美特容器有限公司亏损，集团公司计提长期股权投资减值准备150万元。集团公司本年末员工共804人，其中生产人员508人，技术人员95人，财务人员21人，行政人员180人。

1999年4月，集团公司董事会决定按每10股派现金股利2.40元（含税）对1998年的红利进行分配。同年8月，广州凯得控股有限公司（以下简称"凯得"，法人代表麦兆儒）收购信投持有集团公司16.01%的股份，同时在同年10月收购工总持有集团公司20%的股份，收购完成后，凯得成为集团公司第一大股东，持有股份36.01%。另外，工总持有集团公司18.71%的股份，黄电持有集团公司4.83%的股份，社会公众集团公司的股份仍为40.44%。同年12月，集团公司将广州经济技术开发区工业进出口公司50.02%的股权向工总出售。董事会成员13名：董事长，陈传实；副董事长，陈留根、陈楚源；董事，洪汉松、黄柱梁、李莉萍、陈福华、杜暖根、徐铁有、周迪华、王义勇、郑晋年、夏蒲高（总经理）。财务负责人，黄宇芬。董事会秘书，林国定。折旧率：房屋及建筑物为3.6%～4.5%，机械设备为6%～9%。企业所得税税率：集团公司为15%，C厂及广州经济技术开发区电力燃料公司为33%。增值税税率为17%，营业税税率为5%，城市维护建设税税率为7%，教育费附加征收率为3%。由于广州美特容器有限公司连年亏损，集团公司对这一长期股权投资采用追溯调整法计提减值准备，累计计提4100万元，本年计提624万元。集团公司本年末员工共796人，其中生产人员492人、技术人员126人、财务人员18人、行政人员160人。

2000年5月，集团公司股东大会审议通过1999年按每10股派现金股利0.6元（含税）的分配方案。集团公司股本结构：凯得（法人代表麦兆儒）36.01%，工总18.71%（法定代表人郑椿华），黄电4.83%，社会公众股仍为40.44%。本期内对两台1.2万千瓦机组进行部分拆除。董事会成员7名：董事长，郑椿华；副董事长，夏蒲高（总经理）；董事，陈传实、邓安、陈福华、顾子平、曾林。财务负责人，黄宇芬。董事会秘书，林国定。折旧率：房屋及建筑物为3.6%～4.5%，机械设备为6%～9%。企业所得税税率：集团公司为15%，C厂及广州经济技术开发区电力燃料公司为33%。增值税税率为17%，营业税税率为5%，城市维护建设税税率为7%，教育费附加征收率为3%。集团公司本年末员工共713人，其中生产人员448人、技术人员135人、财务人员14人、行政人员116人。

2001年4月，集团公司股东大会审议通过2000年按每10股派现金股利1.5元（含税）的分配方案。集团公司股本结构：凯得（法人代表张永德）、工总（法定代表人郑椿华）、黄电及社会公众股仍为上年结构。同年8月，集团公司收购广州珠江持有C厂的4%的股权，集团公司持有C厂股权达45%。同年4月，集团公司投资1200万元持有广州飒特红外技术有限公司，因其初创亏损，计提191万元长期投资减值准备。董事会成员7名（第四届）：董事长，夏蒲高，肖晨生（总经理）；董事，郑椿华（副董事长），陈传实（工总），吴锡全（黄电），顾子平、曾林（凯得）。财务负责人，张琳。董事会秘书，林国定。折旧率：房屋及建筑物为3.6%～4.5%，机械设备为3.6%～9%。企业所得税税率：集团公司先按33%征收，由地方财政局返还18%，2002年后按33%征收；C厂、广州经济技术开发区电力燃料公司为33%。增值税税率为17%，营业税税率为5%，城市维护建设税税率为7%，教育费附加征收率为3%。集团公司本年末员工共732人，其中生产人员410人、技术人员130人、财务人员14人、行政后勤人员178人。

2002年5月，集团公司股东大会审议通过2001年按每10股派现金股利1.6元（含税）的分配方案。股本结构：凯得（法人代表张永德，实际控制人为广州经济技术开发区管理委员会）、工总（法定代表人郑椿华）、黄电及社会公众股仍为上年结构。同年7月，另一台21万千瓦机组（7号机组，首次引进德国"内回流烟气循环流化床"先进脱硫装置和技术）正式投入商业运行。收购广州珠江持有C厂的4%的股权，集团公司持有C厂股权达45%。同年12月，集团公司以2015万元收购工总持有的广州经济技术开发区热电发展公司（后便名为"广州恒运热力有限公司"）98%的股权。集团公司持有广州飒特红外技术有限公司的长期股权投资，因其持续亏损，本期计提133万元长期投资减值准备，累计准备金额324.7万元。董事会成员9名：董事长，夏蒲高，肖晨生（总经理）；董事，郑椿华（副董事长），陈传实（工总），吴锡全（黄电），顾子平、曾林（凯得），石本仁、丛锐（独立董事）。财务负责人，张琳。董事会秘书，林国定。折旧率：房屋及建筑物为3.6%～4.5%，机械设备为 3.6%～9%。企业所得税税率：集团公司、C 厂、广州经济技术开发区电力燃料公司为 33%。增值税税率为 17%，营业税税率为 5%，城市维护建设税税率为 7%，教育费附加征收率为 3%。所得税会计实行纳税影响会计法。集团公司本年末员工共 726 人，其中生产人员 410 人、技术人员 130 人、财务人员 16 人、行政后勤人员 170 人。

2003 年 4 月，集团公司股东大会审议通过 2002 年按每 10 股派现金股利 2 元（含税）的分配方案。集团公司股本结构：凯得（法人代表黄双兵，实际控制人为广州经济技术开发区管理委员会）、工总（法定代表人郑椿华）、黄电及社会公众股仍为上年结构。广州飒特红外技术有限公司本期注册资本由 4 000 万元增加为 8 000 万元，集团公司没有认购，因此所持的长期股权投资降为 7.5%。因其持续亏损，集团公司本期计提 84.9 万元长期投资减值准备，累计准备金额 409 万元。同年 12 月，集团公司投资 1 050 万元（占 70%股权）成立广州恒运东区热力有限公司。C 厂 6 号机组脱硫环保技术改造完成复产发电。董事会成员 10 名：董事长，夏藩高、肖晨生（总经理）、董事，郑椿华（副董事长），洪汉松（工总），吴锡全（黄电），顾子平、曾林（凯得），石本仁、简小方、吴三清（独立董事）。财务负责人，张琳。董事会秘书，林国定。折旧政策：残值率为 3%～10%，直线法；年折旧率：房屋及建筑物为 3.6%～4.85%，机械设备为 3.6%～9.7%。企业所得税税率：集团公司、C 厂、广州经济技术开发区电力燃料公司、广州恒运热力有限公司为 33%。增值税税率为 13%、17%，营业税税率为 5%，城市维护建设税税率为 7%，教育费附加征收率为 3%。所得税会计实行纳税影响会计法。集团公司本年末员工共 660 人，其中生产人员 392 人、技术人员 150 人、财务人员 16 人、行政后勤人员 102 人。

2004 年 4 月，集团公司股东大会审议通过 2003 年按每 10 股派现金股利 2.5 元（含税）的分配方案。集团公司股本结构：凯得（法人代表黄中发，实际控制人为广州经济技术开发区管理委员会）、工总（法定代表人叶永泰）、黄电及社会公众股仍为上年结构。因广州飒特红外技术有限公司其持续亏损，集团公司计提的长期股权投资准备累计金额 427.4 万元。同年 8 月接到美特容器有限公司破产清算组函，该公司破产程序已终结，集团公司全部核销 4 100 万元的减值准备，由此抵减 1 330 万元的所得税，增加当期净利润 1 330 万元。C 厂 6 号机组脱硫环保技术改造使用国产设备，享受税收抵免 3 977 万元，按 45%股权比例，集团公司增加利润 1 790 万元。本年集团公司与另外几个投资人发起成立广州恒运热电（D）厂（兴建两台 30 万千瓦机组），集团公司共出资 416 万元，持股比例为 52%。董事会成员 10 名：董事长，夏藩高、肖晨生（总经理）；董事，郑椿华（副董事长），洪汉松（工总），吴锡全（黄电），顾子平、曾林（凯得），石本仁、简小方、吴三清（独立董事）。财务负责人，张琳。董事会秘书，林国定。折旧率：房屋及建筑物为 3.6%～4.85%，机械设备为 3.6%～9.7%。企业所得税税率为 33%，增值税税率为 13%、17%，营业税税率为 5%，城市维护建设税税率为 7%，教育费附加征收率为 3%。所得税会计实行纳税影响会计法。集团公司本年末员工共 699 人，其中生产人员 420 人、技术人员 157 人、财务人员 21 人、行政后勤人员 101 人。

2005 年 5 月，集团公司股东大会审议通过 2004 年按每 10 股派现金股利 2.5 元（含税）的分配方案。集团公司股本结构：凯得（法人代表黄中发，实际控制人为广州经济技术开发区管理委员会）、工总（法定代表人叶永泰）、黄电及社会公众股仍为上年结构。同年 6 月，集团公司正式转让广州经济技术开发区电力燃料公司 55%的股权。同年 9 月，集团公司转让持有广州飒特红外技术有限公司 7.5%的股权，并转出长期股权投资累计准备金额 427.4 万元。同年 10 月，广州恒运东区热力有限公司正式投产。董事会成员 10 名：董事长，夏藩高、肖晨生（总经理）；董事，叶永泰（副董事长）、洪汉松（工总）、李勇（黄电）、顾子平、曾林（凯得）、石本仁、简小方、吴三清（独立董事）。财务负责人，张琳。董事会秘书，林国定。折旧率：房屋及建筑物为 3.6%～4.85%，机械设备为 3.6%～9.7%。企业所得税税率为 33%，增值税税率为 13%、17%，营业税税率为 5%，城市维护建设税税率为 7%，教育费附加征收率为 3%。所得税会计实行纳税影响会计法。集团公司本年末员工共 706 人，其中生产人员 429 人、技术人员 162 人、财务人员 20 人、行政后勤人员 95 人。

2006 年 5 月，集团公司股东大会审议通过 2005 年按每 10 股派现金股利 2 元（含税）的分配方案。同年 1 月，股东大会通过股权分置改革方案并于 2 月实施：流通 A 股股东按每 10 股送 3.2 股对价安排，具体对价安排为流通 A 股每 10 股获得非流通股 1 股的股份支付，同时向全体股东按每 10 股派 6.3 元的现金股利；非流通股股东将现金股利全部转送流通股股东，即加上自身的 6.3 元，流通股股东每 10 股获得 15.57 元（含税，扣税后为 14.94 元）的现金股利。股权分置完成后集团公司的股本结构为：凯得（法人代表黄中发，实际控制人为广州经济技术开发区管理委员会）33.56%、工总（法定代表人叶永泰）17.44%、黄电 4.5%及社会公众股 44.5%，股本仍为原数。同年 4 月，C 厂出资 2 100 万元占 70%股权比、D 厂出资 900 万元占 30%股权比共同注册成立龙门县恒隆环保钙业有限公司，集团公司为实际控制人，间接控股 49.9%（30%×45%+70%×52%）。董事会成员 11 名：董事长，黄中发，肖晨生（总经理），董事，叶永泰（副董事长）、陈福华（凯得）、洪汉松（工总）、郭纪琼（黄电）、杨舜贤（副总经理）、李江涛、石本仁、简小方、吴三清（独立董事）。财务负责人，凌富华。董事会秘书，张晖。折旧率：房屋及建筑物为 3.6%～4.85%，机械设备为 3.6%～9.7%。企业所得税税率为 33%，增值税税率为 13%、17%，营业税税率为 5%，城市维护建设税税率为 7%，教育费附加征收率为 3%。所得税会计实行纳税影响会计法。集团公司本年末员工共 729 人，其中生产人员 398 人、技术人员 170 人、财务人员 20 人、行政后勤人员 141 人。

2007 年 5 月，集团公司股东大会审议通过 2006 年按每 10 股派现金股利 2.4 元（含税）的分配方案。股本结构本年未发生变化。同年 5 月，D 厂 8 号机组正式进入商业运行。同年 7 月，由于三台 5 万机组列入关停计划，集团公司计提相应资产减值准备 1.08 亿元，致使本年度利润大幅度下降。同年 10 月，龙门县恒隆环保钙业有限公司进入试运行阶段。董事会成员 10 名：董事长，黄中发；董事，叶永泰（副董事长），陈福华（凯得），洪汉松（工总），郭纪琼（黄电），杨舜贤（副总经理），李江涛、石本仁、简小方、吴三清（独立董事）。财务负责人，凌富华。董事会秘书，张晖。折旧率：房屋及建筑物为 3.6%～4.85%，机械设备为 3.6%～9.7%。企业所得税税率为 33%，增值税税率为 13%、17%，营业税税率为 3%、5%，城市维护建设税税率为 7%，教育费附加征收率为 3%。所得税会计实行纳税影响会计法（资产负债表债务法）。集团公司本年末员工共 754 人，其中生产人员 411 人、技术人员 174 人、财务人员 20 人、行政后勤人员 149 人。2008 年 3 月，董事会通过不进行利润分配的决议，理由是本年度母公司利润出现亏损，年末可供分配利润为-70 800 227 元。2008 年 4 月，集团公司在深圳证券交易所 2007 年度上市公司信息披露考评中，获得优秀（488 家公司中，42 家优秀、232 家良好、192 家及格、22 家不及格）。

附件四：穗恒运历年相关指标统计（见表 67-2）

表 67-2　穗恒运历年相关指标统计

指标 年份	装机容量（万千瓦）	发电量（亿千瓦时）	上网电量（亿千瓦时）	主营业务收入（百万元）	主营业务成本（百万元）	利润总额（百万元）	净利润（百万元）	总资产（百万元）	股东权益（百万元）	每股收益（元）（EPS）	净资产收益率（%）（ROE）
1990	2.4	1.68	1.68	11	7.7	2.2	2.2	83.7	82		
1991	2.4	1.68	1.68	54.6	32.7	17	14.1	84	79.5		
1992	2.4	1.68	1.68	57.9	40.1	13	11.1	116.1	90.2	0.20	13.06
1993	2.4	1.68	1.68	60.2	49.5	22.4	19.1	242	219	0.29	12.33
1994	12.4	3.44	3.44	56.5	49.4	40.8	38.5	283	274	0.33	15.6
1995	17.4	5.4	5.4	430[a]	347.3	89.4	29.7	882.4	327.7	0.155	9.08
1996	17.4	7.7	7.7	618.1	495	62	32.4	1 117.8	355.3	0.153	9.13
1997	17.4	6.87	6.87	（618）[b] 423.9	497.7	（88.8）	（49.2） 41.2	（1 328.5） 1 254.2	（539.9） 509.8	（0.23） 0.194	（11）
1998	38.4	9.98	9.05	（642.7）[b] 506.2	308.2	（147.8） 141.3	（64） 59.4	（1 594.3） 1 521.7	（536.5） 501.8	（0.24） 0.236	（11.9） 11.84
1999	38.4	14.9	13.7	（601.5）[b] 601.5	401.5	（124.8） 118.6	（68.8） 65.6	（1 492.3） 1 492.3	（556.1） 552.9	（0.258） 0.25	（12.82） 12.26
2000	36	15	13.9	（668）[c] 668	490.5	（105.6） 105.2	（59.3） 59	（1 442） 1 440.5	（558.9） 558.3	（0.22） 0.22	（10.25） 10.21
2001	36	19.1	17.7	860.9	641	139	64.5	1 606.8	579.8	0.242	10.92
2002	57	21.6	20	860.2	580.4	197.5	75.6	1 948.6	601.6	0.284	12.25
2003	57	29.8	27.55	1 026	630.6	303.6	138.2	2 357.2	740	0.518	19.08
2004	57	43	39.7	1 420.6[d]	969.4	342.8	150.6	3 119.4	824.9	0.57	18.48
2005	57	44.8	41.32	1 558.7 1 573.6[e]	1 099.2	348.9 350	122.7 123.6	3 332.1 3 336.9	879.6 884.3	0.46 0.46	14.39 14.42

续表

指标 年份	装机容量（万千瓦）	发电量（亿千瓦时）	上网电量（亿千瓦时）	主营业务收入（百万元）	主营业务成本（百万元）	利润总额（百万元）	净利润（百万元）	总资产（百万元）	股东权益（百万元）	每股收益（元）（EPS）	净资产收益率（%）（ROE）
2006	57	43.7	40.2	1 609.6 1 633.3ᵉ	1 091.6 1 100.6	403.9 404.5	139.4 140.2	3 805.3 3 810.8	796.8 802.3	0.52 0.53	17.96 17.59
2007	87	58.2	53.76	2 712	1 569.5	265.7	9.6 -0.31ᵉ	4 061.1	748	0.04	1.25

a. 1995 年按《合并报表暂行规定》编制合并报表，1995 年后所有指标为合并数。

b. 1999 年以前，公司执行《股份制试点企业会计制度》，广州恒运热电（C）厂有限责任公司、广州经济技术开发区电力燃料公司执行各自行业制度。1999 年，公司执行《股份有限公司会计制度》，公司在合并时，按《股份有限公司会计制度》进行调整，括号内为调整前的数据。

c. 2001 年开始，公司执行《企业会计制度》，广州恒运热电（C）厂有限责任公司、广州经济技术开发区电力燃料公司执行各自行业制度，公司在合并时，按《企业会计制度》进行调整，括号内为调整前的数据。

d. 2004 年开始，全集团统一执行《企业会计制度》。

e. 2007 年开始，全集团统一执行《企业会计准则（2006）》，对 2005 年和 2006 年相关指标按新准则进行调整，其中原"主营业务收入"改为"营业收入"，原"主营业务成本"改为"营业成本"，股东权益和净利润为归属于母公司股东的部分，母公司净利润为-309 694 元。

上网电价目前各机组为：3、4、5 号机组为 0.503 5 元/千瓦时（含税，下同），6 号机组为 0.453 3 元/千瓦时，7 号机组为 0.507 3 元/千瓦时。2006 年前，上网电价由各电厂按发电成本加利润上报物价等部门批准，实行差别电价。2006 年后，新机组实行统一的标杆电价。8 号机组上网电价脱硫为 0.453 2 元/千瓦时，不含脱硫为 0.438 2 元/千瓦时（粤价[2006]270 号）。

附件五：广东省人民政府办公厅文件（粤府办〔2007〕28 号）

广东省人民政府办公厅文件

粤府办〔2007〕28 号

印发广东省小火电机组关停实施方案的通知

各地级以上市人民政府，各县（市、区）人民政府，省政府有关部门、直属机构：

《广东省小火电机组关停实施方案》业经省人民政府同意，现印发给你们，请认真贯彻执行。各地级以上市要按照省分解下达的任务和目标，细化措施，落实责任，确保我省"十一五"期间关停小火电机组目标的实现。该方案实施中遇到的问题，请径向省发展改革委反映。

广东省人民政府

办公厅

章

2007 年 3 月 27 日

广东省小火电机组关停实施方案

根据《国务院批转发展改革委、能源办关于加快关停小火电机组若干意见的通知》（国发〔2007〕2 号）、《国家发展改革委办公厅关于编制小火电机组关停实施方案有关要求的通知》（发改办能源〔2007〕490 号），以及我省政府与国家发展改革委签订的《关停小火电机组责任书》要求，特制定本实施方案。

一、充分认识关停小火电机组的重要意义

…………

二、指导思想、主要目标和工作原则

…………

三、主要任务

（一）关停小火电机组

1. 关停范围

"十一五"期间我省关停燃煤（油）火电机组的范围包括：单机容量 5 万千瓦以下的常规火电机组；运行

满 20 年、单机 10 万千瓦级以下的常规火电机组；按照设计寿命服役期满、单机 20 万千瓦以下的各类机组；供电标准煤耗高于 390 克/千瓦时的各类燃煤机组；未达到环保排放标准的各类机组；按照有关法律、法规应予关停或国务院有关部门明确要求关停的机组。以上关停范围包含企业自备电厂机组和趸售电网机组。

符合国发〔2007〕2 号文规定可暂缓关停的机组经申请批准后可暂缓关停，但须每年评估一次。

2. 关停进度安排

根据"十一五"期间我省新建大型发电机组的投产进度和电力供需状况，以及国家已经核准或同意我省开展前期工作的"上大压小"电源项目的建设进度情况，全省已经明确"十一五"期间关停的小火电机组总容量为 966 万千瓦（主要关停机组和进度安排表附后）。其中，计划在 2007 年关停的小火电机组约 280 万千瓦，计划在 2008 年关停的小火电机组约 385 万千瓦，计划在 2009 年关停的小火电机组约 301 万千瓦。国家发展改革委已经核准我省的 4 个"上大压小"电源项目配套关停的 210 万千瓦小火电机组要按照核准文件和关停协议书要求，在大机组投产后立即予以关停；其余以"上大压小"方式关停的小火电机组，除热电联产以及保供电机组外，原则上按照先关停后建设的要求在大机组开工建设前予以关停。

（二）实施"上大压小"，集中建设大机组

············

（三）保证"关小"后的电力供应

············

四、配套措施

（一）签订关停协议

上报申请核准的"上大压小"电源项目必须在上报项目申请报告的同时，附上配套关停的小火电机组项目业主，地级以上市政府、省发展改革委，广东电网公司等有关方面共同签署的关停协议。关停协议要就关停机组涉及的人员安置、资产债务处理等善后事宜提出具体解决方案并达成一致意见。

（二）因地制宜开发利用关停机组的土地资源

············

（三）妥善安置关停机组人员

············

（四）加强发电高度监督管理

············

（五）开展节能发电调度试点工作

············

（六）降低小火电机组上网电价和取消补贴

············

（七）严格执行国家环保政策

············

（八）严格管理热电联产和资源综合利用电厂

············

（九）改进并加强对企业自备电厂的管理

············

（十）自备电厂或趸售电网的机组按期关停后，电网企业要按规定对趸售电网和符合国家产业政策并关停自备电厂的企业给予适当的电价优惠

············

五、组织实施

············

附表：广东省"十一五"期间主要关停机组和进度安排表（见表 67-3）

表 67-3   广东省"十一五"期间主要关停机组和进度安排表

序号	电厂名称	关停容量（万千瓦）	机组构成（万千瓦×台）	投产年份	关停时间			
					2007 年	2008 年	2009 年	2010 年
3	广州市明珠柴油机发电厂	3.81	0.949×2 0.956×2	1987 年 1994 年	3.81			
9	广保电厂	4.75	0.95×5	1999 年	4.75			
12	恒运 B 厂	15	5×3		15			

附件六：六方协议

关于关停拆除_____电厂协议书

甲方：广州恒运热电（D）厂有限责任公司（负责"上大"电厂的投资方，以下简称"甲方"）

乙方：广州恒运热电有限公司（B 厂）（被关停的小机组电厂的投资方，以下简称"乙方"）

丙方：广东电网公司（以下简称"丙方"）

丁方：广州市政府（以下简称"丁方"）

戊方：广东省发展和改革委员会能源处（以下简称"戊方"）

己方：中国电力企业联合会行业发展和环境保护部（以下简称"己方"）

甲方投资建设的新电厂称为甲方电厂，乙方投资被关停拆除的电厂称为乙方电厂。受国家发展和改革委员会能源局委托，授权己方负责对广东省小火电机组关停拆除计划落实情况的核查和监督工作。

为调整广东省电力结构，通过建设大型高效机组，相应替代关停能耗高的小型火电机组，合理有效利用能源，根据《国家发展改革委办公厅关于开展广东省煤代油电站建设项目规划有关工作的通知》（发改办能源〔2005〕1492 号），以及国家发展改革委委托中电联《关于委托开展广东省第一批"上大压小"关停小火电项目核查工作的函》要求，为切实做好小火电机组关停拆除工作，明确各有关方在"上大压小"电源建设工作的各自责任，保证广东省"上大压小"电源建设工作顺利进行，经过充分协商，甲、乙、丙、丁、戊、己六方就甲方"上大压小"项目关停拆除小火电机组工作所涉及的关停机组、投资、关停电厂人员安置、电厂债权债务处理、电网建设等工作达成如下协议。

一、甲、乙、丁三方一致同意，由甲方作为牵头控股方、建设电厂"上大压小"2×30 万千瓦电源项目；乙方同意将其所属的乙方电厂作为相应替代关停的小火电机组，在甲方电厂建成投产后实施关停拆除，并（参加/不参加）甲方电厂投资建设。

二、由丙、丁、戊三方根据国家发展改革委关于甲方电厂的核准情况，结合电力供应需要，制定乙方电厂关停拆除具体时间进度表。乙方电厂关停拆除时间不超过甲方电厂建成投产后（机组并网调试运行 168 小时通过后）三个月，乙方必须严格遵守关停拆除进度安排。

三、甲方负责按照国家的核准要求建设甲方扩建工程电厂项目，确保工程按进度按期建成投产，保证工程建设质量。若乙方愿意参加甲方电厂投资，具体参与形式由甲、乙、丁方自行协商确定。

四、乙方负责如实填报本协议附表，并保证在甲方电厂建成投产后，按照附表所列明的情况，落实小火电关停进度，按期关停拆除乙方电厂；依法自行妥善处理好被关停电厂的债权债务；切实落实电厂人员的分流、安置工作。

五、丁方负责乙方电厂关停拆除的组织协调工作，督促乙方按进度开展小火电机组关停拆除工作；积极组织当地有关政府部门支持、协助乙方做好被关停电厂的债权债务处理、人员分流安置等工作；对被关停拆除电厂的事后工作安排由乙方和丁方自行协商确定。

六、丙方要与甲方加强沟通协调，落实甲方电厂送出工程建设进度，积极做好新建电厂送出工程建设，确保送出工程与电厂按期同步投产。

七、根据小火电关停拆除时间进度表，丙方要与丁方共同制定相关电网建设改造实施方案，并组织实施；丁方对丙方在电网改造中涉及的变电站、线路走廊征地等问题给予支持解决；在乙方电厂达到关停时限后，不再收购乙方电厂上网电量。

八、受国家发展和改革委员会的授权，己方按国家发改委的有关指导精神，和戊方一道负责加强对广东省小火电机组关停拆除计划落实情况的检查和监督工作。

九、戊方负责广东省小火电机组"上大压小"工作的统筹规划指导。

十、本协议一式7份，各方各执1份，1份上报国家发展和改革委员会。

甲方（盖章）　　　　代表（签字）　　　　丁方（盖章）　　　　代表（签字）

乙方（盖章）　　　　代表（签字）　　　　戊方（盖章）　　　　代表（签字）

丙方（盖章）　　　　代表（签字）　　　　己方（盖章）　　　　代表（签字）

附表：恒运D厂扩建工程电厂"上大压小"项目替代关停小火电机组情况登记表（见表67-4）

2005年10月21日

表67-4　　恒运D厂扩建工程电厂"上大压小"项目替代关停小火电机组情况登记表

电厂所在地					
企业法人（盖章）					
企业性质		全厂容量		全厂定员	
目前运行状况		一般		机组台数	3
机组编号	机组型号	机组容量（万千瓦）	燃料类型	投产时间	累计发电量（亿千瓦时）
1		50	燃煤	94.6	32.39
2		50	燃煤	94.6	32.13
3		50	燃煤	95.9	28.37
机组处理方案：					
		退役			
人员安置方案：					
		集团公司设法安置			
备注：					

附件七：关于预付明珠集团和广保电力公司职工安置补偿费用的函（穗开国资办函〔2007〕68号）

关于预付明珠集团和广保电力公司职工安置补偿费用的函

穗开国资办函〔2007〕68号

恒运企业集团股份有限公司：

根据国家有关"上大压小"的产业政策，为腾出容量支持恒运D厂新上两台30万千瓦机组，明珠集团3.818万千瓦机组及广保电力公司5万千瓦机组作为替代容量即将关停。据了解，市发改委对于关停小容量机组企业的职工安置，已决定按150～200元/千瓦给予补偿。由于职工安置涉及社会稳定，为做好明珠集团和广保电力公司的职工安置工作，现将有关事项函告如下：

一、请贵公司暂按150元/千瓦的标准，预付明珠集团和广保电力公司的职工安置费用，待上级专项补助资金文件到位后据实结算，多退少补。

二、为确保职工安置资金的安全和安置工作的顺利进行，请贵公司将预付明珠集团和广保电力公司职工安置费用划转给区国资公司，做专项资金管理。国资公司经国资办审核同意后，根据工作进度拨付给相关单位。

三、根据区常务会议[穗萝府第一届第四十次〔2007〕14号]决定，以容量置换方式整合明珠恒运电力资源，请按管委会的决定，推进相关意向书的签订。

特此函达。

广州市开发区

国有资产监督管理办公室

章

2007 年 8 月 6 日

附件八：穗恒运 2007 年度公司公告

第六届董事会第十一次会议决议公告

（公告编号：2008-025）

本公司及董事会全体成员保证公告内容真实、准确和完整，没有虚假记载、误导性陈述或者重大遗漏。

广州恒运企业集团股份有限公司第六届董事会第十一次会议于 2008 年 5 月 30 日发出书面通知，于 2008 年 6 月 4 日上午 9 时在本公司恒运大厦 6M 层第二会议室召开，会议应到董事 11 人，实到董事 11 人，符合《公司法》和公司章程的规定。黄中发董事长主持了本次会议。会议形成如下决议。

以 11 票同意，0 票反对，0 票弃权，审议通过了《关于公司控股子公司恒运 C 厂和恒运 D 厂会计估计变更的议案》。

同意恒运 C 厂和恒运 D 厂为更加真实合理地反映公司资产使用质量和财务状况，遵照企业会计准则的要求，恒运 C 厂 2×210MW 机组和恒运 D 厂 2×300MW 机组机器设备的折旧年限从 2008 年 4 月 1 日起由 15 年调整为 25 年。

1. 本次会计估计变更情况概述

广州恒运企业集团股份有限公司控股子公司广州恒运热电（C）厂有限责任公司（以下简称"恒运 C 厂"，公司控股 45%）和广州恒运热电（D）厂有限责任公司（以下简称"恒运 D 厂"，公司控股 52%）。为准确把握机组的设备运行状态和设备资产情况，本公司同时委托西安热工研究院有限公司（以下简称"西安热工院"）对恒运 C 厂 2×210MW 机组和恒运 D 厂 2×300MW 机组机器重要部件材质状态与机组整体寿命进行了评估，西安热工院出具了《广州恒运热电（C）厂有限责任公司 2×210MW 机组重要部件材质状态与整体寿命评估》报告书（报告编号：TPRI/TN-RB0512008）、《广州恒运热电（D）厂有限责任公司 2×300MW 机组重要部件材质状态与整体寿命评估》报告书（报告编号：TPRI/TNRB0522008）。根据评估结果，保守估计恒运 C 厂 2×210MW 机组和恒运 D 厂 2×300MW 机组可正常服役 25 年。

为更加真实合理地反映公司资产使用质量和财务状况，遵照企业会计准则的要求，恒运 C 厂与恒运 D 厂研究决定，恒运 C 厂 2×210MW 机组和恒运 D 厂 2×300MW 机组机器设备的折旧年限从 2008 年 4 月 1 日起由 15 年调整为 25 年。

2. 董事会关于会计政策变更合理性的说明

根据西安热工院分别出具的《广州恒运热电（C）厂有限责任公司 2×210MW 机组重要部件材质状态与整体寿命评估》报告书、《广州恒运热电（D）厂有限责任公司 2×300MW 机组重要部件材质状态与整体寿命评估》报告书的评估结果，本公司保守估计 2×210MW 机组和 2×300MW 机组可正常服役 25 年，相比原先估计的机组使用寿命延长 10 年。

立信羊城会计师事务所有限公司（以下简称"羊城会计师事务所"）分别出具的《关于广州恒运热电（C）厂有限责任公司 2008 年度内调整 2×210MW 机组机器设备折旧年限之会计估计问题的说明》和《关于广州恒运热电（D）厂有限责任公司 2008 年度内调整 2×300MW 机组机器设备折旧年限之会计估计问题的说明》认为：根据目前掌握到的恒运 C 厂和恒运 D 厂会计估计变更的相关依据资料判断，该会计估计变更事项的处理没有与《企业会计准则第 28 号——会计政策、会计估计变更和差错更正》的规定存在不一致的地方。

我们认为，恒运 C 厂和恒运 D 厂为更加真实合理地反映各自公司的资产使用质量和财务状况，分别将 2×210MW 机组和 2×300MW 机组机器设备的折旧年限从 2008 年 4 月 1 日起由 15 年调整为 25 年，符合企业会计准则要求。

3. 本次会计估计变更对公司的影响

恒运 C 厂与恒运 D 厂折旧年限调整，恒运 C 厂和恒运 D 厂经营成本相应减少，同时对公司当期及今后业绩产生影响。

2008 年，恒运 C 厂机器设备调整折旧年限前应计提的折旧费用约为 8 685 万元，调整折旧年限后应计提的折旧费用约为 5 125 万元，比调整前少计提折旧 3 560 万元，扣除所得税因素影响，恒运 C 厂 2008 年因此增加净利润约 2 670 万元。同样地，恒运 D 厂机器设备调整折旧年限前应计提的折旧费用约为 12 939 万元，调整折旧年限后应计提的折旧费用约为 8 536 万元，比调整前少计提折旧 4 403 万元，扣除所得税因素影响，恒运 D 厂 2008 年因此增加净利润约 3 302 万元。恒运 C 厂和恒运 D 厂调整折旧年限，合计影响公司 2008 年净利润约 2 900 万元。

4. 独立董事意见

公司独立董事别对此发表了独立意见：恒运 C 厂和恒运 D 厂根据西安热工院的评估结果，为更加真实合理地反映公司资产使用质量和财务状况，从 2008 年 4 月 1 日起将 2×210MW 机组和 2×300MW 机组机器设备的折旧年限由 15 年调整为 25 年，依据充分、合理，程序合法、有效，符合企业会计准则的要求，没有损害公司及中小股东的利益。因此，同意恒运 C 厂和恒运 D 厂调整 2×210MW 机组和 2×300MW 机组机器设备的折旧年限。

5. 监事会意见

公司监事会认为：恒运 C 厂和恒运 D 厂根据西安热工院的评估结果，为更加真实合理地反映公司资产使用质量和财务状况，从 2008 年 4 月 1 日起将 2×210MW 机组和 2×300MW 机组机器设备的折旧年限由 15 年调整为 25 年，我们认为此会计估计变更事项符合羊城会计师事务所出具的关于恒运 C 厂和恒运 D 厂调整 2×210MW 机组和 2×300MW 机组机器设备的折旧年限之会计估计问题的说明，能更为真实地反映企业的财务状况，使得公司的会计核算工作更加规范。因此，同意恒运 C 厂和恒运 D 厂调整 2×210MW 机组和 2×300MW 机组机器设备的折旧年限。

特此公告。

备查文件：

（1）公司第六届董事会第十一次会议决议；

（2）董事会关于会计估计变更合理性的说明；

（3）关于会计估计变更的独立董事意见；

（4）关于会计估计变更的监事会意见。

广州恒运企业集团股份有限公司董事会

2008 年 6 月 5 日

2008 年中期业绩预告

（公告编号：2008-022）

一、预计的本期业绩情况

（1）业绩预告期间：2008 年 1 月 1 日至 2008 年 6 月 30 日。

（2）业绩预告情况：经本公司财务部初步测算，预计公司 2008 年中期盈利。

（3）业绩预告是否经过注册会计师预审计：否。

二、上年同期业绩

（1）净利润：-4 548.37 万元。

（2）每股收益：0.17 元。

三、业绩变动原因说明

公司 2007 年上半年主要因两台 5 万千瓦机组以及公司投资参股的广州恒运热电有限公司一台 5 万千瓦机组计提资产减值准备，导致 2007 年上半年业绩亏损。

四、其他相关说明

具体财务数据将在公司 2008 年半年度报告中详细披露。敬请投资者注意投资风险。

特此公告。

广州恒运企业集团股份有限公司董事会

2008 年 4 月 25 日

第六届董事会第十次会议决议公告

（公告编号：2008-020）

广州恒运企业集团股份有限公司第六届董事会第十次会议于 2008 年 4 月 14 日发出书面通知，于 2008 年 4 月 24 日上午 9 时在本公司恒运大厦 6M 层第二会议室召开，会议应到董事 10 人，实到董事 10 人，符合《公司法》和公司章程的规定。黄中发董事长主持了本次会议。会议形成如下决议。

一、以 10 票同意，0 票反对，0 票弃权，审议通过了《2008 年第一季度报告的议案》。

二、以 10 票同意，0 票反对，0 票弃权，审议通过了《修改公司章程的议案》。公司章程部分条款做如下修改：

原第五条："公司住所：广州开发区开发大道 728 号恒运大厦 6～6M 层，邮政编码：510730。"现修改为："公司住所：广州开发区开发大道 235 号恒运大厦 6～6M 层，邮政编码：510730。"。

此议案提交公司临时股东大会审议，会议时间另行通知。

特此公告。

广州恒运企业集团股份有限公司董事会

2008 年 4 月 25 日

关于股票异常波动的提示性公告

（公告编号：2008-019）

一、股票交易异常情况

本公司股票（股票简称：穗恒运 A，股票代码：000531）于 2008 年 4 月 22 日及 4 月 23 日交易日内收盘价格连续跌幅偏离值累计达 20% 以上，根据深圳证券交易所的有关规定，该波动属股票交易异常波动。

二、核实情况的说明

本公司根据《深圳证券交易所上市公司信息披露工作指引第 3 号——股票交易异常波动》第四条的要求，对相关问题进行了必要核实，并说明如下：公司将于 4 月 25 日披露 2008 年第一季度报告，公司已对 2008 年第一季度做了业绩预告（披露于 2008 年 4 月 21 日《证券时报》《中国证券报》《上海证券报》和巨潮资讯网），除此外公司不存在应披露而未披露的重大信息。

三、不存在应披露而未披露事宜的声明

本公司董事会确认，除上述 2008 年第一季度报告披露工作外，公司董事会未获悉本公司有根据《深圳证券交易所股票上市规则》等有关规定应予披露而未披露的、对本公司股票及其衍生品种交易价格产生较大影响的信息。

四、是否存在违反信息公平披露情形的自查说明

经自查，公司董事会确认，本公司不存在违反信息公平披露的情形。

公司郑重提醒广大投资者，公司指定的信息披露媒体为《中国证券报》《证券时报》《上海证券报》以及巨潮资讯网。本公司将严格按照有关法律法规的规定和要求，认真履行信息披露义务，及时做好信息披露工作。

敬请投资者注意投资风险。

特此公告。

广州恒运企业集团股份有限公司董事会

2008 年 4 月 24 日

广州恒运企业集团股份有限公司复牌公告
（公告编号：2008-018）

我公司因收购广州证券有限责任公司部分股权事宜与该公司股东积极谈判协调，为维护投资者利益，避免对公司股价造成重大影响，经公司申请，本公司股票已于 2008 年 3 月 27 日至 2008 年 4 月 21 日停牌。

在各方的努力和支持下，公司分别与广州富力地产股份有限公司、广州粤泰集团有限公司和广州城启集团有限公司签订《股权转让协议》，受让上述三家股东所持广州证券有限责任公司共 20.02% 股权，详见公司对外投资公告。

公司于 2008 年 4 月 22 日复牌。

本公司郑重提醒广大投资者理性投资、注意风险。

特此公告。

广州恒运企业集团股份有限公司董事会

2008 年 4 月 22 日

广州恒运企业集团股份有限公司对外投资公告
（公告编号：2008-017）

一、对外投资概述

广州恒运企业集团股份有限公司（以下简称"公司"）计划投资不超过 5.5 亿元分别收购广州富力地产股份有限公司（以下简称"广州富力公司"）、广州粤泰集团有限公司（以下简称"广州粤泰公司"）和广州城启集团有限公司（以下简称"广州城启公司"）所持的广州证券有限责任公司（以下简称"广州证券公司"）16 360 万股（按每股 2.5 元/股）股份，共占广州证券公司 20.02% 股权（其中，广州富力公司，原股权 19.58%，拟转让 4 360 万股；广州粤泰公司，原股权 9.79%，拟转让 8 000 万股；广州城启公司，原股权 9.79%，拟转让 4 000 万股）。

公司分别与广州富力公司、广州粤泰公司和广州城启公司就收购广州证券公司部分股权事宜于 2008 年 4 月 21 日在广州签订相关协议。

2008 年 4 月 18 日，公司第六届董事会第九次会议审议通过了《关于收购广州证券有限公司部分股权的议案》，公司董事一致表决通过该议案。以上议案须经公司股东大会以及有关政府监管部门批准方可实施。

二、投资协议主体介绍

广州富力公司，注册地址：广州市越秀区较场东路 19 号；法定代表人：李思廉；注册资本：80 559.183 6 万元；企业类型：有限责任公司；营业范围：房地产开发经营（一级），房地产咨询服务，仓储服务，场地出租，生产、加工、批发木门、铝合金窗、金属扣件、橱柜。

广州粤泰公司，注册地址：广州市东山区寺右新马路 111～115 号 15、17、19 室；法定代表人：杨海帆；注册资本：12 750 万元；企业类型：有限责任公司；营业范围：批发贸易（国家专控商品除外），物业管理服务，土石方推填开挖服务，房地产开发（持许可证经营）。

广州城启公司，注册地址：广州市荔湾区南岸路 63 号 2003 室；法定代表人：杨树坪；注册资本：20 000 万元；企业类型：有限责任公司；营业范围：项目投资，企业经营管理，室内安装和设计，园林绿化设计，室内水电、空调安装及维修服务，楼宇清洁服务，批发贸易（国家专控商品除外），房地产开发。

公司与上述三家公司不存在关联关系。

三、投资标的基本情况

广州证券公司，注册地址：广州市越秀区先烈中路 69 号东山广场主楼 5 楼；法定代表人：吴志明；注册资本：81700 万元；企业类型：有限责任公司；营业范围：证券的代理买卖，代理还本付息和分红派息，证券代保管、鉴证，代理登记开户，证券的自营买卖，证券的承销和上市推荐，证券投资咨询和财务顾问业务，资产管理，发起设立证券投资基金和基金管理公司。该公司 2001 年经中国证监会核准为全国性综合类券商，2006 年取得规范类券商资格。

广州证券公司目前股东共十家，其名称及股权占比如下：

（1）广州越秀集团有限公司，占 19.58%。

（2）广州富力地产股份有限公司，占 19.58%。

（3）广州市城市建设开发集团有限公司，占 19.58%。

（4）广州越鹏信息有限公司，占 9.79%。

（5）广州粤泰集团有限公司，占 9.79%。

（6）广州城启集团有限公司，占 9.79%。

（7）广州市广永经贸有限公司，占 4.31%。

（8）广州市白云出租汽车集团有限公司，占 2.82%。

（9）广州增城新塘凯旋门大酒店有限公司，占 2.45%。

（10）广州邮政发展总公司，占 2.31%。

本次转让如获批准，公司共持有广州证券公司 20.02%股权。

根据立信羊城会计师事务所有限公司出具的广州证券公司 2007 年审计报告（〔2008〕羊查字第 12697 号），2007 年末该公司资产总额为 663 131 万元，负债总额为 544 848 万元，所有者权益为 118 283 万元；2007 年度该公司实现营业收入 120 962 万元，应交税费为 33 138 万元，净利润为 56 401 万元。

四、股权转让协议的主要内容

公司（又称受让方）分别与广州富力公司、广州粤泰公司和广州城启公司（上述三家公司又称转让方）就收购广州证券公司（又称目标公司）部分股权事宜签订《股权转让协议》。由于三份《股权转让协议》主要条款基本一致，以下就三份协议主要条款说明如下（非上述三家转让方协议共同内容加下划线专门列示）。

1. 协议内容

（1）公司受让上述转让方广州证券公司 16 360 万股（按每股 2.5 元/股），共占广州证券公司 20.02%股权（其中，广州富力公司，原股权 19.58%，拟转让 4 360 万股；广州粤泰公司，原股权 9.79%，拟转让 8 000 万股；广州城启公司，原股权 9.79%，拟转让 4 000 万股）。

（2）本次股权转让为含权转让，股权转让后与该股权相应的所有股东权益（包括但不限于目标公司 2007 年 12 月 31 日前的任何累计的未分配利润或对应的公积金）均随同该股权转让的交割而一并归属受让方。自 2008 年 1 月 1 日起至受让方支付完本协议项下全部转让价款日止，如果广州证券公司净资产增加，则本次转让的股权对应的目标公司增加的净资产由受让方和转让方共同享有，其中受让方按已出资金额占本协议股权转让总价款金额的比例和出资时间进度享有相应比例和时间段增加的净资产分配权。

（3）由于广州证券公司在 2002 年向转让方广州城启公司和广州粤泰公司支付了预分红款人民币 960 万元，受让方同意在广州证券公司以后应分配给受让方的利润中扣除，并承诺放弃向转让方追偿该预分红款项的权利。

2. 股权款支付方式

在本协议签订之日起 5 个工作日内，受让方向转让方支付总价款的 5%，作为本次股权转让的诚意金。

在本协议签订之日起 25 个工作日内，且受让方收到目标公司其他股东依法放弃优先受让权合法文件后（受让方广州粤泰公司和广州城启公司还需满足兴业银行广州分行依法解除对拟转让股权的质押），受让方向转让方支付总价款的 45%。

在中国证监会批准本次股权转让之日起 5 个工作日内，受让方向转让方支付总价款的 50%。

本协议项下交易直接产生的税费按法律规定各自承担，没有规定的各付 50%。

3. 担保

转让方广州富力公司自收到受让方支付的股权转让款总价款 5%的诚意金之日起 2 个工作日内，应将其拟转让的目标公司股权中的 10%股权及与该股权相应的所有股东权益依法质押给受让方，转让方自收到受让方支付的全部股权转让款总价款 50%之日起 2 个工作日内，应将其拟转让的目标公司全部股权及与该股权相应的所有股东权益依法质押给受让方，并由双方依法办理质押手续。

转让方广州城启公司和广州粤泰公司应在兴业银行广州分行依法解除对拟转让股权的质押的同时，将拟转让的全部股权及与该股权相应的所有股东权益向受让方提供质押担保，并依法办理质押手续。

4. 违约责任

协议签订后，任何时候若转让方单方悔约，或者因转让方原因（证券监管部门及证券交易所因任何原因不通过或不批准本次股权转让的情况除外）导致本协议项下股权转让未能完成，受让方有权解除本协议，转让方应当按协议项下股权转让总价款的 5%支付违约金，并退还受让方已经支付的股权转让价款并按协议约定承担银行利息；若转让方未能按本协议约定退还受让方已支付的股权转让款项、支付违约金及利息，则转让方应当向受让方支付应付而未付金额每日万分之五的违约金。如因此给受让方造成损失的，转让方还应赔偿受让方受到的全部损失，包括实际损失和间接损失以及索赔所花费的费用。受让方在收到转让方应退还或应支付的款项之日起 2 个工作日内，应办理转让方按协议约定已质押股权的解除质押手续。若受让方逾期未按约定办理解除股权质押手续的，每逾期一日，向转让方支付已质押股权转让价款万分之五的违约金。

协议签订后任何时候，若受让方未按照本协议规定时间和方式支付本协议项下的股权转让价款或协议约定的款项，应当向转让方支付未付金额每日万分之五的违约金，受让方逾期 5 个工作日仍未支付的，转让方有权解除本协议。若受让方单方悔约，或者因受让方原因（证券监管部门及证券交易所因任何原因不通过或不批准本次股权转让的情况除外）导致本协议项下股权转让未能完成，转让方有权解除本协议，受让方应当按本协议项下股权转让总价款的 5%支付违约金，并办理转让方按协议约定已质押股权的解除质押手续。若转让方逾期未按约定办理解除股权质押手续的，每逾期一日，向转让方支付已质押股权转让价款万分之五的违约金。如因此给转让方造成损失的，受让方还应赔偿转让方因此受到的全部损失，包括实际损失和间接损失以及索赔所花费的费用。

协议签署后，若双方协商一致同意解除本协议，自本协议解除之日起 10 个工作日内，转让方应向受让方全部退还其已收取的款项及协议约定的银行利息。逾期未支付上述款项，转让方应向受让方支付应付而未付金额每日万分之五的违约金。受让方在收到上述款项之日起 2 个工作日内，应办理转让方按协议约定已质押股权的解除质押手续。若受让方逾期未按约定办理解除股权质押手续的，每逾期一日，向转让方支付已质押股权转让价款万分之五的违约金。

如转让方违反协议约定迟延支付相应款项，每逾期一日按逾期还款总金额的万分之五向受让方支付违约金。

5. 协议生效条件和时间

本协议自双方签署之日起成立，自获中国证券监督管理委员会批准之日起生效。

五、对外投资的目的、存在的风险和对公司的影响

1. 投资目的

公司为了适应新的市场环境变化的需要，经营模式由单一的产业经营向优质产业与金融产业结合转变，增强公司的竞争力和创造力，实现集团公司未来可持续发展战略。

根据广州市关于金融业"十一五"期间的发展规划，广州的金融业发展面临着全新的机遇，经济金融全球化促使广州与周边地区的金融合作与交流更为密切，依托金融强省以及广州经济发展、现代化大都市建设的基础平台，为广州金融业发展提供了更广阔的空间。

广州证券公司是一家具备综合业务资质的中等规模券商，其资产规模以及盈利能力均处于行业平均水平，资产优良经营稳健。本次股权转让定价适中，公司紧抓机遇，果断介入，积极进入证券行业，分享其发展成果。

2. 存在风险

由于本次投资需经合作双方股东大会和包括中国证监会等政府监管部门的批准，本次股权收购工作能否完成存在各有权机关是否批准通过的重大不确定性。公司主要通过与转让各方协议规范双方责权利和防范公司投资风险。

3. 对公司的影响

公司拟以现金收购广州证券公司部分股权导致资金需求增加。由于公司股权款在符合协议约定的条件下分期支付，而电力行业现金流比较稳定能支持本次收购资金需求。

本次投资，将增加公司综合竞争能力，为公司未来发展提供新的利润来源，提高对股东的回报，对公司将产生积极影响。

六、备查文件

（1）第六届董事会第九次会议决议。

（2）公司分别与广州富力公司、广州粤泰公司和广州城启公司就收购广州证券公司部分股权事宜形成的《股权转让协议》。

（3）立信羊城会计师事务所有限公司出具的广州证券公司2007年审计报告（〔2008〕羊查字第12697号）。

（4）中华财务会计咨询有限公司出具的拟收购广证公司部分股权的《资产评估报告》（中华评字〔2008〕第51号）。

（5）北京康达律师事务所广州分所出具的《法律意见书》。

广州恒运企业集团股份有限公司董事会
2008年4月22日

广州恒运企业集团股份有限公司召开2007年年度股东大会通知
（公告编号：2008-016）

一、会议基本情况

（一）召开时间

2008年5月16日（星期五）上午9：00。

（二）召开地点

广州开发区开发大道235号恒运大厦6层会议室。

（三）召集人

本公司董事会。

（四）召开方式

现场投票表决方式。

（五）出席对象

（1）截至2008年5月9日下午深圳证券交易所收市后，在中国证券登记结算有限责任公司深圳分公司登记在册的公司全体股东或其授权委托代理人。

（2）公司董事、监事及高级管理人员。

（3）公司聘请的法律顾问。

二、会议审议事项

（一）审议公司2007年年度报告正文及摘要

（二）审议公司2007年度董事会工作报告

（三）审议公司2007年度监事会工作报告

（四）审议公司2007年度财务报告

（五）审议公司2007年利润分配预案

（六）审议关于公司续聘会计师事务所及支付相应报酬的议案

（七）审议修改公司章程的议案

（八）审议公司变更董事的议案

（九）审议关于收购广州证券有限责任公司部分股权的议案

以上第（一）至（五）项议案的具体内容披露于2008年3月28日的《证券时报》《中国证券报》《上海证券报》和巨潮资讯网，第（七）、（八）和（九）项议案的具体内容分别披露于2007年10月26日、12月27日和2008年4月22日《证券时报》《中国证券报》《上海证券报》和巨潮资讯网。

公司独立董事将在本次股东大会上做年度述职报告。

三、现场会议登记办法

（一）登记方式

（1）法人股东持营业执照、股东账户卡、法定代表人授权委托书及出席人身份证出席。

（2）个人股东持本人身份证、股东账户卡及截至登记日托管券商出具的股份证明（交割单）出席。

（二）登记时间

2008 年 5 月 13 日上午 8：00 至下午 4：30。

（三）登记地点

本公司董事会秘书室。本地股东可持前述有效证件直接到公司办理登记手续；外地股东可先将有关证件复印后以信函、传真方式进行登记，待现场出席会议时出示有关证件原件。

（四）授权委托代理人出席会议需提交的文件

股东若因故不能出席本次会议，可书面授权委托代理人出席会议并行使表决权（授权委托书格式见本通知第五项）。该代理人出席会议需提交的文件有：（1）授权委托书原件；（2）委托人的持股证明原件和其身份证明文件复印件；（3）代理人应出示本人的身份证，并提交其复印件。

四、其他事项

联系地址：广州开发区开发大道 235 号恒运大厦 6M 层广州恒运企业集团股份有限公司董事会秘书室

邮编：510730

联系人：王蓉、郑艺婷

电话：█████████

传真：████████

本次会议会期半天，与会人员交通、食宿费用自理。

五、授权委托书

授权委托书

兹授权委托　　　　先生/女士代表单位（个人）出席广州恒运企业集团股份有限公司 2007 年度股东大会并代行使会议所有议案的表决权。

委托人签名：　　　　　　身份证号码：

委托人持股数：　　　　　委托人股东账户：

受托人签名：　　　　　　身份证号码：

委托日期：　　年　月　日

广州恒运企业集团股份有限公司董事会

2008 年 4 月 22 日

广州恒运企业集团股份有限公司第六届董事会第九次会议决议公告

（公告编号：2008-015）

广州恒运企业集团股份有限公司第六届董事会第九次会议于 2008 年 4 月 9 日发出书面通知，于 2008 年 4 月 18 日上午 9 时在本公司恒运大厦 6M 层第二会议室召开，会议应到董事 10 人，实到董事 10 人，符合《公司法》和公司章程的规定。黄中发董事长主持了本次会议。会议形成如下决议。

一、以 10 票同意，0 票反对，0 票弃权，审议通过了《关于收购广州证券有限责任公司部分股权的议案》。同意：

（1）公司计划投资不超过 5.5 亿元分别收购广州富力地产股份有限公司（以下简称"广州富力公司"）、广州粤泰集团有限公司（以下简称"广州粤泰公司"）和广州城启集团有限公司（以下简称"广州城启公司"）所持广州证券有限责任公司（以下简称"广州证券公司"）16 360 万股（按每股 2.5 元/股）股份，共占广州证券公司 20.02%股权（其中，广州富力公司，原股权 19.58%，拟转让 4 360 万股；广州粤泰公司，原股权 9.79%，拟转让 8 000 万股；广州城启公司，原股权 9.79%，拟转让 4 000 万股）。

（2）权益转让方式：本次股权转让为含权转让，2007 年 12 月 31 日前广州证券公司股东权益按受让比例属于受让方。但在 2008 年 1 月 1 日起至中国证监会批准本次股权转让之日的净资产由双方根据付款比例分享盈利或承担亏损。

由于广州证券公司在 2002 年向转让方广州城启公司和广州粤泰公司支付了预分红款人民币 960 万元，公司同意该预分红款在广州证券公司以后分红中扣除。

授权公司董事长、常务副总经理和经营班子代表公司董事会，全面负责广州证券公司股权收购工作，包括但不限于签署各种协议文件、落实投入资金、聘请中介机构等。

本议案须经公司股东大会批准。

二、以10票同意，0票反对，0票弃权，审议通过了《关于提请审议召开2007年年度股东大会有关事项的议案》。

同意：于2008年5月16日上午9：00在广州开发区开发大道235号恒运大厦6层会议室召开公司2007年度股东大会。会议审议事项如下。

（1）审议公司2007年年度报告正文及摘要。

（2）审议公司2007年度董事会工作报告。

（3）审议公司2007年度监事会工作报告。

（4）审议公司2007年度财务报告。

（5）审议公司2007年利润分配预案。

（6）审议关于公司续聘会计师事务所及支付相应报酬的议案。

（7）审议修改公司章程的议案。

（8）审议公司变更董事的议案。

（9）审议关于收购广州证券有限责任公司部分股权的议案。

特此公告。

广州恒运企业集团股份有限公司董事会

2008年4月22日

广州恒运企业集团股份有限公司2008年第一季度业绩预告
（公告编号：2008-014）

…………

五、预计的本期业绩情况

（1）业绩预告期间：2008年1月1日至2008年3月31日。

（2）业绩预告情况：经本公司财务部初步测算，预计公司2008年第一季度净利润比上年同期下降约为70%。

（3）业绩预告是否经过注册会计师预审计：否。

六、上年同期业绩

（1）净利润：3 434.89万元。

（2）每股收益：0.13元。

七、业绩变动原因说明

2008年公司第一季度业绩下降主要是因燃煤、运输成本大幅上涨所致。

八、其他相关说明

具体财务数据将在公司2008年第一季度报告中详细披露。

敬请投资者注意投资风险。

特此公告。

广州恒运企业集团股份有限公司董事会

2008年4月19日

广州恒运企业集团股份有限公司临时公告
（公告编号：2008-013）

我公司目前就收购广州证券有限责任公司部分股权事宜与部分股东积极谈判协调。因该事项的方案有待进一步论证，存在重大不确定性，我公司将及时披露上述事项的进展情况。

为维护投资者利益，避免对公司股价造成重大影响，经公司申请，本公司股票已于2008年3月27日起停牌。

敬请广大投资者注意风险。

特此公告。

广州恒运企业集团股份有限公司董事会

2008 年 4 月 21 日

广州恒运企业集团股份有限公司临时公告
（公告编号：2008-012）

我公司目前就收购广州证券有限责任公司部分股权事宜与部分股东积极谈判协调。因该事项的方案有待进一步论证，存在重大不确定性，我公司将及时披露上述事项的进展情况。

为维护投资者利益，避免对公司股价造成重大影响，经公司申请，本公司股票已于 2008 年 3 月 27 日起停牌。

敬请广大投资者注意风险。

特此公告。

广州恒运企业集团股份有限公司董事会

2008 年 4 月 14 日

广州恒运企业集团股份有限公司临时公告
（公告编号：2008-011）

我公司目前就收购广州证券有限责任公司部分股权事宜与部分股东积极谈判协调。因该事项的方案有待进一步论证，存在重大不确定性，我公司将及时披露上述事项的进展情况。

为维护投资者利益，避免对公司股价造成重大影响，经公司申请，本公司股票已于 2008 年 3 月 27 日起停牌。

敬请广大投资者注意风险。

特此公告。

广州恒运企业集团股份有限公司董事会

2008 年 4 月 7 日

广州恒运企业集团股份有限公司临时公告
（公告编号：2008-010）

我公司目前正就重大投资事项与对方积极谈判协调，对投资标的进行尽职调查和评估相关工作。因该事项的方案有待进一步论证，存在重大不确定性，我公司将及时披露上述事项的进展情况。

为维护投资者利益，避免对公司股价造成重大影响，经公司申请，本公司股票已于 2008 年 3 月 27 日起停牌。

敬请广大投资者注意风险。

特此公告。

广州恒运企业集团股份有限公司董事会

2008 年 3 月 31 日

广州恒运企业集团股份有限公司 5 万千瓦机组上网电价下调临时公告
（公告编号：2008-009）

近日，广州恒运企业集团股份有限公司（以下简称"公司"）接广东省物价局转发的《国家发展改革委关于降低黑龙江、辽宁等省统调小火电机组上网电价的通知》（发改价格〔2007〕3656 号），通知把公司两台 5 万千瓦机组和广州恒运热电有限公司一台 5 万千瓦机组（公司投资占 5%）现行上网电价 503.5 元/兆瓦时降价，降价安排如下：2008 年 1 月 1 日起上网电价为 493.5 元/兆瓦时，2009 年 1 月 1 日起上网电价为 483.5 元/兆瓦时，2010 年 1 月 1 日起上网电价为 453.2 元/兆瓦时。

备查文件：《国家发展改革委关于降低黑龙江、辽宁等省统调小火电机组上网电价的通知》（发改价格〔2007〕3656 号）

广州恒运企业集团股份有限公司董事会

2008 年 3 月 28 日

广州恒运企业集团股份有限公司两台30万千瓦燃煤机组项目进展公告

（公告编号：2008-008）

广州恒运企业集团股份有限公司（以下简称"公司"）控股52%的广州恒运热电（D）厂有限责任公司（以下简称"恒运D厂"）第二台容量为30万千瓦的燃煤机组（恒运D厂#9机组）通过168小时满负荷试运行后，于近期收到广东电网公司《关于恒运热电（D）厂#9机组首次正式并网运行的复函（广电办函〔2008〕55号）》批准正式转入商业运行。

来函认为恒运D厂#9机组基本符合并网条件，同意#9机组并网试发电，并要求恒运D厂要落实有关安全措施，包括在相关线路和变电站加装安全稳定控制设施和制定安全策略以及严格按照调度要求控制机组出力等。在220千伏开华甲乙线和恒开甲乙线的线路潮流正常且不威胁电网安全运行的情况下，暂时安排恒运D厂#8、#9利用220千伏恒开甲线临时接入系统。

目前恒运D厂两台30万千瓦机组永久出线工程仍未能落实，实施临时出线方案将导致机组不能满负荷发电，公司提醒投资者注意投资风险。

特此公告。

备查文件：《关于恒运热电（D）厂#9机组首次正式并网运行的复函（广电办函〔2008〕55号）》。

广州恒运企业集团股份有限公司董事会
2008年3月28日

广州恒运企业集团股份有限公司关于控股子公司广州恒运热力有限公司与
参股公司广州恒运热电有限公司2008年度的日常关联交易公告

（公告编号：2008-007）

本公司及董事会全体成员保证公告内容真实、准确和完整，没有虚假记载、误导性陈述或者重大遗漏。

一、预计2008年日常关联交易的基本情况（见表67-5）

表67-5　　预计2008年日常关联交易的基本情况

关联交易类别	按产品或劳务等进一步划分	关联人	预计总金额	占同类交易的比例	去年的总金额
采购原材料	蒸汽	广州恒运热电有限公司	1 899万～2 541.5万元	33%	2 229.6万元

二、关联方及关联关系

本次关联交易的各方为本公司控股子公司广州恒运热力有限公司（以下简称"恒运热力公司"）和本公司参股公司广州恒运热电有限公司（以下简称"恒运热电公司"）。

（一）交易双方情况介绍。

1. 恒运热力公司主营业务为生产、供应蒸汽，主要负责开展广州开发区西区的集中供热业务，注册资本546万元人民币，法定代表人徐松加，住所在广州经济技术开发区夏港大道恒运大厦。本公司持有其98%的股权，恒运热电公司持有其2%的股权。

2. 恒运热电公司主营业务为电力、热力的生产和销售，为中外合作企业。该公司拥有一台5万千瓦燃煤机组，注册资本7 160万元，法定代表人黄中发，住所在广州经济技术开发区西基路8号。

（二）与上市公司的关联关系。公司持有恒运热电公司5%股权，公司董事黄中发先生、叶永泰先生、郭纪琼先生和高级管理人员吴必科先生兼任恒运热电公司董事。因此，根据深圳证券交易所《股票上市规则》有关规定，恒运热力公司向恒运热电公司采购蒸汽的事项属于关联交易。

（三）履约能力分析。以上关联方按政府部门定价要求履约，此项关联交易不会形成坏账。

三、定价政策和定价依据

上述采购蒸汽价格按广州市、广州开发区物价部门核定价格执行，交易公平，定价合理，无损害股东和本公司利益的情况。

四、关联交易的目的和交易对上市公司的影响

恒运热电公司拥有的一台 5 万千瓦机组是热电并供机组，同时生产电力和蒸汽，但没有供热管网经营权。而恒运热力公司负责广州开发区西区的集中供热业务，具有专营的供热管网经营权。因此，恒运热力公司采购恒运热电公司蒸汽，才能使恒运热电公司的蒸汽得以对外销售，形成供热收入。

上述关联交易属于必要的日常交易行为，目的在于保证公司供热业务的正常开展。上述关联交易公允，没有损害上市公司利益，对公司本期及未来财务状况、经营成果无不利影响。上述交易金额较小，公司不会因此而对关联人形成依赖。

五、审议程序

本公司于 2008 年 3 月 26 日召开第六届董事会第八次会议，对上述事项进行了审议。根据《深圳证券交易所股票上市规则》的有关规定，本次交易构成与日常经营相关的关联交易。本次审议的关联交易已得到公司独立董事的事前认可。在审议过程中，黄中发先生、叶永泰先生、郭纪琼先生已按照规定遵守了回避表决制度。与会非关联董事经审议一致同意上述事项，独立董事就此关联交易发表独立意见如下。

（一）董事会的表决程序符合《公司法》《深圳证券交易所股票上市规则》等法律法规以及公司章程的有关规定。

（二）该项关联交易根据公司实际经营状况是必要的，交易是公开、公平、公正的，没有损害公司和全体股东的利益。

本次关联交易无须经公司股东大会批准。

六、备查文件

（一）本公司第六届董事会第八次会议决议。

（二）独立董事关于本项关联交易事项的独立意见。

特此公告。

广州恒运企业集团股份有限公司董事会

2008 年 3 月 28 日

广州恒运企业集团股份有限公司 2007 年年度报告摘要

（公告编号：2008-006）

（略）

广州恒运企业集团股份有限公司第六届监事会第八次会议决议公告

（公告编号：2008-005）

广州恒运企业集团股份有限公司第六届监事会第八次会议于 2008 年 3 月 17 日发出书面通知，于 2008 年 3 月 26 日下午 2 时在本公司恒运大厦 6M 层第二会议室召开，会议应到监事 6 人，实到监事 6 人，符合《公司法》和公司章程的规定。监事会主席李鸿生先生主持了本次会议。会议形成如下决议。

（1）以 6 票同意，0 票反对，0 票弃权，审议通过了《公司 2007 年度监事会工作报告》并报公司 2007 年度股东大会审议。

（2）以 6 票同意，0 票反对，0 票弃权，审议通过了《公司 2007 年度总经理工作报告》。

（3）以 6 票同意，0 票反对，0 票弃权，审议通过了《公司 2007 年度财务报告》。

（4）以 6 票同意，0 票反对，0 票弃权，审议通过了《公司 2007 年度报告及其摘要》。

（5）以 6 票同意，0 票反对，0 票弃权，审议通过了《公司内部控制自我评价报告》。

根据深圳证券交易所《上市公司内部控制指引》《关于做好上市公司 2007 的有关规定，本公司监事会对公司内部控制自我评价发表意见如下：

（1）公司根据中国证监会、深圳证券交易所的有关规定，遵循内部控制的基本原则，按照自身的实际情况，建立健全了覆盖公司各环节的内部控制制度，保证了公司业务活动的正常进行，保护公司资产的安全和完整。

（2）公司内部控制组织机构完整，内部审计部门及人员配备齐全到位，保证了公司内部控制重点活动的执

行及监督充分有效。

（3）2007年，公司未有违反深圳证券交易所《上市公司内部控制指引》及公司内部控制制度的情形发生。

综上所述，本公司监事会认为，公司内部控制自我评价全面、真实、准确，反映了公司内部控制的实际情况。

特此公告。

广州恒运企业集团股份有限公司监事会

2008 年 3 月 28 日

广州恒运企业集团股份有限公司第六届董事会第八次会议决议公告

（公告编号：2008-004）

广州恒运企业集团股份有限公司第六届董事会第八次会议于 2008 年 3 月 17 日发出书面通知，于 2008 年 3 月 26 日上午 9 时在本公司恒运大厦 6M 层第二会议室召开，会议应到董事 10 人，实到董事 10 人，叶永泰董事因工作原因未能出席本次董事会，委托洪汉松董事出席本次董事会并代为行使表决权，符合《公司法》和公司章程的规定。黄中发董事长主持了本次会议。会议形成如下决议。

（1）以 10 票同意，0 票反对，0 票弃权，审议通过了《公司 2007 年年度报告及其摘要》。

（2）以 10 票同意，0 票反对，0 票弃权，审议通过了《公司 2007 年度董事会工作报告》。

（3）以 10 票同意，0 票反对，0 票弃权，审议通过了《公司 2007 年度总经理工作报告》。

（4）以 10 票同意，0 票反对，0 票弃权，审议通过了《公司 2007 年度财务报告》。

（5）以 10 票同意，0 票反对，0 票弃权，审议通过了《公司 2007 年度利润分配预案》。

经立信羊城会计师事务所有限公司审计，2007 年度合并报表归属于母公司所有者的净利润为 9 616 774.15 元，母公司报表净利润为 -309 694.48 元。

公司自 2007 年 1 月 1 日起执行新的企业会计准则，利润分配采用母公司报表数据。由于母公司 2007 年出现亏损，因此 2007 年不计提盈余公积金。另外，根据企业会计准则及其解释 1 号的相关规定，公司对以前年度损益等项目进行了追溯调整，调整后母公司 2007 年初未分配利润为 -6 569 430.45 元，减去在 2007 年度实施的 2006 年度利润分配 63 965 102.40 元，加上 2007 年当年净利润 -309 694.48 元，年末可供分配利润为 -70 844 227.33 元。

根据公司股改承诺（即在 2005—2007 年内，每年的现金分红比例不低于当年实现的可供分配利润的 50%），由于 2007 年母公司亏损，当年可供分配的利润是负数，而且年末可供分配利润也是负数，因此公司 2007 年度不进行利润分配，该利润分配方案不违反公司股改承诺。

（6）以 10 票同意，0 票反对，0 票弃权，审议通过了《关于续聘会计师事务所及支付相应报酬的议案》。

同意：公司 2008 年续聘立信羊城会计师事务所有限公司为审计机构，期限一年。

经公司与立信羊城会计师事务所有限公司协商，2008 年度公司财务审计费用为 55.5 万元，包括：①本公司、纳入合并报表范围的子公司及参股企业的审计费用；②本公司、纳入合并报表范围的子公司及参股企业所得税汇算清缴审核报告费用。

2007 年度公司的财务审计费用为 55.5 万元，包括：①本公司、纳入合并报表范围的子公司及参股企业的中期和年终审计费用；②本公司、纳入合并报表范围的子公司及参股企业所得税汇算清缴审核报告费用。

（7）以 7 票同意，0 票反对，0 票弃权，审议通过了《关于控股子公司广州恒运热力有限公司与参股公司广州恒运热电有限公司 2008 年度日常关联交易的议案》。关联董事黄中发先生、叶永泰先生、郭纪琼先生对本议案回避表决。公司四名独立董事同意此议案并发表了独立董事意见。

同意：预计 2008 年广州恒运热力有限公司向公司参股公司广州恒运热电有限公司采购蒸汽的总金额为 1 899 万元～2 541.5 万元。上述关联交易属于必要的日常交易行为，目的在于保证公司供热业务的正常开展。上述关联交易公允，没有损害公司利益，对公司本期及未来财务状况、经营成果无不利影响。上述交易金额较小，公司不会因此而对关联人形成依赖。

以上各项议案中，第 1、2、4、5、6 项须提交公司 2007 年度股东大会审议。

特此公告。

附件一《公司第六届董事会第八次会议独立董事意见》。

附件二《公司对外担保情况的独立董事意见》。

广州恒运企业集团股份有限公司董事会

2008 年 3 月 28 日

附件一：

广州恒运企业集团股份有限公司

第六届董事会第八次会议独立董事意见

根据中国证监会《关于在上市公司建立独立董事制度的指导意见》，我们作为广州恒运企业集团股份有限公司独立董事，认真审阅了公司第六届董事会第八次会议有关议案，对有关事项发表独立意见如下。

一、续聘会计师事务所的独立意见

立信羊城会计师事务所有限公司在担任公司审计机构期间，坚持独立审计准则，为公司做了各项专项审计及财务报表审计，保证了公司各项工作的顺利开展，较好地履行了聘约所规定的责任与义务，同意续聘立信羊城会计师事务所有限公司为公司 2008 年度会计报表审计机构。

确定立信羊城会计师事务所有限公司对公司 2007 年年度会计报表的审计费用为 55.5 万元，该费用及决策程序合理，符合有关法律、法规、规范性文件和公司章程的要求。同意将上述事项提交公司 2007 年年度股东大会审议。

二、日常关联交易事项独立意见

（1）董事会的表决程序符合《公司法》《深圳证券交易所股票上市规则》等法律法规以及公司章程的有关规定。

（2）该项关联交易根据公司实际经营状况是必要的，交易是公开、公平、公正的，没有损害公司和全体股东的利益。

三、公司内部控制自我评价的意见

公司制定了有关公司内部控制的管理制度，其制定程序及内容符合国家有关法律、法规和监管部门的要求。

公司内部控制重点活动按公司内部控制各项制度的规定进行，公司对子公司、关联交易、对外担保、募集资金使用、重大投资、信息披露的内部控制严格、充分、有效，保证了公司的经营管理的正常进行，具有合理性、完整性和有效性。

公司内部控制自我评价符合公司内部控制的实际情况。

四、公司 2007 年利润分配实施的意见

公司 2007 年度净利润为-309 694.48 元，根据财政部印发的《企业会计准则解释第 1 号》的通知第七条第二款"企业在首次执行日以前已经持有的对子公司长期股权投资，应在首次执行日进行追溯调整，视同该子公司自最初采用成本法核算"，经过追溯调整以后，2007 年年末，未分配利润为-70 844 227.33 元，因此，公司 2007 年度不进行利润分配。

本公司独立董事认为：本年度利润分配预案符合《公司法》、公司章程和会计制度的有关规定，没有违反公司股改承诺中的分红要求，适应公司发展的需要，有利于公司长远发展，同意公司董事会的利润分配预案，提请公司股东大会审议。

独立董事：石本仁　吴三清

简小方　李江涛

2008 年 3 月 26 日

附件二：

关于广州恒运企业集团股份有限公司
对外担保情况的独立董事意见

据中国证监会《关于规范上市公司关联方资金往来及上市公司对外担保若干问题的通知》（证监发〔2003〕56号文）和《关于规范上市公司对外担保行为的通知》（证监发〔2005〕120号）的要求，我们作为广州恒运企业集团股份有限公司的独立董事，对该公司对外担保情况进行了核查，现发表独立意见如下。

一、按照中国证监会证监发〔2003〕56号文和证监发〔2005〕120号文的要求，公司章程对公司对外担保对象及审批程序有明确规定，公司在经营活动中按照有关法规及公司章程严格执行。

二、截止到2007年12月31日，公司没有累计及当期对外担保的情况。

独立董事：石本仁　吴三清

简小方　李江涛

2008年3月22日

关于广州恒运企业集团股份有限公司
与控股股东及其他关联方占用资金情况的专项说明

广州恒运企业集团股份有限公司全体股东：

我们接受广州恒运企业集团股份有限公司（贵公司）的委托，审计了贵公司2007年度会计报表，并于2008年3月26日出具了〔2008〕羊查字第12706号无保留意见审计报告。根据中国证监会监发〔2003〕56号《关于规范上市公司与关联方资金往来及上市公司对外担保若干问题的通知》的有关要求，贵公司编制了本专项说明所附的贵公司2007年度控股股东及其他关联方占用资金情况汇总表（以下简称"汇总表"）。

如实编制和对外披露汇总表并确保其真实、合法及完整是贵公司的责任。我们对汇总表所载资料与我们审计贵公司2007年度会计报表时所复核的会计资料和经审计的会计报表的相关内容进行了核对，在所有重大方面没有发现不一致。除了对贵公司实施2007年度会计报表审计中所执行的对关联交易和往来有关的审计程序外，我们未对汇总表所载资料执行额外的审计或其他程序。为了更好地理解2007年度贵公司与控股股东及其他关联方占用资金情况，后附的汇总表应当与已审计的会计报表一并阅读。

附件：上市公司2007年度控股股东及其他关联方资金占用情况汇总表

立信羊城会计师事务所有限公司中国注册会计师：×××

中国注册会计师：×××

2008年3月28日

附表：上市公司2007年度控股股东及其他关联方资金占用情况汇总表（见表67-6）

表67-6　　　　　上市公司2007年度控股股东及其他关联方资金占用情况汇总

编制单位：广州恒运企业集团股份有限公司　　　　　　　　　　　　　　　　　　单位：万元

资金占用方类别	资金占用方名称	占用方与上市公司的关联关系	上市公司核算的会计科目	2007年期初占用资金余额	2007年占用累计发生额	2007年偿还累计发生额	2007年期末占用资金余额	占用形成的原因	占用性质
控股股东、实际控制人及其附属企业				0.00 0.00	0.00 0.00	0.00 0.00	0.00 0.00		
小计				0.00	0.00	0.00	0.00		
关联自然人及其控制的法人				0.00 0.00	0.00 0.00	0.00 0.00	0.00 0.00		
小计				0.00	0.00	0.00	0.00		
其他关联人及其附属企业				0.00 0.00	0.00 0.00	0.00 0.00	0.00 0.00		
小计				0.00	0.00	0.00	0.00		

续表

资金占用方类别	资金占用方名称	占用方与上市公司的关联关系	上市公司核算的会计科目	2007年期初占用资金余额	2007年占用累计发生额	2007年偿还累计发生额	2007年期末占用资金余额	占用形成的原因	占用性质
上市公司的子公司及其附属企业				0.00	0.00	0.00	0.00		
				0.00	0.00	0.00	0.00		
小计				0.00	0.00	0.00	0.00		
总计				0.00	0.00	0.00	0.00		

广州恒运企业集团股份有限公司重大事项停牌公告
（公告编号：2008-003）

我公司正在讨论重大投资事项，因该事项的方案有待进一步论证，存在重大不确定性，为维护投资者利益，避免对公司股价造成重大影响，经公司申请，本公司股票自 2008 年 3 月 27 日起停牌。

特此公告。

广州恒运企业集团股份有限公司董事会

2008 年 3 月 27 日

广州恒运企业集团股份有限公司澄清公告
（公告编号：2008-002）

一、传闻情况

2008 年 1 月 13 日，《南方都市报》等媒体刊登了关于广东物价部门拟全面下调电价的相关新闻，称 12 日广东省物价工作会议提出要推进电价改革，实行销售电价区域性同网同价，全面下调工业和居民的销售电价。若该项改革得以实施，则广东省居民用电平均每度下降 1 分钱左右，而工业电价每度可以下降 2 到 3 分钱。

二、澄清说明

公司每台发电机组的上网电价均由国家发改委核定。据了解，此次电价改革主要针对广东电网公司，对电力需求方做出电价调整，对发电企业未有要求。公司目前未收到电价调整的相关文件，受此电价调整影响不大。

三、必要提示

公司将密切关注有关电价政策，并及时履行信息披露义务。

特此公告。

广州恒运企业集团股份有限公司董事会

2008 年 1 月 15 日

广州恒运企业集团股份有限公司 2008 年第一季度发电计划公告
（公告编号：2008-001）

近日，广州恒运企业集团股份有限公司（以下简称"公司"）接到广东省经济贸易委员会《关于下达广东省 2008 年第一季度发电预期调控目标及用电计划的通知》（粤经贸电力〔2008〕8 号），公司及下属公司 2008 年第一季度上网电量预期调控目标如下。

公司及广州恒运热电有限公司三台 5 万千瓦机组 2.45 亿千瓦时；广州恒运热电（C）厂有限责任公司两台 21 万千瓦机组 6.27 亿千瓦时；广州恒运热电（D）厂有限责任公司两台 30 万千瓦机组 7.50 亿千瓦时（该公司一台 30 万千瓦机组已于 2007 年 5 月投入商业运行，另一台 30 万千瓦机组仍在安装调试阶段）。

公司目前生产经营情况正常，公司将严格按照信息披露的有关法律法规及时披露公司生产经营情况。

特此公告。

广州恒运企业集团股份有限公司董事会

2008 年 1 月 11 日

备查文件：《关于下达广东省 2008 年第一季度发电预期调控目标及用电计划的通知》（粤经贸电力〔2008〕8 号）

广州恒运企业集团股份有限公司第六届董事会第七次会议决议公告
（公告编号：2007-022）

广州恒运企业集团股份有限公司第六届董事会第七次会议于 2007 年 12 月 21 日发出书面通知，于 2007 年 12 月 26 日上午 9 时在本公司 6M 层第二会议室召开，会议应到董事 11 人，实到董事 11 人，独立董事石本仁先生因工作原因未能出席本次董事会，委托独立董事吴三清先生出席本次会议并代表行使表决权，符合《公司法》和公司章程的规定。黄中发董事长主持了本次会议。会议以 11 票赞成，0 票反对，0 票弃权形成如下决议。

一、以 11 票赞成，0 票反对，0 票弃权，审议通过了《关于公司董事变更的议案》。

同意：肖晨生先生因为工作调动原因辞去公司第六届董事会董事，公司感谢肖晨生先生在任职期间对公司发展做出的贡献。

根据股东单位推荐，会议决定提名郭晓光先生为本公司第六届董事会董事候选人，提交股东大会审议。

二、以 11 票赞成，0 票反对，0 票弃权，审议通过了《关于免去肖晨生先生公司总经理职务的议案》。

同意：肖晨生先生因为工作调动原因辞去公司总经理职务，公司感谢肖晨生先生在任职期间对公司发展做出的贡献。

三、以 11 票赞成，0 票反对，0 票弃权，审议通过了《关于聘任郭晓光先生为公司常务副总经理的议案》。

根据公司章程，公司第六届董事会聘任郭晓光先生为公司常务副总经理，主持日常工作，任期至本届董事会结束，下届董事会产生为止。

特此公告。

附件：

一、广州恒运企业集团股份有限公司第六届董事会董事候选人及常务副总经理简历。

二、独立董事关于公司董事、高管人员调整的独立意见。

广州恒运企业集团股份有限公司董事会

2007 年 12 月 27 日

广州恒运企业集团股份有限公司关于变更公司办公地址名称的公告
（公告编号：2007-021）

因广州经济技术开发区对区内门牌号码重新编号，公司办公地址名称由原"广州开发区开发大道 728 号恒运大厦 6～6M 层"变更为"广州开发区开发大道 235 号恒运大厦 6～6M 层"。上述事项只涉及公司办公地址名称变更，公司实际办公地址无变动。具体联系方式如下。

董事会秘书室联系电话：020—82068252

传真：020—82068252

邮政编码：510730

特此公告。

广州恒运企业集团股份有限公司董事会

2007 年 11 月 20 日

广州恒运企业集团股份有限公司 2007 年年度业绩预告公告
（公告编号：2007-020）

一、预计的本期业绩情况

（1）业绩预告期间：2007 年 1 月 1 日至 2007 年 12 月 31 日。

（2）业绩预告情况：经财务部门初步测算，预计公司 2007 年年度净利润约比 2006 年度净利润同向大幅下降 90% 以上。

（3）业绩预告是否经过注册会计师预审计：否。

二、上年同期业绩

（1）净利润：13 941.28 万元。

（2）每股收益：0.52 元。

三、业绩变动原因说明

因公司两台5万千瓦机组以及公司投资参股的广州恒运热电有限公司一台5万千瓦机组计提资产减值准备和燃煤价格和运输价格同比上涨等因素综合影响，导致2007年全年净利润大幅下降。

上述5万千瓦机组计提资产减值准备和折旧情况详见公司2007年7月6日在《证券时报》《中国证券报》《上海证券报》和巨潮资讯网上刊登的第六届董事会第四次会议决议公告。

四、其他相关说明

公司目前生产经营情况正常，由于供电形势和燃煤价格变化等不确定因素可能影响本次业绩预告，公司将严格按照信息披露的有关法律法规要求做好相关披露工作，敬请投资者注意投资风险。

特此公告。

广州恒运企业集团股份有限公司董事会

2007年10月26日

广州恒运企业集团股份有限公司第六届董事会第六次会议决议公告

（公告编号：2007-018）

本公司及董事会全体成员保证公告内容真实、准确和完整，没有虚假记载、误导性陈述或者重大遗漏。

广州恒运企业集团股份有限公司第六届董事会第六次会议于2007年10月15日发出书面通知，于2007年10月25日上午9时在本公司恒运大厦6M层第二会议室召开，会议应到董事11人，实到董事11人，李江涛独立董事因工作原因未能出席本次董事会，委托吴三清独立董事出席本次会议并代为行使表决权，符合《公司法》和公司章程的规定。黄中发董事长主持了本次会议。会议形成如下决议。

（1）以11票同意，0票反对，0票弃权，审议通过了《公司2007年第三季度季度报告的议案》。

（2）以11票同意，0票反对，0票弃权，审议通过了《加强公司治理专项活动整改报告的议案》。

（3）以11票同意，0票反对，0票弃权，审议通过了《修改公司章程的议案》。公司章程部分条款做出如下修改。

①《公司章程》第三十九条由原来的：

"公司的控股股东、实际控制人员不得利用其关联关系损害公司利益。违反规定给公司造成损失的，应当承担赔偿责任。

"公司控股股东及实际控制人对公司和公司社会公众股股东负有诚信义务。控制股东应严格依法行使出资人的权利，控股股东不得利用利润分配、资产重组、对外投资、资金占用、借款担保等方式损害公司和社会公众股股东的合法权益，不得利用其控制地位损害公司和社会公众股股东的利益。"

现修改为：

"公司控股股东、实际控制人不得滥用权力侵占公司资产。

"公司控股股东、实际控制人以无偿占有或者显失公允的关联交易等手段侵占公司资产，严重损害公司和公众投资者利益，给公司造成重大损失的，公司董事会应当采取有效措施要求控股股东停止侵害并就该侵害造成的损失承担赔偿责任。

"公司董事、监事和高级管理人员具有维护公司资金安全的法定义务。公司董事、监事和高级管理人员违反本章程的规定，协助、纵容控股股东及其他关联方侵占公司财产，损害公司利益的，公司董事会、监事会将视情节轻重对直接责任人给予处分，对负有严重责任的董事和监事提交股东大会罢免。

"一旦发现控股股东、实际控制人侵占公司资产的情形，公司董事会应立即对控股股东持有的公司股权申请司法冻结：如控股股东不能以现金清偿所侵占的资产，将通过变现控股股东所持有的股权以偿还被侵占的资产。"

②《公司章程》第四十条第二款由原来的：

"选举和更换非由职工代表担任的董事、监事，决定有关董事、监事的报酬事项。"

现修改为：

"选举和更换非由职工代表担任的董事、监事，决定有关董事、监事的报酬事项。担任公司董事、监事的公司员工不以董事、监事职务领取的报酬无须报股东大会批准。"

③《公司章程》第八十二条由原来的：

"股东大会选举董事、监事进行表决时，根据本公司章程或者股东大会的决议，可以实行累积投票制。"

现修改为：

"股东大会选举董事、监事进行表决时，根据本公司章程或者股东大会的决议，实行累积投票制。"

（4）以9票同意，0票反对，0票弃权，审议通过了《关于公司对东区热力公司增资事宜的议案》。本议案涉及公司与关联股东广州开发区工业发展集团有限公司共同投资事宜，按规定参照关联交易标准及程序审核。关联董事叶永泰先生、洪汉松先生对本议案回避表决。公司四名独立董事同意此议案并发表了独立董事意见。

同意：控股子公司广州恒运东区热力有限公司为满足区内企业用汽增长需求，提出扩建一台75t/h中温中压循环流化床锅炉和两套1500千瓦汽轮发电机组的工程扩建方案，该扩建工程总投资预算费用为4045.29万元。为解决相应的建设资金问题，股东增资2000万元，公司按所占股比70%增资1400万元，广州开发区工业发展集团有限公司按所占股比30%增资600万元。公司董事会授权总经理组织实施有关增资的具体事宜，包括但不限于验资、工商变更等手续。

以上各项议案中，第3项须提交公司股东大会审议。

特此公告。

广州恒运企业集团股份有限公司董事会

2007年10月26日

关于广州恒运企业集团股份有限公司

对广州恒运东区热力有限公司增资事宜的独立董事意见

根据中国证监会的有关规定，我们作为广州恒运企业集团股份有限公司的独立董事，现就公司对广州恒运东区热力有限公司增资1400万元事项发表独立意见如下。

我们认为，广州恒运东区热力有限公司根据开发区东区企业用汽增长的实际情况和发展需求，增资2000万元用于再建新的供热锅炉，有利于提高该公司的集中供热规模，并提高公司效益，符合全体股东的利益。上述事项遵循了公平、公开、公正的原则，我们同意公司按持有的广州恒运东区热力有限公司70%股权相应增资1400万元。

独立董事：石本仁　吴三清

简小方　李江涛

广州恒运企业集团股份有限公司2007年第三季度业绩预告修正公告

（公告编号：2007-017）

一、预计的本期业绩情况

（1）业绩预告期间：2007年1月1日至2007年9月30日。

（2）业绩预告情况：经初步测算，预计公司2007年1至9月业绩亏损，净利润约为-130万元，2007年7至9月可实现净利润与上年同期基本持平。

（3）业绩预告是否经过注册会计师预审计：否。

二、上年同期业绩

（1）2006年1月1日至2006年9月30日。

① 净利润：11 424.04万元。

② 每股收益：0.43元。

（2）2006年7月1日至2006年9月30日。

① 净利润：4 643.42万元。

② 每股收益：0.17元。

三、与已经披露的业绩预告内容的差异

（1）已经披露的关于第三季度业绩预告见公司2007年8月10日临时公告。

（2）已经披露的业绩预告为：预计公司 2007 年 1—9 月业绩亏损，净利润约为-1 500 万元，2007 年 7—9 月可实现净利润与上年同期相比下降约 30%。

四、业绩修正情况原因说明

主要是广州恒运热电（C）厂有限责任公司第三季度实际发电数比计划发电数增加等因素综合影响。

五、其他相关说明

公司第三季度经营情况将于 2007 年 10 月 26 日公司第三季度报告中详细披露，敬请投资者关注。

特此公告。

广州恒运企业集团股份有限公司董事会

2007 年 10 月 11 日

广州恒运企业集团股份有限公司 2007 年第三季度业绩预告公告
（公告编号：2007-016）

一、预计的本期业绩情况

（1）业绩预告期间：2007 年 1 月 1 日至 2007 年 9 月 30 日。

（2）业绩预告情况：经财务部门初步测算，预计公司 2007 年 1—9 月业绩亏损，净利润约为-1 500 万元，2007 年 7—9 月可实现净利润与上年同期相比下降约 30%。

（3）业绩预告是否经过注册会计师预审计：否。

二、上年同期业绩

（1）2006 年 1 月 1 日至 2006 年 9 月 30 日。

① 净利润：11 424.04 万元。

② 每股收益：0.43 元。

（2）2006 年 7 月 1 日至 2006 年 9 月 30 日。

① 净利润：4 643.42 万元。

② 每股收益：0.17 元。

三、业绩变动原因说明

因公司两台 5 万千瓦机组以及公司投资参股的广州恒运热电有限公司一台 5 万千瓦机组计提减值准备等因素综合影响，导致 2007 年上半年业绩亏损，预计公司 2007 年 1—9 月业绩亏损。

公司在对上述 5 万千瓦机组计提资产减值准备后，第三季度同比多计提折旧约 1 000 万元，以及燃煤价格和运输价格同比上涨等因素，预计 2007 年 7—9 月可实现净利润与上年同期相比下降约 30%。

上述 5 万千瓦机组计提资产减值准备和折旧情况详见公司 2007 年 7 月 6 日在《证券时报》《中国证券报》《上海证券报》和巨潮资讯网上刊登的第六届董事会第四次会议决议公告。

四、其他相关说明

公司目前生产经营情况正常，由于供电形势和燃煤价格变化等不确定因素可能影响本次业绩预告，公司将严格按照信息披露的有关法律法规要求做好相关披露工作，敬请投资者注意投资风险。

特此公告。

广州恒运企业集团股份有限公司董事会

2007 年 8 月 10 日

广州恒运企业集团股份有限公司"加强上市公司治理专项活动"自查报告与整改计划
（公告编号：2007-014）

一、特别提示

中国证监会于 2007 年 3 月 19 日下发了证监公司字〔2007〕28 号文《开展加强上市公司治理专项活动有关事项的通知》（以下简称"通知"）。根据该通知的精神，本着实事求是的原则，本公司对治理情况进行了认真自查。经查，本公司在治理方面符合《公司法》《证券法》等有关法律、法规的要求。本公司在治理方面有待改进的问题主要是：应根据证券监管部门的最新要求健全完善相关业务制度，包括建立独立董事工作制度、关联交易制度、对外担保制度，以及修订信息披露制度。

二、公司治理概况

（一）公司治理的现状

公司严格按照《公司法》《证券法》和中国证监会有关法律法规的要求，不断完善公司治理，规范公司运作，公司法人治理结构符合《上市公司治理准则》的要求。主要内容如下。

（1）关于股东与股东大会：公司能够确保所有股东，特别是中小股东享有平等地位，确保所有股东能够充分行使自己的权利；公司进一步完善了股东大会的议事规则，能够严格按照股东大会规范意见的要求召集、召开股东大会；公司股东大会按有关要求使用网络投票系统，选举董事、监事实行了累积投票制，确保股东平等行使自己的权利，确保中小股东利益；公司关联交易公平合理，并对定价依据予以充分披露。

（2）关于控股股东与上市公司的关系：公司控股股东行为规范，没有超越股东大会直接或间接干预公司的决策和经营活动；公司与控股股东在人员、资产、财务、机构和业务方面做到了"五分开"，公司董事会、监事会和内部机构能够独立运作。

（3）关于董事与董事会：公司严格按照公司章程规定的董事选聘程序选举董事；公司董事的人数和人员构成符合法律、法规的要求；公司在董事会之下设立了审计、提名、薪酬与考核、战略等四个专门委员会，董事会建设趋于合理化，董事会决策更加专业化、科学化。公司董事会根据新颁布的《公司法》进一步完善了董事会议事规则，公司各位董事能够以认真负责的态度出席董事会和股东大会，积极参加有关培训，熟悉有关法律法规，了解作为董事的权利、义务和责任，确保董事会的高效运作和科学决策。公司独立董事均按照中国证监会《关于在上市公司建立独立董事制度的指导意见》和公司章程的有关规定，勤勉尽责，认真履行其职责。

（4）关于监事与监事会：公司监事严格执行《公司法》和公司章程的有关规定，监事会的人数和人员构成符合法律、法规的要求；公司监事会进一步完善了监事会议事规则；公司监事能够认真履行职责，积极列席公司股东大会和董事会，能够本着对股东负责的精神，对公司财务以及公司董事、经理和其他高级管理人员履行职责的合法合规性进行监督。

（5）关于利益相关者：公司能够充分尊重和维护银行及其他债权人、职工、消费者等其他利益相关者的合法权益，重视与利益相关者的积极合作，共同推动公司持续、健康地发展。

（6）关于信息披露与透明度：公司指定董事会秘书负责信息披露工作、接待股东来访和咨询。公司能够严格按照法律、法规和公司章程的规定，真实、准确、完整、及时地披露有关信息，并确保所有股东有平等的机会获得信息。

（7）投资者关系管理：公司已建立了规范的投资者关系管理制度，并通过网络、电讯及会面等多种信息沟通方式与投资者建立了良好的互动关系，在报告期内，对来自投资者的咨询，公司董秘室依据监管部门信息披露的有关要求及时、准确客观地予以了解答，最大程度上满足了投资者的信息需求。

（二）公司与控股股东在业务、人员、资产、机构和财务等方面的分开情况

公司与控股股东在人员、资产、机构和财务上完全分开，做到了业务独立，资产完整，具有独立自主的业务经营能力。

（1）在业务方面：公司具有自主的经营范围，完全独立于控股股东，不存在同业竞争的情况，拥有独立的供应、生产和销售网络系统，独立核算、独立承担责任和风险。公司没有与控股股东发生关联交易。

（2）在人员方面：公司与控股股东在劳动、人事及工资管理等方面相互独立；公司总经理、副总经理、董事会秘书、财务总监等高级管理人员均在本公司领取薪酬，且均未在股东单位担任职务。

（3）在资产方面：公司资产完整，产权关系明确。公司拥有完整的生产系统、辅助生产系统和配套设施、土地使用权，拥有工业产权、商标、非专利技术等无形资产。

（4）在机构方面：本公司设立了完全独立于控股股东的组织结构，不存在与控股股东合署办公的情况或上下级的隶属关系。

（5）在财务方面：公司设立了独立的财会部门，并建立了独立的会计核算体系和财务管理制度，独立在银行开户，独立纳税。

综上所述，公司与控股股东在业务、人员、资产、机构、财务方面已做到完全独立，形成了公司独立完整

的生产及自主经营能力。

（三）公司高级管理人员的考评及激励机制的建立和实施情况

根据国资监管部门的要求，公司近期建立了以净资产收益率为考核目标的高级管理人员绩效评价体系，具体请参见2007年4月10日公司第六届董事会第三次会议决议公告中《关于管理人员薪酬制度的议案》。对于公司高级管理人员以下人员的绩效考核，公司结合当年各项工作目标，按具体岗位责任及贡献大小合理划分等级，从德、能、勤、绩、廉五方面进行年度考核。

三、目前公司治理存在的问题

（1）根据证券监管部门的最新要求，公司逐步健全完善一些专门的业务制度，具体包括建立独立董事工作制度、关联交易制度、对外担保制度，以及修订信息披露制度。

公司独立董事一直按照中国证监会《上市公司治理准则》（证监发〔2002〕1号）和《关于在上市公司建立独立董事制度的指导意见》（证监发〔2001〕102号）等相关法规的要求和公司章程的规定开展工作，履行相应职责，承担相应义务，对完善公司治理起到了好的成效。考虑到中国证监会可能对《关于在上市公司建立独立董事制度的指导意见》（证监发〔2001〕102号）做修订，公司尚未制定专门的独立董事工作制度，公司承诺届时将根据证监会关于独立董事制度的最新法规建立专门的独立董事工作制度。

公司关联交易事项、对外担保事项一直按照相关法律法规和公司章程的规定开展，不存在违规情况。根据最新规定，应建立专门的关联交易制度、对外担保制度，公司承诺将根据最新法规建立相应制度。

根据中国证监会《上市公司信息披露管理办法》、深圳证券交易所《上市公司公平信息披露指引》的最新要求，公司将修订相应的信息披露制度，并将严格按照该制度执行。

（2）公司董事会的四个专业委员会成立的时间较短，虽然在公司的重大决策方面发挥了一定的作用，但是委员会的作用尚未充分发挥出来，在以后的过程中，将进一步采取措施，加强各委员会的职能，以更好地发挥其专业作用，为公司的生产经营献计献策。

（3）公司董事、监事及其他高管人员的培训力度不够，在今后的工作中，公司将进一步加强对公司董事、监事及其他高管人员的培训，积极参加监管部门组织的各项法律法规、规章制度的学习，增强其责任感，忠实、勤勉地履行职责，保证公司高层管理人员的稳定性，使得各位高管能在公司的运作过程中真正发挥作用；另外还要加强公司高管对信息披露制度的学习，努力避免造成信息披露的不公平性。

（4）与广大投资者的沟通方面，公司将加强这方面的工作，增加与广大投资者的沟通机会，在符合中国证监会、深圳证券交易所等监管部门的有关法律法规的要求下，让投资者能够更及时、全面、客观地了解公司的生产经营状况，为使更多的投资者及时了解公司的发展状况，公司将进一步加强公司网站的建设，及时更新公司网站内容。这将是公司下一步投资者关系工作的重点。

四、整改措施

（1）公司尽快起草制定关联交易制度、对外担保制度，提交董事会审议通过后实施，预计在2007年8月31日前完成，责任人为董事会秘书。

（2）公司尽快修订信息披露管理制度，提交董事会审议通过后实施，预计在2007年8月31日前完成，责任人董事会秘书。

（3）在中国证监会发布关于独立董事制度的最新法规后，公司承诺届时将根据最新规定尽快建立专门的独立董事工作制度，责任人为董事会秘书。

五、公司治理综合评价

公司运作规范，对股东大会、董事会、监事会与经理层有健全、规范的议事、监控制度，并未发生过违反相关法律、法规的情况，公司内控体制健全并能有效实行。

公司独立性情况良好。经理、副经理、董事会秘书、财务负责人等人员在股东及其关联企业中均不存在兼职情况，生产财务、经营管理、采购销售、人事管理均完全独立。公司日常的关联交易是公司正常经营活动所需，它有利于公司的长远发展，不会影响公司的独立性。各项关联交易均已经通过董事会和股东大会批准，并在公司每年的季报、中报、年报中进行明确、主动、及时的信息披露。

公司的透明度情况良好。公司制定了《信息披露管理制度》以保障公司对外信息披露的合法性、真实性、准确性、完整性，提高信息披露质量，增加公司运作的公开性和透明度。不存在因信息披露问题被交易所实施批评、谴责等惩戒措施的情况。近年来每年都被深圳证券交易所评为信息披露良好单位。公司在选举董事、监事时采用了累积投票制，积极规范地进行投资者关系管理工作。

公司高度重视本次加强上市公司治理的专项活动，迅速成立了以公司董事长为组长的上市公司治理专项工作领导小组，并成立上市公司治理专项工作办公室负责工作开展。公司把加强公司治理专项活动与增强公司规范运作水平的自身要求相结合，将认真对照监管部门的有关法律法规及根据本次治理活动的要求，认真查找公司治理结构中存在的不足，制定并落实上述整改措施，切实提高公司治理的水平。

广州恒运企业集团股份有限公司

2007 年 7 月 5 日

广州恒运企业集团股份有限公司第六届董事会第四次会议决议公告

（公告编号：2007-012）

广州恒运企业集团股份有限公司第六届董事会第四次会议于 2007 年 7 月 2 日发出书面通知，于 2007 年 7 月 5 日上午 9 时在本公司 6M 层第二会议室召开，会议应到董事 11 人，实到董事 11 人，董事洪汉松先生、郭纪琼先生因工作原因未能出席本次董事会，分别委托董事叶永泰先生、杨舜贤先生出席本次会议并代为行使表决权。公司部分监事及高管列席了本次会议，符合《公司法》和公司章程规定。黄中发董事长主持了本次会议。会议审议并通过了以下决议。

（1）以 11 票同意，0 票反对，0 票弃权，审议通过了《关于公司对外担保管理制度的议案》。

（2）以 11 票同意，0 票反对，0 票弃权，审议通过了《关于公司信息披露事务管理制度的议案》。

（3）以 11 票同意，0 票反对，0 票弃权，审议通过了《关于公司关联交易管理制度的议案》。

（4）以 11 票同意，0 票反对，0 票弃权，审议通过了《关于公司治理专项活动的自查报告的议案》。

（5）以 11 票同意，0 票反对，0 票弃权，审议通过了《关于公司接待和推广工作制度的议案》。

（6）以 11 票同意，0 票反对，0 票弃权，审议通过了《关于对公司五万千瓦机组相关资产进行会计处理的议案》。

鉴于广州开发区转发粤府办〔2007〕28 号《印发广东省小火电机组关停实施方案的通知》，将公司两台 5 万千瓦机组以及公司投资参股的广州恒运热电有限公司一台 5 万千瓦机组列入广东省 2007 年关停计划（详见公司 2007 年 4 月 17 日和 6 月 15 日在《证券时报》《中国证券报》《上海证券报》和巨潮资讯网刊登的相关公告）。

同意：基于谨慎原则并遵照《企业会计准则第 8 号——资产减值》和公司所执行的相关会计政策的规定，根据中商资产评估有限公司出具的资产评估报告（中商评报字〔2007〕第 1071 号，评估基准日 2007 年 6 月 30 日）和资产评估咨询报告（中商评报字〔2007〕第 1073 号，评估咨询基准日 2007 年 12 月 31 日），对拟关停 5 万千瓦机组相关资产做如下会计处理。

（1）对公司拟关停的两台 5 万千瓦机组相关资产计提固定资产减值准备 10 461.59 万元，在 2007 年半年度报告中反映；对上述资产以 2007 年 6 月 30 日的评估价值与 2007 年 12 月 31 日的评估清算价值的差额 2 733.96 万元作为 2007 年 7—12 月该类固定资产折旧计提依据。

（2）对参股广州恒运热电有限公司的长期股权投资计提长期股权投资减值准备 289.96 万元，在 2007 年半年度报告中反映。

（3）上述数据以广东羊城会计师事务所有限公司审计后确定。

特此公告。

广州恒运企业集团股份有限公司董事会

2007 年 7 月 6 日

广州恒运企业集团股份有限公司 2006 年度分红派息公告

（公告编号：2007-011）

广州恒运企业集团股份有限公司 2006 年度利润分配方案已经本公司 2007 年 5 月 10 日召开的 2006 年度股

东大会审议通过，相关决议公告刊登于 2007 年 5 月 11 日《证券时报》《中国证券报》《上海证券报》。现就公司 2006 年度分红派息事宜公告如下。

一、分红派息方案

公司 2006 年度分红派息方案为：以公司现有总股本 266 521 260 股为基数，向全体股东每 10 股派息 2.40 元（含税，扣税后，社会公众股中个人股东、投资基金实际每 10 股派息 2.16 元），派息前后公司总股本无变化。

二、股权登记日与除息日

本次分红派息股权登记日为 2007 年 6 月 28 日，除息日为 2007 年 6 月 29 日。

三、分红派息对象

本次分派对象为：截至 2007 年 6 月 28 日下午深圳证券交易所收市后，在中国证券登记结算有限责任公司深圳分公司登记在册的本公司全体股东。

四、分红派息方法

（1）无限售条件的流通股股息于 2007 年 6 月 29 日通过托管券商直接划入股东资金账户。

（2）有限售条件的流通股（含公司高管人员持股）的股息通过本公司直接派发。

五、咨询办法

咨询地址：广州开发区开发大道 728 号恒运大厦 6M 层董事会秘书室

咨询联系人：王蓉、郑艺婷

咨询电话：（020）82068252

传　　真：（020）82068252

广州恒运企业集团股份有限公司董事会

2007 年 6 月 22 日

广州恒运企业集团股份有限公司 5 万千瓦机组关停风险提示性公告

（公告编号：2007-010）

广州恒运企业集团股份有限公司（以下简称"公司"）已于 2007 年 4 月 17 日在《证券时报》《中国证券报》《上海证券报》和巨潮资讯网上刊登了公司《5 万千瓦机组关停临时公告》。

公司将严格按照信息披露的有关法律法规及时披露 5 万千瓦机组关停进度及处理情况，公司再次提醒投资者注意投资风险。

特此公告。

广州恒运企业集团股份有限公司董事会

2007 年 6 月 15 日

广州恒运企业集团股份有限公司 30 万千瓦燃煤机组项目进展公告

（公告编号：2007-009）

近日，广州恒运企业集团股份有限公司控股 52% 的广州恒运热电 D 厂有限责任公司一台容量为 30 万千瓦的燃煤机组（恒运 D 厂 8 号机组）通过 168 小时满负荷试运行后正式转入商业运行。

特此公告。

广州恒运企业集团股份有限公司董事会

2007 年 5 月 15 日

广州恒运企业集团股份有限公司 2006 年度股东大会决议公告

（公告编号：2007-008）

本公司及董事会全体成员保证信息披露的内容真实、准确和完整，没有虚假记载、误导性陈述或重大遗漏。

一、重要提示

本次股东大会会议召开期间没有增加、否决或变更提案。

二、会议召开情况

（1）召开时间：2007 年 5 月 10 日上午 9 时。

（2）召开地点：广州开发区开发大道 728 号恒运大厦 6 层会议室。

（3）召开方式：现场投票。

（4）召集人：本公司第六届董事会。

（5）主持人：本公司董事长黄中发先生。

（6）本次会议的召开符合《公司法》《深圳证券交易所股票上市规则》和公司章程的有关规定。

三、会议的出席情况

（1）出席的总体情况：股东及其授权代表 6 人，代表股份 148 311 394 股，占公司有表决权股份总数的 55.65%；

（2）其他人员出席情况：公司部分董事、监事、董事会秘书和其他高级管理人员出席了会议。

四、提案审议和表决情况

（1）审议通过了《公司 2006 年度董事会工作报告》。

赞成 148 311 394 股，占出席会议所有股东所持表决权的 100%；

反对 0 股，占出席会议所有股东所持表决权的 0%；

弃权 0 股，占出席会议所有股东所持表决权的 0%。

（2）审议通过了《公司 2006 年度监事会工作报告》。

赞成 148 311 394 股，占出席会议所有股东所持表决权的 100%；

反对 0 股，占出席会议所有股东所持表决权的 0%；

弃权 0 股，占出席会议所有股东所持表决权的 0%。

（3）审议通过了《公司 2006 年度总经理工作报告》。

赞成 148 311 394 股，占出席会议所有股东所持表决权的 100%；

反对 0 股，占出席会议所有股东所持表决权的 0%；

弃权 0 股，占出席会议所有股东所持表决权的 0%。

（4）审议通过了《公司 2006 年年度报告及其摘要》。

赞成 148 311 394 股，占出席会议所有股东所持表决权的 100%；

反对 0 股，占出席会议所有股东所持表决权的 0%；

弃权 0 股，占出席会议所有股东所持表决权的 0%。

（5）审议通过了《公司 2006 年度财务报告》。

赞成 148 311 394 股，占出席会议所有股东所持表决权的 100%；

反对 0 股，占出席会议所有股东所持表决权的 0%；

弃权 0 股，占出席会议所有股东所持表决权的 0%。

（6）审议通过了《公司 2006 年度利润分配方案》。

赞成 148 014 464 股，占出席会议所有股东所持表决权的 99.80%；

反对 296 930 股，占出席会议所有股东所持表决权的 0.20%；

弃权 0 股，占出席会议所有股东所持表决权的 0%。

同意：以公司 2006 年年末总股本 266 521 260 股为基数，每 10 股派现金 2.40 元（含税），剩余未分配利润留存以后年度分配。本年度不以公积金转增股本。

（7）审议通过了《关于续聘会计师事务所及相应支付报酬的议案》。

赞成 148 311 394 股，占出席会议所有股东所持表决权的 100%；

反对 0 股，占出席会议所有股东所持表决权的 0%；

弃权 0 股，占出席会议所有股东所持表决权的 0%。

同意：公司 2007 年度续聘广东羊城会计师事务所有限公司为审计机构，期限一年。经公司与广东羊城会计师事务所有限公司协商，2007 年度公司财务审计费用为 55.5 万元，包括：①本公司、纳入合并报表范围的子公司及参股企业的中期和年终审计费用（含新增龙门县恒隆环保钙业有限公司）；②本公司、纳入合并报表范围的子公司及参股企业所得税汇算清缴审核报告费用。

2006年度公司的财务审计费用为48万元，包括：本公司、纳入合并报表范围的子公司及参股企业的中期和年终审计费用48万元。

（8）审议通过了关于公司董事会各专门委员会人员组成的议案。

赞成148 311 394股，占出席会议所有股东所持表决权的100%；

反对0股，占出席会议所有股东所持表决权的0%；

弃权0股，占出席会议所有股东所持表决权的0%。

（9）审议通过了关于董事长薪酬制度的议案。

赞成148 311 394股，占出席会议所有股东所持表决权的100%；

反对0股，占出席会议所有股东所持表决权的0%；

弃权0股，占出席会议所有股东所持表决权的0%。

五、独立董事述职报告

公司四名独立董事向本次股东大会做了2006年度述职报告，对2006年度独立董事出席公司董事会和股东大会、发表独立意见及保护社会公众股股东合法权益等履职情况进行了报告。

六、律师出具的法律意见

（1）律师事务所名称：广东广信律师事务所。

（2）律师姓名：许丽华。

（3）结论性意见：本次股东大会的召集、召开程序符合法律、法规及公司章程的规定；出席会议人员资格合法有效；表决程序符合法律、法规及公司章程有关规定。本次股东大会决议合法有效。

七、备查文件

（1）公司2006年年度股东大会通知公告。

（2）公司2006年年度股东大会决议。

（3）广东广信律师事务所关于本次股东大会的法律意见书。

（4）独立董事2006年度述职报告。

特此公告。

广州恒运企业集团股份有限公司董事会

2007年5月11日

广州恒运企业集团股份有限公司5万千瓦机组关停临时公告

（公告编号：2007-006）

近日，广州恒运企业集团股份有限公司（以下简称"公司"）接广州开发区转发的《印发广东省小火电机组关停实施方案的通知》（粤府办〔2007〕28号）文，根据《国务院批转发展改革委、能源办关于关停小火电机组若干意见的通知》（国发〔2007〕2号）在"十一五"期间大电网覆盖范围内逐步关停容量5万千瓦以下的常规火电机组和恒运D厂2×300MW扩建工程项目"上大压小"的要求，通知把公司两台5万千瓦机组和广州恒运热电有限公司一台5万千瓦机组（公司投资占5%）列入2007年关停计划。公司将按照通知要求制订关停计划和资产处理方案并上报有关部门，同时认真抓好安全生产，完成上级下达的上述5万千瓦机组2007年度发电任务。

公司将严格按照信息披露的有关法律法规及时披露有关三台5万千瓦机组关停进度情况。公司提醒投资者注意投资风险。

备查文件：《印发广东省小火电机组关停实施方案的通知》（粤府办〔2007〕28号）。

广州恒运企业集团股份有限公司董事会

2007年4月17日

案例使用说明

（一）基本问题

除了在教学目的中提到的以信息披露作为此案例的基本问题外，该案例还隐含下列相关问题。

（1）会计政策制定的经济后果。在本案例中，折旧年限的确定与企业利润有怎样的关系？折旧年限确定的原则应是稳健还是激进？

（2）一项新的经济业务出现后，如何按经济业务的实质进行会计处理？当一项会计处理出现争议时，应采取何种途径找到最有效的处理方法？本案例中对恒运 D 厂"压小"支出的会计处理该如何选择？

（3）企业面临一项影响企业利润的重大会计政策时（如本案例中的资产减值），如何处理才能既符合法律或制度规定的形式，又体现该业务的经济实质？

（4）何谓系统风险？在本案例中，哪些因素体现了电力行业的系统风险？

（5）当一项会计政策变更时，需要的依据是什么？

（二）前期知识准备

要求学生已经学习过《中级财务会计》以及上市公司信息披露的相关法规、制度、规则和相关规定。

（三）案例用途

配合《高级财务会计》《会计学》《会计报表分析》等课程的教学。

（四）教学对象

MPAcc、MBA、EMBA、会计学硕士、会计及财务管理专业本科高年级学生。

（五）要点与分析

本案例源于三台 5 万千瓦机组关停使得穗恒运 2007 年出现亏损，并最终导致该公司自上市以来首次停止发放现金股利这一事件。表面上看，这是一次偶发性事件，是企业面临的系统风险。但这一事件同企业的折旧政策密切相关，即同三台 5 万千瓦机组的折旧年限有直接关系。更进一步而言，企业投资之初，在折旧年限的确定上，既要考虑其技术寿命，又要考虑其他因素。

当然，本案例的主线，还是围绕企业如何揭示相关风险，让学生认识到各行各业都会面临相关系统风险。在该案例中，除了三台 5 万千瓦机组关停，煤价、电价、运价的变化以及国家或地区经济发展状况等都是发电行业面临的市场风险（系统风险）。

另外，一项会计政策的确定是有其经济后果的，关于三台 5 万千瓦机组折旧年限的确定，该公司是有过变化的，这也是值得思考的一个问题。

最后，在本案例中，还有其他更多的话题可以去分析，这也是本案例的价值所在。

（六）教学方式

（1）案例阅读+相关资料搜集+分组准备+小组发言+课堂讨论+老师点评。

（2）案例阅读+课堂讨论+老师讲解。

（七）教学计划（4 学时）

（1）事先准备、搜集资料、小组讨论。

（2）小组发言（1.5 小时）。

（3）课堂讨论（1.5 小时）。

（4）小组总结（0.5 小时）。

（5）老师点评（0.5 小时）。

（八）数据与资料来源

全景网

中国证券监督委员会官网